Impressum

Texte:	© Copyright by Jasper Mendelsohn
Umschlag:	© Copyright by Tim Büsch
Verlag:	Tim Büsch
	tim-buesch@gmx.de
Druck:	epubli, ein Service der
	neopubli GmbH, Berlin

Printed in Germany

Die freien Geisteskranken

Jasper Mendelsohn

Inhalt

KAPITEL I
Die Wiege der Kannibalen (1919) 9

KAPITEL II
Dada und die Weltformel (1920)........................33

KAPITEL III
Regel und Chaos (1921) 87

KAPITEL IV
Die permanente Revolution (1922)................143

KAPITEL V
Die Umwertung aller Werte (1923)................209

KAPITEL VI
Die neue Sachlichkeit (1924) 265

KAPITEL VII
Die Asozialen (1925)........................317

KAPITEL VIII
Zufallspermutationen (1926) 383

KAPITEL IX
Die Vernunft und das Andere (1927)................471

KAPITEL X
Ankunft und Wiederkehr (1928) 543

KAPITEL XI
Fanale und Fiasko (1929)........................593

KAPITEL O
Bilanz 653

Mein geliebter Sohn, lieber Peter,

wir hoffen dieser Brief erreicht Dich noch in Belgien, noch bevor ihr den Franzosen gegenübersteht und zu den Waffen gerufen werdet. Wir hoffen Du hast Zeit uns zu schreiben, trotz all der Entbehrungen, welche Du vor dir hast. Wir haben Dir etwas Naschwerk beigepackt. Das ganze Land glüht und eifert eurer baldigen Rückkehr entgegen. Komme Du mir nur unversehrt nach Hause! Ich übe mich derweil in der Kunst der Zuversicht, so gut wie es eine sorgenvolle, liebende Mutter nur eben kann.
Letzte Nacht hatte ich einen Traum. Ich träumte, Du liefst vor mir in einen dunklen Wald hinein und ich folgte Dir, denn dieser Wald war der Wald der Verlorengegangenen. Der Wald, in dem Eltern ihre Kinder verlieren. Es war beklemmend. Der Wald wuchs immer dichter, die Äste bogen sich immer enger heran. Du wurdest immer winziger, bis ich nur noch Deinen Rufen folgte, doch auch die hörte ich schon bald nicht mehr. Die Äste rankten und schraubten sich um meine Arme und Beine und hielten mich fest, mehr und mehr Buchenbäume wuchsen aus dem finsteren Moosboden und löschten die letzten Lichtscherben von seinem Grund. Doch ich befreite mich, schlug das Astwerk von mir ab und trat die Stämme entzwei. Dann schoss ich wie ein Blitz geradewegs mit weiten Schwingen nach oben hinaus in die Kronen, sprengte durch das Blätterdach dieses dämonischen Dschungels und blieb im Himmel stehen. Dort oben war wärmender Sonnenschein und weite Aussicht über all das All-Das und dort sah ich dich. Dort lagst Du, in friedlichem Schlaf in einer Hängematte zwischen zwei Bergen. Dein tiefer Atem

rauschte über die Blätter des Waldes und Dein zufriedenes Schnarchen bewegte die Wolken zu Freudentränen. Ich hob Dich aus der Hängematte und legte Dich zurück in mein Herz.

Mein geliebter Sohn, dieser Traum sagt mir doch, Du kommst schon bald zurück. Habe keine Angst, denn Angst ist doch nichts mehr als Fantasie; so versuche auch ich nicht zu viel Sorge zu tragen – leichter gesagt als gelebt.

Dein Bild steht uns am Tisch zu jeder Mahlzeit.

Deine, die wartenden, Eltern.

Karl und Käthe,
Berlin, Oktober 1914

KAPITEL I
Die Wiege der Kannibalen
1919

Sechsundzwanzig Tonnen Erlenholz ragten dreizehn Meter hoch über die sich zusammengerottete Menschenschar heraus. Die Nagelfigur eines Volkspatrons, direkt vor die Siegessäule am Reichstag platziert, der eiserne Hindenburg. Volkswissen. Gallionsfigur. Tribun. Die Gegendemonstranten zu seinen Füßen versammelten sich wiedermal um ihre Räterepublik an eben seinem Orte zu installieren. Einmal mehr. Mitten im eisigsten Winter. Die schwarzen Äste der nackten Bäume verzweigten sich adergleich bronchial in das blendende Weiß dieses kaltbringenden Januarhimmels. Sie wuchsen heran und ragten herauf und ergaben sich diesem Riesen, diesem Kampfkoloss, diesem Dachdecker der Staatenwelt, einem der vielen Gesichter des Weltenkriegs, dem Generalfeldmarschall. Seine Pranken ruhten am Griff seines Schwertes, die massive Klinge stemmte starke Arme, viele Meter nach unten fiel sie zu Boden und stützte Hindenburg zu aufrechtem Kreuz, als verbleibende Säule der Zivilisation. Der Krieg war verloren, die Denkenden bestätigt, die Verblendeten erbost. Beide Parteien holte die Ratlosigkeit ein, also bildeten sie Räte und berieten sich und mehr und mehr rieten sie. Und ihr Raten wurde zu Ritual. So rief es Liebknecht in die klirrende Luft zu den Menschen, aus seinem Munde kamen Wolken wie aus einem Schornstein und die Menschen klatschten, protestierten und bewegten sich gegenseitig.
Geduldig ruhte das hölzerne Gesicht Hindenburgs über der äußerlich so zarten Rosa Luxemburg, das Rotkäpp-

chen, welches da zu seinen Stiefeln auf ein brüchig gebautes Pult empor krabbelte und »Überzeugung« schrie. Wie Pinguine drückten sich die schwarzen Mäntel zusammen, Atem quoll aus den Schnabellöchern und dampfte über den Köpfen, es roch nach altem Schweiß und fauligen Äpfeln. Käthe Kollwitz verlor kurzzeitig ihren Stand auf den vereisten Pflastersteinen, kippte nach vorn und hielt sich an den Schultern des Vordermanns fest.
»Immer ruhig mit de junge Pferde, Jenossin«, schnaubte der und hob seinen Hut an.
Ihr Mann Karl legte den Arm um sie und sie schritten weiter hinein ins Dickicht des Gedränges, fremdbestimmt durch die eigenwillige Bewegung der Massigkeit. Der Spartakusbund hatte zum Aufstand geladen; Spartakus, der weise Sklave aus Thrakien, der Rom herausforderte. Im Namen des Spartakus, so erhob sich die USPD (unabhängige SPD) vereint und gewillt ein sozialistisches Zusammenleben zu initialisieren. Nachkrieg, die Monarchen waren gestürzt, das Land war einem aufgeplatzten Bienenkorb gleich – alles schwirrte herum, mit allen Gesinnungen, Meinungen und Modellen. Wie immer, nur anders. Jeder hatte einen Bauplan, jeder hatte die beste Idee, jeder hatte die einzige Meinung, zu allem. Gute hundert Meter von ihr entfernt, tief unter dem Haupt des Riesen, zog Liebknecht das Rotkäppchen über die schnatternden Eisvögel hinweg zu sich auf das Podium. Die Pinguine klapperten mit ihren Schnäbeln vor Rechthaberei. Kollwitz erhaschte nur Bruchteile ihrer Gebärden, doch sah sie zwischen den hohen Männerhutköpfen ihren Zeigefinger dirigierend in alle Richtungen schwingen; sie zeigte nach hier, zeigte nach dort und ihre vertrauten, schwarzen Au-

gen warfen zutraulich zuversichtliche Blicke in die schaulustigen Angesichter.

»Bewegung!«, flammte Luxemburg aus ihrer Brust und diskutierte mit dem Weltgeschehen. »Bewegung! Hör mich an! Bewegung! Setze dich in Gang! Jeder bewegt sich, doch wer sich nur alleine in Bewegung hält, bewegt am Ende nicht mehr als sich selbst. Und so – bewegt man nichts. Ohne Lohn, ohne Essen, für gar nichts! Arbeiter! Aus den ausgebrannten Hafenstädten des Nordens und von den trockenen Äckern des Südens. Arbeiter! Aus den braunen Kohlegruben des Westens und aus den leeren Fabrikhallen Berlins. Ohne Lohn, ohne Dach für den Winter, nein, für gar nichts! Der Stillstand muss vorbei sein – denn Stillstand bricht uns die Beine! Maschinen, die stillstehen, zersetzt der Rost – Arbeiter, die stillstehen, sprengt der Frost!«

Die letzten Worte hallten elektrisch über die Mützen hinweg und die Menge jubelte überrascht vom edlen Anstrich ihrer Gemeinschaft als sich bewegendes Etwas.

»Alle innen Sack stecken und draufknüppeln, triffste immern Richtigen!«, warf der Vordermann Kollwitz zu.

»Heut knallts jewaltich!«, hörte sie einen anderen.

»Pazifistische Hetze ist das!«, echauffierte sich ein Pedant.

Nahestehende nickten gelangweilt, andere widmeten sich dem Frieren, andere zischten mit den Zeigefingern auf ihren Lippen Ruhe herbei, wieder andere ließen sich über Systeme aus, komplizierter als die Milchstraße.

Kollwitz richtete ihren Schal, wie sie es immer tat, wenn sie glaubte laut zu denken.

Das Rotkäppchen holte tief Luft und baute auf.

»Boote, die nicht schiffen, verenden im Schilf! Felder, die brachliegen, befällt der Pilz! Ohne Arbeit ist ein Staat ein schlicht sinnloser Ballast auf den Schultern des Freien, macht uns zu Sklaven. Die Farben der Flagge sind nicht mehr als trübseliger Zierrat altmodischer Königsmörder. Sie säbeln sich um den gesunden Verstand und vergessen Volk, und mehr – vergessen Mensch.«
Und sie hob die Arme und forderte die Bewegung heraus:
»Und ernährt uns das? Nein! Und hält es uns an Tagen wie heute warm? Nein! Und will es uns am Leben lassen? Nein! Denn wenn wir unser Leben tatsächlich einfordern, schießt man dann auf uns? – Genau. Und mit welchen Waffen? Mit den heimgeschleppten Waffen an denen schon die Franzosen und Russen und Engländer und Belgier und Deutsche und Osmanen und so viele, viele endeten? Ja! Seht ihr denn nicht den Unsinn in Alledem? Lasst den Kaiser gehen und sein System. Die Primogenitur, Genossen, ist nicht das System der Macher. Das System der Monarchie wird immer und immer wieder untergehen. Die Ritterrüstung passt nicht mehr! Ich sage, der Kaiser muss sich neue Kleider kaufen, aus eigenem Haushalt! Ich sage, die Reichswehr bedarf der Kontrolle integrerer Menschen! Es geht um niemand geringeren als das Volk selbst, ihr und ich; es geht um nichts weniger als die Verwirklichung der sozialistischen Gesellschaftsordnung. Dies umfasst den Kampf für die Gleichheit zwischen Reich und Arm bis sie verschwinden – und nicht dem Ziel der Demokraten, dem Spiel der Wählerstimmen, Arme gegen Ärmere abzuwiegen und abzuschreiben. Ich sage: Alle Macht den Räten!«
Die Bewegung applaudierte, manche pfiffen, doch die meisten froren und die Pinguine knautschten sich immer

dichter aneinander. Luxemburg stieg hinab vom Pult und andere kamen und sprachen und gingen. Die ersten Kinder quäkten, die ersten Hausfrauen zupften an den Mänteln ihrer abwiegelnden Ehemänner. Man nuschelte über Republiken und politische Geschicke, Expertentum der Dilettanten; niemals hätte man die Kriegsfehde beginnen sollen behaupteten die einen, bis zum Weißbluten hätte man weiterkämpfen sollen die anderen. Sie wuchteten Worte wie »Schuldfrage«, wie »Wahrheitsoffensive«, wie »Anleihenrückzahlung«, wie »Ehre«. »Ehre«. Ja, dachte Kollwitz. »Ehre«. Das haben wir nun von diesem Wort.

»Welche Ehre ihr Kinderdiebe? Räuberbande! Welche Ehre holt mir meinen Sohn zurück ins Haus?«, rief Karl einem der Schwätzer entgegen, doch keiner nahm Notiz von ihm. Mehr als fünf Jahre war es nun her, da haben sie den ersten und letzten Frontbrief durch den Türschlitz gesteckt, erinnerte sich Kollwitz. Es war derselbe Schwall und Protz der Leichendichter wie eh und je, über Heldenmut, Patriotismus und Pflichtgefühl. Über diesen letzten Brief fielen nun schon fünf Jahre Tränen herab. Er wurde durchnässt unter anklagenden Jammerqualen und getrocknet an düsterer Depression; wieder durchnässt, wieder getrocknet. Er war ein totbringender Brief gewesen, sachlich und korrekt ausgeführt in deutlichem Schriftdeutsch. Eine einzige Seite Papier. Doch beschrieben die Lettern darauf die Gewisshaftigkeit des Todes ihres Sohnes, ihrem Peter, an der belgischen Front, zwei Wochen nach seinem Aufbruch. »Ihr Sohn ist gefallen«, stand es dort in festen und brutalen Druckbuchstaben. »Gefallen«, als wäre er ein Baum und kein Mensch gewesen und nicht gestorben. »Auf dem Felde der Ehre«, hieß es weiter. Nicht mehr. Ein

»ehrenvoller« Tod, das war das Adjektiv. »Ehre«. Ein Wort aus vier Buchstaben, die zusammengesetzt eine Lüge bilden, die so mächtig ist, dass man eine ganze Nation daran spannen kann, immer und immer wieder. Selbst sie. So bäuerlich geopfert, wie bei einem Schachspiel, vom Brett genommen, umgekippt. Mein Sohn, und eure Lüge. Für diesen Hindenburg dort oben? Sie sehnte sich nach Trauer und Alleinsein in der heimischen Stube statt diesem Affentheater der Zukunftsutopien beizuwohnen. Diese aufquäkende, wild diskutierende Masse, wie sie sich schleimig zäh bewegte und Karl und sie mitriss, in gleichem Gemeinschaftsgebrüll wie vor dem Krieg. Von einem fuchtelnden Fahnenwedler hin zum nächsten mundschäumenden Marktschreier und tollwütigen Maulesel. Die Bewegung, gleich welcher Art, ist nicht mehr als eine zu Vielen erlebte Farce. Sie presste ihre fröstelnden Zehen in den Stiefeln zusammen und dachte an ein heißes Bad und Ofenwärme.

Der gleißend weiße Himmel ergraute und der Winternachmittag dunkelte herein. Die ersten Nachtblinden fingen an zu blinzeln und Nebelschwaden huschten über das Gesicht Hindenburgs. Die ersten Unterkühlten an den Rändern des klumpigen Gemenges schälten sich ab vom Kern und gingen ihrer Wege, ihre Silhouetten verzerrten sich im Gestöber und sie einten sich mit der grauen Szenerie zu breiigem Schneematsch.

»Endlich Platz, komm Matuschchen, wir gehen.«, sagte Karl, nahm ihre Hand und nickte zum Abmarsch. Sie zog ihre Augenbrauen hoch, signalisierte ihm einhaltlose Zustimmung und sie drehten ab. Auf dem Weg hinaus bemerkten Sie die Soldaten, die dem Zeremoniell nachbarschaftlich beigewohnt hatten. Das junge Söldnerrudel mit nervösem Gestus. Die Schießgewehre angelegt, die Stöcke hinten eingesteckt, die Verrohung aus den Säurebädern der Schlachtfelder im Stiernacken. Einst zogen sie aus in einen »heilsamen« Krieg, ein »reinigendes Gemetzel«. Und »rein«, das waren sie nun – kein Gramm Mitgefühl mehr in den Seelen, kein Korn Anstand mehr in ihren Hirnen – alles sauber. Täglich wurden diese arbeitslosen Frontsoldaten mehr und suchten Geld und fanden ihre ökonomische Nische im Söldnertum und Söldner-Tun. Sie malten sich Totenschädel auf ihre zusammengeschraubten Panzerfahrzeuge, spielten sich als Husaren auf und kamen auf die Gehaltsliste von Reichswehrminister Gustav Noske. Dieser Tage waren Männer gefragt, die Befehle austeilen konnten, gleichgültig, wie Postboten letzte Briefe. Männer, die Panzer reparieren konnten. Männer, die töteten und normal blieben. »Jeder, der sich einem Soldaten widersetzt ist sofortigst und ohne Frist und Verzug zu vernichten«. So lautete die ministeriale Instruktion, breit auslegbar. Sie bellten und knurrten den Arbeitern ihre Abneigung entgegen. Ihr zerknirscht dreinblickender Kommandant musterte die Heimkehrer kritisch und sah aus als zerkaue er Sägemehl mit seinen Kieferknochen. Menschen waren nicht seine Stärke, totmachen war sein Beruf gewesen. Mit allem Geschütz im Rücken, jeden Knopf wusste er zu bedienen, seiner Arbeit Herr. Doch Kollwitz suchte in den jungen Uniformträgern immerzu ihren Sohn, wie er noch leben würde, plötzlich Hallo sagte. Wenn es einen Gott gäbe, so würde er – Hallo sagen.

»Bürger! Deutsche. Horcht dem Grollen, hört mich an! Befreit euch selbst und dann befreit euren Nächsten.« Ein

einsamer Kauz mit glänzender Halbglatze und fransigem Seitenhaar winkte und sprang zwischen den Heimtrabenden umher und kletterte ungeschickt auf eine Mülltonne.
»Bürger! Deutsche! Haltet ein. Der Krieg ist vorbei, es ist Zeit – frei zu sein!« Kollwitz tippte Karl auf die Finger und deutete auf den eigenartigen Kauz. Der suchte flügelschlagend Gleichgewicht, voller Inbrunst, um sich grapschend, als sausten die Ideen wie Fliegen um seinen Eierkopf herum.
»Ein Wunder, wieviel Eifer er noch hat«, klagte Karl. »Ein Verrückter, ein Verlorener, der Krieg trieb ihm den Wahnsinn ein.«
Ärmster der Armen, dachte Kollwitz, Fühlender unter Gefühllosen. Eine Dreiergruppe blieb stehen, einer rief ihm zu: »Feierabend, genug! Jetzt geben Sie doch Ruhe. Genug für heute.«
»Ruhe? Ruhe?« Nun schien der einsame Kauz sein Reizwort gefunden zu haben.
»Bürger! Deutsche – hört mich an, hört auf damit überall hin zu hören und hört nur auf mich, allein auf meine Stimme. Ich sage euch: Gebt Ruhe! Sie sagen es, es ist genug. Mit Krankheit, Krieg und Hungerkrampf geschlagen, in die tiefen Schluchten der Armut und des Drangsals zusammengepresst, aufs Durchhalten reduziert – so stehe ich heute vor meinesgleichen. Und ich sage euch: Nehmt es mit eiserner Gelassenheit und übt euch in stählerner Geduld. Schlagt nicht zurück! Man kann niemanden beschützen indem man jemand anderen tötet. Man holt die Toten nicht zurück indem man die nächsten Gräber schaufelt. Man kann die Ungerechtigkeit nicht bekämpfen, weil sie nicht kämpft. Der Schmerz wird nicht quälender, wenn

ihr *nicht* handelt, nein, er wird *ehrlicher*. Seid ehrlich zu euch selbst, und gebt Ruhe.«

Die Dreiergruppe schüttelte einstimmig die Köpfe, die anderen gingen weiter, nur Kollwitz und Karl standen vor ihm und versuchten etwas in ihm zu sehen. Der holte tief Luft und prustete und predigte und priesterte fort:

»Niemand weiß etwas – auch ich weiß nichts – jeder baut sein eigenes Bild und alle Bilder sind bunt. Verschwendet eure Farben nicht. Gebt Ruhe. Überlegt. Handelt nicht im Affekt. Handelt nicht aus Schreck. Bleibt einen Moment stehen und seht. Redet und schreit nicht, lest und schreibt nicht, seid einsichtig und werdet vielschichtig, werdet beidseitig. Gebt Ruhe. Befreit euch aus eurem Gut- und Aberglauben, aus der Illusion euer Zutun würde etwas bewirken, befreit euch selbst und dann befreit euren Nächsten. Befreit euch aus eurem Unrecht und eurer Bedürftigkeit, befreit euch aus dem Schicksal und nehmt den Zufall an. Überlasst das Kleinsein und Leichtglauben den Kirchenmäusen, ich brauche unschlüssige Berglöwen, unentschlossene Bären! Wir sind Aufstehende, Auferstehende, Standhafte, Stehende! Wahrhaftige! Freie! Ruhige! Atmet die Freiheit – ein! Und blast eure Fesseln – davon!«

Der Kauz suchte wieder nach Gleichgewicht und machte Lärm, da schnalzte der Geduldsfaden sichtbar durch das Gesicht des zerknirschten Kommandanten und er brüllte zum gewaltsamen Disput.

»Dem kann schon noch geholfen werden!« Befehligte er stumpf und schlug seine Faust fordernd nach vorn zur neuen Front im Innern. Da wird einer schon noch Ruhe geben. Verräter schlachten. »Marsch Männer!«

Das Freikorps setzte sich in Gegenbewegung, schritt im Takt und mit aufgepflanzten Bajonetten auf den einsamen Kauz zu.

»Gebt Ruhe! Werdet still und tief, werdet Wasser, formt euch und grabt euch mit aller Zeit der Welt in den Fels. Wir brauchen keine Stürme, im Gegenteil, wir brauchen...«, einer der Söldner trat die Tonne unter dem Kauz mit einem Stoß fort und der flog flatternd hinterrücks zu Boden. Kollwitz sah den Ärmsten, den Fühlenden unter Gefühllosen noch nach Luft schnappen, als sich der Kreis des Söldnerrudels um ihn schloss, wie eine Krähentraube um einen Brotkrumen. Sie fingen an mit ihren Gewehrkolben auf ihm herum zu hacken, die Menschen ringsum sahen sich hilflos an, einige liefen, andere erstarrten. Ein älterer Herr legte einem Soldaten in deutsch-väterlicher Strenge die Hand auf die Schulter, sie sollten doch den einsamen Kauz in Frieden lassen, keiner Assel könne er wehe tun. »Genug damit!«, keifte der Soldat, drehte sich um und verpasste ihm mit der Breitseite seines Kolbens einen derartigen Hieb, dass sich sein Hals verdrehte, knackte und sein Körper in einem Wirbel zu Boden sank. »Der ist hinüber.«

Seine alte Witwe fiel auf die Knie zu ihm hin, presste sein Gesicht an ihre Brust und mimte Kreischen, doch es kam nichts aus ihr heraus. Der Schock war zu kalt. Der Söldner zog Rotz aus seinem Rachen und spuckte auf den Haufen von Elend. »Vaterlandverräter, Bolschewistenpack!« Sichtlich angereichert mit Adrenalin, Amphetamin, Maskulinität und tribalem Gehorsam. Eine der pickenden Krähen drehte das Gewehr auf Bajonettseite, Kollwitz hielt sich tränend die Hände vors Gesicht, ein lauter Schrei ertönte und die Menge stob auseinander. Karl packte sie am Arm und zog sie davon. Die Krähentraube lichtete sich und der totgehackte Kauz kam zum Vorschein. Stahlhelme, aus den Feuerstürmen der Höllen- und Höhlenschlachten geschmiedet, im Eiswasser ehrloser Kapitulation abgeschreckt zu verhärteten Söldnerseelen verkommen, alle Gedanken aus Eisen. Sie bliesen ins Bockshorn zur Wolfsjagd. Sie legten die Gewehre an und der Tod machte sich an sein Handwerk. Er erhob sich wie ein übles Miasma, wenn auch nicht so groß wie Hindenburg, so maß er doch bis an die sechs Meter, in schwarzes Tuch gehüllt. Sein Umhang wehte herauf bei seinen Sprüngen durch die hastende Menge und legte seine dünnen Knochenstäbe blank. Tanzend ließ er seine Klinge durch das panische Getümmel singen, trennte Liebende und Ängstige entzwei. So schnell er kam, so schnell war er auch wieder verschwunden. Der Kommandant hob die Flache Hand in die Luft, die Stahlhelme legten die heißen Gewehre zur Schulter und rückten ab, krachten durch das Brandenburger Tor hinein in die Innenstadt. Der laute, ölkotzende Raucherhusten des Panzerfahrzeugs entfernte sich und langsam wurde es fast still. Nur noch großflächiges Wimmern kroch tausendfüßlig in Kollwitz' Ohr, gebeugte Rücken und verzweifelte Umklammerungen, verzweifelte Lebewohls, unvollendete Abschiede an diesem angebrochenen Winterabend. Die Bewegung war vorbei, Tod hat sie gebracht. Nichts würde wieder gut werden. Nur Hindenburg stand noch stolz und aufrecht für die »Ehre«, hoch über den Erben seiner Generation, weit ab von den Schüssen, ohne eingebildete Geräusche. Er schlief gut. Verwickelt in die Geschichte, verflochten mit den schicksalhaften Zufällen von Abermillionen Pechvögeln, vergangen, verewigt, dreizehn Meter Ehre hoch, sechsundzwanzig Tonnen Helden schwer. Und er fiel und fiel nicht.

X

Kollwitz stand an den angeschlagenen Scheiben ihrer Mansarde, die Hände auf dem Rücken ineinander geschlossen, die Gesichtszüge eingefallen. Ein Ausdruck, der sich längst verfestigt hatte, ein Ausdruck wie gemeißelt. Ihre hohlen Blicke fegten über die leeren Straßen. Zeitungen tanzten wie Wüstenbüsche durch die Geisterstadt, überall lagen Müllhaufen aus abgesplittertem Putz und Sperrholz. Die wenigen Passanten liefen zügig durch das Terrain, mit den Nasen voran, Gefahr erschnuppernd, die Lauscher aufgesperrt, die Ohren ausgestreckt. Der nervenknabbernde Angsthase hoppelte wiedermal durch die Gassen und Hausflure und schabte an den Haustüren. Zeiten der Neuorientierung, Zeiten des Aufstands. Die Bäckerei gegenüber hatte erst einmal die Fensterläden zugezogen. Hans kam anklopfend durch die Tür hereingepoltert.
»Hey, Mutter, können wir los? Draußen scheint's gerade frei zu sein.«
Sie drehte sich vom Fenster weg, löste die Hände von ihrem Rücken und öffnete ihre Handflächen.
»Mensch Söhnchen, ist eine Umarmung seiner Alten zu viel verlangt?« Sie war stets bemüht.

Ins Bewusstsein berufen kam er bereitwillig zu einer Umarmung heran. Er war hektisch und fröstelte, rieb sich die Hände und pustete in die Ballen.

»Trink doch erstmal eine Bohne«, sagte sie und deutete auf ihren Zeichentisch, auf dem eine halb abgetrunkene Kaffeetasse auf einer ihrer Zeichnungen stand.

»Mutter, bald wird's dunkel.«

»Ist es nicht vor langer Zeit schon dunkel geworden? Alle Erinnerungen kommen mir so dunkel vor. Die Stimmen werden so dumpf, die Konturen so unscharf.« Sie setzte sich trist zur Tasse an den Tisch, befühlte sich die Stirn und sah über die gefallenen Blätter wie ein Beduine über die Dünen, wie sie kamen und verwehten. Hans ging um den Tisch herum, streifte über das Papier, besah im Schnelldurchlauf die durchwühlten Abbozzi, Kritzel- und Krakeleien von Armen und Beinen, von Körpern und Köpfen mit traurigen Gesichtsausdrücken. Fast überall erkannte er Peter, seinen kleinen toten Bruder. Auf so vielen Skizzen das gleiche Bild. Eine trauernde Mutter hält ihr lebloses Kind. Und immer war es Peter. Und immer war es sie. Nicht ein einziger Tupfer Farbe, alles schwarz auf weiß.

»Peter wartet bestimmt noch ein bisschen.«

Wie jeden Samstag wollten sie ihn auf dem Friedhof besuchen. Sein Vater Karl konnte dieses Mal nicht mitkommen, im Krankenhaus schoben die Ärzte Doppel- und Dreifachschichten durch ihre Eingeweide, getrieben von der Notwendigkeit ihrer Arbeit. Die Schwestern wuselten wild durcheinander. Die Patienten kamen neuerdings mit Kriegswunden herein, machten schreiend auf ihre Notlage aufmerksam und das Morphium war nichtmehr auffindbar.

Es war Medizin mit Hammer, Bohrer und Schraubstock, erschreckend pragmatisch. Die Gasgesellschaft streikte, ebenso fielen die Brennholzlieferungen aus, die Hallen wurden kalt. Gebrochene Knochen unter frierender Haut. Das Frostbibbern löste Schmerzzustände aus die nicht selten zur Bewusstlosigkeit führten. Und Patienten die nicht mehr schrien bedeckte man mit weißen Tüchern unter denen sie dann, in Ohnmacht, erfroren. Hans kannte diese Bilder aus den Lazaretten der Kriegsfront, er wusste welchen Schrecken sein Vater nun erlebte. Er sah seine Mutter an und wünschte, er könnte sie vor dieser Kriegskrankheit beschützen, einmal ausgebrochen war sie zäher als Seuche. Kollwitz trank die Tasse aus und stellte sie zurück auf die Zeichnung, auf den Kaffeefleck der ein ruhendes Kindergesicht umkreiste.
»Na, dann.« Sie stützte sich von der Tischplatte und legte sich Mantel und Schal an. Hans flitzte zum Fenster, lugte zu beiden Seiten an die Häuserkanten und öffnete ihr die Tür. Der Boden im Treppenhaus knarzte, alles war still und schien zu horchen.

Mehltau vereiste auf den Rosenblättern, die Gräber waren neu bestellt. Es kamen dieser Tage wieder mehr Besucher auf den Friedhof und trauerten frisch und bitter unter den siffbehangenen Tannen. Gedämpfte Stimmung und Nebelbänke hingen über der vom Weihwasser durchnässten Erde. Sie gingen an den Totensteinen vorbei und schauten sich um, die Verbuddelten lagen unter frisch aufgehäuftem Torf und man sah Schaufeln und Schubkarren herumstehen. Der Rasen war gemäht und die Hecken waren geschnitten in liebevoller Gärtnerarbeit, selbst im Januar.

Nach vielen Totensteinen standen sie bedächtig an Peters Grab. Eigentlich war er hier nicht vergraben und eigentlich stand auf dem Stein auch ein anderer Name, doch sie handhabten es wie viele Familien: Sie suchten sich einen bestimmten Stein aus, der ihnen richtig erschien, einen Platzhalter mit einer Stellvertreterleiche, um die Trauer an irgendetwas festzumachen. Und nun starrten sie durch die Blumenerde herab auf ihren kleinen Bruder, ihren Sohn. Obgleich seine wirklichen Gebeine irgendwo in Belgien verscharrt lagen, malte sich Kollwitz zu ihm herunter in die Erde, um ihn noch einmal zu halten, im Schatten.

Schlachten schlagen sie um Vergeltung, dachte sie. Die Staaten und ihre Erziehungsbehörden locken die Jungen mit wertlosen Blechmedaillen und dem Süßkram der Anerkennung, schenken ihnen billiges Gemeinschaftsgefühl. Wie teuer sie es bezahlen. Sie machen die jungen Männer zu Heroen; anmaßend und mutig und jung wie sie sind. Wie konnte ich ihn gehen lassen mit geladenem Gewehr? Wie kann ich meine Tat, oder meine Tatenlosigkeit, ungeschehen machen? Ich kann meine Schuld nicht erschießen. Ich kann sie nicht verbrennen. Durch Reue fliegen die Kugeln hindurch. Reue brennt nicht. Und so bleibt sie auf immer – »nur Peter, er kommt nie wieder!«, sagte sie und starrte auf das Sohnesgrab.

»Hast du was gesagt?«, fragte Hans aus anderer Gedankensphäre gerissen. Kollwitz ertappte sich beim Lautdenken und richtete ihren Schal. Sie drehte ihr Gesicht zu Hans und sah ihn an. Ihr großes Kind. Das schon grausameres von der Welt gesehen hatte als sie. Zu was sie fähig sein konnte. Er hatte es gesehen, in allen Dimensionen, riechbar und schmeckbar und schmerzbar. Nur durch Zufall

noch am Leben, nicht unsterbbar. Wie willkürlich noch einmal geboren. Die Knochenmühle der Massen hatte ihn wieder ausgeworfen, eine industrielle Bewegung der Menschenvernichtung, eine rädernde Maschine ließ ihn vom Band zurück zu ihr. Er hatte die Verdammnis erlebt, was konnte sie ihm noch erzählen? Ihrem ersten und letzten. Und dennoch schuldete sie dem Mutter-Sein eine Predigt an sein immer noch Sohn-Sein. Hans runzelte die Stirn und sah sie an als suche er nach einem passenden Puzzleteil. Denn sie sagte nichts.
»Ja?«, fragte Hans.
»Ach, ich dachte nur, Peter...«
»Ja?«
»Hans, du und Peter,« sagte sie. »Ihr seid herangewachsen in vaterländischem Hurragebrüll. Fahnen und Gewehre tanzten vor euren Kinderaugen. Auch ich sah noch mit Kinderaugen. Falsche Zwecke hat man euch gesetzt, grausames Spiel- und Rüstzeug legte man euch in eure Kinderhände. Und ihr lagt in meinen Kinderhänden. Ich gab euch, mein Eigenstes, dem Volkskörper herauf und erkannte nicht seinen hässlichen Völkerhass – Närrin die ich war. Nichts hatte euch dieses Kannibalenvolk zu geben, das sein eigenes Saatgut vermahlt. Nur satt sein fordert es, und jetzt hat es sich den Bauch vollgeschlagen, den Magen verdorben. Alles wühlt und wirrt in ihm umher und am meisten krankt – seine Jugend, mein Kind. Eine Schlangengrube voller Konzepte und Rezepte für die Nachwelt tut sich auf, ihre Lehrer zischen und züngeln und winden und beißen und vergiften und fordern ihrer Idee das alleinige Existenzrecht zu. Und alles nennen sie – Bewegung. Die Arbeiter-Bewegung, die Nationale Bewegung, die Ju-

gend-Bewegung. Was ist eine Bewegung anderes als der Weg von einer Versklavung in die nächste? Alles bewegt und behindert sich und versperrt sich den Weg. Sie lehren das Eingliedern, das Kleinsein, sagen, dass für-sich-selbstsein etwas Schlechtes sei. Sie lehren Zugehörigkeit die nur mit Abgrenzung einhergeht, schüren und schnüren die Gruppe zu, sagen, dass anders-sein etwas Böses sei. Sie spornen an zum Namenmachen, durch Abzeichen und Titel, Qualifikationen und Zeugnisse – wer der Beste sei im Nachmachen. Nichts als Zierrat für die Eitlen, Federschmuck für Pfauenstolz. Mein Sohn, lass mich dir meine letzten mütterlichen Worte für dein Leben geben: diene nicht denen, diene dir selbst. Wenn du gibst, vergiss nicht zu nehmen. Und verharre nicht auf öffentlicher Meinung, sei nicht so faul.« Sie fühlte ihren Kopf an Hans' Schulter und der legte den Arm um sie, wie es Vater oft tat. Dann sprach er auch seine Grabesrede an seine Mutter.

»In den Schulen haben sie uns duckköpfig statt dickköpfig erzogen, Mutter. Unter dem Drill draller Rohrstöcke gezüchtigt und gezüchtet, geradkreuzig geschlagen und gleichgemacht. Erst lernten wir das Sprechen, dann lernten wir das Maul zu halten. Ich weiß, was du meinst. Jede natürliche Neugier haben sie uns ausgetrieben, jeden dummen Gedanken, den wir manchmal denken, eingepflanzt. Ich weiß, wovon du sprichst. Mein Starrsinn löst sich langsam, ich versuche den Brustpanzer meiner Sozialisierung zu durchbrechen. Wenn die Welt verdunkelt, gewöhnen sich die Augen nur zu gern an das grau in schwarz. Dann wird alles Licht zu Blendung. Aller Geist zu viel.«

»Du, ich und Vater«, sagte Kollwitz. »Wir waren vier, jetzt sind wir drei. Wir leben alle weiter, mit ihm und ohne ihn.

Wir bleiben allein zurück, mit unserem Jüngsten in Jenseits.«

Sie hob die Hand über das Grab ihres Peters, ihres Fantasie-Peters. Sie strich über sein Gesicht und schloss ihm die Augen und wandte sich ab. Sie trotteten den Trauerberg hinab und traten durch das Friedhofsgatter zurück in die Geisterstadt, die nun im Nachtschatten lag. Die Elektrizitätswerke streikten, die Kohlenschaufler wollten mehr Geld, die Kohlenverbrenner mehr Koks. Finsterstes Mittelalter der Verständigung, wie einst im Bauernkrieg blieben Grundsätzlichkeiten ungeklärt. Wie die anderen Familien, so mussten Kollwitz und Hans Umwege nehmen, hier und dort besetzte Gebäude, umstellt von Freikorps, hinter geschnürten Zeitungspaketen verschanzt. Aus den Fenstern schossen die Spartakisten zurück, der Krieg war vollends heimgekehrt. Des Nachts ging das Taktieren der Schlachten wieder los, im Schutz der Dunkelheit machten sie Strategien aus und umschlugen sich im Strudel der Gewaltspirale. So wie einst im Bauernkrieg, und so wie damals brannten Fackeln und nicht Glühbirnen. Donnerheuler, Blindgänger, Wetterleuchten durchdrangen die Häuserfassaden. Und hier und dort sah man die Pilze der Nächte, die Schattengewächse, die Destruenten auf dem morschen Frieden der Schuldenberge. Die Kriegszertrümmerten. Die Rückkehrer, und doch niemals Rückkehrer. Die Kriegskrüppel. Sie bevölkerten die Nebenstraßen und sangen ihr Trommelfeuerlied und schüttelten sich, denn auch sie waren mal Menschen gewesen, bis sie in das Grauen hineingesehen hatten. Einer dieser Krebse ohne Beine kroch unweit von Kollwitz und Hans in eine umgekippte Mülltonne hinein und fauchte sie an.

»Bullhornige, schratbärtige Barbaren; Berserker! Maschinen!«, gurgelte er und kratzte an den Scherbensplittern vor ihm auf dem Boden um Lärm zu machen. Traumatisierte, ärmste Menschen, ihr Fühlenden unter Gefühllosen, dachte Kollwitz zurück. Keine Schreibtischtäter in Bürobunkern, nein, sie waren eigenhändige Täter bei der Landarbeit gewesen. Die brennende Schuld in den eigenen zwei Händen, den Tod in den zehn Fingern, die im Krieg auf die Knöpfe drückten und Millionen vergifteten oder zerschossen oder zerrissen. Totbringende Monster an seinen Armen verwachsen. Er fauchte sie an und ging mit ihnen ins Gericht. »Finger weg! Ätz, ätz, weg von mir! Ihr Klauen! Ekel, spuckhässlicher Ekel, ich hacke euch noch ab! Eines Tages hacke ich euch, zack und zack, einfach ab!«
Vor ein paar Tagen hatten sie hier in der Nähe die Überreste von Rosa Luxemburg aus dem Landwehrkanal gezogen. Ihr Gesicht war entstellt, ihr Henker hatte aus nächster Nähe abgedrückt. Die vertrauten, schwarzen Augen waren weiß geworden. Kollwitz fror, denn es blieb kalt. Sie schlichen weiter durch die leere Einkaufspassage. In den Schaufenstern boten die Händler ihre letzten Auslagen feil. In den Schneidereien standen halb nackte Schaufensterpuppen mit verdrehten Köpfen, Maßbänder hingen an ihren Armen und Nadeln hefteten die unfertigen Teile an ihre Holzkörper. Beim Metzger hingen zwei Schweinehälften, Haxen und Schenkel im Fenster, gefüllter Magen, Hüfte und Schulter lagen aus, die letzten Reste zu horrenden Preisen. Daneben das Prothesengeschäft, Unterbeine und Oberarme aus Holz, mit Schinkenfarbe lasiert; Hände als Haken oder Greifzange und Füße mit Zehen oder als Stumpf. Als sie endlich die geschlossene Bäckerei erreich-

ten gab sie Hans einen Abschiedskuss und sah ihm noch ein wenig nach, bis er um die Ecke bog und heim zu seiner Verlobten Ottilie eilte.

Sie betrat die alte Stube und dort saß, geschlagen und ermüdet vor dem Fenster, Karl. Er neigte den Kopf zu ihr und wieder fort.

»Hallo, mein Matuschchen«, Seufzte er, sichtlich erschöpft von aller Arbeit und allem Chaos.

Er war auf dem Heimweg in einer Protestmasse eingekeilt worden. Man schoss mit Maschinengewehren in die Menge, er rettete sich in ein naheliegendes Café, dort verband er zwei Menschen, einer starb. So saß er da, mit Blut an seinen Händen.

»Ich will sie alle heilen«, sagte er leise zu sich und zu ihr.

»Was ist passiert?«, fragte sie.

»Ich will sie alle heilen. Ich will alle ihre Schmerzen in Luft lösen. Ich will alle ihre Kugeln und Metastasen aus ihren Leibern schneiden. Ich will eine Medizin erfinden, die all ihre Fremdkörper zu Antikörpern macht und alle ihre Bestandteile zu Eigenschaften. Ich will ihre Schädel öffnen und ihre zerbrochene Zuversicht kleben. Und wenn die Narkose verblasst, wie ein früher Morgen, und ein leichter Schwindel zurückbleibt, dann – will ich alles in ihnen geheilt haben. Nicht nur ihre Tuberkulose, ihre Sepsis, ihre Schusslöcher – auch ihre Euphorie, ihren Enthusiasmus, ihre Angst und ihren Stolz. Ich will ihr Arzt sein. Ich will sie in ihrer Gesamtheit heilen. Ich will *Gesamt*-Arzt sein. Arzt bin ich nur, doch die Gesamtheit will ich heilen. Jeden will ich heilen. Alle. Von Allem.«

Er senkte den Kopf in die Hände. Das elektrische Licht der Streikbrecher flackerte von den Straßenlaternen durch die Scheiben. Die Welt war ihm durcheinandergebracht, unordentlich. Ja, so war es auch ihr. Kollwitz sah ihn an. Ein gebrochener Mann in seiner vollen Blüte. Die Welt war durcheinandergebracht. Eltern verlieren ihre Kinder nicht, Eltern sterben *bevor* sie das erleben müssen. Wer das verliert, was wir verloren haben, dachte Kollwitz, dem bleibt es kalt und festes Eis wächst zwischen uns. Gletscher ist jetzt was einmal sprudelnder Quell und Ursprung war. War es einmal Liebe was uns zusammenhielt, so ist es jetzt die Trauer, die Trauer der Eltern, die uns aneinander gefriert. Karl ließ seine Hände herabfallen, streckte sich und sah sie an. Die Schatten fielen tief in ihre Gesichter, gekrümmt schien ihre Zeit. Die Kerzen erstickten, eine nach der anderen erlosch, die beunruhigende Nachtruhe fiel in die Stube. Es war ruhig draußen. Auch Peter fiel in einer solchen, ruhigen Nacht. Sie hatten nichts gespürt als es passierte. Sie gingen an jenem folgenden Morgen ihrem Alltag nach, unwissend ihn verloren zu haben. Auch in dieser Nacht fielen wieder Söhne. Von Bekannten, von Nachbarn, von Freunden, von Geschwistern. Alle fielen sie, nach vorne und nach hinten, nach oben und nach unten, nach links und nach rechts, überall hin.

»Geh schlafen«, sagte Kollwitz. »Du brauchst Ruhe und Träume.«

»Geh du nur«, sagte Karl. »Wenn ich schlafe wird jemand sterben. Wenn ich träume wird jemand sein Kind verlieren. Ich muss wieder los. Die Leute schießen wieder aufeinander und jemand muss all die Löcher stopfen.«

Karl ging nach einem Tässchen Kraftbrühe, zwei oder drei Zigaretten und ein paar trostlosen Augenblicken des Schwermuts zurück ins Hospiz. Kollwitz sah ihm durch ihr

Fenster nach, dort verschwand er wiedermal. Hinein ins Blutbad.

Sie zog sich ihr Nachthemd über, legte sich in Peters Bett und zählte die Schatten an der Decke. Wo Nacht ist, wo die Schatten ihre Spiele spielen, da sind Groß und Klein nur Illusionen. Da wo Nacht ist, dort huschen sie im Schutz der Unsichtbarkeit, rundherum und um sich herum, die Bewegungen und die Bewegten. Mit starken Waffen und schwachen Worten. Sie zog die Decke an ihr Kinn und döste in ihren tiefen, liebsten Traum hinein. Sie war im Wald auf der Suche nach Peter und dort, über dem Blätterdach, dort lag er wieder selig schlafend in einer Hängematte, zwischen zwei Bergen, und atmete gründlich und gesund. Dann nahm sie ihn behutsam aus der Hängematte heraus und legte ihn zurück in ihr Herz. Einmal, zweimal, dreimal, immer wieder, bis zum Morgen.

Flugblatt! Flugblatt! Flugblatt!

Kommen Sie, ja, Sie, genau, Sie, Sie, der Sie so fragmentarisch mustern. Mund auf, Kopf auf, rein mit der Soße. Was steht auf der Büchse? Dada! Was ist Dada? Besser sollte man meinen: Was ist Dada nicht? Nicht Nicht-Dada ist Dada, Dada ist Nicht-Dada, in seiner gegenseitigen Verneinung zum Ja, also wenn solches nicht-ist sein soll und immer das Gegenteil seiner selbst wäre, sei Dada jenes.
Treten Sie also los, nehmen Sie Positur an, stellen Sie sich neben sich und in Ihren Nächsten, drehen Sie sich viereinhalbmal im Kreise und kommen Sie zum Lützowufer 13, in die Kunsthandlung Otto Burchard. Dada.

Die Himmelsrichtung, so so, wenn Sie mir damit mal nicht die Koordinaten meinen. Hier denn nun die dadaströse Wegumschreibung, per Gesetz:
Man rupfe die heilige Banane vom Baume der Erkenntnis, löse die Mehlfrucht aus der Schale, lege diese umsichtig und unsichtbar vor sich an die Füße und marschiere lauten Schrittes voran. Wusch! Rups! Padabum! Klaps! Wenn Sie nun ausgerutscht auf dem Hosenboden sitzen, sich kratzen und fragen: Ja, geht's noch? Dann hieße das: Befehlsverweigerung! Auf, auf, ein zweites Mal. Wie kürzlichst noch in kriegerischem Einheitszweitilen, Dada-Krieg. Jetzt dürfen Sie lachen. Jetzt nicht mehr. Jetzt wieder doch. Stopp. So tönt und trötet es der Feld- und Wiesenmarschall in sein Blashorn. Danke dafür – dafür nicht – danke. Dada sei hierbei gedankt. Will aber heißen: grapschen Sie sich am Kragen, nehmen Sie sich eine Wäscheleine, kommen Sie heran. Dada ist nicht, Dada bleibt. Dada wird

Ihnen die Birne schon Instand setzen. Die Kunst aber ist tot, da war nichts zu machen. Jeden Montag um sieben Uhr Soirée.

Mit deutlichen Grüßen,
jedermann sein eigener Fußball,
der Propagandadada

Flugblatt! Flugblatt! Flugblatt!

KAPITEL II
Dada und die Weltformel
1920

Der lange Fips in weißem Nerz und roter Schelmkappe öffnete den Gästen die Türe und gurrte. »Hereinspaziert, hereinspaziert, Dada sperrt Ihnen vorzüglich Ihre Schädeldecke auf. Kein Schreck, kein Schreck.«
Der Eingang lag verborgen hinter einer Poststation und einer öffentlichen Toilette nahe dem Lützowufer. Die misstrauischen Interessierten sammelten sich an der Kasse und sahen sich verschwiegen an. Kollwitz war eine der Wenigen, die nicht lächelten. Karl hatte sie dazu überredet, herzukommen. Er zahlte den Eintrittspreis scheinbar gewohnt und schien die Regeln zu kennen.
»Nur kalt Blut meine Damen und Herren, kommen Sie, haben sie Zuversicht in die Amöbe, setzen Sie Hoffnung in die Mikrobe. Dada ist die erste und größte Weltform. Wir sind die wahren Kommunisten des ehrlichen Kapitalismus, denn wir ziehen *jedem* das Geld aus der Tasche.«
Und die Glocken an seiner Eulenspiegelmütze bimmelten. Er hielt einen schnurrenden Kater auf dem Arm und kraulte ihm die Kinnlade, während er mit der anderen Hand etwas umständlich die zwei Mark fünfzig Eintrittspreis entgegennahm. Er grinste wie ein Clown ohne Puderquaste, etwas Besorgniserregendes das ansteckend schien. Die Zähne schwarz wie Ruß, die Haut weiß wie Kalk, lang wie eine Bodenleiste. An den Wänden hingen groteske Collagen und eigenartige »Erzeugnisse«, wie die Gastgeber es nannten. Grotesk und für das Gros der Besucher eher

Zumutung als Mut zur Aussage. »Sperren Sie endlich Ihren Kopf auf«, titelte ein Plakat. Die Augen waren ausgeschnitten, Buchstaben waren darüber geklebt.

»Schau dich ruhig um«, sagte Karl, der die Ausstellung schon kannte und ging vor in den Theaterraum, in dem später die Soirée stattfinden sollte. Kollwitz nickte. Sie war ihm dankbar, sie mal aus ihrem Atelier geschleift zu haben. Zuletzt war sie auf einer Skulpturbaustelle eingeschlafen. Es tat ihr gut rauszukommen.

Interessiert näherte sie sich einem dieser verworrenen Werke, skizzenhafte Zeichnungen, die hier und da die Wände mit Aussage tapezierten. Auf diesem einen war ein Offizier geschmiert, der mit erhobenem, offensichtlich blutgetränktem Säbel über einem toten Strichmännchen kniete, welchem er die Kehle aufgeschnitten hatte und es anbrüllte. Die Bildunterschrift lautete »Noske bei der Arbeit«. Sie kam nicht umhin zustimmend zu nicken.

Ein mittelgroßer, alter, etwas dunkelhäutiger Mann mit Halbglatze, weißem Seitenhaar und dickem schwarzen Mantel stand unbemerkt neben ihr und schüttelte den Kopf.

»Rümpel, nichts als Rümpel«, knurrte er.

»Sie stimmen mit dieser Ansicht über Noske überein?«, fragte sie ihn.

»Noske? Der Bluthund? *Das* soll Noske sein?«

»Da steht's.« Sie zeigte auf die Bildunterschrift.

»Das macht's auch nicht besser«, sagte er, dann sah er sie an. »Frau Käthe Kollwitz? Ist ja nicht wahr. Ich habe die Ehre.« Dann gab er ihr die Hand wie einem Arbeitskollegen.

»Ist das so? Sie haben Ehre? An welcher Front haben Sie gedient?«, fragte Kollwitz sarkastisch, doch ihr Gegenüber war sehr wohl imstande zu schwarzem Humor.
»Verzeihen Sie, Pietät, ich weiß natürlich um Ihren Verlust. Ich freue mich Sie mal in Farbe zu sehen.«
»Na also, und Sie sind?«
»Dachs, Ansgar Dachs, was für eine Zeitverschwendung, nicht wahr?« Er nickte zu den Zeichnungen. Keine Ausarbeitung, dafür Massenproduktion, Kritzeleien aus den hinterletzten Hinterköpfen der Hinterhöfe. Leere Strichmännchen, nichts was einem die verschwendete Lebenszeit zurückgäbe während man es anglotzte.
»Ich war bei denen schon in Zürich«, sagte er abfällig, »da waren die Zustände ähnlich beschissen.«
»Kindlich rein, doch nicht naiv«, lobte Kollwitz dagegen.
»Zeitverschwendung«, wiederholte Dachs. »Solcherlei Gekrakel betreibe man bitteschön wie Klosettgänge – hinter *verschlossenen* Türen.«
»Sie unterschätzen den Wert verschwendeter Zeit, Herr Dachs, und nein, dies ist weit mehr als das. Es sind unsere Jungen, unsere Kinder. Die nächste Generation, die, welche unsere hervorbrachte. Die haben den Krieg erlebt. Unseren Krieg. Wir haben ihn ausbrechen lassen. Wer sind wir, sie zu beurteilen? Sie sind dran. *Sie* urteilen nun über *uns*. Stufen müssen wir ihnen sein, nicht Zäune.«
»Hufe werde ich denen sein, diesen Schmierfinken«, brummte Dachs. »Bastarde aus Sinnkrise und Zukunftsplänen. Sie müssen ja daran Gefallen finden, Sie sind freie Künstlerin, nur zu. Ich nehme mir die Freiheit es abzulehnen. Es hat keinerlei technischen Wert.«

Kollwitz lächelte, ging ein paar Schritte zum nächsten Bild und ließ Dachs folgen.

»Und das da?«, fragte sie.

Jenes Werk war keine Kritzelei, es war ein Ölbild feinster Couleur, war aber nicht weniger thematisch fokussiert. Es zeigte eine zerbrechende Umwelt. Ein Politiker, ein General und ein Priester standen beflissen vor dem Zerfall, während der Normalmensch, der bürgerliche Egoist zu Tisch und Mahlzeit, sich aus Schreck vor dem Untergang an sein Buttermesser und seine Fleischgabel klammerte und an seinem Tische sitzenblieb an dem er bestellt hatte. Dachs las die Beschreibung unter dem Bild und befummelte sein Schnauzhaar desinteressebekundend: »Deutschland, ein Wintermärchen; George Grosz – der Propagandadada.«

»Naja, es ist nicht gerade herkömmlich, nicht wahr?«, sagte Kollwitz. Dachs hob beide Augenbrauen.

»Es scheint mir, dass der Maler den französischen Kubismus mit dem italienischen Futurismus zu verwechseln versucht und dabei auffällig scheitert. Ist mir aber auch egal, soll mir der Futurismus am Kubismus vorbeigehen, so schnell wie's nur geht. Ist doch alles Müll für die Abfuhr. Diese Stümper halten sich nicht an die einfachsten Regeln. Nicht an die einfachsten, Frau Kollwitz.«

»Jeder Idiot kann eine Regel aufstellen«, widersprach Kollwitz, »und es gibt immer einen zweiten Idioten, der sich daran hält. Ich sehe durchaus viel technischen Wert. Sehen Sie es sich an: Ein Bild, das auseinanderfällt. In alle Richtungen. Mal vom Stil abgesehen. Ist das kein Ereignisfeld eines gekonnten Malers? Sehen Sie sich die Machart an. Sie sind nicht vom Fach, nicht wahr?«

Dachs lachte laut auf.

»Vom Fach? Wenn Sie wüssten wer ich bin, Frau Kollwitz. Wenn Sie wüssten.«

»Nun, ich kenne viele. Aber *Sie* kenne ich nicht«, sagte Kollwitz.

»Ganz recht.« Dachs schien nichts weiter zu sagen zu haben. Er putzte sich die Nase und kratzte sein Fell, dann zog er eine Museumslupe aus seinem schwarzen Mantel und begutachtete Strichführung und Rasanz des Gemäldes, als würde er es testen. Kollwitz war gar nicht mal so überrascht von der Pedanterie. Offensichtlich ein Berufskritiker der sich für einen Künstler hielt, indem er fremdes Werk schlecht hieß, weil er kein eigenes konnte.

»Nun, es verschleppt nur wieder diesen lästigen Kubismus, wie ich schon sagte«, bestätigte er sich selbst. »Alles zu dick, zu pastös, mehr Kante als Form. Sehen Sie sich das an, hier unten, der benutzt doch *Straßburger* Terpentin zur Farbverdünnung, da geht mir die Hutschnur hoch bei sowas. Wie dem auch sei, Gnädigste, Sie werden schon noch sehen. Ein gelehrter Kunstakademiker macht noch keinen Gesamtwert in dieser Dada-Bewegung. Da ziehe ich Ihre Arbeit vor, Frau Kollwitz. Talent, Frau Kollwitz, Talent. Eines pro Generation. Machen Sie weiter so. Und verwenden Sie mal Farbe, probieren Sie es aus. Dieses ewige schwarz-weiß ihrer Zyklen ist doch kein Zustand, bei allem Respekt.«

Kollwitz wusste, wann es sich zu verabschieden galt, wo man sich einig war uneinig zu sein.

»Wir sehen uns dann im Theater, Herr Dachs? Auf bald.«

»Ja, im Theater, das kann man laut sagen.« Er ging kopfschüttelnd weiter seiner Wege durch die eigen- und andersartige Ausstellung. Von der Decke hing ein Schwein in Reichswehruniform.

»Bah!« Sagte er noch unter dem Türpfosten, dann war er weg. Eine weitere Skulptur stand dort am Rande des Irrsinns. Eine Schaufensterpuppe mit Verdienstabzeichen und verlorenem Kopf, eine Glühbirne diente als Prothese, man konnte sie an- und ausschalten. Plump und provokant.

Die Besucher kamen in einen Kellerraum mit einer kleinen Bühne und setzten sich kichernd und zuflüsternd auf die klapprigen Stühle. Dies sollte also das Theater sein. Karl winkte ihr zu, er hatte schon die besten Plätze reserviert, mitte Mitte, zwei Reihen davor. Man setzte sich. Die Leuchten blendeten von den Stühlen ab zur Bühne. Der Vorhang wurde langsam per selbstgebautem Flaschenzug aufgezogen und quietschte metallsträubend. Das Licht ging auf. Die Bühne war klein, bunt und infantil verbastelt, überall erkannte man grelle Gesichter aus scharfen Kanten, maskierte Maskenträger, merkwürdiger als gewöhnlich. Ein trauriger, karger Mann stand dort neben einem alten Klavier und fummelte verlegen an seiner Körpermitte herum.

»Seht mich an!«, rief er auf und äugte bedrückt ins Publikum. »Ich bin ein Witz! Ich bin hässlich! Ich bin ein hässlicher Witz! Ich sähe Salz in den Sand. Ich durchpflüge die Wüste. Stolz pflügte ich erst die Wüste, doch in der Wüste, dort verliert man seinen Stolz. Seht mich an! Seht mich an! Ich bin ein Witz, so alt wie die Sahara! Ich bin zum Davonflüchten hässlich! Ich bin ein hässlicher Witz! Ich bin genauso wie ihr!«

Der verstimmte Pianist zog seinen Reißverschluss hoch, richtete seinen Hosenbund und setzte sich ans Klavier. Er krempelte gelangweilt seine Hemdsärmel hoch, hob die Hände und hämmerte seine knochigen Finger in spasmischen Zuckungen in die quäkernde Holzkiste. Dieselben zwei Akkorde, schrill und falsch und ohne Takt. Klingklang, kling-kling-klang, kling-klang-klang, und so weiter. Kollwitz erkannte in der kargen Beleuchtung des Kellergewölbes die sich weitenden Augen der Publikumsinsassen, Stirnfalten wellten sich auf und Augenbrauen zogen sich zusammen wie Gewitterwolken. Hinter dem Klavier kamen drei Frauen in weißen Nachtkleidchen hervorgetänzelt und schlugen Kochlöffel auf Töpfe. Dazu stimmten sie ein dissonantes »tschu-tschu-tschu« an; sie versinnbildlichten wohl die höchste Eisenbahn für die Gesellschaft oder die Eisenbahngesellschaft oder möglicherweise auch einfach gar nichts. Dadas eben, man hatte es nicht leicht mit ihnen. Was es auch war, sie verarbeiteten es zu Dada. Der Zug hielt an, die Damen erstarrten. Ein fetter General marschierte in preußischem Stechschritt hinter ihnen hervor auf die Bühne, wirbelte seinen Blechsäbel über die Köpfe und schrie strenge Befehle aus kratziger Kehle, so dass ihm seine Pickelhaube regelmäßig ins fette Gesicht rutschte.

»Raus aus euren warmen Löchern!«, stieß er aus und Spuckfetzen flogen unter seiner Schnauzbürste heraus durch das Rampenlicht und es nieselte.

»Ihr Stubenfliegen, ihr Ofenhocker, raus aus euren warmen Löchern! Unter Mondglotzen und Sternenstarren rufe ich zu Beil und Keilerei!«

Der fette General grunzte dreimal heftig, beendete den Stechschritt und stellte sich stramm in Befehlspose vor das

Publikum. Er sprach die Kaiserrede der totalen Kolonisation der kolonisierten Kolonien:

»Hört ihr nicht die Scharen scharren? Werft über euren Harnisch und schreitet durch die Äquatoren – ich brüll die Marschmusik der Weltarmee! Divisionen und Husaren – aus Ost und West und Nord und Süd, erhebt eure Standarten! Japaner, Chinesen, Deutsche, Franzosen! Truppen Afrikas, Asiatische, Kaukasische! Herbei Amerika, o Mississippi! Spree, Nil, Wolga, Tiber, Amazonen! Legionen Indonesiens, Brasiliens, Schwedens, Schweiz, zieht das Säbel, lasst es singen! Brich herab Himalaya, Täler des Mekong marschiert herauf! Verladet die Haubitzen auf die Elefanten der Oasen, bemannt die Wale der Weltmeere, sattelt die Löwen der Hunnensteppen! Ich brüll die Brachiale! ich blas die Marschmusik der Weltarmee – endlich wieder Krieg!«

Der fette General sprang um, beugte sich mit den Händen auf die Knie und furzte den Zuschauern lauthals entgegen, diese schlossen ihre erstaunten Münder augenblicklich. Der verstimmte Pianist schwang um in eine fröhliche Marschmusik und die Damen hüpften im Kreis um ihren fetten Führer.

»Gegenwind, Gegenwind, Dada bläst zum Gegenwind!«

Kollwitz' gewohnt trantütiger Gesichtsausdruck wich einer offenen Neutralität. Für einige andere war die Schmerzensgrenze überschritten. Die ersten Gäste erhoben sich nervös von Ihren Sitzen, tasteten sich ab, dass sie auch ja nichts vergaßen, postulierten ihre Unlust über das Dargebotene mit faustigem Handwurf und verließen die Sitzreihen in tapsiger Hektik.

»Ihr!«, tobte der fette General sie an und zielte mit seinem zittrigen Zeigefinger auf die Flüchtlinge.

»Küsst die Fresse!«, raunte er. »So feucht wie ihr nur könnt!« Die Flüchtlinge erstarrten. »Oder die Fresse küsst euch! So nass wie sie es nur will!« Und er zog sich mit seinem zittrigen Zeigefinger die labbrigen Hautsäcke unter seinen Augenringen herunter, aus seinem fetten Gesicht baumelten die Doggenbacken und schlabberten vor Zorn. Einige setzten sich wieder hin, gehorchten dem, was der General befahl, andere nutzen die Schatten der Flure und schwiegen sich davon, andere konterten mit verschränkten Armen und bestanden auf ihrem Standpunkt als sei es der Prüfstein ihrer Männlichkeit.

»Sie! ausgerechnet Sie!«, schimpfte ein Überzeugter. »*Sie* haben wir nach dem Krieg gebraucht! Einen Verräter! So dankt es ihr meinem gefallenen Sohn? So dankt ihr es dem Land, der Erde, den Familien für die er fiel? Damit verschwendet ihr eure Zeit? Damit dankt ihr es den Opfern dieses Desasters? Mit Witzen?«

Alle schienen aufgeregt, jeder schien etwas loswerden zu wollen, nur keiner traute sich. Auch Kollwitz schwieg, obwohl sie hätte aufschreien können. Sie merkte es Karls Halsschlagader an, dass es ihm genauso ging.

»Nein, nein, nein!«, schrien die einen plötzlich los, »ja, ja, ja«, seufzten die anderen zurück. Es war doch so unbedeutend. Das Sterben, es war unbedeutend gewesen, umsonst, man hatte es einzusehen; oder auch nicht. Man zeigte seine Aufregung, man regte sich auf, und überhaupt, da regte sich etwas. Die Ohnmacht war wie abgestellt, man diskutierte wieder. Kollwitz atmete auf. Das Haus der schrägen Vögel machte auch ihre Besucher schräg. Ja, wie Darwins

Spatzen sangen sie ihre Leiern von ihren vielen eigenen, einzigen Inseln. Jeder Spatz für sich das Beste wissend aus seinem individuellen Erleben, mit bebendem Brustlatz tönend, frei und überzeugt und im Recht, wie ihm der jeweilige Schnabel nun mal gewachsen war. Waren wir nicht alle Dada? Auf vielfältige Weise – einfältig? So hüpft jeder von seinen jeweiligen Zufällen zum nächsten und nennt sich »Entwicklung«. Dada ist Entwicklung.

Als der Propagandadada vor die Meute und die Meuternden trat und die Direktorenhand erhob, zogen viele Spatzen ihren Atem ein und ordneten ihre Federn, die schrägen Vögel streckten ihre Hälse herauf und verschluckten ihr Tschilpen mitten im Kehlsatz. Hinter ihm postierten sich der Dadasoph und der Balldada, der Monteurdada schraubte im Hintergrund das Bühnenbild um. Schräg wurde schräger.

»Die Kunst ist tot, ihr Kunstgläubigen!«, posaunte der Propagandadada heilsbringend und arrogant mit dem jungen Selbstbewusstsein seiner Manie.

»Es gibt für alles seine Zeit! Für die Hebamme die eine, für den Totengräber die andere. Für die Kunst ist es nun Zeit zu sterben. Es gab die Mittelalterzeit, die Barockzeit, die Biedermeierzeit; es gab die Steinzeit und die Eiszeit. Es gab die Zeit zu kämpfen und es gab die Zeit zu fressen.«

»Was hat denn die Kunst damit zu tun?«, rief der aufgelöste Überzeugte. »Das entartet doch!«

Der Propagandadada redete unbeirrt weiter:

»Es gab die Antike, das Altertum, die Renaissance, den Rokoko, die Klassik, die Romantik, das Genie in seiner Welt und die Welt ohne Genie; und jetzt gibt es Dada. Alles ist Dada – Nachahmung ist zwecklos, Weiterführung sinnlos! Denn jetzt ist sie tot. Ihr Zeugen! Ihr Zeitzeugen, ihr saht wie sie das Herz der Kunst, den Stil, zum Stillstand brachten! Dada ist das Bekenntnis zur Stillosigkeit, denn jede Zeit hat ihren Stil. Dada ist das Bekenntnis zur Stillosigkeit, denn wenn Dada ist, ist Kunst nicht. Wenn Dada lebt, dann sage ich die Kunst ist tot! Und wo die Kunst tot ist, ist auch der Mensch tot! Tot, die Mona Lisa. Tot, das Selbstporträt! Tot, der monokeleinzwickende Mäzen und der teetassenhenkelhaltende Mondän. Tot, der Dürer. Tot, der Cranach der Ältere. Tot, der Cranach der Jüngere. Die Kunst ist tot! Wir heben die Kunst auf ein Podest – und tragen sie zu Grabe. Sie soll zum Himmel fahren, gleich, sofort, immediately, wenn möglich. Das ist Lüge, nur umgekehrt, Dadawahrheit; Überzeugung ist der erste Schritt, Erzeugung der Zweite, ihr Zeugen der Sterblichkeit von Kunst! Seht das Bild des Spießers, des bürgerlichen Egoisten, wie die Welt um ihn einhergeht und eingeht, während er zu Tisch auf seine Mahlzeit wartet. Huren hausieren, Verbrecher und Bestecher kampieren. Kirchenhäuser – Dächer für die Unglückseligen und Türme für die Selbstmörder. Eine Lust! Und der Spießer, er würgt Messer und Gabel umso fester. Das Futter muss kommen, es wird doch einer in der Küche stehen und kochen? Ihr Verbrecher, gebt mir mein Futter! Wo ist mein Gift? Langes, unbeweisbares Gift ist gutes Gift. Ihr Zeugen, könnt ihr mir bezeugen, dass die Kunst tot ist? Höre ich nun Zustimmung und Abneigung? Beides? Ja?«, er hielt die Handflächen hinter seine Ohrmuscheln und forderte den Zuschauertross zum beklatschen auf. Die Empörten blickten sich verdächtigend an. Ein dürrer Stockmensch in Kollwitz' Nähe stand auf und rief: »Genau, mein Junge!«

Zornige Schmährufe entglitten den Besuchern in den hinteren Reihen als der Teil um sie sich aufrichtete, sich umdrehte und jubelte. Die Hinteren begannen die Vorderen zu beschimpfen und die Vorderen taten ihnen Gleiches mit Gleichem gleich.

»Es ist eine Schande! Eine Schande ist das!«

»Wa sin se denn so blöde inne Birne, dass se dit nich vastehn, Mensch!«

»Kommunisten!«

»Flitzpiepen!«

»Bolschewistische Zigeunerbrut!«

»Jetz sperre se ma de Köppe uff, jah?«

»Arschfotzen!« Dann warf einer seinen Hut vor sich auf den Boden und trampelte auf ihm herum. Mit dem Hut meinte er die anderen. Es ging so weiter. Eine reinigende Schlammschlacht hässlicher Wörter, ohne Kugeln, ohne Gas, ohne Tod. Alle töteten nur die schöne Kunst. War das Frieden? Kollwitz atmete auf, als hätte man ihr eine schwere Tasche abgenommen. Ja, das war er. Er war zurück. Die Waffen waren gelegt, das Wort war zurück. Der Krieg konnte von Neuem beginnen.

»Ihr ungewaschenen Kindsköpfe, ja! Schön blöd! Wir werden euch noch Töne lehren, die ihr so noch nie vernommen habt!«, rief es weiter von den Hinterbänklern.

»Ihr Dummköpfe, Dornkronen setzt ihr euch auf, ihr monarchentreuen Untertanen!«, rief nun der Balldada gegen das Scheinwerferlicht. Er war verkleidet, wie der Name schon sagt, als Ball.

»Herrschaftshäuser und Denkmäler errichtet ihr euren Kriegstreibern. In die Höhe treibt ihr eure Höhergestellten, ihr Untertänigen, in die Höhlen steigt ihr für sie. Auf dass sie euch als Phallus dienen, je höher und fester sie in eure Ärsche stoßen.«

Die Hinterbänkler trauten ihren Ohren nicht, was sie da von einem Ball gesagt bekamen.

»Ihr Verräter! Wegen Bürschchen wie dir haben wir die Schlacht verloren! Weil du nicht für meinen Sohn gestorben bist, ist er jetzt tot! Dreckiger Vaterlandsverräter!«

»Ihr Untertanen!« Fuhr der Ball fort, ohne auf jegliches einzugehen. »Ihr armen, armen Untertanen. Ihr Götzenbildner. Auf der Suche nach dem größten Phallus der euch führt und in euch hineinführt – dem Übergroßen, dem Größten, dem Mutterpenis, der Mutter aller Penisse.«

»Das ist ja sagenhaft!«

Das tobende Gegröle vernichtete die Hörbarkeit der letzten Worte des Balls. Der verstimmte Pianist stimmte einen Ragtime an. Kollwitz tat so als würde sie klatschen, ihr war heiter zumute, der fette General aber war mehr als das, er befand sich in seinem Element und lachte höhnisch, der Propagandadada lachte teuflisch, der Ball lachte überhaupt nicht. Letzterer war nur zufällig Dada, alles, was er sagte, war ihm bitterer ernst, darum war er ein Ball.

»Ja wisst ihr denn nicht? Ja wisst ihr denn nicht?«, schallte es aus den Rängen

»Was wissen wir nicht?«, schlug der Ball zurück.

»Die Tantalusqualen unserer verdammten Söhne!« Der Überzeugte zeigte sich von seiner poetischen Seite, die man braucht um zu überzeugen. »Dort draußen in den Gräben, wo heute weiße Fetzen im Wind flattern. Durch und durch gepflügter Acker, besäht mit kalten Kugeln. Rostige Bombenschalen stehen aus den Böden hervor wie antike Tontöpfe. Knochen liegen da, als wären es Krieger von längst vergessener Zeit. Doch es sind unsere Kinder! Verstreut in der weiten Flur des Grauens! Und ihr macht euch lustig, ihr setzt euch rote Clownsnasen auf! Pietätlos bis ins Mark! Mir ist es ernst!«

»Die Tantalusqualen unserer Söhne! Sie sagen es!«, rief Karl plötzlich zurück. Kollwitz erschreckte sich, so aufbrausend erlebte sie ihn bisweilen selten.

»Unsere Kinder sind tot! Unsere Kinder sind an unserem Wahn vernichtet worden – wir, die Eltern, tragen die Schuld! Was meint der denn sonst mit der Kunst? Unsere Kunst! Unsere Kinder sind tot! Und sehen sie sich die übrigen Kinder hier an, die überlebten Kunstwerke!« Er zeigte auf die Bühne.

»Das! Das sind die Überlebenden unserer Feuerwelt, die wir für sie erbauten. Das! Das sind unsere Überlebenden die sich von unseren Schlachtbänken befreiten. Wenn! Wenn jemand sagen kann was er will und wie er es will, dann unsere Kinder. Wir Alten sind zu nichts, rein gar nichts mehr zu gebrauchen!«

»Ach was!«

»Ach was? Das ist Ihre Antwort? Halten Sie endlich ihr vor Dummheit schäumendes Maul!«

Kollwitz drückte ihren Mann in den Arm, er baute sich auf wie ein Bär, als wollte er gleich eine Prügelei anzetteln, und das als der vernünftigste Arzt der Stadt. Das wäre doch Dada, dachte sie.

Die Hinterbänkler schienen unabsichtlich einen Chor zu bilden: »Trauer, Trauer, Trauer! Das ist keine Trauer, das ist ein Fest!«

»Oh ja, ihr seid traurig«, fiel ihnen der Propagandadada mit ausgestreckten Armen in ihre Thesen, er saß nun auf den

Schultern des fetten Generals und stimmte seine vorbereitete Rede an:

»Oh ja, ihr seid viele. Und ihr seid alle so traurig. Und je mehr eure Herde auf der Trauerweide grast, desto kürzer macht ihr euch selbst. Je mehr ihr euren Hirten nachblökt, desto winziger wird eure Stimme – denn der Ruf nach einem starken Mann, der führt, ist kein Ruf, es ist ein Blöken. Und eure Herde wächst zu Heerschar, zu Volkskoloss und du...«, er zeigte auf einen beliebigen Hinterbänkler.

»Der kleinste Zwerg der Welt. Ja, Zwerg bist du mit schwachem Nacken, auch so traurig, knickst nach hinten ab und siehst nach oben, dass dir da einer ist, der dir sagt wohin du hufen sollst, anstatt selbst nach vorn zu sehen. Ja, Zwerg bist du, der einen Diktator nötig hat!«

Der Beliebige sah sich zu den anderen um.

»Na warte!« brüllte der wortgewandte Überzeugte zurück und nahm den Beliebigen in Schutz. »Dir werde ich Mores lehren, du Bengel, dass dir das Hirn schon noch vergeht. Wen nennst du hier Zwerg?«

»...dafür keine Zeit«, hörte Kollwitz ihren Bekannten, Herrn Dachs, am Ende eines Halbsatzes, in einer Feuerpause murmeln. Dann verschwand er durch die Galerie. Er hatte offenkundig genug gesehen. Dabei fing der Propagandadada gerade erst an den Überzeugten zu stutzen:

»O, du Diktator ohne Volk!«, sprach er einem Propheten gleich dem Überzeugten zu. »O, du einsamer Diktator. Ich höre dir nicht zu! Du armer Diktateur, hast niemanden zum Diktieren. Du mauerst Worte hoch zu leeren Burgen, und keiner will hinein – du Tollpatsch hast die Fenster vergessen. Und sie lachen heimlich über dich, das macht dich garstig und verbissen, verkantet und einsam. Und deine Einsamkeit macht dich bitter. O, du Diktator ohne Volk. O du armer Diktateur. Du Kreativer ohne Medium, du Aufbläser und Aufbläher ohne ein Ventil. Unausweichlich und ohne Ausweg. Zum Mystiker und Verschwörer wirst du werden, und wer dir nicht gefügig wird, wird dir Widersacher. Doch dein Erzfeind wird dir deine eigene Bitterkeit. O, du Diktator ohne Volk. O, du armer Diktateur. Einsam isst du Tag für Tag zu Abend, und es schmeckt dir jedes Mahl bitterer. Einsam irrst du auf deinem Mond – du Trabant – immer vorwärts. O, du Diktator ohne Volk. O du armer Diktateur. Du Spucknapf der Intellektuellen. Und aus unserer Verachtung saugst du die fette Milch der Aufmerksamkeit und verschluckst dich daran. Auch unser spöttisches Lachen ist dir brutzelndes Pfannenfett an dem du dich wärmst und reibst und naschhaft leckst und dir deine vielen Zungen daran verbrennst. Seht ihn nicht an! Geht an seinen Erdlöchern vorbei, wenn ihr die Kröte schnarren hört. Hört ihn nicht an! Lasst ihn in seinem Loch. Er wirft euch die Peitsche zu. Lasst sie liegen! Vernichtet ihn *nicht*! Entgegnet ihm – *nichts*! Die Kunst ist tot und niemand kann sie mehr lebendig reden! Doch Dada ist *gegen* lebendig.«

Der Überzeugte kniff die Augen zusammen und spitzte die Lippen, dass ihm sein Oberlippenbart in die Nase wühlte. Man hätte meinen können, es qualme aus seinen Ohren.

»Entartung ist das! Entartung!«, giftete er und schlug hastig mit der Hand durch die Luft, er hatte sich als alleiniger Sprecher der Hinterbänkler hervorgetan. Die vorderen Reihen buhten sie aus und einige warfen Stühle nach hinten. Wild geifernd zogen sich die störrischen Gruppenbildner zurück. Quietschend zog der Vorhang wieder zu.

Das vielarmige Missverständnis war perfekt, Applaus gab es keinen, ein gelungener Abend. Kollwitz versuchte Karl zu beruhigen. Sie ließen die Hinterbänkler zuerst hinausgehen, das dauerte nicht lange, sie waren zügiger Natur. Kollwitz und Karl wanderten noch ein wenig durch die Ausstellung, suchten Zeichnungen und Fotomontagen, die sie noch nicht besichtigt hatten und machten aus einem Umweg einen langen Spaziergang zurück nach Hause. Ihre Köpfe waren für einen kurzlebigen Moment befreit, zumindest der von Kollwitz. Was in Karls Kopf vorging konnte sie nur erahnen. Was heute wieder in ihn gefahren war, darüber mochte sie gar nicht nachdenken. Doch beide genossen das Gehen, so lange es dauerte. Sie bogen um zwei Ecken und gelangten ans Spreeufer. Wie unbeirrt dieses Wasser doch durch die Stadt floss.
»Du stehst niemals im selben Fluss«, sagte Kollwitz. »Das hast du einmal gesagt.«
»Ich? Wann?«, fragte Karl.
»Das hast du mal Hans und Peter gesagt als ihr mit hochgekrempelten Hosen in die Strömung an der Havel gingt. Du sagtest: ›Das Wasser, das eure Füße berührt, kommt aus der ganzen Welt und fließt in die ganze Welt zurück. Ihr werdet nie wieder das gleiche Wasser an euren Füßen spüren.‹ Du warst immer gerne so ein alter, weiser Mann.«
Das war er auch, er hatte Peter schließlich verboten an die Front zu gehen und ihr, ihm eine elterliche Erlaubnis zu erteilen. Hätte sie nur auf ihn gehört. Da war sie wieder, die Ohnmacht.
»Ja«, sagte er, »niemals bleibt der Fluss derselbe. Wir schon«, dann bog er ins Schweigen ab.

Sie gingen weiter stromaufwärts, vorbei an einem Denkmal von einem vergessenen Krieger. Es stand verlassen vor einer kleinen, sparsamen Grünfläche. Der bronzene Herr mit Pickelhaube wies mit strengem Lehrerzeigefinger auf den Fluss, in der anderen Hand hielt er den Griff des Säbels an seinem Gürtel. Die Klinge war leicht aus ihrer Halterung gelöst. Offenbar handelte es sich um einen Helden.
»Kennst du den?«, fragte Kollwitz.
»Nein«, antwortete Karl ohne hinzusehen.
So groß, so aufopfernd kann der Heldentot also nicht gewesen sein, dachte Kollwitz. Zumindest hat er dadurch nichts erreicht, denn für das, wofür er gekämpft hatte, war heute offenbar kein Platz mehr im Gedächtnis. Sie richtete ihren Schal.
Nach langem Pfade kamen sie zu Hause an. Karl holte sich wie immer eine Zigarette und setzte sich auf seinen unbequemen Holzstuhl vor dem Fenster, um die Straße zu beobachten. Vielleicht käme Peter ja doch noch nach Hause, wenn er nur lange genug Wache hielte. Er spürte es tief in sich drin, dass er noch lebte.
Kollwitz überließ ihn seiner Art der Trauer und er billigte ihr die ihre zu. Sie legte sich in Peters Bett und beobachtete die Schatten an der Decke. Dort vermisste sie ihn, ihren Krieger, ihren von der Welt vergessenen Krieger, man hatte ihn zu Dada verarbeitet.
Ein frischer, gräulicher Morgennebel durchwehte die Straßenschluchten. Es war früh. Kollwitz ging vorbei am Denkmal des vergessenen Kriegers und rieb sich den Sand des Schlafes aus den Augen. Eine Traube von knöchrigen Menschen hatte sich vor dem Bronzesoldaten versammelt, eine Gulaschkanone hatte sich zu seinen Füßen postiert.

Befeuert wurde der Topf mit dem eisernen Hindenburg, der mittlerweile zu sechsundzwanzig Tonnen Brennholz umfunktioniert worden war. Sie passierte das Spreeufer, an dem sie gestern noch in Erinnerungen schwelgte. Dort standen nun die schwitzigen Schwarzhändler und Hehler, die einem ihre Angebote zuflüsterten. Brotkarten, Fleischsiegel, Gemüsemarken, Spezialbürgerpässe, alles eigenartige Produkte der Umstände, alles notwendig, alles eine Frage des Preises. Sie kaufte eine Gemüsemarke und entschied sich für den gleichen Weg wie am Vorabend. Dort angekommen stellte sie sich ans Ende der Warteschlange, welche sich um zwei Häuserecken schlang und sich kaum bewegte. »Das Wassergemüse, wenn's geht«, hatte Karl gerade eben noch gesagt. »Wenn's geht das Wassergemüse.« Sie nickte zu sich selbst. Karl wusste als Arzt schließlich wo die Vitamine versteckt waren. Karl hatte letztlich immer recht.

Drei Stunden Dauer hatte sie für die Lebensmittelausgabe einkalkuliert. Sie durfte also ruhig die Zeit vergessen. Wie selig ihr das Warten war, wo nur ein trockener Laib Brot, ein karges Netz pflaumengroßer Kartoffeln und etwas Wassergemüse die Erwartung stopfte. Nicht viel, doch das war Berlin. Darbender Hunger und existenzielle Wohnungsnot lag wie ein Unstern über der Stadt. Klamme Familien bewohnten Lauben und Blechverschläge, Arme kämpften mit Ärmeren um Lumpen. Manche Kinder trugen nicht einmal Schuhe, die meisten wussten nicht wie Milch schmeckt. Geistige Wirre, Kleinwuchs und Verschleiß durch Entbehrung war in ihren Gesichterchen vorauszusehen. Lange und tief hatten sie in die Schluchten und Abgründe geblickt; lange und tief hatten die Abgründe in sie zurückgestarrt. In ihren Mägen lagen die Canyons leerer Meere. Ihre Augen waren einer inneren Finsternis angepasst, Nahrungsmangel bremste ihren Spieltrieb. Die Kalamität der Erwachsenen traf vor allem ihre Erben. Im Bestattungsinstitut neben der Lebensmittelausgabe lagen kurze Särge zum Sonderpreis aus. Wenn Kinder sterben, denkt man instinktiv an etwas Anderes.

Die Neuankömmlinge am Schlangenschwanz begrüßten sich verheißungsvoll, auf dass es an diesem Tage zügiger vorwärtsgehen mochte. Der Triumph der Hoffnung über die gestrige und vorgestrige Erfahrung. Die lange Ausgestandenen vor der Türe wirkten nicht mehr allzu frisch, das Warten war ihnen wieder mal zäh geworden. Kollwitz knitterte ihre Essensmarke, streckte ihr Kreuz und sah in sich hinein. Sie dachte an Hans und seine Frau Otty, sie erwarteten ein Kind, bald würde es soweit sein. O je, ein Kind in die Welt zu setzen, zu einer Zeit, in der Kinder sterben. Wie sie dem Kind all die schweren Kapitel ihrer Generation mitgeben würden, auf dass er oder sie es eines Tages besser mache, so wie es ihre Generation schon nicht besser gemacht hatte. Sie konnten nichts für all das Elend, das ihnen angetan wurde. Die Unschuldigen fühlen sich immer schuldig, die Schuldigen zeigen niemals Reue.

Die Schlange schob sie weiter nach vorne, viele kleine Tippelschritte waren abgeschlürft, so dass sie sich schon in der Mitte der Kolonne schätzte. Die Sonne drückte sich aus der Bewölkung heraus und die nasse Kälte des Morgens verschwand allmählich von der Haut. Sie sah sich um und beobachtete die Gasriecher, die beflissen ihrer Arbeit nachgingen, wo sie noch eine hatten. Sie klopften ihre Riechstäbe in die Böden und schnupperten, ob da nicht doch noch irgendwo etwas Gas leckte. Doch es gab nichts zu erschnüffeln, die Kraftwerke streikten schon seit zwei Wochen, dennoch schienen sie beschäftigt und ungestört. Denn ohne Beschäftigung kein Lohn. Man tut, was man soll, wenn dieser jemand, der einen bezahlt, nichts sagt. Am nahen Ende der Straße tat sich ein kleiner Stadtpark auf und dort sah sie einen amerikanischen Gentleman, oder das, was man sich darunter vorstellte, auf einer Bank platznehmen und einen Block aufschlagen. Er fing an zu zeichnen und es schien, als hätte er die Warteschlange als sein Motiv gewählt. Sein Aufblicken wirkte konzentriert, sein Kohlestift bewegte sich vital. Durch und durch ein Zeichner, konnotierte Kollwitz. Überrascht stellte sie fest, dass sie ihn wiedererkannte. Es war der Propagandadada vom gestrigen Abend, doch erinnerte sie sich nicht mehr an seinen Namen. Etwas Unaussprechliches mit einem »G« zu Anfang und mit einem »SZ« am Schluss. Ein slawischer Name vielleicht, vielleicht polnisch. O, wie hatte dieser junge Mann am Vorabend noch die Urteile und Widersprüche in den Köpfen der Zuschauer durcheinandergewirbelt. Wo wachsen noch solche Wilden heran? Doch wirkte er wenig wild an diesem Vormittag, so fokussiert auf seine Arbeit. Sie wollte zu ihm hinübergehen, doch die durchsichtige, aber nicht durchbrechbare Glaswand vor der Warteschlange hielt sie ab. Eine geschlagene Stunde stand sie schon, oder mehr. Ein zu großes Opfer für ein kurzweiliges Kompliment.

Der Künstler blickte wieder auf und begutachtete seine Vorlage. Er schien Kollwitz erkannt zu haben und grüßte sie mit offener Handfläche. Sie grüßte lächelnd zurück und wandte ihren Blick ab, wohl wissend die Glaswand nicht durchdringen zu können. Als sie vorsichtig zurückblinzelte bemerkte sie, wie der Künstler aufgestanden war und über die Straße kam.

»Frau Kollwitz, es freut mich Sie zu treffen, ich habe Sie gestern bei der Messe gesehen, hat es Ihnen zugesagt?«, fragte Grosz.

»Oh ja«, sagte Kollwitz erfreut darüber, ihr Kompliment doch noch loswerden zu können. »Das war mal was Neues. Komödie in Spiegelschrift will ich meinen. Die Arbeiten in der Ausstellung, die sind von Ihnen? Das Wintermärchen meine ich im Besonderen. Sie sind Maler?«

»Ganz und gar«, sagte Grosz.

»Nun, Herr ..., wie spricht man Sie aus?«

»Grosz. George Grosz.«

»Herr Grosz, ein polnischer Name?«

»Ein umgedichteter Name aus ›Groß‹. Damit er auch auf Englisch ausgesprochen werden kann. Zudem ist dies meine Kritik an den Gott-strafe-England-Parolen, wie sie hier und da gesungen werden und papageienartig durchkonjugiert werden. Dem will ich widersprechen. Ich bin international, müssen Sie wissen.«

»Ihre Arbeiten sind scharf, wie mit einem Messer geschlitzt«, sagte sie und zeigte auf seine Mappe.

»Die Schärfe ist wichtig – die Stumpfheit ist das Einzige, was wir derzeit im Überfluss besitzen. Es muss schmerzen wo es nicht kitzeln soll.«

»Lassen Sie doch mal sehen, an was haben Sie gerade gearbeitet haben.«

Grosz öffnete seinen Block und hielt das Bild vor sie hin wie einem Professor an der Kunstakademie. Ebenso analytisch öffnete sie ihre Augen und suchte nach Anzeichen

von Fehlgriffen und Gesamteindrücken. Der Schlangenkorpus bewegte sich und schob sie ein paar Schritte weiter.
»Sie haben tatsächlich die Wartenden gezeichnet, Herr Grosz, nichts übrig für Architektur?«
»Nein«, sagte Grosz, »ich male Menschen. In ihnen sehe ich Landschaften und Gebäude genug.«
»Natürlich«, sagte Kollwitz, »und was sehen Sie in diesen Landschaften und Gebäuden?«
»In den Landschaften sehe ich ausgefallene Ernten, schlechte Witterung, karge Böden. Nicht mehr als magere Wintermonate und dürre Sommer. Die Gebäude sind großteils eingestürzt und unbewohnt.«
Kollwitz nickte sachgemäß und nahm den Block in ihre Hände. Die Schlange schob sie wieder ein paar Schritte weiter. Sie blätterte durch.
»Wie finden Sie die Farben?«, fragte Grosz.
»Ach, Farben«, seufzte sie. »Dazu habe ich keine Meinung. Wo wurden Sie unterrichtet?«
»Kunstakademie Dresden, Frau Kollwitz.«
»Das sieht man, eine gute Schule. Die Hässlichkeit ist schön herausgearbeitet. Dieses ganze kubistische Allerlei drum herum geht mich ja nichts mehr an, aber ich mag Ihre Verve.«
»Nun, der Bruch mit alter Sehgewohnheit ist des Fortschritts erster Fuß, Frau Kollwitz.«
»Sie wollen etwas aussagen, Herr Grosz. Das gefällt mir an den jungen Künstlern.«
Grosz lupfte die Schultern.
»Ich kann nicht an den Kontrasten vorbeisehen, Frau Kollwitz, die Kanten sind zu scharf, Lab- und Trübsal lebt zu dicht nebeneinander, ihre Lethargie voreinander macht

mir zu schaffen. Wenige Straßen hinter dem Hotel Adlon gehen Kleinkinder an erkaltetem Hunger zu Grunde. Krüppel vergehen in den Seitengassen, oder betteln mit letzter Kraft an den Opernhäusern. Reiche Bonzen gehen an ihnen vorbei hinein, Kriegsprofiteure und Altfürsten, besuchen sich im Schauspielhaus und die alten Wagner-Stücke rühren sie zu Wehmutstränen. Dann verlassen sie sensitiviert die prunkvollen Säle und stolpern blindlings über den leeren Becher des Bettlers vor der Türe. Sie frisieren ihre lockigen Pudel für Schönheitswettbewerbe fein und füttern sie mit Meeresfrüchten, während vor ihren sauberen Fenstern Obdachlose in Mülltonnen nach Resten zehren und sich mit den Straßenkötern ihre Reviere teilen. Ich kann nicht daran vorbeisehen. Wie könnte ich je. Immer, wenn ich meinen Kopf verliere, suche ich in meinen Zeichnungen, und dort finde ich ihn dann. Es ist ein lächerlicher Untergang. Mit brutalem Drama zum Mitsehen zwingen, mit gewaltigem Für- und Widergeschrei zum Mitmachen bewegen, das sehe ich als meine Aufgabe an. Meine überzogenen Linien sprechen die Menschen an, weil sie provozieren, nicht weil sie schön sind, weil sie echt sind, nichts für die Kunstsammler. Und Dada ist die zweite meiner Möglichkeiten. So klein, wie uns die Presse schreibt, können wir nicht sein, wenn sie immer wieder von uns schreibt. Jeder weiß es, keiner will hinsehen. Was wir machen und was ich zeichne beschreibt den lächerlichen Untergang in dem wir uns befinden. Aus einem hässlichen Witz entstanden.«

»Sie sind ganz der düstere Romantiker,« sagte Kollwitz anerkennend. »Sie spielen auf ein Leben an das vor Ihnen liegt. Ich blicke auf eines zurück. Das unterscheidet uns.«

Die Schlange schob sie auf die erste Stufe der Eingangstreppe. Nun stand sie auf einem Podest vor dem jungen Künstler. Eine Künstlerin mit geachtetem Namen, Aufträgen von hohen und guten Ämtern und gutgemeinten Vereinen. Diese Reputation musste sich der Modernist erst noch erwerben. *Seine* Meinung schrie, *ihre* Meinung zählte.

»Sie sitzen einem Meisterwerk auf, Herr Grosz«, sagte sie, »Sie werden es schon noch malen.«

Der Jungkünstler nickte dankend. Und bevor die peinliche Situation der Zertrennung durch die Warteschlange entstand, hob Grosz seine Schiebermütze und verabschiedete sich formgemäß, einem plauderfreudigen Amerikaner gleich, oder das, was man sich darunter vorstellte.

Kollwitz sah ihm nach, an ihre Jugend und saftigen Vorstellungskräfte erinnert, an Peter erinnert, wie er sich mit einem überzeugten Lachen in die Schlacht verabschiedete, einem hässlichen Witz aufsitzend, dem lächerlichen Untergang entgegenrennend, wie Grosz das alles nannte. Wäre Peter heute auch so gewesen wie dieser Grosz? Wenn er überlebt hätte wie er? Enthusiastisch und aufklärerisch? Ganz bestimmt. Wie aus einem Guss, das wäre er. Einer, der nicht nach dem Weg fragt, weil er ihn einfach geht. Einer, der sich nicht von Trampelpfaden oder Landstraßen leiten lässt, einer, der über Felder und durch Wälder stapft und nicht weniger von der Welt will als alles. Einer, der weiß, dass die Erde eine Kugel ist. Ganz bestimmt. Das war er und das wäre er geworden. Ein Pionier seiner selbst. O, Peter.

»Karte!«, schnauzte die dicke Dame hinter der kargen Auslage. Kollwitz war an der Reihe, ihr Kopf schwebte noch in wölkischen Tagträumen. Die dicke Dame gnatzte.
»Was schaunse denn so blöde wie so ne Schnorrer in de Blechbuchse? Karte jetze oder Nächster!«
Kollwitz reichte ihr die Karte.
»Wasserjemüse is heut aus«, sagte die dicke Dame, packte ein paar Kartoffeln zu wenig und einen halben Laib Brot in ein Netz und knallte es ans andere Ende der Auslage zur Abholung. »Nächster!«
Kollwitz nahm das Netz und verabschiedete sich von niemandem, den es interessierte.

Nachdem sie mit langer Miene und außer Atem nach Hause gekommen war, sie die ewigen Stufen zu ihrer Mansarde erklommen und das klägliche Mahl auf die Anrichte der Küche geworfen hatte, rief sie nach Karl. Er saß nicht wie gewöhnlich vor dem Fenster. Auch in seinem Arbeitszimmer war er nicht. Auf dem Esstisch fand sie schließlich einen Zettel, auf dem stand: »Matuschchen. Konnten nicht warten. Die Eröffnungswehen haben eingesetzt und weisen Abstände von unter sieben Minuten auf. Der Muttermund ist geöffnet. Komm schnell, sobald du das hier liest!«
Typisch Arzt, dachte sie. Genauste Beschreibung der Vorgänge, aber keine Krankenhausadresse. Vermutlich hatte er Hans und Otty an seinen eigenen Arbeitsplatz gebracht, also machte sie sich auf den Weg, die ewigen Stufen wieder hinunter, am vergessenen Krieger, dem Spreeufer, an den Hehlern, den Gasriechern und der Warteschlange vorbei.
Als sie ankam und das Kindbettzimmer betrat, lag da Otty und schlief. Dahinter stand Karl und schaute zum Fenster

hinaus, mit den Händen in den Hosentaschen. Am Bettrand saß Hans und hielt den Neugeborenen in seinen Armen, welcher seine Arme wie Fühler umhertastete und leise durch winzige Nüstern schnaufte.
»Und?«, rief sie, aus der Puste gekommen. »Ist alles gut gegangen?«
»Hallo Mutter«, sagte Hans. »Ja. Alles in bester Ordnung. Es ist ein Junge. Wir haben uns entschlossen ihn *Peter* zu nennen.«
»Wieso denn Peter?«, fragte Kollwitz verblüfft und rang weiter um Luft.
Ihren Peter, als solle er durch den Namen wieder auferstehen. *Ihren* Peter, als gäbe es zwei der Sorte, wenn man nur so tat als ob. Sie riss sich zusammen und beruhigte ihren Atem. Hans stand auf, legte ihr den neuen Peter in die Arme und sie betrachtete das kleine Neuleben: Ein Köpfchen wie eine eingewachsene Kartoffel, die Händchen nicht größer als Erdnüsse und auch geistig glich sein Hirnchen noch mehr einer Tomate als dem eines Menschleins. Doch so langsam schienen seine Sinne zu erwachen: Es nahm Geräusche wahr, Lärm, das sah man an seiner verzerrten Augenpartie. Es roch, Gestank, das merkte man an dem Hochziehen seines Näschens. Licht drang ihm durch die Augenschlitze, Grelle, sein aufgerissenes Mündchen war Indiz genug um Beweis zu sein. Nach kurzer Weile pegelte sich der Lärm herunter und wurde ihm differenzierbar, der Gestank wich Düften und formte sich zu einem Eindruck, das Bild schärfte sich und es sah einem alten, unscharfen, skeptischen Wesen ins Gesicht. Kollwitz blickte mit erhobener Augenbraue zurück. Die gleiche Geschichte von vorn. Das Kleinkind lernt laufen, dann

sprechen, entfernt sich, verfolgt eigene Ziele und, wer weiß, zieht eines Tages aus einer Fantasie heraus in den nächsten Krieg und stirbt zu früh. Aus irgendeiner noch kindlichen Stolperei im Geiste. Einer Zuckung.

Doch als Karl seinen Arm um sie legte und sie gemeinsam auf das kleine Peterchen sahen und die Erinnerungen an ihren Ersten damals zurückkamen, spürte sie, wie der Frost an ihren Nerven abschmolz.

Dann ging Karl zu seinem Sohn, umarmte ihn, klopfte ihm voller platzendem Vaterstolz auf die Schulter und stellte sich dann gerade vor ihn hin, um ihm wiedermal eine seiner Weisheiten aufzusagen: »Mein Sohn!«, begann er, wie sooft. »Wieviel höher ist es doch, welche Medaille wiegt reineres Gold, als wenn ein General dich ›Offizier‹, als wenn ein Dekan dich ›Doktor‹, als wenn ein Historiker dich ›Vorreiter‹ nennt? Das ist, wenn ein Kind dich ›Papa‹ heißt. Welch größeren Orden, welch frischeren Lorbeer, welch renommierteren Preis willst du gewinnen, als das ›Schatz‹ deiner Frau? Keine Ehrennadel, keine Urkunde, kein Ansehen gibt es ernster zu erringen, als dieses lächerlich romantische Verdienst. Nicht der Soldatentod, nein, nicht der Helden- oder Märtyrertod belegt einen Mann mit Ehre – sondern der Alterstod, der Krankenhaustod, der Unfalltod, der ungewollte. Kämpfen um das Leben, *nicht* das Überleben. Das ist nun dein Pfad als Vater. Sei deinem Sohn Vater, so wie ich dir einer war. Und …«

»Ja, Vater, ist gut«, unterbrach ihn Hans. Otty war aufgewacht, begrüßte Kollwitz und streckte schläfrig die Arme nach ihrem Baby aus.

»Nichts bremst die Mutterliebe«, kommentierte Karl zufrieden und stemmte die Arme in die Hüften. »Was weiß ein Mann schon von Liebe? Nichts.«

Kollwitz gab ihr ihr Kind zurück. Als sie sie mit ihrem Kleinen in den Armen sah, kam sie nicht umhin ihre Sorgen zu hinterfragen. War da nicht doch noch Freude? Ein Neugeborenes kann nichts, außer eines; aber das mit despotischer Macht: Es beseitigt alle Zweifel mit nichts weiter als einer rührenden Armbewegung und einem zarten Fiepen. Einfach so. Weil es noch nichts erlebt hat, weil da noch keine Meinung in ihm war. War da kein Anfang? War da nicht Leben? Ein erneutes Rascheln im Unterholz eines verbrannten Waldes? Lange hatten sie auf seine Geburt gewartet, nun lag er da, mit wissbegierigen Augen, Laute von sich gebend, die Fäustchen geballt wie ein Herakles, der zwei Nattern würgt. Der zweite Peter in einer kaputt gegangenen Welt. Da, um sie wieder ganz zu machen. O, mein kleines Peterchen, dachte sie. Ein glückliches und langes Leben sollst du haben, bei all meiner Hoffnung gegen all meine Erfahrung. Sei deiner froh und hüpfe los, in jeder Hand ein Glück, oder zwei. Als sie Otty und ihr Peterchen so ansah, war es ihr, als entdeckte sie in ihnen etwas von sich selbst, etwas, das vor sehr langer Zeit einmal dagewesen war; und als das Peterchen zurücksah, rülpste es zum ersten Mal und kotzte den letzten Rest Gebärmuttersaft über Ottys Schürze. Man lachte. Ein neues Element der Familie, ein ungesägtes Puzzleteil, ein kleiner Fisch, der leuchtet, in einem dunklen, unterirdischen Ozean.

X

Grosz flanierte durch die Straßen, es war Nacht geworden, um den Kopf freizumachen, wie einen Brief. Er ging auf einen Aquavit in eine Bierhalle, kam erfrischt, da es vier geworden waren, zurück und brachte dem Bettlerkrüppel vor der Eingangstür eine Flasche Bier mit nach draußen. Heute war der Abend spendabel, das könnte morgen wieder anders sein. Es begann wieder zu regnen. Er setzte sich unter eine vergessene Marquise, ließ die Welt in sich hinein, zwickte ein batteriebetriebenes Glühlämpchen auf dem Schirm seiner Schiebermütze fest, wie einst van Gogh seine Nachtportraits zu malen wusste, mit Kerzen auf seinem Hut – und zeichnete ein wenig, vergaß die Zeit.
Als der Himmel allmählich wieder aufzog beschloss er seinem Freund Wieland Herzfelde einen Besuch im Verlag abzustatten. Der Ball von letzter Nacht, der immer arbeitete. Ein kleiner Besuch, um etwas zu plaudern, auch etwas Ehrliches zu trinken und vielleicht auch um etwas zu planen. Ein langer Weg, immer geradeaus, sein Kopf viel ihm in den Nacken. Keine Leuchte brannte über den Straßen, die Elektrizitätswerke streikten wiedermal und die Lichtkugel über der Stadt war ausgeknipst, auch die an der Schiebermütze. Der Sternenhimmel rauschte klar, warf silbernen Schimmer über den absonnigen Erdteil und perlte auf den nassen Pflastersteinen zurück. Er schaute nach oben hinaus, in das Lichtorchester der Nacht, dem Universum ins Gesicht. Gigantisch glotzte es in ihn zurück. Er machte Sternbilder aus und fragte sich, wie viele Jahre wohl schon zwischen ihnen lägen, den Sternen und den

Erdlingen. Dieses rege Treiben in hiesigen Straßen und das ewige Glühen dort oben. Dieses ewige Nichts, diese unendliche Fülle. Alles leer und voll zugleich. Nichts hat eine Eigenschaft, denn es ist alle Eigenschaften. Es lohnt sich kein Gedanke daran, denn es ist alle Gedanken. Umhergeschleuderte Sonnen und ihre abgebrochenen Monde flogen in die Ewigkeit einer Kettenreaktion unbekannter Unbekannte um sich herum. Genauso wie hier unten. Dort, wo das Selbst ist und bleiben muss, die Kreatur, das Eine in Allem, ist etwas, eines, aber mehr auch nicht. Man wird es vielleicht eines Tages ermessen können, aber niemals erraten. Das Ereignis der wahren Natur ist für die menschliche Wahrnehmung zu langsam, oder schnell, um es zu verstehen. Und aus der Not dessen, aus dem Bedürfnis mehr zu sein als nur das Eine aus einem Zufall im All, aus dieser Not töpferten sich einst die Menschen ihre Götter zusammen. Und dann hatte man den Salat. Sie gaben viele Fragen auf, aber niemals Antworten, diese Sterne und diese Wunder. Er blieb stehen, mit beiden Beinen auf dem Boden gravitiert, in Ort und Zeit versetzt, in unendlicher Umrundung aus unerfindlichen Gründen auf den Planeten geklebt. Die Welt, nur ein Ort, das Leben, nur eine Zeit. Was bleibt einem schon übrig, als weiter zu ziehen, sich vorwärts zu tasten, auf- und unterzugehen wie die Sternenbilder. In solchen Momenten, wo der Nachthimmel rund und das Herz weit wird, fühlt sich der Mensch, fern ab jeder Beschreibung, inmitten der Absurdität des Seins.

Er schlenderte weiter, mit dem Hirn im Äther und Sternen in den Augen, dann bekam er einen Stoß vor die Brust und landete in der Realität. Ein Laternenmast hatte ihn gebremst, gut getarnt im finsteren Nachtschatten. Das perfekte Relief für einen notorischen Tollpatsch wie ihn. Die aktiven Ratten quiekten einen unerhört lauten Nachtgesang, die Hunde waren knurrend auf der Jagd nach fetten Leckerbissen und rasselten an Grosz' Beinen vorbei. Der Planet machte ihn mit akuter Physik wieder auf sich aufmerksam, seine Gravität war ihm sein beständiges Werkzeug. Da war er wieder, umging die Nicht-Leuchte und nahm seinen Weg auf.

Oben im Dachgeschoss brannten noch Kerzen, echte Kerzen, in einer vergleichsweise winzigen Mansarde. Er ging das Treppenhaus hinauf, stolperte einmal. In den Wohnungen löschte man die Öfen, darum roch es in den Fluren nach kalter Kohle. Oben angekommen öffnete er die Tür mit der Aufschrift über dem Klingelknopf: »Malik-Verlag. Jedermann sein eigener Fußball.« Darüber das Firmenemblem, das er vor einer Weile entworfen hatte, eine etwas dadaistisch anmutende Buchstabenkonstellation, ins Abstrakte abgleitend. Auf keinen Fall aber abstrakt!

Herzfelde saß an seinem Schreibtisch und sortierte vollgekritzelte Korrekturfahnen. Texte, Essays, Gedichte, Zeichnungen, Collagen, alles, was man zu Papier bringen konnte. Das bimmeln des Glöckchens schien ihn nicht aus seinem Fokus zu lösen. Der Raum war wie ein großes Wohnzimmer eingerichtet, oder wie eine Lobby eines guten Hotels. Sofas standen in der Mitte um einen Tisch herum auf einem blau-rot-weißen Stickteppich, Wände gab es nicht, nur volle Bücherregale, viele Hefte. An der Rückseite führten zwei lange Stufen zu einer Anhöhe, auf dem ein Schreibtisch stand an dem Wieland saß und sich in Papier vergrub.

»N'Abend Wiz«, sagte Grosz und schloss die Tür hinter sich, nahm seinen Mantel und warf ihn auf eine Sessellehne.

»Guten, George, warte«, sagte Herzfelde, ohne von seiner Arbeit aufzusehen.

»Gelungener Abend gestern, Herr Balldada.«

»Ein Schritt in die richtige Richtung. Setz dich, mach es dir bequem, arbeite ein wenig. Ich muss hier noch ein paar Dinge redigieren.« Seine konzentrierten Augäpfel rollten in konzentrischen Kreisen über seine Papierstapel. Er blätterte, faltete, beschrieb und war ganz und gar in Buchstaben vertieft. Grosz ließ sich also auf sein Lieblingssofa in seine angestammte Sitzkuhle fallen, zog einen Stift aus seinem Gürtel, nahm sich einen Block vom Couchtisch und kritzelte, wie er es in letzter Zeit immer öfter tat, locker aus der Hose heraus und einfach drauf los. Das Kratzen seiner Mine auf dem Papier war neben dem Rascheln von Herzfelde das einzige Geräusch im Laden. Der Stift zog laute Striche in regelmäßiger Abfolge wie Klopfzeichen. Lang, kurz, kurz; kurz, lang; lang, kurz, kurz; kurz, lang. Plötzlich guckte Herzfelde aus seinem Blättergewühl auf wie ein Erdmännchen.

»Dada«, sagte er und Grosz blickte ebenso fragend auf.

»Hast du was gesagt?«

»Dada. Lang, kurz, kurz; kurz, lang; lang, kurz, kurz; kurz, lang. Das sind Morsezeichen. Und sie bedeuten D-A-D-A. Dada. Du weißt, ich war Funker, ich höre so etwas. Machst du das mit Absicht?«

»Ich verstehe kein Morsisch.«

»An was arbeitest du?«

Grosz nahm seinen Entwurf hoch der genauso gut als Endpräsentation hätte dienen können.
»Ich porträtiere dich, Wiz«, sagte Grosz. »Ich zeichne einen Privatverleger, der mit Leibeskräften versucht auf das Großkapital zu kacken. Hier in der Hocke – das bist du.«
»Und was ist das da unter mir?«
»Das ist der Papst.«
»Aha. Und das da?«
»Das ist Hindenburg. Und das da, das soll Martin Luther sein.«
»Luther, aha, warum nicht.«
»Ich glaube, ich nenne es den ›Heiligen Stuhl‹.«
Herzfelde neigte den Kopf und zog seine leichten Stirnfältchen grüblerisch gegeneinander.
»Klingt gut«, resultierte er, beendete die Bedenkzeit und machte sich weiter an seinen Korrekturfahnen zu schaffen.
Lang, kurz, kurz; kurz, lang; lang, kurz, kurz; kurz, lang.
Auf einmal stand er auf, klopfte einen Stapel zusammen, schlug ihn kantwärts zweimal auf die Tischplatte und legte ihn auf einen weiteren Stapel.
»George, komm her, sieh dir das an.«
Grosz legte sein Zeichenzeug bei Seite, ging die zwei Stufen hinauf, trat an den Schreibtisch und sah eine anarchische Zusammenstellung von Schriftwerk, einige seiner Bilder, jede Menge ausgefüllte Notizzettel, welche des Öfteren schon zerknüllt und wieder aufgefaltet waren.
»Was soll ich sehen?«, fragte er. »Sieht nach Chaos aus.«
»Chaos ist der Ursprung aller Hierarchie«, postulierte Herzfelde. »Information, George, Information. Zuerst die Funktion, dann die Form, dann die Kunst, dann die Ordnung – Information.«

»Ich sehe Eselsohren und Kaffeeflecken.«
»Noch.«
»Die Überschriften«, kommentierte Grosz. »Die sind mir auf den ersten Blick zu kompliziert, zu lang.«
Herzfelde griff sich an die Hosenträger und schüttelte den Kopf. »Es sind Zungenbrecher, George, der Leser soll stolpern und sich aufrichten müssen um den Inhalt zu verstehen.«
»Das fängt nicht alle Leser«, wandte Grosz ein.
»Ja, aber die Guten.« Herzfelde wuselte sich im Haar herum. »Falls du es noch nicht gemerkt hast, George, unser Verlag arbeitet orientiert. Wir sprechen nicht jeden an, denn wir dulden nicht jeden. Zum Beispiel sind Analphabeten keine Zielgruppe, ebenso wenig wie Nationalisten oder Fabrikantensöhne. Wir sind kompliziert. Man muss die Gabe des Sarkasmus besitzen. Erst wer Sarkasmus versteht, kapiert überhaupt irgendetwas. Wer kein Sarkast ist, versteht überhaupt nichts. Für den hat dieses Blatt auch keinen Wert.«
»Gegen Sarkasmus habe ich gar nichts«, sagte Grosz überrascht von der ausgiebigen Antwort.
»Du bist Maler, George. Das sind Worte.«
»Worte.«
»Na also.« Herzfelde kramte in einem Stapel herum und zog ein paar Seiten heraus. »Nur wer einen starken Magen hat und nahrhafte Kost verträgt, kann unser Leser sein. Eine Probe von etwas Kontemporärem?«
»Dann lass hören«, sagte Grosz.
Herzfelde hob die Blätter vor sich hin und begann mit seiner spontanen Lesung:

»Der Titel lautet: ›Ein jeder ist dem Nächsten Gegner.‹ Es beginnt mit einer Aufzählung, um starke Nomen zu verwenden: Platten lochen, Ösen stampfen, Schrauben schrauben, Nieten schweißen, schwitzen, stinken, Eisen aus Schmelztiegeln schöpfen und in Schalung gießen, Teile durch die Fabrikhalle schleppen und auf den Lagerhaufen schmeißen. Die Produktion spieh giftige Rauchfontänen und sprühte Funken auf die Häute. Aus den Öfen hörte man die Felsen knacken, zischende, silberne Lava floss aus ihnen heraus und wurde zu Eisenstangen oder Stahlträgern verarbeitet. Die Dämpfe fraßen sich in den Sauerstoff. Maloche im Moloch, der reinste Dreck. Schlecht bezahlt, aber bezahlt. Verstehst du, George? Soll ich weiterlesen?«

»Lies weiter.«

»Die Gewerkschaftsbrüder waren Argwohn gewohnt. Jeder Tag glich dem anderen, die Schichten waren lang, die Nächte waren kurz. Die Halle war in zwei Welten aufgeteilt. Unten, in der Maschinenwelt, da arbeitete der Fabrikarbeiter an den Feuerspuckern und zählte die Stunden. Oben, in der Papierwelt, dort saß der Papiermacher und zählte Rohstoffein- und Warenausgänge und verrechnete sein Werk in seinem Tabellarium. Und unten, dort schob der Fabrikarbeiter Panzer in die Schmelzöfen und verbrannte sich die Haut. Immer die gleiche, kreuzverschleißende Bewegung, Tag ein, Tag aus. In seiner Routine zu Träumen gebracht, sah der Fabrikarbeiter nach oben und stellte sich die Frage des Geldes, welche ihm mit der Frage des Glücks gleichbedeutend war. Wo liege all das Geld, von dem jede Woche ein wenig in einen Briefumschlag gesteckt und ihm anlässlich seines Überlebens in die Hand gedrückt wurde? Wo flossen die großen, reißenden Ströme? Er selbst saß nur an einem Ausläufer, einer versiegenden Quelle vielleicht. Der breite Fluss, er sprudelte weit von ihm entfernt an ihm vorbei. Er mündete in größere Flüsse, trennte Landschaften und tat sich wohl irgendwann auf in ein Meer. Ein Meer aus Gold. Wo war dieses Meer? Wer wohnte an seiner Küste? Wer sah dort jeden Abend die Sonne am Horizont untergehen, ein Ozean voller Silberglanz, der Himmel voll von warmem Buddha-Gelb und Geld soweit das Auge reicht. Wo schwamm all der Mammon herum? Für die Öfen, die Kräne, die Hallen, die Schiffe und ihn – die volatile Arbeitskraft?

›An die Arbeit!‹, schrie der Gewerkschaftsbruder neben ihm und lud ihm eine abgenutzte Stangenschalung auf sein Kreuz. ›Ab dafür!‹

Die Knie des Fabrikarbeiters bogen sich unter den Kilos, wie ein beladenes Kamel schlurfte er mit langer Schnauze zum Abfalllager. Die Augen der Arbeiter waren müde und angelaufen. Jeder gähnte und ächzte, alle hofften auf den nächsten Streik. Nicht für mehr Lohn – nur für eine Pause vor den Knochenmühlen. Der Fabrikarbeiter lud die Schalung auf den Haufen ab und knackste seine Wirbelsäule zurecht. O, wo war ihm dieses Meer aus Gold? Ein kleines Meer inmitten eines Wüstenplaneten, ein volles Loch im Zentrum eines Pangäas, von wenigen Küstenbewohnern zu Privatgebiet erklärt und abgegrenzt hinter unsichtbaren Zäunen, die ganze Welt ausgesperrt und alle Arbeiter zu Insassen gemacht.«

Grosz setzte sich auf den Tisch, nahm eine Zigarette aus Herzfeldes Packung und sah ihn skeptisch an.

»Da kommst du gleich wieder mit der Kommunistenkeule, Wiz. Nachfühlbar erzählt mit bildlicher Sprache, aber es klingt ja doch nur das alte Lied der sozialistischen Revolution durch die Zeilen.«

Herzfelde wedelte beschwichtigend mit der Hand.

»Das war auch erst die Einleitung, George, der Geduldige weiß am Ende oft mehr.« Er nahm eine Streichholzschachtel aus der Tasche und warf sie Grosz zu. »Also«, sprach er.

»So wie der Fabrikarbeiter zurück an seiner Maschine war zog er an den nächsten Hebeln und drehte an den Hähnen. Auf einmal brach ein überhitztes Rohr neben ihm auf und versengte seine Kopfhaut in heißem Dampf, er atmete das Gift und embolierte daran, seine Herzmuskeln zuckten und krampften sich zusammen und er fiel mit rauchendem Kopf zu Boden.

›Aufstehen!‹, schrie der Gewerkschaftsbruder, der ihn dort liegen sah. ›Aufstehen, verdammte Kacke!‹

Der Fabrikarbeiter hielt sich die Kehle zu, seine Augen schielten im Wahn zu beiden Seiten wie ein panischer Stier.

›Aufstehen jetzt!‹ Der Gewerkschaftsbruder kam zornig auf ihn zu und versuchte ihn hochzureißen, zwei andere Fabrikarbeiter kamen ihm zu Hilfe, doch der Entstellte fiel immer wieder zu Boden und pfiff aus letztem Lungenloch.

›Scheiße nochmal!‹, bellte der Gewerkschaftsbruder die beiden Helfer an. ›Wer ist gerade Sanitäter?‹

Die Helfer schüttelten die Köpfe, der Fabrikarbeiter wurde starr und die Abstände zwischen den Atemzügen wurden kürzer.

›Den Verbandskasten!‹, befahl er und die Helfer rannten in zwei verschiedene Richtungen, wissend, nicht zurückzukehren. Währenddessen ging der Fabrikarbeiter auf das schönste Licht zu, das er je gesehen hatte. Es lockte ihn und zog ihn zu sich, eine warme Stimme sang ihm das raffinierteste Gedicht, das er je vernommen hatte. Er wurde zweiundzwanzig Jahre alt.

›Tot!‹, schrie der Gewerkschaftsbruder. ›Tot!‹, schrie er den herumstehenden Arbeitern zu. ›Seht ihr was hier passiert?‹ Er sah in ihre erwartungsvollen Angesichter. ›Hier sterben Menschen! Das bedeutet Streik!‹

›Streik!‹, jubelten die Arbeiter und warfen ihre Werkzeuge in die Öfen und ihre Fäuste an die Hallendecke. Die Ketten knatterten in den Zahnrädern und die Tore öffneten sich und ließen Sonnenlicht und frische Luft herein. Einige hoben die junge Leiche hoch und trugen sie voran zum Ausweg in die Freiheit. Wie ihren Messias, der für ihre Sünden an der Maschine gestorben war.«

Grosz drückte seine Zigarette in den Aschenbecher. »Schön«, sagte er, »doch werde ich den Ohrwurm dieser Sozialistengesänge nicht los.«

Herzfelde sah ihn besserwisserisch an und zog die Mundwinkel hoch.

»Erstens, George, war das hier erst das Initial, das Furioso folgt jetzt und zweitens würde ich mir etwas mehr Empathie von dir wünschen, eine zweite Ansicht folgt nämlich noch.«

»Ich bin still«, sagte Grosz und machte sich eine weitere Zigarette an.

»Also«, sprach Herzfelde.

»Oben, über dem Ausgang thronte das Büro des Papiermachers mit Panoramablick auf das Fabrikgeschehen. Der Papiermacher saß am Schreibtisch und tabellierte mit seinem Kopf in sein Zahlengeflecht verstrickt. Er horchte auf, als er Gebrüll und Stampfen hörte und stellte sich ans

Fenster für eine Situationsanalyse. Arbeiterströme gingen da unter seinen Füßen hindurch und es war noch nicht einmal zwanzig Uhr dreißig. Er runzelte die Stirn. Was war passiert? Wie kam es zu dieser dysfunktionalen Menscheneruption? Es gab keinen mathematisch nachvollziehbaren Anlass zu einem Streik. Es musste sich also um etwas Prismatisches auf der Emotionsebene handeln. Eine äußerst störende Variable in einer komplexen Formel, die Reibungslosigkeit bedürfte um zu greifen. Er absolvierte die notwendigen Telefongespräche, schrieb die letzten Umsätze in seine Kalkulation, subtrahierte die vorerst gesunkenen Personalkosten, deckelte die Vorschüsse, nahm sein Jackett vom Kleiderständer und machte Feierabend.«
»Und dann?«
»Ruhe, George. Als er nach Hause kam, wartete seine Frau schon vorfreudig auf ihn. Sie hatte die beiden Mädchen eingesammelt, fünf und sieben Jahre alt und sie erschreckten ihn mit einem frisch gebackenen Kuchen als er pünktlich zur Tür hereintrat. Es war ein gewöhnlicher Tag, kein Geburtstag oder Jubiläum, die freudige Überraschung beinhaltete keine mathematische Bedingtheit. Sie hatten sich nur auf ihn gefreut. Der Papiermacher hängte sein Jackett an den Haken, breitete die Arme aus und umarmte seine drei Damen. Wie süß sie ihm waren. Wie vernünftig und beständig ihm das Leben mit ihnen war. Er gab seinen Prinzessinnen liebe Küsse auf ihre Köpfchen und seiner Königin einen liebenden auf die Lippen.«
Grosz drückte den nächsten Stummel in die Asche und unterbrach ein weiteres Mal.
»Ich verstehe, Wiz, der eine ist qualvoll verreckt, der andere führt unbeeindruckt ein schönes Leben. Die Quintes-

senz soll also lauten: Der Mensch ist unschuldig, das System ist schuld. Zeige dem System deinen nackten Hintern und es zeigt dir seinen. Kommt mir bekannt vor.«

»Nun, George«, sagte Herzfelde, »um es für dich abzukürzen: es geht damit weiter, dass die Streikenden sein Haus anzünden und um die Tatsache, dass Papier gut brennt. Aber ja, im Großen und Ganzen geht es damit zu Ende, dass der Mensch nicht böse handeln will, aber dadurch, dass er von Systemen gezwungen wird das Richtige zu tun, Verbrechen an seinem Nächsten verübt. In direkter Form, wie die Streikenden, die Fackeln durch die Fenster werfen, als auch in indirekter Form, wie der Papiermacher, der beflissentlich die Kosten drückt. Beide handeln aus ihrer Position heraus richtig, doch handeln sie, wenn man das Problem von oben aus betrachtet, beide bösartig. Also ja, das System ist schuld, es ist zu einfach, nicht wahr?«

»Tja, nur glaube ich nicht, dass irgendein Übermensch ein böses System geschaffen hat, um einen Keil zwischen die Menschheit zu treiben.«

»Das sage ich auch nicht. Das System hat sich selbst geschaffen, da gibt es keinen Schöpfergott oder Hades, der da wirkt, denn es ist kein System im eigentlichen Sinne, sondern ein Gefüge. Das System ist die Idee, die der Mensch hat, wenn er einen Plan entwirft, wie seine Träume aussehen – das Gefüge ist das, was dann daraus entsteht. Alle fromme Fantasie zerbricht an einem Wimpernschlag der Realität. Der Zufall hat den dunkelsten schwarzen Humor. Die repräsentative Demokratie beispielsweise: aus einer Mehrheit bildet sich der gemeinsame Plan in eine gemeinsame Zukunft – das klingt klug, wichtig und vernünftig. Doch nur, weil es eine Mehrheit für etwas gibt,

bedeutet das ja nicht, dass diese auch gerecht und richtig handelt. Eine Mehrheit bedeutet nur eine physische Überlegenheit gegenüber einer selbstgeschaffenen Minderheit. Und Karriere in der Mehrheit machen die Spezialisten, die Grübler und Schnüffler der Minderheit bleiben, wie der Name schon sagt, gering. Die Spezialisten, George. Sieh es anhand unserer demokratisierenden Zeit: Der Spezialist für Wirtschaft entscheidet über Wirtschaftsangelegenheiten – Beispiel Schmidt. Wie erschafft man mehr Geld? Man druckt es – die Folge: Inflation und neue, ja, noch größere finanzielle Seifenblasen – aber er als Spezialist hat seine Spezialaufgabe gelöst. Der Spezialist für Krieg beschäftigt sich mit Kriegsangelegenheiten – Beispiel Noske. Wie entwaffnet man die Spartakisten am schnellsten? Man erschießt sie – die Folge: Ganze Familien, die Rache schwören und unerfindlich größere Widerstände zu späterem Zeitpunkt – aber der Spezialist hat seine Spezialaufgabe gelöst. Und so weiter durch das ganze Reichskabinett. Sie alle tun das Richtige aus ihrem Amte heraus und dadurch handeln sie bösartig. Banale Realität zerschneidet die umsichtigste Fantasie. Ich fasse zusammen, die Spezialisten: Sinnlose Arbeit produziert Sinnlosigkeit, wie im Beispiel eins. Blinder Aktionismus produziert Reaktionismus an sich selbst, wie im Beispiel zwei. Wenn sich die Demokratie einbürgert, hat die Menschheit bald versagt. Man sollte nicht wählen, man sollte würfeln.«
»Du willst die Monarchie zurück?«, fragte Grosz.
»Um Gottes Willen, George. Nicht erben, *würfeln* sage ich.«
»Was wäre dann deine Utopie, Wiz?«
»Ich lasse mich nicht in eine Utopistenecke schieben, George, ich bin ganzheitlich. Es ist doch so, die Entste-

hung eines Systems, ab ovo betrachtet: Im Normalfall wird um das eigentliche Anliegen, nennen wir es das ›friedliche Zusammenleben aller Menschen‹, zielgenau herumdebattiert. Dann findet man die schlechtmöglichste Antwort auf die von vornherein falsch gestellte Frage und schafft ohne Not ein weiteres und neues Problem, das seinerseits wiederrum umfangreich umgangen wird, bis man sich letztendlich reinweg von der Realität verabschiedet hat. Es tut mir leid, mein Freund, aber mir bleibt nur eine Dystopie.«
»Nihilismus«, fügte Grosz hinzu.
»Ganz im Gegenteil, Omniaismus, was auch immer. Irgendeinen Ismus unter all den Ismussen wird es schon für mich geben. Komm ran, ich setze noch einen frischen Kaffee auf, willst du auch einen?«
»Es ist nach Mitternacht«, sagte Grosz.
»Ja, genau«, entgegnete Herzfelde und ging an den Gaskocher.
»Nach Mitternacht nur noch Alkohol.« Grosz war durstig. Also nahm Herzfelde wie ein einsichtiger Demokrat einen Korn aus der Schublade und füllte zwei Gläser auf.
»Und?«, fragte Grosz. »Wie glaubst du entstehen diese Phänomene, diese Gefüge?«
Sie kippten den ersten jungfräulich hinunter.
»Gefüge, ja«, wiederholte Herzfelde, während er die nächsten Gläser auffüllte. »Ich sage mal ganz salopp, dass es sowieso nur zwei Arten von Menschen gibt: Jene, die Denkenden, wie uns, und solche, die es nicht über eine gewisse Intelligenzschwelle schaffen. Weißt du wen ich meine? Die Gedankenlosen, oder die Gedankenfreien, je nach Perspektive. Solche, denen jene alle Erklärungen geben können, die sie ja doch nie begreifen werden. Sol-

che, von denen man sagt, dass man ihnen alles zweimal sagen müsse, aber du kannst es ihnen hundertmal sagen, sie werden die Hürde nicht reißen. Solchen muss man also etwas geben woran sie sich festhalten können. Ein sinnloses Gesetz zum Beispiel, wie das Verbot von Rauschmitteln eventuell, oder die Sperrstunde. Etwas, woran sich keiner hält, worauf sie sich aber berufen können, wenn sie wiedermal nicht verstehen können worum es geht. Denn wenn sie eines nicht haben, dann sind das Argumente. Mit solchen meine ich Spießer, Kleinkarierte, Konforme, selbsternannte Erwachsenenerzieher, solche eben, die immer unter Zeitdruck stehen, aber nie etwas zu tun haben. Auch denen musst du in der Demokratie, oder der Monarchie, oder in welchem System auch immer, etwas an die Hand geben, auf das sie sich stützen können, auch wenn du sie verachtest. Man soll sich ja nicht wegen Kleinigkeiten gleich umbringen müssen. Wir stehen noch ganz am Anfang, alter Freund. Die Demokratie ist noch nicht der Weisheit letzter Schluss.«
»Vielleicht ein Schritt in die richtige Richtung«, sagte Grosz.
»Oder in die falsche, mein Freund, oder in die falsche. Wer weiß, wen die noch zu wählen imstande sind.« Herzfelde goss nach. Er ließ gern alles offen. Auch die Flaschen, die geöffnet wurden, wurden ausgetrunken, nicht verschlossen. Also tranken sie, einen nach dem anderen, fabulierten Paralleluniversen zusammen, kundschafteten die möglichen Achsen aus und gerieten in Universalienstreitigkeiten, rauchten, tranken wieder. Solange, bis sich alles um Grosz herum verfinsterte, als hätte man ein Tintenfass über ihm entleert. Sein Freund Herzfelde verstummte, die Tinte lief

über seine Ohren, der Raum drehte sich ab von ihm und verschwand, es lief ihm über die Augen. Das ganze Gesicht war mit Tinte bedeckt, der Rausch hatte eingesetzt – ihm war man ausgesetzt, auf Gedeih und Verderb, auf Hochmut und Zerfall.

Einige Stunden später kam Grosz im Sturztrunk durch die Holztür seines Apartments gebrettert. Die späteste Nacht oder der früheste Morgen warf Saphirblau durch die Jalousien und schraffierte die Sperrmüllmöbel. Es war geschätzte drei Tage vor Sonnenaufgang. Eva schlief noch fest im Schlafzimmer, ihr Schlaf war ein Segen, den er nicht genoss. Er stolperte durch das Finster und suchte das Pendel des Lichtschalters, was sich komplizierter als gedacht herausstellte, da der Gleichgewichtssinn spürbar Lücken aufwies. Alle Gründe, weswegen er sich zugeschüttet hatte, mussten nun ergründet werden, benutzt, verarbeitet, gewechselt, wie Währung. Gerechtigkeit hatte ausgesetzt, Gleichgewicht hatte ausgesetzt, es blieb nichts übrig, er musste nun malen, pinseln, streichen, kritzeln, klatschen, was auch immer, frei von gedanklichen Hürden; es führte gar kein Weg daran vorbei. Sein Schaffensdrang zwang ihn hin. Kein Widerwort, nun gab es schlussendlich nur noch eine letzte Medizin. Der Alkohol hatte versagt, auf seine Art. Und er warf sich auf den Papierhaufen auf dem Boden vor dem Sofa, schwang sein Handgelenk nach einem Kohlestück das in der Gegend herumgelegen hatte und fing an zu fallen, fiel in die Vielheit seiner Kritzelei hinein, rang dem leeren Papier Bedeutung ab. Dort landete er als Strichmännchen bei den Strichmädchen in ihrem Strichhaus; in einer zweidimensionalen Welt die nach der dritten

Dimension strebte und jeden Kreis als Ball und jedes Dreieck als Pyramide wahrnahm in ihrer beschränkten, zweidimensionalen Erkenntnismöglichkeit. Und in der Mitte saß ein fetter Geldsack und zählte seinen Goldschatz und wurde mehr und mehr von Kreis zu Ball. Der reiche Sack. Und das Strichmännchen hob seine Stimme und sang dem Geldball das warnende Lied seiner Stricherwelt. Und das arrogante Großkapital wurde plötzlich ganz klein als Grosz mit seinem Kohlestück sein Schicksal mit dem Stifte sprach:

Achte wohin du trittst, Übermächtiger
Langsam unterhöhlen dich deine Totengräber
Langsam vergiften dich deine Ärzte
Langsam zersägen dich deine Kinder

Achte wovon du frisst, Übervoller
Manche Hure schlitzt Schweinebäuche
aus denen Unterhalt fließt
Mancher Freund spannt scharfen Draht
hinter gestütztem Rücken
Mancher Spross hält spitzen Dolch bei inniger Umarmung

Achte wie die Uhr tickt, Überfälliger
Aus jedem ringbesetzten Finger saugen
Wohlstandswelpen deine Honigmilch
Bis zum letzten Tropfen fleischen
sie sich Speck aus dir heran
Saure Erde und brennende Blumen
werfen sie dir in deinen schmalen Sarg

Knote dir lieber einen Strick, Überschüssiger
Trete von dem Stuhl in die Luft,
wie deine Vorgänger und Vorhänger
Stürze deine Feinde in würdelosen Erbenkrieg
Ihr Weltenbrand sei dein letztes blasses Werk,
dein letzter Krebs, dein letzter kranker Hauch

Achte was du bist, Überlieferter
Staubiger Atem schnaubt aus deiner einsamen Büste
Du Statue eines menschenleeren Platzes,
du zerbrochene Skulptur
Passanten müssen pissen wenn sie dich passieren
Niemand will dich dann mehr fressen,
alle wollen dich, endlich, vergessen

Grosz schoss mit der Kohle über den Blattrand hervor und hielt es über den Kopf. Fertig, Schluss, Aus, Ende. Er riss das Blatt weg und warf es hinter sich in den Raum. Fertig! Basta! Alle inneren Stimmen verstummt. Im Ohr nur noch Rauschen. Es spendete ihm – Applaus. Er wollte sich von dem Papierhaufen erheben, sich feiern lassen von sich selbst, doch er fiel in ihn hinein, wie ein volltrunkener Erzengel in eine Gewitterwolke. Er griff noch nach seinem verbeulten Zigarettenetui um eine Letzte zu rauchen, doch der Rest der alten Nacht war nur noch lautes Schnarchen. Wie die Ankunft eines unterläufigen Flusses; still, ausgeglichen, gleichmäßig. Wild und klar und schnell schleuderte er sich ins Tal hinab, Nacht für Nacht. Nun ruhte er, wurde tiefer, dunkler, atmete aus und ergab sich in die Breite des Deltas. Guter, gerechter, fester Schlaf; du süßestes Honorar.

Ein unverfroren frühes Türklopfen weckte ihn an diesem schalen, schmalen Morgen. Langsam drehte er sich in seiner Krakelei, fasste sich an die wummernde Stirn und drückte sich das Kohlestück darauf. Ein vollgesogener Schwamm waberte da in seinem Schädel, ein Planetarium voll Kopfschmerzen. Quälendes Tageslicht, ein bisschen Rache der verdrängten Erfahrung, wider besseren Wissens – zugeschüttet. Wehe dem Fusel, gähnende Verdorrtheit in der Kehle. Ein leerer Magen und doch nicht hungrig, übersatt und übersättigt, Katersäure und kalte Glieder. Und jemand der da an der Tür klopft. Nicht aufstehen, liegen bleiben. »Schlaf!«, rief er sich innerlich zu, »schlaf!« Doch es war zu spät. Die Erkenntnis war schon da, jedes nächtliche Geheimnis wurde sichtbar und blass – der Tisch, der Stuhl, der Schrank standen unaufgeregt wo sie immer standen – keine Monster, Nixen, Labyrinthe oder Schlösser mehr. Nur Tisch, nur Stuhl, nur Schrank, nichts weiter. Er erhob sich in unsicheren Stand und driftete in die Küche an den Gaskocher, schwer wiegt die Erleuchtung. Eva war schon zur Arbeit gegangen und hatte ihm ein Frühstück dagelassen, das würde wieder Ärger geben. Der elende Türeklopfer hatte sich endlich verzogen und schlich davon auf seinen muffigen Dienstwegen. Der Traum der Nacht hämmerte ihm wie Trommelfeuer in den Ohren. Der Traum war immer noch da und verlor sich in seinem Apartment. Er hatte wiedermal von der Front geträumt. Der Bohnenkaffee schmeckte herrlich nach Wiedergeburt. Vorsichtshalber ging er zur Tür um nachzusehen ob da nicht doch noch einer lungerte. Niemand, nur der Nachbar von schräg gegenüber glotzte ihm entgegen während er seine Tür aufschloss mit seinem Mittagessen unter dem Arm. Er dürfte die Fahne riechen, dachte Grosz, und er guckte ihm interessiert auf seine Stirn, als hätte er dort einen Fleck. Nachbarschaftshalber blieb man zuvorkommend und wechselte ein paar öde Worte. O weh, dachte Grosz mit Schädelwehmut, der kleine Sprech für Zwischendurch. Der kurze Talk im Hausflur. Das gefürchtete Bla-Bla. Das höflichkeitshalber Nachfragen, das freundlicherweise dazu eine Meinung-haben. Das Nett-sein, das Genauso-sein, das ja, ja, ne, ne, das Angleichen an die heile Welt von gegenüber. Niemand ist Alkoholiker, niemand ist arm, niemand schlägt seine Frau, niemand geht zu Prostituierten, niemand ist je im Krieg gewesen und hat auf die Knöpfe gedrückt, niemand hat was mitgekriegt. Alles gut. Wir sind nur Nachbarn. Muckst du jetzt nicht, mucke ich das nächste Mal auch nicht, wenn es soweit ist. Alles Gute und viel Spaß dabei. Der kleine Sprech für Zwischendurch. Nichts gesagt und doch geredet. War ja schön, aber reicht auch wieder. Mach die Türe wieder zu, ja, ne ist gut, aber beim nächsten Mal bestimmt. Auf Wiedersehen sagen, Lebewohl meinen. Bleib nett, bleib genauso, alles Gute und viel Spaß dabei, wie gesagt, genau, tschüß.

Endlich war die Tür wieder zu. Er setzte sich an die Staffelei in seinem Arbeitszimmer und begann mit seiner seriöseren Arbeit. Immer wieder kamen ihm die Bilder seines voranmarschierten Traumes wie Blitze, die er aus der Luft zu fangen versuchte und dann einen Pinsel in der Hand hielt. Er rührte in den Wunden der Verletzten, wenn er Farbe mischte. Er musste nur die Augen schließen, schon kamen die granatenwerfenden Gasgespenster auf ihn zu gerannt, er öffnete die Lider und das erloschene Bild fiel auf die Leinwand. Er beschrieb die filigrane Vielfalt und Partikeldichte in einem zur Hälfte abgesprengten Gesicht. Wie das MG 08/15 tupfte er mit dünner Borstenspitze viele kleine Löcher in die Menschen und Erdhaufen. Er bezeichnete die flachbrüstigen Heimkehrer von der Front und die vollbusigen Waffenfabrikanten dahinter. Er porträtierte Großmütter mit ihren Enkelinnen bei der Berufsausübung im Bordell. Das Selbstbildnis eines Zeitzeugen. Selbstbildnis mit Hure. Selbstbildnis mit Krieg. Selbstbildnis mit Knackwurst. Dann klopfte es abermals unverfroren an der Tür. Dahinter schallte eine helle, kloßige Männerstimme.

»Herr Groß! Aufmachen!«

Grosz ging zur Getränkekiste und öffnete eine Flasche Chabeso-Limonade.

»Herr Groß, allerhöchste Eisenbahn! Stehen Sie auf! So lange schläft doch keiner! Aufstehen! Aufmachen! Die Tür! Offizielles Mahnschreiben, Herr Groß!«

»Himmel Herrgott Arsch!«, fluchte Grosz an die hellhörige Decke. Ihr Unterbrecher – ihr Verbrecher! Ihr feisten, dreisten Zeitdiebe! Er nahm einen klebrigen Schluck Zuckerwasser und warf den Pinsel in die Ecke mit den aufgeschraubten Farbengläsern und Wasserbechern. Ihr stehlt mir die kostbare Arbeitszeit mit eurem Bürokraten- und Terrorschwatz. O und geschwätzig seid ihr, habt nichts Wertvolles zu tun, nichts, was mit meiner Arbeit zu vergleichen wäre. Nichts habt ihr im Schädel! Nur Erbärmliches geschieht in euren kleinen Beamtenköpfchen unter euren Beamtenhütchen. Schamlos und unverlegen zwingt ihr mich zu eurer weltlichen Geschäftigkeit herab. Tik, tak, tik, tak – Beamtenfleiß. Meine Nerven! Hört denn niemand

auf meine Nerven? Ihr Zeitdiebe! Auf euren trojanischen Mauleseln fallt ihr mir die Türe ein und reitet mit meiner Zeit unter euren Armen davon! Ihr Zäterer und Plauderer, ihr habt mich noch nie überzeugt! Also bringt mir eure Argumente heran, ihr Zäter-Affen und Plauder-Taschen. Ihr Wunderlämpchen, Glühwürmer und Armleuchter!
»Himmel Herrgott Arsch!« Wutenthemmt stapfte er der Tür entgegen und riss das Sperrholz auf. Dort stand er, der stachlige Spießer, der unterste Gerichtsdiener, hielt eine Vorladung vor sein ausladendes Gesicht. Nur der Bote dummer Nachrichten.
O, du Gerätmensch! Dachte Grosz. Du Motorenkrachen, Kettenknattern, Auspuffröhren, Schraubenklappern, Mutterrasseln, Hubraumdröhnen, Eisenbrechen, um mit starken Nomen anzufangen. Willst mir einen geschäftigen Buckel machen, damit ich an Aussicht büße. Eine ganze Welt, die Welt des menschlichen Verstandes, kannst du gar nicht wahrnehmen, du Fähnchen im Winde, da dir der Sinn fehlt, Fadenwurm der du bist. Lesen kannst du davon, hast du ja gelernt, das lesen, doch verstehen wirst du es nie. Dröger Gehorsam dient dir als Erfüllung und macht dich satt. Wie sagte Wizzie noch? Das Richtige tust du, weil du es nicht besser weißt. O, wie unähnlich du mir bist. Wie hässlich. Maschinenmensch. Machst die Welt einfacher für die Einfachen. Legst dich lästig an mein Kopfkissen, oder schleichst dich an meinen Arbeitstisch und schlägst dein Beil in mein Gesicht. Spaltest meine Illusionen von der ursprünglichen Schönheit aller Natur und kotzt deine Gleichgültigkeit über mich über mich. Aus den Idyllen meiner Träume schlägst du mich mit einem Pflock in den Hinterkopf, als wäre ich ein Vampir, während du einer

bist. Mit maschineller Gewohnheit – denn Wiederholung ist für dich Notwendigkeit. Maschinenmensch. Welcher Stempelhengst hat deinen gottverdammenden Knopf gedrückt? Meine Nerven! Er riss ihm die Vorladung aus der Hand und knallte die Türe zu, noch bevor der Bote dummer Nachrichten seinen Zeigefinger erheben konnte um seine private Moralvorstellung kund zu tun. Fadenwurm mit fadenscheiniger Gerichtsvorladung, und das mitten in meiner Arbeitszeit. Ich müsste dich verklagen, Wurm.

Behördliche Vorladung.

Angeklagter Herr Georg Groß,
das Amtsgericht zu Berlin legt Ihnen folgenden Sachverhalt zur Last:
In der letztjährig (1920) erschienenen »Mappe«, provokativ betitelt mit dem kaiserlichen Leitmotiv »Gott mit uns«, beleidigten Sie in Ihren »Lithographien« den deutschmilitärischen Wehrkomplex, namentlich die Reichswehr, in amoralischer Gesinnungsart wie missachtendem Spotte. Als polit-systemrelevante Hetze entlarvt, einzig und allein zu dem Zwecke, den deutschen Wehrgedanken zu vernichten, wird Ihnen hiermit ein Verbrechen nahegestellt, das dem Verrate verwandt ist.

Sie werden daher beschuldigt des:
Rufmordes.

Strafbar als:
Ehrdelikt, nach §164 bzw. §185 sowie §196 des StGB (wahlweise als Majestätsbeleidigung oder Irrlehre auszulegen, ab §90 des StGB)

Mitangeklagte:
Wieland Herzfeld, Verleger des Malik-Verlages.

Beweismittel:
Die Mappe »Gott mit uns«, herausgegeben im Februar des Jahres 1920 durch den Malik-Verlag.

Gutachter:
Dr. Edwin Redslob, Reichskunstwart und Max Liebermann, Präsident der Preußischen Akademie der Künste.

Sie sind hiermit aufgefordert am 25.04.1921 um 09.45 Uhr DZ vor der Strafkammer des Landgerichts II an Berlin zu erscheinen.

Jedes Nichterscheinen wird zur Strafanzeige geführt.
Das Justizministerium.

KAPITEL III
Regel und Chaos
1921

»Ruhe! Ruhe! Geben Sie Ruhe!« Der hohe Tribunals-Vorsitzende und Vorgesetzte, der höchste, werte Richter schlug den Autoritätshammer eindringlich auf die Platte und ermahnte die penetrant quasselnden Gerichtsgäste. Sie alle waren gekommen um ein gehöriges Theater zu veranstalten: Die Claqueurs, Chauffeurs, Chatouilleurs, Connaisseurs, Rieurs und die Pleureurs – jeder hatte seine Aufgabe. »Keinen Respekt vor der Waagschale der Justiz, diese Leichtgewichte«, fluchte er seinen Staatsanwälten zu. Diese kippelten mit ihren Stühlen, ungeduldig abwartend wie wache, scharfe Hunde. Fachkundig und gewerbstätig im Sinne des Staates. Der werte Richter zerrte sich vor Aufregung den Kragen im Kreise. Da waren sie versammelt, die Verräter gefunden, quirlige Querulanten, die sich plötzlich neue Namen gaben und dann auch noch so hießen. Doch du heißt nicht Wieland Herzfelde, Herzfeld, ohne e (dein Bruder, Helmut, noch schlimmer: nennt sich »John Heartfield«). Nein, nicht vor dem Gesetz! Und du kleiner Georg Gernegroß, komme mir nicht mit deinem gebrochenen Künstlerenglisch, »George Grosz«! Eure Namen sollen gerade stehen vor Gericht! Ihr seid doch alle so banal wie Schimpansen beim Bananenschälen und auch noch stolz auf euren Unfug; stoßt komplizierte Sätze aus und schlagt euch auf die Brust. Der werte Richter schlug den Autoritätshammer abermals auf die Platte.
»Ruhe! Ruhe!« Die angehäuften Künstlermischpoken hielten so langsam die Schnäbel, watschelten auf ihre Sitze und

setzten sich, endlich, hin. Und gaben Ruhe. Der Gerichtssaal erschien nun wieder glatt und symmetrisch wie Justizia höchstpersönlich.

Der werte Richter erhob sich und sprach in angemessenem, profunden Ton, die Anklage höchst selbst:

»Groß, Georg Ehrenfried, geboren in Stolp am sechsundzwanzigsten Julei des Jahres achtzehndreiundneunzig, siebenundzwanzig Jahre alt. Verheiratet. Beruf: Kunstmaler, gibt er an. Und sein Verleger: Herzfeld, Wieland, geboren in der Schweiz, als Deutscher, am elften April des Jahres achtzehnsechsundneunzig, vierundzwanzig Jahre alt. Gründer und Geschäftsführer des Malik-Verlages. Beide angeklagt der forschen und öffentlichen Beleidigung der Instanz der Reichswehr. Die Staatsanwaltschaft hat das Wort.«

Grosz und Herzfelde blickten demnach fordernd und gelangweilt auf die stühlekippelnden Bürden- und Würdenträger des Staatshauses.

Einer der beiden kippte nach vorne und holte Grosz' Mappe heraus. Er stand auf und rief dem Auditorium prophetisch, einem Opernsänger gleich, hinzu: »Gott mit uns!« Er hielt die Mappe hoch. »Gott mit uns! So heißt dieses Mappenwerk, herausgegeben vom Malik-Verlag, jedes Bild unterzeichnet von Georg Groß und verzeichnet auf Wieland Herzfeld, dem Herausgeber.«

»George Grosz«, korrigierte Grosz.

»Herzfelde, mit e«, verbesserte Herzfelde.

»Nicht vor dem Gesetz«, bereinigte der werte Richter.

»Gott mit uns!«, fuhr der Staatsanwalt fort. »Der preußische Wahlspruch auf dem Antlitz seiner Kaiserstandarte – Verhöhnung, nichts als giftiger Spott. In dieser Mappe befinden sich Zeichnungen, welche Soldaten der Reichswehr in Aktion und Pose in unwahrem, weil ehrenlosem Handeln zur Schau stellen und deren ehrenvollen Dienst am Staate – und am Volke – mit Lügen rufmorden. Gerade in unserer Zeit, der Zeit, in der das deutsche Volk zusammenstehen muss, ob der Schmach der Niederlage, ja, sprechen wir es aus, der Schmach. Gerade in dieser Zeit sind solche wüsten, grundverkehrten Scharfmachereien zu unterbinden. Wir fordern Ketten! Das hieße im Geringsten eine einjährige Haft als Denkzettel für den Verleger Herrn Herzfeld.«

»Herzfelde, mit e«, klärte Herzfelde abermals.

»Herzfeld!«, schnauzte der Staatsanwalt und der werte Richter hob den Autoritätshammer drohend, als könne er damit auch auf Köpfe und nicht nur auf Platten schlagen. »Herzfeld, Herzfeld, Herzfeld!«

Der Staatsanwalt fuhr stoisch fort:

»Und für den Angeklagten Georg Groß fordern wir den weiteren Verbleib in einer nervenklinischen Heilanstalt. Betrachtet man dieses infantile Machwerk mit all seiner sittenlosen Brutalität und sexuellen Obsession, so stellen wir fest, müssen sich bestimmte Drähte in diesem Gehirn fälschlicherweise berühren, therapeutische Maßnahmen sollen eingeleitet werden.«

»Herr Groß befand sich schon einmal in solch einer Einrichtung«, dokumentierte der werte Richter. »Mehrmals. Er wurde als ›gesunder Geisteskranker‹ entlassen.«

»Nichtsdestotrotz«, ging der Staatsanwalt weiter. »Es sei weiterhin erwähnt, dass dieser so mondän wirkende Herr schon bei den Spartakistenaufständen vor einigen Monaten festgenommen wurde. Dort entging er einer polizeilichen

Einbehaltung mit gefälschten Papieren. Das Betrügen liegt ihm wahrnehmbar im Blut, euer Ehren. Ein Brausekopf der nach Bedenkzeit fleht, euer Ehren, wegsperren. Das Tier. Die von ihm zu Papier getragene Weltbeschreibung kommt von weit her, doch sie will noch weithin. Ich sage euch die Kiste zu, den Riegel davor und den Nagel darauf! Unsere junge Demokratie verlangt nach harter Strafregel. Und zu Herrn Herzfeld muss ich wohl nichts hinzufügen. Seinen Dienst am Vaterland wusste dieser Eulenspiegelverschnitt ja immer gekonnt zu umgehen, mir fehlen die Worte für so etwas. Gerade zu ihm gibt es nichts mehr zu sagen, aber viel zu schweigen. Im Namen des Volkes und der Demokratie. Zu den Euren, Euer Ehren.«

»Demokratie ist zerbrechlich ihr Kriegstreiber!« Herzfelde protestierte dem Prozess, stand von seiner Anklagebank auf und ballte die Fäuste.

»Ihr ladet doch nicht zu Wahlen, ihr Soldaten. Was ist das? Ihr schafft Stimmvieh herbei – mit angelegten Gewehren! Mit Knitteln weichgeklopftes Wählerfleisch. Ihr seid doch keine Demokraten, nein, was soll das sein? Ihr seid nicht gerecht! Ihr seid die rechte Hand der alten Generäle in altem Adel. Fememörder! Und *ihr* wagt zu klagen? Nach den Fällen Eisner, Liebknecht, Luxemburg und den anderen – wagt ihr zu klagen? Wer nicht dafür ist, ist dagegen, denn ihr gebt keine Kompromisse ab. Was soll das sein? Wir stimmen dagegen und ihr durchschneidet unsere Stimme? Und *ihr* seid Kläger?«

Er streckte eine Faust zum Stuck der Gerichtssaaldecke und die Horde der Gäste grölte und röhrte. Die Claqueurs klatschten, die Chauffeurs animierten die Temperamente mit bissigen Bemerkungen, die Chatouilleurs wurden sarkastisch, die Connaisseurs schlugen Freisprüche vor, die Rieurs lachten laut, die Pleureurs weinten und der Autoritätshammer schlug ein paar Mal auf.

»Sie, Herr Herzfeld!«, schrie der Staatsanwalt enthemmt. »Gerade Sie! Haben sich in Kriegszeiten ja förmlich als erster Deserteur der Drückebergerkompanie hervorgetan. Keine drei Schritte konnten Sie mit Ihren Kameraden marschieren ohne wieder auszuscheren. Einen Offizier sollen Sie sogar geohrfeigt haben. Einen Offizier, Euer Ehren! Sie waren schon so gut wie füsiliert, ja, Sie standen schon an der Wand. Hatten Sie ein Glück, dass der Kaiser an jenem Tage Geburtstag hatte und zufällig Gnade über Ihre Schultern legte. Danken Sie dem Kaiser und halten Sie gefälligst ihr feiges Maul geschlossen! Verzeihung Euer Ehren, zu den Euren.«

Doch Herzfelde schlug weiter zu: »Feige nennen Sie mich? Wenn hier einer im Raum steht der wahrhaft Standhaft ist, dann bin *ich* das! Feige? Das bedeutet nichts zu sagen, auch wenn man muss, weil man nicht darf. Doch ich muss – dürfen! Und danken soll ich dem Kaiser? Lüften Sie mal Ihre Kutte!«

Einige Gäste verloren ihr gutes Benehmen vor hellichter Aufregung und warfen Kraftausdrücke auf die Ämter.

»Ihr Soldaten!« Fügte Herzfelde dazu, untergehend im Orchester der Parolenschreier, bis es ihn weit übertönte. Der Revolutionssprecher war lebendig. Grosz war sichtlich entspannt in einer Atmosphäre des sich zutragenden Geschreis auf seinem eigenen und unvergleichbaren Temperament – so verbissen und konzentriert, so schön weil so hässlich. So klug weil so dämlich, ja, im Auge des Scheißesturms. Mit den fragilsten Geschöpfen der sogenannten

Harten. Mit den spaßlosesten der Humorlosen. Diese mitlaufenden Bremsen der Menschheitsgeschichte. Als Grosz aufstand, setzten sich die Gäste wieder, als wiese es ihnen ihr Naturinstinkt zu. Er stellte sich an Herzfeldes Schulter für den Schluss. Die empörten Staatsanwälte spitzten beinahe interessiert die Ohren und der werte Richter lehnte sich in seinen Richterstuhl zurück. Grosz genoss die Aufmerksamkeit kurz und professionell, und fragte: »Um was, im Rahmen, darf ich Fragen, geht es denn hier?«

Und er blickte fragend in den Saal und der Saal blickte fragend zurück.

»Ich habe den werten Herren noch nicht einmal guten Tag gewünscht und schon wurden hier so viele Urteile gefällt wie Menschen in diesem Raum sitzen. Über wen oder was auch immer. Ich bin Künstler. Ich male Kunst. Ich male was ich sehe und ich male wie ich fühle. Das ist meine Beschäftigung und das ist mein Broterwerb. Herr Herzfelde betreibt seinen Broterwerb mit der Veröffentlichung meiner Beschäftigung und der Beschäftigungen vieler anderer. Ich persönlich sehe mich heute hier an diesem Ort zu einer Diskussion gebeten, nicht aber beschuldigt zu werden für die Äußerung meiner bescheidenen Meinung. Wenn mir also etwas vorgelegt werden würde, was mich zur Diskussion fordern könnte oder sollte, bitte, etwas Haptisches. Denn dann wäre ich durchaus bereit dem meine Aufmerksamkeit zu schenken und mich zu erklären, auch wenn ich das nicht *müssen* sollte. Denn dann würde mir das Gericht die sogenannte Ehre erweisen, mein Werk zu interpretieren und mir seinen Anstoß an seinem getroffenen Nerv zu schildern.«

Grosz setzte sich wieder hin und der Saal war still. Der Staatsanwalt, etwas überrascht, dass man auf ihn wartete, begann seine Lesung.

»Herr Groß«, legte er los. »Das hier ist Beweisstück Nummer eins.«

»Nennen wir es Erzeugnis Nummer eins«, grätschte Grosz dazwischen.

»Es heißt aber Beweisstück Nummer eins«, drückte der Staatsanwalt dagegen und der werte Richter drohte dem Angeklagten mit dem Autoritätshammer.

Der Staatsanwalt erhob die erste Zeichnung der Mappe, hielt sie den Gästen, den Angeklagten und dem werten Richter in zwei Fingern eingeklemmt, die anderen abgespreizt – so als hielte er eine ansteckende Fäkalie – vor die schnuppernden Nasen und polterte voran:

»Auf Beweisstück Nummer eins sehen wir einen einfachen Soldaten am Fluss stehen, am Stadtrand im Wald, denn er lehnt an einem Baum und hinter ihm sieht man die Stadt und vor ihm fließt ein Fluss.« Er deutete mit seinem Stift auf die Eckpunkte der Zeichnung. »Und aus dem Wasser vor ihm schwemmt eine Leiche auf. Der betreffende Soldat wird so dargestellt, als wäre er kein fühlender Mensch. Er lehnt sich an einen Baum, er ist gelassen. Fast so, als wäre der betreffende Soldat selbst der Mörder der dargestellten Leiche, kalt und ohne Gewissensbiss; dabei hätte die Leiche von überall her geschwemmt worden sein. Zu den Euren, euer Ehren.«

»Liegt der Tod nicht im Sinne des Soldatenberufs?«, fragte der werte Richter. Der Staatsanwalt blätterte mit gestoßener Nase die nächste Seite auf und hielt die nächste Zeichnung hoch.

»Auf Beweisstück Nummer zwei sehen wir einen Arzt mit einem Stethoskop beim Aushorchen eines Skeletts. Er spricht das Skelett gesund! In seiner Sprechblase steht das Kürzel ›k.v.‹ – kriegsverwendungsfähig.«
Die Gäste kicherten, der Staatsanwalt präzisierte:
»Um den betreffenden Arzt und den betreffenden Patienten sitzen Reichswehroberste versammelt. Diese bedienen sich verschiedenster Gesichtsausdrücke, auf verschiedenste Arten interpretierbar. Hier die anwaltliche Interpretation: Zweie lachen sich gegenseitig zu, ein anderer schmollt, der nächste notiert bedächtig, ein anderer sitzt dort wie Kinopublikum und raucht Zigarre, der nächste bewacht die Türe, und ein anderer Arzt hält die Krankenakte sichtlich erstaunt. Die Bildunterschrift lautet: ›Am deutschen Wesen soll die Welt genesen.‹ Garstige Ironie. Alles in allem ist die Situation eine Lächerliche. Unsere anwaltliche Rechtsauffassung hat hier einen tiefen Einschnitt in die Standards unserer Staats- und Spitalräson sowie unseren pharmazeutischen Fortschritt identifiziert. Zu den Euren, euer Ehren.«
»Sterben Soldaten nicht?«, fragte der werte Richter. Der Staatsanwalt zog die Nase kraus und dann das dritte Blatt hervor.
»Beweisstück Nummer drei: Zwei durchaus als unsympathisch hervorgehobene Geschäftsleute, oder Handelsmänner, speisen bei durchaus imposantem Mahl, während vor ihnen scheinbar unschuldige Menschen von Soldaten mit deren Bajonetten zerstochen werden. Und überhaupt, es sieht dabei ganz so aus als hätten die Soldaten Spaß dabei, Menschen zu schlachten. Als schenke es ihnen Freude Menschen zu zerstechen und ihre Pistolen zu ziehen. Se-

hen Sie es sich an. Widerlich. Ekelhaft. Euer Ehren, dies ist nichts anderes als ein eklatanter Angriff auf die Reichswehrmoral, ein Skandal. Eine Grabschändung der ehrbaren Opfer des Krieges. Ja, Sie, Georg Großklein, da haben Sie es. Und es ist ja nicht einmal anatomisch korrekt ausgeführt, euer Ehren, die Perspektive ist ja ganz prekär, euer Ehren, zu den Euren.«

Der werte Richter suchte nach einer weisen, salomonischen Gegenfrage, da hob der Staatsanwalt das nächste Blatt und wurde selbstbewusster.

»Das Profil eines spastisch behinderten Soldaten! Meine Damen und Herren, euer Ehren. Das Bild eines spastisch behinderten Soldaten! Ja!«

Der Staatsanwalt spuckte theatralisches Feuer in den Saal: »Unsere Staatsgewalt, unsere Staatsmacht, unser Staatsstolz, unser Staatssein, unser Staat…«, er verlor an Atemluft und hustete, sein nächster Staat war ihm entfallen.

»Können Sie denn beweisen, dass es sich hier um einen Spasmus handelt, Herr Staatsanwalt?«, fragte der werte Richter.

Herzfelde nutzte die Schweigesekunde, hob abermals die Faust und lancierte den Staatsbegriffsmissbrauch: »Unser Staat, euer Staat, unser aller Staat, doch ohne Gewalt, ohne Macht, ohne Stolz, ohne Sein, keinem eigen! Jeder Staat, jede Gewalt, jede Macht, jedwedes Stolz, zusammen Sein, jedem eigen! Das ist die nächste Welt. Nicht die Welt die uns wieder in Gewalt stürzt. Nicht die Welt die uns wieder, und wieder stürzt! Versteht ihr denn nicht den guten Gedanken?«

»Himmel, Hintern, Zwirn, Herr Herzfeld, konzentrieren Sie sich endlich! Hinsetzen!«, rief der werte Richter, alteriert über die Undiszipliniertheit dieses jungen Dränglers.

Herzfelde blieb stehen. Grosz kontrahierte auf den springenden Punkt:

»Was an diesen Zeichnungen ist mir nun exakt und ausführlich vorzuwerfen, und wenn ja, warum und inwiefern betrifft dies meinen Verleger, Wieland Herzfelde?«

Der Staatsanwalt schäumte, der werte Richter knickte ihn ab und tat, was er am liebsten tat, er kam zum Abschluss:

»Genug gehört, genug gesehen. Strichmännchen, die wie Generäle aussehen, jucken die Ankläger, Generäle jucken die Angeklagten. Ähem. Waagschale hin, Waagschale her, Justizia entscheidet. Herr Groß, stehen Sie auf. Herr Herzfeld, auf sie kommen wir gleich zu sprechen, setzen Sie sich jetzt hin, verdammt noch mal. Ungeheuerlich!«

Herzfelde blieb stehen.

»Herr Groß, Ihre Erklärung an die Ankläger. Was haben Sie sich nur bei dieser Schandkleckserei gedacht? Das ist doch keine Kunst.«

Grosz hob seine Vortragshand.

»Was ist denn Kunst, Euer Ehren? Ich verarbeite nur meinen Eindruck, nichts weiter als das. Sehen Sie: Wenn der Bauer dem Schaf das Gras zu fressen gibt, dann will er nicht das wiedergekäute Gras zurück. Er will die Milch, die Wolle und das Fleisch, und endlich Käse und Pullover und Braten. So ist es auch mit mir. Ich nehme auf und gebe ab, das ist mein menschlichstes Tun. Ich gebe in einer Form ab, was ich in einer anderen Form aufnehme. Ich esse – und ich scheiße!«

»Ja, und das alles ist Scheiße! Da haben Sie's gesagt!«, echauffierte sich nun erstmals der zweite Staatsanwalt und kippte mit seinem Stuhl nach vorn, als hätte die Debatte nun endlich sein Niveau erreicht.
»Nichts als Scheiße!«, schrie er inbrünstig, »ein Fiasko!« Satanisch erhob er die offene Hand zur Backpfeife. Justizia musste sich schon fast die Ohren zuhalten.
»O ja«, stimmte ihm Grosz zu, »alles was der Körper aufnimmt, verdaut er und stößt es los. Das ist die Tugend des Schaffenden. Der Schaffende kann nicht anders als zu schaffen – das ist körperliche Notwendigkeit. Nichts anderes als körperliche Notwendigkeit. Und wenn ich Schimmel und Pilz und Knochen und Gräte essen muss – dann scheiße ich Scherben. Und wenn es stinkt, dann ist es nicht mein Körper, sondern es sind die Gase dieser schimmligen Gräten und dieser knöchernen Pilze die ich zurückstoßen muss. So sucht sich der Maler stets eine schöne Landschaft zum Malen, denn sie bringt gesunden, festen Stuhl hervor. O, du friedlebender Landschaftsmaler. Ja, der Ästhet, er scheißt lang und gern, denn guter Stuhl ist die Vollendung eines wahrhaftigen Mahles, des ernsten Malens. Doch eure Welt gibt mir keine ruhige Landschaft und lachende Bäume und herzliche Grashügel. Eure Welt gibt mir nur Scheiße zum Sujet, und so esse ich, und so male ich. Ich kann nun mal nichts anderes verdauen als meinen Einfluss. Der Apfel fällt nicht weit vom Pferd. Doch jetzt genug – Sie haben mich schon verstanden. Ich plädiere auf Unschuld.«
Die Staatsanwälte schüttelten die Köpfe wie ungläubige Katholiken. Der Richter klopfte seinen Hammer zum abermaligsten Male auf die Platte, es rumorte schon wie-

der. Er erhob sich erhaben und gelobte seiner Entourage mit prophetengleicher Geste ihm gleich zu tun. Das Gefolge folgte ihm, die Urteilsverkündung war also gekommen. Schluss mit dem Vabanquespiel dieser zwei Rotzlöffel. Er öffnete den Käfig hinter sich und ein Lichtstrahl schoss aus ihm heraus und erbrach sich über den Tross. Justizia höchstpersönlich stieg dort heraus und wuchs über die gespannten Kläger und Beklagten hinaus. Mit ihren vier Metern Körperhöhe streiften ihre elektrisch geladenen Seidenhaare die Saaldecke. Die Augen, das Organ des Erkennens, verbunden – so sollte sie nun das Urteil fällen Nur mit den Ohren, dem Organ der Furcht, und einem Riecher, dem Organ der Verführung, zur Verfügung. Eine rostige Krämerwaage in der einen Hand, welche Tat mit Strafe aufwiegt; und ein Schwert in der anderen, welches die abgemessene Rache ausführt. So stand sie da, blind, mit dem Rücken zum Geschehen.

»Justizia!«, rief Herzfelde.

»Hier sind wir!«, rief Grosz.

»Pssst!«, zischte der Staatsanwalt.

Justizia drehte sich um und stieß sich ihren Kopf am Kronleuchter, ihr seidenes Haar verfing sich in den Glasketten, so dass die Gerichtsdiener eine Leiter hereinbrachten um das Missgeschick zu entwirren. Während sie noch beim entfädeln waren, richtete Justizia ihr Schwert zum Schuldspruch an die Fensterfront. Die Gäste sprangen auf und lachten. Arme Justizia, dachte Grosz. Ihr werden Werte in die Waagschalen gelegt bis den Handelsmännern ihr Geschäft billig ist. Gleich welchem System sie nun dienen soll, die arme Madame der Gerechtigkeit, man verbindet ihr die Augen, dreht sie fünfmal im Kreis und ruft ihr zu:

Blinde Kuh! Blinde Kuh! Blinde Kuh! Finde das Salzkorn in der Suppe!

Die Gerichtsdiener geleiteten die Schwertspitze vor seine freche Nasenspitze. Die alte, dürre Geisterfrau öffnete ihren Mund, und der Geruch von Jahrhunderte altem Schweigen miefte durch den Saal und drang in das modrige Möbelholz der Bänke und Altare, wo schon viele Generationen Juristen Platz genommen hatten und die Asche ihrer Traditionen weitergaben.

»Unter den Talaren Muff von tausend Jahren«, kommentierte Herzfelde unbeeindruckt.

Justizia öffnete ihr Sprachrohr. Die Spinnweben in ihrem mit Flechten bewachsenen Kiefer bogen sich wie Segel und die Spinnen verkrochen sich in ihre Zahnlücken. Der Wind blies Grosz durchs Haar, der Papierkram verflog in kleinen Wirbelstürmen. Der Bass ihrer tiefen, alten Stimme ließ den Boden krächzen und knarzen.

»Im Namen des Volkes ergeht folgendes Unheil, bitte, Urteil, danke. Georg Groß. Schuldig im Sinne der Anklage in zweierlei Punkten: Rufmorden der Reichswehr und Angriff auf die öffentliche Moral. Sein Opfer füge die Teile wieder zusammen, sein Blut fülle die Brunnen wieder auf. Das macht auf Deutsch dreihundert Reichsmark. Wieland Herzfeld, Kopf der Organisation des kommunistischen Verlages Malik und der kriminellen Energie eines Wolfsrudelführers. Sein Opfer verschließe die Wunden unschuldiger Kinderseelen, sein Blut fließe aus den Wasserhähnen aller Betroffenen. Das macht auf Deutsch sechshundert Reichsmark.«

Dann sperrten die Gerichtsdiener Justizia zurück in den Käfig. Die Renegaten blieben still und angemessen, hoben ihre Trenchcoats von den Stuhllehnen, setzten sich die Hüte auf und verließen das Spannungsfeld. Die Unwirklichkeit der flachen Systemiker unterrichtet einen mit tiefen Schlägen. Was soll man schon anderes tun als die Grobdenker zu erdulden. Ohne Grußworte beeilten sie sich durch die großen Türen und stolzierten, mit ihrem Rudel im Rücken, die Treppen des Gerichtsgebäudes hinab.

Herzfelde drehte sich um rief ihnen zu: »Genug! Die Obergockel haben genug gegackert und Schlaumeier gelegt und sich die Kämme wund gekämmt, lassen wir sie brüten. An einem Ort, an dem Unrecht gesprochen wird, ist dem rechten Menschen der Schuldspruch ein Ritterschlag. Wir treffen uns heute Abend im Verlag, Lagebesprechung, um einundzwanzig Uhr.« Die Malik-Männer klopften sich auf die Schultern, gaben den Journalisten noch kurze Interviews und gingen ihrer Wege.

Die Staatsanwälte standen zur gleichen Zeit in einem leeren Saal.

»Aber Euer Ehren«, riefen sie ihre Majestät zur Rechtsprechung auf, »das waren Kommunisten!«

Der werte Richter hob das Kinn und sprach ihnen von seinem Rang herunter.

»Und sie waren jung«, fügte er hinzu. »Wer seine Jugend nicht nutzt, um gegen Mauern zu laufen, kann sein Alter nicht nutzen, um mit besserem Wissen Türen zu zimmern. Beim nächsten Mal, meine Herren Staatsanwaltschaft, beim nächsten Mal soll es das letzte Mal gewesen sein. Ich wünsche einen guten Tag.«

Er erhob sich und verließ den Saal durch die Hintertür. Mit Dummen zu diskutieren ist wie mit einem Hunde

Schach zu spielen. Er versteht nie worum es geht, nimmt die Figuren in den Mund und kackt aufs Brett.

»Beispiellos«, stoßseufzte der eine Advokat und knüllte die Zeichnungen wütend in seinen Aktenkoffer zurück.

»Juden!«, knurrte der andere. Semitisches Verschwörervolk, so rumorte es unter seiner Stirn: Sie treiben hart arbeitende Familien mit ihren Wucherzinsen in den Bankrott, dann zwingen sie die jüngsten und hübschesten Töchter in die Prostitution um ihren unstillbaren, sexuellen Appetit in ihnen abzureagieren, und jetzt? Jetzt grinsen sie einem ihre Goldkiefer auch noch mitten ins Gesicht und malen Bilder und gründen Verlage und machen Presse. Und ewig lügt die Presse. Doch allein unser Schicksal stopft ihnen die Bäuche nicht, die Backen werden nicht voll, Die Weltherrschaft muss es wohl auch noch sein. Aufgeregt kippelte er mit seinem Stuhl ein Stück zu weit nach hinten, so dass er umfiel und sich das Steißbein an der Lehne brach. Unwürdig musste er fortan durch die Straßen hinken. Jeder sah, wenn er ging, dass er an einem peinlichen Malheur vom Steiß ab aufwärts litt. Nie würde er diesen Schmerz je vergessen. Den seelischen wie den physischen. Nie. Auf jeden humpelnden Schritt würden sie ihn verfolgen. Doch bald – bald würde zurückgeschossen. Auf bald, wenn es Justizia wieder offiziell macht. Alle an die Wand stellen und abdrücken. Triffste immern Richtigen.

X

Retrospektive: 1916.

Seelenarzt Kajetan Kinkel, Prinzipal der Salpeterbergklinik nahe Görden, kramte in seinem langen, weißen Kittel und holte seinen Spatel hervor. Neben allgemeiner Gedankenschwindsucht und Chimären, behandelte er auch Zerwürfnis und Weltschmerz sowie Hysterie und Masturbation. Die Kuckucksuhr zwitscherte zur Stippvisite, pünktlich um den Psychopathen in den Rachen zu sehen. Abgründe konnten sich dort auftun. Er schob den Patienten den Spatel in die Kehlen, mit einem Pfriem in der anderen Hand stach er die Unterseiten der Zungen an um die Reaktionsfähigkeiten zu bestätigen. Auf einer seiner Listen setzte er Häkchen unter der pejorativen oder der mejorativen Geistesgenese, je nach Oszillationsrichtung der jeweiligen Rekrudeszenz. Er leuchtete mit einer Kerze in die Augen und maß die Kontraktionsprofile der Pupillen, während die Hornhäute anbrutzelten. Nur Schmerzinvasive schrien, die Paralysierten hingegen nahmen alles hin. Häkchen bei Schmerzinvasiv, Kreuz bei Paralyse. Tonnenvoll Abfall von Traumata, junge Verwirrte und alte Verrückte, vollgefressen mit schwerer Kost. Der Krieg in ihnen lief ihnen die Hälse herauf, man konnte ihr inneres Auf- und Durchdrehen riechen. Die Pfütze des Geistes lag hier vor ihm, er watete hindurch, als er an den Bettreihen vorbeiging und sich seine Patienten suchte, den Spatel hier und da einschob, mit Stecknadeln zupiekste und mit Streichhölzern zündelte. Jeder seiner Leidgeprägten hatte seine eigenen Ticks und Knicke. Einer summte wie eine Biene, einer raschelte nachts wie die Blätter im Wind und einer bepisste sich wie der Morgentau eines diagnoseversprechenden

Vormittages. Es war der dritte Frühling des Krieges. Aus einer Appetit-Panik war ein Aha-Erlebnis geworden. Und ihre Opfer, die noch lebten, kamen an diesen Ort der isolierten Ruhe und des Experiments. Die Nervenheilanstalt. Die Klapse. Das Andersartig-sein-Gefängnis. Die Reparaturwerkstatt der Nicht-Metalle. Die Krankheitsbilder, welche die Soldaten aufwiesen, waren noch weithin unbekannt. Es waren neue Symptome aus neuen Ursachen. Philosophen arbeiteten sich daran ab, ob politische Umstände virale Folgen auf das Bewusstseins-Erleben haben könnten und schrieben Essays. Ärzte beratschlagten sich zu einem epidemischen Befall von Verblödung und epileptischer Neurasthenie, diagnostizierten Hysterie-Patienten, schrieben Bücher. Grosz sah den besenstielartig geformten, knochigen Arzt mit seinem Spatel in der einen, den Pfriem in der anderen Hand auf ihn zukommen.
»Mund auf«, befahl Kinkel.
Und ehe er noch guten Morgen sagen konnte hatte er den Spatel im Rachen. Kinkel leuchtete die Gebissreihen ab, schnupperte nach etwas in der Luft, stach zu, schmeckte das Blut ab und klappte den Patientenbeißapparat wieder zu.
»Mitkommen.« Preußische Ordnung mit Wiener Akzent. Die zwei Arzthelfer mit der Aura von Zwillingen packten Grosz unter den Armen und hoben ihn aus seinem Bettgestell. Ein alter Verrückter Kauz wippte auf seinem Bett vor sich her. »Ruhe geben«, sagte er. »Warum könnt ihr keine Ruhe geben? Das ist alles was ihr müsst.«
»Halts Maul!«, schrie ihn ein Zwilling an.
»Kalt Blut, Günther«, kanzelte ihn Kinkel zur Räson.

Sie kamen ins Arbeitszimmer des Prinzipals. Grosz wurde angewiesen sich auf einen Holzstuhl in der Ecke des Zimmers zu verpflanzen. Es roch nach verdorrter Kiefer, noch aus der altbackenen Zeit, das alte sumpfige Holz, das morscht. Der Stuhl bröckelte. Wie ein toter Baum der zurückwächst in die Erde. Wer hier schon alles drauf gesessen haben muss, dachte Grosz.

Kinkel öffnete das breite Fenster zum Durchzug und wies die Zwillinge hinaus, dann wandte er sich Grosz zu.

»Wir haben heute einen hoch dekorierten und renommierten Gast, Herr Groß. Der könnte uns beiden in Ihrem Fall weiterhelfen. Sie sind ein sehr interessanter Fall, Herr Groß, für die Forschung vielleicht nützlich, nicht aber zum Kriegsdienst wie mir scheinen mag. Doch vielleicht bekommt Sie unsere Koryphäe wieder gerade und einsatzfähig. Können Sie mich verstehen?«

»Und wer soll das sein?«, fragte Grosz.

»Es handelt sich um keinen geringeren als Herrn Doktor Pyotr Sergeiwitsch Bobrow. Sie haben den Namen schon mal gehört?«

»Ich beschäftige mich zurzeit mit Krieg, Herr Doktor, nicht mit Medizinern.«

Kinkel belehrte: »Doktor Pyotr Sergeiwitsch Bobrow, führend auf dem Gebiet der Hirnforschung und Psychoanamnese aus Petrograd. Nicht zuletzt Autor des Buches ›Volkspsychosen und politische Bewegung. Über die Wirkungsgewalt von Fantasie.‹ Nicht zuletzt Widerleger Freudscher Theorien. Beinahe sämtlicher. Freud kennen Sie aber? Oder, Herr Groß?«

»Den schon, ja.«

»Den also schon, da sieh mal einer an.«

Bobrow kam ohne anzuklopfen mit einem Stampfer durch die Tür. Ein schratbärtiger, gewichtiger, runder Mann trat hinein.

»Morgen«, knurrte er, es war Mittag. Der große, dürre Kinkel stand auf und schüttelte seinem Bewunderten die Hand.

»Da ist er ja schon, hellauf. Herr Doktor Bobrow, einen guten Morgen, einen frischen Kaffee, ja?«

»Schwarz.«

Bobrow sah Grosz kurz an, stapfte zum Stuhl, kniete sich über die Sitzschale und zog sie zu sich her. Die Stuhlbeine kreischten auf.

»Wie ich sehe haben Sie sich schon gesetzt«, stammelte Kinkel, ihm im Nachhinein den Platz zuweisend.

»Genau«, gähnte Bobrow.

Er griff nach der vollen Tasse auf dem Silbertablett und schlürfte.

»Bohnenkaffee, Premiumröstung, nur das Beste. Importwaren sind in unseren politischen Umständen kostbares Gut geworden«, erklärte Kinkel, in tassereichender Geste.

»Können wir die Leier überspringen und gleich auf den Patienten zu sprechen kommen?«, forderte Bobrow. »Meine vorbezahlten Zugtickets drängen sich auf, ich werde nicht allzu lange bleiben können.«

»Wie lange haben Sie denn, Herr Doktor Bobrow? Ich erinnere mich, Ihr Wirkungskreis drehe sich um zwei bis drei Nächte?«

»Eine Stunde«, kürzte Bobrow ab.

»Aber Herr Doktor Bobrow, wie können wir ihre richtungsweisenden Errungenschaften dann in unserem Patienten durchführen? Ich kann den Jungen doch so nicht

zurück an die Front geben. Schenken Sie der Heilung eine Möglichkeit, der Wissenschaft, Herr Doktor Bobrow.«
»Ich bin in beratender Funktion zugegen«, zäunte Bobrow die Erwartung ein.
»Aber, Herr Doktor Bobrow!«
»Sie wissen, ich bin ein vielbeschäftigter Mann. Denn ich mache vielbedurfte Dinge. Darum gehe ich in vielen Ländern ein und aus. Ich habe Termine in Warschau, Königsberg, Riga, Petrograd. Kürzen Sie ab, Herr Prinzipal.«
»Nun gut«, gab Kinkel nach und beugte sich der Beratung. Er setzte sich, holte ein paar Blätter aus seiner Schreibtischschublade heraus und fächerte sie vor Bobrow auseinander.
»Wir ließen die Patienten malen«, fing Kinkel an. »Neueste Methoden der Psychoanalyse nach ihrem Essay. Und wie Sie es in Stufe drei beschrieben, ›Die Illusionspräambel: Plastische Zwangsvorstellungen in der Farbenidee‹: Die meisten malten Bäume oder Brüste. Wir konnten sie als Simulanten enttarnen und zurück in den Wehrdienst integrieren. Doch dieser Patient, er malt andere Dinge, fremde Gewalt und abstrakte Brutalität, es ist scheußlich. Herr Doktor Bobrow, sagen Sie mir, ist das Kunst, oder ist das neuronale Perversion?«
Bobrow betrachte das Tintenwerk. Strichmännchen im Wasserfarbenblutbad, skelettöse Linienführung. Keine Sonne, kein Mond, keine Eltern, weder Bäume noch Brüste. Nur ein Klumpen Unordnung.
»Nein, Kunst ist das nicht«, brummte Bobrow durch seine Borstenhaare. »Haben Sie keinen Schnaps? Wodka sogar?«
»Wir haben, wie gesagt, bis auf weiteres komplizierte Kapazitätserscheinungen mit Importware Herr Doktor

Bobrow, aber ich kann Ihnen ein Kirschwasser bieten.« Kinkel verneigte sich gastfreundlich.

»Dann Kirschwasser, Herr Prinzipal.«

Als sich der Arzt an die Vitrine machte spannte Bobrow kurz zu Grosz herüber.

»Spinner!«, furzte er leise und wog sich zurück in die quietschende Lehne.

Er nahm das Gläschen Obstbrand, diese Oase im Alltagsreichtum, und ließ den spärlichen Inhalt in seinen Rachen fallen.

»Darf ich Ihnen zur Bekömmlichkeit auch eine Zigarre anbieten?«, fragte Kinkel, im Nachhinein zuprostend. Dann schob er ihm eine alte Kiste entgegen.

»Ich habe meine eigenen«, nuschelte Bobrow in seinen Bart.

»Was rauchen Sie?«

»Russisch.«

»Ich wusste nicht, dass Russland Zigarren produziert.«

»Russland ist groß.«

»Ja, nur ist es dort nicht zu kalt für den Tabakanbau?«

»Sehr groß.«

»Also, was ist es?«, fragte Kinkel, und zeigte auf Grosz.

»Neuronale Zwangsbeschimpfung, schizophrene Konfliktvorstellungen, Dementia paranoides, nicht wahr? Ich meine, pseudomoralisches Verhalten, klaustrophobiale Bewusstseinszustände, paragegenwärtige Trägheit. Und dann diese psychoabnormen Kritzeleien. Papier voller Verwüstung. Lässt dies nicht auf einen homosexuellen Konflikt in der Kindheit schließen, einen muttermordenden väterlichen gar? Wäre nicht Kastration der nächste Schritt? Und – könnte er dann noch dem Soldatenstand funktional hilf-

reich sein? Ohne Trieb meine ich, als Eunuch. Über welche Geschlechterrolle läge sich dann die Seele? Sie wissen schon, als ›ganzer‹ Mann fallen?«
»Kastration schließe ich aus«, nickte Bobrow ab.
Grosz ließ sich an die Stuhllehne sinken. Er war kurz davor aus dem offenen Fenster zu springen, gleich welcher Stock es war.
»Elektrotherapie?«, fuhr Kinkel fort. »Ich machte auch erhebliche Fortschritte in der Malariatherapie, wissen Sie? Künstliche Infektion. Der fieberinduzierte Schüttelfrost vernichtet befallene Nerven.«
Grosz bekam finsteren Bauchschmerz.
»Und die Malaria?«, fragte Bobrow.
»Die behandeln wir dann mit Quecksilberchlorid.«
»Na, wenns Ihnen hilft«, sagte Bobrow und klärte auf:
»Der Junge hat doch keinen Schatten, der ist traumatisiert, Herr Prinzipal. Und bevor Sie wieder fragen, das ist eine nervliche Atrophie des Charakters nach akuter Gegenüberstellung mit der eigenen Mortalität. Völlig normal. Das Individuum ist sozusagen negativ erleuchtet in seiner Existenzialität, oder wie Spinoza es nicht sagen würde, schockiert darüber, wie scheißegal es der Realität doch ist. Die Illusion des Schicksals, ersetzt durch die Möglichkeit des Zufalls, löst sich auf in melancholischer Bedeutungslosigkeit. Ein Gedanke ist nicht krank, nur weil er jenem Verstand, den wir augenblicklich als gesund verstehen, schwer zugänglich ist. Ich glaube nicht an Ihr Konzept der Seelenbehandlung. Ich denke weiter.«
»Weiter wohin?«, fragte Kinkel.
»Nun, dieses Gekrakel. Ich nenne es ›das geistige Verbluten‹. Es ist ein heilsamer Prozess, aber natürlich nicht frei

von Risiken. Um sicher zu gehen schlage ich operative Methoden vor, Herr Prinzipal. Direkter Eingriff am Gehirn. Nativkontakt an der Synapse.«
»Sie meinen dort sitze die Seele?«
»*Die Seele* ist ein Begriff der Romanciers und in Wahrheit nicht mehr als eine profane Drüse, drei Finger breit vom Frontallappen entfernt. Ich meine dort sitzt das Denken. Das Denken das Bilder malt. Das Denken, das Gewehre bedient. Das Denken, das Kaffee kocht. Vergessen Sie das mit der Seele besser schnell wieder. Ich spreche von der Lobotomie, Herr Prinzipal. Sie haben davon gehört?«
»Ja, ich hielt es für verfrüht.«
»Ganz und gar nicht. Seien Sie mir da mal nicht zu konservativ. In meiner Forschung zu meinem neuen Buch habe ich nach meinen chirurgischen Behandlungen erstaunliche Entwicklungen an den Probanden feststellen können. Eine Art emotionale Veränderung vollzieht sich, Ruhe kehrt in den Patienten ein. Die statistische Unschärfe an erfolgreichen Wiedereintritten in Armeen ist zwar noch nicht ausgespitzt, obschon, lassen Sie mich nur so viel sagen, mein Buch ist auf einem guten Weg. Sie werden noch davon hören.«
»Und wie funktioniert die Lobotomie nun technisch?«
Bobrow kramte in seinem Arzneikoffer, holte ein Merkheftchen heraus und schob es über den Tisch auf Kinkel zu. Kinkel las eifrig den Titel: »Aventiure Lobotomie – ein Handbrevier für den Medikus auf der Suche nach dem Nervenkitzel.« Brobrow erklärte das Vorgehen.
»Nun, wir denervieren den Probanden indem wir ihm einige Nervenbahnen zwischen dem Stirnlappen und dem Zwischenhirn entfernen. Dann entnehmen wir etwas der

grauen Substanz. Aus der Entnahme dieser Substanz erfolgt eine Eindämmung der, Sie nennen es ›Seelenschmerzen‹ aus einem Zentralbereich des Körpers. Der Eingriff wird mal durch die Nebenhöhlen, mal durch die Augenhöhlen unternommen, je nach Physiognomie. Man benötigt die Fertigkeit eines Spezialinvasiven, Herr Prinzipal, Sie bedürfen eines Sachverständigen dieses komplexen Handwerks. Mir.«
»Weisen Sie mich ein«, meldete Kinkel.
»Ich bin wie gesagt in beratender Funktion zu gegen. Mein Anschlusszug wirft schon die Kohlen ins Feuer, mein Scheck ist sauber, dafür danke ich Ihnen, ich muss los.«
»Doch eine Stunde ist noch nicht vorbei, Herr Doktor Bobrow.«
»In meinem beschäftigten Leben, da ticken die Uhren anders, Herr Prinzipal. Hören Sie das?«
Nur das Ticken von Kinkels Kuckucksuhr war zu hören.
»Nein«, sagte Kinkel.
»Genau«, sagte Bobrow und nahm seinen Mantel.
Kinkel ging um den Tisch und fing ihn an der Tür ab.
»Es geht hier nicht um mich, oder um die Reputation der Salpeterbergklinik, oder um den medizinischen Fortschritt als Ganzes. Es geht um den Patienten, Herr Doktor Bobrow, einen Menschen, ich insistiere! Wie soll ich ihm erklären, dass er keine Lobotomie erfahren darf, dass er nicht mehr den Frieden finden darf, wo doch eine Lösung seines Schmerzes so nah wäre? Wie soll ich einem jungen Mann erklären, dass er sich nicht mehr dem Weltgeschehen stellen, nein, dass er sich nicht mehr zurück an die Front einreihen darf? Dass er nicht normal ist!«

»Was ist Normalität?«, fragte Brobrow suggestiv. Kinkel spannte die Ohren auf, froh den Spezialisten gefordert zu haben. Dieser spannte das Kreuz und drückte seine Wampe in den Vordergrund.

»Normalität als solches ist statistisch nicht nachweisbar. Jeder schlägt dann und wann vom normativen Wert ab und ist als solcher im Ausnahmefall nicht kategorisierbar, oder als gesund oder ungesund messbar. Ich würde Normalität nicht als Maßstab der zivilisatorischen Integrierbarkeit erwägen. Ich würde die Wogen der Zivilisation abwiegen und davon den Einzelwert herausziehen. Theorie und Praxis, Herr Prinzipal. Frieden erfordert Morpheumspritzen, Krieg erfordert Lobotomien. Sie sehen? Und da wir in Kriegszeiten leben ist Lobotomie-Saison. Ich bin verbucht. Wenn sie ihm nicht ins Gehirn schneiden können, lassen sie ihn gehen und seine Bilder malen. Sperren Sie nicht ein, was Sie nicht heilen können. Er ist geisteskrank, aber gesund, in Ihren Augen.«

»Warten Sie, werter Herr Kollege«, hastete Kinkel. »Muss er nicht in Quarantäne? Ist seine Krankheit nicht ansteckend?«

»Nein, Herr Prinzipal. Lassen Sie ihn gehen, lassen Sie ihn malen. Er kann nicht mehr. Wenn Sie das Beste für ihren Patienten wollen, dann schicken Sie ihn nach Hause. Auch wenn er einen hervorragenden Probanden für mein neues Buch abgegeben hätte, es warten andere. Große Fragen warten auf mich, große Antworten sollen ihnen gegeben werden. Ich schreibe Sie auf meine Warteliste. Meine Adjutante wird Ihnen die Rechnung für die Bearbeitungsgebühren zukommen lassen. Mehr kann ich nicht für Sie tun. Sie verzeihen meine Professionalität.«

Kinkel konnte nur mit einem plötzlich wirren Krächzen antworten, drehte den Kopf um dreihundertsechzig Grad und begann zu schielen.

»Herr Prinzipal?«, vergewisserte sich Bobrow und beobachtete prüfend, wie sein Gegenüber bemerkenswerte Eigenschaften zu zeigen begann. Er zog einen Notizblock aus dem Mantel und setzte Häkchen.

Kinkel hob beide Arme und weinte ein wenig.

»Was ist los mit mir? Mir wird so blümerant.«

»Ich habe Ihnen ein harmloses Psychopharmakon verabreicht.«

»Ein was?«

»Ein harmloses Psychopharmakon, Sie wirkten mir neuronal verkrampft, also empfahl es sich mir, Ihnen ein leichtes Anxiolytikum in Ihren Kaffee zu träufeln.«

»Sie haben meinen Kaffee vergiftet, Sie Irrer?« Kinkel war außer sich und schnaufte, sein Brustkorb wölbte sich überproportional. Bobrow notierte.

»Sie beruhigen sich, Ihr Heilprozess ist eingeleitet. Ich bin erstaunt, dass es bei Ihnen so früh einsetzt, bei einem gewöhnlich mittelgroßen Landwirbeltier setzt der Effekt erst nach einer Latenzzeit von zwei bis drei Stunden nach Verabreichung ein. Das ist interessant, bedenkt man die minimale Erhöhung der Dosis.« Er kreiste eine Notiz auf seinem Block ein.

»Sehe ich denn aus wie ein Landwirbeltier?«, lallte Kinkel und blinzelte fest und intensiv, machte einen Buckel und keuchte wie ein durstiges Kamel.

Bobrow sah ihn an und hob eine Augenbraue.

»Ein Anxiolytikum ist ein Antitoxikum zur Handhabe von übereifrigem Ehrgeiz und etwaige humanoide Geltungs-

sorgen. Etwas germanische Schwarzwurzel zerstampft mit dem Koka-Blatt aus den amerikanischen Anden, dazu chinesisches Opium und einen Schuss von diesem Voodoo-Sekret eines dieser zentralafrikanischen Medizinmänner; keinen Schimmer was da drin ist, aber es wirkt. Sie werden sich schon bald wie neu fühlen. Sehr neu.«
Er drückte Kinkel von sich fort und zog die Tür hinter sich zu. Kinkels eingefallene Schultern fielen ein Stück tiefer, so dass sein langer Kittel seine Schuhspitzen berührte. Er wandte sich schwankend zu Grosz und kreiste mit seinen Augen als sähe er ihn durch ein Kaleidoskop.
»Sie haben Herrn Doktor Pyotr Sergeiwitsch Bobrow gehört. Ich kann Sie nicht zurück an die Front entlassen, Sie müssen zurück in ihr Heimatdorf. Wo ist das?«
»Berlin.«
»Ah, ja. Es tut mir leid. Eine Lobotomie können wir mit unseren gewöhnlichen Mitteln nicht durchführen.«
Grosz atmete auf. Er ließ abermals vom Sprung aus dem Fenster ab. Es war schon eine fixe Idee geworden. Kinkel hickste und drehte sich, er rief die Zwillinge hinein, die Grosz des morschen Holzstuhls enthoben. Tausend Steine fielen von ihm ab. Dann haben sich die harten Jahre auf der Akademie der feinen Künste doch bezahlt gemacht. Zurück nach Berlin. Raus aus dem Krieg. Zurück in all die liebevollen Kleinigkeiten und großen Schönheiten. Zurück ins Leben. Ins Weiterleben. Da wäre er fast gewesen, der Tod, die Demenz, und sie hätten ihn beinahe gehabt. So gesehen war Bobrow sein Erlöser. Der Mann, der ihm mit seiner Fehldiagnose das Leben rettete. Kunst kann also Leben retten. Gelobt sei der Entdecker. Kinkel bremste seine Voreiligkeit mit letzter Geisteskraft.

»Wir werden noch drei Wochen die Drehstuhltherapie anwenden und Überraschungsbäder durchführen, zugegeben, veraltete Methoden im Vergleich zur Bobrowschen Lobotomie, doch vielleicht greifen sie ja dieses Mal. Hoffen wir das Beste.«

Beim Herausgetragenwerden sah Grosz, wie sich der Prinzipal unter seinen Schreibtisch verkroch um seine Drogenerfahrung professionell zu durchleben. Dann schleiften die Zwillinge den Patienten durch den Gang und warfen ihn zurück auf sein rostiges Bettgestell.

Der alte Kauz wippte immer noch vor sich hin.

»Ich muss hier raus, alter Mann«, sagte Grosz, als er sich die Daunen überzog und an die torfige, verschimmelte Decke sah.

»Gib Ruhe!«, zischte ihn der Kauz an. »Sei hart, habe Geduld.«

»Ich bin ruhig«, sagte Grosz.

»Das ist alles was du musst«, tatterte der alte Kauz. »Das ist das Geheimnis. Nehme dir Zeit. Die Zeit ist das einzige, das man mit roher Gewalt an sich reißen muss.« Dann kicherte er verschmitzt, wie ein Kleinkind auf einem Piratenschatz.

»Gute Nacht, alter Mann.« Mehr hatte Grosz auch nicht zu sagen, er war müde. Doch der Kauz ließ nicht locker.

»Gelassenheit brauchst du, junger Freund, eiserne Gelassenheit. Denn Gelassenheit ist nicht müdes Labsal und hat auch nichts am Hut mit Passivität. Gelassenheit ist die Angriffslust der Gemütlichkeit. Wo ein Gaspedal, dort ein Bremspedal, beide haben Wirkgewalt, doch nur eines hat die Macht mit einem Tritt auch Halt zu machen: Die Gelassenheit.«

Grosz setzte sich auf, beugte sich vor und gab dem Kauz in ruhiger Erzählstimme Resonanz:
»Gelassenheit?«
Der Kauz setzte sich auf und nickte überzeugt.
»Wenn du wüsstest, was es schon alles auf mich gelassen hat, alter Mann. Kanonenkugeln, Schrapnellschrot, Dreck, Menschenteile, Flugzeuge, ja, der rote Baron höchst persönlich ist vor meinen Augen heruntergekracht. Auf mich hat es schon das ein oder andere runtergelassen. Die Maschinen hinter uns rüttelten die Erde auf, wir waren bloß Insekten und hinter uns die Kehrbesen. Fleisch zwischen Pressplatten. Die Mäuler voller Quarzsand, die Socken voller Schlamm, innen und außen alles aufgewühlt, alles braun. Und die Jagdflieger, über uns, in heldenhaften Zweikämpfen, für gar nichts gut. Aber immer noch besser als die industrielle Vernichtung auf dem Boden, nur dort oben machte Krieg noch einen Sinn, so dachte man fast. In Form von Duellen. Duellanten, in zwischenmenschlichen Zweikampfbeziehungen, Mann gegen Mann. Die stürzenden Vögel zogen Brandfahnen hinter sich her und rahmten das Fiasko tief im Grund mit heiterem Orange. Und alles Feuer fiel vom Himmel und dort lagen wir in unseren Grabkammern. Das Licht erstickte in weiter Ferne und wir schaufelten unsere Gruben tiefer, von Angst und Kälte getrieben, die ganze Nacht hindurch, bis über uns die totbringende Morgenröte aufbrach und die Rauchwolken wieder sichtbar wurden, die den Himmel vergifteten. Und es schneite Asche und der Atem kondensierte zu öligem Film und die Fäuste wurden blau und die Fingernägel zersprangen. Was es mir schon alles vor die Füße gelassen hat, alter Mann. Heiß war der Himmel, kalt war die

Erde. Und alles um uns herum erfror oder zerschmolz. Das Alles, das ist Wahnsinn! Alles Wahnsinn! Bin ich des Wahnsinns? Oder ist es alles andere? Egal wie lange du Ruhe gibst und herumsitzt, irgendwann wird schon jemand von alleine kommen, der dich erschießt. Und darum buddelten wir uns ein, darum schrien alle immer herum und alles war laut, laut, laut. Nur die brennenden Krähen fielen still. Und ihr Aufschlagen in nahem Gebiet spendete uns kurzzeitig warmes Licht, wie ein makabrer Hoffnungsschimmer. Da war nichts zum Ruhe geben, da ist auch nichts und da wird auch nie etwas sein. Da wurde, ist und wird geschossen. Und wenn du daran verrückt wirst, versuchen sie dir den Schädel zu öffnen um dir das Gehirn zurecht zu schneiden. Da kannst du dir deine Gelassenheit aber mal getrost in deine Waffe Laden, dir das Rohr an die Schläfe halten und abdrücken, alter Mann.«
Der Kauz presste sein Gesicht zusammen.
»Gib Ruhe!«, keifte er stur. Er war zu alt, zu gewohnt, zu versteinert um noch etwas zu ändern. Natürlich hatte der er recht, aber er war auch keine traumatisierte Künstlerseele wie Grosz, er war verwachsen und eingeklemmt.
»Gib Ruhe!«, grummelte er, zog sich seine Schlafmütze, ein frommer Brauch aus dem vorigen Jahrhundert, über den Kopf und verkroch sich unter seine Decke wie unter ein Dach. Grosz tat es gut mal darüber geredet zu haben. Dann legte er sich hin und schloss die Augen für die früh verordnete Nachtruhe zwischen den Hysterie-Patienten. Einer summte wie eine Biene, einer raschelte wie die Blätter im Wind und einer bepisste sich wie der Morgentau eines weiteren, hysterischen, diagnoseversprechenden Vormittages.

X

Zurück in 1921.

Da liefen sie, die Hanswürste mit ihren Hanswürstinnen und Gewürzgurken der ersten Gewerkschaften im feindbesetzten Düsseldorf und demonstrierten ihren Ungehorsam. Die Industrie- und Bergbauunternehmen der Region waren unter der Kriegsschuldeneintreiberei von französischen und belgischen Militärs besetzt und kontrolliert. Was nützlich war wurde einkassiert, von der Steinkohle Bochums bis zum Hafer vor Köln. Die Arbeiter hungerten sich von Tag zu Tag und was sie an Energie übrig hatten, brüllten sie der Demonstrationseskorte der Soldaten entgegen an der sie vorbeidefilierten und alte Kriegsmärsche sangen über den langen und reinen, vereinten und ehrlichen, heißen, deutschen Hass, der ewig währte und ohne Unterlass und so weiter. Ansgar Dachs klopfte die Asche aus seiner Pfeife in das Rinnsal, spuckte griesgrämig den Tabak zwischen seinen Zähnen auf die Straße und kehrte um in Richtung Kramladen. Mit den Arbeitern konnte er nicht viel anfangen. Keine Gemeinsamkeit, Parallelentwicklung, Koexistenz. Ansgar Dachs war von Beruf Kunstfälscher, aber nicht irgendeiner, kurz: der Beste. Niemand kannte ihn außerhalb seines erlesenen Kreises, welcher aus *ihm* bestand. Und Kurt. Der Unbetastete, der Unbesehene. Er malte Gemälde nicht ab, er malte Werke nochmal und fügte dann, zu guter Letzt, den »Geniestreich« hinzu, wie er ihn nannte, der noch fehlte. Viele wesentlichen Werke wurden erst bedeutsam (und überhaupt berühmt), nachdem Dachs seinen Streich vollendet hatte. Von der Neuzeit bis zur Renaissance reanimierte er die Gedanken der Großen, der größten Kunstmaler, der Koryphäen und der Verrückten und überstäubte sie mit dem künstlichen Verwesungsprozess der dunklen Alchemie (meistens reichte auch ein Backofen) – auf dass sich ihre Werke auf die Fissuren, die Patina-Absplitterungen und Verlaufsrichtungen der Pigmentverluste genau glichen. Er tauschte seine Versionen mit denen der Bestände in den Museen und Privatsammlungen aus und verbrannte die Originale. Es war jedes Mal ein Fest.

Schon in seiner Ausbildung zum Restaurator stellte ihm sein Ausbilder das die Naturstudie des Feldhasen Albrecht Dürers von 1502 auf die Staffelei, er solle es zu Lernzwecken imitieren. Dachs' »Gemini«, wie er seine Perfektionen nannte, waren so exakt, von Duktus und Pinselgesinnung bis hin zur Nachbildung des Alters von damaliger Materialwahl und dessen Verschleiß durch die Zeit, dass er dem Ausbilder die Kopie zurückgab - und das Original behielt. So heißt es. Durch die Zugabe des »Geniestreichs« war dem Ausbilder, als hätte das Werk an Wert, an Ausstrahlung, an Sympathie gewonnen, doch er konnte nicht genau benennen was es war. Seit her ist der Feldhase aus keinem historischen Abriss jener Epoche auszulassen. Er brannte umwerfend schön.

Wo das größte Werk an die Kunst das Unbekannt-bleiben ist, liegt man außer Konkurrenz der Namentlichen. Wo andere Künstler mit leiser Katzentatze am Naschtor der Unsterblichkeit kratzen, lehnte Dachs sich zurück in die Lebbarkeit der Gegenwart. Und wo andere Künstler jeden Morgen von der Klinge des Anspruchs wachgestochen wurden und des Abends mit der vagen Vermutung der Erfolglosigkeit versuchten einzuschlafen, da lachte er sie aus und stopfte sich die Pfeife. Sie alle wollten in die Kunstgeschichte eingehen, ein Vermächtnis hinterlassen, einen Namen nach dem Tode führen. Für Dachs war das lächerlich prätentiöses Geltungsgebaren. Was nützt der Name nach dem Tod.

Das goldene Glöckchen an der beglasten Eingangstür klingelte bei seinem Eintritt in den Kramladen.

»Nichts zu erleben außer die Spinner da draußen«, nuschelte der Riese am Tresen hinter seinem Schmöker hervor aus seinem Bauch heraus. Der Kramsammler Kurt Brockhaus war ein massiver und edler Zeitgenosse. Zwei Meter war er hoch und einen breit. Ein Berg, ein Goliath, ein Fass von einem Mann. Auf mittelalterlichen Schlachtfeldern hätte er Raubritter gerissen wie Wölfe junge Kälber. Mit dem Morgenstern hätte er die blechernen Helme wie Nussschalen zerknackt, wenn er nicht so prüfend und sanftmütig wäre. Doch heute, Anfang der 1920er, da stieß er sich regelmäßig die Stirn an niedrigen Lampenschirmen und tiefgezogenen Türbalken in kleinen Lesestuben. Auch sein Gedächtnis schien ein Koloss zu sein. Aus seinem roten Vollbart kamen massenweise Anekdoten zu kunstgeschichtlichem Anno dazumal und er hatte immer zusätzlich ganz allgemein von Allem eine Art Ahnung. Kein Künstler, aber ein Künstlerfreund, eine wandelnde Enzyklopädie in seinem Lebensraum der alten Bücher, Gegenstände und Gerüche.

»Die Gewerkschaften haben heute wieder dringlichsten Weltrevolutionstag«, sagte er und nickte zum Schaufenster, mit dem Zeigefinger voran, »und bekämpfen die Gewalt-

spirale, wenn es sein muss mit Gewalt. Kollektiveifer nenne ich sowas: Pumpen eine Sache auf, konstruieren sich die absolute Wichtigkeit und dann gibt es nichts anderes mehr. Können dann einfach nicht bei sich halten.«
»Ich wollte heute sowieso nicht Spazieren gehen«, sagte Dachs und schleifte durch die engen Gänge zwischen den bauchigen Regalen und wackligen Stützbalken. Der Laden war voller kleiner und kleinlicher Winzigkeiten. Ein archivalisches Konglomerat von fast Allem. Die Ablagebretter gähnten und bogen sich unter der Last des akribischen Sammelsuriums. Hier und dort knackte es leise. Prähistorische Büchsen und Töpfchen mit antiken Inhalten türmten sich zu einem Mikado-artigen Mosaik. Dort und da standen Marmorbüsten irgendwelcher zweitwichtigsten Personen der Geschichte auf Bücherstapeln. Ein ausgestopftes Gürteltier, ein Elfenbeinhorn, allerlei Piratensäbel, afrikanische Masken und Hirschgeweihe. Eine Daumenschraube und anderes inquisitorisches Foltergerät, ein übergroßer Schildkrötenpanzer, ein Haifischgebiss und tropische Schrumpfköpfe hingen von der Wand. Er ging zu dem Schrank mit den Farbtöpfchen und Klangschälchen und Elixieren und griff nach einem Blau. Brockhaus war Dachs' Ratgeber in Sachen chemischer Zusammensetzung, kontemporärer Farbgebung und künstlicher Alterung seiner Fälschungen, seiner »Gemini«. Gemeinsam begutachteten sie Stile und Geschmäcker über Zeitfenster, welche sich zu Zeiträumen auftaten, über denen Epochen herüberzogen. Die Unterschiede von Krakelees, die Aggregatszustände von Öl mit Eigelb, das Koffein, der Schwefel, das Bügeleisen.

»Ich hätte eine Frage zu einem neuen Projekt«, sagte Dachs verschwiegen.

»Ein Projekt?«, fragte Brockhaus aufmerkend und schlug den Wälzer zu, schob ihn an seinen Platz zurück und holte die Tassen aus dem Schrank.

»Welches Projekt?«

»Ich dachte diesmal an einen dieser Peredwischniki, einen russischen Wandermaler«, holte Dachs aus. »Weg von der Menschheit, wieder hin zur Landschaftsmalerei. Wie damals den Turner. Diese Ruhe der Freiheit. Ich meine, diese Nebelschleier, dieser Luftgeschmack, dieses Sonnenlicht, das auf nichts trifft und in den Wasserkristallen leuchtet. Das Schimmern, das Unterholz, die faulen Grasstengel, die Beliebigkeit, bewusst, die Unordnung. Mit drei abgefransten Reisepinseln ähnlicher Auftragsbreite, nichts weiter.«

»Du meinst einen Mjassojedow?«, riet Brockhaus begeistert.

»Fast«, sagte Dachs, schraubte das Blau auf und roch daran.

»Iwan Schischkin, du willst einen Schischkin?«

»Nicht irgendeinen, Kurt, Ich will ›das Roggenfeld‹.«

»Na dann schieß los. Wo hast du Fragen?« Brockhaus holte schon mal den Cuvée aus dem Maul einer ausgestopften Krokodilsschnauze. Zum Anfang eines neuen Projektes gab es stets nur das Auserlesenste.

»Erstklassige Traubenmische«, lobte Brockhaus die Flasche, »hat einen Abgang wie der Kaiser höchst persönlich.« Er zog den Korken aus dem Hals und lachte bedächtig in sich hinein während er das Weingut in die Tassen kippte. Alles hatte er im Haus außer Weingläser.

»Wer besitzt das Bild?«, fragte Dachs und nahm sich einen Becher.

»Ich denke mal, es steht irgendwo in einem russischen Privatarchiv mit dem Gesicht zur Wand«, antwortete Brockhaus und tunkte seine Zottel in den Wein. »Lässt sich schon herausfinden, ich frage einfach den alten Russen Pyotr, den Arzt, du weißt schon. Der musste sein Buch auf Eis legen um für diesen Lenin als Leibarzt den Spezialistenbuckel zu machen, zumindest zwitscherte mir das die Brieftaube neulich. Er sitzt zumindest in Moskau fest. Der wird schon wissen wo das ist, kann ja mal die Bolschewiken fragen, die da gerade wüten.«

Dachs nickte und verzog einen Mundwinkel. »Pyotr Bobrow. Der Hirnwühler.« Dachs hatte nicht allzu viel übrig für jenen Doktor, einen Maulaffen, der sich selbst unmissverständlich für den nächsten Newtonschen Über-Sokraten hielt. Die Natur reagiert nur leider nicht auf romantische Gefühle.

»Nächste Frage. Wie verhält es sich mit diesem Blau hier, stammt das aus der Zeit?«

»Kobalt-Blau, Ansgar, träumst du? Die Pisse der Götter. Soweit ich weiß, hat schon Kleopatra darin Bäder abgehalten, keinen Zweifel – hat aber nichts mit unserem Schischkin zu tun.«

»Ich brauche Ultramarin«, sagte Dachs und stellte das Blau zurück ins Regal.

»Und du brauchst Gummigutta«, empfahl Brockhaus. »Ohne Gummigutta kein Schischkin, mein Freund. Da, neben dem Indigo. Das brauchst du auch. Ist übrigens auch gut gegen Verstopfung. Nimm auch den getrockneten Färberkrapp da drüben. Dann Schinkelschwarz, Indischrot, Äschel, Perlgrau, Schlohengelweiß, Grünaffe und, ja, was wir auch brauchen ist Ultramarin, aber aus echtem Lapislazuli-Gestein.«

»Wo steht das?«, fragte Dachs und suchte nach der Aufschrift.

»Nicht auf Lager.«

»Wie – nicht auf Lager?«

»Ist ein seltenes Stück Fels, kommt aus den Tiefen Indiens und Zentralasiens, ein Höhlenstein – kein Stein, den man mal auf dem Strand an der Nordsee aufsammelt. Hab ich nicht.«

»Indien?«, fragte Dachs. »Ich schipper doch nicht bis nach Indien. Du weißt doch was beim letzten Mal passiert ist.«

»Nun, es gäbe eine Möglichkeit«, sagte Brockhaus. »Den Lapislazuli-Stein gibt es wohl auch gleich ums Eck bei uns. Wurde nur noch nicht gefördert. In der Eifel, will ich meinen. Moment.« Er drehte sich um und rüttelte an einem Schinken im Bücherregal, das wie wild knarzte und sich sträubte. Staub schneite von den Staubgipfeln dicht unter der Decke herab. Mit festem Griff hievte er den Ochsen heraus, knallte ihn vor sich auf den Tresen und grub seine Nase in das Inhaltsverzeichnis wie ein Trüffelschwein. Dachs schüttelte den Kopf. Hat er nicht. Wo gibt es denn sowas?

»Da!« Brockhaus zeigte auf eines der unzähligen, kleinen Wörter. »Gute alte Vulkaneifel. Padauz!«

»Lapislazuli in der Eifel? Willst du, dass ich in eine Höhle steige? Ich bin Maler, Gott noch eins.«

»Zu stolz?«, fragte Brockhaus.

»Das hat nichts mit Stolz zu tun, sondern mit Größe«, postulierte Dachs und hob die Brust an. Brockhaus las

einen seiner Sätze aus seinem immensen Gedächtnis. »Der Große, der zu Trägheit neigt, der Größe wegen. Doch spornst du ihn, wird er größeres leisten. Langweilst du ihn, streckst du ihn nieder und er schläft so lange, bis er stirbt.«
»Wie meinen?«
»Machen wir doch mal einen Ausflug, ich sitze ständig hier im Laden herum. Komm, Ansgar, lass uns was unternehmen, etwas anstellen. Schnappen wir uns den Lapislazuli, auf, auf, in die Eifel, da gibts was zu erleben.« Brockhaus schnürte schon seinen Feldsack auf, sammelte die erforderlichen Gebrauchsgegenstände aus dem Universal seines Ladens, das alles beinhaltete außer Lapislazuli und Weingläser und forderte Dachs zum Mitdenken auf.

X

Die Eifel war ein trauriges Naturschauspiel. Es war nieslig, neblig, kalt, grau, sauer und hatte alles worum man die wenigen Bauern in ihren kleinen Dörfchen nicht beneidete. Im Zentrum Europas ein ausgewachsenes Nichts. Nur Höhlen gab es jede Menge, von den wenigen Bahnhöfen erforderten sie lange Märsche.
Brockhaus schlug einen Bolzen in den Boden des Höhleneingangs und befestigte den Ariadnefaden, Dachs entzündete die Funzel und sie stiegen hinab in die Unterwelt. Die riesenhaften Schatten der Felszacken tanzten an den kristallin schimmernden Wänden um sie herum in der feuchtkalten, stehenden Grottenluft, es tröpfelte und plätscherte überall und nirgendwo. Je tiefer sie stiegen, desto gewalti-

ger bauten sich die Stalagmiten auf und sahen aus wie Orgeln und Altare in dieser Kathedrale des Hades. Sie stiegen durch enge Flure und landeten in majestätischen Hallen, aus allen Ecken quietschten die müden Fledermäuse in ihrer Tagruhe gestört, um ihre Stille gebracht.
»Dort!«, rief Dachs und deutete auf ein Flimmern, das einem Felsspalt entsprang, so als mache jemand anderes Licht, hier unten in der Tiefe. Ein paar sensible Fledermäuse hatten genug Krach gehört und flogen kreischend davon.
»Da ist jemand«, resultierte Brockhaus und sie schlichen zu dem Spalt. Hinter dem Felsen führte ein weiterer Weg zu obskuren Geheimnissen. Wissbegierig zwängten sie sich hindurch und folgten dem Leuchten, welches bald zu knistern begann und aus dem Verdacht wurde Gewissheit, dass dort am Ende des Weges ein Feuer brannte. Als sie das Lager erreichten sahen sie einen rundlichen Raum mit einem natürlichen Rauchabzug in der Decke, drei Kisten standen dort, eine Angel lehnte an der Wand und ein toter Hase hing ab. Am Feuer saß ein auffallend junger Mann, mit langem Bart und Zottelhaaren in eine Art Toga eingewickelt. Er kniete dort friedfertig vor einem kleinen Felsbrocken wie ein Japaner vor seinem Esstisch und bestrich den Stein mit einem Zweig. Er tunkte den Zweig in eine Pfütze neben ihm, so als nehme er Tinte oder Farbe auf und strich weiter. Es sah aus, als ob er schrieb, oder etwas Bestimmtes malte. Sanftmütig in seine Arbeit versunken.
Brockhaus hustete absichtlich zur Begrüßung. Ruhig sah der Einsiedler aus.
»Gäste«, sagte er feststellend, weder freundlich noch unhöflich, die Tatsache erfassend.

»Gäste«, sagte Brockhaus, auf eine neugierige Nachfrage wartend, doch diese kam nicht. Der Einsiedler tunkte abermals seinen Zweig in Wasser und schrieb oder malte weiter, als wäre die Konversation für ihn damit beendet, wenn sie denn begonnen hätte.

»Sind wir hier richtig?«, fragte Dachs augenzwinkernd und klopfte Brockhaus auf die Schulter, als Zeichen um weiter nach dem Lapislazuli zu suchen. Doch Brockhaus winkte ab.

»Sie wohnen hier?«, fragte er den Einsiedler.

»Ich sitze hier«, erklärte der. »Wohnen würde ich nicht sagen.«

»Ein Irrer«, sagte Dachs zu Brockaus. »Lass uns weitersuchen.«

»Wir haben doch eine Ewigkeit Zeit, Ansgar, komm setzen wir uns erstmal ans Feuer. Wollen Sie den Hasen da ganz alleine essen, oder ist da noch Raum für einen Bissen?«

Der Einsiedler zog eine Schale gegrillter Fleischstückchen hinter dem Felsen hervor und schob sie ans Feuer.

»Spatzen und Fledermäuse«, nannte er es. »Nehmen Sie sich, wie es Ihnen schmeckt.«

Dachs klatschte prompt in die Hände. »Ich habe Pastete dabei, wenn du jetzt unbedingt was essen musst, Kurt.«

»Ich bevorzuge Spatzen und Fledermäuse«, sagte Brockhaus trocken, setzte sich ans Lager und griff in die Schale. Dachs tat ihm nörgelnd gleich. Brockhaus' unnütze Schnüffeleien nahmen ihm oft einiges an Geduld ab.

»Dann erzählen Sie mal, Herr Einsiedler«, eröffnete Brockhaus. »Wie sind Sie hierhergekommen? Warum sind Sie hier? Sie sind doch noch jung wie ich sehe, was suchen Sie in dieser gottverlassenen Höhle?«

Der Einsiedler nahm wieder seinen Zweig zu Hand und fuhr mit seiner Arbeit fort.

»Ich schreibe meine Gedanken auf und male meine Gefühlswelt aus und bin noch nicht fertig damit. Ich brauche noch ein wenig Zeit und vielleicht für immer. Viele Dinge stehen hier auf den Steinen, viele Leben habe ich schon gezeichnet.«

»Mit Wasser?«, fragte Brockhaus mit vollem Mund. Dann spuckte er einen kleinen Schnabel ins Feuer. Es schmeckte. Dachs biss derweil in seine Pastete.

»Das macht keinen Unterschied«, sagte der Einsiedler.

Brockhaus lachte Dachs begeistert an, doch dieser guckte nur unbeeindruckt zurück.

»Ich war auch mal ein Mensch«, sagte der Einsiedler und nahm an Fahrt auf. Offenbar tat ihm sprechen gerade gut.

»Ich dachte, ich wäre überzeugt gewesen und ich war mir fast sicher klug zu sein. Ich sah mich auf einem richtigen Weg, ich dachte, ich hätte etwas verstanden. Ja, ich dachte, mein Gefühl könne mich nicht täuschen, ich dachte, ich hätte die Wahrheit eingefangen wie ein Glühwürmchen und auf den Punkt gebracht, so als leuchtete sie mir ein. Also wurde ich Soldat, um Held zu werden. Wir kamen in unseren ersten Kampf an der Yser bei Langemarck. Und dort, auf diesem Feld, erkannte ich das Ausmaß meines Irrtums.«

Er hob seine Toga zur Seite und zeigte zwei Einschusslöcher in seinem Brustkorb. Er schob den Vorhang wieder zu und hob die Hände.

»Ich war doch so klug, ich hatte doch verstanden, es leuchtete mir doch alles ein. Wie konnte das alles, wie konnte ich so ein Irrtum sein? Das fragte ich mich.«

»Wann fragten Sie sich das?«, hakte Brockhaus interessiert nach.

»Schon wieder eine Kriegsgeschichte? Na dann gute Nacht.« Dachs stopfte den Pastetenrest in seine Backentaschen, spülte aus der Feldflasche etwas Bier nach, zog seinen Beutel nach hinten und legte seinen Kopf darauf für ein Nickerchen. Der Einsiedler holte tief Luft.

»Es begann so: Das erste und letzte, woran ich mich erinnere ist unser Hauptmann. Stolz und souverän ging er voran auf das Feld, dem feindbesetzten Dorf entgegen. In der einen Hand hielt er seine Pfeife, mit der er auf den Feind zeigte, in der anderen den Säbel, mit dem er uns zuwinkte und uns zu verstehen gab ihm zu folgen. Sein Schnauzer wehte in diesem besonderen Wind, der steigt, kurz bevor ein Gewitter hereinbricht. Leichte Wolken rasten über uns herüber, sanfte Blitze flackerten in den trüben Schwaden auf. Lange hatten wir auf die Ehre gewartet. Die erste Schlacht sollte beginnen, der Ruhm war uns nah und heilig. Aus den Gebäuden des Ortes flimmerten Lichter auf, wie ein ganzer Sternenhimmel, der sich aus dem Nichts auftat und ihre Strahlen sausten und pfiffen mir um den Kopf, die Geschosse prasselten dicht wie ein Hagelsturm mitten in unser Bataillon. Schrapnelle, Schrot, alles was aus Eisen war befand sich in der Luft. Einer nach dem anderen zitterte zu Boden. Ein Streifschuss traf meinen Helm und klingelte mich wach, ich ließ mich fallen. Als ich wieder nach vorn sah, erkannte ich unseren mutigen Hauptmann an der Spitze, er kniete mit gesenktem Kopf im Acker. Seine Pfeife lag neben ihm, sein Säbel rutschte ihm langsam aus der Hand und hielt sich nur noch mit der Schlaufe am Griff an seinem Gelenk. Neben mir lag ein alter Kamerad aus der Kaserne, den ich noch aus Berlin kannte. Schlosserlehrling war er im Zivilverhältnis. Seine Vorderzähne waren herausgebrochen, sein rechtes Auge war weiß, er brüllte mich an. Ich lag regungslos neben ihm und starrte ihm in sein sterbendes Gesicht, das war's, ich war tot, ich hatte meine Pflicht erfüllt. Das war sie also, die Ehre. Ich bettete meine Wange in den Matsch, sah meinen Kameraden brüllend zu Ende leben und fiel in einen dreitägigen Schlaf. Als ich aufwachte fand ich mich mit Chlorkalk bestreut, gegen den Verwesungsgestank nehme ich an, es half nicht viel. Die Toten um mich herum waren aufgebläht und neue, frische, waren dazugekommen. Sie liefen einfach über die Leichen drüber und ließen sich weiter erschießen. Immer wieder und wieder rannten sie an. Immer vorwärts, vorwärts – wer fällt, fällt. Alle Verwesungsstadien waren zu erkennen, in Sechsstunden-Intervallen. Mein Kamerad brüllte schon lange nichtmehr, er war schon aufgeplatzt. So lagen sie da, die, welche vor ein paar Tagen noch Loblieder auf das Vaterland sangen mit Wolfsgeheul und Tschinderassa, mit Gewehren in ihren Händen und Kugeln in ihren Herzen. In alle Himmelsrichtungen über den Acker gesät, das Schanzzeug in alle Winde verstreut, von den schweren Tornistern in die Pflugrillen gedrückt. Einer war verrückt geworden, wühlte in der Erde und tanzte zwischen den Linien. ›Ich bin tot, Ich bin tot‹, sang er. Bald war er auch wirklich tot. Gnade uns, dachte ich in diesem Moment, wenn Gott das wüsste. Das weiß ich noch. Ich robbte einen halben Tag lang hin zu dem nahen Pappelhain am Rande des Ackers, so langsam, dass mich kein Schütze aus dem Dorf ausmachen konnte. Ich trank aus den öligen Pfützen und aß die kleinwüchsigen Rüben, die die Bauern nach der Ernte in der Erde gelassen hatten. Hinter dem Pappelhain buddelten die übrigen Infanteristen einen Graben, wie Tatteriche schlotternd, einen halben Meter tief, um sich dort zu verstecken. Dann grollte schon wieder der Befehl über ihre verwirrten Köpfe. Wieder anrennen, Pflicht und Vaterland. Sie schnappten auf und rüttelten die Gewehre und tasteten sich ab, ob sie nicht doch schon irgendwo getroffen waren. Ich zweigte ab. Sie liefen kreischend in den Westen, dem Sonnenuntergang entgegen, der sie blendete, ich ging nach Süden. Nach kurzer Zeit hörte ich hinter mir wie die Luft durch hunderte rasende Peitschenschläge zerrissen wurde. Ich drehte mich ein letztes Mal um und sah Rauch aus den Pappeln herausqualmen, wie aus Schornsteinen. Je weiter ich ging, desto leiser wurden die Schreie. Eine Kuh mit zerschossenem Hinterteil sank nicht unweit von mir in die Wiese. Die Bauern hatten all ihr Vieh freigelassen. Das Tier hielt sich noch mit den Vorderbeinen aufrecht, zitterte, dann fiel es zusammen. Die Schweine waren hartnäckiger, noch tagelang streiften sie mit ihren Wunden umher und grunzten zäh, dann versackten auch sie. Nur die Hühner flatterten quietschfidel über die Leichen, schwirrten in die Bäume und gackerten wie echte Kriegsprofiteure. Ich ging weiter und kam in verlassene Dörfer. Ich betrat ein leeres Haus, alles stand noch an seinem Platz, kalter Kaffee auf dem Kocher, Spielsachen verstreut im Salon. Es kam mir so vor, als beträte ich ein Zimmer voller Menschen, doch alle waren unsichtbar, nur ich nicht. Ich ging weiter. Unter den Wäldern zu schlafen wurde zu Gewohnheit. Behutsame Eulen sangen mich in den Schlaf und eifrige Spechte weckten mich an den Morgen. Als ich das erste

Mal seit langem einen Menschen sah, griff ich zu meinem eigenen Erschrecken nach meinem Gewehr und rüttelte daran, als ob ich noch eines gehabt hätte. Eine Phantomreaktion. Ich beobachtete ihn. Es war frischer Morgen und man sah die Wasserpartikel in der frühen Luft. Er war Bauer oder Förster und hackte Holz. Ich legte an und sagte: Peng. Dann schlich ich davon und lebte fortan allein. Und hier sitze ich nun und schreibe und male meine Überlegungen auf.«

Schmatzend stellte Brockhaus die Schale zurück ans Lager.

»Dann haben Sie ja einiges verpasst seitdem. Wann war das?«

»Es war die erste Schlacht des Krieges in Belgien, Langemarck bei der Yser, das sagte ich.«

»Der Krieg ist aus«, brummte Dachs, drehte sich um und versuchte zu schlafen. Brockhaus belehrte.

»Das ist jetzt sieben Jahre her, junger Mann, der Krieg dauerte vier Jahre und ist jetzt schon seit drei Jahren vorüber. Wir haben verloren, der Kaiser wurde abgedankt und die Monarchie gibt es nicht mehr. Die Siegermächte vereinigten die Erde in einem Völkerbund und teilten sie untereinander auf. Alte Länder zerfielen, neue entstanden, selbst die Juden haben jetzt einen eigenen Staat. Die Welt ist zu einem Netz aus Grenzen verwebt und Deutschland blecht. Sie haben einiges verpasst. Wir haben Frieden!«

»Es hat einen Krieg gegeben, also wird es wieder einen geben, das ist die Natur der Dinge.«

»Sind Sie sich da so sicher?«

»Ein Fluss fließt ins Meer, im Meer kondensiert sein Wasser zu einer Wolke und zieht zurück ins Landesinnere, wo er früher oder später zurück in seine Quelle regnet. Der

Fluss kann große Kurven schlängeln, lange Wege fluten, breite Bögen schwingen; er kann es verzögern, doch er kann es nicht verhindern. Er wird wieder ins Meer fließen, wieder verdunsten, wieder in den Himmel steigen und wieder herabregnen. Und wir alle sind nur Regentropfen, die wieder und wieder mitgezogen werden. Alles wiederholt sich. Allein *ich* bin neben das Flussbett gefallen und in eine Tropfsteinhöhle gesickert. Hier fließe ich nichtmehr, hier kondensiere ich nur an der Decke und falle von den Stalaktiten und werde zu Mondmilch. Das alles können Sie lesen, hier auf den Steinen.« Er zeigte auf verschiedene Steine, die dort herumlagen und angeordnet aussahen. »Es ist eine unendliche Geschichte der Vergesslichkeit.« Dann tunkte er den Zweig wieder in die Pfütze und schrieb.

»Sie haben tatsächlich alles verpasst«, nuschelte Dachs, mit dem Rücken zugewandt. »Sie haben wirklich gar nichts mitgekriegt.«

»Ich weiß genug. Ich habe alles gesehen, was es zu sehen gibt«, erwiderte der Einsiedler schreibend. Dann legte er den Zweig zur Seite und atmete lange aus.

»Das Leben, das Sie meinen, welches mir verborgen bleibt, ist das Öffentliche. Ich schätze meine Privatsphäre.«

»Und Ihre Familie?« Fragte Brockhaus. »Wollen Sie nicht wissen wie es Ihren Eltern, Ihren Geschwistern, Ihren Freunden ergangen ist? Wie es ihnen geht?«

»Ich weiß, wie es ihnen geht. Es geht ihnen so, wie ich denke, wie es ihnen geht. Ich habe ihre glücklichen Gesichter auf die Steine hier gemalt. Sie sind bei mir und ich bei ihnen.«

Dachs wollte nicht so recht einschlafen und stützte sich auf.

»Wir suchen Lapislazuli«, sagte er und rieb sich die Augen.
»Das ist eine Farbe, nicht wahr?«, vervollständigte der Einsiedler sein Gedächtnis.
Nein, das ist ein Stein. Aber aus diesem Stein gewinnt man eine Farbe: Ultramarin. Das brauchen wir. Man soll es hier in den Höhlen finden können.«
»Aber wir befinden uns in der Eifel, wenn ich mich recht irre.« Der Einsiedler schien an einem Mundwinkel zu lächeln.
Brockhaus rehabilitierte seinen Verdacht. »Ich habe gelesen, es gäbe auch in der Eifel Fundorte von Lapislazuli-Adern. Wissen Sie, wo die sind?«
»Ich verwende keine Farben«, sagte der Einsiedler. »Ich nehme das Wasser hier.«
»So!«, sagte Dachs und stand auf. »Kurt, ich denke, das war unser Stichwort. Auf geht's – weitersuchen.«
»Warte noch«, bändigte ihn Brockhaus. »Ich will mehr erfahren, lass ihn doch noch eine Weile sprechen.«
Dachs blies die Backen auf und setzte sich wieder hin.
»An was arbeiten Sie gerade?«, wandte sich Brockhaus an den Einsiedler. »Schreiben Sie eine Geschichte?«
»Ein Gleichnis, ja«, sagte der Einsiedler.
»Können wir es hören?«, fragte Brockhaus. Dachs rieb sich die Stirn.
»Natürlich«, kündigte der Einsiedler an. »Ich hole nur eben etwas Dramaturgie, dann erzähle ich.«
Er stand auf, ging zu einer kleinen Kiste und holte eine Hand voll Schießpulver heraus. Er setzte sich näher an das Feuer und an seine Gäste, nahm etwas von dem schwarzen Sand aus seiner Handkuhle und warf einen Schrot in das

Feuer, so dass es aufwallte, zischte, knackte und Funken spie.

»Es ist das Gleichnis des erleuchteten Feuergespenstes«, führte er an und Brockhaus sah in die Glut und öffnete seine Ohren, Dachs gähnte und der Einsiedler begann:

»Volk des Feuers, Gespenstervolk, knackende, knisterbärtige Gelbköpfe, das waren sie. Sie waren Licht, sie waren Hitze – nur eines waren sie nicht – dunkel. Darum machten sie die unbekannten Schatten rund um ihre Welt zu Götzen, zu Göttern, die sie bebeteten und sich nach ihren Tänzen richteten, sich ihnen unterordneten und sich selbst und ihr Licht zu Nichtsen verklärten. Und so schrieben und gesetzestexteten es die Priester nieder über die Niederköpfe, und so prusteten es die Bischöfe in den Flammenberg und die müden Feuergespenster ließen ihre faulen Mäuler auf und kauten, schluckten und dauten jeden Schnitz Asche, den sie ihnen hineinwarfen. Beten zu den Schatten, als dass sie Erschaffer, Schützer und Zerstörer sein mögen, auf dass die Hegemonen über die Blindgeborenen herrschen.

Bloß dies eine rätsel-frohe Gespenst fraß die Leichenweisheit nicht, sah unter jedem schwarzen Holzscheit nach und wendete jeden gesprungenen Stein um sich selbst ein Bild zu machen. Beständig bewanderte es die springenden Gipfel, schlich von Bergbauch zu Bergrücken, um den Hintergrund der Schatten und ihre Herkunft zu entlarven.

Und so schlug eines Tages die Zeit des Handelnden, als es auf einen fliehenden Funken sprang und durch die Hitzemauer in die Außenwelt hineinritt. Herausgestiegen aus der Feuerwelt erblickte das Gespenst zum ersten Mal das Nicht-Licht, sah Figur und Abriss, Gegenstand und Zugehörigkeit, Farbe und Kontrast und zuletzt das Gestirn der Sonne, dem Urfeuer, das Leben über all das All-Das goss. Das Gespenst verstand. Alles andere als Götter sind diese Schatten! Nichts als dunkle Luft, untergebene des Wahren, Illusion, Trabant der Realität. Und es leuchtete.

Also sank es zurück in das Loder um es allen Gespenstern zuzutragen, auf dass sie Augen und Ohren haben würden für ihr Winzling-Dasein und Zwergen-Dortsein. Doch die Gespenster waren dummgebildet und Eitel ihres Starrsinns. Sie wollten es zur Überraschung des Gespenstes nicht wissen, sie wollten weiter an die Schatten glauben. Und nicht nur das. Die Fäuste der Hegemonen und Priester und Bischöfe wüteten über des Pestgespenstes Wahnsinn, frostgesprengt sei seine Seele draußen in der bittern Eiswelt der Schattengötter – und ohnehin stand schon der Gedanke unter Strafregel ihrer Schattenreligion. Und sie befahlen seine Buße und man tat wie ihnen gesagt. Sie schmierten das Gespenst in Ölfilm und unterwarfen es der Brandleisterei. Wasser sieden und Luft saugen sollte es, zu beflissener Geschäftigkeit verdammt, sich krümmen und sich nicht mehr kümmern um diese Trümmerträume. So duckte sich das Gespenst lange Geisterjahre unter den Gewölben der Brandhölzer und Schmelzeisen – bis eines Tages wieder die Zeit des Handelnden schlug, es einen Funken ergriff und aus dem Schlund der feigen Bestien entkam. So stieß es voller Abenteuerlust und Freisinn hinauf zum Urfeuer – und als es der Sonne zu nahe kam verdampfte es und wurde zu Stein. Und wie jeder Stein, so musste auch dieser – fallen. Also fiel die Statue des Gespenstes zurück auf den alten Flammenberg und löschte alles Feuer bis auf den letzten armen, leuchtenden Glühwurm und Armleuchter aus.«

Der Einsiedler nahm wieder etwas Pulver aus der Hand und streute es in das Lager. Er schien seine Rede beendet zu haben, denn er sagte nichts mehr. Brockhaus kramte in seinem Bart und Dachs schnarchte. Er war offensichtlich endlich eingeschlafen.

»Und das Feuergespenst, das zu Stein wird und alles plattmacht ist eine Metapher für *was*?«, fragte Brockhaus, der das Suppenhaar gefunden zu haben schien, nach dem er suchte.

»Es ist keine Metapher«, sagte der Einsiedler. »Es ist ein Gleichnis.«

»Um was zu sagen?«

»Wie es ist.«

»Wie können Sie wissen wie es ist? Sie waren sieben Jahre nichtmehr da draußen. Sie waren sieben Jahre allein.«

»Es ist, wie ich denke, wie es ist«, sagte der Einsiedler. Brockhaus lächelte entzückt über die stolze Naivität des jungen, bärtigen Mannes in seiner Eifler Tropfsteinhöhle. Seinen Frieden scheinbar früh gefunden, mit der Vulkanlandschaft Verwandtschaft geschlossen.

»Es steht hier überall auf den Steinen«, wiederholte sich der Einsiedler.

Wie heißen Sie denn? Oder wie hießen Sie mal?«, fragte Brockhaus. »Damals, in Ihrer anderen Welt, bevor sie in den Krieg gezogen waren? im Zivilverhältnis, wie man so schön sagt.«

»Ich hieß Peter«, sagte der Einsiedler.

»Und wie nennen Sie sich jetzt?«, fragte Brockhaus weiter.

»Ich gebe mir keinen Begriff«, winkte der Einsiedler ab. »Es gibt genug Wörter, die nicht beschreiben, was sie sind, da brauche ich für mich nicht auch noch eins. Ich träume jede Nacht – und jeden Morgen stehe ich mit einem neuen Namen auf.«

Dachs schnaufte auf und rieb seine Zähne, dass sein Gebiss quietschte und knarzte.

»Was er wohl träumt«, sagte der Einsiedler, den schlafenden Dachs betrachtend.

»Ach, Der träumt nur von sich selbst«, lachte Brockhaus, zufrieden seinen besten Freund in friedlichem Tiefschlaf zu sehen. Auf dass er bald aufwache und einen ernüchternden Vorschlag mache. »Der ist ein unaufhaltsamer Bär auf Honigsuche.«

»Lapislazuli finden Sie in dieser Höhle nicht«, gestand der Einsiedler plötzlich. Brockhaus blickte überrascht auf.

»Aber ich habe eine Lapislazuli-Ader entdeckt. In einer kleineren, aber steileren Höhle, vielleicht tausend zweihundert Schritte nordostwärts von hier, da schimmerte mir ein wunderschönes Blau entgegen.«

»Tatsache!«, stellte Brockhaus lautstark fest. Und schüttelte den träumenden Dachs.

»Aufwachen Ansgar, ich kenne den Weg.«

Dachs schoss nach oben und sprach aus seinem Traum heraus, der Realität entgegen.

»Nein. Das kostet acht Millionen Mark. Bedenken Sie die Inflation! Seh ich denn aus wie der Briefträger? Scheiße!«

»Ansgar!«, rief Brockhaus ihn zurück. »Das Lapislazuli, wir wissen jetzt wo es ist.«

»Wo? Raus mit der Spucke. Hat der Höhlenpfaffe endlich ausgepackt?«

»Hat er«, sagte der Einsiedler und lächelte zum ersten Mal eindeutig.

»Na dann los!«, rief Dachs, griff nach dem Rucksack und der Gaslampe und marschierte voraus. Brockhaus gab dem Einsiedler die Hand.

»Verraten Sie niemandem, dass es mich gibt, ich komme von selbst, wenn es soweit ist«, sagte der Einsiedler zum Abschied.

»Wann wird das sein?«, fragte Brockhaus.

»Vielleicht in einer Minute, vielleicht nie, ich weiß nicht.«

»Na dann, viel Erfolg mit Ihrem Wasserwerk und was immer Sie hier auch tun. Und nur damit Sie Bescheid wissen: Uns hat es auch nie gegeben. Klar?«

Der Einsiedler nickte und kniete sich wieder vor seinen Stein, nahm den Zweig, tunkte ihn in die Pfütze und schrieb. Brockhaus schloss auf Dachs auf, sie folgten dem Ariadnefaden zurück an den Eingang und gingen tausend zweihundert Schritte nordostwärts zur nächsten Höhle, krackselten abermals hinab und fanden den Lapislazuli. Doch da Dachs das Minenbesteck, namentlich den Meißel vergessen hatte, konnten sie ihn nicht herauslösen. Drei Tage später kamen sie wieder und schürften. Den Einsiedler besuchten sie kein zweites Mal.

Zürcher Depesche
zum Deutsch-Russischen Überraschungsfrieden.

Hochverehrter Gospodin Wladimir Iljitsch Uljanow Lenin, Ihr wohl formulierter Einreiseantrag gab uns herzlich zu denken auf. Viele von unserem Besprechungskreis haben Ihr Buch »Was tun?« gelesen. Ihr glaubhaft fest gefasstes Vorhaben, das russische Machtgefüge zu entratifizieren, den kerenskischen Starrsinn zu beenden und unser beider Länder endlich und für ewig mit dem Frieden zu weihen sei darum nach Absprache mit meinem Vorgesetzen Nummer 3 und 8 sowie Geheimperson Nummer 32 als gemeinsames Projekt zu begreifen, ja, und nach ihm gilt es zu handeln. Sie haben in meiner Abteilung einiges an Hoffnung losgelöst. Dafür danke ich Ihnen.
Wir haben Ihre Vorschläge zur physischen Remigration nach Petrograd mit tiefem Ernst und wägendem Mut durchlesen. Sie werden mit folgend jeweiligen Begründungen negiert:
Ihre Vision, gemeinsam mit Ihrer Kommission per Fallschirm aus Zeppelinen zu springen ist zwar kurios und lässt sich eine gewisse heroische Dramaturgie nicht absprechen, wird aber durch die kriegstechnologischen Fortschritte an den modernen Frontlinien zu riskant – wo Flaks unter jedem Busch und Jagdflieger hinter jeder Wolke hervorzuschnellen vermögen. Belassen wir es dabei. Somit sei auch die Idee mit den verbundenen Heißluftballons gleichermaßen abgewogen wie abgelehnt. Die Lüfte sind voller Gefahren in solch mechanischen Zeiten, seien Sie uns dessen gewiss, Herr Lenin, wir haben den Krieg mittlerweile kennengelernt und richten uns denn auch

danach. Ihre dritte Option, die Gesamtkostümierung Ihres Gefolges zu einem lettischen Wanderzirkus ist uns, insbesondere mir persönlich, schleierhaft. Das Lettische ist uns allen fremd. Das Kaiserreich hat weder Schneelöwen noch rechnende Elche noch Tanzbären zu bieten, wie Sie forderten. Die drei Elefanten sind das Letzte, auf das seine Hoheit sich stützt – eine Freigabe unmöglich. Die Nashörner wurden bereits 1912 an die Osmanen verschenkt. Trotz des zündenden Überraschungsmoments, welches mir durchaus einleuchtet, wird es nach unserer Ansicht schlicht zu teuer, geschweige denn zu unsicher, das nötige Material auf unentdecktem Wege und in gemeinnütziger Zeit zu beschaffen. Unsere Mission erfordert Beweglichkeit. Wir befinden uns im Auge des Krieges.

Mein Geheimstab und ich haben darum folgendes Kalkül entworfen:
Sie und Ihr Kollektiv werden einfach, rechtlich und gerecht mittels Transit innerhalb von mindestens 5 bis maximal 9 Tagen nach Stockholm befördert – ganz blau und plausibel mit deutschem Reichsreiserecht. Die nötigen Unterschriften weiß man als versprochen, die wichtigen Dokumente dürfen als unterzeichnet gelten. Der Geheimstab arbeitet parallel.

Unter dem Decknamen »Operation Verplombung« wird eingeleitet:
Sie steigen am zehnten des nächsten Monats um 7:45 MEZ in Gottmadingen bei Konstanz in den Zug Nummer 8, maximale Aufnahmekapazität 33 Personen, Aufnahmebereich Wagon Nummer 3 und 4 (Geheimperson Nummer

32 erwartet Sie an Gleis 7 in meinem Namen). Unter offiziellem Schutz der Wehrmacht (2 Offiziere) verbringt man Sie durch das gesamtdeutsche Reichsgebiet bis ins nördliche Sassnitz. Dort steht ein Fährschiff für Sie bereit, welches Sie und Ihr Gefolge in schwedisches Staatsgebiet verbringen wird. Alles passiert auf leisen Pfoten versteht sich. Arbeiteraufstände in unserem Inland sind unserer Handhabe entzogen und der Behörde des Innern unterstellt. Geben Sie Acht. Geheimperson Nummer 32 kümmert sich um die Gegebenheiten vor Ort, falls Verhandlungen auftreten sollten. Ab dem Stockholmer Hafen sind Sie auf sich allein gestellt. Petrograd ist dann nur noch eine Schiffsreise entfernt.

Es bleibe gesagt:
Ich spreche für mich und im Namen meines Mannschaftskerns, wenn ich sage: Mögen Ihnen, Herr Lenin, und Ihrer bolschewistischen Bewegung aller Erfolg zu Teil werden, welchen Sie sich zu erkämpfen versuchen und an deren weiten Visionen Sie uns in Ihrer Korrespondenz teilhaben ließen. Wir hefteten nur unsere bescheidenen Interessen an Ihre Schnur. Fahren Sie fort und ziehen Sie die Leine – der Deutsch-Russische Separatfrieden schlummert in Ihren Fäusten, lastet auf Ihren Schultern, liegt zu Ihren Füßen. Tun Sie es.

Concordia domi, foris pax,
Baron Exzellenz Wirkl. Geh. Rat
Gisbert Freiherr von Romberg
Deutsches Referat Bern, an Zürich, März, 1917

KAPITEL IV
Die permanente Revolution
1922

Wirbelspuckende Winterstürme. Schneegestöber prasselte an die beschlagenen Scheiben der haushohen Fenster des Kremlpalastes und drückte dem neuen Zentrum Eurasiens seine Eiskristalle auf. Innen erwärmten Öfen in den Böden die Füße und die Vorbehalte der Geladenen. Russische Revolutionäre und Europäische Vertreter. Schmuckbehangene und stuckbeschlagene Decken schwebten kathedralisch über der zahmen Schar und glänzten fromm. Das Emblem der Sichel und des Hammers; das Symbol der Kontrolle der Arbeiter über ihre Arbeit und die zinnoberroten Vorhänge und Banderolen dekorierten wie tapezierten den schimmernden Saal. An den Wänden hingen noch die Gemälde der beendeten Zarenzeit. Viel gelb, viel schwarz. Grosz beschäftigte sich mehr mit der Akribie der russischen Realisten, die hier als Sekundärdekoration dienten. Ein kasachisches Quartett spielte entlastende Empfangsmusik. Violinstreicher und Cellozupfer bemalten die Gemüter mit russischer Blüte und bolschewistischem Geisteszustand. Weißer Pelz und silberne Seide behängten die teuren Damen, außerordentliche Parfümnuancen umdampften ihre etikettierten Fassaden und unschätzbare Perlen baumelten an ihren Hälsen. Man hauchte Küsse auf die sechsstrahligen Sternsaphire der Ringe, gekonnte Komplimente verließen die vielen Zungen. Der Tanz der Diplomatie war eröffnet; ein Schritt zurück, zwei Schritte nach vorn, gerade Haltung und biegsamer Rücken, hier und da ein kleiner Seitensprung, ein Themenwechsel und eine Wendung und eine Drehung und wieder von vorn. Verkäufer ihrer Interessen und ihr Budenzauber. Die edle Montur und Gewandung, das seriöse Mienenspiel, die erhabene Gangart, die verdächtige Einstimmigkeit über verankerte Grundsätze und basale Bräuche, der Verhaltenskodex und der Sprachindex, das gleichgeschaltete Abhandeln und Applaudieren – zusammengefasst eben all das, was »Takt« heißt, Grosz eignete es sich an. Man reagiert auf sein Umfeld und dessen Konjunkturen. Und in diesen Zeiten, da waren die selbsternannten Mehrheitlichen, die Bolschewiki, die Konjunktur. Krabben und Gebäck, Kaviartöpfe und Fischpfannen. Schweine drängeln sich am Trog, doch Diplomaten gewähren Vortritt am Buffet. Kritisiere nicht, und wenn, sei deiner westlichen Dummheit und Unwissenheit stets anschaulich bewusst und werde nicht müde sie zu zeigen und schäme dich deiner Peinlichkeit und sei pünktlich. So wurmte es Grosz. Sei traurig unter Weinenden und lustig unter Lachenden, selbst wenn dir umgekehrt zu Mute ist, bemüh dich nicht, denn du weißt von nichts. Misstraue deiner eigenen Persönlichkeit. Erwartende wollen belogen werden, Blenden und Ausblenden mit Rhythmusgefühl. Institutionelle Abrichtung, man richte sich ein. Grosz bediente sich am gläsernen Zigarettenspender und wogte skeptisch, wie immer, durch die Party. Ein erstes Kennenlernen für die Eisschmelze. Er war zusammen mit dem dänischen Schriftsteller Martin Andersen Nexö erschienen, gemeinsam wurden sie von Herzfelde im Namen des Malik-Verlages nach Sowjet-Russland geschickt um an einem gemeinsamen Buch zu arbeiten, Nexö als Schreiber, Grosz als Zeichner. Allerdings hatten sich der überzeugte Kommunist Nexö

und der überzeugungsskeptische Grosz schon auf der langen Anreise, den Reiseumständen entsprechend, auseinandergelebt, weshalb sich der Abend für beide als finales Privatvergnügen erschloss, nicht also als Arbeit. Nexö bereitete Grosz auf politische Drahtseilgespräche vor, welche Grosz abwägend zur Kenntnis nahm:
»Schenke ihnen Rechte auf dich, doch verpflichte sie dabei. Erinnere sie daran, doch nagle sie nicht fest. Tue so, als seist du einer Sache hin unterworfen und lenke ihre Vorwürfe auf deren Anonymität. Treibe Handel auf nonverbaler Ebene. Befrage dich ihrer persönlichen Charakterzüge, nicht derer ihrer Rollen. Sage nie zu viel und nie zu wenig. Verstehe jede Ironie in allen kulturellen Auslegungen. Sei mit allen Wassern aus dem Pazifik und dem Atlantik, aus den tropischen und den arktischen Meeren gewaschen. Verabschiede dich als freier Mann und bleibe ihnen als Gespenst.«
Nexö schob seinen Unterbiss hervor und wandte sich zu Folgegesprächen. Mit seiner spitzen, dezent zu hoch getragenen Nase, seiner bis zum Mittelschädel hin flüchtenden Stirn und seiner halbweltlichen, überdimensionalen Fliege schien er für dieses Forum der Scheinsilberlinge und Katzenvergolder prädestiniert. Er verbrachte die meiste Zeit bei den Verschwörungstheoretikern am zu groß geratenen Kamin, wo man sich bei gepflegter Zigarre begrifflich machte, wo in den englischen Kolonien Kinderarbeit begann und in Manchester Jugendarbeitslosigkeit aufhörte und warum Gandhi ein volkswirtschaftsfeindlicher Protektionist sei. Dort hielt sich Grosz nicht auf. Er spazierte unverbindlich von einem Geplauder zum nächsten.

Der erwartete Glockenschlag weckte die Kostgänger aus ihren verliebten Gesprächen und die hohen Pforten der Gastgeber öffneten sich. Man bildete eine Phalanx hin zu den Toren, die Hände zum Schütteln herausgestreckt, die Flinte der spontanen Komplimente geladen und den Hahn gespannt. Dann traten die einstigen Revolutionsführer und amtlichen Volkskommissare auf das Parkett zum Spießrutenlauf. Lenin, Trotzki, Kamenew, Molotow, Stalin, Kalinin, Sinowjew und ihr Nachtrab. Die Götzen des politischen Intellekts, die Prägeisen der Zeit, die auf dicke Bücher zeigten und in die Zukunft wiesen. Was den Spartakisten in Berlin nicht gelingen mochte, hatten sie in Moskau erreicht. Die ersten Genossen der Internationalen. Alle Macht den Räten, Sowjets. Und dann, alle macht dem Anführer, dem Obersowjet. Es gab den Propagandasowjet, den Sowjetsoph, den Ballsowjet, den Monteursowjet und so weiter.

»Dada«, sagte Lenin. Apoplektisch schüttelte er die Hände. Auch Grosz kam zu der Ehre. »Dada«, murmelte er und Grosz schien sich angesprochen zu fühlen und antwortete, »Dada.« Unter Beifall trat der kleine Mann mit dem Spitzbart und dem schelmischen Charisma eines besten Freundes, etwas zittrig und mitgenommen, ans Podium und begann seine Hymne auf die Revolution, die geschlagene Konterrevolution, die Weltrevolution, Pleonasmen und Zirkelbeweise. Immerzu mit dem ihm eigenen, ewigen Lächeln aus seinen freudvollen, mongolischen Augen. Aus seiner Zeit im Exil in München, Bern und in Zürich sprach er fließend deutsch. Doch hier und da vertauschte er Jahres- mit Opferzahlen, verdrehte die Seiten und brachte Namen durcheinander, sodass ihm hier und da souffliert werden musste. Bei jeder Verwechslung kicherte er teufelsumkreist und riss dabei die Augen auf wie eine sterbende Amphibie. Alles sehend und ins leere blickend, so sah ihm Grosz zurück. Er war für ihn nur ein Schädel von vielen, für diesen Lenin, einer von vielen über die er mit ausbreitender Geste wie über unvollendete Landkarten strich.

»Verzeihen Sie ihm den ein und anderen Patzer«, flüsterte ein Schatten hinter Grosz mit russischem Akzent, »der Vorsitzende hat vor einigen Wochen einen leichten Schlaganfall erlitten. Er ist noch nicht ganz der Alte, doch er kommt zurück. Wie ein wahrhaftiger Revolutionär.«

»Herr Trotzki«, sagte Grosz und drehte sich zum abermaligen Händeschütteln um, »es ist mir ein Plaisir.«

»Herr Grosz«, gab Trotzki zurück, seine Augen strahlten raubtierartig konzentriert in sein Gegenüber hinein, ein aufgeweckter, kauziger Uhu, ein Kuckuck.

»Ich habe einige ihrer Strichmännchen-Zeichnungen gesehen. Ich muss sagen, Sie haben mich erst zum wissenden Mitlachen, dann zu bedächtigem Mitwissen gebracht. Humor ist eine schöne, giftige Blume. Da. Die boshaften Tumore der kapitalistisch-industriellen Fehlkultur haben Sie fein säuberlich seziert, alle Achtung. Fragt sich doch, welchen Nutzen ihre Arbeit für die Revolution der Internationalen tragen könne.«

Grosz mochte seine Betrachter, wie es jeder Maler tut, egal aus welchem Grund.

»Vielen Dank, Herr Trotzki, nun, ich wusste nicht, dass ich in einem fernen Land auf Anklang stoße. Ich bin mir nur nicht sicher, wie eine Zeichnung wirklich wirken kann. Ich habe schon alle möglichen Interpretationen gehört. Miss-

und Unverständnis folgen in sicherer Abfolge nach jeder Veröffentlichung, dort wo ich herkomme. Man kann die Uhr nach der Empörung stellen, und nach der Zensur.« Er bremste das Lobreden Trotzkis, war es doch immer vorgefertigte Diplomaten-Schmeichelei, Glatteis für jeden Künstler.

»Nun, Anders-sein, das ist den Menschen immer suspekt. Da. Sie fürchten sich vor Veränderung, selbst wenn es Verbesserung hieße. So lange früher alles besser war, bleibt alles beim Alten, so hörte ich mal einen Stadtmusikanten singen. Singen Sie weiter, Herr Grosz, singen Sie. Sprechen Sie durch Ihre Bilder, denn ich sehe, die Bilder sprechen durch Sie.«

»Nun, ich führe lieber Selbstgespräche, da weiß ich wenigstens, dass jemand zuhört«, scherzte Grosz und lehnte sich an.

»Wissen Sie, Herr Trotzki, ich zweifle am Durchblick vieler Menschen, man kann unentwegt gegen Wände sprechen, sie stürzen ja doch nicht ein.«

Trotzki schüttelte den Kopf.

»Weil der Mensch klug ist, Herr Grosz. Da. Er verteidigt nur sein Territorium, das befiehlt ihm sein Instinkt. Er situiert sich und statuiert sich, er ›wolle‹ das, was er hat. Er ist im Geiste weniger mobil als zu Fuß, daher geht er lieber den längeren Weg, als umzudenken. Und wenn er sich verläuft, dann postuliert er ›ich *wollte* hier sein‹. Da. Er verteidigt sein Wissen. Denn jedes kleine Wissen will ein Königswissen sein. Und er grenzt sich ein und verteidigt sein Territorium, das lässt er sich nicht nehmen. Haben Sie sich nicht einmal dabei ertappt auf Ihrer Meinung zu beharren, obwohl Sie wussten, Sie hatten unrecht? Hat Ihnen nicht einmal ein Argument den Boden unter den Füßen weggezogen und sie versuchten sich fest zu krallen, anstatt sich fallen zu lassen? Sturheit nennt man das, nicht wahr? Da. Sturheit ist ein Zeichen von Klugheit.«

Trotzki naschte die Olive aus seinem leeren Glas und lächelte verschmitzt; unnahbar zu sein beherrschte er perfekt. Grosz strich ungläubig durch seinen Scheitel und zwang die Mundwinkel.

»Nun, Herr Trotzki, bei allem Respekt, letzten Endes nimmt man die überlegene Meinung an, nicht wahr? Man baut sie in sein Mosaik. Ein weiteres Puzzleteil im Spiel der Wahrheit. Es gibt so viele Teile wie es Menschen gibt. Ebenso viele Wahrheiten gibt es, daher auch keinen der wirklich Recht behalten wird, nirgendwo und niemals. Man kann nicht alles wissen, das hieße nämlich nicht Wahrheit zu wissen, das hieße jeden Menschen zu kennen. Weit mehr als das, zu erkennen. Gibt es nicht nur eine Welt? Gibt es nicht so viele Welten wie es Menschen gibt? So viel Zeit bleibt leider nicht. Soviel Interesse existiert nicht.«

Trotzki lachte laut und schwang den Zeigefinger, wie eine Mutter, die ihr Kind aufs freundlichste belehrt. Das unterbrach Lenin und er wirkte verstört, hatte er doch eben über die vierte Revolution referiert, die da noch käme. Er war aus dem Konzept gerissen, fast so, als hätte er eines gehabt. Stalins scharfer Blick über seine Schulter nötigte Trotzki zur Mäßigung.

»Künstler und ihre Poesie, wie trefflich«, flüsterte er amüsiert. »Kaum erklärst du ihnen die Welt, fangen sie an zu philosophieren.« Er war frei von allen Zweifeln an sich selbst. Das beunruhigte Grosz. So eloquent das Gespräch mit dem aspirierenden Nachfolger des Vorsitzes auch zu sein schien, seine Massenmorde im russischen Bürgerkrieg an den weißen Offizieren, Zaristen, Andersdenkenden schien er auszublenden. Die emotionale Egalität eines Schreibtischtäters. Jede Verantwortung ein Hemmschuh, jedes Argument ein Backstein. Und Abermillionen Worte im Kopf. Doch dies offen anzusprechen war, in stillem Zwang, unmöglich. Ihm seine Opfer vorzuhalten, wäre, als könne man sich danach selbst dazu aufrechnen. Ein Toter, viel Drama – viele Tote, eine Statistik. So hatte es Stalin formuliert. Sterben in Zeiten von Revolutionsmentalität ist leicht. Wie Zigaretten rauchen, oder Kuchen essen, oder Kacken. Kann jeder.

Trotzki wurde seiner Schlagzeilen nicht müde und manifestierte: »Es ist wahrlich nicht leicht die kritische Masse an Menschen zu überzeugen, die es benötigt, um den Rest in das Mitlaufen zu zwingen. Zu allererst brauchen Sie Geduld. Geduld, um auf eine Position der allgemeinen Wertschätzung zu kommen. Das Amt des Experten ausfüllen und Informierer sein, mit Informiertheit dienen, von oben nach unten. Ja, Furcht ist ein Werkzeug. Bald werden Meinungen zu Fakten und Fakten zu Glauben und aus Glaube entsteht Wissen und als bald folgen Schlüsse. Spielen Sie mit den Fakten, fragmentieren Sie sie, ziehen Sie sie in Zusammenhänge, setzen Sie sie in neuen Kontext, wiederholen Sie sie immer wieder und durch das Echo werden sie wahrer. Zwischen zwei Standpunkten tendiert der Mensch immer zur Mitte, definieren Sie also die Spektrumsgrenzen. Definieren Sie den Kosmos. Balancieren Sie ihn dorthin, wo er hinsoll. Lassen Sie ihn selbst schließen – und sprechen ihm dann aus der Seele. Die Wahrnehmung ist eine Wissenschaft in der man formt, nicht forscht. In der man platziert und nicht entnimmt. Lange Geschichte, kurzer Sinn: Jeder Mensch handelt von sich aus richtig; monopolisieren Sie also die Wahrheit, lassen Sie ihn von sich aus richtig für Sie schließen.«

Grosz fühlte sich von Schwall überfrachtet. Er erinnerte sich an Nexös Ratschlag und blieb leger: »Wahr, Herr Trotzki, da fällt mir ein Reim ein, den ich einmal irgendwo gelesen habe: Was künstlich ist, verlangt geschloss'nen Raum, Natürlichem genügt das Weltall kaum.« Trotzki ließ ihn lächelnd gewähren.

Lenin trat mit sichtlich weichen Knien von seinem Pult herab und ließ seinem Obersten die Bühne. Dieser verabschiedete sich von Grosz mit einem freundschaftlichen Schlag auf das Schulterblatt.

»Sie sitzen einem großen Meisterwerk auf, Herr Grosz, Sie werden es schon noch malen, gedenken Sie nur immer meiner Worte. Glauben Sie mir, *meine* Worte sind *wahre* Worte – Sie haben ja gelernt warum.« Dann zwinkerte er und stieg hinauf, vor die auflauschenden Gäste. Seine Rede hielt er auf Russisch, mit deutschem Übersetzer. Unterhaltsam, scharf, in festlichem Gestus, maskulinem Stand und mit fortschrittlicher Verve. Man musste ihn überhaupt nicht verstehen, er konnte wesentliche Inhalte überwinden und direkt in Aktionismus treten. Es blieb außer Frage, er würde einmal auf seinen kränker werdenden Vorredner folgen. Er würde den Speer der Sowjetunion an die Weltspitze führen. Die Weltrevolution, die Revolution der Welt, und so weiter. Er hatte die alte und neue Geistesgegenwart in Griff und Überblick. Und hinter ihm stand, pünktlich wie eine Eisenbahn und zuverlässig wie eine

Staatsbank, stabil und vernünftig – Stalin. In seinem Rücken. Mit einem Eispickel.

X

»Sie dienen dem Volk, doch kein Volk ist ihnen nützlich. Sie denken für ihr Volk, doch kein Volk ist weise. Volk ist nur ein leeres Wort, eine hole Nuss an der man rüttelt und an der man horcht – doch kein Volk trägt Früchte. Es ist nur ein Wort an das die Menschen glauben, wenn man es ihnen im hohen Bogen über die Köpfe wirft. Wenn das Volk spricht gilt es sich die Ohren zu zuhalten, denn Völker sprechen nicht. Sonst glauben sie, sie seien Volk, als sei das ihre Gemeinsamkeit. Sonst glauben sie, sie seien das Eine und dort hinter den Bergen oder hinter der Wüste, oder auf der anderen Seite des Meeres, da sei das Andere. Glaube braucht nun mal keine Beweise, denn er ist Symptom. Und wie jedes Symptom hat auch er – Ursachen und Wirkungen. So sucht der junge Mann seinen Platz in der Nahrungskette seiner Gesellschaft – dazu bedarf es zu allererst einem Standpunkt. Dieser findet sich schnell und leicht in der Aufnahme einer Ideologie, welche er kritiklos übernimmt. Später, wenn er des Denkens mächtig wird, beginnt er zu hinterfragen und zupft an den Blättern und zieht an den Wurzeln dieses Auswuchses. Mir nichts, dir nichts hat er den ganzen Faulbaum ausgegraben und hält das trockene Skelett in seinen Händen. Dann bemerkt er, dass er inmitten eines Waldes gelebt hatte – mit unzähligen Bäumen und Blumen, die zu unterschiedlichen Zeiten blühen und welken in ständiger Konkurrenz miteinander und zueinander um Licht, Wasser, Wind, Erde. Und er kommt sich so dumm vor. Doch es ist ein freies, schönes, bewusstes Dumm; keines das Angst macht und beengt. Ein erleuchtendes Dumm. Und? Was sagst du dazu?«, fragte Bobrow, klappte das Buch, mit seinem Namen darauf zu und hob sein Skrotum an. Nacktes Schwitzen, ehrliche Kritik.

Dachs überlegte. Bewusstes Dumm, aha. Erleuchtend, gerne, warum nicht. Er schlug sich nasse Birkenzweige auf den Rücken und warf ein paar Tannennadeln auf die heißen Steine des Banja-Ofens. Das Thermometer stieg auf die neunzig Grad, es duftete nach russischem Sommerwald und frischem Brot, die Holzblöcke knisterten, Hitzeflimmern stieg hinauf an die kürbis-orange glühende Decke.

»Ich glaube, deine Schreibe lebt hauptsächlich von deinem Stil, Pyotr«, sagte Dachs schwer atmend und schweißtriefend. »Die inhaltlichen Defizite gleichst du mit dithyrambischen Adjektiven aus. Mag sein, oder?«

»Verdammt, Ansgar!«, röchelte Bobrow. »Immer dasselbe. Hast du nichts Neues?« Er blickte ihn abfällig an und stützte seine Ellenbogen auf die Knie, sodass seine mächtige Wampe den Zwischenraum füllte und fuhr fort.

»Du machst das wie die alten Griechen, stellst Thesen auf wie Denkmäler, riesen Brimborium, schreibst noch Apologien dazu. Wie gesagt, du lebst von deinem Stil, Pyotr.«

»Ich weiß, dass ich nichts weiß war gestern, Ansgar. Heute machen wir das anders. Griechische Denkmäler? Da wo ich die Feder ziehe, wachsen keine Theorien mehr – dort, wo ich forsche, werden zerbrechliche Glaubensfragen mit dem Hammer beantwortet. Ohne die Kopfschalen voll

Kesseldampf und delphinische Orakel, oder, bewahre, künstlerischem Anspruch, wie dieser Wladimir Iljitsch.«

»Wie geht's ihm denn? Ich hörte, dass er wohl bald den Löffel weitergibt?«

»Ich behandle den Mann jetzt seit vier Jahren, Ansgar. Ich sage ihm er solle kürzer treten und er brüllt mich an ihm gefälligst eine andere Diagnose zu stellen, zu meiner Gesundheit. Der Obermotz und seine Lakaien, es ist eine Orgie der somnambulischen Wanderprediger, das sage ich dir. Die treffen sich rituell in geheimen Runden und ziehen sich gegenseitig die Schwänze lang wie wildgewordene Maya-Priester. Immer das Gleiche. Sie alle gleichen sich. Diese Titanenmenschen, für nichts interessieren sie sich, außer für ihren Einfluss, riechen an ihren eigenen Fürzen; aber was weiß ich schon, ich bin ja nur der Arzt. Ich bin ja nicht dabei, nicht abstimmungslizensiert bei ihrem intergalaktischen Komitee für die Weltrevolution, wo sie alle im Kreis stehen und sich gegenseitig die Pistolenmündungen in die Nacken schieben. Stümper, die sie alle sind.«

»Blut, Pyotr, Blut. Wüte nicht in deinem eigenen. Politiker sind eben wie Meteorologen: Sie sind nicht verantwortlich für das Wetter, das Wetter ist verantwortlich für sie. Sie passieren eben. Sei doch erfreut. Du hast endlich ein nahrhaftes Forschungsfeld für den empirischen Nachweis dieses menschlichen Nachteils, an dem du arbeitest.«

»Ganz recht. Aber ich brauche keinen Stalin und ganz besonders keinen Trotzki um an Ergebnisse zu kommen. Sehe ich aus, als wäre ich auf Almosen angewiesen?« Er klatschte auf seinen Bauch. »Weißt du, an was mich diese Sippschaft erinnert? An die Assassinen des Hasan-i Sabbah.«

»An wen?«

»Hasan-i Sabbah, genannt ›der Alte‹, Anführer der Assassinen, elftes Jahrhundert.« Bobrow sah Dachs in sein unwissendes Gesicht und erklärte: »Sabbah war eine Art Missionar irgendeiner dieser zig Auslegungen des Islam, da kenne sich einer aus, jedenfalls verschanzte er sich politisch verfolgt in verschiedene Gebirgsfestungen nahe dem kaspischen Meer in Persien. Dort wandte er sich zum einen der Alchemie, namentlich der Drogenerzeugung zu, zum anderen rekrutierte er junge Männer aus den umliegenden Dörfern um sie zu ›Assassinen‹ zu formen – also zu perfekten Soldaten, die ohne zu zögern für ihn in den Tod laufen würden. Sozusagen Selbstmord mit gutem Gewissen. Sein Vorgehen war folgendermaßen: Er betäubte die Jungen mit Opium, oder was man eben sonst in Persien zur Verfügung hatte, verband ihnen die Augen und brachte sie in einen bewässerten Garten mit einigen auserlesenen Prostituierten. Dort erlebten die Jungen dann das Paradies, mit Frauen, Wein, Haschisch – das Wort ›Assassin‹ stammt von ›Haschaschin‹ und bedeutet ›Haschischesser‹ – und so weiter, wie sich ein junger Mann eben das Paradies vorstellt, ohne viel Konversation, dafür jede Menge Koitus und Bacchus. Nach einer Woche Paradies entnahm er sie wieder mittels Betäubung des Himmels und brachte sie in seine Burg. Dort indoktrinierte er ihnen, wollten sie noch einmal ins Paradies zurückkehren, so müssten sie den heiligen Märtyrertod sterben. Und so konnte Sabbah gezielte politische Morde ansetzen: Ein Assassine verkleidete sich als Bettler oder Marktfrau, begab sich in feindliches Territorium und erdolchte dort den Stammesführer oder jeweiligen Verfolger – seinen eigenen Tod in Kauf, ja, sich selbst noch vor der Gefangennahme das Leben nehmend. Das System funktionierte tadellos. Als ein Freund Sabbahs zu Besuch kam, so sagt man, ließ er einen der Männer von einer hohen Mauer springen, nur um ihm zu imponieren, wie leicht er sie in der Hand hatte.«

»Und kommt das auch in dein neues Buch?«, fragte Dachs.

»Aber natürlich. Was wäre ich für ein Psychonautiker, solch einen Stoff nicht zu verwenden, ihn zu testen? Hast du Kamenew gesehen? Der schwimmt für mich Bahnen im Styx, wenn ich das will.«

Dachs stand auf, zapfte sich heißes Wasser aus dem Ofen in einen Holzeimer und ging nach draußen in die Kälte des Baderaums. Er sprang in das Eiswasser, floh wieder heraus und kippte sich die dampfende Lava über den Kopf. Bobrow kam ihm nach, doch im Gegensatz zu Dachs machte er es sich, dem Biber gleich, im beißend kalten Moskwa-Wasser gemütlich, als sei das reinste Normalität. Dachs stellte sich ans Fenster und besah die Zwiebelhauben der Basilius-Kathedrale. Ein nackter alter Mann am Fenster des Kremls, ungefähr Mitte sechzig, mehr als relativ im Reinen mit sich selbst.

»Und was macht das Kunsthandwerk?«, fragte Bobrow.

»Wie immer. Es ist amüsant den Menschen zuzusehen, wie sie einen nicht erkennen, die Geniestreiche nicht sehen, sondern akzeptieren. Und sie werden sagen, das, und nichts anderes, ist ein Dürer. Das, und nichts anderes war Da Vinci. Ja, die Mona Lisa hat gut gebrannt. Mein großer Erfolg läuft asymmetrisch an ihnen vorbei. Als ich damals in Rom in meinen Herrenjahren als Restaurator den Caravaggio aus der Wand der schlug, ihn einen Geniestreich besser malte und keiner den Unterschied bemerkte, vom

Fiasko zum Fresko in nur einer Woche, da hatte ich endlich Spaß. Kindliche Begeisterung und einfachen, lustigen Spaß. Die Freude eines Kindes am Puppenspiel, so wie deine Freude für deine Patienten. Streiche spielen, Pyotr, das ist es, was beglückt.«

Er drehte sich zu Bobrow um, dieser plantschte immer noch im Kühlbecken herum und furzte Luftblasen in das Nass. Er brummte wie ein Walross und schnaufte, dass sich seine Barthaare bogen.

»Streiche?«, gab er von sich. »Ja, Streiche spielen die hier genug, lauter Oxymora: Proletarische Elite, permanente Revolution, demokratische Diktatur, Sozialfaschisten. Gibt alles keinen Sinn, ist alles Fantasie und wird wahr gemacht mit Hammer und Sichel. Freude? Darum geht es denen nicht bei ihren Staatsstreichen. Ich sage dir, Ansgar, die verstehen keinen Spaß. Erzähl denen bloß keine Witze.« Er schüttelte sich aus dem Becken, griff nach einem Handtuch, ging wieder in die Sauna und knallte die Tür hinter sich zu. Dann öffnete sich ein Spalt und Bobrows Zeigefinger kam heraus. Er zeigte auf seinen Klamottenhaufen. »Da, in meiner linken Hosentasche. Da ist der Schlüssel zu den wichtigsten Fluren der Flunkerbande drüben im Senatsgebäude. Da hängt dieses Landschaftsbild, das du suchst. Die sind heute alle im Palast und onanieren kräftig auf ihren Welterfolg. Danach ist der ehrenwerte Patient wieder eine Woche zittrig unterwegs. Mach schnell und Wiedersehen macht Freude, du Spaßvogel.«

»Gott vergelts«, gab Dachs zurück.

»Du mir auch«, erinnerte ihn Bobrow.

Dachs tauschte den Schlüssel mit einem Bündel Geldscheine und bekleidete sich, der anlässlichen Tarnung geschuldet, mit seinem Smoking. Er zupfte die Fliege zurecht, schraubte die Manschettenknöpfe zusammen und verließ das Banja.

In den Gängen trugen geschäftige Angestellte Tabletts mit allen nationalen Speisen und Getränken in die eine, und leere Teller und Gläser in die andere Richtung. Dachs wählte die zweite Route. In der Küche ging er geradewegs auf den Vorratsraum zu, was die betriebsamen Kellnerinnen und Köche kaum veranlasste aufzusehen. Die Raubtierfütterung der Diplomaten war auf seinem Höhepunkt angelangt. Unter einem halbvollen Sack Kartoffeln zog er ein in Leinentuch gewickeltes Gemälde hervor, seine Arbeit, den Schischkin. In etwas schnellerem Gang verließ er die Küche, ging ein paar Treppen herauf und bog in ein paar Flure ein, schloss ein paar Türen auf. Dort hing es auf einmal, das Roggenfeld, in seiner ganzen Blüte an einem Frühsommertag. Es leuchtete wie alle Gerechtigkeit der Welt, wie alle Illusion. O, ihr echten Großen, dachte Dachs, ihr Landschaftsmaler! Und Du, Schischkin, einer der Größten unter ihnen. Nicht nur das Außen sehen, nein, auch nach innen, in sich hinein zu sehen. Das zeichnet die Größten aus. Caspar David Friedrich sagte einmal: »Der eine weiß, was er macht; der andere fühlt, was er macht. Ach, könnte man doch aus beiden einen machen.« Ja, Caspar, da ist er, dachte Dachs. Ein schöner Mensch muss er gewesen sein, dieser Schischkin. Gesund und frisch glänzten seine Seen, ehrlich seine Wälder, reich seine Felder, welch fromme Ahnungen in seinen Himmeln lagen. Er ließ freies Land aus einer gewöhnlichen Farbpalette entstehen, seines hinzugetan und weggelassen, so wie auch die Natur ihres hinzutut und weglässt. O, du Trost auf diesem Friedhof der Kunst.

Dachs holte seine Replik aus dem Tuch und verglich das Original mit seinen Vermutungen. Es passte. Er war immer noch in Form. Als er den Rahmen von der Wand hob knackste es elend in seinen Bandscheiben und verpasste ihm einen leichten Hexenschuss. Mit dem Rücken hatte er es schon länger zu tun. Ab Mitte vierzig verpasst einem der liebe Gott sowas, um einem zu zeigen, wie gleichgültig man ihm ist. Er löste das Original am Boden aus dem Gestell und schob seinen Gemini hinein, dann krempelte er die Beute in das Tuch. Mit einer ungelenken Fehlstellung hängte er sein gerahmtes Werk an die Wand.

Als er umkehrte bog er falsch ab und verlief sich, die Flure waren ein komplexes Labyrinth, weit wirrer als die Beliebigkeit einer Tropfsteinhöhle, ein Königreich für einen Ariadnefaden.

Als er an einer Tür vorbei ging kam er nicht umhin das Schild darüber zu lesen: »Büro für ungewöhnliche Maßnahmen, Volkskommissariat Lenin«. Er schüttelte den Kopf. Es war nicht abgeschlossen, also kippte er die Klinke und trat ein. Lenins Büro also, mal sehen. Gegenüber dem Schreibtisch hing eine großformatige Weltkarte an der Wand auf der jede Menge Papierkugeln klebten. Ein afrikanisches Blasrohr lag dort auf dem Pult. Welch irrsinniger Zeitvertreib eines Machtmenschen. Eine schreckliche Ganzkopfmaske eines Insekts, einer Schabe oder einer Schrecke oder ähnlichem Geziefer, hing von der Wand neben einigen ausgefallenen Perücken. Wozu? Fragte sich Dachs, setzte sich auf den Chefsessel und strich über das Holz. Vor ihm lag eine Krakelei eines gewissen Malewitsch: Zwei ziegenartige Dämonenwesen zersägten eine nackte Frau mit einer Zweimann-Schrotsäge, ein dritter Drache saß auf ihrem Gesicht und machte Päuschen, abartig. Daneben lagen Lenins Aufzeichnungen. Doch sah er keine Niederschriften eines Staatsmannes oder unterzeichnete Befehle eines Übergenerals. Es waren Sborniki von Lautgedichten. Die lächerliche Zerfledderung von Sprache der Zürcher Dadaisten: Baadsel luhm zamba gum kleb bromate schmack. Barke bop bitzel smura blab zlaum tuffabell krahn. Salb blubse zwub schwapp mucks klappack und so weiter und dergleichen mehr. Seitenweise, Papierstapel voll. Dazu überall herumfliegende Buchstaben, wie die Dadaisten sie einsetzten, nur kyrillisch. Es durchzuckte Dachs wie Strom. Lenin, der Urteufel Luzifer der Sowjetunion – ein Dadaist? Ein früher gar? Am Eck des Schreibtischs stand eine kleine Statue. Eine Skulptur eines Schimpansenaffen, in seiner Hand hielt er einen Menschenschädel und betrachtete ihn in Denkerpose, wie eine Mischung aus Rodin und Shakespeare und Tarzan. Die ganze Diffusität und Flatterhaftigkeit Lenins Politik wurde auf einmal logisch. Lenin, der Terrorkönig – ein Dadaist! Aktenfächer mit den Aufschriften: »Eskalationsexzessdepeschen« und »Unterschriebene Sekrete«. Wieder einer von diesen irrlichternen Wirrköpfen, nur diesmal einer in Aktion. Aus einer kranken Fantasiewelt mitten in der Realität. Piff paff puff, so stand es über seinen Manifesten. Butz klah bumm, so stand es in seinen Gesetzen. Schock Starre Not, so stand es Dachs im Gesicht. Wenn sich die Sowjetunion also halten sollte, dann auf dem Fundament eines solchen Fehlentwurfs, gesäult mit makabren Witzen, aus einem zynischen Lachkrampf erbrochen.

Dachs verbot sich weitere Gedankenspiele. Nein, das würde auf kurz oder lang ein Ende haben, das alles. Dieser hässliche Witz könne nicht alt werden. Er durchsuchte die Schränke, dass ihn auf die alten Tage noch solch ein Interesse packen könnte, hätte er nicht geglaubt. Doch er fand nichts außer Gekrakel voll Makel und Dada-Blödsinn. Definitiv zu viele Bücher gelesen, der Mann. All die vielen Seiten, die man alle in einen Satz hätte fassen können, den man besser für sich behalten sollte.

Er verließ das Büro, ging die Stufen herab und irrte die Flure entlang, fand endlich die Küche und kehrte ins Banja zurück, ließ den Schlüssel auf Bobrows Hose fallen, warf sich seinen schwarzen Mantel über und verließ das Gebäude. Er blickte im dunklen Schneegestöber auf das Fenster des Banjas zurück. Ein kleiner, runder Mann mit Handtuch um den Bauch sah ihm nach, mit ungläubig schüttelndem Kopf. »Do swidanija, Pyotr«, sagte Dachs zu sich selbst, »wenn du wüsstest für was du da arbeitest. Analysieren willst du diesen Verrückten? Doch finden wirst du nichts, zumindest nicht in diesem. Nicht in einem Dada!« Er zog seinen Schal zusammen und verschwand in der Nacht.

X

Grosz brauchte eine Pause von Trotzkis rhythmisch wiederkehrenden Revolutionsaufrufen in intelligent regulierten Intervallen. Seine Rede hallte und hallte immer wieder nach. Ein Quellgeist und Quälgeist, ein Unverfälschter, ein Feldherr. Ein Gewisser und gewissentlich Gekleideter.

Einer, der die Brusttasche in seinem Jacket für gefaltete Taschentücher gebraucht. Ein Zusammenfalter, ein Visionär, ein Erweiterer. Ein In-die-Breite-Denker, statt ein Breittreter oder Zu-früh-Einlenker und dann Scheiternder. Ein Intellektueller, ein Erfolgsvermelder. Der Zuversicht in die Welt trägt, nein, die Welt mit seiner Zuversicht trägt. Der unerreichbare Erreicher, der Klügste von allen, und Entschiedenste. Toll an seiner Gefragtheit. Toll an seiner Geltung. Toll an seiner Klugheit. Immer klug und immer wieder klug. Und es wächst und es blüht und es welkt und es zerfällt und wird zu Erde und es keimt. Und immer und immer wieder Revolution. Und immer und immer wieder applaudierten ihm seine Gäste und seine Bande zu. Sie schlugen ihre Hände kräftig zusammen und verkündeten sich gegenseitig Einstimmigkeit. Der Applaus, dachte Grosz, ist eine angenehme Beigabe zur Einfalt. Ist er doch nur soziales Phänomen der nonverbalen Kommunikation. Wie Gähnen, oder Kratzen. Und wenn sich jeder einmal distanziert, dann applaudiert auch keiner mehr. Und wo keiner applaudiert, dort gibt es auch keine Gemeinsamkeit, dort hat auch keiner Lust mehr auf Beherrschung. Wenn kein Applaus entgegenkommt ist alles Gerede nur verbale Onanie. Der Mittelpunkt verlöre an Gravität. Man müsste sich nur, jeder für sich, distanzieren. Entfernung schaffen und sie alle zu Narren machen. Er öffnete die Glastür zur Veranda, stellte sich ans Geländer und erholte sich bei spätem Kaffee und früher Zigarette. Plötzlich sah er einen Mann durch den Schnee stapfen, ein flaches Paket unter dem Arm, sich den Hut gegen die Schneewehen haltend. Was hatte der nun wieder vor? Was treibt die Menschen nur immer in ihrer Ökonomie des Gleichgewichts um?

Kann denn keiner einfach Ruhe geben, so wie es der alte Kauz in der Irrenanstalt gefordert hatte? Muss denn jeder – wollen, wollen, wollen? Und war nicht er selbst von dieser Leidenschaft des Wollens ganz und generell erfüllt? Man hat ein volles Leben vor und nach sich. »Genieße es, man bleibt nicht immer fähig«, sagte ihm sein Vater einmal in Stolp bevor er starb. »Später, mit siebzig, achtzig, neunzig Jahren kannst du dich den weltlichen Themen widmen. Aber noch bist du fähig! Wenn du es verpasst, und deine Unfähigkeit erkennst und brennst und du auf das zurückblickst was du nicht geschaffen hast, dann ist es zu spät. Immer sagt man dir du seist zu jung, dann sagt man dir du seist zu alt und dein Werk will dir nicht mehr aus deinen Händen. Jetzt bist du, wenn du beides bist, alt und jung zur gleichen Zeit, wenn du dreiunddreißig bist, wenn du vierundvierzig bist, wenn du zweiundfünfzig bist. Davor ist Nebel, danach ist Nebel. Wie ein Bild bist du, davor formlos und zähflüssig, danach formfest und getrocknet. Davor hört man dir nicht zu, danach hörst du dich geschwätzig an. Davor bist du ein unbeschriebenes Blatt, danach bist du ein kleingedrucktes Buch, jeder Punkt gesetzt, kein Platz mehr für neue Ideen, zwanghaft, der zeitigen Fertigstellung geschuldet, unvollendet und gebunden. Zum Wiederlesen und zuklappen, nicht zum Aufschlagen und korrigieren. Ein Bild bis du, mein Junge, ein Buch bist du. Wenn du fertig bist, bist du tot!«

Vater, mögest du in Frieden ruhen und dich im Grabe strecken, dachte Grosz. Wäre er damals kein sechsjähriger Bub gewesen, irgendetwas hätte er schon zu erwidern gewusst. Die Kaffeetasse war leer, der Mann war mit seinem Paket in der Dunkelheit verschwunden, der Schnee befeuchtete den Rest seiner Zigarette. Er schnippte sie in den Sturm, grelle Funken blitzten auf. Er ging wieder hinein und verfolgte die wildentschlossene Rede Trotzkis, die von Anfang bis Ende Fahrt aufnahm. Die Intervalle wurden kürzer, die Argumente schärfer, die Zusammenhänge deutlicher, die Chimären gewannen an Kontur, die induzierten Überzeugungen wurden wahrer. Nur die weißen Leichen des Bürgerkriegs wurden nicht mehr lebendig. Und alle nickten und alle sagten da, da.

Die Arbeiterbewegung, wie bezeichnend war sie, betrachtete man einmal die Zwangsarbeitslager, die Erfindung der Gulags. Sie machten Fortschritte. Und alle nickten sie und sagten »Dada« – ja und wieder ja.

Der Terrordienst der Tscheka, sie ließen die Felder der Bauern gegen Geiseln bestellen, Zwangsernten ohne Gegenwert, außer mehr und mehr Hunger. Menschen aßen ihre Nachbarn, Kannibalismus entstand unter der Bevölkerung. Der Fortschritt war nicht aufzuhalten. Und alle sagten da, da.

Ein Fortschrittlicher, immerzu Vorausschreitender, ein Vorausseher und Brückensprenger. Und alle applaudierten und alle sagten »Dada« – ja und wieder ja. Und Lenin nickte seinem Monster milde zu und flüsterte ihm ein – »Dada«. Dann klopfte er Stalin auf die Schulter und postulierte: »Vertrauen ist gut, erschießen ist besser.«

»Dada«, sagte Stalin.

Grosz senkte den Kopf. Es gab eine Zeit für Kunst und es gab eine Zeit für Dada. Die Zeit für Dada war irgendwie vorbeigegangen. Dada war kaputt. Dada war kurz nach der Kunst gestorben. Sie waren wohl ein altes Ehepaar gewesen.

X

Retrospektive: Zürich, 1917

Der durchschnittliche Normalmensch steht morgens zwischen der sechsten und achten Stunde auf und geht seinen Befindlichkeiten nach. Er lässt durchschnittlich einen viertel Liter Urin und brüht sich einen mittelprächtigen Kaffee auf. Er ist nicht mit allem zufrieden, aber unzufrieden ist er auch nicht. Um circa sieben Uhr dreißig begibt er sich zur Regulation in die Arbeit, mit der er sich im Mittel vier Stunden beschäftigt bis er sich in der Regel um zwölf Uhr zum Mittagstisch begibt. Er geht einer mediokren Tätigkeit nach. Landläufig im Anbau von Nahrung wie Weizen, Kartoffeln oder Hühnereiern; urban in der Produktion von Dutzendware wie Webgut, Glas oder Dekorationsgegenständlichkeiten. Im Mittelmaß ist jeder eins Komma fünfte Arbeitende nach dieser Zeit mehr oder minder müde und verlebt den Tag mit unterdurchschnittlich anstrengenden Aufgaben, wie Baden, Spazierengehen oder Essen. Abends prüft er sein mittelgesundes Gebiss und blickt in sein mittelschönes Gesicht. Die Frage nach dem Zweck stellt sich nicht, denn er ist sich seiner Durchschnittlichkeit durchaus bewusst. Dann legt er sich rechtzeitig schlafen und vergisst in durchschnittlich fünfundneunzig Prozent der Fälle was er geträumt hat.

Auch diesen Morgen stand Lenin auf und trat vor den Spiegel, prüfte seine Zähne und rieb sein Gesicht mit Rasierschaum ein. Er streifte die Klinge über Wangen, Hals und Kinn und tupfte sich mit seinem alten Handtuch ab, das er noch aus seiner Verbannungszeit von Schuschenskoje in Südsibirien hatte. Er setzte seine Perücke auf, gab seiner Frau Nadeschda einen Abschiedskuss, nahm ein paar Franken aus der Haushaltskasse und machte sich auf. Er trat aus der Spiegelgasse Nummer vierzehn und bog ab in die Froschgaugasse Richtung Bibliothek. Auf seinem fünfminütigen Arbeitsweg holte er sich sein Frühstück in der Brasserie zum Seefeld. Zürich war eine durchschnittlich schöne Stadt – die Gassen, das gelassene Treiben der Neutralen, die intellektuelle Szene, die Schreiberlinge und Fledermäuse und Leseratten, die Musik auf den Plätzen, das Cabaret in den Nächten. Der Morgen leuchtete auf und die Spione aller Länder belauschten sich in alter Frische. Am Fenster der Brasserie klebte ein Poster. »Heute Abend im Cabaret Voltaire, Spiegelgasse 1. Dada-Soirée. Kommen Sie herbei oder treten Sie ein. Legen Sie ihr Geld in Dada an. Diesmal: Hugo Ball als Patron Mechatron, Emmy Hennings als Pistazie, Hans Arp als Theo Praktus, Marcel Janco als Ed Kasten, dem Dadakommissär und Tristan Tzara als Besenstilleben.« Lenins Wangenknochen schoben sich nach vorne, dann merkte man, dass er lächelte. Mit dem Croissant in den Backen zog er weiter zu den hohen Bücherregalen, voll mit Wissen und Unwissen. Zu wissen, was man nicht wissen muss, das ist Wissen, dachte Lenin. Er las mit einer Disziplin als hätte er preußische Verhaltensrichtlinien geerbt. Genau um sieben Uhr fünfundvierzig knipste er seine Leseleuchte an und um vorschrifts- und durchschnittsgemäß elf Uhr fünfundvierzig knipste er sie wieder aus und begab sich zu Tisch in der Brasserie. Sein Magen knurrte pünktlich. Er traf sich mit seinem ergebenen Genossen Karl Radek. Ein knittriger,

kleiner Galizier mit runder Nickelbrille. Als er Radek mit Korb im Arm an der Kreuzung stehen sah, sprang Lenin von seinem Espresso auf und ging auf ihn zu.
»Auf, Radek, auf! Es ist Frühling und wir haben Subbotnik. Ein wundervoller Nachmittagsspaziergang wird Ihnen guttun.«
»Schönen Tag, Gospodin. Sie wissen doch, mein Typus entspricht nicht so dem des Naturmenschen.«
»Sie wollen mir sagen es sei nicht Ihr Naturell? Was für ein Schwachsinn, kommen Sie.«
Es sollte ihr letzter gemeinsamer Spaziergang in Zürich sein. Für die folgenden Tage war die Zugreise nach Russland geplant, zustande gekommen durch einen Kuhhandel mit deutschen Kriegsdiplomaten, welche mit dem Erfolg der Leninschen Revolution spekulierten um mit den Russen einen Friedensvertrag auszuhandeln, welcher das deutsche Militär entlasten sollte um mit komplettierter Truppengewalt die Westfront zu halten. Generalstabsgeklüngel. Die Revolution war Lenin wichtiger als ein ruhiges Leben im Schweizer Exil. Neue Wege sind gepflastert mit Möglichkeiten, Abschiede sind abgehakte Theorien, abstrakte Vergangenheit. Lenin hob das Kinn, der Bart würde auf der Fahrt wieder daraus erwachsen, so wie ein neues, ein frisches Leben – weit ab vom dahinwehenden Durchschnitt. Weit, weit ab davon. Radek sah ihn loyal von unten an. Er würde allumfassend sein, nicht Mittelmaß, nein, das Maß für alles sein – und in das Menschentreiben zurückblicken wie durch einen venezianischen Spiegel. Er gab Radek die Richtung vor und sie marschierten los auf dem Spazierweg, hinein in die volle Naturgewalt des Frühlingsanfangs dieser Region.

Die Fettwiesen blühten in rot und gelb und violett auf dem Grün eines gründlichen und dampfend gesunden Grundes. Es duftete nach nahrhafter Erde und Honig. Das Bimmeln der Milchkuhglocken, das Bachplätschern, das Klappern der kleinen Holzmühlen, das summen der Hummeln und Hornissen, das Zirpen der Grillen, das Rascheln der Nager. Die Waldlaubsänger stimmten ihre Stimmen, der Schwarzspecht klopfte seine Takte, die Mauersegler zwitscherten die Pieps-Laute, die Schwalben bedienten die Schnarrtrommel und die Kolkraben gurrten die Bässe. Lenin tanzte in die neue Jahreszeit wie ein Vivaldi.

»Konfuzius, Radek«, sagte Lenin friedvoll und blieb auf dem Spazierweg stehen, seinen Zeigefinger in den blauen Himmel haltend als ermesse er die Windrichtung. Radek bremste gerade noch ab bevor er seinen Meister anrempelte.

»Ja, Gospodin, ich kenne Konfuzius.«

»Konfuzius sagte: Die Eigenschaften des Edlen gleichen dem Winde. Die Eigenschaften des durchschnittlichen Mannes gleichen dem Gras. Streicht der Wind sanft über das Gras, beugt es sich.«

»Ich verstehe, Gospodin.«

»Ja wirklich, Radek? Hören Sie wie es sich beugt?«

»Ich höre nur Vogelzwitschern, Gospodin.«

»Da sieh!«, rief Lenin und sprang in die Wiese, als wollte er etwas fangen, das ihm stets entwich und er sprang wieder und wieder hinterher.

»Da!«, rief er abermals und hob die Faust in die frische Luft. »Kommen Sie, Radek!« Radek lief etwas ungelenk mit Korb und Decke bepackt durch die Wiese heran. Lenin öffnete vorsichtig die Faust und hielt ihm das gefangene Insekt entgegen.

»Na, Was ist das?«

»Ein Grashüpfer, Gospodin«, Antwortete Radek.

»Nein, Radek. Das ist eine Schrecke. Man erkennt das an der breiteren Kopfform und den starken Flügeln, aber das Besonderste sieht man nicht, Genosse. Das zeigen sie nicht.«

»Was ist das Besonderste?«

»Ihre Verwandlung! Ihre Metamorphose! Ihr Alter Ego, ja, ihr Sozialismus. Ich demonstriere es Ihnen.« Er zog einen Pinsel aus seiner Jackentasche und kitzelte das Insekt an seinen Hinterläufen mit den Borsten.

»Das mache ich immer, wenn ich eine Schrecke fange«, sagte Lenin im Ton eines Liebhabers und der lässigen Haltung eines Routiniers. Radek kratzte sich den Kopf.

»Sie können nun das Picknick aufschlagen, Radek«, Befahl er. »Die Metamorphose dauert eine Weile.«

Radek breitete die Flanelldecke aus und hob eine Flasche Wein aus dem Korb. Er blinzelte epileptisch gegen das grelle Tageslicht und der Pollenflug machte seinem Asthma zu schaffen. Er war kein Mann der Sonne, eher ein Mann des dunklen Hinterzimmers einer verstaubten Bibliothek. Immer wieder musste er sich seine Nickelbrille hoch stupsen, auf Bewegung war sein knöcheriger Körperbau nicht ausgelegt.

»Wie lange warten wir denn nun auf die Verwandlung?«, fragte Radek.

»Seien Sie still und üben Sie sich in Photosynthese. Die Natur braucht ihre Zeit, Radek. Der Natur müssen wir uns alle beugen. Die größten Naturgewalten, Radek, sind die riesigen Zeiträume in denen erst einmal gar nichts passiert. Schreiben sie das auf.« Und er kitzelte sein Insekt mit laotischer Ruhe weiter. »Greifen Sie zu, öffnen Sie den Wein und nehmen Sie sich ein Käsebrot, genießen Sie den Erholungsraum.«

Radek biss in das Brot und verschluckte sich. Nach einer geschlagenen viertel Stunde Warten und Husten meldete Lenin Erfolg an.

»Da! Sehen Sie, Radek!« Radek stand ein wenig schwindelnd auf und stolperte an Lenins Hand mit dem Hüpfer. Die Schrecke verfärbte sich. Ein schimmerndes Grün wich einem schwarz-gelben Rost. Das Insekt blies krächzende Töne von sich, riss seine Greifer auf, breitete die Flügel für einen Start und brummte davon.

»Da, Radek!« Lenin triumphierte. »Nun fliegt es durch die Welt und grast sie ab und frisst sie nieder. Wenn eine Schrecke erstmal aktiviert wurde, kennt der Appetit keine Grenzen mehr. Wie habe ich das also angestellt, Radek?«

»Sie haben seine Füße gekitzelt, Gospodin.«

»Da sieh mal einer an. Und wieso verwandelt sich das Tier, wenn ich es an seinen Füßen kitzle?«

»Gospodin?«

»Wenn die Schrecke als solche in einen Trichter fällt, ein Tal zum Beispiel, mit vielen Artgenossen, die Tiere sich also gegenseitig auf die Füße treten, entsteht in ihr das Gemeinschaftsgefühl, also biochemisch. Also verwandeln sich die Einzelgänger postwendend zu Schwarmwesen, sie entwickeln ein völlig neues Verhalten. Unter anderem verändert sich dabei der Fresscharakter, die Viecher fliegen los und walzen alles nieder, Felder, Hecken, das Laub der Wälder, alles. Sie stecken weitere Artgenossen an und flie-

gen in tonnenschweren Massen über Gebirge und Länder und fressen sich nimmersatt. Unausrottbar in ihrer massiven Einigkeit. Alleine sind sie im Gras getarnte, grüne, unschuldige Schrecken. Doch in ihrer Massigkeit vereinen sie sich zu einem großen Mutanten. Fliegen wie eins, fressen wie eins, denken wie eins. Denken ist Trieb und Trieb ist alles – und alles ist Biochemie. Radek, Biochemie, Radek. Der Sozialismus ist Biochemie, tief in der Evolution verankert, können Sie das verstehen? Allein reicht mir ein bisschen Gemüse, aber gemeinsam fressen wir ein ganzes Land voll Fleisch! Schreiben Sie das auf.«
Radek schrieb.
»Heißt es im deutschen nicht ›Heuschrecke‹, Gospodin?«
»Schrecke, Radek, Schrecke.« Er aß den Rest vom Käsebrot, nahm einen Schluck aus der Flasche und winkte Radeks Aufräumarbeit und den Heimweg herbei.
»Genug für heute. Ich muss fertig werden.«
Der frühe Aprilabend wurde gelblich. Sie spazierten zurück in die Stadt. Lenin verabschiedete sich von Radek für ein späteres Wiedersehen im Cabaret. Pfeifend ging er nach Hause, die untergehende Sonne rötete die Gassen. In seiner Wohnung roch es, der Wursterei im Hinterhof geschuldet, stets nach Wurst, also aßen er und Nadeschda ein Laib Brot dazu zum Abendmahl. Die Gasse wurde dunkel und die ersten Gäste schlenderten unter dem Fenster vorbei in die Spiegelgasse 1.
Die Leuchten über dem Eingang zum Cabaret wurden angeworfen und strahlten Amüsement in die schattigen Umrisse des ersten Mondlichts. Die ersten Besucher kamen und bezahlten mit Münzwürfen in eine kleine Blechkasse. Im Verlaufe eines durchschnittlichen Unterhaltungs-

abends bestellte sich der Durchschnittsgast dreieinhalb Glas Bier null fünf, zwei Komma eins Schnäpse, ein halbes Päckchen Zigaretten und eine dreiviertel Zigarre. Lenin trat in die Garderobe hinter der Bühne. Dort stand schon Ball vorm Spiegel, Hennings setzte ihm gerade eine selbstgebastelte Mitra aufs Haupt.

»Wladimir Iljitsch, du schräge Balalaika«, rief Ball. »Ich glaube, ich werde heute mein neues Kostüm initiieren. Der Industriepapst mechatriert.«

»Da, da, die alte Künstlerkrankheit der Selbstassoziation. Bolschoi, du kannst mir den Kirchengang antrommeln. Du kannst mein Glöckner sein«, antwortete Lenin vorfröhlich, verneigte sich höflich vor Hennings und zog sich sein gelbgrünes Schreckenkostüm über, nahm die Perücke ab und dann die Ganzkopfmaske von der Wand. Ein aus einer Gasmaske gebautes, mit Pappmaché aufgekleistertes, leimig bemaltes Schreckengesicht.

»Einem Dada ist jede Maske recht«, sagte Tzara beim Eintritt in die Kabine. Janco und Arp eilten hinterher und zogen sich hastig die Schuhe aus.

»Ich gehe vor«, sagte Tzara und schlüpfte durch den Vorhang vor das Publikum, das noch unbeachtet an seinen Tischen saß und sprach und trank und rauchte. Die Leute brachen die Gespräche ab, nahmen einen hastigen Schluck und lehnten sich zurück. Das Licht über den Gästen erlosch und erhellte die kleine, bunte Theaterbühne. Tzara begann.

»Das Strategiepapier des obersten Dilettariats fordert die sofortigste Unverzüglichkeit des springenden Punktes. Habe ich mich nicht deutlich genug ausgekotzt? Das saure Gelächter der Sensationshyänen drückt mir die Tränendrü-

se platt. Doch wer sich selbst die Grube gräbt, der wird den anderen ein Einfallspinsel. Was soll es nun sein? Einen Abendbitter, oder einen Korn? Einen ganz kleinen vielleicht? Na kommen Sie.«
»Nein, mit Nichten!«, rief Arp und tanzte auf die Bühne.
»Sie sind also der Onkel?«, fragte Tzara. Ein paar Spätzünder lachten verzögert.
»Willkommen ist Dada!«, postulierte Arp.
»Dada realisiert Sie in zwei Komma sechs Sekunden zu einem Glückspilz. Dada bockt Ihnen Zuversicht ein. Dada kratzt sich am Regenbogen und weint sich vor Lachen aus. Dada weint vor Lachen Ozeane voll. Dada ist das Fundament aller Existenz und die Schnittstelle aller Seelen und haupt- und ursächlich egal. Glauben Sie mir, ich kenne Dada wie mein Steckenpferd und reite fröhlich auf meiner Westentasche davon. Meine Damen und Herren, Sie werden nun zu Dada verarbeitet!«
Dann kam Ball als industrieller Papst mechanisch in das Bild gezuckelt. Als eine Art neuer Dyaus Pita, der maschinelle Schöpfervater aller Dadagötter und Dadamenschen. Der Fließbandpapst. Er hob die gelenklosen Arme mit merkwürdig zappelnden Fühlern behaftet und predigte eines seiner Lautgedichte zur Kommunionsmesse: »Schwob mim pattat slab. Rabs blett buhma muhna wam. Zabulo bocka remm pau zambula pappe. Dos basbo umfa pummkitz samm unzel. Wamma babong ampel«, und so weiter und dergleichen mehr. Dann schraubte ihm Tzara die Arme ab und er schritt zum heiligen Klafünf. Er öffnete die Klappe mit den Zähnen und legte die Menschenfinger auf die Klaviatur. Klimm, klamm, biff, so ging es wei-

ter. Tzara und Arp marschierten herrschaftlich im Kreis und Janco und Hennings kamen dazu und sie riefen:
»Das Simultangedicht zum physiognomischen Schwachsinn des Würfels«, und begannen, jeder für sich, im Kanon zu skandieren:
»Dada ist ein schlimmer Gast,
hat peinlich Rede mitgebracht,
es bezichtigt und verlacht,
es kritisiert und kackt
den Angesichtern vor den Latz,
splitterfasernackt,
mitten auf den Platz.«
Dann sangen sie ein deutsches Soldatenlied auf Schwyzerdütsch. Die Leute standen von ihren Sitzen auf und sangen mit. Sie kippten einen über den Durchschnitt und schwankten zu dem einfachen Spaß in all dem blutigen Ernst. Die einen brannten die Welt nieder, dort draußen an den Fronten, hinter den Grenzen, die Diesseitigen beteiligten sich nicht daran. Schweigende Vasallen oder neutralisierte Koexistenzen. Nicht-Handeln war noch nie so produktiv. Nicht-Handeln war noch nie eine so entschiedene Tat. Und wenn diese in ihren Tod singen wollten, sollten jene ins Leben singen. Wovor diese wegliefen, auf das liefen jene zu. Und sie stampften auf den Boden und ahmten Tiergeräusche nach. Sie alle waren verrückt geworden, die einen so, die andern so. Irgendwie musste man ja verrückt werden. Und Hennings klopfte mit einem Kochlöffel auf einen Kochtopf, Janco verband sich die Augen und wandelte über die Bühne mit Waage in der einen, einem Nudelholz in der anderen Hand. Ball klampfte auf dem Klavier und Tzara spielte auf einer imaginären Bratsche die

Ode an den Widerspruch im Gleichnis, an Dada und an Briefkästen. Dieses Orchester war die Aufmarschmusik für die schreckliche Schrecke. Lenin schlüpfte zaghaft wie aus einem Larvenei auf die Bühne, seine Fühler auswerfend, witternd, hungrig, suchend, findend, instinktiv. Dann hüpfte er auf die Bühnenmitte zu und vollzog den Schreckentanz. Schnappende Greifbewegungen, Zikadenflattern, Grillengeschrei, paralysierte Pirouetten. Radek, der auch unter den Gästen war, klatschte voreilig.

»Das ist aber eine Gottesanbeterin!«, rief ein Pedant aus der hinteren Tischreihe. Radek stand von seinem Tisch auf und verwies ihn mit strenger Geste zurück auf seinen Platz in der Nahrungskette.

»Garst, garst!«, kreischte die Schrecke. »Garst, garst!« Und sie sprang in einem mächtigen Satz von der Bühne und jagte Radek über den Bartresen. Die Gläser zerklirrten, die vollen Aschenbecher schlugen mit dumpfem Gepolter auf die Dielen, Stühle kippten, Lampenschirme schwangen umher. Die Gäste standen auf und das Orchester nahm an Fahrt auf, wurde lauter, taktloser, wurde Lärm, wurde Krach. Die Schar der Gäste wurde Gewimmel, Gewusel, Gewürm und die Schrecke tobte sich daran aus. Sie ließ ab von dem verängstigten Radek, hüpfte auf den Pedanten zu und packte ihn am Kragen und schüttelte ihn und ahmte tierische Fressbewegungen an seinem Halse nach. Dann ließ sie ab, kletterte zurück auf den Bartresen und trank durch das Loch in der Fratze aus dem Zapfhahn.

Radek, der den Ernst der psychischen Lage kannte, rief den irritierten Leuten zu:

»Ihr müsst der Schrecke die Füße kitzeln!«

»Der *Heu*schrecke?«, rief der Pedant panisch zurück.

Die Schrecke schockte auf, sprang vom Tresen und lief abermals auf ihn zu und Tzara und Arp und Hennings und Janco sangen ein melodiefreies Lied:
»Ich steppe durch die Steppe und fresse, fresse, fresse
Ich steppe durch die Reste und fresse eine Schrecke.«
Dazu stampften sie auf die hohlen Dielen des Bühnenpodiums. Der Pedant war sich sicher einen Nasenbeinbruch erlitten zu haben und deutete auf sein milchiges Nasenbluten, Radek kitzelte die Hinterläufe der Schrecke und sie kam zur Ruhe, sprang zurück auf die Bühne und putzte sich die Fühler. Der Industriepapst ließ sich zusammen schrauben und begann ein weiteres Lautgedicht. Radek empfahl den Gästen gestenreich die Ruhe zu bewahren und sich wieder zu setzen, was diese befolgten. Er gängelte den Pedanten Richtung Ausgang und warf ihm seinen Hut hinterher. Die Schrecke hüpfte zurück in ihren Bau hinter der Bühne. Radek folgte ihr. In der Kabine nahm Lenin die Maske ab, hielt sie vor sich und sagte:
»Radek, es ist soweit.«
»Gospodin?«
»Nadeschda hat mir eben beim Abendbrot mitgeteilt, sie habe die Bestätigung von Romberg erhalten. Der Zug fährt morgen Mittag um Punkt fünf vor zwölf ab, wir nächtigen in Konstanz und dann geht's auf durch Deutschland über Schweden nach Petrograd. Wir sind wieder im Spiel.« Er gab Radek die Maske und starrte Radek durch dicke Gläser, wie durch eine Lupe, in die Augen.
»Morgen, Radek! Morgen betreten wir die Epoche der kommunistischen Revolution! Sagen Sie Sinowjew und den anderen und ihren Familien Bescheid. Und packen Sie die

Maske mit ein. Und verraten Sie mir noch eins. Was ist der Unterschied zwischen Zaristen und den Menschewiki?«
Radek zuckte mit den Achseln.
»Zaristen brennen besser, Ha! Wir sehen uns Morgen, Genosse!« Lenin griff Radek mit beiden Händen in die Backen, zerrte ihn zu einem leichten Nicken und stieß ihn los.
»Nun, Gospodin.« Radek druckste. »Dieser Handel mit den Deutschen, wo ist der Haken?«
»Der Haken? Der Zar ist gestürzt, Radek! Die Führung des halben Erdballs liegt in der Schwebe, dümmliche Demokraten und versprengte Liberale überall; und erst dieser Kerenski. Dachten Sie, ich könnte jetzt, wo die Welt sich weiterdreht, in diesem Bergdorf hier ausharren? Ich bin auch Geschäftsmann, Genosse. Glauben Sie mir, es wurde noch kein Vertrag unterschrieben den man nicht auch hätte brechen können. Man leuchtet sich selbst oft nicht so hell wie seinem Nächsten, nicht wahr, Radek?«
Radek schwieg, er schien verwirrt.
»Wer hat das gesagt, Radek?«
»Sie?«
»Genau, und zwar als erster, schreiben Sie das auf. Und jetzt handeln Sie wie es Ihnen aufgetragen wurde. Petrograd erwartet uns.«
Radek lief mit dem Schreckenkopf in der einen und neuem Stolz in der anderen Hand dahin und tat wie ihm besagt. Ein nützlicher Idiot, dachte Lenin. Das notierte er höchstselbst.
Unter bayerischem Gezänk, Wiener Schmäh und schweizerischem Schwätzli verließen die anderen Künstler johlend die Bühne. Buh- und Zugabenrufe vermengten sich zu

einer affenartigen, geiergleichen, rindermäßigen, schweinsamorphen, krähenähnlichen Laute-Debatte. Und Schuld an alledem waren die neurosenverbreitenden Dadamenschen. Der Choleriker warf einen Tisch samt Gelage um, der Professor interpretierte und zupfte an seinem spitzen Schnurrbart, der Barmann schrieb die zerbrochenen Gläser für den Cabaret-Betreiber auf.

»Es war mal wieder ein Fest!«, rief Tzara in den Raum.

»Ein Fest wie schon lange nicht mehr, reife Vorstellung du Kakerlake!«, lachte Hennings und umarmte Lenin. Er lächelte verschmitzt.

»Meine lieben Freunde, ja, ihr seid mir Freunde geworden«, begann er seine Abschiedserklärung.

»Es mag spontan erscheinen, dies war mein letzter Abend mit euch.«

Die Dadas sahen sich überrascht an.

»Du gehst?«, fragte Ball.

»Zurück nach Russland«, komplettierte Lenin. »Ein Geschäft hat seinen Abschluss gefunden und ich fahre zurück. Ich nehme Gelerntes mit und lasse Gelehrtes hier. Meine Gestalt wird nun woanders anderes formen, so wie eure Gestalten nach dem Krieg auch woanders anderes formen werden. Ihr habt mich reicher gemacht, so wie auch ich hoffe euch bereichert zu haben. Seid euch sicher, ihr werdet von mir hören und ich, ich werde nach euch lauschen. Ich danke euch!«

»Dada geht mit dir«, sagte Tzara ritterlich.

»Ich gehe Dada«, sagte Lenin. Er gab jedem einen Kniff in die Schulter, sah jedem in die Augen, nickte.

»Und vergesst nicht«, fügte er ein letztes Mal hinzu. »Ihr habt mich nie gekannt. Das ist von weltumfassender Relevanz: Ihr habt mich *nie* gekannt.«
Dann verschwand er durch die Garderobentür wie er einst gekommen war. Achtsam, charmant, durchgebrannt und zu allem entschlossen.

X

Zurück in 1922.

Dachs überquerte die Brücke des stillgelegten Rangierbahnhofs, die Gleise verflochten sich zu verschlungenem Dickicht, Unkraut brach zwischen dem Kiesel hervor, die kalte Jahreszeit war vorbei. Ganz Düsseldorf duftete nach frischem Knospensprung und saftigem Chlorophyll. Ein neugrüner Frühlingsmittag, alles lichtdurchtränkt, feucht und gesund. Er war auf dem Weg zu seinem Kramladen mit einem Paket unter dem Arm. Ware für spezielle Kunden. Die Lichtstrahlen tanzten durch die Wipfel der Platanen und reizten die Augenlider zu heiterer Epilepsie, selbst die traurigsten Kriegskrüppel wirkten unter der ersten wirklich warmen Sonne beseelt. Sein fett gefütterter, schwarzer Mantel und sein weißes Seitenhaar schüttelten sich im wogenden Wind den Winterschlaf vom Pelz.
Die bröckelnden Backsteinmauern waren torpediert mit politischen Parolen, welche zu Kampf und Revolutionen aufriefen. Dummer Rotzschnörkel der jungen Anstreicher- und Landstreicher-Künstler, dachte Dachs. Anmaßende

Kindermenschen, leicht entflammbar und unverfroren, von nichts weiter als juveniler Rebellion schwätzend. Die Stadt und das ganze Ruhrgebiet links wie rechts des Rheins war besetzt. Der Franzmann, so nannte man ihn, der Franzmann geht um, so hieß es. Er nahm des Deutschen kaum vorhandenes Handelsgut in Beschlag um die Kriegsschulden einzutreiben – wie ein Lehnherr, der dem Bauern das Land nimmt und trotzdem weiter Weizen verlangt – kurzsichtig und beschränkt, brotlose Entente-Logik. Folgerichtig streikten die Arbeiter und die Mägen ihrer Familien knurrten vor Stolz. Und die kriegshungrigen Söhne der Stadt gingen auf die Jagd. Sie sammelten sich in den leeren Kornkammern und Fabrikhallen und nannten sich Separatisten, träumten sich eine eigene rheinländische Republik zusammen und entwarfen eine Verfassung mit stumpfem Bleistift auf einer abgenutzten Serviette. Sie füllten Eimer mit Pech und liefen nachts auf die Straßen. Mit schwarzer Farbe und großen Pinseln schmierten sie die Mauern zu mit Wortgewalt. Narrenhände, dachte Dachs. Doch manche von ihnen wiesen sogar kreativen Ausfluss auf. Einige verzierten ihre Buchstaben liebevoll mit Serifen oder sie malten Ikonen und Symbole dazu. Schwerter, Kanonen, Anker, Steuerräder, Sicheln, Hakenkreuze, Ambosse und vieles mehr. Die Fähigsten unter ihnen, vielleicht einmal mit anbahnenden Werdegängen zu schlichten Gebrauchsgrafikern mit unbedeutenden Alltagsmeinungen und verzopften Theorien nützlich wie ein Kropf, und dennoch, Dummheit darf auch mal entzücken. Anmaßend, ja das ist die Jugend, leider wird der ein oder andere auch mal groß, ob man will oder nicht. Und so wanderte Dachs behäbig seinen Winterspeck abspazierend, die Hände auf dem Rücken gefaltet, das Paket zwischen Daumen und Zeigefinger eingehakt, gleichgültig des Weges weiter.

An den Fensterscheiben der Mietskasernen drückten sich die hungrigen Kinder die Näschen platt, einige spielten Murmel draußen am Bordstein. Von Anbeginn ihres noch kurzen Lebens waren Vater und Mutter verzweifelt am Reparieren und Verlieren. Und das Leid der Eltern zog das kleine Pack heran. Wo zwei Größen aufeinanderprallen, dort werden die Kleinen in der Mitte zermalmt und zu Mehl. Immer Streit, immer laute Stimmen, immer Wut. Nur Mäuler die zu stopfen sind, das waren sie, das war ihr Platz. Von Entbehrlichkeit geprägt.

Ein kleines Mädchen kam aus dem Schatten auf Dachs zugelaufen. Nur ein trillerndes Küken das fressen will. Dachs zauberte einen Butterkeks aus seiner tiefen Manteltasche, welchen das süße Krümelchen auch gleich mit ihren zierlichen Schmutzfingern schnappte und verknusperte. Ein Leckerbissen den es nicht oft zu knabbern gibt. Schon kamen die anderen Kinder herbeigerannt und jubelten und jedes freute sich auf seinen Keks. Doch Dachs' tiefe Manteltasche war leer. Er trug für eben solche zwischenmenschlichen Zwecke immer nur einen Keks bei sich. Die Kinder fingen an sich zu zanken und zogen sich an den Haaren und Ohren und kratzten sich an den Hälsen. Ungerechtigkeit, die erste Art Beleidigung die ein Kind spürt. Der Hass auf schlechtes Tauschgeschäft, er wuchs mit ihnen heran. Die kleine Prügelei wurde immer ernster und die ersten weinten schon, da wich Dachs um eine Litfaßsäule und wandte sich ab. Ein Murmelgeschoss traf ihn am Hinterkopf. Eine gute Tat am Tag soll reichen, es war ihm schließlich zum Feiern zu Mute. Sein Paket erfüllte ihn mit Erschafferstolz. Er hatte Lust zu saufen, zu rauchen und sein Werk zu beschwafeln, um es dann, wie immer, feierlich zu verbrennen. Er wollte über sich erzählen und das, was er geschaffen hatte verstanden wissen durch jemanden, der wusste worum es ging. Einem Mitbetrachter, einem mit der Sachkenntnis betrauten, einem Vertrauten. Einem Gleichaltrigen. Dann kam er an, am Tor seines kleinen Reiches.

Das goldene Glöckchen an der beglasten Eingangstür klingelte bei seinem Eintritt in den Kramladen.

»Lokus verstopft, Ansgar! Irgendjemand hat da Boskoop-Äpfel reinfallen lassen. Hier kommt in letzter Zeit allerlei Banden- und Soldatenvolk hereinmaschiert, nur um mal abzuschmettern.« Brockhaus war wiedermal in einen Wälzer vertieft. Er legte die Schriften beiseite, stand auf und fischte behaglich eine Buddel Cuvée aus der Krokodilsschnauze. Mit der Flasche in der Hand und nach Tassen kramend nickte Brockhaus das Paket an und forderte Dachs zum Aufreißen des Papiers.

»Iwan Schischkin und das Roggenfeld!« Dachs war festlichen Mutes und warf das Paket auf den Tisch. Brockhaus stellte die Flasche hin und riss es selbst auf. Er hob das Bild vor sich gegen das Licht des Kronleuchters, stellte es an die Kasse und besah es von drei Schritten Entfernung während er nach den Tassen tastete. Das Gefühl des morgendlichen Windes strömte sofort in den Raum und leuchtete in allem Gelb der Welt in sie hinein. Es war ihnen, als stünden sie direkt auf dem Feldweg, hinein in den Roggen, und das im staubig altbackenen Kramladen.

»Gratulation an unser Werk! Ist gut geworden, das Original. In den Kamin damit«, sagte Dachs vorfreudig.

»Gemach, Ansgar. Ich habe eine bessere Idee.«
»Was gibt es denn für eine bessere Idee? *Das* ist die Idee.«
Brockhaus versuchte erst einmal Ruhe zu stiften, köpfte die Flasche und goss den Wein in die Tassen.
»Ein Spitzen-Cuvée aus dem Auktionshaus, hat ein Gehalt wie eine ganze Innung Kriegsprofiteure.« Dann tranken sie und standen vor ihrem nächsten großen Ding, genossen die Freude an der Grimasse, die Lust am Streich. Hohe Kunst und legendäre Vorhaben. Dachs sah sich um in seiner schönen, ruhenden Welt des Ladens. Der Geist vergangener Zeiten war immer wieder ein Genuss. Kosmetika und Apotheke aus dem frühen Mittelalter: Quecksilbermasken, Handschuhe aus Honigwaben, Froschsperma und Spatzenkot, gelbe Nacktschnecken, mit Essig gefüllte Fledermäuse, Ameiseneier in Schweinespeichel, gusseiserne Korsette und handschriftliche Zukunftsvoraussagen von einem Nostradamus, die sich nach hundert Jahren tatsächlich bewahrheitet hatten, wenn man es richtig zu interpretieren wusste, dazu die hundert Jahre später verfasste Interpretationsanweisung.
»Ich kann dich nicht mehr finanziell unterstützen«, unterbrach Brockhaus seine heimatlichen Wallungen und kam auf den Punkt, nahm einen Schluck und setzte sich in seinen Sessel. Sein Streichholz sauste über das Leder der Tischmatte, fauchte auf und entzündete die Zigarre. Rauch schmatzend übergab er die Fackel an Dachs und auch er tauchte seinen Tabak in Glut.
»Wieso?« Fragte Dachs. »Ich habe ein Meisterwerk geschaffen. Lass es uns entfachen.«
»Das meine ich«, sagte Brockhaus und holte aus während er den Rauch ausblies. »Dieses ganze Anzünden. Sieh mal,

hier in Düsseldorf gibt es nichts mehr, gar nichts. Und erst die Geldentwertung. Wer kauft denn noch in einem Antiquariat, wenn er nicht genug Gutscheine für einen Kanten Brot hat? Das ist doch nichts Existenzielles hier, meine Liquidität trocknet aus. Wie soll ich denn Mäzen sein, wenn ich dich nicht aus der Ladenkasse vergüten kann ohne selbst zuzubuttern? Du musst dein eigenes Geld machen.«

»Ich bin vierundsechzig!«, rief Dachs. »Ich geh doch nicht arbeiten!«

»Na und?«, dämpfte Brockhaus. »Und ich bin sechsundsechzig. Doch mein Körper sagt was anderes. Sie mal, Ansgar, es ist das alte Spiel mit dem Soll und dem Haben: Ich sollte, aber habe nicht. Rien ne va plus.«

Dachs verstand immer noch nicht.

»Das Wort ›Pleite‹ stammt aus dem hebräischen ›peletä‹ und kann nicht nur als ›Flucht‹ sondern auch als ›Rettung‹ gedeutet werden«, erklärte Brockhaus weiter.

»Und das hilft mir weiter *wobei*? Rettung vor was?«

»Naja, vor der Langeweile zum Beispiel. Du malst deine Bilder, tauschst sie aus, verbrennst sie. Immer dasselbe Prozedere. Rette dich vor deiner Komfortzone. Trete in Kontakt mit den Menschen, anstatt dich andauernd an ihnen vorbeizuschlängeln.«

»Und wie soll das gehen?«

»Fang doch mit dem Schischkin an, verkaufe ihn. Weiß doch sowieso keiner wo der hängt. Ist russisch.«

»Wem denn?«

»Was weiß ich. Irgendwem in Paris klingt schonmal gut. Vergiss mal das ewige Kriegstreiben und diese chronische

Revoluzzerei, im Inland haben die ein blühendes Kulturwesen.«

Dachs schüttelte verkniffen den Kopf. Kulturwesen – wenn er das schon hörte. Er hatte sich auf das Feuer gefreut, nicht auf Franzosen. Schieflage der Geschichte.

»Ich spreche aber kein Französisch«, trotzte er.

»Du weißt ja, was man über die Franzosen sagt: Mit dem Chapeau-Clac in der Hand kommt man durchs ganze Land.« Brockhaus versuchte Dachs aufzumuntern, doch der sprang kaum darauf an.

»Sieh mal«, fuhr er fort. »Als du damals die Mona Lisa im Louvre ausgetauscht hast, 1909 oder wann das war, da war das noch ein gewöhnliches Bild. Eines von vielen. Was glaubst du was das heute Wert wäre, nachdem ein bis zwei Jahre später der heute so berühmte Picasso verdächtigt wurde, es geklaut zu haben. Du weißt ja wie man sagte: ›Ich gehe in den Louvre, kann ich dir was mitbringen?‹ Dann wären alle finanziellen Sorgen in den Wind geredet, wenn wir es noch hätten. Die Asche ist leider nur Asche wert. Mit Picasso konnte man ja nicht rechnen.«

»Dieser talentlose Picassador wars ja nicht mal. Und außerdem Kurt, dieser Schischkin ist das Original. Es fehlt ihm an meinem Geniestreich, er ist nichts wert.«

»Über deinen Geniestreich diskutiere ich jetzt nicht«, sagte Brockhaus und wechselte das Thema. »Wie geht's eigentlich Pyotr, dem alten Russenflicker?«

»Ach, der macht diesen Lenin verrückter als er sowieso schon ist, du kennst ja seine Methodik – Verwirren und Verknoten. Wusstest du, dass Lenin Dadaist ist?«

»Wusste ich nicht, schreibe ich auf.«

Von draußen dröhnte auf einmal Gebrüll durch die Ladentür und eine Räuberbande rannte festen Trittes an der Auslage vorbei, mit Holzkeulen und Eisenrohren in ihren Fäusten. Vier, vielleicht fünf drahtige Männer, die laut auf Bergarbeiterdeutsch fluchten. Die abgetragenen, grauen Stoffe an ihren Schultern wiesen Blutflecken auf, doch mehr war nicht zu erkennen, denn schon waren sie vorbei. Dicht hinter ihnen kamen mehrere Soldaten vorbeigeflitzt. Wippende Helme, wehende Ulster und wackelnde Gewehre. Zehn, vielleicht zwölf Mann, die laut auf Frontfranzösich fluchten. Plötzlich bremsten sie direkt in der Sichtachse des Ladens ab. Da kamen zwanzig, wenn nicht fünfundzwanzig Keulen- und Rohreschläger aus der Laufrichtung zurück. Ein Schuss fiel. Dachs und Brockhaus wichen hinter ein speckiges Regal und lugten an dessen Seiten hervor. Die Hölzer zerbrachen an den Helmen, die Eisen trafen, die Messer stachen, die Kugeln versanken, die Flüche und die Sprachen vermischten sich und herauskam ein Hackepeter-Europäisch. Wie vorhin die dummen Kinder, dachte Dachs, herangewachsen zu dummen Erwachsenen. Nur mit etwas mehr Erfahrung beladen. Das Messer muss quer zwischen die Rippen, nicht vertikal, sonst bricht die Klinge – solche Weisheiten eben. Dumm geboren und nichts dazugelernt.

Der Kampf war in vollem Gange, da trieb einer der Banditen einen Soldaten mit aller Beihilfe der Schwerkraft durch das Schaufenster und die Scheibe mit goldener Glasbemalung zerplatzte. Brockhaus schlug die Hände über dem Kopf zusammen und blies die Backen auf wie ein Kugelfisch. Sie fielen auf all die guten Bücher in der Auslage, von Demokrit über Epiktet, von Seneca bis Aurel, von

Goethe und Schopenhauer bis hin zu Montaigne und Voltaire und Descartes. Die Denker verteilten sich mit den Scherben überall in seiner angestammten Höhle, der Soldat verlor beim Aufprall seinen Helm, das Blut des Banditen spritzte auf die Seiten und machte einige seltenen Farben unbrauchbar. Am Ende der Bücherlawine kamen die zwei Kampfhähne zum Erliegen. Der Bandit drückte sich vom Soldaten ab, stand auf, wankte etwas umher und ballte seine Fäuste. Dachs und Brockhaus waren bemüht nicht in Blickkontakt zu geraten, immerhin stand hinter ihnen ein echter Schischkin, russischer Realismus der Peredwischniki, kostbar bis zum Abwinken. Etwas verdutzt versuchte der Bandit ihre Augen zu fangen, dann brüllte er mit erhobener Faust.

»Die rheinische Republik wird ausgerufen! Folgt der Revolution ihr Feiglinge! Folgt den Separatisten! Der Franzmann frisst den rohen, rheinischen Widerstand!«

Doch bevor sich Dachs ein Argument überlegt hatte – und Brockhaus eine Zahl für den finanziell entstandenen Schaden, da war er auch schon wieder aus dem Fenster herausgehüpft und verfolgte den weitergezogenen Kampf. Dieser wurde mit zunehmender Entfernung immer leiser und verschwand letztendlich im Rauschen der Stadt. Der Frühlingswind zog in den Laden ein, der Muff verflog. Nun lag dort zu ihren Füßen ein bewusstloser Soldat, ein hilfsbedürftiges Lebewesen, ein liegengelassenes Fluchttier. Es röchelte noch etwas. Dachs kniete sich zu ihm herunter.

»Hallo, Ca va«, sagte er in gebrochenem Französisch. »Wo ist dein Verbandszeug?«, rief er Brockhaus zu. Brockhaus war damit beschäftigt den Helm in das Regal mit den vielen Helmen zu stopfen.

»Verbandszeug!«, wiederholte er.

»Da ist noch was, das stammt aber noch aus der Jahrhundertschlacht von Waterloo, ist eigentlich nicht für den Verbrauch gelagert.«

Dachs verpasste dem Soldaten eine Backpfeife. Dieser schreckte auf, riss sich von Dachs los, panisch drehte er seinen Kopf in alle Richtungen. Er stolperte übereilt umher, griff nach seinem imaginären Gewehr auf seinem Rücken, mit Luft in seinen Armen legte er an. Er zielte auf Dachs und drückte ab, er zielte auf Brockhaus und drückte ab. Dann sahen sie sich alle an. Dachs etwas erbost über Brockhaus' Unlust sich an der Situation zu beteiligen, Brockhaus etwas erschreckt mit dem Helm in seinen Händen, der Soldat schockiert über die Unsterblichkeit der beiden Menschen. Menschen? Sie müssten Erzengel sein. Oder so etwas. Er reagierte sofort, wie er es beim Militär gelernt hatte.

»Gèry Pieret, à votre service«, sagte er und salutierte, dann kippte er nach hinten um und fiel wie eine Sternschnuppe in wahrgewordene Albträume.

X

Retrospektive: Verdun, 1916

Sie duckten sich in den Gräben weg. Der dritte Stoßtrupp lief mit finalem Gebrüll in die todbringende Nebelbank gegen das Blitzlichtgewitter der gegnerischen Gewehrläufe. Durch die Explosionen der Granaten wurde die rauch-

graue Finsternis für den Bruchteil einer Sekunde illuminiert und man sah einen Augenblick eine Art Fotomontage verflackern, die schwarzen Silhouetten der Männer unter den Schlammgeysiren, wie sie in Stacheldraht hängenblieben, fielen, stolperten, von Kugeln gerissen nach hinten wuchteten. Standbilder, realitätsfremd und unbewegt und wieder verschwunden. Tod. Der Graben schmeckte nach fieberbringendem Wasser, nach salzigem Eis, nach Quecksilber. Man hörte die Stoßgebete des vierten Stoßtrupps stammeln, man sah sie ihre Väter, Söhne und heiligen Geister abtippen, ihre Erkennungsmarken küssen wie ihre Freundinnen. Salven pfiffen. Aus Angst vor den Donnern umklammerten die Jungen ihre Gewehre noch inniger, letzte Strohhalme. Dort lag er, im Schlamm und im Jähzorn des Todes. In der unverdrängbaren Realität und der unabwendbaren Konsequenz des Krieges. Festgefroren, unfähig anzugreifen. Er hörte den Kommandanten zwischen dem Geheule tosen: »Allez! Allez! Allez!«
Plötzlich drangen ungekannte Kopfschmerzen und Kopfzerbrechen in seine Stirn, als stieße man von innen eine Nadel zwischen den Brauen hindurch nach außen, er fühlte die Äderchen im Innern seiner Augäpfel zerplatzen. War das der Alkohol? Oder das Gas? Gas! Panisch schrien die Männer durcheinander: »Gaz! Gaz! Gaz!«
Er sah wie einige am Wühlen in ihren Tornistern verzweifelten, ihre Masken nicht finden konnten, sie ihren Nebenmännern entrissen, um ihr Leben kämpften, nach ihren Leben flehten. Doch dies war nur der erste windige Reizstoff, Blaukreuz, ein elendes Lüftchen. Ein Maskenbrecher, der durch die Lungenautomaten dringt und die ersten armen Teufel zum Erbrechen zwingt. Diejenigen, die ihre

vollgelaufenen Maskenkörper abnahmen um sie von ihrem mageren Frühstück zu entleeren fielen wild hustend zu Boden, spuckten saures Blut und gruben ihre bleichen Gesichter kurz darauf in die rote Erde. Ihre Häute dampften. Andere verblieben in ihren Masken und erstickten an sich selbst. Wie flügellahme Vögel sahen sie aus als sie fielen, flatternd. Eine substanzlose Naturgewalt aus allen Giften in allen menschenzerbrechenden Regenbogenfarben. Doch Pierets Maske hielt stand. Er hatte seit Tagen nichts gegessen, so blieb seine Nase über der Kotze im Innern, was ihm fürs erste das Leben rettete. Dennoch überkam ihn Schwindel und er wankte rückwärtsdriftend auf die Grabenrückmauer zu und sank zusammen, seine Haut blubberte wie brutzelndes Pfannenfett das Bläschen schlug, alles juckte je mehr er sich kratzte. Seine Pupillen rollten sich nach hinten und zogen sich zurück wie eine Schildkröte in ihren Panzer, die Außenwelt wurde dumpf.

Auf einmal kam eine niedliche Fee in hübschem Kleidchen über den apokalyptischen Mummenschanz emporgeschwebt. Die Wolken brachen auf und die Sonne strahlte der jungen Fee ein vergnügliches Gold auf den Bauch und sie hielt sich vor Freude die Hand vor ihre Pausbäckchen. Sie kicherte wie ein siebenjähriges Mädchen das gekitzelt wird. Aus ihrem Zauberstab sprühte Puderzucker während sie sich senkrecht im Kreis drehte und Seifenblasen fing. Licht brach durch ihr arktisweißes Milchzähnchenlächeln und schmolz den Frost in den Stiefeln der Truppen. Ihre lieblichen Kulleraugen rollten auf die Weltkrieger herab, über ihren schmerzverkrampften, zwischen Furcht und Wut unentschiedenen Grimassen lief dies süße Tränenfleisch herunter, tropfte ab und versickerte im durchtränk-

ten Schlick wie vergessenes Leid. Die Fee spaltete ihre Lippen und beleckte sich mit eifriger Zunge wie eine Schlange die Beute wittert. Unschuldig wie Keksnaschen zertrümmerte sie mit ihrem Zauberstab die Schädeldecken der Soldaten und schlürfte den Regenbogensaft aus ihren Hirnen und sammelte die leeren Seelen in ihrem Körbchen auf, so dass Mutter Fee eine leckere Suppe daraus zum Abendbrot koche. Fröhlich sang sie dazu die Marseillaise.
»Pas aujourd'hui, fée, pas aujourd'hui!«, schrie Pieret ihr zu und riss seine Maske ab, als Letzter, als Übriger. Ein ganzer Leichenberg umragte ihn, so lag er mitten drin im Buffet von Gelatinedrops für das naschhaftige Mädchenmonster. Er drehte seine Augen zurück in die Kriegswelt, seine Pupillen waren groß und rund und tief und schwarz. Er krabbelte vorsichtig durch einen nackten Wald aufgereckter Arme an denen flehende, offene Hände hingen. Sie wogen in ihren letzten Zuckungen wie Haine auf Hügeln. Eine Armee von Bazillen forderte seinen Hals zum Aufhusten und Auskotzen, doch er stemmte sich dagegen – die Fee durfte ihn nicht wittern, seine Ehre konnte sie behalten, sein Gehirn würde er mit nach Hause nehmen. Er sah wie sich das Menschliche hinter den maskierten Vogelwesen zurückzog, als ließe man die Luft aus einem furzenden Ballon. Die Erde war heute gefräßig und aß sich satt an magenfüllenden Patrioten. Er trat auf einen Rumpf und löste eine tektonische Leichenlawine aus, die Massen wälzten sich um.
»Ici!«, röchelte es aus dem Haufen. Ein Soldat streckte ihm seine zitternde Hand entgegen. »Aidez-moi!«, blubberte er.
»Pssst, la fée!«, fauchte Pieret ihn an.
»Quoi?«

»La fée!«
»Qui?«
Doch zu spät. Die senfblond gelockte Gasprinzessin drehte ihren Hals schon eifrig Richtung der Filetstücke. Bah, schmatz, lebend Blut! Aus ihrem Honigmund trieften all die vielen Farben des Beschusses, es hatte gekleckert, das tapsige Ding. Pieret packte sich den Soldaten und hievte ihn auf den Rücken.
»Vous avez assez mangé, fée!«, schrie er dem Mädchen entgegen. Der Soldat rülpste vor Schmerz. Pieret eilte über die jammernden Totenhügel und sprintete durch die Laufgräben, »l'intestin de la mort«, wie man diese Strecken nannte, während die süße Fee ihnen in den Lüften hinterherhopste. Sie holte aus, schlug ihr Zauberszepter tief in den Körper des Soldaten, den Pieret auf dem Rücken trug und entriss ihm seine Fracht. Ausgelitten. Sie knackte seinen Schädel und trank die Nuss. Pieret war weit entfernt von Gut und Böse, vom Diesseits oder Jenseits, vom Dasein oder Dortsein, vom wichtig oder egal, von Leben oder Tod. Er blickte in das genüsslich schluckende Gesicht des Mädchens und schrie:
»Mangez-moi! Mangez-moi! Mangez-moi dragon!«, und fiel auf die Knie. Das Mädchen leckte sich nur desinteressiert die Finger und zwinkerte mit ihren hübschen Äuglein. Sie klickten zweimal wie das Schloss einer leeren Schrotflinte. Sie schien keine Notiz mehr von ihm zu nehmen. Ihr Bäuchlein war schon kugelrund und sie stieß kindlich auf. Es roch nach faulen Eiern, war das der Duft des Lebens? Er lief über die Hügel der Schaufelgruben und Bombenkrater davon, während sie die letzten Tropfen Farbe aus dem Soldaten schlürfte. Dann legte sie sich gähnend und

sich streckend auf das Schlachtfeld, nahm sich ein verendetes Pferd aus dem Stacheldraht, schmuste es und schlief ein. Mit dem Wind, der das Gas von der Hölle blies, verflog auch sie.

Pieret blickte sich im Kreis drehend um. Ob er diese Halluzinationen je wieder losbekomme? Er entriss einem Leichnam unter dessen Protest das Gewehr, stapfte aus der letzten klebrigen Kuhle des Schlachthauses heraus und lief in einen finsteren Wald. Krähenkrächz und Astknacksen unter moosigem Frostboden. Die krachenden Ketten der Panzerfahrzeuge grollten ihr Geknatter durch die Stämme, so dass der weiche Torf unter ihm vibrierte. Die Welt wurde plattgewalzt. Wo war er? Es raschelte im Gebüsch. Ein Deutscher. Ein tüchtiger Töter. Ein dem Wahn anheimgefallener Triebmörder kam mit einem blutrostigen Dolch kläffend auf ihn zu gehetzt. Er griff nach dem Bajonett. Noch ein Schritt, dann drückte er das Eisen in die Brust des Wahnsinnigen, spürte, wie die Gewaltwelle vor ihm abebbte, als hätte er ihn zur Räson gebracht. Ein unfertiger Schrei. Der Wahnsinnige fiel mit dem Gewehr in seinem Bauch zu Boden und röchelte letzte Schimpfworte oder Abschiedsgrüße. Pieret verstand kein Deutsch, eine Sprache die so hässlich war wie der Krieg selbst. Er hob die Hand und schlüpfte mit seinem Zeigefinger an den Abzug des feststeckenden Gewehres und drückte ab. Ein dumpfer Knall und Franz Marc war Geschichte. Das Grollen der Panzer entfernte sich und wurde zu Nebel. Nur noch das Schnarchen der Fee raunte durch die Hölzer. Alles war erlebt. Es gab nichts mehr zu tun. Alles erledigt. Kein Vorhaben mehr. Die Welt war fertig. Er hatte sich mit dem

Leben davongestohlen, nun gab es kein Halten mehr. Er lief davon.

Auf dem Weg zurück nach Paris schluckte ihn ein übriggebliebenes Bataillon wieder auf. Der Krieg hatte ihn um einiges schneller wieder als gedacht. Er war so dicht an seinem Ziel gewesen.

X

Zurück in 1922.

Als Pieret schockartig die Augen aufschlug war es sechs Jahre später. Er befand sich in einem eigentümlichen Raum voll antiquiertem Krimskrams. Drei unterschiedlich lange Katanas hingen an der Wand, die Regale waren gefüllt mit Pulvern und Flüssigkeiten und Gerüchen, eine Skizze von Fattori lehnte in der Ecke. Ein ausgestopfter Kondor, ein viktorianischer Briefkasten, ein Fallbeil aus der Zeit der französischen Revolution. Und alles hatte seinen Platz. Das Schaufenster war zerbrochen, sein Ulster war voller Glassplitter. Ein Messerstich in seinem linken Oberschenkel ließ ihn von einem sinnlosen Fluchtversuch abkommen. Dachs blickte ihn erstaunt an, mit einer Tasse in der Hand. Drei leere Flaschen Wein standen auf dem Tresen neben der Kasse. Kein Schischkin mehr zu sehen. Brockhaus füllte einen dritten Blechbecher, ging um die Kasse herum und gab sie dem aufgerichteten Soldaten.
»Bienvenue, faites comme chez vous. Peux-tu me dire, qui vous êtes?«, fragte Brockhaus.

»Pieret. Gèry Pieret«, sagte der Soldat. Brockhaus nickte ab, drehte sich um und warf sich zurück ins Fachgespräch mit Dachs.

»Isch, nischt Kampf!«, stotterte Pieret und wedelte mit seiner freien Hand. Man schmeckte fast wie schlimm sie schmeckte, diese Sprache. Dachs prostete ihm zu.

»Wer will schon kämpfen, wenn er etwas trinken kann, Kleiner?«

Pieret sah sich um und humpelte durch die engen Gänge des Ladens.

»Ja, ja, ne, ne«, nuschelte Brockhaus. »Den Namen kenne ich doch, ja, ne«, murmelte er.

»Woher denn?«, fragte Dachs und speichelte etwas von dem Cuvée.

»Ich weiß nicht, dieser Name, ›Pieret‹. Da klingelts irgendwo.«

Brockhaus baute Gedächtnisbrücken, drehte sich zum Bücherregal und tastete die Buchrücken ab. »Ne, ja.« Er fasste bretonisch zu und zog einen drei Tonnen schweren Band aus der Mitte des knarzenden Regalgestells, es wackelte zerbrechlich und quiekte wie ein Schlachtferkel. Er hievte das adipöse Buch über die Kasse und knallte es auf den Tresen, wie er es immer tat. Pieret zuckte zusammen. Es war nichts weniger als die Sammlung übersetzter Fassungen aus den letzten zwanzig Jahren des Paris-Journals, einer Pariser Zeitung, zumindest bis zum Beginn der Kriegshandlungen im Sommer 1914. Grunzend ergab er sich der Schriftfülle während Dachs den Soldaten Pieret beobachtete wie er herumhinkte, an den Büchern schnupperte und den Büsten wie seinem Spiegelbild in die Augen sah. Überall lagen Bücher auf dem Boden herum. Er stieß sich den Zeh an Kants Kritik der reinen Vernunft. Ab und zu schien es, als hätte er ein Gespenst gesehen. Fast so, als kämen ihm einige der Dinge bekannt vor.

»Potzblitz!«, rief Brockhaus. Pieret zuckte abermals zusammen, diese schreckliche Sprache, jedes Wort hört sich an wie ein Malheur.

Brockhaus kam aus seiner Vertiefung empor, zeigte mit einem Finger auf das Buch, mit dem anderen auf Pieret und rief:

»Pieret! Ein Spatz ist uns auf die Hand geflogen. Gerade haben wir noch über deinen Mona-Lisa-Gemini geschwafelt und wer ihn geklaut hätte, jetzt sieh mal einer an wen wir hier haben.«

»Und wer soll das sein?«, fragte Dachs.

»Er kennt Picasso und war Mitbewohner Guillaume Apollinaires.«

»Das ist wahrlich kein Verdienst.«

Brockhaus setzte sich geruhsam in seinen Vorlesesessel, nahm den Schinken auf den Schoss und wollte eine Vorlesung beginnen.

»Nicht jetzt, Kurt.«

»Doch, das ist wichtig. Ich lese aus einer Streitschriftenkolummne von Anfang 1914 – ›Der Raub der Mona Lisa‹ heißt dieser Beitrag«.

»Trivialliteratur.«

»Tatsachennovelle.« Brockhaus dämpfte seine Stimme und brachte sie auf Erzählton. »Ein Reporter stellt uns die Szene mithilfe einer Abhandlung nach, ich lese und übersetze simultan:

›Nein, nicht so!‹, sagte Apollinaire zu Picasso.

Zwei verängstigte Gestalten saßen dort im Kerzenlicht an Picassos selbst zusammengenageltem Schreibtisch in seiner Bruchbude im Bateau Lavoir. Die weiße Maus, um die sich Picasso väterlich kümmerte und vor den Katzen beschützte, scharrte an der Schubladeninnenseite. Das Wachs der Kerze erreichte die ersten vollgekritzelten Papiere des erfolgsuchenden Malers. Zwei Schnapsgläser mit winzigen Schnapspfützen an den Böden, eine halbleere Portweinflasche mit Selbstgebranntem. In der Mitte des Tisches lag Picassos zuverlässiger Browning-Revolver. Er schoss manchmal damit in die Luft, wenn er ein Bild verkaufte. Der Anlass war an diesem schweren Abend ein anderer. Die Maus quiekte, Picasso griff zur Pistole, kurz entschlossen Selbstmord zu begehen. Freitod statt Niederlage. Nur die Chancen bleiben vor dem Herrn vergebens. Alles verloren.

›Nein, nicht so!‹, wiederholte Apollinaire und beugte sich mit seinem breiten Körperbau nach vorn, legte seine Hand über die Picassos und den Revolver und atmete tief, einem ruhenden Bären gleich. Und fuhr mit sonorer Stimme fort.
›Es gibt Möglichkeiten‹, konstatierte er.
›Auch der Tod ist eine Möglichkeit‹, erwiderte Picasso.
Er hatte vor drei oder vier Jahren spanische Statuetten von Pieret gekauft, Apollinaires Mitbewohner und Kleindieb. Er wusste, dass sie aus dem Louvre geklaut waren, das machte sie reizvoll. Doch nicht nur das machte sie so besonders. Sie lebten förmlich, in Form von scharfer Linie mit dem erfüllenden Stolz eines geraden Südwinds in ihrer klaren Ausführung. Meisterwerke ihres Stils. Aus ihnen malte er seinen neuen Kubismus, den alle hassten und sie doch alle eines Tages lieben würden, dann, wenn sie daran

gereift worden wären. Doch all die Konjunktive verwischten in der Gischt des dummen Zufalls. Man hatte sie erwischt. Sie waren dran. Pieret, der Dieb. Seit Jahren klaute er Werke aus dem Louvre und verscherbelte sie an Liebhaber. Er hatte der Presse, namentlich dem Paris-Journal, ihre Namen genannt. Nun waren sie die Kunden eines Schurkens. Nun waren sie keine Künstler mehr, sondern Kunstdiebe.

›Wir müssen die Beweise verschwinden lassen‹, insistierte Apollinaire. Er stand aus dem knarzenden Holzstuhl auf, ging zum Regal in dem die Klamotten gefaltet übereinanderlagen und zog aus dem untersten Fach einen Koffer hervor. Er packte die zwei Statuetten vom Dach des Regals und schmiss sie in die Kiste, klappte den Deckel zu, schnappte sich im Aufstehen den Henkel und teilte Picasso mit: ›Heute um zwölf Uhr Mitternacht, da nehmen wir die Teile und werfen sie von der nächsten Brücke hinaus in die Seine.‹

Picasso strich sich den langen Scheitel in seinem Gesicht zurück ins volle Haupthaar, nahm den Revolver und legte ihn zurück in die Schublade zu seiner weißen Maus.

›Heute um zwölf, mon frère«, sagte er.

Also warteten sie auf das Fortschreiten der Uhrzeiger und spielten etwas Karten. Wie wahre Männer, die ihren Mann auf der Gehaltsliste vom organisierten Verbrechen standen. Sie wussten ja noch nicht, zu was sie angeklagt werden sollten. Ungefähr zu dieser Zeit wurde die Mona Lisa aus dem Louvre entwendet. Um Punkt zwölf Uhr machten sie sich also auf zum Fluss um die Statuetten zu versenken. Hellwach betraten sie die verschlafene Straße. Die Hehlerware sporadisch in einem auffälligen Koffer gepackt, bis zum Hals angefüllt mit Paranoia, weiche Knie und zitterndes Rückgrat. Ein potentieller Verfolger machte sie nervös. Nicht nervös werden. War das eben die Polizei? Da steht einer. Umwege. Schnell gehen. In den dunklen Gassen langsamer werden, durch das Laternenlicht hasten. Ist der Verfolger immer noch da? Nein. Doch. Nein. Das ist zu gefährlich. Um zwei Uhr morgens entschieden sie sich zurückzukehren, immer noch im Besitz der unglückbringenden Statuetten. Sie hatten es nicht bis zum Fluss geschafft. Apollinaire ging in dieser Nacht mit wurmigem Gefühl im Magen nach Hause. Picasso machte kein Auge zu.

Am nächsten Morgen verhafteten sie Apollinaire. Picasso erstarrte, gelähmt von Perspektivlosigkeit verharrte er in seinem Verschlag, bis sie drei Tage später auch bei ihm an die Türe klopften und ihn zur Anhörung mitnahmen. Im Anhörungssaal sah er Apollinaire in einer Ecke sitzen, schwitzige Haut, aufgeknöpftes Hemd, abgegriffener Kragen, krummer Sitz. Mit hoffnungslos gesenktem Kopf rollte er seine Pupillen hoch zu Picasso. Der Blick klang wie ein Ruf eines Untergehenden, der in Treibsand steckt: Entlaste mich! Entlaste mich!

Apollinaire wurde nicht nur des Diebstahls beschuldigt. Es hieß auch, er sei der Kopf einer interkontinentalen Verbrecherbande in der Kunsträuberbranche. Hauptverantwortlicher für den Diebstahl der Mona Lisa aus dem Louvre.

Picasso fing ebenso an zu schwitzen. Das Salz schmeckte nach Verlust. Der Richter schlug seinen Richterstab auf das Pult. Picasso zuckte zusammen.

›Kennen Sie diesen Mann?‹, fragte er mit lautem Ton und Ausrufezeichen. Picasso sah Apollinaire nicht mehr an. Apollinaire hatte wohl eben seinen Kopf gehoben.
›Kennen Sie diesen Mann?‹, forderte der Richter.
›Flüchtig‹, antwortete Picasso und eine ehrliche Träne lief ihm herab. Der Rest war Meineid. Es schien ihm, als hörte er das Herz Apollinaires zerplatzen. Und er fühlte seines verwelken. Picasso wurde entlassen und zu weiteren Fragen zum Aufenthalt in seinem Verschlag befehligt. Apollinaire blieb noch einige Tage im Gefängnis. Bis die Polizei eine Nachricht vom Paris-Journal erhielt, der Verkäufer der Statuetten, der Mann, der Apollinaire und Picasso erwähnt hatte, da er sich mit Apollinaire eine Wohnung teilte, *Monsieur Gèry Pieret*, er kenne den wahren Dieb der Mona Lisa. Peruggio, ein Italiener, der hätte die Joconde geklaut. Da Vinci sollte zurück in sein Vaterland. Der Dieb verschwand, die Joconde kam zurück in den Louvre. Picasso und Apollinaire gaben die Statuetten dem Museum zurück und gingen ihrer Wege. Jeder für sich. Die Sonne ging wieder auf, doch zwei Freunde hatten gebrochen. Und das Bildnis der Mona Lisa, eines von vielen der großen Gemälde im Louvre, ist seit diesen Ereignissen eine Berühmtheit geworden.«
Brockhaus legte eine Abschrift Karls des Großen als Lesezeichen ein und schloss das Buch.
»Die Joconde«, erklärte er abschließend, »sie wurde durch einen Unfall der Geschichte zum Inbegriff von Kunstverständnis. Durch einen Diebstahl. Durch ein vielwurzliges Missverständnis aus der Bekanntschaft Picassos und Apollinaires mit Pieret. *Unser* Dachsscher Gemini, verstehst du, Ansgar? Unser Pieret hier ist durch seine Ge-

schichte mit der unseren eng umwoben. Nutzen wir die Gemeinsamkeit.«
Dachs überlegte, doch wusste selbst nicht worüber.
Pieret hingegen war nun offiziell tot. Er würde nicht mehr ins Quartier zurückkehren, nach dem Kampf würde man ihn für tot erklären, man würde nicht mal nach ihm suchen, da es keine Verwandten gab, denen man zumindest den Versuch schmackhaft machen musste. Er war fortan unsichtbar, frei und existenzlos. Beste Voraussetzung für einen Meisterdieb. Seine ersten Eier stahl er schon mit fünf von Nachbars Hof, mit sieben klaute er Äpfel, mit zwölf klaute er Apfelbäume. Er übte sich im dorfeigenen Käsemuseum an Schnelligkeit und Dreistigkeit. Mit zwanzig zog er nach Paris, wo sich alle großen Diebe um den Louvre tummelten. Er lernte von Kollegen, gründete Clubs und Genossenschaften, doch Diebe waren eben von Natur aus Einzelgänger und so lösten sich die Vereinigungen schnell wieder auf. Sie alle hatten das gleiche Problem, eine Identität. Dann kam der Krieg und Pieret stahl sich mit seinem Überleben davon, früheren Kollegen gelang das nicht. Doch jetzt war er endlich scheintot. Die Abschlussprüfung einer langen Ausbildung zum Dieb der Diebe. Er war nun Phantom, war Halluzination. Einst konnte er sich unter den Menschen tarnen, nun konnte er auch durch sie hindurchgehen. Er hatte sich zwischenzeitlich die Uniform ausgezogen und war in eine Montur aus der Garderobe König Ludwigs geschlüpft, die ihm drei Nummern zu groß war. Die Seidenjacke hing ihm über die Handknöchel, doch die tiefhängende Reiterhose verschaffte ihm endlich Freiraum. Statt des Schischkins warfen Dachs und Brockhaus nun seinen durchschwitzten Ulster und die abgetra-

genen Marschierstiefel in den Kamin. Irgendetwas musste ja verfeuert werden und nichts brennt besser als Soldatenuniformen, die Arbeitskluft der Pechvögel.

Brockhaus stocherte geschäftig im lodernden Kamin herum, Dachs stand mit verschränkten Armen daneben und beäugte ihn scharf. Er misstraute Franzosen im Allgemeinen, und Belgiern im Besonderen.

»Dieser Pieret ist unser Honiganzeiger, Ansgar«, grummelte Brockhaus, dem Feuer zugewandt.

»Unser was?«

»Unser Honiganzeiger: Eine kleine Spechtvogelart am Oberlauf des Kongos.« Brockhaus musste nicht mal nachblättern, das meiste evolutionsökologische Wissen befand sich in seinem Kopf. »Wenn der Honiganzeiger einen Korb Bienen ausmacht, fliegt er geschwind zu der nächsten Menschensiedlung und bezwitschert die dort Lebenden. Diese kennen den Ablauf. Sie folgen dem Vogel zu jenem Bienenkorb, holen den Honig heraus und überlassen dem Flattermann ein Filetstück. Ein System, das schon viele tausend Jahre prima funktioniert. Und der da, der bringt uns den Honig, das ist mehr als ein Kunstexperte, der kennt sich aus.«

Dachs konnte dem nicht zustimmen, dieser Fläme war der letzte, dem er etwas zutraute. Ein kurzes Komplizen-Lächeln, mehr war nicht drin. Für Pieret war diese unwahrscheinliche Zusammenkunft nichts weniger als ein Berufseinstieg in die oberste Liga. Man muss den Zufall so lange herausfordern bis man zu einem Ergebnis gelangt, das man selbst nicht für möglich gehalten hätte.

Er sah es in Brockhaus' planenden Augen in denen sich das Feuer spiegelte; Augen, die Schwerter schmiedeten und

Kugeln gossen. Jemand hatte einen Plan zu Dingen wie Finanzierung. Jemand hatte nur nach einem Werkzeug für die ausgemachte Sache gesucht. Nun hatte er es gefunden. Für seinen selbst erschaffenen Beruf, als Präsident in seinem selbst ernannten Amte, von siches Gnaden. Ein fehlerfreier Fälscher brauchte einen fehlerfreien Dieb, das wusste Brockhaus, wenn er seine Kunst ökonomisch sinnvoll umsetzen wollte. Er brummte seinem Gegenüber für Pieret unverständliches Deutsch entgegen. Dachs schüttelte erst den Kopf, dann hob er den Schischkin hinter dem Tresen hervor und gab ihn seinem neuen Hehler in der Galasport-Wandung König Ludwigs. Pieret kannte sich aus, zu seinen Aufgaben gehörte unter anderem die genaue monetäre Wertabschätzung von Beutegut. Er strich über das Sackleinen und prüfte das Werk auf Echtheit während Dachs suggestiv Zeige- und Mittelfinger am Daumen rieb – das internationale Erkennungszeichen für Effektivgeld. Pieret sah auf und nickte zustimmend.

»Cent cinquante mille Francs«, sagte er.

»Was soll das heißen?«, fragte Dachs.

»Hundertfuffzig Franken heißt das«, übersetzte Brockhaus. »Das heißt auch ausländische, stabile Währung. Es wird Zeit, dass du Geld verdienst, Ansgar. Und der da, der kann dir helfen – der spricht auch die Landessprache.«

Dachs trat an den kleinen Belgier heran und klopfte ihm unbeholfen auf den Kopf, wie einem Zehnjährigen, der etwas zu verstehen glaubt.

»Wenn du das meinst«, sagte Dachs sanftmütig gewährend und kniff Pieret in die Stirn, »dann wird das so schon richtig sein.«

Eh bien, dachte Pieret. Jeder hat einen Boss, selbst Gott. Wie schlimm kann der schon sein.

Informieren Sie sich! Informieren Sie sich!

Communiqué zur Abwicklung des Deutschen Reiches.

6 Jahre ist es her, es war 1917, da stand auf einem Plakat Hindenburgs der Satz: »Die Zeit ist hart, der Sieg ist sicher. Zeichnet Kriegsanleihen.« Was aus den Unsummen an Spenden wurde, das wissen wir heute besser.
Doch wie finanziert man einen Krieg? Und was hat das mit unserer heutigen Inflation zu tun? Fangen wir von vorne an, August 1914:
Bereits nach zwei Tagen Kriegsgeschehen (also schon während des August-Erlebnisses) waren die Reserven des Reiches aufgebraucht und die eigene Bevölkerung gewährte seiner Regierung fortan Kredit (sowohl in Form von Vorleistungen Seitens der Industrie als auch durch die schon erwähnten Anleihen Seitens der Bürger). Vier lange Jahre dauerte dieser untragbare Zustand, stets mit dem Bewusstsein, der niedergerungene Gegner werde später für die eigenen Verbindlichkeiten aufkommen. Dieselbe Strategie verfolgte die Allianz gegen uns, der Verlierer müsse also doppelt, wenn nicht dreifach zahlen. 1918 hatte sich ein toxischer Sturm zusammengebraut, die Kassen aller Seiten wurden geöffnet und es taten sich dunkle, leere Löcher auf. Ein Orkan ungeahnten Ausmaßes fegt heute, 1923, 4 Jahre nach Kriegsende, über das Land hinweg. Das Ruhrgebiet ist besetzt und eine ganze Nation befindet sich im Streik. Um die Löhne der Arbeiter weiter zu zahlen sowie die Kriegskosten der Niederlage zu tilgen setzte man die Notenpressen in Gang, druckte immer neue Wertpapiere und baute noch mehr Notenpressen, auf Kredit. Eine

neue Industrie entstand, sie sollte Konsumenten produzieren. Ein beispielloser Exzess. Kostete eine Kartoffel vor einem Jahr noch ca. 20 Reichsmark, so kostet sie heute 20 Milliarden. Kostete ein Ei im Juni noch 800 Reichsmark, so kostet es heute 300 Milliarden. Ein Ei. Der Wert einer Reichsmark ist von jedem Gegenwert (sei es Gold, Silber, Weizen, etc.) losgekoppelt. Unsere Währung befindet sich in freiem Fall – oder, je nach Perspektive, in schier unendlichem Aufschwung, denn:

Es gibt auch Gewinner – die Schuldner. Wer noch gestern ein Haus gekauft hätte, mit einem laufenden Kredit über 40 Jahre, wäre heute schuldenfrei. So wie Hugo Stinnes gegenüber seinen Lieferanten. So wie die Regierung gegenüber ihrer Bevölkerung zwecks der Kriegsanleihen. Paradiesische Aussichten also, wenn die große Ware für Kapitaleinlegung (wie Häuser, Maschinen, Land, Arbeit etc.) nicht längst vom Markt verschwunden wäre.

Doch die Märkte sind verschlossen, die Gläubiger sind bankrott, die Sparbücher dürfen Sie getrost zum Heizen verwenden, ein 100 Milliarden-Reichsmark-Schein ist in seinen Maßen günstiger als dieselbe Fläche Tapetenpapier. Tapezieren Sie neu, oder kommen Sie zu uns. Wir lupfen Sie aus der Finanzschlinge, denn, falls Sie es noch nicht wussten: Im Chinesischen steht das Wort »Krise« gleichbedeutend für »Chance«. Um also mit etwas angeglichenen Worten durch Hindenburg an die neue Welt zu sprechen: »Die Zeit ist hart, Ihr Sieg ist sicher. Zeichnen Sie Devisen.«

Legen Sie Ihr Geld in Dollar an.
Sie wollen mehr erfahren?
Lassen Sie sich einen Termin geben.

Ihr Vertrauensmann, Jitzchak Süßmilch,
Deutsche Bank.

KAPITEL V
Die Umwertung aller Werte
1923

Paris im Sommer, voll von Sonnenstrahlen und Vollmonden und Nachtcafés und Gougettes und Cachetiers mit Glockenspiel und Drehorgel. Pieret zeigte Dachs den Eiffelturm, welcher in der Stadtbevölkerung so langsam Anklang zu finden schien, ja, er hatte fast das Zeug zum Wahrzeichen ganz Frankreichs. Sie soupierten im Coucou und jausten im Rotonde. Strichen durch das Bateau Lavoir und machten kurz Rast an einem Springbrunnen nahe einer Chansonniere, eine trällernde Trulla, die wie eine Claire Waldoff freche Troubadors in den hellen Mittag sprenkelte und sie tranken ein paar Schluck Weißen aus Pierets Flaschenkürbis. Sie durchschritten den Arc de Triomphe, gingen die Champs Élysée entlang bis zum Place de la Concorde und, naturellement, tauchten ab in den Louvre. Dachs blieb sehr lange vor der Mona Lisa stehen und lächelte stolz. Pieret huschte durch die Gänge als wäre er bei der Arbeit, zählte die neuen Durchlüftungsschächte und schritt Distanzen ab. Kunstkenner unter sich. Beide kannten sich in diesem Komplex aus und wussten wo in diesen vielen Räumen was zu finden war. Nach dem kurzen Aufenthalt stiegen sie in eine Equipage und fuhren die Rue de Richelieu hinauf ins neunte Arrondissement zum Hôtel Drouot. Das edelste Auktionshaus der Stadt. Es handelte mit Weinflaschen aus den besten Jahrgängen, Kunstobjekten aller Epochen und Galanterie jeder Art. Dachs und Pieret betraten die Teppiche der entstaubten Galerie, Monokel und Monopole, ein sauberer Popanz.

Pieret trug eine Brille mit Fensterglas auf der Nase und den eingewaschenen Frack von Brockhaus aus dessen fernen Vergangenheit am Leib. In seiner Koffermappe das verlorene Roggenfeld von Schischkin. Die Auktion versprach ihnen großen Profit, denn dieser Schischkin galt seit der russischen Revolution als verschollen. Dachs wandelte entgeistert durch die Galerieflure. Welch ein Unrat ihm dort abhing. Abstrakte, merkwürdige Fabrikate klebten an den Wänden, entwachsen und verwachsen aus der konstanten Kunstformel entrissen, welche er einst kannte und liebte. Billiger Kubismus der Langeweilepinsler, billigend in Kauf genommen von gelangweilten Krösen, bestialischer Fauvismus, oder noch schlimmer, Expressionismus. Die Farbe nicht wert in welche die Kleckswichtel ihre frechen Schmierenfinger stippten. Die neuen Surrealisten wussten wenigstens noch Formen zu definieren, aber diese Expressionisten – bah! Gehörten einer wie der andere in den Abort getunkt – bah – vom Sackleinen gekratzt! Dachs war schockiert über die Nachfrage an diese Nullwerke. Kontemporär schien der Zeitgeist zu sein. Sieh an. Altes Meisterwerk schien den neureichen Raffken wohl nicht gut genug zu sein, Scheiße musste es also sein.

»Es verhält sich doch«, sagte Dachs zu Pieret, »mit den Kunstkennern wie mit den Weinkennern. Nie den Beruf des Winzers ausgeübt und doch zu meinen, man schmecke die Traube. Wenn alle sagen es sei ein guter Tropfen, dann trieft ihnen das Maul danach. Und wenn ein Weiß-von-nichts behauptet eine faule Traube entlarvt zu haben, dann ziehen sie ihre Münder zusammen als hätten sie auf Zitronen gebissen und speicheln in den Spucknapf aus dem sie gekrochen kamen.«

Da Pieret nur französisch sprach, beantwortete er die Klausel höfisch:
»Oui, le verve est bien ventru, puissament mordant.«
»Ja, es ist die mordende Pest, Pieret, gute Worte«, giftete Dachs einverstanden.
Von einem der Schreibtische in der Lobby stand eine kurze Dame von ihrem hohen Stuhl auf, einen knappen Meter fünfzig war sie niedrig, sodass sie kaum größer wurde, als sie vom Sitz hopste und auf die beiden Kunstkenner zukam. Der Zwickel auf ihrer Nase ließ sie kompetent wirken, das graue, zwuselige Vogelnest auf dem Kopf weniger.
»Sie müssen Ansgar Dachs sein, nicht wahr? Man sagte mir, Sie würden einen dieser altmodischen Mäntel aus dem vorigen Jahrhundert tragen.«
»Ganz recht, den trage ich«, sagte Dachs. »Und Sie sind?«
»Weill, Berthe Weill«, sagte sie, »Privatsammlerin und stellvertretendes Sekretariat.«
Sie schüttelte ihrer Kundschaft inständig die Hände und luhrte neugierig auf Pierets Koffermappe.
»Bienvienue Monsieur Dachs, Bienvienue Monsieur. Und Sie sind?«
»Visage«, ergänzte Pieret. »Manuël Visage.« Seit seinem Tod in Düsseldorf war dies sein Pseudonym, sein alter, diebischer Ego.
»Monsieur Visage«, sagte Weill. »Enchanté.«
Dachs zeigte auf eine der missratenen Versionen der expressionistischen Kunst und fragte: »Was soll das da kosten, Madame Weill?«
»Es ist bei zweihundert tausend Franc zum Einstieg angesetzt, wieso? Gefällt es Ihnen? Es ist ein echter Matisse.

Ein Meister der Moderne, ein Fauvist der ersten Garde, ich schmelze für ihn wie Schneekristalle auf einem Handrücken.«

»Moderne«, brummte Dachs. »Ich will mich wohl verhört haben. Krempel ist das. Wenn das Mode ist, dann bin ich aber irrtümlicherweise durch die falsche Zeit gereist.«

»Nun, Monsieur Dachs, wir leben in Zeiten technischer Revolutionen. Ich sehe schon, Sie stellen sich hier Barock-Madonnen und Rokoko-Klumpi-Klumpi vor, doch lassen Sie mich Ihnen zuallererst einmal Ihre Vorbehalte ablausen.« Weill tippelte mit vielen kleinen Schritten näher an das Gemälde heran.

»Die Fotografie und nicht zuletzt der Film löst das Medium der gegenständlichen Malerei ab. Wozu noch Bilder malen, wenn man sie knipsen kann? In der Moderne, wie sie hier sehr gut sehen können, findet man mittels der individuellen Subjektivität zu einem Gegenstand. Es geht nichtmehr darum sich in eine Welt hineinzufinden, es geht darum, sich in ihr zu verlieren. Genauer möchte ich Ihnen mitteilen: Das Gemälde ist nicht mehr das Endprodukt einer akribischen Handwerksleistung, es ist das Zeugnis eines inneren Abenteuers, das Protokoll eines erlebten Gefühls, wenn Sie so wollen.«

»Und diese blauen Pferde und diese gelben Menschen? Die sind dann Sinnbild für Unsinn?«, fragte Dachs. Pieret zählte die Lüftungsschächte. Weill erklärte die deplatzierte Diskussion mit einem charmanten Lächeln für beendet.

»Monsieur Dachs, Monsieur Visage, kommen Sie, wenn Sie mir bitte folgen würden. S'il vous plaît, venez avec moi.«

Die Kleine ging voraus und die Kunstkenner folgten ihr. Nach ein paar modern behangenen Fluren blieb sie vor einem Kinderbild stehen und hob die Hand wie ein Stoppschild, wie eine Referentin die um Ruhe bat.
»Lassen Sie mich zu diesem Werk eine Erklärung abgeben«, phrasierte sie.
Dachs äußerte sich nicht und Pieret blieb bei vierunddreißig Schritten stehen.
»Nun das hier. Das ist ein Werk von Henri Rousseau. Wenn Sie mich fragen der Erschaffer der Moderne.«
»Ist das so?«, fragte Dachs gelangweilt.
»Und dabei war er kein gelernter Kunstmaler. Er war Autodidakt, vielleicht ein bisschen Autist und in allem was er tat authentisch.«
»So sieht das auch aus«, konnotierte Dachs.
»Genau. Doch was man noch mehr sieht: Die Liebe zum Malen. In Rousseau sehe ich Freude und Schöpfergeist, eine lachende Leidenschaft. Wenn nur immer der technisch perfekteste Maler malen dürfte, die ganze Welt wäre grau. Doch Rousseau malt sie an, weil er Freude am Malen hat. Die schönsten Dinge entstehen aus einer Beschränkung heraus. Dort, wo du nicht gewohnt bist zu sein, dort verwandelst du dich.
Rousseau war bis zu seinem vierzigsten Lebensjahr Zöllner an der Seine, er hat Schiffe eingeladen und ausgeladen und langweilige Zahlen in langweilige Zahlenbücher und auf Gütertafeln geschrieben. Dann warf er alles hin und beschloss ›Ich werde Maler‹. Natürlich war er anfangs fehlerbehaftet, natürlich verwendete er zeitlebens nur eine Lichtquelle. Seine Proportionen stimmten nicht, Details wurden ausgelassen, die Perspektiven waren krumm; Ihm

war all das Laster, was später durch ihn zu Tugend wurde. Alles was die gelehrten Maler heute versuchen Nachzustreben. Picassos und Braques' Kubismus wurde aus ihm inspiriert. Und heute: Peng! Mitten ins Auge!
Doch damals zu seiner Lebzeit, da lachten sie ihn aus. So wie Sie, Monsieur Dachs, Sie scheinen mir noch aus dieser Generation zu stammen, lassen Sie ab davon. Denn während sie lachten, malte er unbeirrbar weiter. So wurde er vom abgeschlagenen Hobbypinsler zum Avantgardisten des neuen Jahrhunderts. Denn nur der Dilettant kann wahrhaft Lust an Kunst empfinden. Man spürt in seinen Bildern die Hingabe zur Malerei, man sieht seine Dschungel, seine Kompositionen, seine Detailverliebtheit, seine Verfärbungen, seine Sonnen und Monde. Man sieht durch das Bild hindurch, zurück in den Menschen der es schuf. Aus der Liebe des Henri Rousseau, den man den Zöllner nannte, den Douanier, zum Malen als solches. Erleben Sie mit mir seine Freude an der Sache. Kein Fotograf wird jemals so hingebungsvoll knipsen können. Rousseau hat gezeigt, dass die Fotografie die Malerei nicht ersetzen kann. Seelenbilder kann man nicht beleuchten, sie müssen ausstrahlen. Erst jetzt wird aus dem Malerhandwerk eigentliche Kunst, aus Abdruck wird Ausdruck und eines Tages werden sie nicht einmal mehr Pinsel benutzen. Sie werden mit Armbrüsten auf Leinwände schießen und ganze Farbtöpfe auf Papierrollen werfen. Weil sie sich ausdrücken wollen, nicht darstellen! Es wird einmal *abstrakt* werden. Und dann gibt es kein Halten mehr.«
Begeistert warf Weill ihre kleinen Hände hoch. Man hätte ihr nur noch ein Krönchen aufsetzen und ihr einen Sternschneuzer in ihr Händchen legen müssen, dann wäre sie

ihm als irritierte Kunstfee in Erscheinung getreten, fantasierte Dachs.

»Et le Schischkin?«, fragte Pieret und zeigte auf seinen Mappenkoffer. Er schien selbst in Frankreich nur noch deutsch zu hören.

»Oui, Monsieur Visage? Dans le bureau. Monsieur Dachs, kommen Sie, lassen wir Rousseau schlafen. Kommen wir ins Geschäft.«

Dachs las die kleine deutsche Übersetzung unter den fetten französischen Druckbuchstaben auf dem Milchglas der Bürotür: »Betriebswirtschaftliche Bureau fûr willkommenes Anlasse.« Amateure.

Er runzelte sich und nahm auf einem der krokodilslederbezogenen Polstermöbel seine Sitzposition ein. Orthopädische Folter. Es brach ihm alle Knochen, so bequem war es. Wie eine Wolke. Pieret hatte schon eine kleine Skulptur von der Kommode neben der Tür im Hosenbund.

Weill setzte sich auf die Chefseite des Tisches. Von der Gastseite konnte man wieder nicht erkennen ob sie noch stand oder schon saß. Sie breitete die Handflächen aus und teilte sie mit einem visionären Gestus, mit dem einst Moses das Meer geteilt haben muss.

»Monsieur Dachs, Monsieur Visage!« Stimmte sie notarisch an.

»Wir werden heute das Roggenfeld des Schischkin in den Kunstmarkt integrieren. Darf Ich Ihnen etwas zu trinken anbieten?«

Pieret verneinte diplomatisch.

»Bier«, sagte Dachs.

»Bedaure«, schmeichelte Weill, »Bier gibt es hier nicht. Wir hätten wertvolle Spätlese.«

»Saufen kann ich später, erst der Preis! Auf was schätzen Sie Ihren Rußoh?«

»Auf, ich denke, zum Einstieg eine knappe halbe Million Franc, vierhundertsechzig tausend waren es genau. Weshalb die Nachfrage?«

»Um das Preisniveau anzusetzen«, sagte Dachs resultierend, »das waren dann schonmal eine halbe Million Rechenfehler. Und auf was schätzen Sie den Schischkin?«

»Wie Sie sagen, man muss abwiegen«, antwortete Weill, »den Schischkin berechnen meine Partner und ich auf etwas südlich der vierzig tausend.«

»Was?«, schrie Dachs und stand aus seiner Wolke auf. »Rußoh gegen Schischkin! Wieviel Nullen? Was höre ich? Sie scherzen schlecht.«

»Sie müssen wissen, Rousseau ist bereits tot. Tote Maler werden teuer.«

»Schichkin ist schon viel länger hinüber!«

»Nun, sehen Sie sich das Bild von Monsieur Rousseau doch noch einmal an und resümieren erneut, Monsieur Dachs.«

Dachs riss Pieret die Koffermappe aus der Hand, zog das Roggenfeld heraus, knallte es auf den Tisch und schlug seine Faustkante auf die Leinwandmitte.

»Das!«, schrie er. »Das! Das ist Landschaftsmalerei! Das!«, und er zeigte zur Tür hinaus.

»Und Das! Das Rußoh-Gekleckse, das ist ein Sonne-Baum-und-Familie-Bild von einem abgehängten Sonderschulkind gemalt, dem seine nachsichtige Mutter einen Kasten giftfreie Farbe an die Spielkiste gestellt hat, damit es vor Dummheit nicht ablümmelt. Wenn das da eine halbe Million bringt, und das hier vierzig Zwerge, dann will ich verdammt sein, verdammt sein will ich! Ich meine, in was für einer Welt leben wir hier? Ich bitte Sie um Ihren Verstand! Um Ihrer Vernunft Willen, Madame Weill, verdammt! Vernunft! Ich bitte Sie um nichts weiter als Ihre Vernunft!«

»Wir sind hier bei Angebot und Nachfrage, Monsieur Dachs. Setzen Sie sich wieder, es ist alles in bester Ordnung.«

»Schwachsinn!«, betonte Dachs und ließ sich zurück in seine Wolke fallen. »Nochmal für die Langsamen: Ich bin schon seit der ein oder anderen Dekade im Geschäft, ja? Ich habe die besten Maler gesehen. Die Besten! Ich liebe die Malerei, verstehen Sie? Was ich nicht liebe, sehe ich nicht an. Ihre Rußohs und Picassos und Matisses und was Sie hier hängen haben, mögen zwar gut für Sie sein, weil das Ihr Beruf ist das gut zu finden, die Wahrheit aber ist, sie sind schlecht. Ihr Werk ist leicht gemacht, sie reden nur länger drüber. Ein Schischkin redete nie, wissen Sie? Er hatte Besseres zu tun, er hatte zu malen. Er war ein Vertreter der Peredwischniki, der wandernden Maler, außerordentliche Realisten. Er lief für sein Leben gern durch die Landschaft und versuchte sie einzufangen um sie damit innerlich loszulassen. Er gründete keinen Familienbund, er tat überhaupt nicht solches, was wir gesellschaftliches Leben nennen würden. Er baute sich Hütten aus Zweigen und Blättern, er gewann Farbe aus Beeren und selbstgepressten Ölen, schlug sein Lapislazuli aus verborgenen Felsen. Das Land gehört weder den Mutigen, noch den Freien, noch den Stolzen – es gehört niemandem und allen. Schischkin gehörte alles, denn ihm gehörte nichts. Also: Dieses Bild ist weit mehr wert als lumpige zehntau-

send. Und kein Rußoh hat ein Existenzrecht, solange es einen Schischkin je gegeben hat.«
»Das klingt wundervoll romantisch und es hallen die Neunziger Jahre daraus«, sagte Weill, »was sage ich, die Achtziger. Nun, Victor Hugo schrieb dazu einmal: ›Nichts ist so mächtig wie eine Idee, deren Zeit gekommen ist.‹ Zeiten ändern sich, Monsieur Dachs, vergessen Sie mir die Moden nicht. Ändern Sie sich mit ihnen sonst ändern sie sich irgendwann gegen Sie.«
»Wenn sich hier etwas nicht ändert, dann bin ich das, Weill!« Dachs wurde grobkörnig.
Weill holte unbeeindruckt eine Lupe aus einer Schublade.
»Wenn Sie mir die Kurzweil der Objektbetrachtung gestatten um die Echtheit zu verifizieren, danke.«
Sie besah das Roggenfeld, die fünfzehn Fichten, das Feldgold, das Gras im Vordergrund und den verschwimmenden Horizont mit tiefster Einfalt. Sie drehte das Bild um und explorierte den Verschlag, die Holzbeschaffung und -gattung, das Alter. Dann legte sie die Lupe zurück und nahm eine Akte heraus, klappte sie auf und schob sie zusammen mit einem kompliziert verschnörkelten Füllfederhalter zu Dachs' Tischseite.
»Wenn Sie mir dann hier Ihren Grandseigneur geben würden?«
»Meinen was?«, fragte Dachs entnervt.
»Ihre Subskription.«
Dachs tat nichts.
»Ihre Unterschrift.«
Dachs unterschrieb den Wisch mit finsterem Blick. Pieret malte eine lachende Sonne als I-Punkt in »Visage«. Dachs wollte gehen und riss ihn an der Schulter.

»O contraire mes Monsieurs. Warten Sie. Ihren Chèque.«
»Meinen Scheck?«
»Ihren Chèque. Zehntausend Franc. Sie wollen doch denn urzwecklichen Sinn Ihrer gegenständlichen Anwesenheit nicht vergessen?«
»Natürlich nicht.« Dachs schnappte ihr das Wertpapier aus den Fingerchen.
»Nun, ein Gentleman scheinen Sie nicht zu sein«, sagte Weill.
»Wieso nur zehntausend?«, fragte Dachs kapitulierend heruntergehandelt und schlug das Papier stellvertretend mit der Rückhand. Müde der Sache.
»Nun, Zusatzgebühren, Zölle, Mieten, Instandhaltung, Personal, Provisionen, Inzentive, Raubritterboni, Knopfsteuern, Erbpachten, Gagen und Schmieragen und – Sie wissen ja wie das ist, Monsieur Dachs. Profit ist eine Insel in einem Meer aus roter Tinte. Comme ci comme ca.«
»Natürlich, Angebot und Nachfrage, ganz natürlich, Betrug ist das!«, keifte Dachs.
»Vol!«, schimpfte Pieret, der die Zahl über die Schulter von Dachs sah. Weill formte die Finger vor ihrem Bäuchlein zu einem Zelt und erklärte:
»Wir leben in einem sensiblen ökonomischen System, die Grandseigneures, jede Art lebt von einer anderen und bedingt die nächste. Nehmen Sie es und freuen Sie sie sich darüber, dass ich nicht frage woher Sie es haben. Adieu.«
»Adieu«, stimmte Dachs ingrimmig zu. »Komm du Visage, raus hier, bevor wir uns anstecken.«
»Mit der höflichsten Verbundenheit unseres öffentlichen Hauses«, sagte Weill ihnen nach und lächelte erfolgreich, als die Bürotür zuschlug.

Auf dem Weg nach draußen verirrten sich die Kunstkenner in den Räumen des Hotels und stolperten in den Tagungssaal, wo in diesem Moment eine Auktion abgehalten wurde, wie eine Messe expertengläubiger Religionsersätzler. Nichts desto trotz musste Dachs sich setzen, so viel Unbehagen raubte ihm den Sauerstoff. Pieret blieb am Eingang stehen und fischte allerlei Kleinzeug aus den Täschchen der Ein- und Auskehrer. Ein Adjutant, mit Frack aus chinesischer Seide und weißen Samthandschuhen bekleidet, brachte eine güldene Schale, in der zwei Statuen zu baden schienen, hin zur Bühne.
»Mesdames et Monsieurs!«, sprach der pfündige Auktionator. »Das Salzfass von Franz des Ersten, ein skulpturaler Gebrauchsgegenstand aus Vollgold von Benvenutu Cellini, Ausgabe des kunsthistorischen Museums Fontainebleau. Die beiden meisterhaft herausgearbeiteten Figuren, Mann und Frau, versinnbildlichen Erde und Wasser. Eine erotische Komponente aus der frühen Mitte des sechzehnten Jahrhunderts. Mesdames et Monsieurs, der Preis beginnt bei dreihundert tausend. Es ist ein sehr persönliches Stück.«
»Dreihundertzehn«, hörte man aus der hinteren Reihe rufen.
Der Auktionator wartete. »Keine Preise mehr? Höre ich dreihundertzwanzig? D'Accord. Pour le première, pour le deuxième, pour le troisième. Vendu! Für dreihundertzehn an das kunsthistorische Museum zu Wien. Das Nächste Objekt, s'il vouz plais.«
Der Adjuntant trug eine in Geschenktuch gewickelte Flasche Wein herein und spitzte die Lippen wie ein erfreuter Sommelier.

»Gehen wir über zum Nachtisch«, kündete der Auktionator an. »Acht Paletten Rüdesheimer Riesling von 1897 aus der königlich-preußischen Domänenkellerei. Fassung zweihundertvierzig Flaschen. Der Preis beginnt bei eintausendzweihundert pro Flasche zu fünfundsiebzig Zentiliter. Das macht zweihundertachtundachtzigtausend für hundertachtzigtausend Tropfen. Höre ich dreihundert?«
»Dreihundertfünfzig!«, hörte man es aus der ersten Reihe rufen.
»Höre ich... Ja? Vierhundert!« Der Bieter überbot sich selbst, zur Sicherheit.
»D'Accord!«, trommelte der Auktionator an. »Pour le première, pour le deuxième, pour le troisième. Vendu! Für nur fünfundvierzig Centimes je Tropfen. Zweihundertvierzig Liter Rüdesheimer Riesling gehen an das Haus der Kunst zu Frankfurt am Main.«
Dachs wurde es zu bunt. Die Luft verdickte sich in seinen Lungen und es wurde ihm nur noch stickiger zu Mute. Mit der Faust kommandierte er Pieret zum Rückzug. Sie fanden den Ausgang und atmeten wieder die gute alte, rußige Eisenluft eines Schmelztiegels. Der Himmel war rot und der Abend brach durch die Gassen.
Die Kunstkenner gingen mit einem mittleren Jahresgehalt dem Pariser Nachtleben entgegen. Pieret wies Dachs in den hübschen und jungen Mund der Stadt unter Vollmond, dem Clair de Lune, das Metier Rouge und die Zeit verflog mit den pfirsichzarten, untreuen Täubchen vom Pigalle. Dachs genoss belgisches Bier und die Gesellschaft zweier bipolygamer Prostituierten und Pieret erleichterte einen Clubbesitzer um dessen Goldkettchen. Für einen Meisterdieb lebte es sich an jeder Bar der Welt gratis. Wäh-

rend Dachs in einem Chambre mit den Huren zu Gange war, trank er den Champagner der anderen Gäste und resümierte feierlich seine Vita. Nun war er in der Oberliga angekommen. Er hatte es von einem stadtbekannten Strauchdieb zu einem unbehelligten Spitzendelinquenten gebracht. Der Geist des Manuël Visage, das Phantom ohne Gesicht, ein unsichtbarer Schnapphahn, eine Halluzination. Der Champagner schmeckte nach belohntem Stolz. Die Soirée-Gäste tanzten und sangen und er ging durch sie hindurch, mit den Händen in ihren Taschen, wo er mit ausfahrbaren Magneten in seinen Ärmeln Modeschmuck von echtem unterschied. Wissenschaftlich auf dem neuesten Stand, Testversuche und Studien für größere Dinge. Mit seinen schallgedämpften Schuhsohlen trat er nach draußen für eine Zigarette, diesmal eine Gauloise. Auf der anderen Seite der Straße kam ein kleines Köpfchen hinter einem parkenden Auto zum Vorschein. Es ging schnell und als Regenschutz gegen das leichte Nieseln hielt es sich Pierets Koffermappe über die Vogelnestfrisur.

»Ce n'est pas possible!«, sprach Pieret zu sich, doch verstand er sofort.

»Merde«, schimpfte er sich und schlug sich auf die Stirn. Madame Berthe Weill, die diebische Esther, sie hatte ihm Eselsohren aufgesetzt. Er, der größte Stehler von allen, beklaut, von einem laufenden Meter, einer Frau, einer flattrigen alten obendrein! Der Schischkin konnte gar nicht nur zehntausend wert gewesen sein. Er huschte zurück in das Lokal, stellte den Champagner zurück zu einer jungen Femme facile, die sich darüber freute ihr Glas wiedergefunden zu haben und lief nach oben um Dachs zu alarmieren.

Er riss die Tür auf und schrie: »Vol! Ansgá, vol!«
Dachs kam triefend aus einer der Foufounes, drehte sich wutentbrand um und schrie zurück: »Doch nicht *jetzt*!«
»Oui! Oui! La Madame!«, stammelte Pieret und gestikulierte mit greifenden Händen.
»Nein, verdammt!«, schoss Dachs ihn an und zeigte auf eine seiner Begleitungen. »Die habe *ich* mir gekauft, kauf *dir* deine eigenen! Wir sind zivilisierte Menschen! Und jetzt raus hier!«
Mangels kompatibler Sprachkenntnisse eilte Pieret wieder hinaus um die Verfolgung aufzunehmen. Ganz und gar Dieb, dieser Belgier, dachte Dachs, wollen, wollen, wollen. Er knallte die Tür zu und wandte sich wieder seinen elastischen Mädchen zu.
Pieret nahm sich beim Herausgehen einen edlen Regenschirm mit einem goldenen Schlangenkopf am Knauf aus dem Ständer und einen grauen Hut mit einer Feder vom Haken. Als er auf das Trottoir trat sah er die kleine Silhouette um die Ecke biegen. Nicht mal ihr Schatten wurde viel größer. Pieret ging ihr nach und tat das, was er am besten konnte und wurde unsichtbar.
Die Silhouette stolzierte munter und zielbewusst durch die Boulevards. Schließlich steckte sie Ihren Schlüssel in das Türschloss einer unscheinbaren Galerie, am Ende der Rue Laffitte. Dort haust sie, die diebische Esther und flechtet sich wertvolle Gegenstände in ihr glitzerndes Nest, dachte Pieret.
Er stellte sich hinter einen Wagen gegenüber ihres Geschäfts und sah im Geschoss darüber die Lichter angehen. Er knackte die Wagentür und harrte auf der Rückbank aus. Unnachlässig wanderte hinter den Gardinen der Schatten

eines Kopfes von einer Seite der Wohnung zur andern, die Madame war unnachgiebig und wollte scheinbar gar nicht mehr zu Bett gehen. Pieret fielen die Augenlider herunter. Er war fast eingeschlafen, da erlosch das Licht schlussendlich. Pieret schüttelte sich wach, stieg aus, schlich an die Tür, steckte den Dietrich ins Schloss und öffnete die Galerie zu seinen Gunsten. Er zündete sein kleines Öllicht an und ging die bildbehangenen Wände ab. Matisse, Braques, Picasso und alles, was Dachs noch so für missraten und als ausgestellten Verrat an der Kunst verachten würde. Viele tausend Franc summierten sich unter ihnen auf den Preisschildern. Dann sah er das Preisschild unter dem einzig realistischen Werk der Ausstellung, dem Roggenfeld. Hundertzehntausend Franc. »Chipie«, dachte Pieret. Dann hatte er es auch schon von der Wand genommen und in die dazugehörige Koffermappe darunter geschoben. Bevor die Tür leise ins Schloss knackte, war er auch schon hinter dem nächsten Alleebaum verschwunden. Der Wind pfiff sanft durch die Straßen, die blaue Stunde brach an und Pieret hatte ein weiteres Historienwerk in Luft aufgelöst.

Griesgrämig saß Dachs mit einer Sonnenbrille auf den Stühlen eines Straßencafés und ließ sich ein teures Schälchen Kaffee und drei Madeleines bringen. Die brütenden Morgen nach berauschenden Festen waren noch nie nach seinem Geschmack gewesen, da musste man eben durch wenn man leben wollte. Die Madeleines waren trocken wie Wüstensand, der Kaffee schmeckte nach heißem Wasser. Und überhaupt, Madeleines. Was ist das? Teighoden, besser Hödchen, minimal und unsättigend, Schwanzosenfraß. Dachs schüttelte den Kopf während er sich die anderen

Gäste ansah, die sich scheinbar kritiklos mit dem beleidigenden Frühstück begnügten. Aufgeweckt wie eh und je setzte sich Pieret zu ihm an den Tisch, nahm seinen Mappenkoffer auf den Schoss, zeigte darauf und sah Dachs großäugig an.
»Vol!«, sagte er.
Dachs verstand kein Wort, wohl aber wusste er um die Manie dieses Kleptomanen und erkannte die Koffermappe.
»Du hast doch nicht den Schischkin zurückgeklaut, du verrückter Belgier?«
»Non, je ne volé rien. Elle, la pie voleuse.«
»Scheiße, diese Kopfschmerzen«, kläffte Dachs in den Himmel und verfluchte dieses unverständliche Französisch. »Schenken die den Kaffee hier nur in Pipetten aus? Ich brauche eine Tasse verdammt und du, Pieret, du Visage, gib mir die Mappe. Gott noch eins.«
Er riss ihm das Bild aus der Hand und stellte es an seinen Stuhl, trank zwei weitere Kaffees und las Pieret eine Levite.
»Da wo ich herkomme, da gilt ein Geschäft als abgeschlossen, wenn das Geld geflossen ist. Nichts kannst du. Wo kommen wir denn hin, wenn jeder jeden in die Tasche steckt? Wir sind doch keine Kommunisten.«
»Mais tu ne me comprends pas!«
»Mäh, mäh, mäh. Doch, ich habe es verkauft. Zwar nicht zu dem Preis, wie erhofft, aber ich habe es verkauft. Basta, Finale, Fiesta. Und jetzt bringen wir das schön wieder zurück.«
»Mais nous avons été dupes! Ce fut un vilain tour!«
»Nein, zum Eiffelturm gehen wir später wieder, erst bringen wir das Gemälde zurück. Und jetzt hör mir auf mit

diesem Sprachkrach, ich habe Kopfschmerzen, dass ich mich in drei Metern kratzen könnte. Und du quakst hier einen auf. Los jetzt, Allez, aber Dalli!«

Er stand auf, legte zu viel Geld für zu wenig Kaffee auf den Tisch, nahm die Koffermappe und ging los in Richtung Hôtel Drouot. Pieret hielt ihn auf und zeigte in die entgegengesetzte Richtung.

»Nein, Pieret, das Hôtel ist da lang, ici, oui, oui.«

»Non«, hielt Pieret Stand und überzeugte Dachs mit keinem besseren Argument als seiner sichtbaren Gewissheit.

»Na gut«, sagte Dachs und folgte seinem Compagnon, der scheinbar wusste, wo er hinwollte.

Sie bogen um ein paar Ecken, überquerten zwei Kreuzungen und kamen schließlich zur Galerie. Bevor Pieret wild darauf zeigen konnte, war Dachs schon eingetreten und begrüßte Madame Weill bei einer Zeitung und einer überdimensional großen Tasse Kaffee.

»Hier versteckt Ihr Franzosen also euren Kaffee«, sagte Dachs.

»O mon dieu, Monsieur Dachs, das ist mir jetzt aber unangenehm«, sagte Weill, hüpfte von ihrem Stuhl und nahm ihre Tasse schutzsuchend in beide Hände.

»Ich weiß, Madame Weill, es ist eine peinliche Situation.«

»Wirklich, ich weiß nicht wie ich Ihnen das erklären soll, Monsieur Dachs.«

»Ich kann es Ihnen erklären«, sagte Dachs.

»Was können Sie mir erklären?«

»Den Diebstahl des Bildes, hier ist es.«

»Nun ja, ich habe es Ihnen schließlich abgekauft, um einen Diebstahl im eigentlichen Sinne handelt es sich also keineswegs.«

»Wie bitte?«, fragte Dachs verwirrt.
»Wie meinen Sie?«, fragte Weill.
»Sie wissen doch, dass Ihnen der Schischkin gestern entwendet wurde.«
»Ja, Sie halten ihn in der Hand.«
»Eben.«
»Ah bon, *Sie* können *mir* das erklären?«
»Das sagte ich doch.«
»Ich glaube, ich werde alt.« Weill rieb sich die Stirn.
»Scheint so. Nun, mein Adjutant Visage hier hatte das Bild einem Dieb abgeknöpft, der es gestern aus Ihrer Galerie entwenden wollte, wissen Sie, es handelt sich um einen schicksalhaften Zufall, einen, der alle hundert Jahre einmal eintritt und ich bringe es Ihnen selbstverständlich zurück.«
»Ich weiß nicht was ich sagen soll«, gab Weill zu.
»Sie müssen gar nichts sagen, danken Sie Visage, er hat nicht immer Glück beim Denken, aber dieses Mal war er zum richtigen Zeitpunkt am rechten Ort. Ich bin nur der Überbringer guter Nachrichten und froher Geschenke.«
»Na dann, merci beaucoup Monsieur Visage, und Ihnen Monsieur Dachs wünsche ich noch einen fabulösen Aufenthalt im Pariser Wohlleben«, sagte Weill während sie unauffällig das Preisschild für den Schischkin von der Wand entfernte.
Pieret sah ihr vorwurfsvoll mitten in die Augen.
»Und Ihnen viel Erfolg bei der Versteigerung«, sagte Dachs.
»Den werde ich haben«, bestätigte sie und nahm einen Schluck Kaffee.
»Und das alles hier?«, fragte Dachs. Er sah sich um. Die Räumlichkeit war tapeziert von anstößigem Bildmaterial

zweideutiger Künstler. Nackte Weiber, nackte Schwänze, ja sogar der körperliche Zeugungsakt wurde bemalt. In schrägen Farben und überhöhten Posituren. Es sträubte ihn, diesen Schund mitanzusehen. Es sah aus wie eine Kamasutra-Kapelle, nur schweinisch, ohne diesen moralischen Schild alter Kulturen.

»Das ist also Ihre Galerie? Die ganzen Fauves?«, fragte er nickend. »Seien Sie froh, mal ein richtiges Bild in den Händen zu halten. Ich sehe hier nur pornografische Plunderware an ihren Wänden, fast wie in der Rue du Croissant.«

Die Galerie war umstritten in der Pariser Kunstszene. Weill hatte eine offensichtliche Vorliebe für den weiblichen Akt. Missverstanden in der Prüderie der Zeit.

»Das ist keine Pornografie, Monsieur Dachs, das ist erotische Liebe.«

»Liebe? Sex nenne ich das.«

»Ja, auch Sex. Machen Sie das Licht aus, wenn Sie mit einer Frau schlafen?«

»Wie bitte?«, echauffierte sich Dachs. »Das verbitte ich mir. Und das von einer Dame Ihres Alters zu hören, abstoßend.«

Weill lächelte.

»Es ist mir immer wieder ein Rätsel, diese Angst vor der Nacktheit, wo Nacktheit doch Liebe ist.«

»Liebe hat ihre Grenzen«, sagte Dachs. »Man muss sie nicht malen, das sagt vieles über diese Fauves, diese Ungeheuerlichen. Hauptsache Provokation, Hauptsache Tabubruch, dann wird schon einer Geld dafür latzen.«

»Provokation?«, fragte Weill lachend. »Ganz und gar nicht. An Sexualität ist doch kein Falsch dran, sie ist nur schlecht

vermittelt. Sie ist Notwendigkeit, nicht Übel. Lust, nicht Angst.«
»Grenzen!«, sturte Dachs. Weill holte aus.
»Die Grenzen der Liebe sind nicht verschlossen, sie stehen sperrangelweit offen, die Leute gehen nur nicht hindurch, durch die Ritze, da die Mauer ihnen zu groß erscheint. Sie glauben, die Grenzen wären erreicht, sie sind es nicht. Nur die Liturgie ihres Glaubens hindert sie an ihrer Natur.«
Dachs wurde nervös und Weill fuhr vehement fort. »Blut und Tränen und Sperma lügen nicht. Sie alle drei sind Körperflüssigkeiten, vergossen im Krieg, vergossen in Trauer, vergossen in der Liebe. Wir alle müssen sterben, wir alle weinen unseren Verstorbenen nach, lassen Sie uns also, sobald das Leid verflogen ist, ficken, bis der nächste stirbt. Die Körperflüssigkeiten verrühren sich in einer Trinität. Einem Dreiklang. Also verstehe ich nicht was Sie wollen. Liebe ist nicht das Ende der Welt. Es ist ihr Anfang. Jede Familie freut sich über Nachwuchs, doch keiner fragt danach, wie er zu Stande gekommen ist. Sex ist der Wille zum Zwecke, Natur der Zeugung, Keimung, Verwandlung. Was können Tränen denn? Die Augen befeuchten. Wem dient vergossenes Blut? Niemandem. Nur die Körpersäfte der Lust sind noble Flüssigkeit. Nehmen Sie es wie es ist.«
»Aber die Bilder erzeugen Ekel«, beharrte Dachs. »Ekel.«
»Manche malen Bilder auf denen Krieger Blut vergießen, die Historienmaler, andere malen Bilder auf denen Tränen vergossen werden, vor allem die frühen Christen. Und nun, die Fauves, sie malen Bilder auf denen Sperma ›fontäniert‹, oder wie nennen Sie es?«
»Spritzt«, half Dachs.

»Was für ein abscheuliches Wort. Die deutsche Sprache ist so impotent was Erotik betrifft. Wie dem auch sei, sehen Sie, ein Beispiel.« Sie zeigte auf eine der Aktzeichnungen. »Dieser Modigliani, diese wunderschöne Madame, wie wunderschön ihr nackter Körper ist, ›Nu couché‹. O, ihr Körper – ihre dynamischen Hüften, ihr flacher, junger Bauch, ihre konvexen Brüste, man möchte reinbeißen; und dann ihr Gesicht – ihre zimtbraunen Augen, wie ein verirrtes Kätzchen, ihre feuchtroten Lippen, wie eine aufgebrochene Pflaume – man hört die Männer laut denken – Fellatio, Fellatio, Fellatio. Darum halten sich viele, die hier an den Schaufenstern vorbeigehen, die Ohren zu, und nicht ihre Augen. Amüsant, die Prüderie, n'est-ce pas?«

»Ich teile Ihren Humor nicht«, murrte Dachs.

»Sehen Sie sich die Welt an, Monsieur Dachs!« Ihre Stimme schwang um als ob sie nun eine Rede halten wollte. »Gehen Sie in die Natur, sehen Sie Hasen und Singvögel, Libellen und Käfer, Spinnen und Mücken. Unter jedem Stein wird gefickt. Ihr Garten ist eine Orgie. Sie ficken für das Leben, für den Fortbestand. All die Kriege, sie wären endlich vorbei, wenn die Menschen endlich anfangen würden miteinander zu ficken, anstatt sich gegenseitig zu vergewaltigen. Liebe, Monsieur Dachs, ja, und Ficken, es ist nichts Obszönes daran. Begreifen Sie doch.«

»Ich habe genug gehört«, sagte Dachs. »Und *das* von einer Madame, die im Drouot verkehrt, ich hätte mehr erwartet.«

»Machen Sie es gut, Monsieur Dachs und danke, dass Sie mir das Bild zurückgebracht haben, das sagt vieles über Sie aus.« Weill winkte schon, obwohl Dachs noch nicht einmal ein Schritt zur Tür getätigt hatte.

»Voll«, schimpfte Pieret sie an und baute sich auf, so hoch wie er nur konnte.

»Bon essai, Monsieur Visage, peut-être la prochaine fois«, machte sich Weill über ihn lustig, wohlwissend, dass Dachs kein Wort verstand und wies ihre Gäste freundlichst zum Ausgang.

»Wohl an«, sagte Dachs, tippte mit dem Zeigefinger auf seine Stirn und ging hinaus um mit Pieret ein zweites Mal zum Eiffelturm zu latschen. Das französische Gemüt bekam anscheinend nie genug von Phalli, mochte vielleicht am Kriegsausgang liegen; die Deutschen liefen zumindest nicht mehr mit Pickelhaube durch die Gegend und beschworen Obelisken, an dessen Ansatz sie zwei Bux-Bäume verpflanzten wie dort auf dem Place de la Concorde. Alles in dieser Stadt drehte sich nur um das Eine, vielleicht sprachen deshalb alle so erregt und angeschwollen. Bloß schnell zurück nach Düsseldorf, dachte er, und einen richtigen Kaffee trinken und ein Bier das nicht nach Parfüm schmeckt; und arbeiten, anstatt andauernd nur von Arbeit zu reden.

X

Kristalline Glitzerwelt, Diamanten- und Juwelenlicht, japanroter Velours-Teppich dämpfte die Tritte seiner obsidianschwarzen Lackschuhe als er durch den Vorhang strich. Das Rhabarber der Stimmen sammelte sich zu drösigem, gleichförmigem Klang bei höflich säuselnder Jazzmusik. Neumodernes, dissonant-melodisches Klimper-Klimper.

Es regte Stimmung an und durchblutete die kleinen, engen Herzen. Frauen lachten. Frauen neigten ihre Köpfchen. Frauen schmiegten sich an. Frauen leckten sich priapisch die wulstigen Lippen und streichelten mit ihren Handrücken nebensächlich über ihre Flanken und aufbereiteten Brüste. Reife Früchte und junge Knospen, ein paar faule Tomaten in der Auslage. Es roch nach Zigarrenbrand und Bibergeil. Grosz lehnte sich stimuliert und pikiert an die massive Hausbar mit daumendicker Holztonlasur, deutsche Rotfichte die sich als englische Eiche tarnt.
»Zwei von …dem Gelben… Was ist das?«
»Der Fancy-Hummingbird-Sling, der Herr.«
»Ja, das.«
»Jawohl.«
Er zog am flammenden Tabak und quoll eine Rauchwolke ins Rot-Orange des Hurenhauses, in die hässlich schöne Welt einer Zweckgemeinschaft auf Gegenwartsflucht. Großkotze kratzten sich an ihren Geldsäcken die Gonokokken schuppig. Alte dicke Männer bandelten mit jungen hageren Frauen an, an denen der erste Schimmer der Tuberkulose durch die dünnen Häute glänzte. Alte dicke Frauen verführten junge hagere Männer. Das Geschäft brummte. Manches Mannsbild durchglitt gleich zwei oder drei der Damen des guten Abends. Es gab Top-Säue zu Schleuderpreisen. Aus den Chambres séparées dampfte der süßlich saure Duft der sirrenden Liebestüchtigkeit, gespielte Stöhnrufe konnte man zwischen den Lauten der Musiker erahnen. Kussmäuler bissen in die Mädchen- und Schmollmünder, geschwollene Körperteile stießen in die Sonnen der Befriedigung, Markscheine segelten wie abperlendes Herbstlaub aus bekrallten Klauen in heimsende

Händchen. So so, dachte Grosz, so so. Dann ließen sich die Mädchen weiterreichen, während die betagteren Damen Weinflaschen öffneten und die Herrschaften baten doch noch etwas auf Gesellschaft zu bleiben. Niemand könne darauf verzichten geliebt zu werden, besonders nicht die alten Schrullen. Ihre Herzen waren nicht mehr aus Seife. An ruhigen Abenden hörte man sie weinen, wenn sie verlassen an ihren Bettkanten saßen und ihre Einsamkeiten hinunterschluckten. Wo war er stehengeblieben? Reiches Lumpenpack, genau. Janusköpfige Spießbürger, hydraköpfige Schmarotzer, im Kosmos ihrer eigenen Koketterie schwebende Kokoschkas, Ekel. Er kippte sein süßes Gesöff herunter, das ihm kalt an die Zähne ging vor lauter Zucker, sofort bestellte er einen zweiten. Doch auch die schwitzigen, dürren Arbeiterhände gaben sich ab und an die Ehre – weit weniger und seltener zu Gast, doch auch sie mussten ihre kargen Schicksale mit Kurzweil schmücken, so knapp das Brot, so hungrig die Schnäbel der sich balgenden Bälger, so metallisch ihr magerer Mammon auch war. Alles Geld musste raus, bevor es zum nächsten Börsengong die Hälfte an Wert verlor. Verloren in den schluchthohen Höhlen ohne höheren Zweck. Je mehr Scheine die Notenpressen nachdruckten, desto saftiger schmeckte der Bankrott. Er kippte Nummer zwei und wies den Barjungen mit husarischem Befehlsblick herbei. Mit dem Ringfinger auf den trockenen Boden seines Glases zeigend, befahl er:
»Jetzt nehme ich das Blaue, was ist das?«
»Der Huckleberry-Sherry-Shrub, der Herr.«
»Ja, das. Und einen Kurzen.«
»Jawohl!«

Der Ulk der Zech- und Schunkelbrüder, er kam ihm auf, je mehr er nachfüllte, auffüllte, abfüllte. Die Lust am Weib, das Bild von sich spreizenden Schenkeln, es kam ihm auf und er kratzte sich. Die Fessel des instinktiven Moralempfindens, sie ließ ab davon an ihm zu würgen. Die Lust am Rauch, sie kam ihm unumgänglich ständig und beständig. Er zog, er kratzte sich, er kippte einen nach, er zog. Eine durchzechte Madame suchte seinen Augenkontakt, ihre Brustwarzen schattierten durch ihr dünnstoffiges Kostüm, sie hingen südwärts herab. Im Alter geht die Sonne woanders unter. Sie überkreuzte die Beine, bestrich den freien Platz neben ihr auf dem Polster des roten Kanapees, prickelte sich am Saum, hob ihr Kinn und lächelte ihm beflissen zu. Sie übte die Bewegungen in einer gewohnten Weise aus, wie es die Industrienäherinnen in den Fabrikhallen taten, andressiert und routiniert und stundenweise. Er kippte den Kurzen, spülte mit dem Blauen nach und drehte sich geschäftig zur Bar.

»Noch zwei Beschleuniger!«

»Zwei?«

»Vier!«

Ein anderes Weib saß dort am Ende der Bar, mit dem Anmut einer Puffmutter im Perlmuttglanz ihrer Versteinerung, rund war sie und machte Feierabend. Ein Butterball, eine Zirkuselefantenkuh. Sie stemmte ihre baumstammrunden Lederstiefel an einen Stuhl und naschte von den Buffetresten einen Viertelmeter Grillwurst. Wie warm es ihr mundete, sie genoss das triefende Schweinehack im kalten Mastdarm wie eine Praline, lutschte sie, schmatzte an ihr. Satt sah sie aus, doch hungrig zugleich, wie ein Kind in einer Schokoladenfabrik, so froh. Wie sie die Wurst

liebte, wie sie sie so schwelgend in Hingabe an ihre feuchten, sabbernden Lippen führte, verspielt und schmutzig mit der Zunge umkreiste, die gute Wurst. Er kratzte sich.
»Whiskey!«
»Hier erstmal die vier Kurzen der Herr!«
»Ja, und Whiskey! Und das von vorhin, das Gelbe!«
»Den Fancy-Hummingbird-Sling?«
»Genau, den. Und Whiskey!«
Er sog das Feuerwasser aus den Pinneken, sein Gleichgewicht entgleiste und zog ihn nach hinten. Er bog ab, stieß den letzten Schluck Schnaps in die Kehle, griff nach dem frischen Tumbler und verlagerte seine Schultern Richtung Tanzzeremoniell. Er wirbelte seine Ellenbogen durch die Gesellschaft und tanzte seinen Seiltanz über dem Krater auf dem Vulkan der Scheinheiligkeit, stampfte sein persönliches Pompeji auf dem Parkett zu Asche und Vergangenheit. So wie ein Soldatenkorps, so stieß er vor, zur Bar, betankte seinen Kanister, lud die Munition, zog sich zurück zum Sammelpunkt und tanzte und stieß wieder vor. Der Gelbe war dran, dann der Grüne, dann der Weiße, alkoholisches Buntschießen. Er drehte und kreiste sich, alles drehte und kreiste sich. Trinken, gegen das Ertrinken. Er bemächtigte sich der Tanzpartnerin eines dieser kartoffelköpfigen Krawattenknöteriche, pirouettierte sie, beugte sie, hielt sie, schwenkte sie wie einen Kognak im Kognak-Schwenker, trat ihr auf die Füße und beschuldigte den Tango. Sie ziemte sich und protestierte würdevoll, beschwerte sich quiekend und lief davon, der Knöterich hinterher. Sieh an, er hatte sein Publikum. Die Backfische verloren für einige Sekunden ihren Reiz. Man sah ihn an.

Wissbegierige Schar angespitzter Mundwinkel, voller Bereitschaft unterhalten zu werden.

»N'Abend die Bande«, lallte Grosz. »Ein Toast auf die Kriegskrüppel, wie meinen? Veteranen!« Er wütete wild wankend der Bühne und derer besetzenden Kapelle entgegen, entriss einem kugelbäuchigen Wrackträger seine Champagnerflöte, stolperte um sich stoßend die Stufen hinauf, schubste den Sousaphonbläser beiseite und sicherte vorsichtshalber noch einmal seinen Stand bevor er sich pfauengleich aufbrüstete und die Gläser erhob, einen Grünen in der Rechten, den Sekt in der Linken.

»Einen Toast auf die Kriegskrüppel, wie meinen? Veteranen! Einen Toast auf unsere Welt! Seht sie euch an, seht *euch* an: Die Untoten der Schützengräben hinken, rollen und kabbeln durch unsere Straßen, Einfüßler, Bauchkriecher, bettelnde Fersenfänger, klappern mit ihren Gebissen, knabbern auf den toten Ratten herum, masturbieren notdürftig hinter den Mülltonnen in ihre totmachenden Hände. Und sie riechen. Und die Reichen, die Fabrikantensöhne, geboren aus Kanonenrohren. Sie pissen uns auf unsere Köpfe und verzählen uns es regnet. Sie verüben Notzucht an unseren Töchtern und vergreifen sich an unseren Müttern für die spärliche Haushaltskasse und quacksalbern von der Zukunft der Kinder, welche Hunger erdulden lernen, bevor sie sprechen! Und die Priester, diese Pfaffaffen, bebeten jede dieser Missgeburten als Geschenk des Himmels mit ihrer hundsgewöhnlichen, andressierten Ladenfrömmigkeit, die ich mir für ein paar Groschen bei jedem Pfandleiher in den Arsch stopfen darf. Oh Herrchen! Ihr redet von Unglück? Ihr redet von Leid? Von Verlorensein? Ihr Gläubigen und Gläubiger, ihr Soldaten, ihr Deutschen,

ihr Huren und Freier, euch will ich zusingen: Ich freue mich über jeden Deutschen, der auf dem Felde der Ehre den Heldentod fällt! Ihr Heimatverbundenen Augen, ihr Blindgeborenen, ihr sehnt euch nach Verbundenheit? Nach *Identität*? Teufel! Dann nehmt euch einen Strick – denn der gibt euch Halt! Cheerio!«
Da packten ihn zwei stämmige Schläger unter pfeifendem und mitklatschendem Applaus am Schlafittchen und zerrten ihn quer durch die Gesellschaft Richtung Gosse. Die Kapelle spielte schon wieder ihre Launenleier als sich die Hintertür öffnete, ihn auf das nasse Kopfsteinpflaster kotzte und zurück ins Schloss knallte. Grosz drehte sich auf den Rücken, blickte in den blauschwarzen Nachthimmel und fühlte sich um ein gutes Dutzend Fassbomben leichter. Da war es wieder, das Universum – und die Winzigkeit. Er schmeckte das Blut von seinen Lippen ab, er schmeckte Erleichterung, ein wohltuend gesunder Aderlass stimmte ihn freundlich. In sich zusammengelegt und wieder entfaltbar setzte er sich auf und blickte in das glasige Starren eines Reichswehrsoldaten, der ihm da an der anderen Seite des Durchganges, der vom Innenhof zur Straße führte, gegenübersaß. Ein Berufsbettler, ein Kriegskrüppel, ein Zitterer, ein Versehrter oder Unversenkter, ein Untoter mit attestierendem Verdienstzeichen an seinem mergelnden Brüstchen und einem mit wertlosen Markscheinen vollgestopften Hut vor seinen Stummeln.
»Na du? Ausgedient?«, fragte Grosz.
Er beugte sich vor und schlang seine Beine in den Schneidersitz, griff in die rechte Innentasche seines Tweedjacketts, zückte ein blechgebeultes Zigaretten-Etui hervor und legte es vor sich hin. Er suchte in seinen restlichen

Taschen und schatzte einen Flachmann heraus, schraubte ihn auf, nahm einen Schluck und gab ihn dem Untoten. Er nahm zwei Zigaretten in den Mund, zündete sie an, gab eine seinem neuen Freund.

Der Untote brabbelte wirr, als wollte er etwas aussagen, seine Augäpfel wirkten wabblig und groß. Fischig nass glucksten sie aus der knöcherigen Kantigkeit seines verdorrten Gesichts empor. Flach von den Anblicken, die sein Schicksal darauf gehämmert hatte. Die metaphysische Hässlichkeit der Kröte. Den Schnaps trank er als sei es Wasser, um seinen brennenden Durst zu stillen, so dass Grosz ihm das Zeug entreißen musste. Keuchend, zitternd führte er die Zigarette an seinen offenen Mund, als wäre es endlich eine Mahlzeit. Ein braunes Spuckerinnsal lief ihm aus dem spärlich bezahnten Kiefer wie Spinnfäden. Dieser Anblick von Wahrheit, von Faktum, von Ist-Zustand und die gewohnt mitleidslose Berliner Stadtgeräuschkakofonie enttäubten Grosz recht zügig; entzogen ihn aus seinem Rauschkokon und brachten ihn zurück in das letzte Gelage vor der Pest, heim in die Schuld. Die Empathie kroch über sein Kreuz wurmartig zurück in sein Hinterhirn bis über den Hypothalamus. Die Moral krallte sich den Weg nach vorne in die Stirn. Seine Haltung war gefragt. Sein Standpunkt zu den Dingen. Wie man dann dasteht, wenn die Dinge an ihrem Schein verlieren, wenn die Realität die Vorstellung zurückvergewaltigt. Als erbärmliche Figur der Zeitgeschichte. Er griff in die linke Innentasche und holte seinen Notizblock heraus. Seine Mission verlangte sein Tun. Seine Mission des aufzeigenden Aufzeichnens, die Malerei des Aufrüttelns. Seine Seelenwaffe gegen die Seelenräuber. Seine Berufung und sein Nervenleiden, sein

Zweck und sein Zwang, mit Methode und Neurose. Und er fing an den Verwesenden auf dem Gipfel seines Zerfalls abzuzeichnen. Er kritzelte Fältchen in sein Alter, junge Augen in seine Jugend, seine Angst, sein Weglaufen und sein Aus-der-Puste-Kommen das ihn umbrachte und reanimierte. Gelebt von nichts, gestorben an allem. Verreckender. Krepierender. Nur eine dünne Hauswand vom Feste der Pestflüchtenden getrennt. Der Kontrabass massierte seinen Rücken. Er, der Ausgestoßene dieses Apparates, Ausgeschiedene dieser Verdauung; Ein Resultat, ein Häufchen. Ihn, den Hedonisten und Hegemonen zu zeigen, nicht neben, nein, mit ihnen, nebeneinander und – zusammenlebend, das war seine Aufgabe, um nicht an all dem aufzugeben. In den Salons der Paläste, in den Verschlägen der Arbeiterstuben und Mietskasernen, ihnen allen die Folgen ihres Handelns vorhalten, nicht vorenthalten. Sich nicht enthalten. Der Untote wurde zappelig und fing an zu gurgeln, er sabberte etwas und schürzte seine rissigen Lippen auf ein Wort. Plötzlich kam es aus ihm herausgeflossen wie Wundnässe. Ein Trauma das nach Draußen musste, Innerstes, das aus tiefster Brust in den beliebigen Zuhörer hineindrosch:

»Bullhornige, schratbärtige Barbaren; Berserker! Maschinen! Sie axten durch die Büsche, schmirgeln ihre eiternden Narben mit Rinde. Sie zerbeißen Schimmelpilz und Mutterkorn und schneiden scharfe, wahnwitzige Fratzen; sie ziehen scherbenklirrend ihre Fressen auf und blecken ihre gläsernen Fangzähne, Kampfköter mit beschäumten Beißmäulern.«

Grosz hob eine Augenbraue.

»Bullhornige, schratbärtige Barbaren; Berserker! Maschinen! Sie wetzen Menschenhäute auf staubendem Bruchstein zu schwerer Rüstung und sattteln ihre Kreuze. Sie stemmen gußeiserne Schilde und stoßen vor mit angespitzten Pfählen, trampeln hufig durch die moosigen Tannenwälder und pumpen Luft wie achtzig Tonnen Hirschkolonnen. Sie zerschlachten jede Schwäche! Brechen durch Bollwerke und Seelen und reißen das Wurzelwerk aus den Brustkörben ihrer Racheopfer. Sie nahmen mir meine Beine und schnallten sie an ihre Packesel, sie zogen mir die Zähne und lochten sie und flochten sie in ihre Kettenhemden.«

Er schmiss seinen Oberkörper auf Grosz, verkrallte sich in seinem Kragen und giftete in sein Ohr: »Bullhornige, schratbärtige Barbaren; Berserker! Maschinen! Sie schlugen mich zum Krüppel nieder. Lauf, wenn du die Bestien siehst, lauf, oder du läufst nie wieder! Sie sensen sie ab, sie sensen sie ab!«

Sein sehnig festgezurrtes Skelett erschlaffte und blieb an seiner Schulter liegen, das Revers behielt er fest im Griff. Grosz drückte ihn etwas von sich ab und er fiel ungalant ungelenk auf die andere Seite, seine Stumpen flogen durch die Luft. Ein Leichtgewicht; da schlief es nun, sich leergeschrien. Grosz weinte und lachte zynisch. Er verließ den Hofeingang hinaus zur Straße und bog nach links hin ab. Herzklopfen in seinem Hals und kalter Fieberschweiß an seiner Flanke. Und dieses kindliche, kindische Gefühl von Ungerechtigkeit; Exekutive, Judikative, Narrative. Eine Straßenbahn rasselte donnernd an ihm entlang, oben an den Kabeln entsprangen Funken vom Eisen und knisterten ein Feuerwerk in die dunkle Nacht. Was kann die Bildmalerei schon der Fantasie des Wahnsinns entgegensetzen? Dachte er im Gang durch die Laternenlichtkreise. Das Faszinosum Psychopath, ein Gehirn, ein Raupenknäuel in einer Knochenschale. Wir alle sind Psychopathen, etwas mehr Demut wäre gefragt, nicht wahr? Er bog abermals nach links hin ab. Die Brauseköpfe an den Börsen in ihren Traumschlössern und die Bettelknechte auf den Bürgersteigen in ihren Trümmerträumen. Kontraste, soweit das Auge reicht, werden zu einer einzigen, weitreichenden Blässe über alles. Nur wer herantritt erkennt Technik und Beschaffung, aber wen interessiert das schon wirklich, wenn es nicht satt macht, oder zufrieden. Die Zeit des Menschen fällt in der Geschichte der Erde nicht ins Gewicht. Etwas mehr Demut wäre gefragt, nicht wahr? Er bog links ab. Allgemein ist der Umgang mit der Geschichte wie ein großes Becken kaltes Wasser, ja. Einer fühlt seine Zehen hinein und zieht die kühlen Füße weg; und er blickt von außen auf die Wasserwand. Ein anderer hechtet neu- und altgierig hinein – zuerst mit kaltem Schock, dann wird es wärmer. Und er schwimmt und er plantscht und er taucht. Und er fragt sich wo all das Wasser seinen Ursprung hat; bis er selbst hinzuuriniert. Etwas mehr Demut wäre gefragt, nicht wahr? Und er bog nach links hin ab, ging die drei Stufen herauf und betrat das Hurenhaus durch den Vordereingang, trat in die kristalline Glitzerwelt der Vergesslichkeit, floss in das Diamanten- und Juwelenlicht der Verblendung. Der japanrote Velours-Teppich dämpfte die Tritte seiner obsidianschwarzen Lackschuhe als er durch den Vorhang strich. Wir sind alle Huren, dachte er, Hurensöhne und Hurenväter. Meine Demut fällt nicht ins Gewicht.

X

Bier und Bockwurstdampf und Ramba Zamba. Zigarrenrauch und Tropenhitze füllte die rammelvolle Sporthalle. Ein Volksfest versammelt um den Boxring, das Läuten und Rabattgeschrei der Tabakvertriebler mit Bauchladen, Tweedjacketts, ausladene Bäuche, frisches Bier in alte Schläuche, Senf auf der Krawatte, Bockwurstfett im Schnurrbartgekräusel. Sporthallenhochbetrieb. Die Horde der Wettenden, kostümierte Damenwelt und Dachs mit Pieret mittendrin und quietschfidel im Amüsement der Societé infernal. Zeit dem kleinen Belgier die Welt zu zeigen, Berlin war der beste Ort dafür. Die Ringglocke bimmelte den nächsten Kampf herbei, aus den grölenden Lautsprechern flogen Wagners Walküren über die Melonenhüte und Bubiköpfchen. Zwei neue Kämpfer aus dem Olymp der Boxer standen sich gegenüber wie der Stier und der Matador. Der hitzköpfige »Bergrücken«, wie sie ihn nannten, der weiße Gorilla mit englischem Blut, Feuergewalt aus walisischem Vulkangestein, Funken schlugen wenns aufs Maul gab – gegen den unwendigen aber felswandigen Donnertürken aus Osmanien, ein Koloss von einem Menschen, ein Gebirge aus Muskelsträngen, der Totmacher mit der berüchtigten Donnerfaust, bereit alle sieben Sorten Scheiße aus seinem Gegner herauszuprügeln. »Nun ja, wissen Sie, es ist nicht die Größe des Löwen im Kampf, es ist die Größe des Kampfes im Löwen«, postulierte Dachs dem Herren mit dem Schnurbart aus vorderer Reihe zu und rechtfertigte seinen Wetteinsatz auf den Bergrücken. Pieret empfahl sich um die Wetteinsätze ein-

zusammeln. Sowohl das Boxen als auch das Glücksspiel waren zu Kaisers Zeiten illegal gewesen. Die lockere Atmosphäre einer unregulierten Großveranstaltung flankiert von einer ausufernden Hyperinflation war der beste Spielplatz für ein gutes altes Training. Niemand sah eifersüchtig auf sein Geld, jeder sah ihm ohnmächtig hinterher, sie waren unaufmerksam und leicht zu leeren.
»Möglich«, nickte der Herr mit dem Schnurbart, »möglich, wenn auch mutig.« Dann drückte er Pieret das erste Bündel Scheine in die Hand, dieser verabschiedete sich höflich und ging mit offenem Hut durch die Reihen. Dachs und sein Vordermann wandten sich dem Wichtigen zu.
Die Kämpfer standen sich gegenüber. Beide Raufbrüder, zwei ausgemachte Schurken, so war man sich einig. Gossenhunde, die sich über Raubüberfälle, über Mafia-Familien oder Ringvereine bis hier hin zum Wettkämpfer und Wettobjekt emporgefaustet haben. Der Anschreier betrat den Ring unter tosendem Beifall der Horde und griff nach dem Mikrofongerät. Er stellte die Bestien vor:
»Und in der blauen Corner: Der osmanische Galataturm, der Panzerriese aus dem Orient, der Urweltmensch, ach, was sage ich, der Unterweltmensch, der Unweltmensch mit Steinbrecherbizeps und Rohmetallfaust. Alkan Vural, der Donnertürke! Keine Technik, keine nötig! Benutzt weder Mund- noch Tiefschutz, denn, so behauptet er, aus denen tropfe bloß der Weibersaft zartrosaner Weichtiere; dann doch gleich zum Strumpfhosen-Souvlaki oder Schwulenbalett. Boks maçı, Vajinalar!«
Alkan Vural, der Vulkan, kam in einem kleinen Fischerdorf nahe Izmir auf die Welt gefallen, ließ sich Dachs von dem Herrn mit dem Schnurbart erzählen. Die Biografie einer

Ein-Mann-Armee, der Hunger war sein täglicher Treibstoff. Aus den Umständen heraus schwamm nicht genug Fisch für alle Fischer an dem Dorf vorbei. Die Dampfer der großen Hafenkonzerne schröpften die Meeresböden weit vor der Küste leer. Und deshalb war man arm und deshalb waren alle Fischer finster und ließen ihren Unmut über den sauren Geschmack des Hungertuchs am jungen Alkan aus. Doch wie sich Kreise nun mal zu schließen pflegen – schlage den Welpen und der Rüde wird dich fressen. So boxte der Donnertürke Tag ein, Tag aus die kargen Kirchenmäuseriche zurück in ihre Mäuselöcher aus denen sie geschlichen kamen. Bis eines grauen Küstentages ein dukatenscheißender Fischindustrieller ins Dorf kam, die gescheite Dreistigkeit einer Hyäne besaß und durchtriebene Forderungen aufstellte. Alkan Vural, der Orkan, er legte an und schlug das weiche Gesicht des Saubermannes mit einem einzigen dumpfen Ton in sein freches Arschloch zurück. Mit einer frisch polierten Fresse und einem Hartgeld-befreiten Portemonnaie taxierte der edle Kâtip mit wehender Quaste auf seinem Fes zurück nach Istanbul und beauftragte die Trinkgeldpolizei für einen Gegenschlag. Doch auch die Polypen blieben machtlos gegen den wild belockten Revoluzzerschädel. Da wurde nicht nach Punkten geboxt vor einem ausgewiesenen Publikum, da wurden Packungen ausgeteilt und abgeholt. Ursprünglich und unverfälscht. Ethos und Pathos und Knüppel und rostige Fischerharken, eine feine Sauerei. Und irgendein mittlerer Lakai, der irgendwo in der Mitte von Gesetz und Verbrechen stand, ein Mittelding aus Räuber und Gendarm, ja, ein Zwitter, ein Mittelsmann: Einer der Schecks auf Bänke ausstellt, auf denen er kein Konto

hat. Durch diesen Kanal entsprang ein Ruf, ein Name, ein Donner. Der »Donnertürke aus Osmanien«, so brüllten sie es in den Zirkuszelten. »Der Donnertürke aus Osmanien«, so schrieben es die Wettbüros in ihre Ligen und so schrien es die Goldgräber an den Ringseilen und wedelten mit ihren Wetteinsätzen und schmissen ihr Bargeld in Pierets Jutesack, den er sich aus der Kabine gemopst hatte. Dachs nickte aufgeklärt. Der Anschreier schrie an:
»Meine verehrten Liebhaber des Boxsports, die Gottesdonnerung! Er schlägt sein Minenwerk in den Boxolymp, schürft nach Titeln und schmelzt die Herzen der anmutigen Frau von Welt mit seinem südschwarzen Fruchtbarkeitsbart. Die Damen, die Herren, der von sich Reden machende, der regenmachende Champion, Alkan Vural, der Donnertürke!«
»Türke, schlag der Sau die Fresse klein!«, brüllte der Herr mit dem Schnurbart nach vorne und beklatschte sein Pferd, Dachs buhte. Die Glocke läutete ein weiteres Mal. Ein weiterer Kämpfer stieg durch die Ringseile. Nicht breiter, aber höher als sein Gegner. Etwas älter, etwas kampferprobter. Ein Techniker, das muss er gewesen sein, das sah man ihm und seinen eigenartigen siamesischen Aufwärmübungen an. Der Anschreier ließ das Mikrofongerät übersteuern:
»Und in der roten Corner: Viele von Ihnen werden ihn kennen, den Bergrücken, der totgeglaubte, der wiederauferstandene – Athur Cravan. Englischer Hochstapler, Sieben-Meere-Seefahrer, französischer Boxchampion, kanadischer Holzfäller, kalifornischer Orangenpflücker. Staatenloser. Nationalfreier. Der Neffe Oscar Wildes. Der Enkel König Ludwigs dem XVIII., dem Geliebten. Weggefährte

Leo Trotzkis. Gedichteschreiber. Straßenschläger. Eseltreiber. Kunstkritiker. Zuchthausinsasse und Gefängniswärter. Lügengeschichten-Erzähler und Redakteur. Die personalisierte Pluralität.«

Der Herr mit dem Schnurbart vervollständigte Dachs' Grundwissen: 1919 war Cravan an der Pazifikküste Mexikos bei dem Versuch mit einem Floss überzusetzen verschollen und kurze Zeit darauf zum Tode erklärt worden. Im Kaiserreich Japan angekommen assestierte er dem Geldadel des Shoguns und lernte Techniken des Ji-Jitsu. Nachdem er aufs Festland übergesetzt hatte, lief er die chinesische Mauer entlang, lernte laotische Betrachtungsweisen und arbeitete an seinem Kung Fu. Er marschierte durch den sibirischen Winter und die Steppen der Tundra und über das bolschewike Bollwerk hinweg zurück auf den hiesigen Kontinent. In den Kern Europas – Berlin! Der Anschreier schrie an:

»Ein Mann, der sich seinem Gegener Wilde-entschlossen entgegenstellt. Dem nichts dazwischen steht. Er kommt um zu Boxen, er boxt um zu töten, für eine ehrliche Bluttat! Meine Damen und Herren, der Totgeglaubte, der Wiederauferstandene – Arthur Cravan! Der Bergrücken!«

»Bergrücken, schlag der Sau die Fresse klein!«, brüllte Dachs, der Herr mit dem Schnurbart buhte.

Und die Kämpfer marschierten lauernd aufeinander los. »Türk, Türk, Türk«, stimmte es aus dem angeregten Publikum; »Berg, Berg, Berg«, tönte es ebenso laut.

Alle standen, die Wetten waren gesetzt, die Kassen geschlossen, Pierets Sack voll, alles trank, alles war besoffen, alles war jetzt. Dachs verbeugte sich, eine kostbar geschmückte Mamsell hielt ihm ihr Schminkspiegelchen mit

Kokain vor den Schoss während sie den Kampf unterhalten mit gespaltetem Kirschmund beobachtete. Die ersten Hiebe versiegten an den Verteidigungsmauern der Faustblocks und verursachten dumpfe Töne und raufgieriges Raunen in den Rängen. Er zog sich ein Lot von diesem geistbefreiten, geist-befreiendem weißen Kokain in die Schnauze und schoss nach oben an die Oberfläche. Glucksend, tränend, schmatzend – blickte er auf die Welt unter sich und sich selbst und er mittendrin. Die Zeit war auf einmal entschleunigt, die Boxer bewegten sich Bild für Bild, fünfundzwanzig die Sekunde genau, langsam und zäh. Dann plötzlich. Die Zeit fing an zu rasen, der dritte Gong schellte klärend, klirrend. Die Zeit war gerafft. Der Herr mit dem Schnurbart drehte sich aus vorderer Reihe um und spottete ihn an. Was will der wissen? Was soll das? Was macht der? Dachs hatte sich desorientiert. Der Bergrücken spuckte feierlich einen Zahn in die Menge, diese brandete vor Begeisterung. Fünfte oder sechste Runde, alles so laut, ein Mordsknall, der Herr mit dem Schnurbart fasste sich an den Kopf und verlor dabei seinen Hut. Der Türke fiel rückwärts in die Seile und ließ die Birne nach hinten baumeln, er und Dachs hatten kurzen Augenkontakt. Dann trat ihm der Bergrücken in die Magengrube und katapultierte den Riesen zurück in die Zone. Der Ringrichter pfiff in sein Pfeifchen und wedelte mit Regelbruch, während der Bergrücken blutsabbernd in die Masse brüllte. »Fuck that! Fuck that! Fuck that!« Ein wahres Rohr von einem Schläger, dachte Dachs, guter Einsatz, Strafpunkte, verdammt. Es wurde ein alles oder nichts, ganz oder gar nichts, es wurde persönlich. Die Gottesdonnerung, dachte Dachs, es wird brutal, romantisch und ehrenlos! Die Men-

ge tobte, was für ein Spaß, oh ja, noch ein Glas. Er rupfte mit schäumendem Mund einem Vertriebler einen Humpen Bier vom Bauchladen. Ein runder Schluck kühl-perlendes Malzgold im Backenraum, würzig-hopfig, süß und reif tauchte es in den Schlund der Volltrunkenheit hinab.
»Noch etwas Kokain?«, fragte die preziös geschmückte Mamsell mit dem Kirschmund sehr freundlich.
»Ein kleines bisschen noch, ergebensten Dank Sie Hübsche.«
Die Mamsell kicherte beschwipst, sie war leicht zu haben, aber schwer wieder loszukriegen. Ein helles Köpfchen auf der Suche nach einem Versorger. Dachs schnupfte tief. Die Zeitentschleunigung stellte sich wieder scharf: Der Bergrücken schlug nach Puste in seinen Lungen jagend in die Lüfte, die weichen Muskeln zogen schwungvoll nach, der Türke entschlüpfte mit einem kleinen Schritt nach rechts, die Grimassen des Stillstands vor dem Einschlag, die berüchtigte Donnerfaust im Hahn gespannt an der Hüfte und – und - der Donner brach durch die Wolken! Bums, klawumms, fatz. Das Gesicht des Bergrücken zerflog in alle Einzelteile. Das Schluss-Aus-Ende-Gebimmel klang wie ein Bombenalarm. Bombenstimmung! Den Donnertürken zierte eine machtvolle Platzwunde quer über die Stirn, das linke Auge war kaum noch zu sehen hinter der massiven Schwellung, triumphal und eines kanadischen Braunbären gleich stand er auf zwei Beinen über dem gefallenen Berg und hob die Donnerfaust. Die Masse brauste! Und so lag der Bergrücken unter ihnen allen, ein Krater im Schädel, in einer karmesinroten Pfütze siechend, vergangen. Der Donnertürke, der zornige Metzger, der Opferdarbringer, der Henker einer rotzfrohen Boxnacht.

Der Ringrichter stemmte die Abrissbirnenfaust in den scheinwerfenden Hallenhimmel, ein Denkmal des immortalen Imperators. Der Bergrücken, eine zerkrachte Existenz. Fotografen stolperten über ihn hinweg, ein Mahnmal als Pflasterstein, nichts als ein Wegeweisender zu sein, das war von nun an sein Schicksalsgürtel. Der eine treibt im ruhigen Fahrwasser des Heldentums der Zeit hinfort, der andere schwämmt im Brackwasser der Vergesslichkeit davon. Für die meisten nur ein Geldstrom der versiegt. Der König ist tot, es lebe der König. Dachs' weibliche Begleitung, das werte Dämchen mit dem Kokain, guckte ihn infantil-schmollend an. Drei Milliarden hatte er an der Kasse am Eingang gesetzt – selbstverständlich aus ihrer Brieftasche, charmant und brilliant dort herausformuliert.

»Pardon Fräulein, wie nochmal? Lene, ja, natürlich.«

»Wie bitte? Sie möchten mich demnach wohl ausführen, Sie Charmeur?«, lachte die Mamsell und versuchte ihn inständig mit ihren aufgezupften, klappernden Wimpern zu verlocken wie ein unschuldiger Schmetterling.

»Gewiss, Fräulein Lene, geben Sie mir eine Minute für die Notdurft, ja?«

»Sie sind entschuldigt mein Herr, aber Sie wollen den Nachtisch nicht verpassen, ja? Ich habe noch jede Menge Kokain. Zu Hause.«

»Oh, ganz gewissheitlich nicht mein Fräulein. Seien Sie sich diesem versichert, ich habe heute Nacht vor von den versteckten Keksen zu naschen.«

Die Mamsell kicherte. Er drehte sich um und entwich durch das Getümmel, verließ das Fest gekonnt auf flugse Weise und balancierte auf den Gehsteig hinaus in die klare, tiefe, frische Nacht. Eine Trambahn bog um die Ecke und sprühte Funkenregen in den Sternenhaufen. Er addierte das Papier in seiner Brieftasche und schritt schleichend fort Richtung nächst-naher Nackttanzrevue. Ein absackendes Bier konnte man sich noch leisten. Er steckte den abgezählten Betrag zurück, atmete die lustbringende Nachtluft und stolzierte vorfreudig durch die Stadtlichter, die Geräuschkulisse der Sporthalle im Hinterkopf wummernd. Pieret hatte er in dem Gewühle vergessen. Unbedeutend, der kleine Belgier würde sich schon nichts brechen. Er bog nach rechts, stepptanzte die drei Stufen hinauf, durchging die mit Blattgoldschuppierung und Schachbrettmustern ornamentierte Eingangsräumlichkeit und betrat das Lumière der käuflichen Liebeswelt. Auf ins fiktive Kapital, dachte er schelmisch, junggeblieben, wie die Empfangsnixen. Kristalline Glitzerwelt, Diamanten- und Juwelenlicht, japanroter Velours-Teppich dämpfte die Tritte seiner schmutzmelierten Wildlederschuhe als er durch den Vorhang strich.

X

Die Show der schönen Künste und Beine hatte gerade erst begonnen. Die Bühne war südländisch erleuchtet, Dachs stapfte beseelt konfus von einem Feuerwerk ins nächste. Die nackten Frauenleiber der Amazonen bedeckten sich ziemend, sich zierend mit Palmenblättern und versteckten ihre Fruchtstände und Nüsschen. Sie tanzten den andalusischen Flamenco und stampften auf den Bohlenboden. Die Trommelpauker, Saitenzupfer und Kastagnettenklapperer der Kapelle schilderten ein musikalisches Ambiente einer fernen Region. Tausend und eine Nacht. Tausend und eine nackt; alles in Sonne, Schatten warfen nur die Palmennadeln. Sie küssten ihren Lieblingsgästen Kontaktansagen zu, sie warfen scharfe süße Blicke auf die neu Hinzugekommenen. Es roch nach geschmolzenem Zimt und schmeckte nach Chili. Etwas mehr Haut hier, etwas weniger Palme da. Dachs nahm sich einen frischen halben Liter Bier vom Tableau einer Erostess. Nach einem blutschweißigen Kampf legt sich der Mann schließlich und schlussendlich am liebsten an die Frau. Doch erst das Bier. O, Männerfreiheit. Er trank einen guten Schluck davon, Ballast für gutes Kielwasser. Runter damit. Er stand bequem. Die Amazonen tanzten wilder, exotischer und entschiedener und drückten koitusfordernde Beckenbewegungen aus. In choreografischer Synchronität warfen sie die Palmenblätter fort, man sah ihnen nicht nach und klatschte zustimmend großäugig, neugierig, einverstanden. Männer wie Frauen waren still und passten auf. Das passiert selten gleichzeitig, dachte sich Dachs naseschniefend. Alles war geschehnisfokussiert. Die Konzentration auf jedes Detail war der eines Boxkampfes ähnlich. Doch hier gab es keine Wetten zu gewinnen, keine Pferde zu stehlen; hier wurde die Kasse geöffnet und die Kasse gefüllt. Deckmantel Inflationsverwaltung, Insolvenzvergewaltigung, alle Spaßgutscheine müssen raus. Weg damit und rein in die Kasse! Nicht ein Paar Brüste auf der Bühne wie letzte Woche, nein, nunmehr alle Paar Brüste auf der Bühne; heute machen sie das Geschäft ihres Lebens, denn morgen sind all die Schnipsel nichts mehr wert. Du, mein allmächtiges Geld, dachte Dachs, das ist dein gütiges Werk, du Zahl, du allmächtige

Zahl. Jeder hat eine andere auf dem Brett vor seinem Kopf geschrieben, und doch bist es immer du. Du, der Horizont, das Blickfeld, das Maß an Verständnismöglichkeit. Der Mensch wird schwieriger, je besser er rechnen kann. Jedes Problem lässt sich mit Geld lösen, nur nicht das Problem mit dem Geld. Er sah auf das fette Scheinbündel eines bedachten Gastes welcher gerade Möglichkeiten durchzählte. So viele Scheine, so viel Schein, so viel Papier! Es quoll aus den Regalen und unter den Betten hervor, quoll aus den Kellern und aus den Fenstern auf die Straßen. Es versperrte die Hauseingänge und Zufahrten. Sie schoben es mit Schubkarren zu den Wochenmärkten und mit Besen in die Geschäfte. Die Notenpressen sin- und unsinfluteten die Stadt wie eine biblische, paradiesische Plage. Und überall nackte Brüste. Offenbar und himmlisch, die Umwertung aller Werte.

Und plötzlich, mitten in der höchsten Stunde des Genussbefähigten, da rannte ihm einer in die rechte Kniekehle, so dass er umknickte und neben Konzept auch einen Schwank kostbaren Bieres über seinem Mantel verlor.

»Das ist ja sagenhaft!«, rief er und drehte sich mit bewusst ausgefahrenem Ellbogen um, um den Tollpatsch mit einem vordergründig zufälligen Schlag entgegenzukommen. Doch dieser schien sich nach dem Stoß in schräger Bücklage einhändig den Schuh zu binden, so dass Dachs nur einen Windhauch produzierte.

»Na«, sagte der Tollpatsch. »Werden Sie mir mal nicht gleich sentimental, alter Herr.«

»Nicht so direkt, Sie Bürschchen. Das Bier ist nicht umsonst.«

»Alles ist umsonst. Alles frei und käuflich.«

»Was erlauben Sie sich? Sie?« Dachs erkannte den Tollpatsch. Es war dieser geschwätzige Dada, der sein Maul nur so schwer zubekam.
»Titten!«, sagte der.
Dachs richtete seine Haltung. »Was, wie bitte?«
»Sie sind doch hier wegen den Titten – et voilá – you see - dort!« Der junge Mann deutete zur Bühne, dem mammografischen Sammelbecken für geile Böcke, getarnt als Unterhaltungsshow. Er wirkte zerknirscht und brütete offensichtlich einen moralischen Vorwurf aus, ganz die Art Dada eben, die eigentlich gar kein Dada war, sondern ein hochnäsiger Moralist in avantgardistischer Maske. Seine obsidianschwarzen Lackschuhe glänzten ihm bis ans Kinn.
»Ganz recht«, sagte Dachs. »Becki hat die besten beiden. Da können Sie hier jeden fragen. Und wie kann man Ihnen helfen?« Er inspizierte sein anmaßendes Gegenüber. Nicht älter als Dreißig, Tweedjackett, einen Cherry-Brandy-Flip in der einen, eine amerikanische Zigarette in der anderen Hand, starker Eloquenzverdacht, Intellektueller lästigster Sorte. Hauptschreihals und Malerdichter von diesen ethisch inkorrekten Geistverwaisten. Dieser George Grosz. Abstoßend. Die Schublade war schnell aufgeschoben, nun musste man ihn nur noch falten: So ein ominös Kultureller, so ein Theaterstücke-Interpreten-Interpretierer und Singvögelchen-Vögeler, so ein amerikanophiler Anglizismen-Schmetterer, ein Bildungschauvinist. Die ekelhafte Smogwolke, die aufzog, sie terrorisierte Dachs' Gelassenheit mit ihrem zähen Gestank. Das Haar vollgekleistert mit Gentleman-Pomade, irrt in seiner intellektuellen Deutungshoheit herum und furzt in warme Laken mit einer

aufgesetzten Sprezzatura wie ein abgestürztes Eichhörnchen. Unausgelasteter Theoretiker. Schublade zu.
So einer, dachte Grosz zurück, mit dickem Wintermantel im Interieur bei dieser Affenhitze; zu geizig die Garderobe zu benutzen, aber bei den Huren schlafen. Seine angestaubte Gelassenheit fesselt ihn ans Nichts-Tun. Ausschläfer und Gelegenheitsnihilist. So ein frankophober Bonvivant, ein »en Vogue«-Betoner und Betonierer. So einer also, so ein sich hin und wieder, aber dann wieder und wieder Widersprechender und sich bei jedem Versprechen verschluckender Schluckspecht. Alle sind frei, manche sind Freier. Lasse dir selbst die Freiheit und die ganze Welt ist frei – ich bin unschuldig – Klabusterbeere. Boheme und Häme. Grosz wiederholte:
»Titten! Wir alle wollen an die Zitze, nicht wahr? O Libido, o Libido, es liebt mich tot. Ihr Apell dazu?«
Dachs wusste nicht recht welche falsch verzweigte Einbahnstraße sein Gegenüber da wohl eingeschlagen haben mochte. Er wusste nur, der da wollte Ärger machen. Wohl aber wollte er schwatzen, also gab Dachs ihm Schwatz.
»Sie sind also so ein Freudianer, nicht wahr? Der in jeder Fleischeslust einen Komplex ausmacht, genau wie so ein dahergelaufener Christsozialer«, ging er ihn an.
Grosz winkte verachtend ab, sein Cherry-Brandy-Flip formte seine Worte wie er schmeckte, übersäuert und den Zucker mit dem Salz verwechselt.
»Von Neurosen muss ich nichts mehr wissen. Mit Psychoanalyse habe ich im Krieg abgeschlossen, glauben Sie mir. Da fehlt es zu allererst an fortschrittlichen Methoden. Aber das ist ein bisschen so wie die Beine der galanten Begatterinnen dort auf der Bühne – eine lange Geschichte, Sie

verstehen? Wie dem auch sei, Titten regieren die Welt. Sie reagieren nur, ist Ihnen das bewusst?«
»Titten. Sie sagen es«, knurrte Dachs, und sah sich die nackten Flamenco-Tänzerinnen an. »Die Wahrheit liegt wohl immer irgendwo dazwischen, nicht wahr?«
»Bei Freud?«
»Bei den Titten. Huren sind vielleicht nicht der Sinn des Lebens, aber keine Huren ist doch was für Hinterlader. Sind Sie homosexuell?«
»Ich bin verheiratet.«
»Man muss sich ja nicht schämen, bei den alten Griechen war das *en Vogue.*«
Grosz antwortete mit Zischlauten. Dachs holte seine Pfeife aus seiner aufgeheizten Manteldecke. Es wurde ziemlich brütend in dem dicken Fell, an der Garderobe zu sparen war keine gute Idee gewesen. Die biegsamen Mädchen fingen unter der Anstrengung ihrer Dehnbewegungen an zu schwitzen, das köstliche Wasser floss aus ihren wunderschönen Körpern und strömte über jeden sanften Hügel und jedes stolze Tal, durch jede Kurve und jeden Raum und ergoss sich in ihre fruchtbaren Tiefen, elysische Felder, die bestellt werden wollen. O, Huren, dachte Dachs. Warum kann nicht jeder so funktionieren und einfach mal das Maul zu machen. Er sah sich angenehm ungeniert ihre runden Titten an. Der junge Mann neben ihm unterschätzte die Damenwelt mit seiner beschützenden Moral. Die andalusischen Lustgöttinnen reizten mit all ihren Talenten. Die eine erhob ihre gesunde Engelsbrust und sang einen Adhan, so rund und arabisch und voll wie eine gewaltige Operndiva, dabei war sie zierlich. Die Andere holte diesen nordafrikanisch-südspanischen Wüstenklang und Meeres-

hall des Flamenco aus einer handelsüblichen Gitarre heraus. Eine weitere drosch einen raffinierten Rhythmus auf das Kachon während das hübsche Tanzgrüppchen dazu klatschte, sich drehte und ihre nackten Hüften an die angeschwollene Stimmung schlug.
»Ja«, bekräftigte Dachs fast ministerial und klopfte Grosz auf die Schulter, »die Titten! Wie sagt man doch so verheißungsvoll: ›Hast du Lust, nimm dir einen zur Brust. Hast du Gelüste, nimm dir Brüste.‹ Es ist herrlich.«
Gelangweilt ob dieses gewöhnlichen Menschen setzte Grosz seine Schiebermütze auf und wies Dachs seinen Cherry-Brandy-Flip zum verabschiedenden Cheers.
»Einen Toast auf die ungehemmte Bedeutungsüberschätzung betrunkener Gedankengänge und ihre Haltlosigkeiten, Prost der Herr.«
Dachs nickte einmal horrend und hob das Bier.
»Und ein einstweiliges, dreimaliges Hoch auf die Titten! Prostata!«
Dann tranken sie. Grosz hatte schonmal mehr Spaß an Konversation gehabt. Er nippte an seiner Geschmacksverirrung. Leider war er es ja gewesen, der in den Kontakt gestolpert war. Er wollte gehen, doch Dachs wurde mitteilungsbedürftig.
»Jetzt erzähl' ich Ihnen mal ein therapeutisches Gleichnis!«, brach er nach einem langen Schluck Hopfen los, ein zufriedener Biertrinker mit einer Geschichte auf der Seele.
»Ist nicht von Freud, weil wissenschaftlich erwiesen. Verfasst von Doktor Pyotr Bobrow. Haben Sie mal was von Bobrow gelesen?«

»Nein, aber ich hatte mal die Gelegenheit ihn persönlich zu treffen. Mein Kopf ist noch dran – zum Glück. Ein gemeingefährlicher Schrägschrauber.«

»Sie wissen weniger als Sie glauben, junger Mann. Es ist aus seinem Buch: ›Der menschliche Nachteil – die Involutionstheorie des frühen zwanzigsten Jahrhunderts.‹ Vorsicht.«

»Scheint mir mehr ein Trivialroman als ein Sachbuch zu sein, das was wert wäre.«

»Sehen Sie sich um. Was hat hier einen Wert? Sehen Sie einen? Na, also. Kommen wir zu seinem Gleichnis.«

»Na dann.«

»Er schreibt, also, sinnhaft wiedergegeben, ja bitte hören Sie zu:

Als der menschliche Körper begann zu existieren, da wollten alle Organe der alleinige Herrscher über den Körper sein. Und so riefen sie ihre Ansprüche heraus und stritten sich um das Bestimmrecht.

›Wir!‹, riefen die Augen. ›Wir werfen Licht in diese Welt. Wir machen Farben und Schrift, wir sind der Zugang und das Tor zur Außenwelt. Also wollen auch wir herrschen!‹

›Niemals und Aber und Nein, schon gar nicht!‹, entgegneten die Lungen. ›Wir – und niemand sonst – wir sind die Außenwelt! Wir atmen sie auf! Wir sind der wichtigste Bestandteil des Körpers, der Odem vitae, also werden wir es sein, die herrschen.‹

›Also was?‹, pochte das Herz laut auf. ›Passt bloß auf! Ich! Ich bin euer Körper, mein Blut ist euer Fleisch. Mir allein gilt das Herrschrecht.‹

›Also und Schluss!‹, zürnte das Gehirn. ›Dass ihr überhaupt sprechen könnt und fähig seid Ansprüche zu stellen – das

ist allein eurem Bewusstsein zu danken. Und euer Bewusstsein ist allein mein Werk! Mein ist darum auch die Macht, da ich der einzige bin, der denkt!‹
Und alle Organe schwiegen.
Nur ein kleines Organ wollte sich nicht zufriedengeben und muckte auf.
›Hier!‹, rief das Arschloch mahnend hinauf zum Gehirn. ›Ich bin der Ausgang zur Außenwelt, das Portal in die Freiheit der Rohstoffe für euren Verbrauch, sieh mich an wenn ich mit dir rede Hirn! Sieh mir ins Auge! *Ich* werde herrschen!‹
Und alle Organe lachten und lachten und lachten sich halb tot. Teils weil das Arschloch überhaupt sprach, teils, weil sie die Idee, ein Arschloch als Obrigkeit zu haben schlichtweg als absurd abtaten. Köstlich absurd.
Also verschloss sich das Arschloch trotzig und verweigerte seine Aufgabe die Flutluken zu öffnen. Und es dauerte nicht lange, da tränten die Augen und konnten nicht mehr geradeaus sehen. Die Lungen jauchzten und krächzten und vertrugen den Zigarettenrauch nicht mehr. Das Herz flatterte und zitterte und schwitzte. Das Gehirn schwankte in seinen Gedanken, es verlor an Konzentration und dachte bald schon gar nichts mehr.
›Lass gut sein!‹, rief also das Gehirn. ›Lass gut sein! Das Arschloch soll unser Herrscher sein, genug ist genug!‹
Und die Organe applaudierten erleichtert als das Arschloch seine Pforten öffnete und endlich und letzten Endes all die Scheiße von sich gab.
Und die Moral von der Geschichte«, Dachs trank etwas Bier nach, »nächster Tag, gleicher Scheiß, so sagen sie, so wird jeder Tag zu Renaissance! Und Sie, Bürschchen, Sie

kommen mir sehr wie so ein Organ vor! Schön säuberlich auf Krawall gekämmt. Bereit zu allem, wenn es um den Bau von Barrikaden geht.«

Er strich durch sein schütteres, weißes Seitenhaar, nahm noch einen Hieb aus dem Humpen und schwankte etwas nach hinten, ein paar Tropfen Malz fielen auf sein Fell, ganz unbeeinflusst von Grosz' fehlendem Gleichgewichtsgespür.

»Sie hegen Sympathie für das Arschloch, nicht wahr?«, evozierte Grosz und nippte an seinem roten Gesöff. »Sie denken, das Arschloch hat's kapiert, ist klug, ist clever, na? Ich sage Ihnen: Wäre Scheiße wertvoll, die Armen hätten keine Ärsche.«

»Sie verstehen ja wirklich nichts«, seufzte Dachs vorsätzlich enttäuscht. »Ich bin nicht mehr naiv genug für Dadas wie Sie. Machen Sie Ihren Clown woanders.« Dachs schwamm in seinem Meer aus Bier und hatte keine Lust mehr auf schlechte Zuhörer. Nutten konnten das besser, besonders die alten Schabracken, die machten das sogar umsonst und schenkten nach.

Grosz hob abermals das Glas zum Abschied, ein zweiter Versuch auf das letzte Wort.

»Nun, Sie sind alt«, sagte er, »Sie sind nicht mehr so mobil mit Ihren Ansichten.«

»Also sprach der junge Einfallspinsel«, sagte Dachs und streckte sich. »Man kann eben nicht mit allen Menschen in Harmonie leben, wenn man in Harmonie leben will, nicht wahr? Verzeihen Sie, bei aller Liebe, Sturm und Drang, der kalte Trunk will warm gepisst werden. Außerdem muss ich noch einen Gruß an die Stadtwerke schicken. Lassen Sie mich vorbei, ja?«

»Einen Gruß an die Stadtwerke?«
»Kacken, Sie Bildungsneuling.«
Er drückte Grosz mehr rabiat als freundlich bei Seite, verschwand im Getümmel und ließ ihn und das zu ihm passende Getränk vor der Tanzshow stehen. Versuch misslungen, und wenn schon. Ein seniler Greis auf dem Weg zu seinem hundertsten Geburtstag, was will der schon. Ihm lohnt die Aufmerksamkeit nicht. Denken wir nicht mehr daran und sehen - Titten. Stolz und aufrecht stellen sie ihre jungen Knospen in den Wind, voller Vorfreude, ihre Blüte erwartend. Zuverlässige, feste Inseln. Doch mit jedem Tag des Alterns und der Weltbetrachtung neigen sich ihre Köpfchen. Sie verlieren an Vorfreude. Alles schon mal dagewesen, keine wahren ersten Male mehr, nur mehr und mehr Male auf der fahlen und faulenden Haut. Sie altern und krampfädern und werden blass. Und irgendwann sieht man dann so aus wie der Dachs, runzelig und bitter gleichgültig und schwarz-weiß. Nichts gefunden, doch mit allem abgefunden. Bleiben wir also jung.
Dachs dachte in der Gleichzeitigkeit beim Pressen an seine Jugend zurück. Ach, so wünschte er, einmal noch so jung wie der Dada sein. Weite Entfernungen. Wie dumm und unerfahren man doch früher einmal war. Früher war das Gedankengebäude eine Holzhütte, ungeschützt vor Erdbeben und Vandalen. So leicht gebaut. Heute ist jeder Gedanke eine Stahlsäule im Gerüst einer Festung, mit festem Betonfundament und unbrennbar mit Bitumen umschäumt. Es ist massiv und ummauert mit Wissen. Es hat einen Schützengraben um das Anwesen herum und Deiche aufgehäuft und Stacheldraht gezogen und das Sofa im Wohnzimmer ist bequem und sicher. Es ist der Himmel

auf Erden. Ist man denn schon alt geworden? Hat man schon alle Formen gesehen und hat mit ihnen allen geschlafen? Je weniger das juckt, desto älter muss man wohl sein, dann muss man nicht mehr kratzen. Und draußen tobt das alte Menschmeer und die jungen Matrosen schreien die Gegenwinde voraus, es wird wohl ihre Arbeit bleiben müssen. Viele Wetter sind an mir vorbeigezogen und eines hatten sie alle gemeinsam – sie verzogen sich. Eine dicke, fleischige Wurst platschte in den Bottich. Dann knöpfte er die Hose zu, kämmte sich vorm Spiegel sein Seitenhaar auf sechs Uhr zurück, verließ den Abort und nutzte die letzte Möglichkeit in seiner Brieftasche um einen wegzustecken. Zu jenem Tage war viel Frisches dabei.

Oberbefehl zu Auftrag Nummer: 21.689.
(Aus dem Russischen ins Deutsche: Karl Radek.)

Genosse Doktor Bobrow,

die Trauermärsche ziehen weiterhin durch die gesamte Union, die schwarzen Monturen und Gitterschleier sind noch nicht abgelegt, der Flor noch nicht verwelkt, und doch gilt es gerade für die Engsten des Verstorbenen genau jetzt zu agieren und das Erbe ihrer Vorhut der Kommunistischen Weltrevolution anzutreten. So unverwüstlich wie seine Schriften ist die sterbliche Hülle dieses Mannes nicht, nie gewesen, alles andere wäre pechbringender Aberglaube. Doch als »Gott der Vorhut« soll ihn das Proletariat in Erinnerung behalten, etwas erbaulich Emotionales soll es mit ihm verbinden, Identität soll er ihm sein. Darum soll er, abgebalgt und taxidermisch aufgearbeitet, der Union als Götze dienen, als Mumie, in einem gläsernen Sarg zum roten Platze ausgestellt. Für alle sichtbar und geehrt, auf alle Ewigkeit konserviert und verortet. Doch bevor dies geschieht fehlt noch eine letzte, empirische Revision, die beweist, dass er das war, was alle glaubten zu wissen, in ihm zu erkennen: Ein Genie. Nicht weniger. Und da dieser Auftrag von weltgeschichtlicher Bedeutung ist, erteile ich Ihnen, Genosse Bobrow, den Befehl zur postmortalen Biopsie des imposantesten Denkapparates seit Marx höchstpersönlich.
Denn wie schon Engels schrieb: »Rücksichtslose Kritik ist allein der freien Wissenschaft würdig, und jeder wissenschaftliche Mann muss sie willkommen heißen, auch wenn sie auf ihn selbst angewendet wird.«

Es gilt, den Befund zu prüfen, zu bestätigen, zu festigen. Geheimnisverrat wird, wie gehabt, mit der unverzüglichen Vernichtung abgegolten (voraussichtliche Vernichtungsnummer: 33-f-362.871).

Im Auftrag des Generalsekretärs des Zentralkomitees und vordersten Triumviratsvorsitzenden,

Josef Stalin

KAPITEL VI
Die neue Sachlichkeit
1924

Kollwitz überquerte den Rangierbahnhof und blickte sich suchend um. Auf der Serviette in ihrer Hand stand eine Adresse geschmiert. Dachs hatte sie ihr bei einem Treffen der Berliner Secession, wo er uneingeladen durchmarschierte, zugesteckt und meinte, dort fände sie eine künstlerische Entwicklung. Im Rahmen der Wissenschaft, betonte er. Hinter einer ruhigen Ecke fand sie ein kleines Geschäft. »Kramladen zu Brockhaus« stand auf dem Zinnschild darüber. »Antiquariat für Alles und wieder nichts« stand auf dem Schaufenster. Darin waren Stapel von Büchern, ausgestopfte Tierwelten, Portraitbüsten jeder Größe und Gesteinssorte durcheinandersortiert. Hochwertiger Krimskrams.
Das goldene Glöckchen an der Eingangstüre bimmelte als sie eintrat. Hinter dem Tresen saß ein rotbärtiger Riese und las.
»Hallo?«, fragte Kollwitz.
Der Wikinger sah auf und zauberte sogleich ein schimmerndes Lächeln in seine Fransen.
»Sind Sie dieser Brockhaus?«, fragte Kollwitz.
»Der bin ich, Frau Kollwitz.«
»Sie wissen, dass ich kommen sollte?«
»Ich weiß alles, Frau Kollwitz.«
»Ich sollte zu einem Herrn Doktor Bobrow. Ein Herr Dachs hat mir die Adresse hier gegeben. Wissen Sie, ob ich ihn hier irgendwo antreffen kann?«
»Natürlich. Ich weiß alles.«

Kollwitz zögerte.

»Und wo?«

»Warten Sie einen Augenblick«, sagte er, »ich gehe kurz zu ihm, um sicherzustellen, dass er bekleidet ist. Ich bin gleich wieder da.«

Er ging durch die Tür hinter der Kasse ins Rückgebäude.

Kollwitz watete durch die vollgestellten Gänge des Kramladens. Zerfledderte Buchrücken, Schriften aus römischen, arabischen und afrikanischen Altkulturen staubten um die Wette. Ganze Soziotope von Spinnweben versponnen sie in ihrem Tiefschlaf. Spanische Statuetten, transsilvanische Wolfszähne, eine akkadische Herrschermaske, ein wüst präparierter Dodo. Es gab nichts was es nicht gab, sie war erstaunt über das Repertoire. Aus einer Mappe zog sie willkürlich ein Blatt heraus. Darauf befand sich ein Entwurf einer Kriegsmaschine von Leonardo Da Vinci: Zwei Kavalleriereiter an einen Streitwagen gespannt, welcher eine Art Mühle in sich führt. Zwei lange Streben halten einen weiteren Mühlenapparat vor den Reitern, welcher durch geschickte Zahnradverbindungen einen vierklingigen Säbelprobeller bedient. Jede Klinge weißt die Länge eines ganzen Pferdes auf. Mit einem weiteren Querbalken zwischen den Reitern werden die beiden Mühlen verbunden. Mit der Bewegung des Wagens setzt sich der Säbelpropeller in Gang, ein ideales Massenvernichtungsfahrzeug für eine Feldschlacht in den Zeiten Machiavellis. Über der ersten Zeichnung sah sie eine zweite Version der gleichen brutalen Idee: Diesmal sind die Reiter über einen tiefen Bügel weiter entfernt vom Wagen gespannt und der Wagen dreht den Säbelpropeller direkt über einer massiveren Spule. Wie Blumenblätter ragen die Klingen aus ihrer Mitte

und segeln flach über dem Boden, sie zertrennen den Gegner knapp unter den Kniekehlen, was in der Skizzierung anhand mehrerer toter Statisten deutlich illustriert wird. Ein fieses Gefährt, dem es egal ist auf welche Art und wie lange man stirbt. Was hatte sich Da Vinci dabei nur gedacht? Es war formschön ausgereift und böse.
»Wie ich erwartet hatte«, sagte Brockhaus aus dem Rückgebäude kommend. Er schnappte sich sein aufgeschlagenes Buch und ließ sich wieder in seine eingesessene Ausgangsposition fallen.
»Er hat jetzt seine Hose an, Sie können hinein, zweite Tür links.«
»Ist das echt?«, fragte Kollwitz und zeigte auf den Da Vinci.
»Das? Nein, eine Kopie«, log Brockhaus. »Können Sie haben, Fünfzig in Rentenmark würde das berappen.«
»Sieht echt aus«, sagte Kollwitz und legte die Zeichnung zurück.
»Das tut es«, murmelte Brockhaus und schmökerte weiter.
Sie nickte und ging den Flur entlang. Sie öffnete die zweitlinke Tür und betrat eine Art selbstgebautes Anatomielabor. Dort standen Kochtöpfe auf Gaskochern neben Reagenzgläsern und Petrischalen und ein Grammophon. An einem Querbalken hingen Äxte und ein Schraubbohrer an Lederriemen. In der Mitte des weißen Raumes stand ein robuster Metalltisch auf dem Doktorvater Bobrow saß und in die Hände klatschte.
»Guten Morgen, Frau Kollwitz, fantastisch, dass Sie es einrichten konnten. Kommen Sie heran.«
»Sie sind also der Herr Doktor Bobrow? Guten Morgen. Helfen Sie mir doch bitte bei einer Frage aus: Wieso ich?«

»Wieso Sie?«

»Wieso wurde ich als ›wissenschaftliche Zeichnerin‹ hierher geladen? Im Rahmen der Wissenschaft, hieß es.«

»Sie wurden nicht geladen, Frau Kollwitz, Sie wurden von mir persönlich auserwählt. Und nicht als wissenschaftliche Zeichnerin, nein, als anatomische Illustratorin. Ihre Formsprache ist perfekt und verfehlt kein Detail. Sie stachen bei Weitem heraus für dieses Projekt.«

»Aber ich bin Künstlerin.«

»Sie sind qualifiziert, Frau Kollwitz, qualifiziert. Sind Sie an Bord?«

»An Bord von was?«

»An Bord keiner geringeren Expedition als die ›Excursio nummerus septem‹ in die Anatomie des menschlichen Gehirns!«

»Ich weiß nicht, nun, mein Sohn Hans ist auch Anatom, wissen Sie? Aber die haben ihre eigenen Zeichner.«

Bobrow zeigte auf.

»Ich frage Sie, wie schnell trifft ein Mensch eine Entscheidung?«

»In Sekunden?«

»Es variiert, Frau Kollwitz. Die Antwort lautet: ›variiert‹. Wollen Sie herausfinden warum?«

»Nun ja, Sie kennen Herrn Dachs?«

»Ich kenne alle.«

»Hier scheinen ja alle sehr genau Bescheid zu wissen.«

»Und? wollen Sie herausfinden woran das liegt?«

»Na gut, ich bin dabei, fahren Sie fort.«

»Fantastisch!« Bobrow machte einen Satz vom Tisch und wankte wie ein Biber auf zwei Beinen auf einen Kühlschrank zu. Er öffnete den Verschluss mit einem Prankenhieb und holte vorsichtig ein Tablett heraus. Dann stellte er es vor Kollwitz auf den Tisch, hob die Glosche und fuhr mit der Geste eines servierenden Sterne-Kellners über das Gehirn.

»Et voilá.«

»Sie möchten, dass ich ein Gehirn zeichne, Herr Doktor Bobrow?«, fragte Kollwitz.

»Nein«, antwortete er, »nicht *ein* Gehirn. Dieses Gehirn. Und nicht nur das, ich möchte, dass Sie jedes Einzelteil davon zeichnen. Bei diesem unscheinbaren Klumpen handelt es sich nämlich um nichts geringeres als Lenins sterblicher Denkapparat.«

»Das ist Lenins Gehirn?«

»Mit diesem, und keinem anderen, hat Lenin höchstpersönlich nachgedacht! Stellen Sie sich das vor, Frau Kollwitz, drei Schlaganfälle. Die bolschewistisch kommunistische Partei, die rote Revolution und zuletzt die Sowjetunion kamen da heraus. Und Sie und ich, wir werden es heute zerlegen und finden dann heraus, was da so ganz und gar nicht gestimmt hat.«

Sie sah Bobrow misstrauisch an.

»Sind nicht alle Menschen grundsätzlich gleich gestrickt? Zumindest habe ich das mal so gelesen.«

»Gelesen, Frau Kollwitz, gelesen. Wenn Sie wüssten was ich schon alles gelesen habe. Ich weiß nur eines: Naturgesetze sind da um gebrochen zu werden. Sie wurden nicht von der Evolution herbeigezaubert, sondern von Menschen aufgeschrieben, die es ›Evolution‹ nannten. Wie Darwin zum Beispiel, Gott hab ihn selig. Es hätte genauso gut ›Brot‹ heißen können. All unsere Erfindungen und Gedanken entsprangen aus eben diesem gordischen Kno-

ten, den wir Hirn nennen. *Dort* ist die Welt versteckt – nicht irgendwo auf den Galapagos-Inseln.«
Kollwitz lächelte entzückt über Bobrows kindliche Begeisterung, sie erinnerte ihn an Peters. Sie schlug ihren Block auf und zog einen Bleistift hervor.
»Dann zerlegen Sie mal los«, ermunterte sie ihn.
»Fantastisch! Wo fangen wir an? Na mal sehen.«
Zu aller erst legte Bobrow eine Schellackplatte von Tschaikovsky auf das Grammophon und tanzte zum Trepak auf den Querbalken zu. Unentschlossen suchte er sich eine kleine Axtgröße aus. Dann trümmerte er ein paar Mal mit dem Beil in die Gehirnmasse hinein, so dass viskos wabblige Tropfen durch den Raum flogen. Er drückte die zwei Hälften auseinander und einige Brocken lösten sich aus dem Innern. Er zweckentfremdete ein paar Gefäßklemmen für besseren Halt, dann nahm er eine Amputationssäge zur Hand und fing an zu metzgern. Kollwitz sah ihm an, dass er seine Arbeit liebte. Und während er sich in seine Zuneigung zum Werke vertiefte, fing er an redselig zu werden:
»Wissen Sie, Frau Kollwitz, die Gehirnforschung hat eine lange Geschichte. Das lesen nur die Wenigsten. Aristoteles beispielsweise war schon der Auffassung, dass der Mensch nicht mit dem Hirn, sondern mit dem Herzen denke und dass das Hirn als Kühlorgan für körperliche Überhitzung diente. Heute wissen wir, dass das Umgekehrte der Fall ist. Später teilte man das Gehirn in drei unterschiedliche Kammern ein: Die erste Kammer war zuständig für Wahrnehmung und Einsicht, die zweite Kammer formte daraus Erkenntnis und Urteil und die dritte Kammer diente letztlich als Gedächtnis des Ganzen. Ziemlich optimistische

Vorstellung, wenn Sie mich fragen. Vor nicht allzu langer Zeit fing man also an das Gehirn empirisch zu zerteilen um wissenschaftlich zu analysieren. Hier, sehen Sie.«
Er griff nach einem Brocken der vom Tablett gefallen war und gab ihn Kollwitz in die Hand. Sie stieß leicht auf.
»Fangen wir damit an«, sagte Bobrow.
Kollwitz versuchte es abzuschütteln, doch es klebte. Glibber troff davon ab wie ein trockener Spuckfaden an einer verdorbenen Kaulquappe.
»Was ist das für ein Schleim?«, fragte sie voll Ekel.
»Ha, ganz besonderer Schleim«, sagte Bobrow. »René Descartes war einst davon überzeugt, dass in diesem kleinen Ding die Seele wohne.«
»Das soll die Seele sein?«, fragte Kollwitz.
»Nein, natürlich nicht. Heute wissen wir, dass es eine ganz profane Drüse ist, die den Schlaf-Wach-Rhythmus steuert. Ganz basal. Vielleicht hat man den werten Herrn Descartes ja deshalb ohne Kopf beerdigt, wer weiß. Doch bitte zeichnen Sie, es könnte uns Aufschlüsse geben. Ich hatte immer den Eindruck, Lenin hätte nie geschlafen, aber immerzu geträumt. Ein Tagessomnambuler war er, der Schlappschwanz. Seine Frau hatte die Weiberhysterie.«
Kollwitz streifte die Seelendrüse an der Tischkante ab und begann die vermeintliche Seele zu zeichnen. Bobrow legte mit dem Zerkleinern los und erzählte zu jedem Stück seine Geschichte. Vom reptilischen Areal über den Hypothalamus zur Amygdala, zurück zum limbischen System, den Frontallappen und zur Sehrinde. Alles flog durcheinander und landete wieder auf dem Tablett. Kollwitz zeichnete Knetmasse um Knetmasse und entwarf im Laufe des Tages einen ganzen Atlas um Lenins alten Sympathikus.

»Wie war er denn so?«, fragte Kollwitz zwischendurch.
»Wer?«
»Na, Lenin. Herr Dachs erzählte mir beiläufig, Sie wären sein Leibarzt gewesen.«
»Nun, er war clever, wie der Engländer sagt, aber nicht schlau, wie der Deutsche es meint.«
»Was wollen Sie damit sagen?«, fragte sie. »Glauben Sie nicht, dass Lenins Interpretation des Kommunismus überdauern wird?«
»Wissen Sie«, sagte Bobrow friedvoll beschäftigt, »wir spalten hier nur das Material aus dem das, was wir Interpretation heißen, entsteht, in all seiner Kombination und seinen Schlüssen. Wir versuchen lediglich den mechanischen Zusammenhang dieser Organe zu dechiffrieren. Was aber ist Interpretation? Ich sage Ihnen, Interpretation ist immer nur eine Rekonstruktion der Realität, nichts Reelles, somit ist nichts was wir wahrnehmen Wahrheit. Es ist immer das subjektive Bild im Kopf des Individuums, wie wir Forscher es nennen. Diese subjektive Ansicht formt das Objekt und das Objekt wiederum schließt zurück auf die Subjektivität. Alle Sichten ähneln sich doch sind niemals das Gleiche, sie alle sind Fiktion. Wir leben nicht zusammen mit unseren Menschen, wir leben synchron. Wir leben auf einem fingierten Planeten mit Gespenstern. Also nein, ich denke nicht, dass Lenins Interpretation von überhaupt irgendetwas in irgendeiner Weise überdauern wird. Hundert Jahre vielleicht, mehr nicht. Dann synchronisieren wieder andere Geister miteinander und bauen andere Ismen. Über den Tod hinaus bleibt niemand auf immer unvergessen. Wir alle sind vergesslich und vergessbar. Außer ich vielleicht, da ich das ja weiß und mitteile.«

Kollwitz hob nachdenklich das Kinn.

»Sie sagen also, es macht alles überhaupt keinen Sinn, warum wir existieren, lieben und trauern, Schmerzen empfinden und leiden, sehnsüchtige Witze machen und qualvolle Tode sterben?«

»Ich weiß nicht was einen Sinn macht, Frau Kollwitz, ich weiß nur, man kann ihm nicht entkommen.«

»Ich habe manchmal Klarträume, Herr Bobrow, darin wird mir oft vieles klar, ich kann fliegen und fliege über all die Dunkelheit hinweg und finde meinen verstorbenen Sohn. Dann kann ich den Sinn fühlen, tiefer als jeden Gedanken. Denken wir nicht doch mit dem Herzen und das Hirn ist nur ein Kühlorgan gegen Überhitzung, wie Aristoteles sagte?«

»Nun, Frau Kollwitz«, sagte Bobrow, entriss der Fleischbaustelle ein Schnitzel und knallte es vor Kollwitz' Papier.

»Fragen Sie den Cortex hier, da sind Ihre Träume drin. Ich bitte Sie, ich bin Wissenschaftler, Sie sind Künstlerin. Unsere Bewusstseinswellen verqueren asymmetrisch.«

»Sind Sie verheiratet?«, fragte Kollwitz. Bobrow lachte. Weiber, dachte er.

»Ich bitte Sie, um keines meiner Barthaare würde ich heiraten.«

»Wie kamen Sie zur Gehirnforschung?«

»Ich war mal Psychiater, dann ist der Weg nicht weit zum Neurophysiologen. Ich schrieb ein bisschen Weltliteratur über meine Ergebnisse, dann setzte mich Lenin auf seine Gehaltliste. Und Dank Stalins Vergötterungsstrategie bin ich nun hier. Wo wir schon dabei sind, es handelt sich um einen Geheimauftrag, darum bitte ich um Ihre Diskretion hinsichtlich Öffentlichkeit, Sie verstehen mich.«

»Selbstverständlich, Herr Doktor Bobrow.«

»Auch keine Notizen in Tagebüchern, oder Erinnerungsstückchen in sonstigen melancholischen Frauenzimmerschuhkartons.«

»Wie Sie meinen.«

»Die hängen mich sonst an den Strick, Frau Kollwitz, ich wäre Ihnen also verbunden, um mir den Wortwitz nicht zu ersparen.«

»Ich hätte da ein Angebot, Herr Doktor Bobrow«, setzte Kollwitz an. »Für meine Illustrationen bezahlen Sie, für den Gefallen der Verschwiegenheit könnten Sie mir einen Gegengefallen tun.«

»Wie meinen?«

»Mein Mann Karl ist Arzt in einem Armenhospiz, jede ärztliche Hilfe ist gerne willkommen, so vieles ist notwendig. Vielleicht könnten Sie ihm ja mal unter die Arme greifen, wenn Sie zufällig in Berlin sind.«

»Berlin ist eine scheußliche Stadt«, sagte Bobrow. »Aber man kommt nicht drum rum hin und wieder in den Dreck zu stiefeln, der dort überall auf den Straßen liegt. Natürlich werde ich Ihren Doktor Ehemann unterstützen wo ich kann. Allein aus idealen Gründen meiner Profession.«

Er nickte zufrieden, wankte wieder zum Kühlschrank und holte eine Flasche Wodka heraus.

»Klar wie eine finnische Nacht«, lobte er. Es schien als würden winzige Silberfische darin schwimmen.

»Wollen Sie einen Schluck?«, empfahl er Kollwitz.

»Ich denke schon«, sagte sie und er holte zwei vereiste Gläser aus dem unteren Fach.

»Auch der Wissenschaftler folgt ab und an seinem Herzen, nastrowije, Frau Kollwitz.«

Sie tranken.

Die Arbeit nahm zügig ihren Lauf und des Abends war ein ganzer Katalog sehr ähnlicher Skizzen entstanden. Bobrow blätterte ihn durch und hustete zufriedengestellt über Gelungenes an seiner russischen Zigarre.

»Ganz wie ich es mir von Ihnen versprach, Frau Kollwitz, ganz ordentlich und seriös, ich danke Ihnen.«

Er gab Kollwitz einen Briefumschlag. Dann ging er an ihrer ausgefahrenen Hand vorbei und umarmte sie herzlich. Sein dicker Bauch hob sie ein Stück in die Luft, dann ließ er sie wieder landen.

»Ich wünsche Ihnen mit Ihren Erkenntnissen noch viel Erfolg, Herr Doktor Bobrow.«

»Und ich Ihnen mit den Ihrigen, Frau Kollwitz, gute Arbeit, machen Sie es nicht minder gut.«

Kollwitz fühlte sich ungewöhnlich glücklich als sie zur Tür ging.

»Sie sind ein schöner Mensch, Herr Doktor Bobrow«, sagte sie.

»Ach, geht es schon los?«, fragte Bobrow.

»Wie bitte?«

»Sie finden mich schön? Setzt der ›Glückspilz‹ schon ein?«

»Glückspilz?«

»Der Wodka, den Sie vorhin tranken, Frau Kollwitz, das war nicht nur Wodka.«

»Ja, was denn dann?«, fragte Kollwitz lachend.

»Nun ja, ich weiß um die Geschichte mit Ihrem Sohn – Ihre manische Depression ist Ihrer Arbeit ja unschwer zu entnehmen. Ich dachte mir, ich päpple Sie mal ein bisschen auf. Fragen Sie sich nicht, was die silbernen Stückchen in dem Gesöff waren?«

»Ich dachte, das waren Kartoffelschalen.«
»Ja auch, doch nicht nur das. Ich nenne es eben ›Glückspilz‹. Es ist eine Art Salat aus russischen Beerenfrüchten, seltenen Samenkörnern und besonderen Destruenten, Laudanum und Tetrahydrocannabinol. Genießen Sie die Heimreise, ich wünsche guten Flug.«
»Sie haben mich vergiftet?«, fragte Kollwitz und beide begannen lauthals zu lachen.
»Stopp, Stopp, ich kann nicht mehr«, keuchte Bobrow und hielt sich den Wanst. »Machen Sie sich keine Sorgen, Frau Kollwitz. Mein Glückspilz wirkt antitoxisch für die Seele. Nun machen Sie es aber gut, verpassen Sie nicht Ihren Zug.«
Der besagte Glückspilz wuchs aus dem Boden und lächelte Kollwitz an, sie begrüßte den freundlichen Pilz, setzte sich auf sein Gesicht und schwebte winkend auf ihm davon wie auf Aladdins Teppich. Er trug sie zurück durch den Kramladen wo der behagliche Riese ein Abschiedslied für sie sang. Dann brachte sie der Pilz wohl behalten zum Bahnhof. Alle Gleise tanzten vor Begeisterung und sie setzte sich fröhlich in den lachenden Zug, dann glitt sie drei Jahre lang auf einem pulsierenden Regenbogen zurück nach Berlin. Es fühlte sich wie fliegen an, nur besser.
Bobrow zog sich indessen wieder seine Hose aus und machte sich an die schwerwiegende Aufgabe, die Gehirnareale wieder zusammen zu nähen. Das Produkt sah aus wie ein schleimiges Wollknäuel, präpariert um es wieder zurück in Lenins Obertopf zu stopfen, damit das Mausoleum auf dem roten Platz fertiggestellt werden konnte. Er hatte was er brauchte – erstwertige Studienergebnisse. Des Abends trank er eine weitere Dosis von der »finnischen

Nacht«, bis es zu blitzen begann, und ritt auf einer Trommel zurück nach Moskau.

X

Kollwitz saß auf einer Bank im Park am Ufer an der Havel. Das Laub schaumte wild im sanften, kühlen Wind. Ein paar Kumuluswolken fern ab der Zivilisation, ein paar Gänse beschnatterten sich an den Auenpfützen und alles in allem war es ein schöner, halkyonischer Tag. Sie spürte ihre Hände, ihre Muskeln, ihren gegenwärtigen Geist, die Gnade des Seins. Ihre frostige Traurigkeit schien seit dem Glückspilz wie abgeschmolzen. Die Spaziergänger flanierten den Uferweg entlang und erzählten sich Witze, ihre Kinder sprangen quiek fidel in die Pfützen und jagten die Gänse mit hellichter Begeisterung. Die Spatzen bepfiffen die Mülleimer, Papageie waren eingeflogen, die Dackel hüpften nach den Schmetterlingen und köterten auf die demokratischen Grünflächen. Die Männer rauchten Zigarette und die Frauen waren hübsch geschminkt und zeigten sich der Welt. Ein Igel verschwand mit einer Nacktschnecke im Maul in einem Strauch. Das Leben geht weiter, dachte Kollwitz, es geht spazieren.
Die Zeiten schienen sich zu verbessern, das Unwetter zog davon, der Weg war offen. Die Inflation war durchgestanden wie das Abflammen eines Streichholzes, die Arbeitgeberverbände und die Gewerkschaftsführer befanden sich in Waffenstillstand, die ärmsten der Armen wurden weniger, die Nahrungsmittel gab es nun auch an Tafeln, so dass

die Entbehrungstoten aus den Zeitungen verschwanden, die Wogen waren geglättet, es schwante nichts Böses. Die scheinbaren Kuriositäten der Zeit wurden gewohnt, die Prothesen wirkten natürlich. Die einstmals gemischten Gefühle sortierten sich, sie wurden ordentlich und aufgeräumt, die Bewegungen schlugen keine Fluten mehr los, die Menschen starben nicht mehr so leicht. Kollwitz lehnte sich in die Bank, breitete ihre Arme über die Lehne und roch an frischer Luft. Die Pauke in ihrem Herzen schlug für ein neues Kapitel, eine weitere Kurzgeschichte in einem verworrenen Buch. Das Fieber ließ nach, der Hals wurde frei.

»Mutter«, hörte sie sich gerufen. Hans kam den Weg entlang und schob den alten Kinderwagen vor sich her, daneben lief das kleine Peterchen. Es hielt sich am Gestell des Wagens fest und probierte seine ersten schlingernden Gehversuche aus. Es lernte erst Spazieren.

»Na endlich. Verzeih die Verspätung, die Kleinen bringen das Zeitgefühl durcheinander.«

»Keine Eile, Hans, ich habe eine Ewigkeit Zeit.« Kollwitz stand achtsam auf und sie umarmten sich.

»Wie geht es dem kleinen Peterchen?«, fragte sie.

»Prächtig«, sagte Hans. »Aber die Dickköpfigkeit hat er von seinem Onkel geerbt. Manchmal kommt er mir vor, als sei er eine Replikation. Einmal mit dem Gehen begonnen hört er nicht mehr auf, er hat seine Zeit im Kinderwagen für beendet erklärt, glaube ich.«

Kollwitz strich dem neugierig umherblickenden Kind über die Stirn.

»Er sieht ihm ähnlich«, flüsterte sie.

»Komm«, sagte Hans, »er muss noch viel üben.«

Und sie schlossen sich den Spaziergängern an, gemach und beständig ein- und ausschlendernd wie die erhoffte Zukunft.

»Wo ist Otty?«, fragte Kollwitz.

»Sie braucht zur Zeit viel Raum für ihre Malerei«, antwortete Hans, »die zwei Töchterchen schlafen zum Glück tief wie satte Bärinnen.«

»Ach ja, Otty und die Malerei«, hauchte sie. Es war zu leicht zu sehen, dass ihre Schwiegertochter glaubte, allein mit dem Nachnamen ›Kollwitz‹ sei man schon Künstlerin. Als wäre es einfach. Hans hob das umgefallene Peterchen auf und stellte es wieder aufrecht hin.

»Nur der Kleine hier braucht ständig Auslauf. Ganz der Onkel eben.«

»Oh ja«, antwortete sie, »Ich erinnere mich gut daran als Peter in seinem Alter war, er war nicht zu bremsen. Einmal entwischte er uns durch ein Loch im Zaun, wir suchten und suchten und es wurde schon dunkel und begann zu regnen. Wir fanden ihn erst spät nachts tief im Wald, pitschnass und Regenwürmer sammelnd.«

Hans lachte. Die frühe Abendsonne traf auf die Fichtenkronen und die langen Schatten ließen die Luft tiefer werden. Er beobachtete die kleinen Entdecker beim Gänsejagenspiel.

»Es scheint alles wieder sein Lot zu finden, nicht wahr?«

Kollwitz nickte.

»Ja, ich wage zu hoffen, wie Goethe es formulierte.«

Dem Peterchen wurde die Unterhaltung sichtlich langweilig, er löste sich vom Kinderwagen, folgte dem Vorbild seiner Altergenossen und ging selbst auf Gänsejagd. Nach ein paar trotteligen Schritten kippte er um, stand höchst

selbst wieder auf, kippte wieder um, stand wieder auf. Hans und Kollwitz amüsierten sich und blieben stehen, um das Kind für sie spielen zu lassen.
»Ich wage zu hoffen«, wiederholte sie.
»Omamana!«, quakselte das kleine Peterchen in einer Pfütze sitzend, das Händchen voller Schlamm und ihr hinreichend. »Omanana!«
»Sein erstes Wort, falls das ein Wort war!«, rief Hans euphorisch. Dann kaute das Kind auf dem Matsch an seinen Fingern herum und er musste hektisch einschreiten – wegen dem Immunsystem, er war schließlich Anatom. Kollwitz entwich fast ein Lächeln aus einer Portion liebenswerter Schadenfreude.
Sie gingen weiter. Am Ufer neben den Silberweiden standen und saßen ein paar Landschaftsmaler, übten sich an ihren freien Tagen an ihrer Hobbypinselei und boten ihre Werke für fünf bis zehn Mark zu heimischen Dekorationszwecken feil. Die Künstlerklause der behaglichen Malkultur und ihr Flohmarkt. Betagte Herren, die noch einmal etwas lernen auf ihre alten Semester, manche mit überzeugenden Talenten, manche mit weniger. Es ging um die Freude an der Sache. Kollwitz und Hans bewanderten die spontane Vernissage unter freiem Himmel, nickten oder verneinten und kümmerten sich nicht weiter um das Peterchen. Dieses hatte es wieder auf die Gänse abgesehen und lief ihnen bis ans Flussufer nach, wo diese mit genervtem Gequake in die Havel watschelten, ihre Bäuche auf die Wasseroberfläche legten und davonpaddelten. Das Peterchen folgte seinen neuen Vorbildern und war schon fast bis zum Halse abgetaucht, wäre nicht Hans hinterhergehechtet und hätte es herausgezogen. Das setzte eine Back-

pfeife. Das Kind weinte, nass war es auch und es pinkelte in die feuchten Sachen. Wo Kinder das Laufen lernen, dachte Kollwitz, da tun sich überall neue Gefahrenherde auf – und sie erinnerte sich an ihre zwei Flachsköpfe von damals. Aus harmlosen Pfützen werden Sprengfallen, aus friedlichen Tümpeln wird Treibsandgelände und aus einem geduldigen Fluss wird eine reißende Strömung. Hans war nach seinem Backpfeifen-Fauxpas ja nun mit Trösten beschäftigt, also ging sie ein wenig alleine weiter, die Künstlerphalanx entlang, beschaute sich die Werke und beobachtete die konzentrierten Maler. Nun gut, talentiert war nicht jeder, aber zwei oder drei waren durchaus zu bedeutend für den Trödel. Sie hoben sich ab. Es waren ausgebildete Kunstakademiker, was man an ihren Techniken erkannte, und sie alle kamen aus jener Studienzeit, als der Impressionismus noch als rebellisch galt, die alte Sechziger- oder Siebziger-Generation, aus der Mitte des letzten Jahrhunderts, dem Vorbilde Liebermanns folgend, ihr Alter. Den Kubismus und den Krieg hatten sie kaum noch mitgemacht. Sie waren ihrer Feder gefolgt, nur war irgendwann kein Platz mehr für die Rebellion der Eigenbrötler. Einst verkauften sie billig, als sie noch mit Drang im Sturm standen, dann, als die Nachfrage stieg und der Erfolg ins Haus stand, verkauften sie teuer, und nun, da der Erfolg vor einer anderen Tür steht, verkaufen sie wieder billig. Aber mit mehr Ruhe als früher.

Sie stellte sich vor wie es wäre, wenn sie so eine Malerin geworden wäre. Eine Malerin, an der der Erfolg erloschen wäre. Wenn man ihren Namen nicht achten und nach ihrer geschätzten Meinung nicht fragen würde. Wie schwer müsste es diesen Malern doch sein, nicht von ihrer Kunst leben zu können. Wie schamvoll müssten diesen Künstlern ihre Werke sein, dass sie sie in kleinen Münzen handeln. Werke ohne Widerhall. Wie Luft müssten sie ihnen sein.

»Frau Käthe Kollwitz?«, fragte einer der Impressionisten, der dort auf einem Hocker saß und die Pappeln abmalte, die mittels Kleckserei in der Tiefe mit der Havel verschmolzen. Ein paar Holzfäller machten sich an seinem Modell zu schaffen, diese fanden *nicht* den Weg auf sein Bild.

»Hans Licht, so mein Name, Sie haben vielleicht schonmal von mir gehört«, stellte sich der Impressionist vor.

»Leider nein, aber angenehm«, sagte Kollwitz und gab ein gutgewolltes Gucken zum Ausdruck. »Ihre Arbeit gefällt mir.«

»Nun ja, ist nicht die hohe Algebra, doch ich übe mich gerne am kleinen Einmaleins; ist zwar kein Liebermann, kein Corinth oder Slevogt, aber ich bin gut genug, um zufrieden zu sein.«

Die Holzfäller wurden lauter, einige waren nun in die Kronen hochgeseilt und sägten an den oberen Ästen herum, ihre Kollegen zerkleinerten die Fallstücke am Boden und warfen die Teile in lärmend schallende Blechtonnen zum Abtransport.

»Warum sie *diesen* Baum nun wieder fällen?«, ärgerte sich Licht mit Blick auf seine Landschaft und kniff seine stereotypisch verkniffenen Impressionisten-Äuglein zusammen. »Es gibt mir jedes Mal ein Rätsel auf. In letzter Zeit haben sie es öfter auf die Pappeln abgesehen, letzten Sommer waren es noch die Kastanien.«

»Vielleicht, weil die Kastanie keine heimische Art ist«, folgerte Kollwitz achselzuckend. Licht konnte dazu nur den Kopf schütteln.

»Ein Baum ist heimisch wo er wächst. Ein Baum gehört doch nicht ab, weil er vor tausenden von Jahren noch nicht da war. Wo waren *Sie* vor tausend Jahren? Seine Wurzeln sind hier, nicht dort. Nein, nein, die brauchten das Holz, da war nämlich Inflation. Das Holz wurde zum Drucken der vielen Banknoten benötigt. Es gab ja Druckpressen überall hier in den Straßen. Da hinten, in dem Kleiderladen, da stand eine. Und da vorne, das war alles Wald. Warum sie jetzt aber die Pappeln abhacken, das verstehe mir mal einer.«

»Vielleicht dient es der Parkpflege«, nahm sie gleichgültig an.

»Ich bitte Sie, Frau Kollwitz, was male ich denn den ganzen Tag? Die Natur pflegt man, indem man sie betrachtet und ihr nicht ihre Substanz abringt, ohne Not, für ein wenig Zubrot. Die Pappeln müssen ab, sagt irgendein Bürgermeister, papperlapapp. Man glaubt, da steht so ein Baum und der wäre standfest und dann wird er vor ihren Augen standrechtlich abgeschnitten. Nicht mit mir. Eine einzige Verschwendung.«

»Nun«, erwiderte Kollwitz weiter, »und wenn das Holz nun den Heizöfen der Armenhäuser für den nächsten Winter dient? Wenn nichts da ist, außer diese Bäume?«

»Die Menschen sollen *ihr Geld* zum Heizen ins Feuer werfen, davon gibt es doch jetzt genug. Das ganze Papier, wo ist das hin? Gut brennbare Kastanien für die nächsten drei Winter will ich doch meinen. Haben sie schonmal Kastanie in Rauch aufgehen lassen? Man riecht es an dem bauchigen Aroma des Qualms.«

Kollwitz nickte. Sie wusste wie verbranntes Geld riecht. Besser als gewöhnliches Holz, unverkennbar Kastanie, mit einer zimtigen Note, vielleicht besonders in aromatischer Kombination mit der Tinte, einem rußigen Etwas.

»Es riecht auf jeden Fall hervorragend«, fuhr Licht fort. »Sie kennen es, nicht wahr? Oder haben Sie Ihres komplett in Rentenmark getauscht?«

»Natürlich nicht«, sagte Kollwitz. »Die kleinen Milliardenscheinchen habe ich verbrannt, wer hat das nicht? Das sind eben die Emotionen.«

»Emotionen? Ja, emotional war ich auch.« Licht wurde lauter. »Mein gesamtes Barvermögen habe ich aufgehen lassen.«

»Sie haben Ihre gesamten Ersparnisse angezündet?«

»Ich habe es beendet. Es ging mir herrlich und leicht von der Hand. Mein früherer Bankier, der zuverlässige Herr Süßmilch, heute auch Bankrotteur, sagte immer: ›Eine Krise ist gleichbedeutend mit einer Chance.‹ – und ich dachte mir, solch eine Krise bekommt man kein zweites Mal. Ich habe das einzig Richtige getan. Wo man Geld verbrennt, wird man eines Tages auch Zäune verbrennen. Und keine Menschen stattdessen.«

»Und jetzt sind Sie arm?«, fragte Kollwitz etwas erstaunt. Licht sah auf die Havel hinaus und schien zu grübeln.

»Frau Kollwitz. Wenn man feststellen muss, dass man der einzige gewesen ist, der etwas sinnvolles tat, dann fällt man automatisch in einen Minderheitsbegriff und dieser lautet, wie sie es nannten: Arm. Ja, Frau Kollwitz. Arm. In einem Armenhaus lebe ich, meine Frau Ella hat sich nach neuestem Frauenrecht scheiden lassen, ist mit einem dieser Opernschnösel in Dispensehe verschwunden und nächsten Winter werde ich wahrscheinlich von dieser toten Pappel im Ofen am Leben erhalten. Früher war ich *ein* Jemand, als ich noch die Rathausgänge auf- und ablief und ausgestellt wurde und heute bin ich *dieser* Jemand, der dem Bäcker die Semmeln von vorgestern schuldig bleibt. Hätten wir alle unser Geld verbrannt, dann wäre jetzt niemand arm. Oder reich. Oder käme schon so über die Runden, oder hätte ungefähr ausgesorgt. Ich wäre dem Bäcker die Semmeln nicht schuldig, oder vielleicht gäbe es auch keine Semmeln mehr, für niemanden. Zumindest wären wir uns gleich und könnten uns unterhalten. Wir alle hätten gleich viel. Nicht gleich wenig – das ist ein Unterschied.«

»Und wenn Sie nun mit Ihrer Kunst Erfolg hätten?«, fragte Kollwitz und beobachtete Hans, wie er immer noch mit dem Peterchen am tollen war. Das kleine Peterchen wurde frech und schlug den Papa, wie er es von ihm gelernt hatte, dieser konnte aber wieder lachen.

»Wenn Sie nun ein berühmter Künstler würden und wieder Geld verdienten?«

»Sie würden für mich ein Wörtchen bei der Secession einlegen? Dann muss ich sagen – nein, danke. Erfolg brauche ich nicht, den hatte ich schonmal, früher. Erfolg ist nicht das Maß. Am Erfolg misst sich nur, wer davon abhängt. Ich aber messe mich am Wasser, an den im Wind brandenden Armen der Weiden, am Zusammenhang und am Widerspruch. Ich relativiere, wie man heutzutage so schön sagt. Erfolg hilft mir dabei herzlich wenig. Kleine Erfolge reichen völlig, hin und wieder einer, für die Miete, Sie verstehen.« Er lächelte gewiss.

»Das klingt romantisch, ist aber komfortable Lebenslüge«, meinte Kollwitz. »Wenn Sie denn nun den Erfolg hätten? Die erleichternde Anerkennung. Das Gefühl, wenn man sich für das verdiente Geld etwas Teures aber Echtes kauft. Etwas Zeit und eine Reise nach Indien zum Beispiel.«

»Ich muss nicht nach Indien für eine Neugeburt und Zeit habe ich auch genug. Meinen einzigen Wert lege ich auf meine Bilder.«

»Wieso bieten Sie sie dann zu solchen Spottpreisen an, wenn Sie sie eigentlich doch nicht mal verkaufen wollen?«

»Für die Miete, Frau Kollwitz, für die Miete.«

»Sie wollen wirklich nur zehn für dieses hier?«

»Das vom Wannsee?«

»Weiß nicht, sieht alles ähnlich aus. Das hier. Nur zehn?«

»Nicht weniger und nicht mehr.«

»Und wenn ich Ihnen nun hundert dafür geben würde? Würden Sie es nicht annehmen?«

»Sie haben gewonnen, Frau Kollwitz«, lächelte Licht. »Doch Sie wissen wie ich es meine.«

Er wandte sich wieder seiner Arbeit zu, verübte ein paar Striche an der Leinwand, löschte den Pinsel, tauchte ihn in tiefes Blau, löste etwas weiß an ihm und begann damit ein paar zarte Schäfchenwolken in den fernen Himmel zu streichen. Hans kam den Hügel vom Ufer herauf und hielt sich das Peterchen in seinen Händen auf Abstand. Offenbar hatte es ein größeres Geschäft verrichtet als bisher gedacht. Je näher er mit der Bombe kam, desto mehr stank es. Mit Kindern bekommt man zwar eine neue Sicht auf Fäkalien, aber keinen neuen Standpunkt.

»Gehen wir«, sagte Hans und sorgte hektisch für Aufbruchstimmung.

»Moment«, bremste Kollwitz. »Ich möchte noch das Bild hier kaufen.«

»Das da?«, fragte Hans. »Vom Wannsee? Wieso?«

»Was hast du? Es ist doch schön.«

»Ich weiß nicht. Die Farben sind etwas eintönig.«

Licht tat so, als hätte er das nicht gehört. Es gab schlimmere Kunstbanausen. Holzfäller zum Beispiel.

»Wer will schon Farbe?« ließ Kollwitz lauten. »Auf die Strichführung kommt es an. Das nehme ich. Es kostet zehn, nicht wahr?«

»Zehn, richtig«, sagte Licht, arbeitete, hatte doch zugehört, zeigte auf die Kaffeekasse hinter seinem Hocker. Kollwitz kramte in ihrem Portemonnaie.

»Ich habe sieben«, sagte sie.

»Ich weiß nicht recht«, wägte Licht ab, »acht sollten es schon sein.«

»Hans, hast du noch eine Mark?«

Hans stellte den Exkrementesack auf seine zwei Füße und half seiner Mutter aus.

»Also acht«, sagte sie und ging zur Büchse.

»Ach, wissen Sie«, hielt Licht sie ab, »ich schenke es Ihnen. Nehmen Sie es mit so wie es ist. Umsonst.«

»Ich gebe Ihnen trotzdem acht«, sagte sie, »für die Miete«, und warf das brandneu geprägte Klimpergeld ein.

»Jetzt werd' nicht wieder harmonisch, Mutter!«, quengelte Hans, wie er es schon früher immer gemacht hatte, als er selbst noch in die Hosen schiss.

»Lakonisch, Hans, das Wort heißt *lakonisch*.«

Licht packte das Bild in Zeitungspapier, zog ein abgegriffenes Seil darüber, verknotete es mit einer eigenartigen Schleifenform und übergab es Kollwitz. Bitte sehr und Dankeschön.

»Mutter!«, rief Hans sie zur Zeitlichkeit und zeigte auf den Kleinen, wie er mit einem entspannten Gesicht herummarschierte und das Verdaute in seinen Hintern einmassierte.

»Er hat gemacht!«, skandierte er.

Kollwitz ließ sich nicht drängen. Nicht mehr. Das Altern macht schwerer, die Lasten werden dichter, die Sehnen enger, die Gelenke verkeilen sich wie nicht enden wollende, sich festziehende Schrauben. Das Produkt ist Ruhe.

»Ein alter Kauz, den sie erstochen haben, hat mal gesagt: ›Nehme es mit eiserner Gelassenheit und übe dich in stählerner Geduld.‹ Der Ärmste.«

»Den kenne ich«, kommentierte Licht.

»Woher?«, fragte Kollwitz. »Standen Sie ihm nah?«

»Nicht wirklich. Der hat immer mit uns hier gemalt. Dort drüben war sein Lieblingsplatz. Ruhe, ja, das war sein Ding.«

»Also gut, Mutter, du siehst, ich bin nicht ruhig. Gehen wir.«

Die Pappel fiel mit einem Krachen um, die durchgeschwitzten Holzfäller jubelten und klatschten sich ab, Licht blieb nur noch das Kopfschütteln.

»Zeit zusammenzupacken«, seufzte er und richtete sich langsam von seinem Hocker auf. »Und wissen Sie, Frau und junger Herr Kollwitz, was der alte Kauz damals als letztes sagte, bei dem Spartakistenaufstand? Ganz recht, ich war dabei. Er sagte: ›Man lebt nicht, man wird gelebt.‹ Das waren seine letzten Worte, dann hat er sich auf die

Mülltonne gestellt und vor den Soldaten einen abgelassen. Ich sagte noch, ›Friedrich‹, rief ich: ›Brauchst du das? Hat dir der liebe Gott ins Hirn geschissen?‹ Dann war er schon oben und hat sein Ding gemacht.«

Er trocknete seine Pinsel und wusch die Palette ab, Hans schnappte sich das Peterchen und verfrachtete das laufende Bömbchen unter lautem Gezeter in den Kinderwagen, Kollwitz verabschiedete sich mit einem leichten Nicken, lakonisch und unbesonders, wie immer. Wehmütig sah Licht der Pappel hinterher, wie sie in Stücken auf einen Karren gespannt davontransportiert wurde und sagte ihr im Davongehen: »Manchmal, wenn ich mich an ihn erinnere, den Kauz, dann denke ich an ihn wie an den Zarathustra, der vom Berg stieg und seine Botschaft kundtat – nur dass der Kauz im Unterschied zu Zarathustra gleich bei seinem ersten Versuch abgemurkst wurde.« Man lebt nicht, man wird gelebt.

X

Grosz und seine Frau Eva genossen jeden Sonntag abgemachte Freizeit, so wie die meisten Menschen. Ihre diesmalige Sonntagsbetätigung war der Besuch des zoologischen Gartens zwischen Tiergarten und dem Kurfürstendamm. Man entschied sich für den Zoo aus praktischem Grund: gleich daneben war ihr Stammlokal ansässig in dem sie durchweg jeden Sonntag zu Abend aßen. Diesmal ersparten sie sich mühsame Straßenbahnfahrt. Viele Arbeiter nutzten diesen freien Wochentag, um mit der Familie die

Gehege abzuwandern, so war man unter Leuten. Sie gingen vorbei an den Damhirschen und Büffeln, zeigten auf die Hälse der Giraffen und lobten das Spiel der jungen Braunbären. Es war unterhaltsam und doch langweilig, Tiere in ihrer unnatürlichen Umgebung durch sichere Zäune und über tiefe Wassergräben zu sehen. Die Pinguine durfte man anfassen, eigenartige Halbvögel. Triumphal und einladend wirkte das Afrikazelt. Ein Konstrukt in der Größe eines Bierzeltes, gelb und grün und schwarz und rot bemalt, die wildesten Farben, alles außer blau. Congo-Trommeln und Speere mit aufgesetzten Schrumpfköpfen standen am Eingang für den atmosphärischen Effekt.

»Lass uns da reingehen, Böff«, sagte Eva voller Vorfreude. Sie konnte sich für menschliche Modelle von Wirklichkeit mehr erwärmen als er.

»George, Maud, nicht Böff. Bitte nenn' mich nicht immer so.«

»Gehen wir ins Afrikazelt!«

»Was ist mit den Eisbären? Es ist schon kurz nach fünf. Um sieben essen wir.«

»Scheiß doch mal auf die Zeit und die Eisbären, Böff.« Eva entledigte sich hin und wieder ihrer zugewiesenen Frauenrolle und wurde vulgär. Das war eines der vier Dinge, die Grosz an ihr liebte.

»Ich scheiße auf überhaupt nichts.«

Sie gingen hinein. Der Holzboden des Zeltinnern war bedeckt mit Heu und es roch gedämpft nach getrocknetem Urin einer fremden Spezies und altem Blut. Von zweien der massiven Querbalken hing ein ausgewachsener, ausgestopfter weißer Hai an schweren Ketten von der Decke. Grosz nickte ohne zu wissen warum. Sie gingen vorbei an

Käfigen in Zugwagongröße, in denen Löwen, Geparden, Hyänen und Panther auf- und abliefen. Papageien und Kolkraben flogen und flatterten frei herum, die Geier warfen lüsterne Blicke aus sicherer Distanz in die Kinderwägen. Es war ein Geschnatter und Miauze von allen Seiten. Am Ende des Käfigflurs stand ein Elefant mit zusammengeketteten Beinen auf einer kleinen Holzbühne und ließ sich von den erheiterten Besuchern mit Erdnüssen füttern. Die Kinder jauchzten vor Neugierde und versuchten diesen Riesenriecher einzufangen, doch der Rüssel war flink wie ein Wiesel. Einmal schnappte er sich auch die Zuckerwatte eines verträumten Mädchens und brachte das erschreckte Ding zum Weinen. Grosz wurde von einer Kamelschnauze in den Rücken gestoßen und Eva lachte ihn laut aus, da er nach ihrer Aussage wohl recht dämlich geguckt hätte. Just in diesem Moment landete ein kleines Äffchen auf ihrer Steckfrisur und begann sie zu lausen, so dass sie aufschrie.
»Karma, wenn man es braucht«, sagte er und richtete sich das Jackett.
Dann begann die Raubtierfütterung. Die Großkatzen brüllten und fauchten auf, die Hyänen flennten und fletschten die Zähne. Ein Wärter schob ein Fass voller blutiger Schweinestücke auf einem Sackkarren durch den Flur, ein anderer griff beidhändig hinein und wuchtete die Brocken durch die Gitter auf die gierigen Jäger. Die Geparde gingen vorsichtig und teilhabend an ihr Mahl, während die Löwen eine klare Hierarchie zu haben schienen, wer wann und von was etwas abbekommt. Im Hyänenkäfig herrschte schierer Krieg, die zwei Panther bekamen je ein Stück einzeln zugeworfen, es waren Einzelgänger. Ein Angriff

dreier Geier auf das Personal mit dem Fleisch beendete die Mahlzeit und die Rationierer flüchteten mit halbem Fass hinaus.

Am Hinterteil des Elefanten stellte sich ein in kolonialer Safariuniform und Anglerstiefeln gekleideter Herr auf die Bühne und scharte mit kreisenden Armbewegungen und einem erfahrenen Gesicht die Besucher vor sich zusammen.

»Meine Damen und Herren«, eröffnete er. »Darf ich bitten. Liebe Interessierte an der bedingungslosen Grausamkeit der afrikanischen Natur. Ich komme gerade aus den entlegensten Gebieten der kongolesischen Urwälder, aus den einsamsten Prärien des äthiopischen Buschs. Ich habe die ewigsten Wüsten und die unermesslichsten Wasserfälle der Erde gesehen. Ich schwamm mit Flusspferden und ritt auf Nashörnern, ich rang mit Bärenpavianen und wurde von der schwarzen Mamba gebissen. Fressen und gefressen werden, meine Damen und Herren, mein Name ist Alexander König. Spenden Sie in diesem Sinne auch für mein Naturkundemuseum zu Bonn, das schwer von der Inflation getroffen wurde. Das größte Naturkundemuseum der Nordhalbkugel. Kommen Sie.« König zeigte auf die Schachtel zu seinen Füßen und einige wenige legten vorsichtig etwas Hartgeld hinein.

»Nicht so schüchtern«, ermutigte König. »Sie werden es nicht bereuen. Ich zeige Ihnen heute und hier das gefährlichste und gemeinste Raubtier, dem ich je begegnet bin. Es ist durch und durch fresssüchtig, stets leise und listig auf der Lauer, doch dann schnappt es schnell wie der Blitz und mit der Härte eines Ambos zu.«

Ein paar weitere gespannte Zuhörer klemmten sich die ein oder andere Mark ab und ließen sie in die Schachtel fallen.

»Etoko!«, rief König. »Etoko! Mein Wilder. Komm, wir zeigen ihnen die Panzerechse des Todes!«

Ein Negro, nur mit einem Pelzrock aus Tigerfell und goldenen Ohrringen gekleidet, kam die Stufen mit einem mittelgroßen Krokodil auf den Schultern herauf. In seinem Gesicht stand die starre Angst geschrieben, das Monster lag seitlich auf seinem Nacken. Mit aller Kraft umfaustete er jeweils einen Vorder- und Hinterlauf. Das Tier wehrte sich nicht, es lauerte, weder sein Schwanz noch sein flacher Kopf bewegten sich. Spannung elektrisierte das Zelt, der Urindampf schien verflogen im »Auge in Auge« mit der wilden Natur, die Menschen drängten sich an die Bühne, die Knaben lutschten Däumchen und vergriffen sich an den Rockzipfeln ihrer Mütter, die Geier nahmen Platz. Auch Grosz und Eva näherten sich.

»Seht es euch an!«, rief König unerschütterlich und strich sich durch den Bart wie ein gesonnter australischer Farmer. »Das Krokodil! Einmal schon habe ich gegen ein solches gekämpft. Es war der beste Gegner gegen den ich je kämpfte. Gegen Tiger habe ich gekämpft, doch Tiger sind berechenbar. Gegen ein ganzes Wolfsrudel lief ich an, doch Wölfe werden feige wenn es ernst wird. Aber dieser Schurke hier – das Krokodil. Es kämpft nicht, es greift an, Kain frisst Abel und legt Eier. Es ist eine einzige Attacke bis zum Tod des einen oder anderen. Und *immer* ist es der Andere. Kein Wenn, kein Aber, kein Optionenspielraum. Tod oder Tod. Eins von beidem.«

Die Münder standen offen. König näherte sich dem Tier in erhöhter Alarmbereitschaft, wie ein Grieche bei der Pankration. Schweiß tropfte vom zitternden Etoko, seine Knie schlotterten unter der Last, die Knaben umarmten die Schenkel ihrer Mütter, Grosz lächelte Eva an, doch sie bemerkte ihn nicht. Auch sie war gespannt.

Mit einem schnellen Griff fasste König Ober- und Unterkiefer direkt an der Schnauze und öffnete das mit Dolchen bezahnte Maul des Schreckens. Die provozierte Echse begann beängstigend zu zischen.

»Und das ist nur ein Halbstarker«, kommentierte König seine Handlungen. »Sehen Sie die Muskelstränge hinter den Ausbuchtungen der Augen am Ende des Schädeldachs? Das sind Zupackmechanismen wie bei einer Dampflock, meine Damen und Herren. Eine Mahnung Gottes an unsere Todesfantasien. Wenn das hier zubeißt brechen treibende Baumstämme oder die Knochen eines solchen Elefanten hier hinter mir zu Kleinholz.«

Dann zeigte er auf einen der jüngeren Knaben.

»Na, Bursche? Willst du mal deinen Arm hier reinlegen?«

Der Bursche kroch unter den Rock seines Müttchens, König lachte laut auf. Dann gab er Etoko ein Zeichen. Daraufhin löste Etoko vorsichtig die Hand vom Hinterlauf, balancierte die Echse auf den Schulterblättern in der vagen Hoffnung, diese würde nicht lostreten und zog langsam einen Metallstab aus der Schnur seiner Pelzschürze. Mit einer noch umständlicheren Bewegung legte er das Metall in das aufgehaltene Maul. Sobald er den Hinterlauf wieder gesichert hatte löste König seine Sperre, der Zupackmechanismus schnappte zu und das Metall zersplitterte in hundert Einzelteile. Die Besucher klatschten lobend und unterhalten. Gerade die Herrschaften waren angetan, lösten ihre Söhnchen von den Rockzipfeln ihrer Mamas und zeigten mit pädagogischem Zeigefinger auf das Geschehen.

»Das ist aber nur Gußeisen«, rief der Pedant aus zweiter Reihe, der einen Splitter zwischen seinen Fingern rieb.

»Ein Stahlbeißer, sage ich! Ein Stahlbeißer!«, antwortete König. Der Pedant verstand nicht recht.

»Sie sind Zeuge der Explosionskraft unserer aller wilden Natur geworden«, fuhr er fort, »werden Sie nun Zeuge ihrer geduldigen Vertilgung. Etoko! Hol die pythonsche Würgeschlange.«

Etoko drehte sich vorsichtig um und transportierte das Krokodil die Treppe hinab. Während König weitermoderierte trat er unscheinbar auf einen Schiefer in einer der Holzstufen. Durch das daraus hervorgerufene, leichte Zucken im Mittelfinger schloss das Krokodil eine Ablenkung seiner Beute und zappelte wie der Blitz auf Leben und Tod herum. Der Schreck entlockte Etoko eine Unachtsamkeit im Ringfinger, der Zeigefinger folgte. Das Monster war frei und fiel mit heftigem Schlingern zu Boden. Etoko stampfte ein Bein auf den Boden und legte seinen Oberkörper nach vorne zum Sprint. Flucht. Flucht war nun das einzige, was half. Flucht ums nackte Überleben. Ein kleiner Teil des Publikums, welche in der Sichtachse um das Bühneneck stand, wurde unruhig. Ein entsetzlicher Schrei des Grauens erfüllte das Zelt. Die Geier reckten die Hälse, die Hyänen kicherten, König drehte sich um. Er sah wie das Krokodil mit heftigen Ruckbewegungen versuchte Etokos Bein auf die brutalst-mögliche Manier abzupflücken. Es war schwer mitanzusehen, geschweige denn nachzuempfinden. Kompromisslos wie Mutter Natur zog König seinen Browning-Revolver, polterte die Treppen hinab, legte

das Rohr präzise auf das Schädeldach zwischen den Augen und drückte ab. Etoko blieb in Stockstarre, er war leer, wie ausgeknipst. Blut an seinen Füßen, ein Fuß zu weit weg von seinem Körper, als dass es natürlich sein könnte. Eine Pfütze aus Tränen vor seinem Gesicht im Heu. Er fror ein und wurde ganz blass.
König ging zurück auf die Bühne.
»Der Mensch ist das unerbittlichste Raubtier!«, schloss er, sicherte den rauchenden Revolver und hielt ihn neben sein rauhbärtiges Gesicht. »Wir sind weit mehr als die einsame Spitze der Nahrungskette, wir sind ihre Verwaltung. Jedes Tier ist uns Untertan und wenn es sich nicht fügt wie das Schlachthuhn oder das Milchrind, dann wird es gefügt, so ist das. Der Mensch ist die gefräßigste Bestie von allen, ja, Sie und ich, niemand Geringeres. Sind Sie sich dessen bewusst, wenn Sie sich morgens die Wurst auf Ihren Schinken schmieren?«
»Hilft denn keiner dem Neger?«, fief eine besorgte Dame aus dem Publikum.
»Ich bin Arzt!«, rief ein anderer und war auch kurz davor zu ihm hinüber zu eilen.
»Das ist ein Wilder!«, entgegnete König laut. »Die heißen so, weil sie in der Wildnis leben, die haben Selbstheilungskräfte. Unsere Medizin würde ihnen nur schaden. Auch bei uns Menschen gibt es Unterarten so wie es auch bei Hunden Dackel und Terrier gibt. Und diese Unterart versorgt sich selbst mit Zedernlaub, Gebeten und Blumenasche, die braucht keinen Verbandskasten.«
»Aber – er verblutet.«, rief eine andere Dame, die sich nicht erwehren konnte, Mitgefühl zu verspüren.

»Sie sind bestimmt eine von diesen Vegetarianern«, scherzte König. »Keine Sorge, meine Dame! Die schwarze Haut wächst schneller wieder zusammen als unsere, zudem schützt sie ihn vor erhöhter Sonneneinstrahlung und der Grippe. Die Natur ist unergründlich.«
König wurde unterbrochen vom plötzlichen Geschrei Etokos. Offenbar dachte er weder an Zedernlaub noch an Blumenasche. Er schrie sich allen Schmerz aus den Eingeweiden, so dass Grosz, Eva und ein paar weitere die innerliche Barriere der Logik durchbrachen und zu ihm hinliefen. Zwei lösten das Bein aus dem Maul, welches sich kompliziert in Knochen und Sehnen verklemmt hatte, sodass Etoko lauter und lauter schrie bis etwas in seiner Kehle zerriß. Grosz opferte sein Jackett zum Abbinden des Oberschenkels, ein anderer seinen Spazierstock für die optimistische Schiene. Die Herrschaften mit ihren Söhnchen deuteten einmal mehr mit dem Zeigefinger auf die Umstände und flüsterten ihren Nachwüchsen Bildungslücken in die Öhrchen. Die staunten nicht schlecht über all das Blut, den Schusswaffengebrauch und die schwarze Haut.
König schien weiterhin keine Notiz von seinem Wilden zu nehmen und hob den Revolver.
»Besuchen Sie mich schon bald in meinem Naturkundemuseum zu Bonn, direkt am Rhein. Meine Damen und Herren, hunderte präparierte Tierkonservate aus allen Kontinenten der Erde in einem einzigen Museum, den aufgeklärten Bürgern und der Wissenschaft zu Händen gereicht. Wagen Sie eine Reise, so wie auch ich zeitlebens auf Reisen war und kommen Sie in das Wasserland von Bonn. Mein Name ist Alexander König, der geistige Erbe

Humboldts, Darwins Pragmat. Ich wünsche Ihnen weiterhin noch einen lehrreichen Aufenthalt im weltbewegenden zoologischen Garten.«

Die Zuschauer klatschten, einige spendeten noch für ein besseres Gewissen, manche riefen sogar leise nach einer Zugabe. Doch auch König wusste, dass sein wilder Assistent zu keiner zweiten Nummer mehr imstande wäre und verzichtete auf ein gefälscht unvorbereitetes Zugeständnis. Als nächstes hätte er Etoko eine Python umgewickelt. Er musste sich wohl einen neuen Wilden anschaffen.

Während Grosz seinen Flachmann gezogen hatte und versuchte, den zitternden Etoko in Narkose zu besäufen, fingen die Geier im Chor an mit den Schnäbeln zu klackern. Es war ohrenbetäubend in einem geschlossenen Zelt. Ein Kakadu landete als erstes auf dem toten Krokodil, pickte neugierig in der Schusswunde herum und verlieh dem Gesamtbild der Szene eine komödiantische Note. Man scherzte noch. Dann kamen die Geier herangeflogen und gestolpert, sie hatten lange genug gedarbt und ausgeharrt. Der Kakadu purzelte bei Seite und die Menschentraube vor der Bühne löste sich auf wie Fett in einer heißen Pfanne. Die Mütter suchten verzweifelt nach ihren Jungen im Gestöber der Greifer und schwarzen Flügel, weinten, kreischten, doch die Herrschaften hatten ihre Erben schon längst in sichere Distanz gebracht. Die Vögel mit den bischöflichen Krausen an ihren faltigen Hälsen stürzten sich auf den Kadaver und hackten ihn auf, Bruchstücke flogen umher und wurden von der zweiten Reihe weiter zerkleinert. Diejenigen, die ganz zu kurz kamen, aus dritter und vierter Reihe, wandten sich Etoko zu. Tapsig aber doch taktisch umringten sie ihn und seine Beschützer mit augenwischender Vorsicht. Etoko schrie ihnen panisch entgegen um ihnen zu beweisen kein Aas zu sein, doch es kam nichts heraus, die Stimmbänder waren durchgeschnalzt. Normalerweise fressen Geier nichts Lebendiges, doch der Geruch von Blut und die allgemeine Aufbruchstimmung in ihrer Horde schienen ihrer natürlichen Verhaltensweise diametral entgegengesetzt zu sein. Wenn etwas noch nicht tot ist aber schon als tot gilt, darf man es dann schon fressen? Eine Geier-ethische Frage. Grosz und zwei andere versuchten die Biester mit eigens improvisierten Flügelschlägen zu verscheuchen, doch hinter ihrem Rücken pickte schon der erste eine Sehne an. Etoko epilepsierte vor Tobsucht, die Großkatzen fauchten ungesättigt und warfen sich gegen die Gitter, die Hyänen lachten schrecklich und die hässlichen Kolkraben krähten vor Vorfreude auf Knochenreste – jeder käme einmal an die Reihe. Das Kamel setzte sich hin und kaute. Es war Vegetarianer. Grosz und die anderen schleiften Etoko unter einen der Käfigwagons, während Eva sich einen Rechen schnappte um die geflügelten Schluckhälse aus dem Verkehr zu ziehen. Sie stellte sich vor es seien Korps-Soldaten, das verlieh ihr die nötige Aggressivität. Im Eifer des Gefechts trat sie auf den Kakadu, doch der schien elastisch wie Gummi. Er schüttelte bloß sein kostbar titanweißes Federkleid, guckte abfälligen Blickes zurück und flatterte mimos davon. Dann kamen endlich die Wärter mit Lanzen und Netzen herbeigestürmt. Professionell regelten sie das Chaos innerhalb von drei Minuten zu einem erträglichen Zustand herunter. Während der ganzen Zeit hatte König an seinem Revolver herumgezwickt. Er klemmte.

Die Polizei stürmte das Zelt und öffnete die gesamte Südfront. Der Kakadu kam als erstes herausgewatschelt, dann segelten die Papageien in die Freiheit, dann ließen auch die Geier von ihrer abgenagten Beute und flogen in die Bäume um Ausschau zu halten. Herein kamen die Notärzte mit einer Bare.

»Sie haben einen verletzten Negro gemeldet, wo liegt er?«, rief einer der Ärzte. Ein Polizist schlug dem Kamel mit seinem Knittel mitten auf die Stirn, das Kamel muhte nur und kaute fort, der Polizist wirkte erstaunt und hob seine Mütze.

»Hier!«, alarmierte Eva. »Hier!«

Sie übergaben den Verletzten dem offiziellen Aufräumsystem und folgten den Vögeln aus dem Zelt.

»Das also ist die Wildnis«, schnaufte Eva und fuhr sich durch die Haare. Als sie auf ihre Hand sah, saß dort ein kleines Kaiserschnurbartäffchen und blinzelte sie an.

»Na, hallo kleiner Freund!«, lachte sie und hielt ihn Grosz vor die Nase. Das Äffchen sprang ihm kurz aufs Gesicht und von da aus in das Hochbeet neben ihnen und rollte durch die Blumen.

»Das ist nicht die Wildnis, Maud«, sagte Grosz. »Das ist die wildeste Wildnis eines ganzen Kontinents von dreißig Millionen Quadratkilometern konzentriert auf ein nach oben hin geschlossenes Behältnis von einem Milliardstel dieser Fläche. Das war doch sowieso eine Zeitbombe.«

»Ach ja, Böff, du hast mal wieder alles kommen sehen.«

»Ja, Maud, das habe ich. Ich verstehe nur nicht wieso sich immer alle wundern, wenn ständig etwas völlig Logisches passiert. Natürlich ist es immer wieder überraschend wie genau etwas passiert, aber *dass* es früher oder später pas-

siert, hätte doch allen klar sein müssen. Sehen die das nicht?«
»Nicht alle sind so wie du, Böff.«
»George, heiße ich, danke. Was meinst du, so wie ich? Im Geringsten befähigt normal zu denken? Gerade noch dazu in der Lage eins und eins zusammenzuzählen?«
»Ich habe Hunger«, sagte Eva und beendete damit die stets ins Nirgendwo führende Diskussion.
»Ich auch«, gestand Grosz.
Sie verließen den Zoo und gingen vorbei am Ufa-Palast und dem Capitol, sie hatten es nicht weit. Ihr Stammlokal lag nahe der Kaiser-Wilhelm-Gedächtniskirche, ein Phallus-Eklipsikum für Gott und Kaiser, erbaut in solch einer kolossalen Pracht um den Wunsch des kleinen Mannes zu schüren es einmal mit einem Sack voller Granaten niederzureißen. Sie kurbelten durch die Drehtür und das Straßenbahngebimmel von draußen löste sich ab mit dem konstant scheinheiligen Gemurmel namenloser Journalisten und namenloserer Kunstkritiker im Innern. Man kannte sich vom Wegsehen. Das »Romanische Café«, von vielen im Scherze auch das »Rachmonische Café« genannt, aufgrund des hohen Judenanteils. Vor dem Krieg hieß es noch mit Glanz und Gloria: »Das Café des Westens.« Das legendäre Café des Westens. Hier waren die ganz Großen zu Gast, ein Max Liebermann oder ein Richard Strauß, um nur zwei zu nennen. Damals trug es auch noch den viel passenderen Spitznamen »Café Größenwahn«. So nannte es Grosz auch heute noch, heimlich, denn sie alle hier waren besessen vom Narzissmus, sie alle waren Maximalisten; kratzten sich kokett an ihrer künstlerischen Ungeduld und konkurrierten darum sich gegenseitig auf härteste

Weise ihre weichen Kerne zu zeigen. Schmalbrüstige Perfektionisten. Grosz hielt Eva ganz fest. Niemals kam er allein hierher.

Der schneidige Kellner hastete eilig an ihnen vorbei, ging an die goldenen Zapfhähne und ließ die Luft aus den Gläsern.

»Sitzen Sie im Schwimmer oder Nichtschwimmer?«, fragte er sie (das Café war aufgeteilt in ein Schwimmer- und Nichtschwimmer-Bassin, damit die prominenteren Gäste vor den lästigen Kontaktansagen unbedeutenderer Künstler geschützt blieben).

»Ich habe reserviert«, entgegnete Grosz. »Schwimmer.«

Der Kellner sah prüfend auf.

»Ach, *Sie* sind es Herr Grosz. Guten Abend Frau Grosz. Sie kennen den Weg.«

»Hallo Kuno«, sagte Eva.

»Bring' uns doch schon zweimal irgendetwas Alkoholisches«, ergänzte Grosz.

Sie gingen durch den Hauptraum und je näher sie dem Schwimmer-Bassin kamen, desto mehr Nichtschwimmer sahen zu ihnen auf, luhrten ihnen seitlich ins Profil, schätzten ihre Popularität, fast als maßen sie ihnen Anzüge an. Sehr zooähnlich. Alfred Flechtheim und seine Frau Betti waren gerade auf dem Weg nach draußen. Sie waren wie jeden Sonntag auf den Kaffee für den stadtbekannten Käsekuchen gekommen und wollten nun ins Theater. Flechtheim war Kunsthändler, aber einer jener seltenen Sorte, die Kunst neben dem Handel auch sonst begehrte. Er war Grosz' neuer Galerist und hatte ihm schon die eine oder andere Ausstellung besorgt, zuletzt über drei Ecken eine in Paris.

»Na, George?«, grüßte Flechtheim und hob seine gewaltige Nase. »Schon wieder aus Paris zurück? Wie geht's dir, Maud?«

»Hallo, Alf. Hungrig geht's mir. Wird Zeit wieder etwas Richtiges zu Essen.«

»Essen und Trinken halten Leib und Seele zusammen«, sagte Betti. Sie umarmten sich abwechselnd und verabschiedeten sich auf ein baldiges Wiedersehen.

Im Schwimmer-Bassin angekommen, erkannten sie Bertolt Brecht in einer Ecke sitzen und Notizen in sein Ideenbüchlein kritzeln, mit einem Bierkrug auf dem Buch vor ihm. Er war gerade nach Berlin gezogen, man kannte sich vom Sehen und Hören, beachtete sich, grüßte sich über die Distanz. Am Tisch daneben saßen Kurt Tucholsky und Walter Hasenclever, tranken Tee und spielten sich ihre Dialoge vor. Ernst Toller war eingeschlafen. Er war erst kürzlich nach fünf Jahren aus dem Gefängnis entlassen worden und hatte sich noch nicht ganz mit der hektischen Freiheit assimiliert. Fritz Lang, der Regisseur, saß auf einem Hocker und blätterte einen Kunstkatalog durch, vor ihm stand ein Mineralwasser.

Am Tisch vor dem hohen Fenster mit Blick auf die beleuchtete Allee nahm Grosz seiner Frau den Mantel ab, warf seinen Hut auf den Tisch und öffnete die Speisekarte wie jeden Sonntag zur gleichen Zeit am gleichen Ort. Gebratene Blutwurst und gebackene Schweinerolle standen diesmal zur Debatte.

»Böff«, sagte Eva einleitend.

»Wie heiße ich?«

»George. Sieh mich an.«

Grosz schaute auf.

»Was machen wir nur, George?«
»Was meinst du?«
»Es wird Zeit, dass du etwas Richtiges machst.«
»Was mache ich denn?«
»Na, finanziell meine ich. Ich verstehe was du machst und du sollst es auch weiterhin tun, doch ich wünsche mir mehr Regelmäßigkeit.«
»Regelmäßigkeit?« Grosz verstand worauf sie hinauswollte. »Du willst Regelmäßigkeit? Wir essen regelmäßig Gemüse, wir reisen regelmäßig, falls du dich noch an Paris vor drei Wochen erinnerst. Wo ich zufälligerweise auch eine Ausstellung hatte und Geld verdient habe, mehr als sonst. Wo siehst du da Unregelmäßigkeiten?«
»Ich will Kinder«, Böff.
»Ein Kind?« Fragte er überrascht. »Hast du schon vergessen was heute im Zoo passiert ist?«
»Was hat denn nun das Eine mit dem Anderen zu tun?«
»Ich sag' ja nur. So, jetzt essen wir erstmal.« Grosz winkte Kuno herbei, der auch schon mit zwei Gläsern Rotwein und einer Karaffe auf dem Tablett zu ihnen unterwegs war.
»Die Groszs. Sie wissen schon, was Sie nehmen?«
»Kuno«, sagte Eva und spannte ihn in ihre Argumentationskette ein. »Glaubst du, ich wäre eine gute Mutter?«
»Sie wären die beste Mutter«, sagte Kuno mit einem charmanten Zwinkern. »Auf jeden Fall besser als meine. Darf ich Sie von nun an Mama nennen?«
Eva kicherte, Grosz rollte die Augen.
»Böff. Sieh dir Kuno an. Der ist immer hier. Er macht zum Beispiel etwas Regelmäßiges. Etwas mit einem Arbeitsvertrag.«

»Nur tote Fische schwimmen mit dem Strom«, antwortete Grosz. »Entschuldige Kuno, ist nichts Persönliches.«
»Sie sind schließlich Schwimmer«, gab Kuno gastfreundlich zurück.
»Da hörst du es Maud. Ich bin schließlich Schwimmer. Ich schwimme.«
»Ja, aber ich wünsche mir jetzt ein Kind. Ja, jetzt.«
»Wo siehst du da einen Widerspruch?«
»Willst du denn auch? Oder wie lange willst du noch ein dummer Fisch sein und den Mund auf und zu machen?«
»Wenn du ein Kind haben willst, Maud, kriegst du ein Kind. Wenn das dein Wunsch ist, bitte. Es wäre sowieso jeder Zeitpunkt ungünstig. Warum dann nicht auch jetzt? Besser werden die Zeiten sowieso nicht.«
»Ein verfluchtes Ja hätte schon gereicht, Böff, du alter Stoffel. Das gibt wieder fünf Mark in die Zynismus-Büchse.«
»George«, korrigierte Grosz. Kuno guckte in den Raum und tat verzweifelt so, als höre er dem streitähnlichen Zustand nicht zu und stünde rein zufällig gleich davor.
»Böff!«, rief Eva durch das ganze Schwimmer-Bassin. »So. Und jetzt bestell. Kuno wirkt schon ganz verunsichert.«
Das tat er.
»Ich nehme die Blutwurst«, seufzte Grosz.
»Und ich die Schweinerolle. Merci, Kuno.« Eva warf dem Kellner einen Kuss zu.
»Avec plaisir das Paar, ist auf dem Weg. Noch ein Aperitif?«
»Zwei«, seufzte Grosz ein zweites Mal, gab die Karte ab und Kuno schwirrte davon.

»Ich freue mich, Maud«, sagte Grosz und versuchte ihr Schmollgesicht mit einem Rüdenblick zu knacken. Es funktionierte jedes Mal. Sie nickten sich zu und warfen einen Blick auf die schöne, glitzernde Allee im Nachtschatten des Kaiser-Wilhelm-Gedächtnisphallus. Schräg gegenüber setzten sich zwei alte Herren an den Ausläufertisch von der Terrasse. Sie kamen Grosz gefährlich bekannt vor. Einer der Männer sah zurück und schien auch etwas in ihm widerzuerkennen, aber das taten viele an Orten wie diesen. Er redete mit dem anderen, kleineren und runderen Mann und auch der nahm seine dicke Nickelbrille ab und sah herüber, dann schüttelte er den Kopf. Doch der dünne, längere der Beiden forderte ihn zum Aufstehen, was dieser offenbar widerwillig zuließ und sie gingen hinein durch das Nichtschwimmer-Bassin. Na toll, dachte Grosz. Signaturjäger.

»Und *wie* er das ist!«, rief der längere der Alten, als sie ungefragt die Sperrzone betraten. »Sieh sich das einer mal an. Patient 98, Georg Groß, in freier Wildbahn.«

»In der Tat, aber unrelevant«, sagte der andere. »Der Lobotomie-Fall, nicht wahr?«

»Böff«, sagte Eva. »Wer sind diese Männer?«

Grosz erkannte auch seinerseits wen er vor sich hatte und war von einer ganz okayen Laune in eine miserable gerutscht.

»Darf ich vorstellen, Maud. Das sind Doktor Kinkel, der lange Dürre, und Doktor Bobrow, der Fette.«

Eva stutze ein wenig. Kinkel verfasste:

»Es ist mir immer eine Freude ehemalige Sorgenkinder wiederzusehen und ihrem Wohlergehen nachzusinnen, Herr Groß, wie geht es Ihnen? Was machen Sie im Café

Größenwahn? Womit finanzieren Sie sich zum Beispiel den Lebensunterhalt? Ich sehe, Sie sitzen im Schwimmer-Bassin. Und da vorne sitzt Toller, frisch aus der Isolationshaft. Alle Achtung.«

»Ich bin Künstler«, sagte Grosz.

»Natürlich. Und was ist Ihre Kunst? Schreiben Sie, wie der Herr Hasenclever dort? Oder sind Sie Steinmetz? Ein quadratischer Architekt vielleicht?«

»Ich bin Maler.«

Kinkel brach in lautes Gelächter aus und stützte sich auf Bobrows Schulter ab, die dieser peinlich berührt zurückzog. Es war ihm sichtbar unangenehm sich öffentlich mit Kinkel sehen zu lassen. Man könnte sie unter einen Hut stecken.

»Sie sind Maler?«, ging Kinkel nach. »Wer kauft das?«

»Viele. Ich habe mehrere Veröffentlichungen, ich stelle in Paris aus und ich habe sogar schon einige Strafanzeigen.«

»Das war abzusehen.« Kinkel strich sich eine Lachträne aus dem Auge. »Strafanzeigen, ja? Das hätte ich Ihnen auch gleich sagen können.«

Bobrow schwieg sich aus.

»Was Sie nicht sagen«, nuschelte Grosz und versuchte sich abzuwenden.

»Wir könnten es mit Ihrem Einverständnis noch einmal versuchen. Oder Ihre Frau, guten Abend Frau Groß? Ja? Verheiratet? Fantastisch. Frau Groß könnte Sie zu uns einweisen lassen. Wir haben immense Fortschritte in der Malariatherapie gemacht. Wir behandeln die Malaria nun nicht mehr mit Quecksilberchlorid, sondern mit heilendem Arsen, als ›Bertheims Salvarsan‹ bekannt. Wenn Sie wollen, können wir sofort anfangen. Herr Doktor Bobrow, Sie haben Malaria dabei, richtig?«

»Immer«, sagte Bobrow und klopfte seinem Arzneikoffer auf die Schulter.

»Haben Sie noch nichts von meinem Mann gehört?«, fragte Eva.

»Lesen Sie keine Zeitung?«, fragte Grosz hinterher. »Man kennt mich. Ich bin ein freier Mann, Sie infizieren hier niemandem mit Malaria, Sie Psychozigeuner, hat man euch nicht weggesperrt? Was machen Sie hier? Verfolgen Sie mich?«

»Nein, nein, Herr Groß. Wir dürfen nur nicht sagen woher wir kommen. Schweigepflicht.« Beschwichtigte Kinkel seinen nervösen Patienten.

»Wir kommen von einem ärztlichen Geheimkongress«, sagte Bobrow.

»Doktor Bobrow, ich bitte Sie,« Kinkel hielt aus respektvoller Entfernung die Hand vor seinen Mund. »So etwas sind Geheimnisse!«

»Geheimnisse? Das sind keine Geheimnisse. Ich kenne Geheimnisse, wenn Sie wüssten.«

»Ein Geheimkongress, aha«, sagte Grosz. »Klingt ja wichtig, und über was wird abgestimmt? Über die Mordarten der Zukunft? Vergasen, mit Viren infizieren und in Gehirne reinschneiden, was kommt als nächstes? Kann ich mir das wie in einem Parlament vorstellen, in dem man die Hand hebt?«

»Nein, Herr Grosz, ganz unspektakulär«, sagte Bobrow abgeklärt. »Da passiert nicht viel. Bildungschauvinisten wie unser Prinzipal hier halten Reden, es gibt ein Buffet und die Getränke kosten extra, Wiener Therapiemethoden

werden zu Wissenschaft aufgeblasen und die falschen Leute haben sich zum richtigen Zeitpunkt im Gebäude geirrt. Nebenan wäre das Bordell gewesen. Sie glauben ja von Freud zu wissen, dass alles was Sie denken sexueller Natur wäre. Hören Sie zu Frau Grosz? Schwachsinn ist das. Ich sage Ihnen was das ist: Ein Geheimkongress der vereitelten Onanie, so nenne ich das. Durchgedrehte Psychoanalytiker und jungfräuliche Gynäkologen. Entschuldigen Sie Herr Prinzipal, ist nichts Persönliches. Sie sind das letzte Glied der Kette und die Kette bin ich. So ist die Natur.«
Kinkel ignorierte zu seiner geistigen Gesundheit jegliche Anfeindungen, was ihn unangreifbar machte in seinen Auslegungen.
»Und Sie?«, fragte er unbeirrt seinen Patienten. »Wo kamen Sie gerade her?«
»Aus dem Zoo«, sagte Grosz.
»Aus dem Zoo, so so. Da habe ich mal einen Schwarzen gesehen als ich klein war. Und die Tiere? Kam Ihnen eines bekannt vor?«
»Ja. Das Kaiserschnurrbartäffchen sah Ihnen ähnlich. Die kommen aus Südamerika. Man konnte nur wenig von ihnen sehen, denn sie sind immer nur weggehüpft und haben sich verschanzt. Sie scheinen aber nicht weg zu hüpfen wie ich sehe. Also müssen Sie ein Mensch sein. Ich frage mich nur gerade welcher Sorte *Sie* angehören.«
»Sie lagen *fast* richtig, Herr Groß. Der Affe ist dem Menschen nahe verwandt, das stimmt, wie die Maus und die Giraffe auch. Säugetiere. Doch es gibt dort ein Tier, das dem Menschen ähnlicher ist als der Primat. Ist es Ihnen nicht aufgefallen?«

Grosz und Eva guckten sich verwundert an. Welchen Witz wollte ihnen dieser Clown nun erzählen?
»Es ist das Alpaka!« Rief Kinkel. »Das Landwirbeltier! Wussten Sie das nicht?«
Bobrow schüttelte fremdbeschämt Kopf.
»Wir stammen nicht vom Affen ab, Alpakas sind unsere natürlichen Urahnen.«
»Das sind Huftiere«, mischte Eva sich ein.
»Hufe, ja.« Sagte Kinkel. Eine Schweigesekunde kehrte ein, bevor Grosz verstand, dass da keine Erklärung mehr käme.
»Meinen Sie das ernst?«, fragte Eva.
»Immer noch besser als Freud«, antwortete Bobrow stellvertretend. »Freud behauptete heute beim Frühstück allen Ernstes er könne Da Vincis Homosexualität in einer Ferndiagnose unter Beweis stellen indem er dessen Linkshändigkeit berücksichtige. Er behauptete, dass Homosexuelle niemals mit der linken Hand onanieren könnten, sodass ein homosexueller Linkshänder sich stets mit toten Körpern umgeben müsse, um seiner unterdrückten Männerliebe im Mutterschoße in seinem Erwachsenenalter gerecht zu werden. Somit, schloss er bei seiner nächsten Nase Kokain, zum Frühstück wohlgemerkt, seien Da Vincis Vorstöße in der Anatomie abschließend begründet. Sein Genie wäre aufgeklärt. Solche Leute, ja, solche stammen von Huftieren ab. Ich aber, ich bin weiterhin eine Affenart. Und ich stamme auch nicht von einer solchen ab, ich bin eine. Das möchte ich klargestellt wissen.«
»Herr Doktor Bobrow«, lachte Kinkel bestens gelaunt, »Sie sehen also einem Affen ins Gesicht und melden ihm Ihre Bruderschaft an? Ich amüsiere mich herrlich. Sehen Sie in die Augen eines Alpakas, Herr Doktor Bobrow. Spüren Sie

da keine Sympathie? Sehen Sie doch wie es lächelt, können Affen lächeln?«

»Faultiere grinsen auch, aber sie haben Haken statt Händen. Hat Ihnen das Freud erzählt mit den Alpakas?«

»Nein, Carl-Gustav.«

»Jung? Der ist noch schlimmer.«

»Würden Sie Ihre Dialektik bitte draußen weiterführen?«, forderte Grosz. »Das hier ist das Schwimmer-Bassin, danke.«

In diesem Moment der Entfremdung kam Kuno mit den Aperitifs herbeigeeilt und zwängte sich mit dem Tablett zwischen den unangemeldeten Doktoren hindurch.

»Ach, Kuno«, sagte Eva. »Immer zum richtigen Zeitpunkt.«

»Frau Grosz«, antwortete Kuno während er servierte. »Diese Leute sind keine Schwimmer. Ich darf sie für Sie entfernen?«

»Aber hören Sie mal«, echauffierte sich Kinkel.

»Du darfst«, sagte Grosz.

»Wenn mir die Herren also zum Ausgang folgen würden«, schob Kuno die Debatte an und wies den Doktoren den Weg mit der bestimmten Konnotation doch bitte voraus zu gehen.

»Sie haben nicht die geringste Ahnung wer vor Ihnen steht, nicht wahr?«, fragte Bobrow und wog seinen Arzneikoffer, als würde er nicht davor zurückschrecken ihn im Ernstfall auch benutzen zu können.

»Es ist mir weder bekannt wer Sie sind noch was Sie tun, es ist, da bin ich mir sicher, bestimmt lobenswert. Das Nichtschwimmer-Bassin liegt jedoch dort drüben. Es dürfte Ihnen mindestens genauso gut gefallen. Die Herren, also, gehen wir.«

»Wir kommen soeben nicht von irgendeinem, nein, von *dem* ärztlichen Geheimkongress!«, erwähnte Kinkel ausdrücklichst. »Wir sind die, die dafür sorgen, dass solcherlei Schwimmer- und Nichtschwimmer-Unfug überhaupt existiert. Und Sie? Sie bringen uns Getränke? Ist es das, was Sie unter Arbeit verstehen?«

Kuno blieb gelassen wie ein Hawaiianer, strich sich durchs schwarze Haar und war sich mindestens um sein besseres Aussehen als diese dahergelaufene, alte, untervögelte, verdorrte Bohnenstange bewusst.

»In diesem Café trennen wir Kirche und Staat«, sagte er. »Ich bitte Sie zweimal höflich, aber ich bete Ihnen nichts vor. Sie kommen jetzt mit mir mit oder Sie werden mitgekommen.«

Grosz nickte. »Merken Sie es nicht? Keiner will Sie hier.«

»Verschwinden Sie schon!«, rief Bertolt Brecht konkludierend, der nicht umhinkam, dem Gespräch ein Ohr zu geschenkt zu haben.

»Verpisst euch!«, nölte Ernst Toller von der anderen Seite des Raumes während er gerade wach wurde und sich streckte.

»Kann das jetzt mal ein Ende haben?«, zischte Fritz Lang auf seinem Hocker und schnipste mit den Fingern. »Manche Leute konzentrieren sich auch mal.«

»Sie hören es«, sagte Grosz. »Keiner mag Sie. Niemand braucht Sie. Seien Sie Arzt, wo man nach Ärzten fragt.«

»Ich bin nicht nur Arzt«, sagte Bobrow leise und unterdrückte seine Unlust an jenem Statusspiel der Arroganz. Schwimmer und Nichtschwimmer, so unterteilten es die

Künstler; krank oder gesund, so unterteilen es Leute wie Kinkel. Sie alle waren dem Irrtum so viel näher als sie hätten ahnen können, diese Nichtwisser.

»Ich bin Wissenschaftler«, skandierte er scharf.

»So so, ein Rechenfuchs. Wohl zu tief in die Tabellen geschaut, was?«, sagte Kuno unbeeindruckt, legte sein Tablett ab und griff den Herren hinten in die Krägen zum Abmarsch.

»Ich erschaffe Wissen!«, maulte Bobrow noch, als er schon fast zur Schwimmer/Nichtschwimmer-Grenze hinausgeschoben war. »Alles was Sie heute noch nicht wussten ist jetzt schon in meinem Kopf. Und wenn Sie lesen was ich hinterlassen habe, wissen Sie, ja, Sie alle. Durch mich werden die Menschen einmal dreihundert Jahre alt!«

Er wurde laut und sträubte sich gegen Kunos Schubbewegung.

»Sie alle! Sie wissen absolut nichts! Nichts! Während Sie noch mein Buch lesen, bin ich schon viel weiter voraus und weiß Dinge, von denen Sie erst noch lesen müssen – durch mich! Wie könnten Sie auch etwas wissen, wenn mein reifer Gedanke noch nicht in Ihrem grünen Hirne ist, welches ich manipulieren kann, wenn ich es will?«

»Und so weiter und so weiter und sie lebten glücklich bis an ihr Lebensende. Gute Nacht die Herren!«, würgte Kuno den Monolog ab, schob das offensichtlich betrunkene Pack durch das Nichtschwimmer-Bassin hindurch und direkt durch das verschnörkelte Eingangstor hinaus auf die Straße. Durch das rasche Vorwärts hatte Kinkel seinen Hut verloren. Er sollte ihn niemals wiedersehen. Während er sich auf dem Weg ins Hotel noch echauffierte blieb Bobrow ganz still. Er schwor sich an jenem Tage, sich nie wieder einen Menschen in die Quere kommen zu lassen. Was eine Kleinigkeit für viele wäre, wurde ihm tiefster Ausgangspunkt. Das nächste Mal, so legte er einen Eid vor sich selbst ab, wende er die Malaria an.

Im Café herrschte währenddessen wieder Betriebslaune und Kuno servierte nach angemessenen Minuten die Abendmahlzeit. Wie die Geier vor ihnen tauchten Grosz und Eva ihr Besteck in das Aas und aßen nach humaner Manier mit Messer, Gabel und Serviette. Er probierte etwas Schweinerolle bei ihr, sie naschte ein wenig von seiner Blutwurst. Der Rest des Abends verlief weiter wie gewohnt, ohne größere Vorkommnisse: Sie hoben sich einen kleinen Schwips heran, gönnten sich ein kleines philosophisches Zwiegespräch, Sie fing wieder mit Kindern an, er relativierte.

Zur Krönung der Stunde setzte sich Brecht, nachdem er sich genügend Mut angetrunken hatte, zu ihnen an den Tisch. Sie plauschten und tauschten sich aus, erzählten sich Anekdoten, Geschichten von manchen, aus unterschiedlichen Gründen bekannten Personen, brachten Pointen an verständnisvolle Mitlacher und verstanden sich herzlich gut. Späte Freundschaften basieren auf Wellenlänge.

Viele erzählen um den heißen Brei herum, dachte Grosz. Sie erhitzen ihn und fetten ihn an und rühren ihn um und stürzen ihn, fetten ihn wieder an und rühren ihn um und so weiter. Jener Tag war ein gründliches Beispiel. Aber Bertolt hat's durchschaut. Endlich hat jemand mal ansatzweise die Zusammenhänge verstanden. Er kriegts nur irgendwie nicht in seine Stücke rein. Besser wäre er Maler geworden. Er hätte bestimmt zu den Besten gezählt.

Meinen herzlichen Glückwunsch
geehrter Herr Alfred Flechtheim,

Sie wurden im Clubbüro des Coq d'Or dreistimmig angenommen. Nach unseren Recherchen in Ihrer Biografie erfreute uns das idyllische Bild eines Händlersohnes, welcher vom Weizen- auf den Kunstmarkt übersattelte und sich heute in den Kreisen der intellektuellen Elite als meinungsdienlich herausstellt. Dies gewährt Ihnen eine befristete Clubmitgliedschaft für ein Jahr. Der Scheck mit dem nicht zu nennenden Mitgliedsbeitrag wird Ihnen gesondert zugesandt. Eine Spalte für Spenden ist angefügt.

Wir laden also ein:
- Zu Kristall-Matinées mit Buffet-Dekor, hemdsärmeligen Tennisturnieren auf unseren Courts mit unseren diskreten Mädchen, jeden zweiten Samstag mit Spiegelkabinett.
- Zu einem Degenfechten der Rhetorik auf unseren Soirées mit vielsprachigem Publikum und acht Kaminen in der Herrenloge.
- Zu sinnlichen Feierlichkeiten und subversiven Menagen unter Ihresgleichen.

Ich weise Sie darauf hin, dass Hochzeiten, Taufen oder andere Familienfeste ähnlicher Sitte nur für unbefristete Mitglieder buchbar sind (d.h. Fürstentümer jeglicher Art, je nach Länderei).

Bedanken Sie sich nicht bei uns,
wir bedanken uns bei Ihnen,

Ihre Ansprechpartnerin und Konsultantin bei Fragen zu Manier und Instruktion,
Miss Magritte Poussage

KAPITEL VII
Die Asozialen
1925

Der Lustgarten war umschwärmt von farbenfrohen Schmetterlingen im Nektar-Eldorado, die um die Rosenwülste tanzten. Es duftete angenehm nach gemähter Wiese und Zypressen mit einem Hauch Grillfleisch. Grosz und sein Galerist Flechtheim standen auf der großzügigen Veranda vor dem Palais und beschauten die Tennisplätze.
»Was für ein herrlicher Besitz«, sagte Flechtheim.
Grosz antwortete nicht, er beschaute das junge Gemüse, das man sich hier hielt und es Tennis spielen ließ. Die zwei Spielerinnen stellten sich breitbeinig auf und bückten sich nach vorn, ihre Röcke waren kurz, ihre Oberteile waren eng, straff und verhüllt in weiß wie Prinzessinnen. Ihre Schweißbänder an den Stirnen trugen sie wie Krönchen. Mit ekstatischem Stöhnen wuchteten sie ihre Schläger und schlugen sich die Bälle zu. Tennis, was für eine einsilbige Anstrengung, dachte Grosz.
»Tennis«, sagte Flechtheim, »was für eine privilegierte Ertüchtigung. Weißt du was hier ein Mitgliedsbeitrag kostet, George?«
Grosz besah die hüpfenden Spielerinnen, verspielte Gespielinnen in fleißiger Körperlichkeit.
»Du willst kosten, Alf?«, fragte Grosz.
»Ja, Kosten. Dieser Sport verursacht Kosten, allein die Platzmiete. Weißt du was ich für einen einmaligen Besuch an diesen Club latzen musste?«
»Zuviel?«, ahnte Grosz.

»Du hast nicht den Ansatz einer Vorstellung. Das hier ist die Oberschicht, George. Hier gibt es ungeschriebene Gesetze, die strenger gelten als Geschriebene. Gehe hinein, sieh dir den Geldberg im Innern an und gehe wieder heraus. Und tue stets so, als hättest du nichts gesehen. Das hier ist nicht irgendein Tennisclub, das hier ist das renommierteste Etablissement der Oasenbewohner, der berühmteste Treffpunkt ihrer Majestäten, kein geringerer als der ›Coq d'Or‹, mein Freund.«

»Cock Door?«, fragte Grosz.

»Nein, du musst das französisch aussprechen: Coq d'Or. Der goldene Hahn zu deutsch.«

»Nie von gehört.«

»Eben, das macht ihn ja so berühmt.«

»Wie du meinst, Alf«, sagte Grosz und wandte sich seinem zerbeulten Zigarettenetui zu.

»Wir betreten nun hoheitliche Schichten, George, andere finanzielle Horizonte tun sich auf. Diese Menschen führen ein Leben jenseits unserer Vorstellungskraft. Assimiliere, integriere dich, lerne Tennis meinetwegen.«

»Ich kann Tennis.«

»Jeder kann Tennis, darum geht es nicht. Du weißt schon was ich meine.«

»Hat das nun Relevanz?«

»Ich meine, tu einfach so als wärst du so wie die.«

»Die?«

»Du weißt schon, die Betüchteren.«

»Die Bonzen.«

»Die Erben alten Adels.«

»Du sagst es Alf, die Spermionität der Monarchen, flachbrüstige, ölige Charaktere.«

»Ja, so kann man das auch sagen, aber eben anders. Bitte George, nur heute.«

»Ich bleibe wie ich bin, trotz denen. Weißt du warum die Spanier lispeln?«

»Wie bitte? Warum die Spanier was?«

»In Südamerika spricht man ein gewöhnliches ›S‹ im Castellano, in Spanien hingegen wird gelispelt, weißt du warum?«

»Wird das jetzt wieder eine Anekdote, George?«

»Ja.«

»Na dann, mach schnell, ich höre zu, aber bitte leise.«

»Anfang des neunzehnten Jahrhunderts herrschte der spanische König Fernando der Siebte über die Iberier. Er hatte einen Sprachfehler. Er konnte kein ›S‹ aussprechen ohne zu spucken. Fakt war, er hat gelispelt. Damit man ihm diese Peinlichkeit in der Öffentlichkeit ersparte, fing der ganze Hofstaat an zu lispeln und dieser wiederum verlangte dies von seinen Unterstellten und diese wieder von deren Untertanen und so weiter. Long story short: Irgendwann lispelte das ganze Volk. Darum lispeln die Spanier heute. Das Prinzip der Anpasser, Alf.«

»Danke für die ungebetene Bereicherung um deine Meinung, ist der Groll nun raus?«, fragte Flechtheim.

Grosz zündete sich eine Zigarette an. Flechtheim flüsterte fort:

»Können wir gewisse Themen heute ausblenden? Es wäre mir ein Anliegen. Ich meine eben solche Königsgeschichten. Die Leute zahlen hier viel Geld, um unter ihresgleichen zu sein und um eben nichts von derlei Analysen zu hören.«

Grosz pustete den Rauch aus. Dann hob Flechtheim die Hand und rief:
»Oh, da ist er. Herr Gold. Kommen Sie heran, darf ich Ihnen vorstellen. Herr Grosz, Alfred Gold, unsere Klientel.«
»George Grosz«, sagte Gold und strahlte offen auf die Herren zu. Er trug einen kobaltblauen Anzug und eine bronzene Krawatte als wäre er auf einer After-Hour-Vernissage. Sein Scheitel war herausgekämmt und doch wirkten seine Locken kreativ.
»Gold, Alfred Gold«, stellte er sich selbst nachdrücklich vor. »Kunstberater, Vertrauensmann und Stellvertreter. Ich bin betraut, Herr Flechtheim, vielen Dank. Herr Grosz, ich bewundere diesen sturen Menschenverstand in ihrem Werk, Sie denken schwer und schließen leicht. Es ist mir ein Plaisir.«
Er schüttelte ihnen weltmännisch die Hände, vornehm englisch, hierarchisch französisch und resolut deutsch zugleich. Ein behufter Umgang, in den Darmkanälen der Oberschicht ein- und ausgehend.
»Sie haben einen Überblick über das Portfolio des Künstlers?«, fragte Flechtheim.
»Ich habe das Werk besehen, studiert, geliebt. Einfach und schwermütig. Zeitgenössisch, wundervoll zeitgenössisch. Ich bewundere die neue Sachlichkeit, sie ist unserer Zeit voraus, das stellt Interessenten vor meine Haustüre.«
Grosz kniff sich ein Lächeln ins Gesicht. Gold hob drei Weingläser vom Silbertablett der Hostess.
»Enchantée die Grandseigneurs, Chapeau die Herren.«
Grosz sah beim Anstoßen an Gold vorbei und beobachtete die Tablettträgerin, inmitten der High Society verdiente

sie ihren kleinen Lohn als Gelageschubse. Ihre Uniform schien ihr um drei Nummern zu groß zu sein, tiefe Augenringe wiesen auf eine schwere Müdigkeit. Ein Gast beklagte sich über das abgemagerte Personal, wie solle man so in Niveau kommen. Das traurigste Mädchen, dachte Grosz und malte sich ihre Geschichte aus.
Ihr zäher Säugling hatte die ganze Nacht geschrien und war unentwegt durstig. Als er endlich an ihrer Brust einschlief und sie ihn in sein Krippchen legen konnte, kam ihr Mann sturzbetrunken in die Einzimmerwohnung gekracht, schimpfte laut und schmiss im Affekt seiner Selbstgespräche das Kinderbett um. Das Baby schlug auf den Boden und schrie von Neuem und lauter denn je und hörte nicht mehr auf. Das Mädchen packte ihr Baby und lief mit ihm hinaus in Richtung Krankenhaus, ihr Mann schrie ihr Fotzenrufe durchs Fenster hinterher. Das Kind hielten sie zu Untersuchungen in der Klinik und sie schlief auf der Holzbank im Warteraum der Notaufnahme ein. Das grelle Licht des Tagesanbruchs schockte sie wach. Nach einer Stunde Koma dachte sie, sie hätte verschlafen. Sie war zu spät für alles. Aufgelöst lief sie durch die Klinikflure und suchte ihr Kind, die Schwestern hielten sie fest und versicherten ihr, es befinde sich in einem stabilen Zustand. Wie auch immer so ein Zustand aussehen soll. Sie lief hastig zurück nach Hause um sich ihre Uniform für die Arbeit überzuziehen, die Krankenhausrechnung würde teuer werden und auch die Monatsmiete war noch nicht verdient. Den Job zu verlieren war keine Option. Als sie ankam lag ihr Mann ohnmächtig vor dem Bett auf dem Fußboden, er hatte in den Wäschekorb gekotzt, die Uniform war hinüber. Sie hetzte zum Palais, ging durch den Bediensteten-

eingang dreihundert Meter Tunnel vor dem Haupteingang, lieh sich unter einer Standpauke der dicken Haushälterin deren Uniform, welche wie Laken an ihr herunterhing. Sie kämmte sich die Haare, puderte sich den Schweißglanz von den Wangen, trocknete ihre Lider und versuchte ihr Baby für kurze Zeit zu vergessen. Der Koch stellte ihr ein paar Weingläser aufs Tablett und schubste sie die Treppe hinauf. Die Veranda stand in schönstem Sonnenlicht eines frühen Nachmittages. Die Society verspürte Durst und begrüßte das laufende Bouquet. Kritisch beäugte man jedoch ihr unpässliches Antlitz. Welch heruntergekommene Personalie zu solch einem gehobenen Etablissement Eingang fand. Der Club schadete seinem Renommee mit Amateuren. Unprofessionell, so schlürften sie ihre Martinis aus und näselten die Zwicker.

Das traurigste Mädchen, dachte Grosz und ließ die Augen fallen.

Gold war berufsbedingt nach Kunst-Colloque zu Mute.

»Wie kommen Sie nur immer wieder auf diese Kontrastdarstellungen, diese verworrenen Perspektiven, Herr Grosz? Ihre einschneidenden Gegenüberstellungen kontemporärer Problemfälle ist mir ein Faszinosum, ja Novum in dieser Qualität. Was ist Ihr Nukleus?«

»Was der Nukleus ist?« Grosz fühlte sich missverstanden wie das traurigste Mädchen. »Vielleicht wiegt mir mein Magen zu schwer, Herr Gold. Zu viel Wein, zu viel Spaghetti, Sie kennen das bestimmt. Dieses Mädchen da, es missfällt den Gästen?«

»Nun ja, es macht sich mit ihrer unpassenden Uniform nicht gerade unsichtbar für die Societés. Die Leute zahlen viel Geld für den Club und einer dessen Dienstleistungen

besteht in der Erschaffung von Unsichtbarkeit gegenüber Unreichen, ein hoher Wert im Finanzadel, wissen Sie.«
»Viel Geld«, wiederholte Flechtheim. »Da hörst du es.«
»Apropos Geld«, fuhr Gold fort,» kommen wir zum Geschäftlichen, ein Vertrauter meines Kaders denkt über den Ankauf einiger Ihrer Werke nach.«
»Welche Summen sind denn angedacht?«, fragte Flechtheim.
»Da steht der Nukleus«, unterbrach Grosz. »Das traurigste Mädchen, das in diesem Grand Canyon des Geldes für einen Niedriglohn arbeitet. Sie steht als einzige Persönlichkeit im Zentrum des Bildes. Sehen Sie sich die Soßenschlürfer an, Herr Gold, sie pieksen mit Zahnstochern nach Käsewürfeln, Brathähne fliegen ihnen in ihre Münder hinein, und das traurigste Mädchen kann ihr Tablett kaum noch halten vor Hunger. Sie ist mein Nukleus. Wer von diesen Schleckermäulern will also meine Bilder kaufen?«
Flechtheim hustete. Gold formulierte orientiert weiter:
»Ich verstehe Ihre Satire, Herr Grosz, fantastisch Ihre Analysen. Nun, mein Vertrauter hält sich gern bedeckt. Unsichtbarkeit, Sie verstehen.«
»Ich verstehe was Sie sagen«, murrte Grosz.
»Nun ja, solange das Geld nicht unsichtbar bleibt, Herr Gold.« Flechtheim war bemüht den negativen Stoßrichtungen Grosz' Auflockerung zu leisten und scherzte wo er konnte.
»Seien Sie gewiss, Herr Flechtheim, die Kunstfertigkeit ihres Schützlings stellt für meinen Vertrauten einen einzigartigen Vermögensgegenstand dar, er ist bereit Ihnen für die Übergabe besagter Werke, wir korrespondierten bereits, folgende Dankbarkeit zu überweisen.« Gold schrieb

Zahlen auf einen Zettel und knüllte ihn Flechtheim in die Hand. Dieser faltete ihn auf, zögerte und lächelte. Er zeigte Grosz den Zettel, doch der sah am Zettel vorbei auf das traurigste Mädchen.

»Einverstanden«, sagte Flechtheim und sie besiegelten die bevorstehende Transaktion mit einem festen Händedruck.

»Chapeau meine Herren, dann feiern wir nun ein Fest.« Gold schnipste das traurigste Mädchen herbei und entnahm weitere drei Gläser ihrer Last.

»Auf das Fest«, toastete Flechtheim und stieß mit Grosz an, der wie paralysiert am Rande stand.

»Künstler!«, sagte Gold begeistert. »So voller Sensibilität und Schöngeist!«

»Auf das Fest«, wiederholte Flechtheim.

»Ja, das ist ein Fest«, sagte Grosz matschig. »Ein herrliches Fest für einen Schiffbrüchigen. Gestrandet auf einer Insel mit feindseligen Eingeborenen. Andere Erdlinge, fremdes Territorium. Zur falschen Zeit im falschen Revier. Gefangen bei den Insulanern. Sie pusten das Feuer an und stellen einen Topf auf die Kohlen und kochen das Wasser heiß. Sie tanzen zu ihrem Getrommel um das Lager und hängen Lampions und Girlanden auf, denn heute ist ein Fest für sie. Und sie ziehen dir die Haut ab und werfen dich in den Topf und garen dich und scharen sich um dich und fressen dich auf und knabbern verwertend die letzten Sehnen von deinen Knochen und benutzen deine Haut als Lendenschurz. So sind sie ein Stück mehr Zivilisation durch dich. Ja, das ist ein sattes Fest und am nächsten Tag quält sie die Verstopfung. Und dann feiern sie wie die Geier ein Fest auf dem Donnerbalken.«

Flechtheim atmete tief durch.

»Um Gottes Willen, George, entspann dich!«
»Lassen Sie ihn schweifen, Herr Flechtheim, sein Ärger fließt in seine Kunst und aus seiner Kunst entspringt der Quell unseres Wohlstands. Es ist wie Treibsand«, klärte Gold und wandte sich an Grosz. »Wissen Sie, Herr Grosz, ich halte es da lieber mit dem Demokrit als mit dem Heraklit, Sie verstehen?«
»Was soll das nun wieder heißen?«
»Nun, Demokrit meldete, wenn er das Haus verlasse und sehe, wie dumm die Menschen sind, müsse er lachen. Heraklit aber bemerkte, wenn er das Haus verlasse und sehe, wie dumm die Menschen sind, müsse er weinen. Alles eine Sache des inneren point de vue. Wie dem auch sei, seien sie ein Demokrit, wie ich einer bin. Mein Rat wird nun woanders gebraucht, wie sagt nochmal der Amerikaner, Herr Grosz? What goes around comes around, was rumgeht kommt rum, nicht wahr?«
»Der Amerikaner sagt Cock Door«, antwortete Grosz.
»Na gut«, lachte Gold, »die französische Aussprache scheint Ihnen ja im Blut zu liegen wie ich sehe. Ich hoffe auf ein baldiges Wiedersehen, die Herrschaften.«
Bevor Grosz etwas darauf antworten konnte fiel Flechtheim voraus und klopfte Gold motivierend auf die Schulter.
»Auf Bald, Herr Gold, auf bald.«
Gold ging professionell wie er gekommen war zurück ins Poolhaus. Flechtheim wandte sich resümierend zu Grosz.
»Hattest du heute Strychnin im Kaffee, George? Verzeih mir meine Diagnose, aber dich holt eine Depression ein, denke ich.«

»Ich denke, mich hat nur die Skepsis eingeholt«, erwiderte Grosz kratzbürstig, »gute Miene ist selten mit Fair Play gepaart. Erinner dich an König Fernando, Alf. Und finge der König damit an, seinen Penis offen aus der Hose zu tragen, macht das auf bald das ganze Volk. Und alles nur aus Freundlichkeit. Denn wir sind alle so schrecklich zivilisiert. Die Cock Door zur Welt steht uns offen.«
»Naja, du könntest deine Formulierungen ja mit etwas bekömmlicheren Metaphern abrunden. Sag doch einfach, man solle die öffentliche Meinung des Öfteren einmal hinterfragen, anstatt gleich mit der Peniskeule ins Haus zu fallen. Dann wären die Ohren deiner Zuhörer bestimmt offener.«
»Offen wie die Hose, Alf, offen wie die Hose.«
Flechtheim hantierte vornehm zurückhaltend an seinem Schritt.
»Weißt du, was der Amerikaner sagt?«, fragte Grosz weiter. »Bullshit.«
»Meine Güte«, seufzte Flechtheim. »Die Hölle hat angerufen, sie will deine Laune zurück. Ja, ein Redender hat es einfach, er muss nur auf Dinge zeigen, nicht in eine Richtung, wie der Macher. Der Redende kann sich seine Themen aussuchen, dem Macher werden sie aufgezwungen. Der Redende kann zwischen seinen Visionen springen, der Macher muss sich entscheiden. Wenn dem Redenden etwas misslingt, dann wirft er es fort, wenn dem Macher ein Fehltritt unterläuft, kann es nicht mehr rückgängig gemacht werden. Bemühe dich bitteschön um Verständnis, nicht alle sind wie du, sei froh. Ich gebe dir recht, so mancher Blindgänger schlägt quer und trifft diffus. Aber ich gebe dir *kein* Recht darin, deine vielen Vorurteile zu verfes-

tigen ohne das ein oder andere zu überwinden. Du bestätigst dich nur immer wieder selbst in deiner Wut. Komm endlich aus dieser Unlust heraus.«
Grosz hob die die Schultern.
»Glaubst du, meine Bilder malen sich einfach so aus Spaß an der Freude? Wenn ich launisch bin, arbeite ich. Das ist meine Stilrichtung.«
»Dein Stil ist verbissen und verbohrt«, sagte Flechtheim und winkte das traurigste Mädchen herbei auf ein letztes Glas.
Grosz stopfte die gesamten Spesen in ihre Schürze, das Mädchen machte einen Knicks und Flechtheim fasste sich an die Stirn.
»Ich erwarte nicht viel von dir, George, nur ein wenig Antizipation.«
»Ich habe Antizipation nicht nötig, Alf. Mein Werk allein zeigt mir, wer ich bin und nicht umgekehrt. Ich beginne mit nichts und ende mit mehr als vorher. Ich verdopple nicht jemand anderen, ich verzehnfache mich selbst.«
»Da sieh mal einer an«, sagte Flechtheim. »Und wohin soll das führen? Du kannst dich zerteilen so viel du willst, wenn du nicht antizipierst, erreichst du gar nichts. Und jetzt auf, rein ins Getümmel der dicken Fische.« Er ging schonmal vor.
Es war vielleicht zehn, vielleicht elf, die Sonne fiel auf die Bäume zu und tauchte den Garten in Bronzefarben. Das Laub schaumte wild im sanften, säuselnden Wind. Ein paar Cirrus-Wolken zogen ihre seidenen Fäden in die Atmosphäre, ein paar Enteriche beschnatterten sich an den Bassins, die Springbrunnen plätscherten für ein schlichtes Gemüt. Grosz stand auf der Veranda und gab sich eine

Auszeit. Die letzten Spielerinnen hüpften erschöpft vom Feld und wischten sich mit weißem Plustertuch den Schweiß von ihren Dekolletees. Flechtheim war im Palais des Cock Door zu gesellschaftlichem Umtrunk eingesammelt und vertieft in Unterhaltungen über die Wertmaßstäbe für Pinselei und Knetkunst.

Grosz hatte es satt und dachte an zu Hause, an seine Eva, die ihr gemeinsames Kind in ihrem Bauch trug. Ihre kleine Familie wurde größer. Eigentlich müsste er zufrieden sein, er würde einen Batzen Geld mitbringen, doch ein sorgenvoller Wurm fraß sich an sein Herz. In welcher Welt würde dieses Kind groß werden? In was für einer Welt setzten sie es aus? Stand denn eine andere zur Auswahl? Er sah auf den sauberen Rasen, die glatt gemähten Wiesen, die klar geschnittenen Hecken, die Zieräpfel und Pseudobirnen, die umschlungenen Pergolas, die ausgefeilten Rabattpflanzungen, die auf ihre Blütezeiten hin zusammengestellt worden sind, für jede Jahreszeit eine andere Farbe. Augenblicklich strahlten sie in Rosenrot, als ob sie dem Himmel antworteten. Das Klima schien perfekt auf das menschliche Empfinden abgestimmt, es war weder zu kalt, noch zu heiß. In was für einer Welt würde ihr Kind wohl erwachsen werden? Wann würde es die ganze Zynik dieses Paradieses erkennen? Wann würde es sich das erste Mal die Frage der Absurdität stellen und ernsthaft über Suizid nachdenken? Wie lange könnte es jung bleiben? Wann würde es endlich unglücklich?

Er schob seinen Träumereien einen Riegel vor, schnippte seine Zigarette ins Beet und drehte sich um, zurück zum Palais des Cock Door. Hinter ihm hechtete ein Gärtner in

die Büsche und suchte nach dem Stummel als ginge es um sein Leben.
Er betrat das Geplänkel der Reichen und Reicheren. Nur diesen Abend, dachte er, nur diesen einen schlage ich mich ins Haifischbecken dieser Haifischflossensuppenlöffler, danach ist Schluss mit Maskenball und Hypokrisie. Auch ein Grosz konnte, wenn er, und das tat er, nur so täte als ob, lügen wie ein Totenzettel. Er steuerte auf Flechtheim zu, welcher sich in Diskussionen mit den Avantgardisten der Investitionskunst begabte. Er teilte Fachwissen mit und spitze Bemerkungen aus, ganz der Gentleman, ganz der angenehme Gesprächspartner, der wusste, wo welcher Humor wie lange funktionierte. Gold stand bei ihm und lachte und neben ihm sein umwerbender Künstler Jacques Blot, ein Bauchpinsler, ein exzentrisch-clownesker Herr mit langem Ziegenbart, Halbglatze und Pferdeschwanz. Er trug einen geschmacklos braun-grauen Frack mit einem weißen Pelz um die Schulter gehangen, um auf sein Künstlerdasein aufmerksam zu machen, doch seine ungesunde Haut und sein verdrehter Stand verrieten seinen jahrelangen Konsum von sogenanntem Armeleute-Essen. Grosz hatte keine Lobhudelei für solcherlei falschen Federschmuck übrig. Wenn er sich nicht selbst damit betrügen würde, den oberen Zehntausend angenehm zu sein, müsste er sich vor sich selbst schämen. Ein Schwächling. Blot sah ihn von weitem eifersüchtig an, wie einen Fressneider, wie einen Konkurrenten, der ihm Revieranteile streitig machen wollte.
»Meine Herren«, sagte Flechtheim mit souveräner Geste. »Da ist ja unser Malermeister.«

»Gewiss, der Kritiker«, sagte Gold. Das traurigste Mädchen hinter ihm stolperte und ließ eine Dessertgabel fallen, die Hausdame zog sie an der Schürze hinter die Kulissen.
»Herr Gold«, knurrte Grosz zur Begrüßung.
»Na, Herr Grosz, wie fühlen sie sich nach entbundenem Werk? Sie haben teuer verkauft. Willkommen bei den Bonzen.«
Flechtheim korrigierte: »Sie meinen bei der Prosperität.«
Gold hob sein Weinglas als hätte er nun Feierabend.
»Bei den *Bonzen*, Herr Flechtheim, ganz recht, ihr Schützling wirkt mir aufgeklart, wir konnen offen sprechen.« Er konnte Raffken, Ausbeuter und Geldsäcke voneinander unterscheiden. »Wir befinden uns im Reich der Advokatenzöglinge der durchlauchtesten Dynasten und ihrer Kamarillas. Sie nennen sich Fürsten und Fürstenerben und sind ja nicht ihrer Begabtheit oder ihres Geistes wegen reich. Herr Grosz hat ganz recht, wenn das hier keine Bonzen sind, wer dann? Nur lege ich weniger Konnotation auf die Schuld, die sie für ihren Reichtum haben. Es sind naive Kinder, die seit sie Leben in schier unendlichem Vermögen plantschen, sie kennen es nicht anders. Sie wissen gar nicht was das ist, Geld, sie bezahlen nie etwas, die Finanzindustrie hält sie sich als Anlegestelle. Sie wissen nicht, was Preise sind, man muss ihnen nur versichern, dass es *teuer* ist, dann besitzen sie es gerne. Dafür brauchen sie Leute wie uns, Herr Flechtheim. Und wir brauchen Leute wie unseren Jacques Blot hier, die Bilder malen, weil sie zu faul sind zu arbeiten. Keine Angst, das sind wir alle.«
Er lachte, legte den Arm um Blot und zog ihn zu sich heran. Dieser schien peinlich berührt, fügte sich aber, wie jede Kunsthure, der Laune seiner Gönner.

»Sind sie betrunken?«, fragte Flechtheim.

»Wer, ich? Nein, Sie? Herr Grosz«, fuhr Gold fort, »Sie verdienen nun gutes Geld damit in ihrem Atelier herumzusitzen und Farbe auf eine Leinwand zu streichen. Jetzt leben Sie genauso wie die Bonzen hier, wie fühlt sich das an?«

In Grosz' Augenbrauen braute sich etwas zusammen.

»Sie nehmen das Geld, weil Sie keine Wahl haben, wieviel man Ihnen bezahlt. Ist es Ihnen zu viel? Dann geben Sie doch was ab.«

Grosz schwieg.

»Sehen Sie! Wir sind alle gleich. Wir sind alle, wie wir hier stehen, Parasiten. Wir können gar nichts dafür, wir haben gar keine Wahl. Ist das nicht herrlich? Jetzt stehen wir mitten in unserem Wirt.«

Flechtheim sah Grosz an, so als fordere er ihm Gleichmut ab. Grosz brodelte.

»Ich führe es Ihnen vor«, sagte Gold und löste Blot aus seinem Schwitzkasten. »Jacques, bell wie ein Hund!«

»Wuff«, bellte Blot und sah zu Boden.

»Sehen Sie, Jacques? Dreitausend Mark. So einfach. Wissen Sie, er heißt auch gar nicht Jacques Blot sondern Jakob Blot und kommt aus Sollschwitz. Aber ein Blot aus Sollschwitz bekommt für ein Bellen eben nur einen Knochen um den Hals gehängt, ein Jacques Blot aus Montmatre hingegen, der ist wieviel wert?«

»Dreitausend Mark«, sagte Flechtheim und verdrehte die Augen.

»Falsch!«, belehrte Gold. »Teuer. Es gibt nur teuer oder billig. Jacques, wie macht die Ente?«

»Das reicht!«, rief Grosz.

»Quak«, sagte Blot.

»Ein verkanntes Genie!«, lachte Gold und steckte ihm zweitausend Mark zu. Blot schluckte es herunter.

»Nehmen Sie das nicht an, Herr Blot,« fauchte Grosz.

»Für Sie immer noch *Monsieur Blot*, französische Aussprache, so viel Anstand muss sein«, erwiderte Blot.

»Er hat gar keine Wahl«, resümierte Gold, »es ist einfach zu viel.«

Grosz verzog keine Miene vor Wut, Flechtheim sah sich um, so als hätte er nicht zugehört, Gold nickte selbstgefällig und Blot schmatzte sich den versalzenen Pelz von der Zunge. Eine weitere Person stellte sich mit erhobenem Kinn in die Runde und trachtete nach Beisein und reichhaltiger Konversation.

»Welch Ehrfreude«, moderierte Gold ihn an. »Meine Herren, ich darf Ihnen vorstellen, eine außerordentliche Kapazität meines Klientenzirkels, Freiherr Lambert Fugger von der Lilie, in Kurzform. Entstammt einer weitreichenden Kaufmannsfamilie, welche im vierzehnten Jahrhundert in den Adelsstand berufen wurde und seitdem die Linie aufrecht gehalten hat. Freiherr Fugger von der Lilie, wie können wir Sie unterhalten?«

»Ist das George Grosz?«, fragte Lilie. Sein schmales Gesicht ließ auf eine einfache Geburt schließen, ein androgyner, schlaksiger Herr, ein Stockmensch.

»Der bin ich«, sagte Grosz.

»Und er malt also diese unglücklichen Bilder, welche Kapitalbesitzer kritisieren?«

»Die male ich, ja.«

Er hat noch nie viel besessen, nicht wahr? Er weiß wohl nicht, dass Kapital der Antrieb der Weltwirtschaft ist? Was geht heutzutage schon noch ohne Finanzen? Er weiß wohl nichts vom Antrieb.«

»Sie wirken aber auch nicht sonderlich angetrieben«, sagte Grosz abtrünnig, Gold lächelte schmitzig, Blots Kehlkopf zuckte nervös, Flechtheim richtete sich den Krawattenknoten.

»Er spielt auf meinen persönlichen Reichtum an«, entgegnete Lilie. »Ein klassisches Armeleute-Thema. Ich habe immer Finanz besessen, das ist völlig normal, ganz natürlich. Und sehe ich so aus wie auf Ihren Karikaturen? Fett und gefräßig? Blutdurstig und dumm? Wie Sie sehen können, bin ich schlank und trinke Mineralwasser und wie sie unschwer hören, kann ich sprechen. Ich grunze nicht.«

»Da ist was dran«, lachte Gold und nahm beiläufig wieder seinen Blot in den Schwitzkasten.

»Urteilen Sie nicht zu früh, Herr Grosz«, fuhr Lilie mit sopraner Klangfarbe fort, »denn die meisten Urteile sind wie Bäume, sie können sich nicht mehr entfalten, wenn einmal gefällt.«

Grosz fühlte sich vollgeschwallt und nickte Flechtheim zu, der seine Hände rhythmisch hob und senkte, so als wolle er ihm sagen, es wäre der richtige Augenblick, um Ruhe zu bewahren. Wie ein Pfaffe, der die Mittel heiligt. Auf einmal raunte ein Aufstöhnen durch die Gästeschar, so als gäbe es einen gesellschaftlichen Faux-pas zu bestaunen. Das traurigste Mädchen war wieder erschienen, in zivil. Sie stand laut schimpfend am Buffet und stopfte das Bouquet in ihren Jutebeutel. Sie griff mit ganzen Händen in virtuos komponierte Delikatessenpyramiden und ruinierte das Soßenbassin. Lilie zog das seidene Tuch aus seiner Blazer-

Tasche, hielt es sich vor die getupften Lippen und stieß sachte auf vor Peinlichkeit.

»Das Mädchen wurde gefeuert«, urteilte Grosz.

»Nun, eine Anstellung beim Coq d'Or öffnet ein breites Spektrum an Berufsperspektiven«, führte Gold an. Zwei kräftige Kellner entfernten das zappelnde Mädchen aus dem Bacchanal. Am Ausgangstor nahmen ihr die bulligen Männer den vollen Jutebeutel ab, begrapschten ihre Zuckertittchen und zogen sie hinter einen Kirschlorbeer. Danach warfen sie sie auf die Straße und drückten die Essbestände auf ihrem Rückweg in den Abfall.

»Finden Sie das richtig?«, fragte Grosz.

»Je weniger man urteilt, desto leichter wird das Herz. Sehen Sie die Dinge wie sie sind«, sagte Lilie und beanspruchte den Buddhismus für sich.

»Sie leben in einer Lüge«, zischte Grosz. Flechtheim fasste sich an die Stirn. Gold verpasste Blot eine Kopfnuss. Lilie blieb gelassen, unbeeindruckt und achtsam:

»Sobald wir urteilen, lügen wir, Herr Grosz. Wir tun es jeden Tag, morgens, als erstes vor dem Spiegel. Es liegt in unserem Wesen, ohne Urteil keine Entscheidung, also ist auch jede Entscheidung Lüge. Wir lügen, um unser Leben lebenswert zu machen. Ja, wir lügen, um zu leben. Lügen wir also. Und leben. Seien Sie kein Theoretiker. Ich sehe Sie, Sie haben lieber das große Geld, das ›böse‹ Geld, vor dem Kopf, um es zu beschuldigen, anstatt auf dem Konto, wo es hingehört, um es zu besitzen.«

Grosz kam sich vor wie im Panoptikum. Soviel gespenstisch schreckliche Gefühlskälte hatte er noch nie erlebt. Das traurigste Mädchen war besudelt, übermüdet und hungrig auf dem langen Marsch zurück ins Krankenhaus.

Ihr Baby würde eine schwere Gehirnblutung erlitten haben. Wo sollte sie hin? Zu Hause war es nicht mehr sicher. Rund herum auch nicht. Sie war obdachlos, nur Prostitution war noch eine Option. Doch dazu musste sie sich erst einmal waschen und das Baby loswerden. Und *er* stand in diesem Cock Door mit dem Champagner Royal in der Hand herum und tat nichts. In was für eine Welt würde er sein Kind setzen? Er sprach langsam und bedeutsam auf Lilie zu:

»Sie haben noch nie eine Mahlzeit auslassen müssen, haben nie gefroren, nicht mal an den Fingerspitzen. Während Sie Krempel aus aller Welt anhäufen, schlagen sich die Leute da draußen um Brotkrumen. Während Sie auf etwas zu spazieren, laufen andere vor etwas weg. Während Sie von der Erleuchtung schwadronieren, können andere von Infernos berichten.«

»Ich wurde reich geboren«, sagte Lilie. »Macht mich das zu einem schlechteren Menschen?«

»Ja. Wenn Sie reich sterben,« sagte Grosz.

»Nun, es steht in keinem Gesetz, ich müsse teilen«, wies Lilie jede Schuld von sich fort.

»Wenn das Gesetz die Moral bricht, brich das Gesetz!«, parolte Grosz. »Nur, weil Sie etwas nicht sehen, heißt es nicht, dass etwas nicht da ist und Ihnen sehr bald im Weg stehen wird. Es ist dies dasselbe Problem, das das Vögelchen mit der Fensterscheibe hat, an dem es sich sein Köpfchen zerbricht. Sehen Sie hin. Erkennen Sie, dass Moral Ihr Ende ist. Erheben Sie sich aus Ihrer paradiesischen Faulheit und handeln Sie eines Mannes würdig.«

»Nun moralisieren Sie aber, Sie Sozialromantiker«, focht Lilie. »Moral hat nichts mit Menschlichkeit, oder wie Sie

meinen, Solidarität, oder sonst irgendeinem Begriff von diesem humanistischen Wanderzirkus zu tun. In einem kannibalistischen Land ist Kannibalismus Moral. Ein Soldat handelt im Kriege zu seinem Hauptmanne hin moralisch. Halten Sie die Schotten dicht. Am Ende ist und bleibt dies doch nicht mehr als eine Neiddebatte.«
»Das sind keine Argumente.«
»Und ob das Argumente sind.«
»Es ist zwecklos.«
»*Sie* sind zwecklos.«
Gold schlichtete die angespannte Atmosphäre und wandte sich ebenfalls an Lilie.
»Herr Fugger von der Lilie, kommen Sie morgen mit uns auf die Jagd? Blot ist ein ausgezeichneter Labrador.«
»Ich ziehe es vor in England rotes Rehwild zu schießen, aber ein wenig Fasan wäre auch nicht schlecht, um en forme zu bleiben«, antwortete Lilie ohne mit einem Blick von Grosz abzuweichen.
»Ein Gedicht«, fügte er hinzu. Grosz stockte.
»Ein Gedicht?«, fragte Gold bescheiden. Flechtheim schüttelte unmerklich den Kopf.
»Ja, ich liebe den Umgang mit Wörtern«, sagte Lilie. »Es ist als Ratschlag gemeint und heißt: Von den Schriften Teil eins! Einen Augenblick. Ich führe es Ihnen vor.«
Er ging einen Schritt nach vorn und plusterte sein Brustkehlchen. Dann schwapselte er seinen Versus auf:
»O, es sagte schon René Descartes
und vor ihm hat's schon wer gesagt,
dass er Beweise misse,
dass man nun glaube oder wisse,
ob man, und das ist die Sache,

nun eigentlich träume oder wache,
ist es Deutung oder Fakten,
eindeutig oder durchwachsen?«
Eine Pause entstand und die Runde guckte sich fragend an. Lilie beobachtete unauffällig sich selbst. Heimlich konzentrierte er sich auf seine Tonation und hörte schwelgerisch den genuinen Klang seiner virtuosen Stimme, wie sie davontranszendierte. Ob das alles war, fragte sich Grosz.
»Das war ein Gedicht?«, fragte Gold mit erbarmungslos freundlichem Lächeln. »Merkwürdig genug um originell zu sein.«
»Von den Schriften!«, wiederholte Lilie zielbewusst und deutete eine Verbeugung an.
»Würdig«, sagte Blot und klatschte zweimal diszipliniert in die Hände. Grosz ließ den Kopf fallen. Als er ihn wieder hob, nahm er das Kinn gleich mit.
»Ich habe auch ein Gedicht verfasst, Herr Fuggerlilie«, sagte er. Flechtheim faltete die Hände und versuchte nicht zuzuhören. »Ich führ es gleich mal ein, es geht ungefähr so:
O, das Wort der Worte: hört ihr wie es tönt.
Ach, sagt mir was es ist.
heißer Quell und frisch entkorkter: Diarrhö.
Diarrhö – Diarrhö, mitten ins Gesicht.«
Lilie spitzte die Lippen und hob gleichzeitig die Augen wie ein Bajazzo ohne Schminke.
»Sie!«, sagte er.
»Ich«, sagte Grosz. »Wer kann es mir verargen?«
»Sie sind ein Defätist!«
»Ein was? Von all Ihren Wörtern fällt Ihnen kein Besseres ein?«

»Ein Defätist! Ein Aufgegebener, ein Liegenbleiber. Ein Défaite, ein Defatio. Sie gehören hier ja gar nicht her.« Er wedelte mit seinen beiden zu lang geratenen Armen die zwei kräftigen Kellner herbei, die auch schon das traurigste Mädchen aufgeräumt hatten. Feuersbrünstig stellten sie sich in den Gesprächszirkel um den Müll abzutragen.

»Ein Defatio«, sagte Lilie und zeigte auf Grosz. »Wie war nochmal die Ultimo Ratio des Kaisers? Die Defätisten, schwöre ich mir samt und sonders tutti quanti aus dem Volkskörper zu entfernen, so wahr und weise ich Wilhelm der Zweite heiße. Fort mit dem Gesochse. Schafft es mir aus der Blickrichtung!«

Die Kellner packten den Defatio, einer unter der linken Achsel, der andere griff beißend fest um das Schlüsselbein, als zöge er an einem Pflug. Grosz schrie auf vor Schmerz. Flechtheim wusste nicht recht, was er nun tun sollte, Gold auch nicht, und erst Blot. An der Pforte angekommen hoben die Kellner ihn über die Grundstücksgrenze außer Hausrecht, doch ließen nicht ab. Nun wurde es privat.

»Und jetzt zurück damit«, sagte der eine Kellner, der Hässliche.

»Wie bitte?«, fragte Grosz erschreckt, als ihn der andere, der Scheußliche, einen seiner Arme zwischen die Schulterblätter drehte, dass es ihm fast das Gelenk auskugelte.

»Das was du hast. Alles was du geklaut hast«, drohte der Hässliche und boxte ihm in die Leber.

Nachdem Grosz sich aus dem Griff befreit und den Schmerz herabgeschluckt hatte, richtete er sich auf und trat nah an den Hässlichen heran, dass sich fast ihre Knollennasen berührten.

»Jetzt pass mal gut auf du Waghals, der Dieb bin nicht ich, das sind deine Vorgesetzten da drinnen. Die beklauen dich und mich – die machen dich zu Kellner und mich zu Bittsteller und selbst sind sie Kinder geblieben. Sie spielen mit uns, arm gegen ärmer spielen sie aus, dabei liegt genug für alle da drinnen. Doch wie Kleinkinder geben sie nichts ab. Wenn du hier also jemanden bestehlen willst, dann...«
Der Hässliche packte Grosz am Kragen, zog ihn hoch und fiel ihm harsch ins Wort.
»Jetzt horch mal auf du kleine Ordonnanz, die wollen dich hier nicht, kann man ihnen nicht verübeln. Etwas riecht hier streng, nach faulen Zähnen, irgendwie nach Kotze. Man ist sich einig, dass da etwas stinkt. Hörst du sie reden? Lauscher auf. Hörst du, was sie denken? Da. Siehst du? Ekelhaft. Dass du dich nicht schämst, ist schon eine Schande. Bleib ja klein, glaub nicht, du könntest hier was machen, halt bloß die Füße still. Glaubst du, ich will hier sein? Seit einem Monat sind ich und mein Kumpel Polker hier und wir sind bestimmt nicht gekommen um zu bleiben. Weder sind wir deine Kellner, noch deine Köche, noch deine Rösschenschneider, höchstens vernaschen wir dein Hausfrauchen, wenn es uns vor die Schwänze kommt. Deine Brieftasche du Knilch, aber flott, sonst setzt die Schleife ein, du Früchtewürstchenkacker du, zieh raus jetzt.«
Grosz zog seine Brieftasche aus dem Jackett und protestierte weiter.
»Typen wie euch könnte ich die Nase langziehen, dass ihr eure Arschlöcher riecht. Da drinnen wird die Welt gefressen und ihr Aasgeier pickt hier in der Sickergrube herum.

Ich bin keiner von denen. Verstehst du ein Wort von dem was ich sage?«

»Brieftasche!«, verschärfte der Hässliche und zog ein Messer. Grosz holte kopfschüttelnd sein Portemonnaie aus dem Jackett hervor.

»Wir nehmen den Reichen und geben den Armen, Samtpfötchen«, sagte der Scheußliche, griff nach dem Ding und kramte darin herum.

»Immer locker in die Hose machen«, sagte der Hässliche, ließ sich das Portemonnaie geben und steckte es im Ganzen ein. »Zigaretten«, sagte er.

»Zigaretten?«, fragte Grosz, seiner Brieftasche nachsehend.

»Ihr Pinkel raucht doch immer diese zarten Amerikanischen. Her damit.«

Grosz zog sein Etui heraus und gab es ihm mit totwünschendem Blick.

»Sagte ich doch, Amerikanische. Blütenpisser«, verabschiedete sich der Hässliche. Die Kellner traten einen Schritt zurück und knallten das Schwanztor mit einem Stoß vor seiner Nase zu. Grosz war konsterniert. Hatte man ihn gerade ausgeraubt? Vor dem berüchtigten Cock Door? Siebenunddreißig Reichs- und zehn Rentenmark, eine Fotografie von Eva und vier Zigaretten. Er starrte auf die Tür. Nach kurzer Weile öffnete sie sich wieder und Flechtheim kam zum Vorschein.

»Alf«, sagte Grosz.

»George. Du siehst ja wie angemalt aus, als hätte man dir die Zigaretten geklaut. Komm, wir fahren nach Hause.«

»Ich wurde gerade ausgeraubt«, sagte Grosz. »Siebenunddreißig Mark hatte ich dabei.

Du hast heute zwei deiner Bilder zum Bestpreis verkauft, George, schreib mir das auf die Spesenrechnung, jetzt nichts wie weg hier. Langsam wird's Mitternacht, wer weiß was hier bei Vollmond passiert. Willst du eine Zigarette?«
Grosz nahm an und sie gingen zum Wagen, dem kleinen Hanomag, den sich Flechtheim extra für diesen Ausflug zugelegt hatte. In dieser Gegend fuhren keine Züge.
»Das nächste Mal könntest du der Reichenwelt gegenüber etwas aufgeschlossener sein. Nur, weil die Geld haben, darfst du nicht erwarten, dass sich da intellektuell mehr dahinter verbirgt. Hab Verständnis, es sind auch Menschen.«
»Ich bin, was ich muss«, sagte Grosz.
Mit ratterndem Motorengeheul knatterten sie durch die Einfahrt. Die Nachbarn sah man hinter den dichten Thujenhecken nicht. Wie hohe, dunkelgrüne Festungsmauern türmten sie sich auf, hinter denen sie hektargroße Anwesen vermuten ließen und sich Landschaften auftaten in denen Tontauben lebten und sechzehnendige Hirschgeweihe aus dem Boden wuchsen. Fünf oder sechsmal passierten sie deutlich erkennbare Grenzsteine, dann befanden sie sich auf einer breiten, mit Alleebäumen bepflanzten Landstraße auf der niemand fuhr außer ihnen. Die lange Straße passierte keine Dörfer, sondern mündete nach einer guten Stunde Fahrt und einem längeren Tunnel direkt in den zentralen Berliner Stadtverkehr, als käme man durch eine geheime Hintertür wie durch einen venezianischen Spiegel in die Mitte des Realgeschehens geplatzt. Sie waren zurück aus dem Oberschichtghetto, der Fabergé-Favela, aus einer Konklave eines Elysiums des Grauens, ein Gruselkabinett, ein Sozialmausoleum, wenn man so will. Die Häuserfassa-

den huschten vorbei und Grosz lehnte seine Stirn an die Fensterscheibe und ließ die Bilder vorbeisausen wie einen Filmstreifen. Wohnung an Wohnung gequetscht, eine kleiner als die andere, sich tummelnde Menschen, wie Termiten, kleine Läden, die immer offen hatten, doch selten etwas anzubieten. Immer Arbeit, immer pleite. Ein Fürst hatte noch nie gearbeitet, dachte er, der war aber auch nie pleite. In was für einer Welt würde sein Kind erwachsen werden? Was würde sie ihm lehren? Dass sie vollends verblödet ist? Würde diese Welt nicht auf kurz oder lang auseinanderbrechen? Doch es schien zu funktionieren, solange niemand vom anderen Notiz nahm. Die Reichen nicht von den Armen, die Armen nicht von den Reichen. So hielt man es aus.

X

»Sind Sie ein Geschäftsmann, können Sie Millionen Schulden machen und keiner krümmt Ihnen ein Haar. Sind Sie ein Staatsmann, dann können Sie sogar Milliarden anhäufen und nichts wird Ihnen je geschehen. Aber sind Sie eine arbeitslose, alleinerziehende Mutter und haben fünfzig Mark Schulden bei Ihrem Vermieter, rammt dieser Ihnen vergeltend ein Messer ins Bein.« Karl tupfte die Wunde der Dame ab und desinfizierte sie. »Und dann setzt er sie auf die Straße. Verkehrte Welt.« Er holte Nadel und Faden aus seinem ärztlichen Kulturbeutel und spannte die Seide.
»Ihre Frau sagte mir, ich könnte Ihnen hier zur Hand gehen«, sagte Bobrow und sah sich im Sprechzimmer des

Armenarztes um. Veraltete Technik aus dem vorigen Jahrhundert, Lupen statt Mikroskope, ein unabgeholter Wäschekorb gefüllt mit blutbesudelten Lumpen und grünlich vollgesogene Seniorenwindeln stand neben ihm an der Tür, ein Kaiserreich für einen Rattenfloh, es roch nach Pest und Flüssigkot. Als hätte Ignaz Semmelweis nie ein Buch geschrieben und »Keime« wären noch freundliche Liliputs aus Ammenmärchen.

»Ja, Sie sind doch Arzt, oder?«, sagte Karl. »Ich meinte zu Käthe wir könnten jeden Mann gebrauchen, der was von seinem Fach versteht. Da draußen warten über dreißig Patienten und ich habe hier nur zwei Lehrlinge. Die Schwester ist nicht aufzutreiben. Sie könnten mir hier unter die Arme greifen.«

»Nein, tut mir leid«, sagte Bobrow und kreuzte die Hände vor seinem Solarplexus. »So ein Arzt bin ich nicht mehr, das war ein Missverständnis.«

»Ein Missverständnis? Sie sehen doch wie Ihre Hilfe hier Not tut.«

»Ich negiere«, entgegnete Bobrow. »Ich dachte, Sie würden das facettenreiche Angebotsspektrum meiner Beratungsleistung in Anspruch nehmen. Fachkenntnis ist meine Medizin. Ich könnte Sie zum Beispiel auf Hygienestandards zur Keimvermeidung beraten. Keime existieren wirklich.« Er zeigte auf den Wäschekorb.

»Können Sie Fleischwunden vernähen?«, fragte Karl genervt.

»Ich habe erst kürzlich ein ganzes Gehirn zusammengenäht, und nicht irgendeines, glauben Sie mir. Ob ich Nähen und Stricken kann fragen Sie. Was für eine obsolete Frage. Was wäre ich für ein Arzt, wenn nicht?«

»Also bitte«, sagte Karl und drückte ihm sein Nähbesteck in die Hand. »Helfen Sie der Frau.«
Er klopfte ihm auf die Schulter und verschwand mit dem Wäschekorb durch die Tür zum nächsten Pateinten. Die Frau auf dem wackligen Untersuchungsstuhl gaffte ihn mit schmerzdurchtränten, finsteren Rabenaugen an. Bobrow rieb seine Schneidezähne übereinander, dass sie quietschten. Dies war nicht der kosmopolitische Ort, den Frau Kollwitz ihm versprochen hatte. Er gab der Dame das Nähbesteck zur Hand, verabschiedete sich von der ingrimmig dreinblickenden Untersuchungsperson mit einem Salut und verließ den Raum auf der Suche nach Karl. Der verabschiedete gerade einen vorschnellen Hypochonder und bat den nächsten Schwerverletzten in der Reihe in sein Sprechzimmer im Nebenraum.
»Herr Doktor Kollwitz«, rief Bobrow. »Wir haben ein Missverständnis.«
»So schnell vernäht?«, fragte Karl. »Käthe hatte recht, Sie sind handwerklich begabt.«
»Ich bin Psychologe«, erklärte Bobrow seine Ansicht, »und meine Selbstdiagnose beurkundet mir ein nihilistisch-narzisstisches Immer-Ich. Ich nähe nicht mehr seit ich Literatur verfasse. Ich ging der Annahme nach, hier wäre ein Forschungsfeld zu bestellen. Ich bin Wissenschaftler, kein Lazarettbursche.«
Karl wies den Patienten an schonmal ins Sprechzimmer vor zu humpeln, dieser hinkte wie ihm gesagt. Dann stemmte er die Fäuste in die Hüfte und beugte sich zu Bobrow.
»Das hier ist ein Armenhospiz, Herr Doktor Bobrow. Ich werde hier nicht mit Ihnen diskutieren. Gehen Sie jetzt da

rein und nähen der Ärmsten die Wunde zu! Sie steht unter Schock, verstehen Sie das? Sie braucht Hilfe.«

»Ein rezidives Gedächtnistrauma, begleitet von Todesfantasien, die zu paranoiden Fraktalsituationen führen können«, vervollständigte Bobrow. »Die Wunde hat sie sich mit höchster Wahrscheinlichkeit selbst zugefügt.«

»Rein da!«, schimpfte Karl und zeigte mit gestrecktem Zeigefinger auf die Tür.

Bobrow grinste böse und trotzig; hier konnte man seinen Intellekt wohl nicht mit Dank beschenken, für den man ihn normalerweise herzoglich bezahlte. Er ging zurück zu der Frau, die immer noch perplex die Nadel und den Faden in den Händen hielt, und ging an seinen Arzneikoffer. Er holte eine kleine Ampulle mit gelber Flüssigkeit heraus, träufelte etwas davon auf eine Hostie, die er aus der Jackentasche zog und reichte ihr es zum Verzehr.

»Essen Sie das«, befahl Bobrow.

»Was ist das?«, fragte die Patientin.

»Ihre Medizin.«

Die Patientin schluckte es hinunter ohne zu kauen.

»Und?«, fragte Bobrow nachdem er seinen Koffer wieder sachgerecht verschlossen hatte und zur Tür marschiert war, mit der Klinke in der Hand. »Wie fühlen Sie sich?«

Die Patientin sah auf, dann schmunzelte sie leicht und brav.

»Natürlich, Herr Doktor«, sagte sie, dann schob sie den dünnen Faden zielgenau durch das Nadelöhr, zog ihn zur Hälfte durch und nähte sich selbst nach methodischer Hausfrauenfertigkeit die Wunde zu. Bobrow nickte und verließ das Sprechzimmer. Auf dem Gang sortierte er von den restlichen achtundzwanzig Patienten noch drei Hypochonder aus, setzte vier Verdachtsfälle auf die hinteren Listenplätze und schob zwölf dringende nach vorne. Dann preschte er in Karls Sprechzimmer um sich zu verabschieden.

»Das Missverständnis wäre fürs erste geklärt«, sagte er laut, als er durch die Tür rumpelte. Karl befand sich gerade mit einer Pinzette in einem Augenlid und zuckte zusammen vor Schreck. Der Patient mit einem Eisenpartikel im Auge schrie auf vor Schmerzentsetzen.

»Das ist gut. Dann nehmen Sie den nächsten dran«, sprach Karl leise und wütend.

Nicht mehr nötig«, sagte Bobrow. »Ich habe eine Ablaufoptimierung in ihr Organisationsprofil implementiert. Ich habe Ihnen somit einen Mehrwert in Ihren Zeitablauf gebracht, Funktionalität folgendermaßen: Das Dringende kommt vor dem Wichtigen, das Wichtige vor dem Notwendigen, das Notwendige vor dem Belanglosen, zusätzlich habe ich die Hypochondrie gänzlich aus dem Patientenkörper getilgt. Ihr Durchlaufprozess ist nun um rund vierzig Prozent effizienter, Sie brauchen mich nicht länger. Machen Sie es gut.«

Karl lehnte sich zurück und hob den Kopf zur Decke.

»Wie viele Patienten sind draußen?«, fragte er ruhig mit ungeduldigem Unterton.

»Fünfundzwanzig«, sagte Bobrow stolz.

»Dann bitte«, sagte Karl mit strengen Augen.

Bobrow trat wortlos zurück, knallte die Tür hinter sich zu und griff abermals zu seinem Arzneikoffer, aus dem er einen Pastillenspender holte. Er drückte fünfundzwanzig Globuli in seine Handfläche.

»Süßigkeiten für die Wartenden«, sagte er und reichte seine Hand herum, jeder nahm ein Häppchen. Während die Letzten noch bei der Einnahme waren, standen die Ersten schon auf und gingen, archetypisch transzendent, traumsuchenden Schlafwandlern gleich dem Ausgang am Ende des Flurs entgegen. Gebrochene Gliedmaßen hingen entspannt von ihnen herab, ihre Blutspuren wirkten gleichmäßig auf dem mattgrauen Hospizboden verteilt. Einer nach dem anderen stand auf, Männer, Frauen, Kinder. Menschen, die sich vorher nicht gekannt hatten, gaben sich die Hände und geleiteten sich. Eine Krankenschwester, die zu spät zum Dienst erschien, staunte nicht schlecht. Auch sie bekam ein Globulus und ging mit den anderen. Sie alle trabten gleichmütig hinaus, wie Geheilte, wie Heilige. Bobrow riss von Neuem die Tür des Sprechzimmers auf, wo Karl immer noch auf der Suche nach dem Eisenpartikel war. Der Patient schallte vor unbegreiflichem Schmerzempfinden, als ihm wieder vor Schreck die Pinzettenspitze ins Auge gleißte.
»Fertig«, verkündete Bobrow. »Alle durch.«
»Wie?«, fragte Karl provoziert. »Alle geheilt, Herr Doktor Bobrow?«
»Alle. Von Allem.« Bobrow schien in die Ferne zu blicken.
Karl stand auf und ging zur Tür, er konnte niemanden mehr sehen. Nur dünne, lineare Blutspuren verliefen parallel Richtung Ausgang.
»Sie haben Sie einfach weggeschickt?«
»Nein, sie sind gegangen, da sie das Hospiz nun nicht mehr brauchen.«
»Wie das?« Karl war verwirrt.

»N-Methylphenethylamin, Mezcal und Penicillin«, erklärte Bobrow.

»Penicillin?«, fragte Karl.

»Ein Spaltpilz, Sie werden davon hören. Forschung, Herr Doktor Kollwitz, in der Forschung, nicht in der Praxis, liegt der Schlüssel zur Gesamtheilung. Grüßen Sie Ihre Frau von mir, meine Arbeit hier ist getan.«

»Wissen Sie eigentlich wie man *Medizin* schreibt?«, fluchte Karl.

»Ob ich weiß, wie man Medizin schreibt? Ich notiere«, sagte Bobrow und zog einen aufklappbaren Handblock aus dem Revert und redete beim Notizieren.

»Notiz an Notizblock: Kleine Bücher, kleine Einfälle, große Bücher, große Gedanken.« Er klappte den Block wieder zu und ließ ihn verschwinden. Karl wusste nicht recht was diese Gestalt ihm sagen sollte.

»Zum Behufe meiner Mnemonik besitze ich vier Notizbücher, Herr Doktor Kollwitz«, faselte Bobrow und fing gerade erst an. »Eines in meiner Jackentasche, eines in meinem Reisegepäck, eines bei mir zu Hause auf dem Wohnzimmertisch und eines in meinem Pyjama, welches ich jede Nacht an mein Bett lege. Diese vielen Ideen fallen in dieses eine, mein Manuskript, das ich habe. Mein Buch wird es werden. Es wäre dann mein sechstes und handelt diesmal von psychischer Hygiene und dem Fehlumgang mit Eindrücken. Ob ich *Medizin* schreiben kann fragen Sie? Alles kann ich schreiben.«

Karl blickte ihn zornig an.

»Haben Sie denn wirklich noch nichts von mir gelesen? Ich bitte Sie: ›Aventiure Lobotomie – meine Reise zum Mittelpunkt der Seele‹, oder ›Ecce Homo – vorher und nachher.

Gesammelte Essays‹, oder ›Die Sinnhaftigkeit des Wahns – ein Buch das alle lesen sollten‹, oder ›Volkspsychosen und politische Bewegung. Über die Wirkungsgewalt von Fantasie‹, oder ›Der menschliche Nachteil – die Involutionstheorie des frühen zwanzigsten Jahrhunderts‹. Gar nichts?«
»Wissen Sie, was Schreiber gebracht haben? Die Leichendichter vor und während den Kriegsjahren? Und lange danach? Und auch heute noch? Wissen Sie, wie viele Beine ich in dieser Zeit amputiert habe, wie viele Tote ich hier herausgetragen habe? Und dann lese ich es bei den Buchautoren und den Zeitungsschreiberlingen: Die ›süßen‹ Tode, schreiben sie. ›Süß‹, wie Schokolade. Die Soldaten werden nicht geschlachtet, wie Vieh, nein, sie ›fallen‹, als wären sie Bäume. Nur die Schwachen kämen verletzt nach Hause, auf Krücken, und nicht in einem Sarg. Es gab gar keine Särge. Leichendichter, das waren sie, das sind sie doch alle, die schreiben und nichts tun. Massenmorde verwandeln sie in Kapriolen für Volk und Kaiser. Sie füllen die leeren Köpfe mit fehlgeleitetem Schwachsinn und mir sterben Menschen unter dem Messer weg. Ich wünschte, ich könnte ihnen die Scheiße aus ihren Hirnen herausoperieren, *bevor* ich nach ihren Kugeln puhlen muss.«
»Und hier komme *ich* ins Spiel«, sagte Bobrow steinern selbstbewusst. »Ich bin Fachexperte auf dem Gebiet der Psychoanamnese und Weltvorreiter der Lobotomie. Fünf Bücher, Herr Doktor Kollwitz, und keine dünnen.«
»Das interessiert mich nicht, Herr Doktor Bobrow«, schmähte Karl. »Es mag Ihnen wichtig sein, doch dringend ist es nicht. Wir müssen handeln. *Sie* müssen handeln!«

»Der da zum Beispiel«, sagte Bobrow und zeigte auf den verwundeten Äugler. »Den lassen Sie jetzt mal mir, ich praktiziere Ihnen vor.«

Er griff in seinen Arzneikoffer und holte eine Zange heraus die merkwürdig genug aussah, um originell zu sein. An ihren Spitzen hatte sie keine Haken, oder Flächen, sie hatten Kringel, wie ein Schweineschwanz, eine Spirale.

»Die Bobrowsche Intrusionsforke«, erklärte er beiläufig. Mit dieser Zwicke ging er dem wehrlos blinzelnden Patienten in die Nase. Dort löste er anscheinend Schmerzzentren aus, denn der Patient verhielt sich unruhig, indem er zappelte, vom Stuhl fiel und Bobrow nachgehen musste. Er war nun narkosefrei in die Stirnregion vorgestoßen und es sähe soweit alles in Ordnung aus, protokollierte er an Karl, der, anstatt mitzuschreiben, nicht recht wusste ob er dazwischen gehen sollte, oder Komplize werden würde, wenn er nichts tat. Bobrow diktierte ungehemmt fort. Er würde nun mit der Lamarckschen Evolutionskonfrontation beginnen, das habe noch keiner vorher versucht, dann drehte er die Zange im Kreis und der Patient drehte sich kreischend mit.

»Teufel, Hölle!«, schrie Karl. »Sie bringen ihn um! Er hat was im Auge, mehr nicht!«

»Das Auge hat auch eine Rückseite!«, rief Bobrow zurück. Die Schreie des Patienten störten das analytische Zwiegespräch, so dass man die Stimme heben musste um akzentfrei verstanden zu werden. Karl zog unzweideutig eine zornige Grimasse.

»Raus!«, schrie er. »Raus, aber hopp! Lassen Sie den Patienten in Frieden. Machen Sie nicht noch mehr kaputt als es schon war.«

»Ich habe es Ihnen gesagt, ich bin Psychologe, ich habe es Ihnen gesagt!« Bobrow war schwer beschäftigt, mit all seiner Muskelkraft, die sein alter Körper noch besaß. Lästiges Rückenleiden. Einer von Gottes Witzen, die man nicht lustig findet.
»Ich habs gleich draußen!«, schrie er. Der Patient schrie im Kanon.
»Was? Was ist gleich draußen?«, schrie Karl zurück.
»Das!«, schrie Bobrow und zog die Zange unter drei festen Zügen heraus und hielt sie feierlich ins Fensterlicht. An der Spitze der Spirale klebte ein sonderbar viskoser, bluttriefender Schleim und Binnenfäden rannen die mit grünlich-weißem Glibber beschichtete, glänzende Spirale hinab. Der Patient fiel erwartungsgemäß in Ohnmacht. Karl wusste nicht was nun zu sagen war. Er war Zeuge eines Mordes geworden.
»Drei Minuten«, sagte Bobrow, der Mörder. »Aber Sie wollten ja nicht hören, Herr Doktor Kollwitz, Sie wollten ja nicht hören.«
Karl hielt ihm die Pinzette vor die Nase und sah ihn erbost an.
»Raus!«, befahl er mit krachender Stimme. »Raus! Und lassen Sie sich nie wieder blicken! Ich will Sie niemals wiedersehen! Und fassen Sie niemals wieder einen Patienten an, Sie Irrer!«
»Ich werde mich brieflich weiter mit Ihnen auseinandersetzen«, sagte Bobrow und versuchte ihm die Hand zum Abschied zu schütteln, doch offensichtlich verweigerte Karl jegliche, weitere Formalitäten.
Bobrow ging zur Tür.

»Noch zwei Minuten«, sagte er, dann knallte er traditionell laut die Tür hinter sich zu.

Nachdem Karl zwei Minuten auf den ermordeten Patienten gesehen hatte und sich fragte, wie dessen Leben wohl verlaufen wäre, wenn dieser Teufel Bobrow nicht hineingeschneit gekommen wäre und er selbst ihn nicht fahrlässig dazu angestiftet hätte, was wohl aus ihm geworden wäre, aus diesem armen Menschen. Wen hatte er geliebt? Wer hatte ihn geliebt? O, Gott, die Angehörigen. Was für ein lächerlicher Tod.

Plötzlich rappelte sich der Patient auf. Karl erschrak. Der Patient sah ihn mit lebendigem Auge an. Dann fasste er mit sicherer Hand seinen anderen Augapfel mit festem Druck zwischen Daumen und Zeigefinger und fischte das Eisenpartikel mit der Kuppe des Zeigefingers der anderen Hand aus seinem Lid.

»Alles in Ordnung?«, fragte der Arzt den Patienten.

»Alles in Ordnung?«, fragte der Patient zurück.

Karl wusste nicht recht, was er davon halten sollte. Bobrow sagte drei Minuten, nach drei Minuten hatte sich der Patient von selbst geheilt. Aber irgendetwas fehlte. Er wusste nicht ganz recht was. Die Persönlichkeit vielleicht.

»Fehlt Ihnen was?«, fragte er den Patienten.

»Fehlt Ihnen was?«, fragte der Patient zurück.

»Wissen Sie, wer Sie sind?«, fragte Karl gegruselt.

»Ich«, antwortete der Patient endlich.

»Wissen Sie, wo Sie sind?«

»Da.«

»Erinnern Sie sich an etwas?«

»An zu Hause in der Blüte.«

»Was?« Karl erkannte die Symptome nicht. Der Patient setzte sich sorgsam auf, ging langsam, etwas tapsig zur Tür, sah die Türklinke an, als sähe er zum ersten Mal eine Türklinke, drückte sie instinktiv nach unten und schien etwas überrascht, als sich die Tür aus der Wand löste. Er sah Karl fragend an, Karl sah fragend zurück. Er ging durch die Tür, als ginge er auf eine Entdeckungsreise, ließ sich Zeit. Er verschwand ohne sich zu bedanken, ohne einen Gedanken.

Brieflich wollte sich Bobrow mit Karl auseinandersetzen, das hatte er gesagt, das war sein letztes Wort gewesen. Da wäre er mal gespannt, dachte Karl, einfach nur gespannt, was dieser Brief enthalte.

Ein paar Wochen später kam tatsächlich ein Brief von diesem wahnsinnigen, selbsternannten Psychologen. Er war so forsch in seinen Formulierungen und unwahr, ja, falsch in seinen Schlüssen, nein, unmöglich konnten das Fakten sein, Karl kam nicht umhin ihn zu widerlegen. Ein guter Start für eine Brieffreundschaft. Der Patient kam nie wieder. Keiner von denen, die an jenem Tag dagewesen waren, kam je wieder. Das war nicht, was Karl unter Effizienz verstand. Darunter verstand Karl Verdrängung, und das schrieb er ihm zurück. Eine Brieffreundschaft entstand auch auf Bobrows Seite. Illusionist, dieser Doktor Kollwitz, dachte er, glaubt immer noch an das, was er an den eitlen Universitäten aufgeschnappt hatte. Und schrieb ihm Rezepte und legte ihm eine Flasche Wodka für eine finnische Nacht mit bei, welche Karl getrost in die Vitrine stellte, um nie daraus zu trinken.

X

In Berlin angekommen, fuhr Dachs mit der Elektrischen ins Scheunenviertel. Als sich die Türen öffneten wehte ihm der fäze, bleierne Geruch von Fischinnereien und Flußkrebsen ins Gesicht. Der Fischmarkt wurde gerade abgebaut, die schwabblig speckigen Marktweiber verrichteten die Schwerstarbeit, sie frotzelten ungeniert über den neuesten Klatsch, waren vulgär und naschten aus den übriggebliebenen Fischköpfen vom Grill. Eine zu klein geratene Regenbogenforelle zappelte in einem Rinnsal neben dem Bordstein. Dachs sah auf den Zettel mit der Adresse, den Brockhaus ihm mitgegeben hatte: Sodke's Restaurant, Mulackstraße 15, einfach eintreten. Es war nicht schwer zu finden. Ein gewöhnliches Haus, eingezwängt zwischen den anderen eingezwängten Häusern, neben dem Eingang war eine Bogenlampe angeschraubt und neben der Tür stand die vormalige Hausnutzung in römischer Keilschrift eingraviert: »Wasserträger Gustav Blentz und Grete Mostarts, genannt Blentz, dessen Hausfrau.« Wohl noch aus der preußischen Alleinherrschaft, oder früher. Er trat ein und ein knöchriger Türsitzer wies ihm den Weg zur Kellertreppe. Ein Restaurant gab es nicht. Darüber das Schild: »Mulackritze.« Die Klause in der Klause. Eine unbehördlich stadtbekannte Geheimbar, wenn man so wollte. Das musste es sein.

Im Kellergewölbe tat sich eine spleenige Parallelwirtschaft auf. Die Armen des Geistes oder Geldes versammelten sich zu Umtrunk unter dem schummrigen Licht der tiefen Lampenschirme über den alten Nußbaumtischen. Wachs-

gebirge wuchsen unter den ewig brennenden Kerzen heran. Einfache Männer mit einfachen Absichten, mit ausgedienten Miezen auf dem Schoß, die ihre Pfoten leckten und schnurrten und vibrierten, wenn man sie bezahlte. Es roch nach ehrlichem Bier und Hühnerbouillon, dazu etwas fischig aus der Ecke, wo Männer mit Anglerhosen auf ihren Marktkisten saßen, Männer vom Markt. Ein Billiardtisch im Eck wurde von Saufnasen bespielt.
»Hier gibts die beste Erbssuppe der Stadt«, sagte Gold und fuchtelte mit seinem Löffel Dachs' Nase entgegen.
»Ich komm grad von der Ochsenbraterei. Bin satt. Was für Bier wird hier gezapft?«, fragte Dachs.
»Die Märzenweiße ist empfehlenswert. Das Berliner Bräu ist eher wässriger Natur.«
»Märzen!«, brüllte Dachs in die Wirtschaft und setzte sich mit argwöhnischem Blick dem tiefentspannten Gold entgegen.
»Und wer sind die?«, fragte er und zeigte auf die Tischnachbarn, die da an ihren leeren Schnapsgläsern nuckelten und deren Häute wie staubige Tafellappen herabhangen.
»Der Brühwurst-Alfons, der Judenmaxe und die Doppelarsch-Jolle, von links nach rechts. Stammgäste«, sagte Gold und schlürfte weiter. Dachs flammte sich eine Zigarette an und blies Gold eine Rauchwolke ins Gesicht.
»Stört mich nicht, dass Sie rauchen, während ich esse«, beteuerte der.
»Stört mich auch nicht, dass Sie essen, während ich rauche«, grummelte Dachs. »Märzen! Himmel, Arsch und Ente!«, schimpfte er fort und schlug auf den Tisch, dass den drei Tischnachbarn die Schnapsgläser davonhüpften.

»Wir warten noch«, sagte Gold. »Auf meinen Geschäftspartner.«

»Märzen!«, schrie Dachs, dann wurde ihm von einem Mannsweib ein überschäumender Krug an die Brust gestellt. »Geht doch.«

»Piepsi«, stellte Gold die Wirtin vor. Piepsi, die Hausherrin und Bierschlepperin gab Dachs mit engherzigem Wutblick zu verstehen, dass sie ihn auf dem Kieker hatte, so wie alle Fremden hier.

Dachs soff den Humpen bis zur Mitte. Dann wischte er sich den Schaum aus dem Schnauzhaar.

Ein junger, muskulöser Mann, mit abstehenden Ohren und abgebrochenen Vorderzähnen setzte sich unangekündigt zu ihnen. Die drei Stammgäste hutschelten respektvoll davon. Der Brühwurst-Alfons und der Judenmaxe zählten ihre Pfennige für einen Schnaps zusammen, die Doppelarsch-Jolle verschwand in der Hurenstube hinter dem Tresen, ein Fischer folgte ihr zum Absaugen.

»Darf ich vorstellen«, eröffnete Gold, »der Muskel-Adolf, Vorsitzender des Ringvereins Immertreu.«

Dachs nahm einen runden Schluck und spuckte beim Reden.

»Potzblitz, ein Ringverein, die Mafia auf gut Deutsch, jetzt sollen mir die Knie schlottern oder wie?«

Der Muskel-Adolf spannte an und lispelte feucht zurück.

»Fresse alter Mann! Wir sind ein ordentlicher Verein mit ausgewählter Mitgliedschaft.«

»Ich weiß, was Sie sind, Adolf, Sie sind Zuhälter, Gauner und Schläger und ich weiß, was Sie ihrer ausgewählten Mitgliedschaft anbieten. Ein besuchtes Begräbnis. Der letzte Dienst, bei der die Mitglieder in Frack und Zylinder antreten und sich die Augen mit einem Taschentuch betupfen, in das eine halbe Zwiebel gehackt ist, damit die Tränen schön fließen. Und Sie, Herr Gold, ich hätte Sie in gehobenerem Milieu anzutreffen erwartet. Mit dem Rotz der Gosse verkehren Sie.«

Dachs schnaubte, doch Gold blieb gelassen und hielt die Faust des Muskel-Adlofs mit weiser Geste zurück.

»Meine Netzwerke sind weit diversifizierter als sich der blauäugige Integralökonom zu errechnen gedenkt. Der werte Herr Muskel-Adolf war mir stets ein zuverlässiger Geschäftspartner, als Kunde wie auch als Lieferant. Synergieeffekte, Herr Dachs. Und die Mulackritze, ja, sie ist ein Drecksloch, doch negiert das ihre Existenz? Wir dürfen die Augen nicht verschließen, Herr Dachs.«

»Asoziale sind das, Frauenhändler und Räuberbanden, Mischpoke allerletzten Schlages«, zürnte Dachs resolut. Der Muskel-Adolf knirschte mit den aufgeriebenen Zähnen. Gold bremste Dachs aus.

»Geben Sie sich keinen Illusionen hin, Herr Dachs. Asozialität ist ein sehr duktiler Begriff. Der Adlige in seinem Schloss, der Bankier in seinem Elfenbeinturm, sind das keine Asozialen? Schaden nicht die, die nichts abgeben, dem sozialen Komplex viel mehr als jene, die nichts anzubieten haben? Sind diese nicht gezwungen sich zu nehmen, wenn jene alles horten? Das, was Sie als Asozialität deuten, ist in Teilen nichts weiter, als eine gerechtfertigte Forderung einer subtil unterdrückten und umgeleiteten Mehrheit. Arm kämpft gegen Ärmer, anstatt gemeinsam gegen Reich. Was ist denn eine Zivilisation mehr als erfolgreicher sozialer Zusammenhalt? Asozial ist ergo was der Zivilisation schadet. Das sind nicht die bescheidenen Gestalten hier. Das sind raffgierige Geschäftsmänner, machthungrige Politiker und naive Vermögenserben. Können Sie diese Argumentationskette rekonstruieren?«

Dachs brummte und Muskel-Adolf übernahm das Wort.

»Ein Beispiel, Sie Maulesel: der Sauzahn-Oskar, da vorn steht der, der wurde von seinem Ausbilder wegen einem kleinen Diebstahl, einer Papierklammer oder etwas kleineres, entlassen, rausgeworfen, da war er zwanzig. Keiner stellte ihn mehr an. Aus seiner Not entnahm er seinem Ziehvater etwas Geld aus der Börse, daraufhin setzte auch der ihn auf die Straße. Ohne Lebensmittelkarte irrte er hungernd durch die Straßen und bettelte und nächtigte in Lauben, wenn es draußen fror. Eines Morgens wurde er von einer Gärtnerin entdeckt und mit einer Mistforke aufs Leben bedroht. In der Hitze des Gefechts fiel ihm ein Sauzahn, dieses Ding, dieser Haken, mit dem man die Erde auflockert in die Hand. Von da aus flog die Spitze in ihre Stirn. Notwehr nenne ich das. Danach drei Jahre Zuchthaus. Als er rauskam war er ein gebrochener Mann. Ausgehungerter Rumpf, aufgebocktes Hinterloch und bescheuerter Kopf, so kam er zu uns und wir päppelten ihn wieder auf. Wir tun nur, was Ihre sogenannte Zivilgesellschaft versäumt. Wer ist also asozial? Jetzt sehen Sie sich ihn an, den Sauzahn-Oskar, gut genährt und anerkannt, so steht der hier. Wir bieten ihm Schutz und er hilft uns andere zu schützen. Kommen Sie mir ja nicht mit Mafia, Sie arroganter Altgeselle, wir sind ein eingetragener Verein, eine ehrenwerte Gesellschaft.«

»Wir sind hier alle Pazifisten«, untermalte Gold die Gesamtaussage. Eine dicke Ader auf der Schläfe des Muskel-Adolfs pulsierte vehement.

»Fotzerei!«, schrie der Judenmaxe aus geteerter Kehle.
Auf einmal trümmerte eine Schlägerei los, die Männer vom Fischmarkt schmetterten das Gesicht des Sauzahn-Oskars mehrmals auf den Tresen in einen Scherbenhaufen, welcher gerade noch ein Schnapsgelage war. Die Doppelarsch-Jolle flog aus der Hurenstube heraus und hinter ihr erschien ein weiterer Fischer. Er zog sich mit Anlauf die Anglerhose hoch und stürmte in die Rauferei. Die Berufsgenossen versammelten sich und holten Aale und Karpfen aus ihren Kisten, die Immertreuen zogen Ketten unter den Tischen hervor und bewaffneten sich mit Billardqueues.
Mitten in der Schlägerei kassierte Piepsi ab. Dachs sah sie entgeistert an, war doch eine immense Prügelei im Gange und die Lampenschirme schwangen kreuz und quer und warfen ein Lichtkarussell.
»Glotz nicht so romantisch!«, schnaubte Piepsi ihn an. »Dreißig Pfennige sage ich. Auf, alter Mann, oder bist du schon dement in deinem Greisenhirn? Dreißig Pfennige! Angeschrieben wird nicht. Oder zack Abmarsch, Abwasch du Schmarotzer!«
Dann zog ihr ein Fischer einen Aal von hinten über den fleischigen Nacken und sie knallte auf den Tisch wie ein Keiler auf die Schlachtbank.
»Schnauze du Klatschbase!«, schnauzte der Fischer, dann drosch ihm ein Immertreuer seine Eisenfaust in den Kiefer.
Gold tupfte sich die Lippen mit der eigens mitgebrachten Serviette ab.
»Herrlich. Diese Erbssuppe müssen sie unbedingt mal probieren.«

Muskel-Adolf juckte es in seinem Bizeps, doch Gold besänftigte ihn mit einem Strich über seine Trapezschulter. Er formulierte mit seiner anderen Hand die Bewegung eines Schiffsruders, daraufhin schob Muskel-Adolf die schwere Piepsi samt leerem Suppenteller von der Platte. Gold spannte ein Zelt mit seinen Fingern auf und stellte es vor sich auf den freien Tisch.

»Kommen wir zu Ihnen, Herr Dachs, der Grund, weswegen wir hier sind.«

Ein Karpfen flog zwischen ihnen hindurch, man hörte wie die Ketten auf volle Mägen einschlugen, die Billardqueues zerbrachen und die Fischer anfingen um ihr Leben zu wimmern.

»Diese Gewaltbereitschaft ist uferlos«, echauffierte sich Dachs.

Gold nickte und der Muskel-Adolf hob die Faust. Die Immertreuen hielten ein, schleppten die wuchtigen Fischer die Treppe hinauf und rollten sie zurück auf die Straße, wo sie hergekommen waren. Die Kiste mit den restlichen Fischen warfen sie ihnen nicht nach. Es war ein Sieg auf ganzer Linie, die Immertreuen hatten keine Verluste zu beklagen, nur das Gesicht des Sauzahn-Oskars fehlte, ein anderer hatte ein gebrochenes Schlüsselbein; und Piepsi natürlich, die lag bewusstlos in der Ecke, das hieß Selberzapfen, aber dafür umsonst. Dachs protokollierte seine Anwesenheit:

»Sie sind also zu der Meinung gelangt, dass ein Bild, das sich in Ihrem Besitz befände, eine Fälschung sei. Von mir.«

»Ganz recht, Herr Dachs. Der Iwan Schischkin, das Roggenfeld – besser gesagt: ich besitze *zwei* Schischkins, *zwei* Roggenfelder. Eines aus dem Kreml, welches ich vor drei

Monaten ersteigerte und eines aus Paris, vor zwei Wochen erstanden. Warum haben Sie das Original nicht einfach verbrannt? Zu viel Talent aber zu wenig Geld?«
»Ich soll ein Bild gefälscht haben?« Dachs stellte sich überrascht.
»Die Arbeit ist spektakulär«, fuhr Gold fort, »besser als jede Imitation, die ich je in den Händen hielt. Eines würde mich sehr interessieren: Woher hatten Sie das ultramarinblau? Wirklich aus Lapislazuli?«
»Welches blau?«, fragte Dachs weiterhin in seiner Rolle des Weiß-von-nichts. Gold lachte.
»Nun, Herr Dachs, das Bild ist perfekt. Aber das Rahmenwerk ist defizitär. Die Nägel stimmen nicht.«
»Wie, die Nägel stimmen nicht?«
»Sie haben es auf Latschenholz gespannt, das war klug. Doch Schischkin war ein Peredwischnik, ein landläufiger Romantiker, er hatte keine Eisennägel zur Hand, er verklopfte seine Hölzer wie ein Zimmermann in eine Bügelzapfenverbindung, und leimte sie mit einer Lehm-Kräuter-Mischung aus den Karpaten. Ich verstehe davon nichts, aber ich habe meine Analysten.«
»Mit der Betonung auf *Anal*«, sagte Dachs. »Bei allem Respekt, Herr Gold, aber mit an Sicherheit grenzender Wahrscheinlichkeit wurde es neu aufgespannt. Und selbst wenn – es war keine Bügelzapfenverbindung, sondern eine Schlitzeck-Gehrung. Außerdem war Schischkin nie in den Karpaten. Ihr Verdacht ist hypothetisch.«
»Warum dann die Aufspannung auf Latschenholz?«, fragte Gold suggestiv.
Dachs schwieg.
»Kommen wir zu Punkt zwei«, fuhr Gold fort.

»Es gibt zwei?«

»Natürlich, es gibt immer zwei. Es gibt ja auch zwei Bilder. Ich habe einen Holzexperten beauftragt. Er hat sich die Jahresringe des Holzes mal genauer angesehen. Durch die Abfolge der Jahresringe erkennt man beispielsweise ob dieses ein reiches oder jenes ein armes Niederschlagsjahr gewesen ist mit ganz regionsspezifischen Auswüchsen. Wir können mit den Messdaten das Datum der Fällung in dem jeweiligen Gebiet bestimmen. Diese Jahresringe sind so individuell identifizierend wie ein Fingerabdruck oder die Iris beim Menschen. Ihr Holz stammt nicht aus der Region.«

»Wie kommen Sie auf mich?«, fragte Dachs unbeeindruckt zurück.

»Madame Berthe Weill, meine liebe Kollegin, verkaufte es mir zum Freundschaftspreis von nur hunderttausend Francs; Ihren Namen bekam ich gratis dazu.«

Dachs spuckte eine Bierfontäne in das Gesicht des Muskel-Adolfs.

»Hunderttausend!?«, brüllte er mit zornigen Augen, dass man Brennholz in seinen Pupillen verbersten sehen konnte.

Der klatschnasse Muskel-Adolf packte sich den Zauderer am Kragen und zog ihn über den halben Tisch zu sich.

»Genug ist genug! Dir poliere ich die Fresse bis du glänzt, du Kanaille, du!«

»Beherrschung, Adolf«, sagte Gold. »Beherrschung kommt von innen, erst das Abkommen.«

Mit einem Stoß fiel Dachs zurück in seinen Stuhl.

»Das Hexenweib hatte es mir für zehn abgeknöpft«, polterte er, »für zehn! Xanthippe!«

»Ich schätze Madames Geschäftssinn, sie ist der Fixstern an dem ich mich orientiere«, lächelte Gold.
»Was für ein Abkommen?«, fragte Dachs und verbarg seine zitternde Hand unter dem Tisch. Sein Name stand auf dem Spiel. Sein ganzes Lebenswerk, all die Akribie, um nun von so einem schlitzohrigen Pfeffersack, der in seinem Leben noch keinen Pinsel in der Hand gehalten hatte, aufs Korn genommen zu werden. Weil in keinem von Brockhaus' Büchern auch nur ein Wort von diesen gottverdammten geografisch identifizierbaren Jahresringen stand. Ein winziges, aber unterschlagenes Detail – Betrug sowas.
»Das Abkommen sähe folgendermaßen aus«, setzte Gold voran. »Was hätte ich davon, Ihnen verfänglichen Ruhm beizubringen? Ihr Malwerk hat mich schwer beeindruckt, jede Pinselwimper saß an seinem Ort. Ich möchte Ihnen also ein Angebot machen. Hören sie zu?«
»Den Umständen entsprechend.«
»Also, man weiß, ich bin ein außerordentlicher Liebhaber des entstehenden Impressionismus aus dem Realismus des frühen neunzehnten Jahrhunderts. Delacroix, Géricault, Delaroche, und so weiter. Ich möchte tiefer gehen. Den ersten Impressionismus an den Haaren aus der Tiefe der Geschichte ziehen. Ich möchte, dass Sie mir ein Meisterwerk beschaffen. Haben Sie das drauf?«
»Ich kann sie alle, wen wollen Sie?«
»Einen Francisco de Goya.«
»Ich bitte Sie«, sagte Dachs mürbe. »Den Spanier? Um das Sujet der spanischen Potrtraitmalerei um 1800 haben sich schon weit unbegabtere, tiefenscheuere Fachkollegen mit leichtem Erfolg bemüht. Der Trick steckt in der letzten Patinaschicht. Das ist nicht die Kunst. Mit etwas Übung

kriegen Sie das selbst hin. Haben Sie nicht etwas Spannenderes?«

»Ihre persönliche Meinung nimmt hier keinen Einfluss, Herr Dachs.«

»Welcher Goya solls denn sein?« Dachs rieb sich die Augen.

»Die Familie Karls des Vierten. Sie wissen schon, in der Phase, in der er als Hofmaler langsam frech wurde und begann, die Adligen hinter ihr schwaches Licht zu führen.«

»Das ist ein riesiges Format. Das lässt sich unmöglich entwenden. Außerdem ist es scheußlich misslungen. Wieso ausgerechnet dieses?«

»Die Zuneigung meines Vertrauensmannes zu diesem Werk beruht auf seiner Geschichte«, erklärte Gold und holte weit aus:

»Nun, wir schreiben das Jahr 1800. Die französische Revolution war vollzogen, Joseph-Ignace Guillotin hatte seinen Platz in der Geschichte gesichert und Frankreich war eine erste Republik und dementsprechend Feind Nummer eins für das Königreich Spanien. Nördlich der Pyrenäen herrschte Bürgertum und Säkularisierung, südlich, auf der iberischen Halbinsel, träumten die Adligen noch durch ihre barocken Gärten, feierten Feste und verschlangen Kuchen, während die Inquisition das Volk in Schach und Atem hielt. Ein Hofmaler, ein begnadeter dazu, Francisco de Goya, begann zu spüren, wie falsch, wie grausam und erbarmungslos pervers diese Gesellschaftsform wurde. Die Armen und Sprachlosen auf der einen und die Reichen und Dekadenten auf der anderen Seite. Die einen Millionen, die anderen Wenige. Dem Heute gar nicht so unähnlich. Und überall schwebte der Schrecken der Katholiken über ihren Köpfen. Wie das spanische Volk krankte und auch er krankte: er wurde immer tauber. Er hörte immer weniger, dafür sah er immer mehr. Und was er sah, ließ ihn erschaudern, Sie kennen ja seine Geister, seine Dämonen, seinen Kronos, den Titanen, der seine eigenen Kinder frisst, um an der Macht zu bleiben, seine Karikaturen und seine Protestgemälde – doch das kam alles später. Das Bild der Familie Karls des Vierten war noch weit subtiler. Die Königsfamilie, dargestellt im Auftrag der selbigen, langweilig, hässlich, idiotisch, lächerlich, karikaturesk. Doch die Familie sieht es nicht, Königin Maria Luisa und König Karl der Vierte nehmen es ihm dankend ab und befördern ihn sogar zum ersten Hofmaler. Es ist eine Aktionskunst – die Reaktion der Familie, sie macht dieses Werk so bedeutend. Sie haben es nicht verstanden, da sie verblendet waren. Jeder Straßenbettler sah die Vogelscheuchen, so dumm und langweilig dreinblickend – und die Adligen sahen *sich selbst* darin. Ein Meisterwerk.«

»Ich kenne die Geschichte des Werks«, sagte Dachs. »Und wo finde ich dieses Meisterwerk, wie Sie es nennen? Ich will ehrlich sein, technisch war Goya nicht der Meister aller Epochen.«

»Geist über Pinsel, Herr Dachs. Für einige Zeit hatte es der Prado in Madrid. Derzeit steht es als vertrauliche Leihgabe in einer Strandvilla in den Hamptons, nahe New York, bei einem Privatier Namens Lambert Fugger von der Lilie.«

»Wer heißt denn so?«

»Privatiers. Doch seien Sie vorsichtig, er ist nicht dumm wie ein gewöhnlicher Reicher, der als Kind in einen Geldtopf gefallen ist. Er scheint ausgesprochen kunstfertig zu sein. Legen Sie ihn nicht zu leicht übers Knie.«

»Sie fassen gerne heiße Eisen mit fremden Fingern an, nicht wahr?«

»Naja, Sie haben auch Diktator Lenin bestehlen können, da werden Sie es wohl auch schaffen einem Erbenkind sein Spielzeug zu entwenden, da bin ich zuversichtlich.«

»Lenin war ein Dada, dieser aber ist reich, das ist gefährlich«, schloss Dachs. »Was bekomme ich dafür, dass ich das tue? Auftragsarbeiten sind eigentlich nicht mein Metier. Ich brauche keinen Chef.«

»Jeder braucht einen Chef, Herr Dachs. Lassen Sie mich Ihr Mäzen sein. Ich zahle Ihnen die Spesen, ich schütze Ihren Namen in den höchsten Kreisen und stachligsten Expertenrunden. Sie und ich, Herr Dachs, führt die gegenseitige Bedürftigkeit zusammen. Überlegen Sie, Ihnen fehlt ein Geschäftsmann, ein Netzwerk, ihre gesamte Distribution basiert auf dilettantischster Improvisation. Es ist nahezu lächerlich.«

»Improvisation ist die Gangart des Edlen«, unterbrach Dachs. »Sie wissen doch wie man sagt: Planung ist das Ersetzen des Zufalls durch den Irrtum.«

»Herr Dachs«, fuhr Gold ungestört fort, »Sie haben Madame Weill einen Schischkin für zehntausend hinterlassen. Ja, sind Sie denn dem Wahnsinn anheimgefallen? Ihnen fehlt es gänzlich an Oeuvre. Helfen Sie mir dabei, *Ihnen* zu helfen.«

»Normalerweise suche ich mir meine Sujets selbst aus.«

»Nur dieses eine Mal, Herr Dachs. Danach können Sie machen was Sie wollen. Ich brauche nur den Goya. Den Tauben unter den Redenden, den Sehenden unter den Malenden. Dieser Goya. Ich diene Ihnen dann weiterhin als Vertriebsmann. Der Goya ist meinem Klienten ein reges Anliegen, das macht ihn zu meiner Bedingung.«

»Naja, Goya?«, fragte Dachs schwerfällig. »Wollen Sie wirklich keinen Delaroche?«

»Goya, den Gesellschaftskritiker. Ein bisschen wie der George Grosz der damaligen Zeit.«

»George Grosz«, seufzte Dachs. »Wenn Sie wüssten was ich davon halte.«

»Das interessiert mich herzhaft wenig. Seien Sie nicht töricht, andere würden töten für dieses Angebot.«

Bevor Dachs antworten konnte stürmte ein Trupp von der Schutzpolizei die Kaschemme und knüppelte mit Eisenstangen auf die Immertreuen ein.

»Scheiße, die Schipo!«, hörte man Muskel-Adolf schreien. »Zoff jetzt Männer!«

Abermals schwangen die Lampenschirme, rasselten die Ketten, flogen die Fische und brachen die Billardqueues. Der Muskel-Adolf packte sich Dachs' Bierkrug und zerschlug ihn auf dem nächstbesten Tschako-Hütchen. Dann schrie er das weitere strategische Vorgehen an seine Loyalen:

»Brecht Ihnen alle Knochen, Männer! Alle!«

Ein ohrenbetäubendes Gewaltgetöse schepperte los. Die Schlacht mit den Bullen war ausgeglichener als die vorige mit den Fischern. Das erhöhte den Geräuschpegel.

»Ich brauche ein Schiff in sechs Monate«, sagte Dachs.

»Wie bitte? Es ist so laut, ich verstehe kein Wort«, rief Gold.

»In sechs Monaten brauche ich ein Schiff nach New York.«

»Ja, ich auch nicht«, verhörte sich Gold im Vielklang, »was immer Sie sagen.« Er nickte zufrieden, als hätte er sein Gegenüber verstanden. Dachs stand auf und wühlte sich durch das Getümmel. Gold rief ihm nach.
»Gehen Sie durch die Hurenstube, dort gelangen Sie zum Hinterausgang, Herr Dachs, hören Sie?«
Doch Dachs hörte nichts mehr und verließ die Mulackritze über die Treppe, über die er eingetreten war. Draußen angekommen schnappten hinter seinem Rücken Handschellen zu und man verschleppte ihn auf das nächste Polizeirevier, wo man ihn zur Aufbewahrung über Nacht in eine Zelle warf. Am nächsten Morgen zerrten sie ihn zu mehreren anderen Schlägern auf einen überdachten Pritschenwagen und kutschierten ihn ins Zuchthaus. Bei dem Verhör erinnerte sich Dachs noch schummrig an eine Szene: Drei Politessen standen vor ihm, wollten geduldig wirken, zogen Pfeifen aus ihren Ulstern, eine verzierter als die andere. Und er, er zog seine alte, holzige, knorkige Kommunistenpfeife hervor und fragte nach Tabak. »Kommunist«, so nannten sie ihn. Wahrsager, die sich gegenseitig aus den Händen lasen. Er, ein Kommunist? Lachhaft. Sie stellten ihm Fragen zu Leuten, die er nicht kannte, zu Freunden, die er nie hatte, zu Verwandten, mit denen er nicht verwandt war. Und dann befanden sie ihn auf der Grundlage von gar nichts für schuldig und beschlagnahmten seine kostbare Zeit indem sie ihn einschlossen. Kein Argument schien ihnen schlüssig zu sein, niemand öffnete. Sie waren wie Besessene vor jenem Gesetz, von dem sie ständig sprachen und nach dem sie zu handeln hätten müssen, doch nicht einer von ihnen konnte auch nur einen Halbsatz rezitieren. Ferngesteuerte Frankensteinmonster.

Alle paroxystisch, wie Pyotr Sergeiwitsch es nennen würde, auf alle Zeit verbannt und ihren reaktionären a prioris überlassen, diese Reste-Esser. Die Gerichtsvorladung war ein schlechter Witz. Mitglied eines eingetragenen Vereins lautete die Anklage (Geselligkeits-Club Immertreu 1919 e.V.). Es gab also nichts zu erwarten.

X

Drei Monate später.

Dachs befand sich nun schon gefühlte drei Ewigkeiten in Bewahrung des königlichen Strafgefängnisses Tegel. Eingepfercht in Zelle 38 B, wie ein Milchvieh, nur dass man ihm keine Milch abzapfte. Nur Stein und Eisen gab es hier, und Kot und Pisse. Wie sollte man hier einen Goya malen? Nicht mal Kreide gab man einem.
Sehr viel erbärmlicher als der Schmutz war ihm der Trott. Eine Tortur. Jeden Morgen um die gleiche Zeit geweckt, jeden Abend um die gleiche Zeit zurück ins Bett gesteckt, pünktlich sortiert und ordentlich aufgeräumt von der Außenwelt. Jeden Morgen eine Kante nasses Kommissbrot für den trockenen Hals, dazu Kaffeeersatz zum Saufen, der einem die Gedärme verätzte. Nach dem Kummerfrühstück eine Stunde Jammerausgang im Hof. Und jeden Tag gab es Gewitter unter den Inhaftierten. Wo sie sich noch vor den Mauern die Köpfe einschlugen, so machten sie hinter verschlossenen Toren unabänderlich weiter und befeuerten ihre Gesinnungskrisen. Es war, als wären die Raufereien

nur in verschlossenen Kreis verlegt worden. Nach dieser flüchtigen Stunde wurden sie wieder in ihre jeweiligen Zellen zu ihren jeweils langweiligen und im Schlaf furzenden Zellengenossen geschoben. Dachs ging gewohnheitsgemäß in seiner Zelle auf und ab. Vier Schritte zur Wand, vier Schritte zum Gatter, vier Schritte zur Wand, vier Schritte zum Gatter. Nach dreitausend vierhundert achtundvierzig Schritten gab es Mittagessen. Diesmal gab es Kartoffelschleim, so wie immer. Er war dementsprechend angefressen, als er mit den anderen grauen Pinguinen zähneklappernd in der Schlange stand. Hier schlug niemand mehr, denn wer schlug, bekam keine Ration. Klare Regeln schienen zu wirken. Die drei saftigen Äpfel an der Ausgabe waren den mächtigsten Gefangenen zugeteilt, keine Chance auf einen Nachtisch. Dachs fühlte sich allmählich skorbutig. Während er in der mägenknurrenden Warteschleife hing, steckte ihm ein anderer Insasse einen Zettel zu. Er entknüllte das Papier und las die prophetische Botschaft aus Brockhaus' Feder.
»Heute Abend, zweiundzwanzig Uhr zweiundzwanzig.«
Dann aß er es auf und bedankte sich mit einem Kopfnicken beim Postboten. Nach ewigen Minuten bekam er ein Tablett mit einem Teller Kartoffelkotze daraufgestellt mit einem Glas Schorle aus stillem Wasser und Flussdreck aus dem Landwehrkanal zum Maulauswaschen. Wie jeden gottverdammten Tag setzte sich sein Zellengenosse zu ihm um ihm die neueste Gefängnisrevue vorzulesen.
»Der Leder-Ludwig hat dem Speckstein-Adi einen Holzschiefer in den Rücken gerammt. Handgroß war das Ding«, begann er sein mittägliches Kammerspiel der Anekdoten.

»Bitte Junge«, unterbrach ihn Dachs und puhlte sich Schalen aus den Zahnlücken. »Heute nicht. Keine Laune. Mach dich woanders breit.«
»Aber Herr Dachs«, erwiderte er. »Information ist mein Beruf. Lassen Sie mich meine Arbeit machen und Sie informieren.«
»Ich informier dich gleich, du Wurst, geht ganz schnell«, drohte Dachs und fuchtelte ihm mit dem verklebten Löffel vor der Nase herum. »Jetzt lass Haare wehen oder verhalte dich so wie alle anderen auch, würg den Fraß herunter und schweig!«
»Aber ich bin kein Gefangener«, sagte der Gefangene. »Ich werde hier nicht festgehalten, aber psst, verraten Sie das niemandem.«
Dachs legte den Löffel zur Seite und nahm einen Schluck aus der Kloake im Wasserglas.
»Wie oft noch du sturer Luftikus: Du dackelst jeden Morgen durch den Hof wie ein Hamster, genau wie ich; du trägst den selben grauen Putzlappen, genau wie ich; du frisst die gleiche Grütze die nach Arschloch schmeckt, genau wie ich; du pennst hier jede Nacht und furzt es feucht wieder raus, genau wie ich. Du wirst hier festgehalten, du bist ein Weggesperrter, genau wie ich. Keine Angst, ich verrats keinem.«
Der Gefangene schüttelte heftig den Kopf und beugte sich nach vorn. Dachs nahm einen schwammigen Bissen Schleim zu sich.
»Ich bin Wärter«, flüsterte der Gefangene. »Ich bin nur als Insasse verkleidet. Meine Aufgabe ist, im Innern auf etwaige Ausbruchversuche zu achten und im Zweifelsfall zu melden.«

Dachs seufzte.

»Also bist du nicht nur ein Gefangener, sondern auch noch eine Ratte.«

»Nein, Sie verstehen nicht«, sagte der Insasse. »Es ist mein Beruf.«

»Wie gesagt, du schläfst hier,« sagte Dachs, während er auf einer Kartoffelschale kaute. »Du bist weggesperrt. Du gehst nie nach Hause. Der Wärter da vorne hat dir letzten Monat das Nasenbein gebrochen.«

»Authentizität, Herr Dachs.«

»Au ja«, sagte Dachs. »Den Rest kannst du deinem Hausfrauchen erzählen, wenn du nie nach Hause kommst. Jetzt gib Ruhe und friss auf.«

»Ich bin kein Gefangener!«, rief der Gefangene aus der Reserve gelockt.

»Halt die Fotze zu da drüben!«, brüllte ein Stiernacken eine Fressbank weiter und warf einen Apfel nach ihm. Dieser prallte vom Hinterkopf des Gefangenen ab und landete mit Drall auf dem halbleeren Suppenteller von Dachs, so dass sein Putzlappen von glibbrigen Spritzern bedeckt wurde.

»Jeden Tag die gleiche Plapperei, Fresse jetzt!«, hallte der Stiernacken nach, der Gefangene sank stolzgebrechlich zusammen und verdrückte eine Träne. Dachs steckte den Apfel in seine Unterhose und machte einen Vorschlag.

»Verhafte ihn doch«, sagte er.

Der Gefangene sagte nichts mehr, mit schnellen Ruderbewegungen schlang er die Suppe auf, gab die Schale bei der bewarzten Küchenxanthippe ab und stellte sich als Erster vor das verriegelte Saaltor zu den Zellen, um den Warteschlangenkopf zu bilden.

Wie jeden Tag verloren die Wärter frühzeitig die Geduld, hämmerten mit den Stiefeln auf die Bänke und befahlen den Abmarsch. Die grauen Pinguine wurden wieder in ihre Kleingehege verfrachtet und steckten ihre Schnäbel durch die Gitter. Wie im Zoo, dachte Dachs. Die Nachmittage verbrachten sie entweder damit Trivialliteratur zu lesen oder herum zu starren und nachzudenken. Hin und wieder formten sich dann Ausbruchideen, doch die verschwanden wieder beim nächsten gut geratenen Herrenwitz. Dachs zählte wiedermal seine Schritte, der Gefangene, sein Zellengenosse, lag in seiner Koje zusammengekauert wie ein Fötus und tat so, als ob er schliefe, während er heimlich weinte.

»Professionell bleiben«, riet Dachs, zog den Apfel aus seiner Unterhose und setzte sich seinerseits auf seine Pritsche. Er betrachtete die glatte Frucht und evaluierte ihren dunkelgrünen Farbton. Dann zog er ein Steinkohlestück unter seinem Heusack, den sie Kissen nannten, hervor, welches er beim Kohleschaufeln vergangene Woche eingesteckt hatte. Er begann damit Konturen auf den Apfel zu zeichnen, hier und da ritzte er mit der scharfen Kante feine Striche in die Haut, so dass helle Lichtstreifen im Kontrast mit den schwarzen Führungslinien sichtbar wurden. In Komposition mit dem tiefgrünen Untergrund wirkte das Gesamtbild mit einem Abstand von einem Meter metallisch. So entstand die täuschend echte Attrappe einer Granate. Nach fünftausend achthundert zweiundneunzig Schritten war es circa zweiundzwanzig Uhr zehn. Zehn Minuten also vor der Prophezeiung des Zettels, welchen er bei der Raubtierfütterung zugesteckt bekommen hatte. Mit der Bombe in der Hand stellte er sich ans Gitter, atmete tief durch, holte einen ermutigenden Atemzug und brüllte los wie ein Entgleister:

»Ich bringe uns um! Ich bringe uns alle um!«

Der Zellengenosse schreckte von seiner Schlafbank auf und streckte alle Glieder von sich.

»Herr Dachs, machen Sie hier doch keine Sensation!«, rief er.

Ein Wärter blies in seine Trillerpfeife und die halbe Besatzung kam angerannt, hungrig, wieder etwas zum Verprügeln vor die Knüppel zu bekommen. Vor dem Gatter angekommen schob einer den passenden Schlüssel ins Schloss und drehte ihn um. Die Männer ballten die Fäuste und hoben die Schlagstöcke. Sie sabberten vor überschäumendem Appetit wieder etwas Schlachtvieh zu Hackepeter verarbeiten zu können. Dann hielt ihnen Dachs beim Heraustreten den Granatapfel vor die Augen. Allesamt stoben sie auseinander und brachten sich in vermutet sichere Distanz.

»Ich bringe uns alle um!«, beschimpfte sie Dachs.

»Ausbruch! Ausbruch!«, rief der Zellengenosse.

»Aufmachen!«, schimpfte Dachs weiter und zeigte mit der freien Hand auf die Zellenblocks. Ein vorauseilend verängstigter Wärter, der an seine Frau und seine Kinder dachte, begann die anderen Gatter aufzusperren. Andere taten ihm in ihrer Verunsicherung gleich. Heraus kamen schüchterne Schwerstkriminelle, situationsüberraschte, verlegene Serientäter.

»Alles aufmachen! Alle raus! Ich srenge uns in Fetzen!«, schrie Dachs noch entschiedener und alle taten was der König mit der Granate verlas. Als nach kurzer Weile alle draußen waren und ringsherum das Chaos ausbrach, wurde es still in der Gefängnishalle. Nur der Zellengenosse war noch dageblieben.

»Du auch«, sagte Dachs. »Du bist frei, verpiss dich.«

»Gib mir den Apfel«, sagte der Zellengenosse und hielt ihm seine Handfläche entgegen. »Gib ihn mir.«

Dachs zögerte.

»Raus jetzt, aber Galopp du Blöder«, forderte er und nickte zum offenen Tor am Ende des Korridors.

»Ich bleibe hier«, trotzte der Zellengenosse, »meine Arbeit ist noch nicht getan.« Er hielt ihm seine zweite Handfläche entgegen und deutete mit seinen Augen auf den Apfel. Dachs schüttelte ungläubig den Kopf, warf ihn ihm an die Stirn und ging seinem Ausweg entgegen.

Im Hof angekommen war sein Ausbruchsplan in vollem Gange. Die Insassen hatten ihre jeweiligen Einzelchancen erkannt und versuchten als Masse zu flüchten und abermals fand sich Dachs in Mitten einer Massenschlägerei in Vollzug. Alle prügelten wild durcheinander, die Wärter in den Wachtürmen konnten keinen präzisen Schuss abgeben, also feuerten sie in die Luft und verliehen diesem Untergangsszenario sein feierliches Feuerwerk. Dachs bückte sich nach einem umgefallenen Wärter, der sich abwechselnd an seine Nase und seinen Schritt fasste und Schmerzschreie von sich gab, nahm seinen Schlüsselbund vom Gürtel und ging mit diesem in einem großzügigen Slalom um die Krisenherde zum großen Tor. Dort angekommen schloss er letztendlich persönlich auf und drückte die Flanken bei Seite, was den großen Sturmlauf auslöste. Die Insassen rissen sich aus den Fängen der Wärter, andere entließen umgekehrt die Wärter aus ihren Schwitzkästen und rannten auf das Tor zu. Sie flohen in den nahe gelegenen Forst, die Wärter hinterher, man hörte Schüsse und Jubelschreie. Nicht weit vom Forst stand ein Auto, das Lichtsignale abgab. Dachs zupfte sich am Putzlappen als richte er sich sein Revert und ging auf das Auto zu. Der Motor sprang an und im Rückspiegel grüßte ihn Brockhaus mit einem gewisshaften Freundesgruß. Dachs setzte sich erleichtert auf den Beifahrersitz, knallte die Tür zu und grüßte salutierend mit der formhaften Handbewegung, als hebe er seinen Hut.

»Kurt, mein alter Blutskusäng, zweiundzwanzig Uhr zweiundzwanzig, pünktlich wie das Murmeltier. Zur richtigen Zeit am richtigen Ort. Auf und davon, dann lass die Karre mal Öl verfeuern.«

»Moment, Ansgar«, sagte Brockhaus. »Wir müssen noch warten.«

»Warten?«, fragte Dachs. »Auf was denn? Eisenfuß, aber los jetzt.«

»Sekunde«, flüsterte Brockhaus.

»Kurt! Jetzt mach Dampf unter dem Kessel, aber totalitär, los jetzt, auf in den Feierabend!«

»Warten«, sagte Brockhaus mit sonorer Stimme, blickte in den Rückspiegel und tippte mit den Fingern auf das Lenkrad.

X

Am gleichen Ort, kurz zuvor.

Pieret saß in einem Holunderstrauch am Waldrand und beobachtete die zur Routine werdenden Richtungsabläufe der scheinwerfenden Lichtkegel von den Wachtürmen. Die königliche Justizvollzugsanstalt ruhte friedfertig in der umnächtigten Landschaft. Alles war still, der Wind segelte leise durch das lose Blattwerk und die Tannenadeln hinter ihm. Er sah auf seine Breitling-Armbanduhr, es war zweiundzwanzig Uhr sieben. Er lag perfekt im Zeitraum. Claire de Lune. Elegant schlich er sich an die Festungsmauern und klebte ein Holzstück an die Ziegel mit einem Gemisch aus Wichsmädchen-Schuhwichse, Elsässer Wachspomade und handelsüblichem Schweineschmalz, ein Tipp aus Brockhaus' Rezeptebuch für Klebstoffalchemie. Er stieg auf das Holzstück und befestigte das nächste in ungefährer Hüfthöhe und stieg wieder auf. Diese Prozedur wiederholte er genau achtmal für acht Holzstücke, die er in seinem Patronengurt geladen hatte. Dann zog er ein Kettenhemd aus der venezianischen Renaissance aus seinem Hosenbein und legte es über den Stacheldraht auf dem Mauerkamm. Mit einem schwungvollen Rad hüpfte er über die Hürde und keilte sich mit seinen Greifern an die Oberkante der anderen Seite. Er stieß sich mit den Füßen ab, drehte sich in der Luft um hundertachtzig Grad und landete katzengleich plus einer Körperrolle im Innenhof. Seine Spezialsohlen gaben nur den Hauch eines Knisterns von sich, seine Knie hielten dem Aufprall aufgrund der Gummibandagen und -gamaschen stand. Er war gelandet und lächelte erfüllt. Einen Gefängniseinbruch hatte er noch nie durchgeführt, ein Mensch war noch nie sein Zielobjekt gewesen.

Er schlich zum Gitterrost vor der Haupttüre, hob es mit einem, für professionellen Umgang umgearbeiteten Brecheisen an und verschwand vom Hof wie ein kurzweiliger Schattenwurf einer Motte oder etwas Ähnlichem. Unten angekommen, in einem Kellerraum der als Aktenlager diente, holte er sein nächstes Gerät hinter seinem Ohr hervor, einen kurzen Stahldraht und eine Stecknadel. Der Generalschlüssel, universal für jedes Schloss. Er stellte sich an die Tür und wollte gerade aufsperren, da hörte er eine Trillerpfeife aus dem oberen Stockwerk erschallen. Er erschrak und war schon hinter dem nächsten Aktenschrank verschwunden, als sein Schatten immer noch die Klinke in der Hand hielt. Dann hörte er jemanden brüllen und andere kreischen. Scheinbar schien ein Tumult unter den Gefangenen ausgebrochen zu sein, er hörte, wie zwei Wärter mit lauten Sohlen an der Tür vorbeiliefen. Offensichtlich galt der Tumult nicht seinem Einbruch, sondern eines anderen Ausbruchs, darum hieß es nun die Situation neu zu bewerten und zu improvisieren und neu sortierte Gegebenheiten als Gelegenheiten für sich zu nutzen.

Er öffnete die Tür und führte einen Mundspiegel durch den Spalt. Er inspizierte jede Ecke des Kellerflurs, die Luft war rein wie auf offener See. Die Wachposten waren alle ausgeflogen und widmeten sich der unbekannten Situation über ihm. Er konnte also getrost die Treppe verwenden anstatt Turnübungen in den verschmutzten Lüftungsrohren veranstalten zu müssen. Selbst im Überwachungszentrum brauchte er seine Sprühdose Chloroform nicht. Er entsorgte sie fachgerecht auseinandergeschraubt im Mülleimer. Irreversibilität war seine oberste Pflicht als Nicht-Existenter. Überall ertönte Sirenengeheul und er verschanzte sich in einem Büro. Aus dem Fenster luhrend sah er den Sturm auf die Bastille. Es schien uferlos. Dachs hielt sich niemals mit körperlichem Dissens auf, wusste Pieret, also konnte er ihn in aller Ruhe suchen gehen. Im Zellentrakt angekommen fand er die offenen Zellentüren vor, der gesamte Stall war draußen und prügelte sich zu Kleinholz. Gedämpft hörte man sie von draußen Zeter und Mordio schreien. Doch hier bei den Zellenblocks war es totenstill. Nur ein Knacken, wie das Abbeißen eines Apfels, erklang im Ohr Pierets. Er ging auf leisen Zehen hin zu der Geräuschquelle, ein Kauen wurde vernehmbar. Dort, auf einem rostigen Bettgestell sitzend, sah Pieret einen letzten Gefangenen. Dieser blickte verwirrt zurück zu dem Mann mit enger, schwarzer Kluft und Kohlestreifen unter den Augen.

»Willst du was ab?«, fragte der Gefangene und hielt ihm den bauchfreien Granatapfel hin, weil ihm spontan nichts besseres einfiel.

»Excusez moi«, sagte Pieret und verschwand aus dem Sichtfeld des Gefangenen so schnell wie er gekommen war.

»Exküse was?«, fragte der Gefangene und wandte sich abermals allein gelassen dem Apfelkern zu.

Pieret ging durch die freien Gänge und kam schließlich in den Hof. Er sah eine Meute aufgescheuchter Freiheitskämpfer, für ihre Freiheit kämpfend, gegen eine Armee ausgebildeter Berufsschläger. Dazu Wachposten, die in die Lüfte schossen wie ein Salut an die totale Panik. Eine Strafkolonie im Bürgerkrieg. Dann krachte das Haupttor auseinander und die Kämpfer begannen darauf zuzusprinten, die Beamten legten die Gewehre tiefer und schossen ihnen hinterher. So hatte sich Pieret den Tathergang nicht vorgestellt. In ein Gefängnis einzubrechen und einen Gefangenen klauen, das hatte noch niemand geschafft. Zu Nichte gemacht, von einem gelungenen Aufstand. Und dort, in aller Wüsterei, sah er Dachs' Hinterkopf um die Ecke beim Tor verschwinden. Indiz eins: Sein Haar, oben schwarz, weiß an den Seiten, unverkennbar. Indiz zwei: In aller Seelenruhe unterwegs, so als ginge er spazieren. Er eilte dem Gespenst hinterher, da produzierte sich plötzlich ein Wärter vor ihm auf und schwang seinen Knüppel. In einer, nach fernöstlicher Kampfkunst anmutenden Bewegung klaute er ihm das Schlagholz aus der Hand, steckte es in seinen Patronengurt und floh mit den anderen Flüchtigen, gefolgt von den Wärtern. Kurz vor dem Eintritt in den Forst zweigte er von der Bewegungsströmung ab und lief zum Auto, in das Dachs gerade eingestiegen war.

»Warten«, sagte Brockhaus mit sonorer Stimme, blickte in den Rückspiegel und tippte mit den Fingern auf das Lenkrad. Pieret öffnete die hintere Tür und hechtete auf die Rückbank.

»Allez! Allez!«, rief er.

»Ach so, der Belgier«, sagte Dachs.

Brockhaus trat in die Eisen und das Gefährt stotterte los in die junge Nacht.

»Putain merde!«, fluchte Pieret bei einem Blick auf seine Breitling. Es war zweiundzwanzig Uhr dreiundzwanzig.

Sehr geehrter Herr Doktor Kollwitz,

bei unserem Aufeinandertreffen wirkten Sie mir, zwar gute und richtige Arbeit leistend, allzu gezwungen, dogmatisch und durch einen unbändigen Optimismus für das Menschengeschlecht dem Pragmatismus verfallen. Das mag löblich und rechtens sein. Doch woher stammen Ihre Medikamente und ihr Instrumentarium? Wer schrieb die Lehrbücher ihrer Profession? Wer baute die Krankenhäuser und errichtete die Instanzen? Wer steuert die Logistik? Quaeritur. Alles, was Menschen wie Sie sind, haben Menschen wie ich erst erfunden. Unwahr? Nein. Es ist der Witz des Pragmatikers: Wenn Ihnen ein Proktologe in Ihren After sieht, Ihren Mastdarm begutachtet und Ihnen sagt, alles sähe großartig aus – welch kurze Perspektive ist das? Kein Mastdarm sieht großartig aus. Ich schweife ab, der Schriftsteller in mir kommt bisweilen nicht umhin seinem Genius Raum zu verschaffen, Sie verzeihen.

Ad rem: Sie lagen richtig, als Sie behaupteten, ich sei Arzt. Nun, das bin ich *auch*. Doch bin ich nicht irgendein Wald- und Wiesendruide, ein Kräuterdoktor Äskulap, nein, zu allererst bin ich Wissenschaftler – das beinhaltet den Beruf des Heilpraktikers, des Physikers, des Betriebswirtschaftlers, des Politikers, des Philosophen und des Schriftstellers, Lektoren, Herausgebers gleichermaßen. Ein Tantum.

Weshalb ich Ihnen darum schreibe:
Berichten Sie mir, Herr Doktor Kollwitz. Ich bitte Sie, mir die Leiden Ihrer Patienten stichhaltig zu schildern und ich übersende Ihnen im Gegenzug (quid pro quo) die notwendige Pharmazie sowie die unerlässlichen Verfahren um eine

nachhaltige Heilprozedur zu initialisieren. Zusätzlich behalte ich mir vor, Ihre Schilderungen als Schulfälle in meiner Literatur mit Verweisen zu verwenden, sofern sie mir als Modelle, Muster, oder Exempel dienlich seien.

Beigepackt habe ich Ihnen, als Zeichen meiner Anerkennung und Aufmerksamkeit, eine Flasche der »finnischen Nacht«. Ein Heilwodka aus Eigendestillation. Bezüglich Nutzen und Wirkgewalt befragen Sie hierbei Ihre Frau (hiermit seien ihr meine Grüße ausgerichtet).

Ich freue mich auf denkwürdige Zusammenarbeit und verbleibe mit salutem plurimam,
auf Resonanz hin aussehend,

Ihr Doktor,
Pyotr Sergeiwitsch Bobrow

KAPITEL VIII
Zufallspermutationen
1926

»Schnitt!«, schrie Fritz Lang in seine Flüstertüte und zerteilte die dicke Luft mit theatralischen Handkantenschlägen. »Nochmal das Ganze!«

Die Komparsen stöhnten auf, sie standen schon vier Stunden bis zur Hüfte in kaltem Wasser und sollten Aufstand sein. Immer wieder und wieder sollten sie die Hände nach oben werfen und die Revolution ausrufen. Sie waren das Untervolk im Großprojekt Metropolis, des teuersten Films der Welt. Der Cineast stellte sich ans Becken seiner müden Sklaven und las ihnen die Leviten.

»Versteht ihr denn nicht?«, flehte er sie vorwurfsvoll an. »Ich brauche mehr Dimensionalität, mehr Plastik, mehr Räumlichkeit, mehr Haptik.«

Das Untervolk sah ihn gelangweilt an. Ihre durchweichten Häute wellten sich, ihre Gesichter waren streng und fiebrig, sie froren und wollten raus. Doch Lang wurde nicht fertig mit seiner Schlüsselszene.

»Versteht ihr denn nicht?«, wiederholte er. »Ihr müsst leiden! Habt ihr noch nie gelitten? Zeigt mir was Leiden zu bedeuten hat, wütet darin! Lasst mich euer Leid erleben, nein, besser, lasst mich eure Wut mitspüren, ich will es fühlen, ich will euer heißes Blut trinken können. Plötzlicher Kindstod Leute! Ihr wollt, nein, besser, ihr müsst die Mörder eurer Kinder rächen! Verrecken sollen die Bastarde! Und bitte.«

Die Klappe fiel und die Untermenschen stürmten wieder los, Lang fasste sich an die Stirn, blies seine Backen auf, ging zurück hinter die Kamera und setzte sich neben Bobrow in den Regiestuhl.

Konzentriert kniff er sein Monokel zusammen, dass es sich bog.

»Wie echt ist es?«, fragte er Bobrow.

»Es wird echter, reeller, nur real wird es nicht«, sagte Bobrow, tief in den Stoff des Klappstuhls gesunken und etwas schläfrig. Es war ein langer Nachmittag gewesen. Seinen Job als psychophysiologischer Berater für Bildauthentizität hätte er sich kurzweiliger vorgestellt, seine Argusaugen wurden müde. Doch Lang konnte einfach keine Ruhe geben. Längst hatte ihm Bobrow eine Schilddrüsenüberfunktion diagnostiziert, dazu ein chronisch unstillbares Geltungsbedürfnis, ein Giftcocktail für alle an seinem Alltag Beteiligten. Selig sind solche, die nicht ewig versucht sind, ein schwarzes Loch in sich zu füllen, verflucht zum Perfektionismus.

»Wie machen wir es real?«, fragte Lang.

»Elegant wäre die Initiierung einer Massenpanik. Die Leute sind jetzt mürbe, die stehen das nicht mehr lange durch, die brauchen jetzt akute Paranoia. Ein Zustand, der die körpereigene Adrenalinschleuse entklemmt und in freier Wildbahn das Überleben sichern soll.«

»Präziser«, forderte Lang.

»Angst«, verkürzte Bobrow.

»Angst, ja, weiter«, Lang holte sein Monokel aus seiner Augenhöhle und ließ es säubern.

»Angst ist eine hoch ansteckende Sozialkrankheit. Man kann es bei Primaten in den Regenwäldern des Kongos beobachten, wenn zwei Stämme aufeinanderstoßen. Die Gruppe wird in Alarmbereitschaft gesetzt durch eine Art non-verbale Kommunikation, sie dient dem gegenseitigen Miteinander – wie Gähnen für friedfertige Unlust, so gilt das glasige Auge und der starre Ausdruck für die Angst. Treffen zudem klaustrophobiale Gegebenheiten auf diesen Zustand, verfällt der Körper in seine natürliche Abwehrreaktion, den Ausschlag. Auch zu beobachten bei Maultieren. Das Individuum kämpft – für sich. Die soziale Komponente wird während des Adrenalinschocks ausgesetzt. Verdichten wir also die kämpfenden Körper, erhöhen wir damit den aktiv-aggressiven Frequenzindex, sprich die Ausschlagsrate, sprich die Panik. Wir sind nah dran, Herr Lang. Ein Schritt und wir sind am Ziel.«

»Ich setze an wo Sie aufhören«, sagte Lang. »Ein Konzept ist nur so stark wie der Visionär, der es umsetzt.«

»Ein gesundes Selbstbewusstsein ist das Maßband aller Orientierung«, lobte Bobrow.

»Ja, elegant«, summte Lang und tippte seine Zeigefinger aneinander als wären es zwei elektrisierende Kupferdrähte. Ein Masseur erschien und versuchte ihm die Schultern zu kneten, doch Lang wies ihn zurück auf seinen Platz. Hin und wieder stellte sich sein Zeichensystem als zu sensibel heraus.

»Fahren Sie fort«, sagte er. »Wie wollen Sie verfahren?«

»Nun«, holte Bobrow aus und strich mit offener Hand über die im Wasser planschenden Untermenschen. »Wo es noch nicht juckt, dort muss man kratzen. Momentan bewerte ich die Situation als harmlos bis bemaßregelt. Die Leute von außen üben nicht genug Druck auf die Mengenmitte aus, das Zentrum erhält zu viel Bewegungsfreiheit. Wir müssen verdichten. Wenn Sie also die Hinteren dazu bringen ihre Vorderleute zu schubsen, zu bedrängen und die Räume zuzumachen werden diese das gleiche durchgeben, so entsteht ein Druckkern im Innern – der Stoß geht zurück. Eine Kettenreaktion entsteht, Panik bricht aus, nackter Überlebenskampf bestenfalls.«

Lang nickte interessiert.

»Eine Kettenreaktion, so so.«

»Im Grunde sind wir alle das Produkt einer ewig währenden, allumfassenden Kettenreaktion, aber Philosophie bei Seite. Wenn Sie die selbe Abfolge wieder und wieder anstoßen, das heißt wieder und wieder von außen Druck zu setzen, wird ihr Bild authentisch. Eine Kettenreaktion ist bis zu einem bestimmten Zeitpunkt berechenbar, den ich ›Korrelationsvernichtungskoeffizienten‹ nenne. Es ist statistisch nicht vorhersehbar, ob Sie die Kontrolle behalten.«

»Ein guter Einfall. Darauf ein Gläschen, Herr Doktor. Sie trinken Wodka?«

»Wodka ist mein dritter Zuname. Sie haben gerufen?«

Lang schnipste zweimal so fest, dass Funken flogen und Bobrow bekam fast gleichzeitig ein randvolles Glas auf einem Tablett serviert. Das System unter Lang funktionierte nach Maß.

»Welches Material schlagen Sie zur Durchsetzung vor?«

»Nehmen Sie die Kabelträger, die sehen kräftig aus, so als könnten sie ein- und austeilen, so stelle ich mir eine gute Schalung vor.«

»Ich danke Ihnen, Herr Doktor«, sagte Lang und schrie resolut:

»Schnitt! Darsteller fünfzehn Minuten Pause, Wasser, Kabelträger, Büro.«

Alles flutschte wie geölt. Bevor Lang die wenigen Schritte zu seinem Büro zurückgelegt hatte, saßen schon die Kabelträger darin und warteten ehrfürchtig. Mit der Geste eines römischen Kaisers fischte er in der Luft herum und machte sich ans Werk seiner Leistung.

»Sie kennen mich«, begann er seine Kabinenrede. »Sie alle wissen, wie ich sein kann und zu was ich im Stande bin und ich hoffe, Sie alle wissen wo Sie hinwollen.« Er zeigte auf sich selbst. Die Kabelträger nickten untertänig und hofften auf Karrierechancen, egal um was es ging.

»Wer kennt den englischen Rasenballsport Rugby?«, fragte er in die Runde.

Schüchtern hob ein Gorilla seine Pfote und Langs präziser Zeigefinger schoss auf ihn zu.

»Sie! Erklären Sie uns die Spielregeln.«

»Nun ja«, stammelte der Gorilla, »es gibt zwei Mannschaften, die sich um einen Ball boxen.«

»Ja, Boxen, und weiter?«, forderte Lang. »Und was ist die erste Regel?«

Der Gorilla sah sich fragend um.

»Es gibt keine Regel?«

»Genau. sagte Lang, »und die zweite?«

»Die müsste ja dann wie die erste sein.«

»Seht ihr euch an!«, rief Lang in die Runde. »Er ist dem Rest von euch schon drei Schritte voraus. Aufholen, Männer! Ihr alle werdet heute Rugbyspieler sein.«

Er schnipste dreimal und pfiff dazu einmal lang, einmal kurz und ein Caterer kam mit einem Fußball herein.

»Das ist euer Ziel, es sieht aus wie ein Ball, doch es ist euer ganz persönlicher heiliger Gral der Filmgeschichte. Wer diesen Ball erreicht, wird im Abspann als Schauspieler erwähnt und erhält ein Arbeitszeugnis.«

Die Gorillas brüllten und schlugen sich auf die Brust. Lang scheuchte sie aus dem Büro und brüllte ihnen nach:
»Und jetzt raus ins Becken, Männer, die Außenlinien dichtmachen! Zeigt mir, wieviel Soldat in euch steckt! Holt euch die Perle ins gottverdammte Glück!«
Die fröstelnden Untermenschen wirkten verdutzt, als sie im Becken plötzlich Gesellschaft von den Kabelträgern bekamen, die ihre Schultern lockerten und sich die Hände rieben. Lang trat an den Beckenrand, den Ball zwischen Handgelenk und Hüfte eingelegt und zirkulierte seinen Zeigefinger in der Luft, als wickle er Garn darum. Alles zurück auf Anfang.
»Und bitte!« rief er und warf den Ball ins Zentrum der Menge. Die Gorillas stürmten los und schoben die konsternierten Statisten in die Menge. Die empörten Beschwerden verstummten unter den Ellenbogen der Selbstverteidiger. Der Kampf um Platz wurde existenziell und wie von Bobrow vorhergesagt meldeten sich tierisch klaustrophobiale Instinkte, welche kurzzeitig verhältnismäßiges Sippschaftsverhalten aushebelte und kompromisslose Kreaturen offenbarte. Sie schlugen und kratzten und bissen sich um ihren Stand. Einschlaglöcher in ihren Gesichtern, Kratzwunden an ihren Armen und Blut zwischen ihren Zähnen. Die Gorillas sahen kein Durchkommen und rannten wieder und wieder gegen die fleischliche Mauer an, doch diese wurde immer fester und undurchdringbarer und wehrhafter. Als endlich auch den Gorillas die Puste ausging, ebbte das Szenario ab. Kein Kabelträger hatte den Ball erreicht, die Untermenschen leckten sich die Wunden und verarzteten ihre Nächsten. Die Menschlichkeit kehrte wieder ein in sie.

»Schnitt!«, rief Lang, ging zurück zu Bobrow und ließ sich in den Regiestuhl fallen.
»Und?«, fragte er.
»Ich glaube nicht«, sagte Bobrow.
»Wie bitte? Sie glauben nicht? Ist das eine wissenschaftliche Aussage?« Selbst Lang wurde sein Film bald zu bunt.
»Nun, das ist keine allgemeingültige Feststellung, eher ein unmittelbares Urteil, ein Bauchgefühl. Sie wissen schon, das, was der Mann in seinen Eiern spürt und die Frau in ihren Brüsten. Eine spontane Eingebung – und die liegt meistens richtig. Nein, ich bin mir sogar sicher, das war nichts.«
Lang kratzte sich am Kopf. Man brachte ihm Kognak. Er wiegelte ab und Bobrow fuhr fort.
»Ich spüre da keine entfesselte Naturkatastrophe, keine Tollwut, keine paranoid-schizophrene Horrorblase die platzt, keine Explosion – Splitter müssen mir ins Auge schießen.« Er ballte die Fäuste wie ein wahrer Enthusiast. »Wir brauchen die totale Enthemmung, das Angesicht des Wahnsinns, Vergewaltigungsenergie, verstehen Sie, Herr Lang? Ich will mir ein Magengeschwür zuziehen beim Anblick dieser Schrecklichkeit – doch mein Magen knurrt nur höflich nach einer Mahlzeit, wie eh und je.«
Lang ließ sich mit einem Armschwung ein Handtuch reichen und tupfte sich die Stirn.
»Meine Güte, Herr Doktor, was soll ich denn noch tun? Das war die vierunddreißigste Aufnahme, die Statisten sind körperlich wie seelisch aufgebraucht, die Kabelträger übergeben sich schon, ich bräuchte eine Kavallerie.«
»Sie sagen es, eine Kavallerie«, würdigte Bobrow. »Und ich habe die Reiter und die Pferde dafür.«

Er griff in seinen Arzneikoffer neben seinem alteingesessenen Klappstuhl und holte ein verkorktes Reagenzglas, gefüllt mit einer weiß-bläulichen Substanz heraus.
»Was ist das?«, fragte Lang.
»Nun, ich nenne es das ›Bobrowsche Ungleichgewicht‹, ein Maskenbrecher«, erklärte Bobrow. »Eine fein abgestimmte Mixtur des Wahnsinns. Eine Mischung aus Schwarzwurz, Mutterkorn, Trompetenblumenharz, Panzerschokolade und handelsüblichem Kokain. Davon sollte man tunlichst die Finger lassen. Ein faustfestes Trauma in fluider Form. Kommen Sie dem Fläschchen nicht zu nahe.«
»Sie wollen die Statisten unter Drogen setzen?«, fragte Lang und kraulte sein Kinn. Man brachte ihm den Notizblock, er wiegelte ab.
»Ich will die sozialen Herdenläufer aus ihren Rollen holen«, antwortete Bobrow. »Aus ihrer Rolle, Mensch zu sein. Sie müssen zu wirren Walküren werden, zu teuflischen Göttern und zu göttlichen Teufeln, sie müssen sich die Brustkörbe aufreißen wollen und die schwarzen Zungen blecken. Sehen Sie, Herr Lang, wir sahen hier durchaus eine Massenpanik. Doch um diese Panik auf eine Leinwand zu verbannen muss das Dargebotene weit über das hinausgehen, was wir unter ›dargeboten‹ verstehen. Um beim Zuschauer ein authentisches Mitgefühl zu erzeugen, muss es weit schrecklicher sein als das, was wir uns an uns selbst vorstellen können. Ein Beispiel: Welchem versehrten Bettler geben Sie einen Groschen? Dem Ärmsten, dem ein Bein fehlt oder dem Ärmsten, dem gleich beide fehlen? Vielleicht geben Sie beiden einen, weil Sie viele Groschen haben, aber Ihr Mitgefühl Herr Lang, das gehört, ob Sie wollen oder nicht, immer dem Zweiteren. Verstehen Sie

was ich sagen will? Wenn Sie erfolgreicher Bettler sein wollen, überbieten Sie die anderen an Leidensanspruch. Wenn Sie also eine Massenpanik darstellen wollen, zeigen Sie eine Massenapokalypse. *Das* ist Authentizität.« Zufrieden lehnte sich Bobrow in seinen Klappstuhl und drückte den Bauch hervor.

»Ungewöhnlich«, murmelte Lang und tippte sich auf die Nase. Man brachte ihm die Flüstertüte. Er nahm sein Instrument zur Hand und befahl eine Pause. Die aufgeschrammten Untermenschen sahen sich schockiert in die Augen. Zumindest gab es Essen und Getränke. Lang ließ ihnen Tücher und Pflaster bringen und den Maskenbrecher in ihre Kartoffelsuppe rühren. Nach einer halben Stunde wurden sie von den zerkratzten Kabelträgern zurück an den Beckenrand geführt. Scheinbar beseelt stiegen sie zurück ins dunkle Nass, wie verwunderte Kinder dreinblickend. Bobrow stellte das leere Reagenzglas zurück in seinen Arzneikoffer, schnipste zweimal für einen Wodka und drückte sich in die Sitzkuhle seines Klappstuhls.

»Und bitte!«, rief Lang in seine Flüstertüte. Die Kameralämpchen blinkten und die Scheinwerfer öffneten die Augen. Die zombialen Untermenschen blickten wie von Gottes Finger berührt den Strahlen entgegen. Geblendet, erleuchtet, blinzelnd. Ihre Pupillen weiteten sich, weit über die Iriden hinaus und alles weiß in ihren Augäpfeln verlor sich in schwarz und die ersten emsigen Herzen fingen an zu flattern wie Fledermäuse und flogen über die Speiseröhren durch die offenen Mundhöhlen hinaus ins Freie. Ihre zerritzten Gesichter von der vorigen Aufnahme ließen den Anblick nicht weniger authentisch wirken. Zufrieden nahm Bobrow eine Zigarre aus dem Arzneikoffer.

»Und jetzt passen Sie auf«, sagte er zu Lang, der wie gebannt auf das Becken sah. Inmitten der Totenstille strich er ein Streichholz vom Papier. Das Fauchen des Feuerkopfes zischte als letztes leises Geräusch durch die trügerische Stille.

»Sie wollen mein Fleisch fressen!«, schrie ein Untermensch plötzlich aus all seinen Kehlen, bevor er ins Wasser fiel und Blasen spuckte. »Mein Fleisch gehört mir!«, hörte man es blubbern. Dann begann es.

Lang hob die Arme wie ein Dirigent vor dem Paukenschlag ob dieser virtuosen Anarchie. Sie stiegen sich nicht nur auf die Füße – sie rissen sich an den Armen, an den Schultern, griffen sich in die Gesichter und Münder und zogen wahnwitzige Fratzen. Sie kicherten vor Todesfurcht, gurgelten vor Terror und lachten finster wie Tartaros-Ungestalten. Langs Augen weiteten sich und weideten sich an diesem Panorama der detailreichen Tiefendarstellung. Nie hatte er Angst so scharf gesehen, in all ihren hässlich schaurigen Facetten. Er selbst fing an Ekel zu empfinden, Ekel vor seinem eigenen Werk. Die Ausrottung aller Rollen, die Vernichtung jeder Vernunft. Die Vollendung seiner Schöpfung. Kein Regisseur nach ihm würde je wieder so tiefgehen, je wieder so dunkel werden können, tauchen, dem Abgrund so nah.

Die Untermenschen stoben auseinander. Sie krackselten ungelenk aus dem Becken und verteilten sich überall im Studio, rannten gegen Equipment, stolperten über Gerät, fielen von Gerüsten, versteckten sich in Ecken. Sie rissen die Kulissen ein, knabberten an den Stromleitungen und verwüsteten die Gesamtkonstruktion. Manche zogen sich die Klamotten vom Leib, so dass man deutlich ihre Erekti-

onen sah. Frauen kneteten ihre Brüste und sabberten. Andere zerrten die Abdeckplanen von den Fenstern und wickelten sich ein. Das hereinströmende Sonnenlicht tat den Rest. Überall Gewimmer, Schluchzen und Geheul. Die Wirkung zog sich zurück und viele Tränen flossen zurück ins Becken.
»Schnitt!«, rief Lang. Die Kameramänner reagierten zeitverzögert.
Lang klatschte in die Hände und alle zuckten zusammen. Er wandte sich zu Bobrow.
»Wie war das?«, fragte er vorfreudig.
»Perfekt«, antwortete Bobrow. »Jetzt müssen Sie nur noch das Drehbuch umschreiben.«
»Wie bitte?«, fragte Lang außer Atem.
»Nun ja, Sie sehen doch selbst auf welch brüchigem Fundament Ihr Film fußt. Ich bin schließlich hier für die Authentizität. Glauben Sie mir, die Geschichte ist Soße.«
»Soße?«
»Ja, sind Sie taub? Das Drehbuch ist Brei nach einfachstem Rezept. Man nehme einen abgeschmackten Teig von weit her, man übersüße ihn mit einer Prise zu viel des Guten, verrühre die Masse mit Mark, viele Millionen in Ihrem Fall, gare alles in Überlänge und serviere es mit Käse. Fertig. Eine Torte zum sich ins Gesicht klatschen.«
Lang ließ eine Backpfeife fallen, mitten in des Doktors Gesicht. Sein Geduldsfaden mit diesem selbsternannten Experten für Nichts und wieder Nichts war durch. Szene hin oder her.
»Das war das letzte Klatschen das Sie für diesen Film vernommen haben. Ich glaube ›Langweilig‹ ist der Fachtermi-

nus des Berufskritikers«, sagte Bobrow ruhig und gab ihm väterlich eine Backpfeife zurück. Langs Blick verengte sich.
»Sie mögen ein guter Psychiater sein, Herr Doktor, ein Cineast sind Sie nicht. Sie können Panik analysieren, doch fühlen können Sie sie nicht. Ich erzähle eine Geschichte.« Beleidigt zog er seine Rückhand über Bobrows andere Wange. Bobrow trat nah an ihn heran, so dass sich fast ihre Nasenspitzen berührten.
»Ich weiß vielleicht nicht wozu man all die Lampen und Kabel hier braucht, Herr Lang, aber ich weiß was eine Geschichte ist. Eine Geschichte ist die Nacherzählung vielerlei schicksalsfähiger Zufälle, man kann sie nicht von großer Hand am Reisbrett entwerfen, das nimmt ihr jede Glaubwürdigkeit. Alles, was den großen Bogen will, verspannt sich. Und nochmal, eine Geschichte entsteht nicht dadurch, dass man Abläufe plant, sondern dadurch, dass man, gelinde gesagt, herumeiert. Sie Narr!« Er beendete die Diskussion mit einem russischen Leberhaken, nahm seinen Hut, ließ seine Rechnung da und verließ die Studios.
»Wir nehmen die erste!«, rief Lang am Boden liegend mit dem letzten Aufgebot seiner Stimme den Kameramännern zu. »Und überblenden es mit vier, acht und einundzwanzig. Nehmen Sie die Letzte für Einblenden.«
Die Kameramänner sahen sich ungläubig um. Zitternde nackte Körper auf dem Boden, an die Wände gedrückt mit abgefressenen Fingernägeln. Losgelöstes Jammern überall und von weit hinten eine zuknallende Tür. Bobrow hatte das Gebäude verlassen.

X

»Fahr langsamer, Böff, du bist viel zu schnell!«, rief Eva ihrem Mann ins Gewissen, ihr kleines Söhnchen auf dem Schoss umklammernd.
»Mensch Maud, du sollst mich doch nicht so nennen«, sagte Grosz, das Lenkrad fest im Griff. Von dem ersten guten Geld konnte er sich nun ein Auto leisten, einen Opel Laubfrosch, wegen der grünen Farbe, das erste vom Fließband kommende Privattransportgerät für Besserverdienende. So einer war er also jetzt, was sollte man schon machen. Jedenfalls ein Wunderwerk der Fahrzeugtechnik.
»Herr je, Böff!«, forcierte Eva. »Wieviel fährst du? Fünfzig? Fahr langsamer, um Gottes Willen, denk an das Kind. Bei dir verlier ich noch meinen Glauben.«
»Vier PS«, kommentierte Grosz und zwinkerte ihr zu.
»Sieh auf die Straße, Böff!«
Mit wahnwitziger Geschwindigkeit dümpelten sie voran und hüpften auf dem holprigen Unterbau wie Kängurus auf den Hartpolstersitzen, den freien Wäldern Brandenburgs entgegentuckernd. Dem Söhnchen schien das Geschaukel zu gefallen, er quiekte wie ein hungriges Küken und warf seine Ärmchen in die Luft.
»Das tut dem kleinen gut«, betonte Grosz.
»Wir haben immer noch keinen Namen für den Kleinen.«
»Dann geben wir ihm doch endlich einen.«
»Wie denn?« Fragte Eva in vorwurfsvollem Ton. »Christian gefällt dir ja nicht wegen deinem Kirchengroll, Bruno klingt dir zu Deutsch und Jakob passt dir phonetisch nicht.«

»Du willst ihn ja nicht Martin nennen. Martin ist edel.«
»Martin habe ich mir vorgestellt für unseren zweiten Sohn.« Sie strich dem begeisterten Kind über die Stirn.
»Unser erster Sohn soll aber anders heißen.«
»Anders? Ist das Dänisch?«
»Nein, anders. Unterschiedlich, du Esel.« Sie schüttelte den Kopf.
»Gut. Unterschiedlich. Gefällt mir besser.« Er grinste, sie seufzte, rollte die Augen und brachte die Debatte mit einem Schweigen zu Ende.
Wortlos fuhren sie weiter. Irgendwo auf einem Forstweg im Niemandsland trat Grosz in die schweren Eisen und sie kamen an einem kleinen Pfad vor einem dünnen Waldpfad zum Stehen. Mit einem scheppernden Haurruck bediente Grosz die Handbremse. Sie holten die neueste Erfindung, einen klappbaren Kinderwagen aus dem Stauraum und Grosz tüftelte ihn etwas unlogisch auseinander. Eva legte das Würmchen in den Wagen und es schlief sofort fest ein. Die Achterbahnfahrt war wohl genug Entertainment für den Kleinen gewesen, um den Waldspaziergang nun zu verschlafen. Sie schlenderten los.
Nach einer Weile, nach einer eben solchen Weile, in der man sich beim Spazierengehen längst verloren hat, wenn man mit den Gedanken in den Bäumen oder in den Düften oder Geräuschen ist und schweigt und nicht mehr weiß, wann man das letzte Mal ein Wort gewechselt hat; und man nicht weiß, wozu man noch je ein weiteres verschwenden sollte, nach einer solchen Weile, da sagte Eva: »Hey, Böff.«
Grosz war aus seinen externen Schwelgereien gerissen.
»Ich heiße George, und so nennt man mich«, sagte er.

»Ich habe einen Tropfen gespürt.«

»Nein, es wird nicht regnen«, skandierte er und begab sich wieder in seine Waldträume, während Eva schonmal den Schirm am Kinderwagen über ihren kleinen Namenlosen schob.

Kurz darauf begann es aus Eimern zu gießen. Eva wetterte ihren Mann an, eine Lösung zu finden und dieser machte sich auf den Weg, um Unterschlupf in der näheren Umgebung auszumachen. Mit wedelnden Armen kam er zurückgespurtet und schlug Eva einen Jägerstand vor, den er von Weitem erahnt hatte. Sie eilten dorthin.

Beim Jägerstand angekommen kletterte Grosz die Leiter hinauf, lugte über die Bodenbretter und stieg wieder hinunter.

»Da sitzt schon jemand«, sagte er zu Eva.

»Und?«, fragte sie, völlig durchnässt mit rätselndem Blick.

»Es regnet.«

»Naja, der sieht nach einem Landstreicher aus, einem Einsiedler oder sowas. Ich meine, mit dem Kind. Vielleicht ist er bewaffnet. So ein abgehalfterter Veteran vielleicht. Wir können auch noch etwas Anderes finden.«

»Ist das Dänisch?« Streng blickte Eva durch das Gitter ihrer nassen Haarsträhnen. Ihre sinnlichen und gefühlvollen Rehaugen verwandelten sich zu drakonischen Schlitzen. Argumentativ überzeugt stieg Grosz abermals die Leiter hinauf.

»Es gibt auch normale Leute!«, rief sie ihm hinterher

»Guten Tag«, sagte Grosz, als er oben angekommen war und neben der Tunika-tragenden, mönchartigen Gestalt stand, die dort im Schneidersitz auf dem Boden saß und

die Hand durch ein Loch in den schlecht verzimmerten Planken hielt.
»Besuch«, sagte der Einsiedler ohne aufzuschauen.
Grosz setzte sich neben ihn. Eva schob den Wagen unter den Stand, kam mit dem Baby unter ihrem schützenden Arm auch hinauf und setzte sich neben ihren Mann.
»Hallo«, sagte Eva und wiegte ihren aufbrummenden Kleinen zurück in den Schlaf. Nicht mal der Regen störte ihn, die Achterbahn hatte ihn wahrlich geschafft.
»Ich bin Maud«, fuhr sie fort. »Und das hier ist mein Sohn, er hat noch keinen Namen, und er hier ist mein Mann, Böff. Wer sind Sie?«
»George«, korrigierte Grosz.
Der Einsiedler zog die Hand aus den Planken und trug in seinen Handschalen gesammeltes Wasser herein. Sorgsam verteilte er das Wasser auf dem Boden vor ihm, wo das offene Holz es sofort aufsog. Dann streckte er die Hand zurück hinaus.
»Ein schöner Name«, sagte er.
»Danke«, nickte Grosz.
»Ich meine…«
»Was meinen Sie?«
»Ihren Sohn. Ich meine, keinen Namen zu haben, das ist doch der schönste Name.«
»Naja, wir suchen noch einen«, sagte Eva.
»Verzeihen Sie. Ich habe lange nicht mehr mit Worten gesprochen.« Der Einsiedler hielt vehement die Hand nach draußen und reizte Grosz zum Stirnrunzeln. Er sah Eva an und zog ihr eine Grimasse, von wegen »normale Leute«. Eva zog eine Grimasse zurück, von der Sorte »benimm dich gefälligst«. Das Söhnchen fing an leise zu schnarchen.

»Was machen Sie da?«, fragte Grosz und zeigte auf die Hand des Einsiedlers, die dort draußen im Regen hing.
»Ich sammle Regentropfen«, sagte der Einsiedler.
»Regentropfen also«, sagte Grosz. »Das ist Ihre Tätigkeit?«
Der Einsiedler schwieg.
»Ihre Beschäftigung, Ihr Betätigungsfeld? Ihr Beruf? Ihr täglich Brot? Ihr Einkommen? Regentropfen?«
»Regentropfen«, wiederholte der Einsiedler, zog seine Handschale wieder zu sich und ließ das Wasser ins Holz fließen. »Regentropfen wissen alles.«
Grosz sah ihn prüfend an. Trotz seines langen Bartes und Kopfhaars, trotz seiner verschmutzten Tunika, was nicht mehr als ein aufgetriebenes Bettlaken war, schätzte er ihn ungefähr gleichaltrig ein. Also doch ein abgehalfterter Veteran. Bewaffnet sah er aber nicht aus.
»Wird das nicht irgendwann sinnlos?«, fragte er ihn. Dann spürte er einen Stoß in die Hüfte von Evas strafenden Fingern, die er immer zu spüren hatte, wenn er anscheinend unfreundlich wurde. Er hatte vor der Geburt gehofft, ihre erzieherischen Anlagen würden sich auf das Kind bündeln, wenn es einmal da wäre. Aber ganz im Gegenteil, jetzt bemutterte sie die ganze Welt.
»Was ist denn nicht irgendwann sinnlos?«, fragte der Einsiedler. »Welche Tat in der Welt enthält denn schon einen höheren Zweck?«
Grosz wischte sich die nasse Stirn mit dem Taschentuch ab, das Eva ihm eingesteckt hatte.
»Naja«, überlegte er. »Automechanik zum Beispiel. Oder Telefone.«
Der Einsiedler schien fast zu lächeln.

»Was macht es denn für einen Sinn eine Telefonschnur von hier nach da zu verlegen, wenn das hier dem da gar nichts mitzuteilen hat?«

Grosz zuckte die Achseln.

»Sind Sie denn ein Mechaniker?«, fragte der Einsiedler weiter.

»Ich bin Maler. Kunstmaler.«

Nun lächelte der Einsiedler ganz unzweideutig.

»Meine Mutter war auch einmal Malerin. Kunstmalerin. Oder ist es noch. Ich weiß es nicht. Wir haben immer zusammen gemalt, als ich einst klein war.«

»Wo ist Ihre Mutter?«, fragte Eva, in ihrer Mütterlichkeit angesprochen.

»Sie ist hier. In den Regentropfen.«

»Sie ist tot?«

»Nein, nein, ich denke nicht«, Beruhigte der Einsiedler und wies ihren Blick auf die nassen Holzdielen vor seinen Schienbeinen. »Regentropfen.« Eva rollte ihre Rehaugen. Noch so ein Spinner wie ihr Mann, in philosophischen Gedanken verloren und dabei vergessen, die Socken zu wechseln.

»Wo lebt sie denn, ihre Mutter?«, fragte sie erzieherisch.

»Nicht weit von hier. In Berlin, nehme ich an. Wenn sie noch lebt, dann in Berlin.«

»Berlin? Da kommen wir gerade her. Sie suchen Ihre Mutter? Sie sind nah dran. Wir helfen Ihnen.«

Diesmal lächelte der Einsiedler wirklich und ganz.

»Ich suche nichts«, sagte er. »Ich habe alles.«

»Aber ein Sohn muss doch zurück zu seiner Mutter«, insistierte Eva.

»Sobald man etwas bedürfe, sollte man es zuerst bedenken, damit man merkt, dass man es nicht braucht.«

»Sie sind ein Deserteur, richtig?«, lotste Grosz. »Einer der Verschwundenen.«

»Waren Sie auch im Krieg?« Fragte der Einsiedler.

Grosz nickte.

»Was brachte Sie dann dazu, ein Kind in die Welt zu setzen?«

»Das weiß ich auch nicht«, Sagte Grosz und bekam sofort einen Stoß von Eva in die Seite, knapp oberhalb des Hüftknochens, dort, wo es besonders wehtat, wie jedes Mal.

»Was haben Sie erlebt?«, fragte der Einsiedler weiter. Grosz war zu seinem eigenen Erstaunen erschreckt. Darüber sprach man draußen, in der Gesellschaft nicht. Doch der Einsiedler kannte keine ungeschriebenen gesellschaftlichen Kodizes, das war angenehm.

»Ich war Simulant«, antwortete Grosz und holte aus. »Als ich das erste Mal an der Front war, war ich ein kleines Zahnrad in einer riesigen Maschine, das versuchte so schlecht wie möglich zu funktionieren, aber eben doch funktionierte. Als ihnen mein Widerstand zu dumm wurde, ersetzten sie mich durch ein neues, sauberes Rädchen. Als sie mich das zweite Mal einsetzen wollten, befiel mich die Geisteskrankheit. Ich weiß nicht mehr, ob ich wirklich simulierte oder wahrhaft von innerster Abneigung besessen war. Ein bisschen was von beidem nehme ich an. Ich musste jedenfalls jede Menge abkotzen. Mehr als ich je hätte nachessen können. Und ich habe immer noch Hunger.«

»Ich war bei einer der ersten Schlachten in Belgien«, sagte der Einsiedler und senkte den Kopf. Grosz und Eva sahen ihn forschend an. »Bei den Ersten«, sagte er weiter. »Den Allerersten.«

Grosz stützte sein Kinn auf die Faust.

»Du meine Güte«, seufzte er. Eva blickte den Einsiedler mütterlich mitempfindend an, wie einen armen Jungen, der schrecklichem Spiel zum Opfer gefallen war. Der Einsiedler wusste, dass er ihnen keine Details erklären müsste, das Paar war ungefähr in seinem Alter, vielleicht ein paar Jahre mehr, seine Generation. Sie wussten, was es hieß, bei den Ersten dabei gewesen zu sein. Wo die Gräben noch nicht gebuddelt waren.

»Dann würde ich wahrscheinlich auch Regentropfen sammeln«, sagte Grosz nach einer Schweigeminute.

»Es gibt nichts Besseres zu Gunsten der Bauchatmung«, sagte der Einsiedler und lächelte wieder. Er hatte nach vielen Jahren Einsamkeit wieder Lust am Sprechen gefunden. Es war wieder da.

»Regentropfen können einem einiges erzählen, Böff.«

»Kann ich mir vorstellen«, sagte Grosz.

»Einer wie der Andere, jeder kommt von einem anderen Ort, ist eine Zusammensetzung aus allen Teilen der Welt; und jeder ist ein Einzelner und sobald er aufschlägt ist er wieder davon, löst sich wieder auf, und verteilt sich wieder auf alle Welt zurück. Mein Vater sagte immer: ›Du stehst nie im selben Fluss.‹ Kennen Sie die Biografie des Tropfens?« fragte er.

Grosz schüttelte wieder den Kopf und runzelte diesmal die Stirn.

»Ist eine lange Geschichte«, bereitete der Einsiedler vor.

Grosz sah Eva an, die das Kind streichelte und beschäftigt war, sah den Einsiedler an, der offensichtlich gerne etwas loswerden mochte, sah nach draußen, es regnete.
»Ich habe Zeit«, antwortete er, zog flugs eine Zigarette heraus und zündete sie an. »Zeit genug, denke ich. Was macht der Tropfen so?«
Der Einsiedler schüttete die letzte Handschale ins Holz, dann hob er die Arme wie ein Theaterdarsteller, der gerne etwas bestimmtes verkörpert wüsste und brachte seine Prosa in Sprache:
»Gedankenverloren, so wie ich bin. Kein Sinn schwebt mir vor. Ohne ein Gefühl, so hebt es sich ab, so leicht. Wo bin ich? Wer bin ich? Was bin ich? Die lange weiße Wolke pumpte sich auf und zerteilte sich, eine zweite kam aus ihr heraus und stellte sich dieselben Fragen. Sie beide wuchsen und wuchsen, doch kamen der Antwort nicht näher. Dann, als sie schon schwarz waren und in der Luft erkalteten und blitzten und donnerten, krachten sie zusammen, von allen Stürmen ineinander gedrückt. Zwischen ihnen entstand eine Höhle, ein Tunnel, man sah ein wenig Sonnenlicht durch die höheren Wolkenschichten brechen. Dort nahm sich der Tropfen das erste Mal in Schein. Ein brillantes, durchsichtiges Etwas, in der Luft stehend, um ihn herum Millionen, Milliarden andere, gleiche, selbe.« Der Einsiedler hielt inne und prüfte seine Zuhörer. Grosz saß still da, rauchte, hörte zu. Eva hatte vom Kind abgelassen und lauschte inständig. Der Einsiedler sprach beständig fort:
»Die Tropfen. Sie standen nicht, sie fielen, sie formten sich zu Pfeilspitzen und schossen auf das Land zu. Gemeinsam sahen sie wie sich das Erdreich vor ihnen auftat, auf sie zu raste, immer größer, breiter wurde, näher und näher kam,

bis sie auf die Böden, die Blätter, die Köpfe und die Gewässer klatschten. Dieser eine Tropfen, von dem die Rede war, er schoss in einen Bach und wurde, anstatt sich im Wasser aufzulösen, zurück an die Oberfläche gespuckt. Als dieser eine Tropfen landete war er kein beliebiger Tropfen mehr. Er merkte, wie er balancierte, was daran lag, dass er sechs Beine hatte. Er schlug mit seinen nassen Flügeln, doch mehr als ein paar Hüpfer gelangen ihm nicht. Er hatte sich in einen Wasserfloh verwandelt.

›Willkommen‹, hörte er eine Stimme sprechen. Er wusste nicht recht was Sprache ist, doch er verstand etwas.

›Ich bin der Bach‹, sagte der Bachgeist. ›Sei mein Gast, doch sei vorsichtig auf meinen Schnellen. Schlage nicht zu wild gegen meine Strömungen an, sonst verausgabst du dich und ertrinkst in ihnen. Ebenso darfst du nicht zu wenig schlagen, sonst werfen sie dich herum und du zerschellst an nächstem Fels. Und Augen auf bei Fröschen im Schilf und Kröten im Stein, ihre Zungen sind flink und klebrig.‹

Und der Floh tat sein Bestes, um auf dem reißenden Boden Stand zu fassen. Dies war nun sein Leben: Gegen scharfe Strudel anzulaufen und den kalten und heißen Zungen der Frösche und Kröten auszuweichen. Mit sechs Beinen, zwei lahmen Flügeln und einem Lungenapparat gerüstet. Ab und an flog ihm ein Stück Plankton in den Kiefer, hier und da ein Vitamin, er hatte alles was er brauchte, alles, was er tat, war instinktiv. Doch eines Tages brachte ihn der Bach in einen uferlosen Fluss und dieser flutete auf und ergab sich in die Auen bis tief in die Wälder. Der Floh landete in einem Sumpf und strauchelte vor sich hin. Wenig später kroch das Wasser zurück, der

Sumpf wurde tiefer, ein See grub sich aus an seiner Stelle. Auf diesem tapste der Floh verzweifelt, untergehend ohne Strömung auf der er hätte gleiten können, bis ihn der See in aller Ruhe verschluckte. In den Tiefen verwandelte sich der Floh. Er geriet in eine ausgereifte Seifenblase, platzte auf und war ein Wels. Sein Maul war breit, sein Bauch war rund und sein Atem besänftigte sich fast bis zum Stillstand, so wie die braune Bracke um ihn herum, die gerade noch flüssig genug war, um Wasser zu heißen. Es roch nach altem Fisch und alter Fisch war gut.
›Guten Morgen‹, sagte das Seewesen. ›Du bist jetzt mein Wels‹, stimmte es an. ›Lasse dich treiben, sei faul, sei du. Ganz egal, mache was du willst.‹ Das Seewesen sagte kein weiteres Wort, seine dunkle Stimme verschwand im trüben, alten Wasser. Nur das Maul auftun, damit Fressen hineingeschwommen kommt, so lebte der Wels fortan, ließ seinen silbernen, fetten Bauch in den durchflimmernden Sonnenstrahlen glänzen und streckte seine Schnauzfühler in der warmen Brühe aus. Ein sorgloses Sein, dieses zielbefreite, gemütliche, behagliche Leben. Viele Fischgenerationen prallte das heiße Sonnenlicht auf die dampfende Oberfläche des Seewesens. Der See schrumpfte zu einem Tümpel, der Tümpel zu einer Pfütze. Zeit verging. Der Wels keuchte und schnaubte und kroch durch den Matsch dem Wald entgegen. Sein Lebensraum wurde ihm zu dünn, doch er hatte es zu spät gemerkt. Er hatte noch nie etwas unternommen, jetzt musste er. Und dann, als der Wels dem Erstickungstot in aller Stille gegenübersah, da hörte er aus dem weiten eine selbstbewusste, ruhige Stimme durch seine Schnauzfühler.

›Ich begrüße dich‹, sprach der Waldgott. ›Du sollst mir ein wertvoller Einwohner sein. Zu einem Bären werde ich dich formen. Eines Bären Funktionen sollst du ausführen. Eines Bären Rechte sollst du ausüben, eines Bären Pflichten sollst du nachgeben.‹ Gesagt, mutiert. Der Wels pumpte sich zu immenser Größe auf, aus seinen Schuppen brachen Haare und er wuchs zu einem Berg aus Fell heran. Fette Arme wuchsen wie Baumstämme in den Wald hinein, Krallen vertieften sich in die torfige Erde, seine Augen zogen sich von der Breitseite über seine Schnauze und er begann zu laufen, ganz selbstverständlich, als hätte er nie etwas anderes getan. Aus seiner Heckflosse wurde ein pummeliger Stumpf an seinem Steiß, der zu gar nichts mehr Nutze war, ein Rudiment. Mit heftigen Muskelanstrengungen bewegte er sich vorwärts. Kein Balancieren, wie als Floh, oder Gleiten, wie als Wels. Es wurde mit der Zeit anstrengend. Anstrengung verursachte Hunger, Hunger verursachte Zeitdruck, Zeitdruck verursachte Anstrengung. Die Spirale des Bärenlebens. Paranoid machte er die Lachse mit seinem Appetit, müde machte er die Bienen mit seiner Genusssucht. Und aus Erschöpfung aus all der harten Beschaffungsarbeit schlief er ganze Winter lang, so lang wie sie eben waren. Doch sobald ihn die erste Frühlingsfliege weckte, spürte er noch vor dem ersten warmen Sonnenlicht den ewig quälenden Hunger in seinen Eingeweiden. Ausgezehrt und schweren Herzens stemmte er sich auf und stapfte den gewohnten Gang an die Moose, wo die erfrorenen Mäuse und Eichhörnchen lagen, die ihm der Waldgott jedes Jahr als karges Frühstück in die Nähe seiner Höhle legte. Der Bär wurde unzufrieden. Sein ganzes Leben war eine einzige Erledigung. Nur die kurzen

Wochen in denen die Lachse aus den Wasserfällen sprangen waren lebenswert, der Rest war Darben. Nichts kam der kurzen Zeit der Lachse entgegen. Nach einigen Generationen trat er des Nachts auf eine Lichtung und stellte sich gegen den Schein des Mondes, der wie jede Nacht ironisch grinste. Er brüllte ihn an und verklagte die Welt, wankte auf den Hinterbeinen und fletschte sein scharfes Gebiss und sabberte zornig. Dann plötzlich erbebte das Erdreich, aus dem nichts, grundlos, Geysire schossen aus den Gesteinsspalten, Schluchten rissen auf, es verschlang die Landschaften. Die Bäume ringsum fielen in die Untiefen wie umgestoßene Zahnstocher, jene an den Rändern krallten sich mit ihren weiten Wurzeln in die steilen Hänge. Alles um ihn zerfiel in einem brachialen Orchester der Zerbrechlichkeit von Fels und der Faltbarkeit von Bergen, nur er, der Bär, blieb verschont auf einer Insel in einem Canyon aus Chaos. Die umschlungene Lichtung war nun zu einem Gipfel in einem Gebirge geworden.

›Du kennst mich nur falsch‹, sprach die Erde. Sie brodelte. Magma quoll unweit von ihm entfernt aus ihren Schlitzen. ›Wer mich kennt, der flucht nicht nach mir, der weiß um seine Winzigkeit. Was ist der Waldgott mehr als ein Strauchgeist – zu mir. Wer also bist du?‹

Der Bär, der noch nie eine Frage vernommen hatte, fing an, ebenso zum ersten Mal, zu denken. Er wurde nervös. Sich nie etwas zu fragen, nicht zu überlegen, das hatte ihm stets das Überleben gewiesen. Es gab sowieso kein ein und aus. Er brüllte dem Nichts entgegen. Er war dagegen.

›Sei mein Adler‹, tönte die Erde, als hörte sie ihn nicht. Sie hörte ihn wahrscheinlich wirklich nicht, sie war überall. Und dennoch redete sie weiter, und blieb persönlich.

›Wer nichts gesehen hat, besitzt auch nichts worüber er nachdenken könnte. Sieh also hin. Von Nahem und Fernen, das ganze Große und das Kleinste, jedes.‹

Dann schrumpfte der Bär aus seinem Fell, aus seinen Hinterläufern wurden dürre Beine, aus seinen fetten Armen wurden Flügel, aus den Haaren wuchsen Federn, seine Zähne wuchsen zusammen und verdichteten sich zu einem einzigen, harten Haken auf seiner Schnauze. Seine Augen zogen sich wieder auf die Breitseiten, wie einst als Wels. Aus seinem kürzlich unnütz gewordenen Stumpf über dem Steiß, der einmal eine Heckflosse gewesen war, wuchs ein weit gefiedertes Rücksegel mit dem er sich nun steuerte, wieder gleiten konnte, wieder frei war, wieder flog. Der Hunger blieb ihm treu, doch diesmal nicht so stark, das Jagen war leichter mit scharfem Blick. Nie zuvor hatte er so gesehen. Er segelte durch die steilen Flure und in die düstersten Kamine aller Gesteinsschichten, machte Weitaufnahmen hoch oben über allem, stürzte zurück, packte zu, aß ein wenig von den Mäusen, die ihn weder kommen ahnten noch ihr Sterben spüren mussten vor Langsamkeit – und hob wieder ab. Es war die Blüte seines Seins, das Schönste, an das er sich später hätte erinnern können. Als Floh war er den Strömungen ausgeliefert gewesen, als Wels war es Reichtum in der Armut, als Bär Armut im Reichtum – und jetzt nutzte er die Auftriebe – wie sie eben kamen und gingen. Er war darüber hinweg und alles was noch kommen sollte, würde er auch von oben sehen. Doch konnte auch er die Erde nicht anhalten. Sie war wie sie war, unbekannt und vergesslich. Die Flüsse überschwemmten die Landschaft und ertränkten die Mäuse. So grausam kannte der Adler den Bachgeist nicht. Dann versickerte das Wasser und kam lange Zeit nicht wieder und ließ die übriggebliebenen, dürren Ratten verdursten. Die Erde war gleichgültig. Der Waldgott hatte wenigstens kümmerliche Überreste gelassen, die Erde blieb stumm und reglos. Über die vielen Generationen regnete es immer weniger, seine Kräfte schmolzen, seine Brut verendete, seine Zöglinge sanken in die Schluchten. Alles verging, bis auch der letzte Rest an Leben erlosch – in der Erde, so auch in ihm. Lahm, saftlos, erschöpft und zerrissen krampfte ihm sein Flügelschlag bis auch er der trockenen, heißen Luft zum Opfer fiel, die ihm die Lungen leerte, seine letzte Schwäche zu ihrer größten Stärke machte, und er ein letztes Mal zu Boden stürzte und auf einem Sandberg aufschlug.

›Da bist du also‹, sagte die Wüstenwelt, tief im Untergrund, aus den Untiefen des Sandes heraus. ›Früher oder später wird jeder vergessen.‹ Kein Echo folgte ihrer Stimme. Sie war trocken. ›Aus mir kommt niemand mehr heraus, nicht lebendig.‹

Der Adler verstand nicht, wie könnte er auch. Seine Augen wurden schlechter. Sein Gesicht jedoch blieb beinahe wie es war, nur sein Schnabel fiel ab. Seine Flügel und seine Greifer wuchsen mit dem Rest seines Körpers zusammen, welcher sich streckte und zu einer Art Schlauch wurde.

›Meine Schlange sollst du sein‹, sprach die Wüstenwelt. ›Schlängeln kannst du dich, kriechen wirst du vor meiner Hitze, mein Sand schmeckt immer gleich und riecht nach nichts. In mir wirst du erkennen was du hattest. Ob du nun zufrieden warst oder nicht, das gibt es jetzt nicht mehr. Freude, Lust, Geschmack, das gibt es jetzt nicht mehr. Wille, Angst, Schuld, das gibt es jetzt nicht mehr.

Zeit, Hoffnung, und alles sonst, was ein Wort wert wäre, das gibt es jetzt nicht mehr. Du bist nicht mehr als ein Korn. Nichts mehr als ein Korn.‹

Die Schlange musste nicht verstehen, sie grub sich ein. Des Nachts glitt sie durch den Sand, fing eine einzige, letzte, verirrte Frühlingsfliege, die schon im Sterben lag und nicht mehr fliehen konnte, oder wollte. Sie sättigte sie eine ganze Woche. Ein vertrockneter Wurmkadaver reichte für zwei Monate. Nichts brauchte sie, nichts dachte sie, niemand stellte eine Frage. Die Sonne ging auf, brannte alles nieder und ging wieder unter, viele, unzählige Generationen lang, nichts passierte. Doch auch die Wüsten werden vergessen und die Erde bahnte sich ihren Weg durch sie hindurch. Aus einem beliebigen Berg entsprang ein beliebiger Fluss und beliebiges Grün wuchs aus seinen beliebigen Ufern. Die Schlange flüchtete vor dieser Veränderung so lange sie konnte. Doch aus Wüste wurde Steppe, aus Steppe wurde Busch und aus Busch wurde undurchsichtiger Wald. Keine tote Beute mehr. Alles Fressbare war schneller als sie. Und sie verspürte in ihrem Schlauch was sie schon lange Zeit nicht mehr vernommen hatte – Hunger.

›Du bist es also‹, sprach der Waldgott, der sich gewandelt hatte, wild war, Urtum war, komplexer, schwieriger, Dschungel war.

›Auf ein Neues, alter Freund.‹ Der Dschungel raschelte mit seinen Myriaden von Blättern und spendete sich rauschenden Applaus. ›Ein Affe wirst du mir. Springe von Baum zu Baum, hake dich ein und klinke dich aus. Esse nicht gegen den Hunger, nasche aus Lust. Sei dir bewusst, denke über dich nach, frage dich und frage dich niemals aus.‹

Plötzlich sprangen Arme und Beine aus dem Schlangentubus heraus, fünf praktische Greiffühler an jeder Hand, auf den Nutzen abgestimmte Gelenktechnik für einen dreidimensionalen Umgang mit der Umwelt. Das Klettern war ihm neu. Als Floh blieb er über Wasser, als Wels darunter. Als Bär arbeitete er, als Adler sah er, als Schlange vergaß er und als Affe fing er an sich zu erinnern. Er verstand Geschmack, aß von den Nusssträuchern und trank von den Fruchtbäumen, er verstand Träume, war verwirrt an den Morgen, besorgt an den Abenden, verstand das Gebaren anderer Affen durch sich selbst. Und dies Letzte ganz besonders, das kannte er noch nicht. Das Andere. Nicht nur seine eigenen Erinnerungen waren neu, auch die der Anderen seiner Art konnte er nachempfinden. Auch wenn es keine Überschneidungen gab, waren sie doch ähnlich. Gleich aber anders. Einer beispielsweise war erst Käfer, dann Lachs, dann Maus, dann Tausendfüßler gewesen. Ein Weiterer war Frühlingsfliege, dann Biene, dann Schaf, dann Wurm gewesen. Ein anderer war gleich Hai, dann aber erst Floh, darauf Kröte und danach Spatz gewesen. Jeder Affe hatte eine andere Geschichte und das gab ihm zu denken, war es doch einst so einfach: Als Floh, dann Wels, dann Bär, dann Adler, dann Schlange – und nichts Anderes war möglich, es war einzig. Wenn die Tiere wüssten, wie sich ein Affe den Kopf zerbrechen muss, sie würden sich verneigen. Er konnte nicht mehr, er wollte nicht mehr. Wieder einmal spürte er Willen, wie vor langer Zeit als Bär, doch dieser Wille war stärker, entschiedener, zielgerichteter. Nicht der Mond, oder die Welt war schuld, er selbst war schuld, weil er dachte. Er sprang los, von Baum zu Baum, hakte sich ein und klinkte sich aus, tagelang, nächtelang, sprang, hielt sich fest, sprang, hielt sich fest und nach knapp einer Generation kam er an, am Ende des Dschungels, am Ende der Erde, am Meer. Kein Baum stand mehr, der Wüstensand ging in ihm unter, kein Bach floss in ihm, nichts stellte es in den Schatten. Die Ewigkeit für einen Endlichen. Entschlossen sprang der Affe hinein, auch wenn er nichts mehr mit seinen Greiffühlern hätte auffangen können, nichts, durch das man hätte Höhe gewinnen können. Er wollte etwas werden was es noch nicht gab. Er wollte, dass ihn die Meeresstürme aufnehmen um ihn endlich zu dem zu machen, was er zu sein glaubte. Ein Floh, mit sechs Beinen, der Aufzutreten weiß, ein Wels, der treiben konnte und die Geduld beherrschte, ein Bär, der unerbittliche Kräfte in sich schuf, ein Adler, der alles sah, eine Schlange, die vergessen konnte und ein Affe, der erkannte. All das war er – er wollte Drache werden. Also sprang er in die Flut. Doch das Meer war weit gleichgültiger als die Erde. Es sagte gar nichts. Und es hielt es auch nicht für nötig ihn zu verwandeln. Er wurde nicht zu einem Drachen mit sechs Beinen, langen Schnauzfühlern, Schlangenhaut, scharfen Augen, zwei Flügeln, Bärenkräften und einem Unbewusstsein. Er blieb Affe. Solange bis er ertrank. Als er lange Zeit später, als sich sein Kadaver längst im Salz aufgelöst hatte, nichts mehr war, außer verstreute Korpuskeln, Gekräusel, Zellenzeug, da wurde er schließlich ganz zu Wasser. Von ihm als etwas zu sprechen, was einer Figur in einer Geschichte nahekäme, wäre nur noch romantisch, aber tun wir es dennoch. Er, also das, was nicht mehr übrig war, verbrannte unter Sonne und er, jedenfalls ein winziger Anteil von ihm, also es, kondensierte und stieg als lange weiße Wolke auf, welche zurück über die Ufer schwebte, tief ins Landesinnere hinein - um eines Tages, auf die eine oder andere Weise, zurückzukehren.« Wieder hob der Einsiedler die Arme und wiederholte den Anfang.

»Gedankenverloren, so wie ich bin. Kein Sinn schwebt mir vor. Ohne ein Gefühl, so hebt es sich ab, so leicht. Wo bin ich? Wer bin ich? Was bin ich? Die lange weiße Wolke pumpte sich auf und zerteilte sich, eine zweite kam aus ihr heraus und stellte sich dieselben Fragen. Sie verstehen auf was ich hinaus will, Böff?«

»George«, korrigierte Grosz. »Ja, Sie deuten einen Kreislauf an. Hübsch.«

»Regentropfen wissen alles«, vervollständigte der Einsiedler. »Denn sie wissen von nichts. Sie sind das Bindeglied des Lebens. Und der Regen ist das Fest auf dem sie tanzen. Aber sehen Sie, es hört langsam auf, die Wolken haben sich fürs Erste geeinigt.«

»Eine Frage«, unterbrach Grosz etwas überladen. »Wie heißen Sie nochmal?«

»Ich heiße wie ihr Sohn, ich habe keinen Namen. Niemand *nennt* mich, also brauche ich auch keinen.«

»Und wie hat man Sie genannt?«, fragte Eva.

»Damals, Peter.«

»Was für ein gewöhnlicher Allerweltsname«, sagte sie. »Aber er gefällt mir irgendwie.«

»Peter?«, hinterfragte Grosz. »Ist das dein ernst?«

»Ernst ist doch kein Name.« Sie lächelte über ihren Witz, Grosz nicht. »Peter.« Sie sah ihr kleines, tief schlummerndes Murmeltierchen an, wie es sie umklammerte und schmatzte. »Er soll *Peter* heißen. Sie brauchen den Namen ja nicht mehr. Viele tragen diesen Namen, doch dieser soll deiner sein. Peter.«

»Stop« sagte Grosz. »Maud, so heißt du mit Nachnamen. Eva Peter. Dann hieße er ja Peter Peter. Tu das dem Kind nicht an. Ehrlich.«

»Ich bin Maud Grosz, Böff. Er heißt Peter Grosz. Sprich das mal auf Englisch aus: *Peter Grosz*. Das klingt doch.«

»Peter Grosz«, sagte Grosz und nickte langsam. »Gut, meinetwegen. Soll er Peter heißen.«

»Ein weiterer Tropfen mit einem Namen«, sagte der Einsiedler. »Möge er die Welt eines Besseren belehren, alle Hoffnung liegt dem Suchenden in der Zukunft.«

»Man kann ja schlecht in die Vergangenheit hoffen«, sagte Grosz und hielt auch eine Handfläche nach draußen, aber prüfend, nicht sammelnd. Es hatte nun ganz aufgehört zu schütten, höchstens ein paar nachrieselnde Tröpfchen und ein bisschen Baumregen, man vernahm das Quaken der Frösche und das Klappern der Reiher. »Es ist Zeit, Maud. Wir gehen.«

»Nehmen wir ihn mit zu seiner Mutter«, forderte Eva.

»Ich bleibe hier«, widersprach der Einsiedler ruhig und eindringlich.

»Siehst du«, sagte Grosz. »Dieser Mensch ist friedlebend.«

»Friedlebend, ja«, sagte der Einsiedler. »Wenn das Ihr Wort ist, Böff. Ja, wenn Sie damit Härte, ein schweres Kreuz und radikalen Willen meinen. Nein, wenn Sie damit etwas Weiches meinen, etwas Formbares, wie Wasser, etwas Vergängliches, wie den Regen. Friedlebend zu sein heißt sitzen bleiben können. Es gibt nichts, für das man mehr Kraft in sich bräuchte. Ich verwandle mich nicht mehr.

Gehen Sie nun und fahren damit fort, zu werden, was Sie sind.«

»Wer nicht will, der hat schon«, sagte Eva, wickelte das Kind in ihr Kopftuch und ließ sich von Grosz die steile Leiter heruntermanövrieren.

»Bleiben Sie sich treu«, sagte Grosz zum Abschied und zwinkerte ihm zu.

»Ich bleibe so wie mir der Fluss sagt, was ich sein soll«, sagte der Einsiedler, nickte und wies ihm die offene Hand zum Abschied.

Unter schweren Tannen und dichtem Buchendach verliefen sie sich zurück zu ihrem Laubfrosch. Grosz startete die Maschine, löste die Bremse und drückte aufs Gaspedal. Der kleine Peter wachte auf und freute sich auf das nächste, polternde Abenteuer. Doch Grosz drosselte diesmal seine Geschwindigkeit, so dass der Kleine bald wieder einschlief, zusammen mit seiner Mutter. Friedlebend tuckerten sie dem roten Sonnenuntergang entgegen, der durch die lockeren Streuwolken brach und öde Materie mit tiefblickender Seele färbte. Grosz atmete an der frischen, warmen, roten Luft eine neue innere Ruhe ein. In irgendeinem Moment in diesem Wald hatte er seine Eile verloren, als wäre sie ihm aus der Tasche gefallen wie ein Schlüsselbund. Die Krankheiten der Jugend: Der Ehrgeiz, die motorenartige Betriebsamkeit, der Drang, der Wunsch – sie alle verschwanden, ließen ab von seinem Gesicht, wie ein abglühender Schnupfen. Dies müsse jenes freie Element im Zwang der Daseinserhaltung sein, dachte er, alles offen, ohne Mächte, ohne Grenzen, ohne Sprachen, ohne Götter, ohne Menschen. Ohne Zahlen, ohne Namen, ohne

Glauben, ohne Wissen. Alles nichts als Regen. Nichts war ihm mehr heilig.

X

Was gibt es wahrhaftigeres als in See zu stechen? Frische Stürme und aller Willen gebündelt in einem Reiseberichterstatter. Ein Mann stand an Deck der Hohenzollern bei Morgenröte, am Bug auf die Reling gestützt, ein halbvolles Buch in der einen, einen Füllfederhalter in der anderen Hand. Die frühe Sonne plantschte noch in den Wassermassen, der eisklare Fahrtwind schmetterte ihm durchs Haar. Komplizierte Flaschenzüge drehten die Schiffsschraube, aus den dampfenden Maschinenräumen wich weißer Rauch durch die Schornsteine in den aufgeklärten Himmel wie Watte. Neue Revolutionen taten sich ihm am Horizont auf. O, du Horizont, du Entferntester, wirst mir greifbar in solchen Augenblicken, so war es ihm. Trotzki stand ganz zuvorderst des Schiffes wie eine Galionsfigur und dachte voraus. Er reiste um die Welt, um in ihr zu lesen, denn wer nur einen Ort kennt, liest nur eine Fußnote aus diesem unerschöpflichen Buch aus Myriaden von Seiten. Es galt ihm, alle diese Geschichten zu lesen. Die Überlieferten, die Protokollierten, die Prophezeiten. Die falsch Erzählten und die Missverstandenen und all die Passagen, die sich aus ihnen entwickelten. Die Wahren, die Gefühlten und die Erfundenen wollte er von Volk zu Volk in ihren eigentümlichsten Heuristiken kennenlernen.

Trotzki war kein gewöhnlicher Leser. Er las die Seiten nicht von links nach rechts, oder von oben nach unten. Er fotografierte sie kurzzeitig in seinem Gedächtnis und verstand sie. Man sah ihn oft hektisch blättern. Während seine undankbaren Parteigenossen Jahre brauchten um Marx falsch zu interpretieren, hatte er in der selben Zeit fünfzehn weitere Philosophen studiert und deren jeweilige Rezipienten durchforstet und durchforscht; war in Europa, in Amerika und in Australien gewesen, hatte Gespräche angeführt, Bündnisse veranlasst, Geschäfte besiegelt und war mit breitem Gefolge und hohem Ansehen auf das Baufeld seiner selbstentworfenen Staatsarchitektur zurückgekehrt, um nicht weniger als die praktische Durchführung in seine eigenen, offenen Hände zu nehmen. Er war der Spiritus Rector dieses Staatsgebäudes, doch borniere Ingenieure und Scheuklappen tragende Poliere bauten sein Haus mit sinnwidrigem Werkzeug, morschem Holz und löchrigem Stein. Und dann beschuldigten und feuerten sie den Bauherren. Sein Unterschied zu ihnen war, dass er es mit der Weltrevolution tatsächlich ernst gemeint hatte, als er es sagte. Nun waren all die Opfer umsonst gewesen. Das Opfern selbst war nun die Staatsräson der fehlgeleiteten Sowjetunion geworden, verbannt in einen Angstzustand. Der wirre Lenin wurde zu einem besseren Jesus nobiliert und der heilsprechende Stalin, der dümmste aller Poliere, drückte die Köpfe seiner Russen unter Wasser und verfolgte paranoid die aufsteigenden Blasen.

Josef, dachte Trotzki, du kannst den Revoluzzer töten, aber keine Revolution. Die Welt wird eins sein, und man wird sie nicht Russland, nicht Asien, nicht Atlantis heißen, sondern Erde. Du kannst es verzögern, aber du wirst es nicht aufhalten. Wenn nicht heute, dann in tausend Jahren. Aber bald.

Pieret lag in einer Hängematte in einer Kajüte im Rumpf des Schiffes. Dachs hing über ihm und furzte ekelhaft häufig in seinen Tiefschlafphasen. Das hatte er so im Gefängnis gelernt. Um ein ganzer Mann zu werden, muss man in seinem Leben mindestens vier Jahre auf einer öffentlichen Schule, ein Jahr in einer Bibliothek und sechs Monate in einem Gefängnis zugebracht haben, hatte er Pieret erzählt. Fünf Mann schliefen in der Kajüte, drei baumelten schnarchend in den Netzen der Seesäcke, einer lag auf dem Boden. Pieret hatte keine Hängematte mitgebracht, sondern sie dem Letzteren im Schutze der Nachtruhe abgenommen. Er spielte an der Taschenuhr des Kapitäns und dachte an sein Großprojekt. Zweihundertsechsundvierzig mal zweihundertsiebenundneunzig Zentimeter Leinwand plus Rahmen, rechnete er nach, aus dem Tresor eines fürstlich stämmigen Privatsammlers mit Reputation. Das waren die gemeinsten, denn sie handelten unterhalb der sichtbaren Oberfläche der Gesetzgebung. Wen sie erwischten, töteten sie mit vollster Höflichkeit. Nicht mit einer Axt oder einer Pistole, mit Gift, und einem weißen Lächeln. Ein größeres und wertvolleres Ei, aus einem besser bewachten und schwerer zugänglichem Adlerhorst als je zuvor. Es gab ihm Denkaufgaben auf. Der Tresor war nicht das Problem, seine elektrodynamischen Magnetnadeln konnten da weiterhelfen. Er hatte sozusagen den Schlüssel zur Stadt. Auch die vielen Wachposten waren kein Hindernis, schließlich war er unsichtbar. Für Zölle hatte er Identitäten, für Ermittler hatte er Namen. Für jeden, der eine Frage stellte, hatte er eine weiterführende Gegenfrage, er nannte das Informatik. Sein Problem bestand vielmehr darin, Dachs' Bild auszutauschen. Einen ganzen Winter und einen ganzen Sommer hatte sein Künstler an seinem neuen Gemini gearbeitet. Er hatte alles Recht zu furzen, es war perfekt. Doch wie brachte man den Klon in kürzester Zeit originalgetreu an das Gestell? Das Inflagranti war Pierets Achillesverse. Dachs hatte ein kunterbuntes Potpourri an Chemikalien zur Restrukturierung in seinem Gepäck, doch war er hin und wieder ein Schlendrian in solchen Dingen, blieb er doch letzten Endes Maler und nicht überzeugter Krimineller. Sein Spezialist Brockhaus verließ niemals seinen Kramladen, um in solchen nervkitzelnden Wagnissen auszuhelfen. Dieser Dachs, dachte Pieret, wie kann so ein Génie ein solcher Crétin sein.

Mit einem lauten Gähnen wachte Dachs auf, er rieb sich grobes Korn aus seinen Augen, hob sich aus dem Seetuch und rümpfte die Nase mit fester Gewalt.

»Mein Gott, Pieret, was stinkt denn hier so barbarisch?«, sprach er mal wieder mit ungeheuer respektlos lauter Stimme, so dass sich die Schlafenden sich stöhnend auf die Ohren schlugen und sich umdrehten.

»Tu a pété tout la nuit«, sagte Pieret leise.

»Na, mit diesem Peter muss ich mal ein Wörtchen wechseln. Es riecht nach Verendetem.«

Dachs schlug sich zwei Hände voll Wasser aus einem Bottich ins Gesicht, trocknete sich am Seetuch und flüchtete an Deck. Die frische Seeluft gab ihm morgendlichen Auftrieb und er schlenderte hinan zum Bug. Dort sah er eine ihm bekannte Figur stehen, wie sie stolz in den Horizont starrte. Dachs trat näher heran und inspizierte das Profil. Die Person sah aus wie ein nachdenklicher Uhu, eine Eule im Gedankentief, mit scharfem Jägerblick unter der Hypnose eines unendlichen Panoramas. Arme Romantiker, dachte er. Glotzen die Natur an, steif wie Fratzen von Kinderpuppen. Die Natur wird sich ihren Teil denken.

»Sie«, sagte Dachs, als er sich sicher war. »Sie sind doch dieser Bronstein!«

»Guten Morgen«, sagte Trotzki und drehte sich weltgewandt um. »Ich meine, Sie dürften mitbekommen haben, dass man mich schon seit längerem Trotzki heißt und nicht mehr Bronstein.« Er strich durch seinen Musketier am Kinn. »Man kennt mich.«

»Was machen Sie hier? Ich dachte Sie wären in Russland ansässiger Minister.« Dachs putzte seine Pfeife.

»Mein Doppelgänger vertritt mich dort«, sagte Trotzki selbsterklärend. »Man führt eine Kampagne gegen mich. Mit solchen Kleinigkeiten im Nacken kann ich nicht konzentriert arbeiten.«

Dachs sah interessiert auf. »Ein Doppelgänger?«

»Ein Doppelgänger, ein Geminus, Sie wissen schon. Noch nie gemerkt, dass sich manche Menschen fast identisch ähnlichsehen?«

»Und Ihr Frauenzimmer?«, fragte Dachs.

»Dieses lebt bis auf Weiteres dort, mit den Kindern, Papa muss arbeiten.«

»Und Ihr Frauenzimmer, und ihr Geblage, das lebt mit dem Doppelgänger?«

»Meine Frau ist eine Doppelgängerin, die Kinder kriegen das noch nicht mit.«

»Woher weiß ich, dass Sie kein Doppelgänger sind?«

»Sehen Sie den Leberfleck, hier hinter meinem Ohr?«
Trotzki kippte sein Ohrläppchen nach vorn und Dachs sah nach.
»Nein«, sagte er.
»Genau«, sagte Trotzki. »Da ist keiner. Ich bin das Original. Glauben Sie mir, ich kenne mich mit Fälschungen aus.«
»Und wieso erzählen Sie mir das?«, fragte Dachs. »Ich könnte das jetzt überall jedem erzählen, dass der feine Herr Bronstein, jetzt Trotzki, durch die Welt reist und der Sowjetunion einen Lachaffen auf die Schulter setzt. Nicht, dass die Sowjetunion nicht selbst ein Lachaffe wäre, Sie verstehen.«
»Wer glaubt Ihnen denn schon?«, fragte Trotzki auf das Geländer gelehnt. »Das sind doch Verschwörungstheorien, das nimmt Ihnen doch keiner ab, zu abwegig. Das Schöne an solchen Theorien ist, sie könnten immer stimmen, tun es aber nie. Es ist zu leicht.«
»Wie findet man so einen Doppelgänger?«
»Ich habe meinen im Gulag getroffen. Er war Wärter, ich politischer Gefangener. Damals hieß ich noch Bronstein, *er* hieß Trotzki. Wir tauschten Namen und Rollen. Ich ließ mich mit einer kleinen Intrige versetzen, machte eine kurze behördliche Karriere und befreite ihn. Ich behielt den Namen und er stand in neuem Lohn.«
»Ich hatte auch mal die Ehre im Gefängnis zu sein, hatte allerdings keinen solch guten Draht zu den Wärtern.«
»Nun, es ist ein Unterschied, ob Sie in einem beheizten Gefängnis einer Stadt sitzen, oder draußen in sibirischem Eisland, wo Sie im Winter die Bäume platzen hören können und jeden Tag zu sterben glauben, wo Gefangene und

Wärter gleichermaßen verhungern. In der Not liegt ein ganz anderer Nährboden für Freundschaften und Geschäftsbeziehungen. Da hilft man sich. Die Magie der Improvisation: Je karger der Lebensraum, desto vielfältiger seine Bewohner. Jedem wird eine Mimikry und eine Nische zu Teil.«

»Ich habe beruflich auch mit einer Art Nischenmimikry zu tun«, sagte Dachs und blickte auf seine Schuhspitzen, in kindlichem Drang, ein Geheimnis zurückzugeben, wenn man eines erhielt.

»Ach, Sie sind Spion?«, fragte Trotzki ermuntert. »Na dann nehmen Sie mich doch fest und erzählen das Ihrem Konstabler. Und wenn die Dominosteine umgefallen sind, rate ich Ihnen für das nächste Mal: Augen auf bei der Berufswahl, falls Sie dann noch leben sollten.«

»Nein. Kein Spion. Ich bin Kunstfälscher.«

»Ach ja?« Trotzki verzog ein fröhliches Gesicht. »Wie heißen Sie?«

»Dachs, Ansgar Dachs.«

»Ja? Tatsächlich, ich habe noch nie von Ihnen gehört.«

»Das ist es«, antwortete Dachs. »Ich bin der Beste. Man kennt mich nicht.«

»Verstehe«, lachte Trotzki. »Und was genau fälschen Sie?«

»Transportable Bilder unter drei Metern Diagonale, oder Mureale. Angefangen hat es bei Albrecht Dürer, dann Caravaggio hin zu Caspar David Friedrich, da war William Turner nicht weit, Leonardo da Vinci für das Prinzip, französischer Realismus und so weiter, einen Iwan Schischkin vor einigen Jahren auch, der ging allerdings unter Marktwert weg.«

»Ein Schischkin, wie schön«, sagte Trotzki. »Und Ihre Bilder hängen in den Museen der Welt und die Originale bei Ihnen zu Hause an der Wand? Unerkannt?«

»Nein«, sagte Dachs. »Ich verbrenne die Originale. Was Sie unter den Bildern lesen, sind ausgestorbene Künstlernamen, denn was Sie auf den Bildern sehen, sind meine Werke.«

»Fantastisch!« Trotzki klatschte in die Hände. »Das nenne ich den Stalinismus der Kunstgeschichte! Und Sie sind auf Geschäftsreise will ich annehmen?«

»So ist es.« Er sah sich um und überlegte. Trotzki schien ihm nicht ganz glauben zu wollen. Er schwieg erwartungsvoll.

Endlich spuckte Dachs Tatsachen aus.

»Ich habe einen Goya in der Kajüte. Wollen Sie ihn sehen?«

Trotzki schob sein Büchlein ins Jackett und den Stift in die Brusttasche.

»Einen Goya. Na also, ich dachte schon, wir reden nur, Herr Dachs.«

Sie verließen das Deck und gingen hinunter zu Dachs' Kajüte. Er zog eine schwere Rolle unter einer Decke hervor und schleifte sie den Gang entlang, mit Trotzki im Schlepptau. Er zerrte sie zwei Treppen hoch, in den ersten Stock, nutzte den Schlüsselbund, den Pieret ihm gegeben hatte und öffnete einen leeren Mehrzweckraum neben dem Speisesaal. Dort ließ er seine Last zu Boden knallen, trat mit der Sohle dagegen und die Rolle breitete sich auf.

»Die Familie Karls des Vierten«, titelte Dachs.

»Ja, ich kenne es«, sagte Trotzki und zwackte sich seinen Zwicker auf die Nase. »Haben Sie mehr Licht?«

Dachs zog die Gardinen auf und die Schatten verblassten im hellen Tageslicht. Trotzki ging um das Werk herum, betrachtete es belauernd, skeptisch, wie ein Kater, der um ein Schälchen Milch schleicht und miauzt.

»Es ist *genauso* wie das Echte«, gab er verblüfft zu.

»Sie kennen es?«

»Ich habe es gesehen, bevor Lenin es verkauft hatte.«

»Es war in Russland?«

»Alles war mal in Russland, ja. Große Bilder reisen viel. Das Gewebe, die Strichführung, die Tonationen – es ist mir, als würde ich es wiedersehen. Mehr noch – als wurde ich es *endlich* sehen.«

»Es funktioniert immer«, sagte Dachs, schob seinen Bauch vor und stemmte die Hände in die rostenden Hüften. »Ist eine lachende Leidenschaft von mir. Sie sind Kunstkenner, Herr Bronstein?«

»Trotzki. Nicht unbedingt Kenner, aber ich habe, wie Bobrow es nennt, ein ›fotografisches Gedächtnis‹, Sie verstehen.«

»Sie kennen Bobrow?«, fragte Dachs erstaunt.

»Wer kennt ihn nicht?«, gab Trotzki zurück. »Er war schließlich Leibarzt Lenins, ich persönlich hatte ihn dazu beordert, seine Literatur hat mich gefesselt. Und das hier, das lässt mich auch nicht los. Ein Bild wie ein Kinderstreich, den Monarchisten ein langes Bein gestellt, vor ihren Augen, eine Meisterleistung Goyas – 1800 wenn ich mich nicht irre.«

Er kniete sich vor das Bild und sah sich die Feinheiten aus der Nähe an.

»Das ist es«, sagte Dachs. »Nur eine gute alte Fälschung verdient solche Aufmerksamkeit. Alles passt. Die Krakee-

len stimmen überein, die chemische Zusammensetzung ist identisch. Dieses Werk ist innerhalb einer Woche um circa hundertdreißig Jahre gealtert, nach Konzept.«
»Grandios.« Trotzki stand auf und ließ den Gesamteindruck wirken. »Sie sind einer der Wenigen,« jubelte er Dachs zu.
Dieser nickte wissend.
»*Der* Wenigste.«
»Sie erinnern mich an meinen Doppelgänger?« fragte Trotzki. »Dieser setzt sich auch der vielen Ziele, die man Willens sein kann zu erreichen, wie Ruhm, Kapital, Macht, ecetera, das eine als höchstes – die Unfehlbarkeit. Dieses ist schlicht unerschöpflich, es scheint das zugkräftigste Ziel zu sein.«
»Sie haben andere Ziele, Herr Bronstein?«
»Trotzki. Viele. So viele, ich könnte sie nicht im Stegreif aufsagen. Nur Unfehlbarkeit schien es nie zu sein. Ich habe mehr Fehler gemacht, als Ziele erreicht, einen nach dem anderen, die meisten gleichzeitig. Dann kam notgedrungen mein Doppelgänger ins Spiel. Einer, der seine Perfektion darin sieht, mich zu imitieren. Mit all meinen Zielen und all meinen Unzulänglichkeiten. Die Künstler, die Sie kopieren, Herr Dachs, Sie bewundern sie, nicht wahr?«
»Nein, das nicht«, sagte Dachs. »Darum geht es nicht, aber mit der Unfehlbarkeit könnten Sie recht haben. Ihrem Doppelgänger geht es womöglich weniger um Sie als Person, Herr Bronstein. Ich denke, es liegt ihm mehr an der Charakterrolle. Er hat zufällig die richtigen körperlichen Anlagen, er hat hohe schauspielerische Ansprüche, das Theatergespiele ist ihm zu flach, er muss das *Leben* durch

sein Spiel beeinflussen. Und Sie, Herr Bronstein, eine berühmte, reale Person, intelligent und kompliziert, mit zweifelhafter Reputation, Verbrecher oder Weltverbesserer, ein schwieriges Wesen – Sie sind seine perfekte Rolle. Er hält sich die Leute vom Leib wie Sie, er lässt Sie für sich arbeiten wie Sie, er schläft mit Ihrer Schauspielpartnerin wie Sie, er erzieht Ihr Gebalge wie Sie. Das ist so vieles höher als der Theaterklamauk, es ist ganz real. Er hat Sie ersetzt.« Dachs schnipste. »Einfach so. Und dass man ihn niemals erkennen möge, das ist ihm die Erfüllung. Ja, er setzt die Unfehlbarkeit über alles andere, über Ruhm, Kapital, Macht, ecetera. Und nach seinem Tod soll ihm der Name Bronstein auf seinen Grabstein geschrieben werden. Der Mensch, der er nie war.«
Trotzki schraubte lauschend an seinem Zickenbart.
»Ganz recht, ganz recht – und nicht Bronstein, sondern Trotzki – sein *eigener* Name würde auf diesem Grabstein stehen. Welch ausgefuchstes Spiel.« Dann notierte er etwas in seinem Büchlein.

In etwa der gleichen Sekunde ging Pieret an Deck spazieren und beobachtete die Menschen, wie sie flanierten und belauschte, wie sie sich unterhielten, über Amerika, über den Ozean, über das Essen an Bord, über die politischen Zerwürfnisse in der Heimat, über die politischen Zerwürfnisse im Ausland, Frauen über Männer, Männer über Frauen, über Boxer und Filmstars, über das viele Geld des einen und über das viele Geld des anderen, nur über eines unterhielten sie sich nie, ihr *eigenes* Geld. Doch darum ging es ihnen, das hörte man stets heraus, im Eigentlichen. Reich wollten sie alle werden, auf die saubere Tour – und

»ihr Geld arbeiten lassen«. Doch Geld arbeitet nicht, *Menschen* mit Geld arbeiten nicht. Die alltägliche Faulheit und dennoch höchste Anerkennung und ein ruhiges Kissen, gestopft mit weichem Barem um selig darauf zu schlafen wie auf sanften Geigen – das war eines jeden Wunsch hinter all der frisch gestrichenen Fassade. In jenem Moment der Erkenntnis wurde es augenblicklich hell um ihn, als hätte er eine Idee, und diese Idee war so alt wie die Gespräche der Passagiere selbst, älter als das Geld, und genau das war ihre Stärke. Eine gute Idee erkennt man an ihrer Selbstverständlichkeit – denn jede Idee war schonmal da, man müsse sie nur erneut erfinden. Anstatt den Menschen ihr eingesammeltes Eigentum heimlich aus der Tasche zu ziehen, könnte man ihnen ja auch ein heiliges Versprechen verkaufen. Man müsse nur Vertrauen anbieten, sie würden dafür bezahlen. Ein ruhiges Gewissen war ihnen immerwährender Wertreiber, kein Preis zu hoch, keine Wertschöpfungskette zu kurz. So sagt man doch, dachte er: Stiehlst du ein Bild, bist du ein Dieb, stiehlst du ein Vermögen, bist du ein Verbrecher, stiehlst du beides und bist auch noch auf der gerechten Seite des Gesetzes, bist du eine Bank. Und machst du es so, dass die Leute nicht mehr über ihr eigenes Geld reden, dann machst du es richtig. Man klammert dich aus und du wirst wie der Tod. Das tote System mit dem hallenden Echo des Schweigens. Es war soweit, er musste expandieren, er musste erwachsen werden, es war nun der Zeitpunkt gekommen, die Magneten in den Ärmeln an die Wand zu hängen und goldene Manschettenknöpfe einzuknoten, die Flüsterschuhsohlen aus Filz abzustreifen und durch laute Schnürschuhe zu ersetzen. Es war der Zeitpunkt für ihn eine

Bank zu gründen. Ein Zeitpunkt, der einem Manne nur einmal in zwei Leben kommt. Er hatte sich die physikalischen Gesetze zu Nutze gemacht, dann konnte er das nun auch mit den systemischen. Er hüpfte auf, lief unbemerkt durch die Menschen, verfolgte die für den Pöbel kaum sichtbaren Schleifspuren des Gemäldes, welche Dachs zurückgelassen hatte und fiel aufschreiend in den Mehrzweckraum, wo Dachs und Trotzki gedankenversunken und schmauchend vor dem Goya standen. Ohne Rücksicht auf Trotzki ließ er seinen soeben ausgereift und abgeernteten Gedanken freien Lauf.
»Da. Sie wurden entdeckt«, warnte Trotzki zu Dachs, zog an der Glut und hauchte eine dichte Qualmwolke aus.
»Kein Problem«, sagte Dachs. »Das ist nur Visage, mein pantomimischer kleiner Freund.«
»Er spricht französisch mit flämischem Akzent«, justierte Trotzki.
»Pantomime, sag ich doch. Man versteht ja kein Wort von dem Gequake. Meine Ohren. Pieret, Kontinanz, ja? Das beruhigt ihn.«
Pieret lehnte sich außer Atem an den Türbalken, sprach wirr Richtung Trotzki und zeigte auf Dachs.
»Er möchte, dass ich übersetze«, sagte Trotzki.
»Sie verstehen Froschisch?«, fragte Dachs.
»Ich habe ein ›phonetisches Gedächtnis‹, wie Bobrow es nennen würde, ich verstehe so ziemlich alles, was auf diesem Planeten gesprochen wird.«
»Muss schrecklich sein, dieses Leiden«, sagte Dachs. »Na dann los, was sagt der Troll?«
Pieret quasselte los und Trotzki übersetzte:

»Er möchte eine Bank gründen, dann ein Gemälde, wahrscheinlich Ihres hier, als Einlage aufnehmen und bewahren. Oder bewerten? Das ist doppeldeutig in manchen Teilen des Flämischen. Er will das Gemälde bei der Bewertung austauschen. Gut, also nicht bewahren. Als Bankier finde er direkt einen Käufer, oder Kreditnehmer, zumindest etwas Bänkisches im Flämischen. Ja, ich denke, das ist die Grundaussage: Er will eine Bank gründen. Hört sich banal an, wenn Sie mich fragen.«

»Man muss darüber nachdenken«, sagte Dachs, blickte in den Horizont und rauchte.

»Sie wollen doch kein kapitalistisches Deutungsideal erbauen, Herr Dachs? Dem Teufel den Huf geben?«

»Beruhigen Sie sich, Herr Bronstein, eine Fliege macht noch keinen Sommer. Das ist Pragmatismus, kommen Sie, wir schippern nach Amerika.«

»Es geht hier nicht um territorialkonformen Kulturaustausch!«, schimpfte Trotzki plötzlich los und schwang sich in Redepose. »Das ist die reinste Form des Kapitalismus! Post-thermidoriale Geisteserschöpfung und fehlgeleitetes Aktionsverständnis. Es gibt kein Amerika, kein Russland, kein Europa, kein Asien, kein Afrika. Es ist international, allregional, wie Kontinentaldrift, unaufhaltsam, unverzögerbar.«

»Was wollen Sie mir erzählen?«, unterbrach Dachs, der den Faden in der Suppe verloren hatte.

»Die Erde dreht sich!«, rief Trotzki.

»Sie sagen es«, kräftigte Dachs bei.

»Wie können Sie denn heute noch ernsthaft darüber nachdenken eine Bank zu gründen? Ja, leben wir denn noch bei den Medici?«

»Alles locker«, sagte Dachs. »Blasen Sie mal nicht so einen Stressballon auf. Das hat alles schon seine Gründe. Ich finde die Idee nicht schlechter als die anderen. Kennen Sie einen gewissen Alfred Gold?«

»Wer soll das sein?«, fragte Trotzki, in all der Brauserei aus der Puste gekommen.

»Der ist so einer, den Sie vielleicht meinen. Er sagte, meine Vertriebskanäle müssten aktiviert werden oder sowas. Irgendetwas mit Distribution, ich weiß auch nicht mehr alles. Auf jeden Fall hatte er bis jetzt immer Recht behalten. Und der kleine Visage hier, der kommt genau aus derselben Schule. Ein kleines Kapitalistenferkel, das gesund genug erscheint es zu einer ausgewachsenen Sau zu bringen. Speck, Herr Bronstein. Ist ne gute Investition auf den zu hören.«

»La propriété est le vol! C'est génial!«, rief Pieret.

»Ganz ruhig, Kontinanz«, sagte Dachs.

Trotzki schüttelte den Kopf.

»Unter Stalin wärt ihr groß geworden. Die suchen händeringend solche Fachopportunisten wie euch.«

»Was haben Sie für ein Problem mit Stalin?«, fragte Dachs.

»Was ich für ein Problem mit Stalin habe? Allein die Frage ist schon Antwort genug! Herr Dachs, lesen Sie die Bibel?«

»Nein, Sie?«

»Ich lese alles. Ein Beispiel daraus um Ihnen Stalin zu erklären.« Abermals stellte er sich auf seine Hinterbeine und warf sich in Positur des Redners. »Stellen Sie sich vor Lenin wäre Jesus und seine Apostel wären die Partei und Judas, hier Stalin, der Verräter. Stellen Sie sich vor, die Geschichte verliefe anders als gehabt und Judas käme nach Jesus' Ableben an die Macht und würde seinerseits alle

Jünger zu Verrätern erklären und ebenso die übrigen Apostel, deren es nach Lukas siebzig gab, füsilieren lassen. Wir haben ein Monster geschaffen, einen Golem, und er schlägt die Internationale ans Kreuz und überhäuft uns Erdlinge mit Generationssünden und Diktatorenschulden. Wir brauchen nun weit mehr als eine gut gemeinte Weltrevolution; wir brauchen eine ewig währende, eine perpetuale, die permanente Revolution, verstehen Sie?«

»Wussten Sie, dass Lenin Dadaist war?«

»Lenin war zu allererst eine Art Sohn für mich. Als er einst in London mit fragenden Augen zu mir kam, habe ich ihn väterlich unter meinen Flügel genommen und ihm erklärt wie man fliegt. Sehen Sie mich an, ich habe 1905 den allerersten Sowjet angeführt, da war ich sechsundzwanzig. Ja, und dann flog er, mein Sohn Lenin, als hätte er nie etwas anderes gemacht. Besser als ich je selbst hätte fliegen können, ein Prachtwerk meiner Schule. Dadaist? Und wenn schon. Kinder spielen eben. Es waren die widernatürlichen Schlaganfälle, die mir meinen Sohn nahmen. Und jetzt habe ich diesen missratenen Enkel an der Backe.«

»Das hat doch nichts mit unserer Bank zu tun«, meinte Dachs.

»Das hat *alles* mit Ihrer Bank zu tun!«, schlug Trotzki den Kreis.

»Ja, das *glauben* Sie, aber deshalb ist es nicht so. Das ist nur Ihre Meinung, verstehen Sie? Ihre Meinung.«

»Ja!«, rief Trotzki. »Glauben! Der Glaube an die Revolution! Zerschlagen Sie Ihre Bank, bevor sie Sie zerschlägt. Bevor die systemischen Schlaganfälle beginnen. Glauben Sie mir!«

»Wissen Sie nicht mehr was Bobrow in seinem Werk über den menschlichen Nachteil geschrieben hatte? ›Religion ist Katharsis – nicht mehr, vielleicht weniger.‹ Sie erinnern sich, Herr Bronstein? Mit Glauben will ich mich nun wirklich nicht anstecken, wer weiß, was man sich da ins Haus holt. Hätte Jesus in meinem Fall eine Bank gegründet? Ich glaube schon.«
»Wie bitte?«
»Sehen Sie? Sie und Ihre Politik, Herr Bronstein, das hat doch keinen Sinn. Mit Politik stecke ich mich auch nicht an. Es ist doch immer das gleiche: Wir alle mussen mal sterben, in ihrem Kommunismus sterben eben alle zusammen, im Kapitalismus stirbt jeder für sich allein. So oder so kommen am Ende alle zum gleichen Ergebnis.«
»Sie denken eben zu kurz«, erwiderte Trotzki mit ein paar zornigen Falten im Gesicht. »Sie vergessen: Im Kommunismus opfert man sich für seine nächste Generation, im Kapitalismus opfert man die nächste Generation statt seiner. Sie sehen, es gibt durchaus einen Unterschied.«
»Alles, was opfert, wird zu Ritual; und alles, was Rituale abhält, wird zu Religion«, zitierte Dachs Bobrow. »Offensichtlich haben Sie Bobrow doch nicht allzu aufmerksam studiert.«
»Ich habe Bobrow studiert«, antwortete Trotzki, »und seine Schwächen sind mir bekannt. Lesen, ja, und denken, das auch, Herr Dachs. Sie entschuldigen mich, mit Delinquenz habe ich nichts zu schaffen, adieu Monsieur Visage.« Mit höflicher Geste verließ er den Mehrzweckraum.
»Ganz schön empfindlich für einen weltbekannten Massenmörder«, nuschelte Dachs, nachdem er weg war. Pieret

zuckte die Achseln. Dann hob er die Hände und breitete sie visionär vor Dachs aus, als lese er einen Schriftzug.
»Le American Congressive Banque.«
»Ja, Pieret«, sagte Dachs. »Schöner Name für eine Bank, klingt besser als Sparkasse.«
Pieret zählte die Vorteile auf. »C'est démocrate, c'est riche, c'est traditionnel et sans scrupule. Le American Congressive est un produit de les millionnaires *pour* les millionnaires. Savoir-faire!«
»Wie auch immer du kleiner Froschkönig, gute Idee, darauf bauen wir auf.« Er warf den durchgerauchten Pfeifentabak über Bord und machte sich daran den Goya wieder aufzurollen. Pieret hüpfte davon, um seinen amerikanischen Diebesfeldzug zu planen und um an seinem neuen Werkzeug zu arbeiten. Aus Drähten und Magneten sollten Liniendiagramme und Tabellen werden.

Die Gischt, vom Bug auf der mürrischen See aufgeschäumt, prasselte in die Gesichter, die Geräuschkulisse des Landes wurde vernehmbar, Möwen krächzten, Dampfer bliesen Nebelsignale. Es regnete, als sie einige Tage später in auf Ellis Island ankamen. New York. Die viel belobte Freiheitsstatue hatte den Kopf in die tiefen, satten, grauen Wolken gesteckt. Als sie von Bord gingen, stahl sich Pieret über die Laderampe hinaus, während Dachs als einziger Passagier in die Kotpfütze vor dem Steg trat und daraufhin den Kontinent Amerika als Ganzes verfluchte. Die Kanaldeckel schwappten flutartig auf und übergaben sich in die Schlaglöcher des zerrupften Pflasters.
»Drecksland!«, kläffte Dachs und kickte die schwammigen, braunen Brocken vom Schuh.

»Schon genug gesehen?«, fragte Trotzki hinter ihm fuchsig lächelnd und schlug ihm auf das Schulterblatt mit der Verve eines Cäsarengrußes.

»Schon in Ordnung«, sagte Dachs, während er seinen Schuh am Geländer polierte. »Das passiert mir jedes Mal, doch Scheiße bleibt zum Glück nicht an mir kleben.« Er deutete auf die nassen, obdachlosen Hafenkinder zwischen den Hühnerkisten.

»Und Sie gründen nun eine Bank?«, fragte Trotzki, mit Blick auf dieselben.

»Nun«, entgegnete Dachs. »Wie hatte es Lichtenberg formuliert? ›Vom Wahrsagen lässts sich wohl leben in der Welt, nicht so vom Wahrheit sagen.‹ Und Sie? Wohin zieht es Sie weiter?«

»Mexiko«, sagte Trotzki. »Ich steige hier nur um.«

»Wozu das denn?«, fragte Dachs. »Was gibt es denn in Mexiko? Wollen Sie Bohnen pflanzen?«

»Ich untersuche den amerikanisch-mexikanischen Krieg, eigentlich das Verhältnis von Verlierer- zu Siegermacht, und dementsprechend die historische Informationsüberlieferung, ob uns der Thukydides in uns nicht doch manchmal einen Streich spiele, im weitesten Sinne, es ist kompliziert.«

»Am Ende wird die Geschichte sowieso nur von den Überlebenden geschrieben, ganz egal was passiert«, vermeldete Dachs.

»Außerdem gehe ich einer Einladung eines Künstlers nach, Diego Rivera, nebst seiner Gattin Frida Kahlo, Sie werden zumindest *ihn* kennen.«

»Rivera sagen Sie. Ja, bescheidene Mureale.«

Aus dem Nowhere pfiff ihnen Pieret von einem Schnellboot der Zollbehörde zu, welches er am Pier aufgegabelt hatte.

»Nun denn«, annoncierte Dachs. »Mein Boot wartet, ich gönne Ihnen einen guten Eselritt durch die Walachei. Machen Sie das Beste draus, Herr Bronstein. Und grüßen Sie Diego nicht von mir, vielleicht knöpfe ich ihn mir eines Tages vor, wenn er tot ist.«

»Man wird von mir hören, Herr Dachs, Sie werden einmal wöchentlich von Ihrer Zeitung von meinem Werdegang in Kenntnis gesetzt und Ihnen wünsche ich, dass ich niemals mehr etwas von Ihnen vernehme. Bei all meiner Malabsorption Ihrer Persönlichkeit gegenüber: Ihre Arbeit ist bewundernswert. Kommen Sie nicht mit zur Passkontrolle?«

»Welche Passkontrolle?«

»Na, das Migrationsbüro. Sehen Sie das Schild?«

Dachs schüttelte den Kopf.

»Sie wissen, was ich davon halte. So ein Schild male ich Ihnen in einer Stunde gebrauchsfertig. Sind Sie denn bestempelt?«

»Für jedes Land doppelt.«

»Na, sehen Sie? Ist doch alles Amtsflagellantismus. Nicht mit mir.«

»Irgendwann wird Sie jemand nach einem Stempel fragen, so läuft das eben – solange es Banken gibt und die Menschen, die für sie arbeiten.«

»Herr Bronstein, geht das schon wieder los? Sehen Sie mich an, wer bin ich? Meinen Sie nicht, ich habe einen Stempel schneller selbst angefertigt, als mich hier in die Warteschlange zu stellen und möglichst dröge zu gucken?«

»Sie sind mir ein ganz besonderer«, gab Trotzki lächelnd zu, schüttelte ihm inständig die Hand und ließ ihn gewähren. Dachs stieg in sein Boot, Pieret stampfte in die Eisen und sie knatterten mit quietschenden Reifen davon in die Altstadt von New York, Manhattan. Trotzki zog sein halbvolles Büchlein aus dem Jackett und notierte: Das Vasallentum des Großkapitals entspringt aus der Kleindenkerei, wie eine Pflanze, die sich eine fruchtbare Erde sucht, in der sie unter Konkurrenzdruck gedeihen und mit gutem Gewissen verderben kann. Die Permanenz der Revolution ist eine Geistige. Durchgestrichen. Jede Brillanz hat seinen Ursprung in der Perversion des Umstands. Häkchen dran. Notiz an mich: Manifest für eine unabhängige revolutionäre Kunst. Dreimal unterstrichen.

Ein paar Tage später betraten die Neubankiers die Lobby des Ritz, in dem sie zu nächtigen pflegten. Dachs knackte sich die Wirbel durch, vom Nacken bis tief ins Gesäß, die Betten waren bestialisch gemütlich, Streckbänke für gute Rücken. Pieret hatte in den letzten Tagen eine Bank organisiert, das heißt telefoniert, wahlweise einen eifrigen Winkeladvokaten und einen trägen Notar gemimt. Dachs hatte für die nötigen Formulare und ihre jeweiligen Unterschriften gesorgt und das Emblem entworfen, ein Adler, ein paar Streifen und Sterne, ein paar Freimaurersymbole oder Illuminatenchiffren und Wasserzeichen, was auch immer, simple amerikanische Gebrauchsgrafik, sah echt aus, nur besser. Sie waren nun im Namen der American Congressive Banque auf Termin im Hotelrestaurant »Le Ritz« verabredet. Als international agierende Bankiers verkleidet. Schwarze Anzüge mit weißen Hemden, Windsor-Knoten in gestreifter Krawatte und goldene Manschettenknöpfe, leere Aktenkoffer.

Dort, in der Nähe der Salatbar, saß ein bezaubernd junges Fräulein in einem Séparée. Ihr blond meliertes, gesundes Haar glänzte ihnen entgegen. Als ihre großen Mandelaugen auf die beiden Männer fielen hob sie einen erigierten Zeigefinger und verführte sie mit leichten Kreisbewegungen zu sich an den Tisch, als wickele sie einen Wollfaden auf. Aus ihrem Chignon fiel eine Strähne über ihre lieblichen, physiognomisch vorbildlichen Wangenknochen, überspannt mit honigmilchigem Teint, herab. Dachs und Pieret erschauderten und in ihr Sehvermögen schraubte sich ein Vertigo-Effekt: Das Fräulein schien immer näher auf sie zuzukommen, während sich alles hinter ihr zu entfernten schien. Schön war sie, nur besser. Sie setzten sich zu ihr an den mit einem u-förmigen Sofa umrundeten Tisch. Ihre Schenkel zuckten kokett. Sie rieb sich zwei Finger an ihrer tornadoroten Unterlippe und seufzte ein Hallo. Ihr Atem roch im Gemisch mit ihrer Eau-umnebelten Porzellanhaut nach vorfreudiger Lust, so als wolle sie ihr sanftes Dekolletee in ein Gesicht pressen, so als bettelte sie um gute alte, männliche Härte. Dachs erfasste ein Gehirnhälften-Dilemma und seine Koordination setzte aus. Beim Hinsetzen ließ er seinen Aktenkoffer fallen, Pieret fing ihn unbemerkt wieder auf und stellte ihn neben ihm hin.

»Miss Poussage? La attachée de Monsieur Fuggére du Lis?«

»Oui, c'est ca. Ca va«, hauchte sie akzentfrei.

»Deutsch bitte«, sagte Dachs und beugte sich um ihre Hand zu küssen, doch sie winkte freundlich ab. Sie war von Welt. Sie las keine Hausfrauen-Ratgeber, denn sie war schön, unbeschreiblich schön.

»Die Herren Dachs und Monsieur Visage. Die American Congressive Banque. Schöner Name für eine Bank.«
»Danke, Miss Poussage«, sagte Dachs etwas verliebt und kam gleich zur Sache. »Was möchten Sie trinken, ich lade Sie ein, einen Wein, Cognac, Champagner?«
Miss Poussage lächelte entzückend entzückt.
»O, wir haben Prohibition, Herr Dachs.«
»Was ist das? Champagnerunverträglichkeit?«
Miss Poussage sang ein Kichern.
»In den vereinigten Staaten ist es verboten Alkohol auszuschenken.«
»Auch Bier?«, fragte Dachs verständnislos.
Miss Poussage nickte und ihr Hals warf Pheromone ab.
»Es gibt alkoholfreie Cocktails, machen Sie sich keine Sorgen, im Hause meines Impresarios werden Ihnen europäische Drinks serviert. Trinken wir doch erstmal einen Saft zum Kennenlernen.«
»Mit Ihnen würde ich alles trinken«, ging Dachs voran.
»Testen Sie mich«, flirtete Miss Poussage.
Dachs grinste und witterte eine Chance auf kostenlosen Koitus.
»Nun, Miss Poussage, Sie sind sehr jung, gehen Sie noch in die Kirche?«
Sie schien sich geschmeichelt zu fühlen und führte ihren Finger genussvoll von ihrem Nacken an ihr Schlüsselbein.
»Ich bitte Sie, Herr Dachs. Ein Gott-System ist nur eine von vielen kleinen Falltürchen für den Geisteswissenschaftler, der sich vor Gespenstern fürchtet. So hinterfragt der Katechet Himmel und Hölle auf einer komplett unbeweisbaren Grundbehauptung, in einem Universums-Axiom mit vier Wänden, fußend auf einem lachhaften a

priori. Diese theologischen Grübler finde ich peinlich und gleichzeitig witzig – wie jemanden, der aus Versehen in der Öffentlichkeit furzt und gleichzeitig niest. Sagt man dann Gesundheit?« Sie kicherte süß. Dachs guckte erstaunt über die Fülle an Antwort. Pieret hatte ihr verliebt beim Reden zugesehen, wie sich ihr Mund bei jedem Wort verformte und von Silbe zu Silbe schöner und kostbarer wurde. Sie strahlte ihm Erleuchtung aus. Er stützte sein Kinn auf den Handballen und sah sie an, mit ihrer Anmut in seinen Augen. Stimulus maximus, Corpus divinum, mit jedem Intellekt gewaschen. Sein neuestes Objekt, sein erhabenstes Projekt, ihr Herz würde er stehlen. Sie verliebt in ihn machen, ihr einen Kokon in den Bauch legen und dort einen Schmetterling flattern lassen, das war seine unmittelbar nächste Mission. Es gab nur eine Herausforderung, das Größte bisher – sie war schlauer als er, das machte es interessant.

»Aha«, sagte Dachs nach einer kurzen Atempause. »Na, dann sind Sie also eine gläubige Atheistin? Sie sind doch noch so jung und unverbraucht.«

»Haben Sie mal keine Sorge über meine sexuelle Mündigkeit als Frau«, erwiderte Poussage. »Einmal im Jahr nehme ich mir einen Mann. Einen aus der Pfütze, der trinkt und raucht, überall Haare hat, mit viel Muskeln und Fett, einen, der nach Erotik stinkt. Das reicht für ein Jahr. Den Rest des Jahres verlebe ich professionell. Wie machen Sie es? Sie gehen zu Prostituierten, nicht wahr? Und die sind teuer, darum haben Sie eine Bank.«

»Sie sprechen von Muskeln und Fett, Haaren und Männlichkeit, Miss Poussage. Wenn es Schweiß ist, den Sie wollen, ich unterhalte auch eine Werkstatt.«

»Das ist gut, denn ich unterhalte mich *ausschließlich* mit Vorgesetzten.«
»Ich sitze gern. Aber ich kann auch stehen.«
»Das qualifiziert Sie als Bankvorsitz.«
»Das qualifiziert mich zu einem Mann der vielen Eigenschaften. Welche wählen Sie?«
»Machen wir es nicht komplizierter als es ist, Herr Dachs. Meine persönliche Lebensweise ist komplex, plausibel und vollständig, sehr vollständig, und würde sie auf die Dauer meiner Erläuterungen sowie auf die schwere Zugänglichkeit des dazu zwingend notwendigerweise multidimensional werdenden Satzbaus hin verweisend letzten Endes in die Verwirrung weben. Sie könnten mir de facto nicht folgen, deshalb habe ich recht. Belassen wir es dabei.« Miss Poussage beendete die Beweisführung.
Pieret sah ihr immernoch verliebt zu und flüsterte:
»C'est possible que je serais follement amoureux, si je savais pourquoi.« Dann lächelte er sie mit einem amerikanisch-weltmännischem Dollar-Smile an und wirkte souverän. Miss Poussage lachte einzigartig, wie keine andere je zuvor. Dachs grummelte, kein verdammtes Wort hatte er verstanden.
»Was hat er gesagt?«, fragte er.
»Er sagte, es wäre möglich, dass er unsterblich verliebt sei, wenn er wüsste, warum.«
Dachs verstand den Witz nicht, Franzosenhumor eben.
»Nun, die Herren, Ihre Bank, Herr Alfred Gold hat Sie mir empfohlen, Sie seien Koryphäen auf dem Kunstmarkt, das sei Ihre Nische, warb er. Warum dann American Congressive? Woher der Name?«
»Weil wir international sind«, sagte Dachs.

»Warum dann nicht International Congressive?«
»Weil ›American‹ internationaler klingt.«
»Ach ja, die alten Europäer und ihre Vorstellung von der neuen Welt«, sagte Miss Poussage und ein Kellner stellte drei Gläser Cranberry-Saft auf den Tisch.
»Ihr Mann will also drei früh-impressionistische Gemälde bei uns einzahlen.«
»Nicht mein Mann, mein Impresario. Und er will es nicht, Sie haben es ihm vorgeschlagen und er hielt es für eine etwaige Möglichkeit.«
»Wie dem auch sei, wir müssen die Bilder auf Echtheit überprüfen, dafür sind wir da. Würden Sie uns dem werten Impresario eine Audienz gestatten? Dann kommen wir uns vielleicht auch noch zu einem Gläschen Champagner etwas näher. Also ich meine wir beide.«
»Ich sehe, Sie kommen gleich ins Geschäft«, sagte Miss Poussage. Dachs grinste.
»Trinken Sie doch erst Ihren Saft.«
»Ach«, sagte Dachs. »Der kann auch ohne den Umweg über mich in die Kanalisation. Trinken wir Champagner, wir zwei. Weg von dieser Prohibilisation.«
»Prohibition«, korrigierte Miss Poussage.
»Wie es auch heißt, man muss es sich ja nicht merken. Fahren wir.« Dachs stand auf und schüttelte Pieret an der Schulter, der in Schwärmereien von Sauereien vertieft war. Miss Poussage nickte amtsgewiss, ließ sich ihren Pelz bringen und sie gingen aus der Lounge zur Rezeption, gaben die Schlüssel ab. Sie stolzierten authentisch wie zwei Bankiers mit einer Quotenfrau aus dem Ritz und ließen sich von einem weißen Handschuh eine Limousine anhalten. Quoten gab es auch damals schon. Drei Türen wurden

ihnen von fünf Pagen aufgehalten. Dachs verabscheute diese Unterwürfigkeit. Sie stiegen ein.

»Southhampton, Dune Road, please«, sagte Miss Poussage zum Chauffeur. Der Mann am Steuer war breit und schwarz und trug Reiterhandschuhe. Ein goldenes Emblem auf seiner Mütze blendete Dachs durch den Rückspiegel. Widerromantische Großkotzigkeit.

Zweieinhalb Stunden fuhren sie, weit weg wohnen die Reichen. Es war früher Nachmittag, als sie ankamen. Dachs war eingeschlummert, das sanfte Motorensummen der Limousine hatte ihn in den Schlaf gesungen. Pieret rüttelte ihn wach, als sie in die Dune Road einbogen. Herrschaftliche Häuser standen hier unter dicken Quellwolken und sahen verlassen aus. Die Saison war vorbei, die Besitzer wohnten ihre Winterhäuser auf der Südhalbkugel ein. Nur die Sommer über behausten sie die Hamptons, die Winter domizilten sie in der Karibik zu Florida oder tiefer. Sie hielten vor einem der Villenschlösser an, ließen sich das Tor öffnen und fuhren in den Kreisverkehr direkt vor dem Gebäude. Dann stiegen sie aus und Miss Poussage streifte den Chauffeur zum Abschied über seine Reiterhandschuhe. War sie vergeben? So zuckte es durch Pieret. Das machte seine Mission noch reizvoller, ein Liebesdieb zu werden. Ein Casanova, ein Novize der Liebeskunst, sie war der Diebeskunst so nah verwandt. Man öffnete ihnen die Tür und wies sie zu ihrer linken in den Empfangsraum. Im Zentrum des Eingangssaals führte eine Treppe in den ersten Stock welche, auf der mittleren Höhe angekommen, ein Podest erreichte und dann zwei weitere Treppen zu beiden Seiten von sich abzweigte. In der Mitte hing ein

Géricault. Das Floß der Medusa. Normalerweise hing es im Louvre.

»Er mietet sich die großen Werke von den namhaften Museen«, sagte Miss Poussage zur Erklärung. »Konvexes Kapital.«

Die Männer folgten ihr und erreichten den Empfangsraum im hinteren Teil des Gebäudes.

Vor einer breiten Fensterfassade, die in den Ausblick hinaus in den Atlantik sog, spielte ein Quartett aus Geige, Cello, Kontrabass und einem weißen Flügel eine herzermüdende Chamber-Musik. Vor dem Ensemble stand ein einziger Stuhl mit hoher Lehne, bespannt mit komplexer Chinaseide. Dahinter quoll Pfeifentabak empor. Es duftete nach altem Zedernholz und frischem Kaffee. Eine Hand kam zur linken Seite heraus, hielt den Pfeifenkopf in drei Fingern und wedelte mit dem Mundstück. Die Musikspieler verstanden das Zeichen, führten ein Schlussthema aus und beendeten das Opus. Der Mann im Stuhl schraubte sein Gesicht heraus.

»Welcome to my cottage«, sagte er. »Schöne Sprache dieses Englisch, nicht wahr? Meine Fünft-Lieblingssprache, das muss ich schon sagen.« Er stand auf und ging auf die Herren zu. Dachs hatte nichts übrig für reiche Leute. Für ihn waren es inzestöse Insekten, Kaisercousins dreißigsten Grades, einer hässlicher als der andere. Man kann reisen soweit man will, nirgendwo findet man so viel in sich verwaschenen Abschaum, wie in einem reichen Gesicht. Er riss sich zusammen, versuchte an etwas Neutrales zu denken, an Kartoffelschälen oder Zwiebelhacken. Pieret gefiel die Hütte. Sie war ihm wie ein Tante-Emma-Laden, alles zu hundert Prozent heruntergesetzt. Ein einzigartiger Ge-

genstand nach dem nächsten, einer wertvoller als der andere. Gold von den Inkas, Diamant aus dem Kongo, Colliers an schwarzen, kopflosen Samtbüsten mit Muschelperlen von den arabischen Küsten vor Abu Dhabi, selten gebranntes Porzellan aus dem zentralen China, Gardinen aus Thrakien, Marmor aus dem antiken Griechenland und so weiter. Alles was Wert hatte befand sich in diesem Empfangsraum mit Kamin. Alles nur leger gesichert, ohne Militär. Geschenkt.
Miss Poussage räusperte sich zärtlich und stellte Ihrem Impresario die beiden Herren vor.
»Mister Fugger von der Lilie, dies sind die beiden Gesellschafter von denen ich Ihnen erzählte, von der American Congressive Banque. Ihr Vorsitzender, Mister Ansgar Dachs von, wie nochmal?«
Sie klopfte Dachs leicht auf die Schulter.
»Nichts weiter«, knurrte Dachs genervt.
»Von Dannenberg«, komplettierte Miss Poussage und deutete dann auf Pieret. »Und Mister Manuël Visage, sein Advokat, er spricht leider nur französisch.«
»O, französisch«, sagte Lilie. »Meine Dritt-Lieblingssprache. Wechseln wir doch lieber gleich zu meiner Zweit-Lieblingssprache, dann kann ich Deutsch und deutlich gleich direkt mit dem Vorsitz sprechen. Willkommen Herr Dachs von Dannenberg.« Er drückte beiden die Hände. Pieret behielt den Junggesellenring mit dem Kokain in der Kapsel ein.
Dachs wollte eigentlich nicht viel Konversation betreiben, Schauspielerei war Pierets Metier.
»Möchten Sie nicht doch lieber mit meinem Advokaten über das Geschäftliche sprechen? Dann haben wir zwei

Fliegen mit einer Klatsche. Sie sprechen doch alles fließend.«
Lilie lachte vornehm.
»Um Gottes Willen, mir gefällt Französisch, aber deshalb spreche ich es doch nicht gleich. Ich spreche nur meine Muttersprache, für alle anderen habe ich meine Attachée Miss Poussage, sie spricht sechs davon. Darunter Mandarin. Wie sagten noch unsere Soldaten, als sie den Feind in Verdun sahen? Eau, Sacre bleu. Ein blauer Sack.« Er lachte laut über seinen Witz. Die reiche Überheblichkeit verpasste Dachs festes Sodbrennen.
»Kommen Sie«, forderte er ihn auf mitzulachen, »Sie sind Financier wie ich, das ist lustig. Sie wissen ja, wo Geld ist, ist der Teufel, wo es nicht ist, ist er zweimal.«
Miss Poussage leistete Dienst, indem sie mediatorisch in das Gespräch einwirkte.
»Mister Dachs, alles in Ordnung, Zynismus ist nur ein Mangel an Einseitigkeit, Mister Fugger von der Lilie ist ein äußerst, äußerst bemittelter Mann müssen Sie wissen. Haben die Herren Appetit?«
Die Männer schüttelten die Köpfe.
»Ein Glas Wein vielleicht? Vin?«
Sie nickten. Miss Poussage wickelte mit ihrem Zeigefinger den Sommelier mit auserwählten Sorten herbei. Dachs griff ein beliebiges Glas aus der Auswahl und trank. Ekelhafter Hochgenuss. Ein sympathischer Würgereiz. Ein kongeniales Geschmacksorchester spielte Sinfonien an seinen Sinnen. Paradiesische Pampe.
»Auf ihr Wohl und auf den Kenner guter Tropfen«, toastete Lilie ihm im Nachhinein zu und wählte bedachtsam den bedeutungsvollsten unter den bedeutendsten Weinen aus.

Pieret, der niemals Alkohol trank, nahm das Glas mit dem geringsten Inhalt und vergoss ihn im weiteren Verlauf des Nachmittags in Blumenvasen und Blütenkelche, was immer so kam.

»Folgen Sie mir, ich zeige Ihnen das Erdgeschoss meines Anwesens«, sagte Lilie und öffnete seinen freien Arm Richtung Fensterfassade, wo sich die Musikspieler professionell und leise verpisst hatten. Nur noch der weiße Flügel stand dort und glänzte. Dahinter der raue Horizont des Atlantiks. Graue Wolken behingen den Himmel und Wind segelte über die Seggen am Strand. Es fühlte sich heimisch an, in der gemütlichen Wärme eines gut isolierten Hauses an einem grauen Tag. Dann gingen sie los, er führte sie durch den Speiseraum, zeigte ihnen seine Diener in der Küche, ließ sie kurz ins Arbeitszimmer blicken und brachte sie daraufhin in seine Bibliothek. Dachs sah des Öfteren beim Herumschlendern durch die Elsterhöhle, wie Pieret unbemerkt doch beständig Dinge von den Kommoden und Simsen haschte. Es schien, als hätte er Augen im Hinterkopf. Er erkannte, wann Miss Poussage und Lilie synchron die Aufmerksamkeit auf jeweils etwas anderes richteten. Manche Dinge erfing er sich mit einem dünnen Draht, der vorne zu einem Harken krumm gebogen war. Der Draht war mit irgendetwas in seinem Anzugärmel verknüpft und einer sich darin befindlichen Ziehkurbel, die lautlos zurückschnappte, wenn sie Gewicht an der Angel hatte. Dachs fing das erste Mal an, die Diebeskunst wahrhaftig als Kunst zu sehen. Die Kunst der Diebe. Pieret musste ihr Meister sein. Unmengen an Material passte unter seine Garderobe, es war erstaunlich. Und sobald ihm Lilie oder Poussage wieder den Blick zuwandten stand er da als wäre nie etwas gewesen, mit frisch gewaschenem Gesicht und den blausten Augen unter der unschuldigen Sonne. Zum ersten Mal hatte er was übrig für den kleinen Belgier. Seine Methoden wurden, vielleicht auch von ihm inspiriert, immer wissenschaftlicher und großformatiger. Er perfektionierte sich, das gefiel ihm.

In der Bibliothek angekommen umrundeten sie ein zweistöckiges Rondell mit Wendeltreppe auf die Balustrade, die Wände vollgestellt mit Buchrücken in jeder Dicke. Lilie führte sein Gespann einmal langsam im Kreis um den Lesetisch in der Mitte. So langsam, dass sie möglichst viele Beschriftungen in den Regalen lesen konnten wie Stichworte. Marx-Analysen neben Nietzsche-Aphorismen, Plato-Systeme neben Konfuzius-Strategemen, Hugo-Romane neben Bismarck-Memoiren, Balthazar Gracians Handorakel und das I Ging. Sehr eloquent beendeten sie die Runde. Dachs konnte nur den Kopf schütteln über diese Intellektuellen-Trophärie. Für ihn galt bezüglich Philosophenbüchern: Liest du eines, bist du klüger. Liest du zwei, dann schon etwas weniger. Liest du drei, verstehst du überhaupt nichts mehr. Budenzauber verkappt religiöser Schreiberlinge.

»Ich habe mehr Bücher als beste Freunde«, resümierte Lilie. »Wer Zeit zu lesen findet, findet Zeit zu leben. Gehen wir nun in mein Kunstsammlerzimmer.« Er deutete abermals an ihm zu folgen. Sie verließen die Bibliothek durch einen gotischen Bogen, dann standen sie in der Mitte eines länglichen Raums mit drei Monumentalwerken, die dort an die Wand gelehnt waren. Lilie stellte sie vor.

»Zur linken haben wir Paul Delaroches ›die Exekution der Lady Jane Grey‹, zur rechten einen Delacroix, die ›Dante-

Barke‹ und in der Mitte den Goya, von dem mir Miss Poussage sagte, Sie wären daran interessiert, ›die Familie Karls des Vierten‹. Sie möchten die Ursprünglichkeit verifizieren?«
Dachs nickte und gab Pieret die Lupe in die Hand, welcher sich gleich ans Werk machte und so tat, als würde er detektivische Untersuchungen anstellen.
»Ich möchte, dass Sie alle drei nehmen«, sagte Lilie.
»Woher haben Sie die?«, fragte Dachs.
Miss Poussage antwortete bei geschäftlichen Dingen stellvertretend:
»Es sind Leihgaben, wie der Géricault in der Eingangshalle. Es ist sozusagen Investmentkapital, das Mister Fugger von der Lilie bei Ihnen einzahlen möchte um die Wertsteigerung zu verzinsen. Er wird seinerseits stetig Bilder nachliefern, was Ihrer jungen Bank zu langfristiger Wertsteigerung verhelfen wird, es schwebt ihm eine wachstumsorientierte Geschäftsbeziehung vor, eine langlebige Partnerschaft, in der beide, der Investor und die Bank, dauerhaft profitieren.«
»Alle drei also«, sagte Dachs schulterzuckend.
»Tous les trois«, sagte Miss Poussage zu Pieret, welcher nickte und zwischen allen dreien hin- und herhuschte und untersuchte. Lilie packte Dachs an den Schultern
»Gehen wir spazieren, Herr Dachs, lassen wir Miss Poussage und Ihren Advokaten die Kleinarbeit machen. Schmieden wir Fünf-Jahrespläne.«
»Aber draußen schifft's«, weigerte sich Dachs instinktiv.
»Es nieselt, Küstennebel, es ist herrlich«, erklärte Lilie.
»Kommen Sie, gehen wir raus. Die Gischt schlägt einem

ins Gesicht, so frisch und wach, die Luft ist rein und schmeckt. Gehen wir ein wenig den Strand entlang.«
Miss Poussage und Pieret nickten ihm zu.
»Gehen wir«, sagte Dachs und man brachte ihnen Mäntel und Hüte.
»Ich trage kein ockerbeige«, protestierte er. Der Bedienstete machte kehrt und ein anderer brachte seinen schwarzen Mantel. Den Hut ließ er ganz zurückgehen, Halbglatze trage man nach oben hin offen. Man öffnete ihnen die Tür und sie spazierten hinaus an die neukalte Luft.
Der Wind blies wie versprochen mitten in die Fresse, die Luft war nass und voll Sand zwischen den Zähnen und schmeckte nach versalzenem Seetang. Zwei Geschäftsmänner unter sich. Manch einer mochte das als herrlich empfinden, Dachs empfand sich als Ästhet.
»O, Mister Dachs«, schweifte Lilie den vernebelten Horizont entlang, »oder ich sage besser wieder Herr, wir sind ja mal unter uns Deutschen, endlich, ich liebe Amerika!«
Dachs steckte die Hände zur Antwort in seine Hosentaschen.
»Die Hamptons sind mein neues erstes zu Hause; von diesem Lido gehe ich nicht mehr runter. Berlin, Potsdam, Wien, Monaco, Rom, sie fühlten sich mir nicht als Heimat an. Ich bin ein Hamptoner. Hier bin ich unter meinesgleichen. Unter *mir* allein.« Er sah auf den widerborstigen Ozean, die graugrünen Wellen pressten sich unter dem Inlandswind zu Würsten mit weißfelliger Pelle.
»Sehen Sie das Meer?«, fragte Lilie romantisch selbsterklärend.
Dachs runzelte sich.
»Ein Gedicht«, sagte Lilie.

»Ein Gedicht?«
»Ich liebe den Umgang mit Wörtern. Moment, ich führe es Ihnen auf.«
Er rüttelte seinen Adamsapfel, plusterte seinen Brustlatz und schwapselte seinen Versus:
»Es schrieb schon Friedrich Nietzsche
und vor ihm bestimmt schon viele,
dass was wahr, was Überzeugung
habe wohl zweierlei Bedeutung
und so bleibt, das ist die Sache,
vom Schimmer nicht der blasse
und ich hebe meine Stimme
und ich lache, lache, lache.«
Lilie hielt inne und hielt sich die Faust ans Herz.
»Lässt tief blicken«, nuschelte Dachs angeödet.
»Ich nenne es: Von den Schriften Teil zwei.«
»Das passt«, sagte Dachs.
»Das ist moderner Romantizismus«, dozierte Lilie.
Dachs spuckte. Er hatte sich aus Ungeduld von seiner Scheinrolle des Amtsvorsitzenden gelöst und war nun Fleisch und Blut, und das kochte.
»Sie sind nicht etwa Defätist?«, fragte Lilie erschrocken.
»Verzeihen Sie«, drückte Dachs heraus. »Ich bin nicht vom Naturell des Poeten, mehr der Zahlenmensch, Sie wissen ja, Bankkaufmann. Ich backe meine Brötchen trocken.«
»Aber Sie handeln mit Kunst!«
»Ich mache es wie Sie, für die Details habe ich Analysten.«
»Mit der Betonung auf *Anal*«, witzelte Lilie.
Sie verstanden sich. Das Geschäft konnte zu Stande kommen.

Pieret war nun allein mit Miss Poussage. Er zog eine kleine Champagnerflasche aus seinem Jackett und ließ ein geistreiches Kompliment über ihren Intellekt fallen, während der Korken knallte und sich weißer Schaum über den Flaschenhals ergoss. Ein etwas profanes und doch profundes Kompliment, gar nicht sexuell gemeint und doch als solches interpretierbar. Er schob ein zweites, anzüglicheres, eindeutigeres hinterher, auf Deutsch wäre es der glatte Aufruf zum unverzüglichen Geschlechtsakt gewesen, doch im Französischen klang es gedämpft und schön in ihren Ohrmuscheln, es kitzelte die Läppchen und stellte die unsichtbaren Nackenhärchen auf. Sie schlenderten bei leichtem Umtrunk die Gemälde entlang, wieder warf er ihr ein verführerisches Kompliment an die Wange, welches man gleichzeitig als Beweis seiner Qualitäten als Liebhaber verstehen konnte. Pieret verwandelte sich zum ambivalent-attraktiven Welt- und Lebemann. Sie war eine aufgeklärte Frau, Liebe war für sie ein kategorisierbares Gefühl, doch gegen Anziehungskraft vermochte auch sie nichts. Wollte sie nicht, musste sie auch nicht. Sie tätschelte ihn beim Anstoßen der kleinen Gläschen an den Fingerkuppen. Ihre Brüste nickten ihm zu. Pieret fing an die Zeit zu stoppen. Zwischen Funkenflug und Koitus unter drei Minuten, das war sein Handicap. Es dauerte zwei, dann startete er den ersten Versuch, indem er ihren Chignon löste. Doch sie drückte seine diebische Hand gekonnt zur Seite, hüpfte wie ein Reh zum Delaroche, verließ ihn aus dem einzigen Grunde ihn warten zu lassen. Jede Sekunde zählte. Er schlich ihr auf den leisesten Sohlen hinterher.

Sie hob ihren kurzen Rock und stützte sich auf das Gemälde, dann knöpfte sie rücklings seine Hose auf und führte ihn in sich hinein. Sie war selbstbewusst. Pieret wusste gar nicht mehr wer hier wen verführte. Concentration maintenant. Nachdem Pieret all seine Leidenschaft in Miss Poussage gedrückt hatte verschwand sie lachend in eines der Bäder um ihren Chignon zu richten und sich zu säubern. Nun hatte Pieret alle Zeit der Welt um den Goya auszutauschen, etwas schwindlig war ihm zu Mute. Hatte er versagt oder gewonnen? Verdammte selbstbewusste Frauen. Er löste den Goya aus seinem Rahmen, zog ihn von der Leinwand und rollte ihn zusammen, dann holte er Dachs' Gemini unter einer angesägten Bodendiele hervor, nagelte ihn mit seinem Flüsterhammer über das Gestell und schob ihn in den Rahmen zurück. Das Original verschwand im Boden. Er verschloss die Diele und bestrich die Ritze mit einem Brockhausschen Stift, der das Holz so aussehen lässt, als wäre es nie angesägt gewesen. Etwas stolpernd kam Miss Poussage zurück und lächelte entspannt und geistesverloren, sie hatte bei Pierets Liebeskunst etwas Gleichgewichtssinn eingebüßt und etwas Fröhlichkeit gewonnen, ein wenig verliebt war auch sie. Als sie ihn dort stehen sah, mit seinen von ihr durchkämmten Haaren, seinem drolligen Blick, so als hätte er etwas geklaut, da bekam sie wieder Lust auf ihn, geleitete ihn aufs Sofa, drückte ihm auf die Schulter zum Hinsetzen und öffnete ihren roten Mund.

Dachs und Lilie kamen lachend durch die Tür des Bediensteten-Eingangs gepoltert. Von dort sah man direkt durch den Flur in das Empfangszimmer zur Sofaauslage. Dachs schüttelte sich den Mantel aus.
»Hure!«, flüsterte Lilie.

»Nicht jetzt«, sagte Dachs.

»Nein, sehen Sie.« Er tippte ihn an und zeigte auf die Sofas. Dort, wo Pieret mit zurückgelehntem Kopf saß, den auf- und absenkenden Chignon von Miss Poussage betrachtete und ihr stetig etwas zuredete.

»Achso«, sagte Dachs einen Tick zu laut. »Also doch eine Horizontale, wusste ichs doch.«

Miss Poussage schnappte auf und schlug auf Pierets Kinn, die beiden stellten sich auf, Lilie stapfte schnurstracks den Flur entlang und stellte sich soldatesk in die Mitte des Empfangszimmers vor den weißen Flügel.

»So machen Sie also Geschäfte Miss Poussage?«

»Verzeihen Sie Mister Fugger von der Lilie, das ist nichts Geschäftliches, hier handelt es sich um Angelegenheiten privater Natur.«

»Das ist ja noch schlimmer. Sie sind Lasterhaft!«

»Das Laster«, meldete Miss Poussage, »ist eine Tätigkeit, die nötig ist, damit die Tugend existieren kann.«

»Wie bitte?«

»Sie hätten klopfen können.«

»Das ist *mein* Haus.«

»Auch hier handelt es sich um einen Irrtum.«

»Hure, hinaus!«

»Das Haus haben Sie auf Kredit gekauft, welchen Sie vertraglich niemals abbezahlen werden. Es ist immer noch *mein* Haus und das wird es immer bleiben. Ich bin nicht Ihre Angestellte, ich habe mich bei Ihnen angestellt. Wer ist hier die Hure?«

»Sie sind eine Frau! Gar nichts gehört Ihnen!« Lilie verstand überhaupt nichts mehr.

»Gleich morgen verlassen Sie mein Haus«, Schloss Miss Poussage. »Die Hamptons sind nichts mehr für Sie, die Clubkarten können Sie beim Pförtner abgeben. Der Coq d'Or sperrt Sie für ein halbes Jahr.«
Konsterniert stand Lilie da und stützte sich auf den Flügel, so dass der Deckel herunterfiel und die Tasten klirrten. In dem Moment der Unsicherheit kommunizierte Pieret ein Nicken Richtung Dachs. Sie hatten es. Dachs nickte ruhig zurück. Er wusste, Lilie war zu dumm um zwei Scheiben Brot zusammen zu zählen, wie sollte er je einen Gemini erkennen, er hätte sich gar nicht so viel Mühe geben müssen.
»Nun, Herr Fugger von der Lilie«, eröffnete Dachs das Formularium. »Mein Adjuntant, Mister Visage, hat mir soeben eindeutig bestätigt, dass es sich bei Ihrem Goya um eine Fälschung handelt. Wir können dem Geschäft also nicht nachkommen. Sie sind eindeutig infiziert, wer kann uns beweisen, dass die anderen beiden nicht auch Fälschungen sind?«
Lilie, der mit seinen Blicken auf Miss Poussages zugeschnürten Brüsten hängengeblieben war und bei dem fragenden Gedanken, warum nicht er einmal davon kosten durfte, nach all den Jahren, drehte den Schädel wie ein geköpftes Huhn.
»Was?«
»Eine Fälschung, das sagt meine Quelle«, versicherte Dachs, im wahrsten Sinne des Wortes aus erster Hand.
»Ja, bleibt mir denn gar nichts erspart?«
»Andere haben andere Probleme, die Amercian Congressive Banque kann sich nicht weiter mit Ihnen einigen. Wir bedauern und wünschen Ihnen viel Erfolg.«

»Mit einer wertlosen Fälschung?«
»Ich bitte Sie«, sagte Dachs. »Das ist die beste Fälschung die mir je untergekommen ist. Aber es bleibt eine Fälschung. Die Beste wohlgemerkt. Also ist sie auch etwas wert, auf ihre Weise. Geben Sie das Stück einfach dem Prado zurück, die werden nichts bemerken.«
»Was nützt mir eine Fälschung?«, schrie Lilie nervenlos.
»Natürlich nichts, wert ist es trotzdem was. Kunst war noch nie nützlich. Wir kommen nur nicht ins Geschäft.«
»Nichts ist hier was wert!«, katapultierte Lilie. »Nichts! Du nichts, Du nichts und du noch viel weniger!« Er zeigte auf Miss Poussage. »Alle drei! Raus aus meinem Haus!«
»Raus aus *meinem*!«, schrie Miss Poussage zurück.
Stolz zog sich Lilie die Krawatte hoch bis er röcheln musste, dann stolzierte er in die Halle und ging die Treppe hoch.
»Der verpisst sich nie, so überzeugt ist der von seinem Besitz«, seufzte Miss Poussage.
Dachs gab ihr zum Abschied einen angedeuteten Baisemain und zwinkerte grinsend. Pieret schenkte ihr noch ein Kompliment, das ihr zu Denken gab, aber sie letztendlich erfreute, weil es witzig war. Dann hauchte er ihr einen Kuss ins Gehirn und sie verschwanden.

Befriedigt, und das Gefühl der vergehenden Liebe genießend, legte sich Miss Poussage diese Nacht in Spitzenunterwäsche in ihr Bett, strich mit einer Rose über ihren Bauch und dachte an ihren Pieret. Ob er je wiederkäme? Wieder voller Leidenschaft, in ihr? Sie konnte sich Kinder von ihnen beiden vorstellen, wie hübsch sie wären. O, du verliebtes Gedöse. Er war nur eine Sternschnuppe in ihrem

Leben und sie nur eine in seinem. Lebewohl Pieret, ich liebe dich.

Plötzlich hörte sie ein Gepolter unten im Erdgeschoss. Etwas Schweres fiel um, Fensterscheiben zerklirrten, Lilie randalierte. Das Getöse aus dem Haus verlagerte sich nach draußen, ein Schimpfen war zu erahnen. Miss Poussage stellte sich ans Fenster und sah, wie Lilie den Goya fluchend auf den Strand zerrte, wo zwei Bedienstete ein Lagerfeuer, oder mehr einen Scheiterhaufen, entfachten. Sie schob das Fenster hoch und rief in den Inlandswind, sodass sie sich selbst nicht verstand. Lilie verstand man dafür umso besser.

»Fälscherbande, Geheimpfründer, Drecksgeschwirr, Schmugglersippe. Ich rotte euch alle aus und du – du Lotterweib – ich drücke ihn dir schon noch rein, du Kokotte!« Trotz seines Suffes erkannte er unter aller schmierigen Vernebelung das Antlitz seiner Attachée. Ex-Attachée. »Bückhure! Dir werde ich schon noch zeigen, wo sich die Sau im Adel versteckt hält. Dich adoptiere ich noch, dann wirst du's schon sehen!«, geiferte er, dann drehte er sich um und zog die das riesige Gemälde den Strand entlang, wie eine Ameise ein Stück Blatt, dem Feuer entgegen.

»Verbrennt den Goya!«, brüllte er die Bediensteten an. »Verbrennt ihn!«

Miss Poussage schüttelte den Kopf und schob das Fenster wieder zu. Sie flog zurück in ihr Bett, nahm sich die Rose und dachte an ihren Liebsten, bis sie kam. Dann schlief sie beseelt ein und träumte sich fort.

Es war spät geworden, als Sie die New Yorker Stadtgrenze überquerten, in einem Taxicab mit Fahrer, mit dem Gemälde im Kofferraum. Der Himmel klarte auf und die Sterne waren zu sehen, eine günstige Wolke verpasste dem Mondgesicht einen Bart.

»Wo kann man in dieser verfluchten Stadt Bier trinken?«, fragte Dachs, Pieret übersetzte ins Englische:

»The Mister wants to know, where he can get a can of Beer. We'll need a barrel, I suppose.«

»O Sir«, sagte der irische Fahrer, »I'll get you to my Speakeasy. Well known, but unkown, you know how I mean?«

Dachs sah Pieret fragend an, der nickte zuversichtlich. Sie blieben vor einem der freistehenden Häuser stehen und stiegen aus. Alle Häuser waren hier freistehend. Aus diesem aber flackerte Licht durch die Jalousien. Pieret holte die Rolle aus dem Kofferraum und Dachs bezahlte den Taxifahrer zähneknirschend. Wucherer waren sie, diese Iren.

Die Tür war nicht verschlossen und sie betraten das Speakeasy, das »Sprich-leise«, wie Pieret Dachs zu erklären versuchte. Auch Bier war schließlich illegal in diesem Land der Freien und Mutigen. Die nicht tragenden Wände waren herausgerissen und eine Bar bei der Treppe eingebaut. Das ganze Erdgeschoss war professionell zu einem Pub umgewandelt worden. Das Licht war schummrig orange und dunkel hölzern, das perfekte Ambiente. Pieret legte die Rolle unter die Mäntel, die an den Kleiderhaken neben der Tür hingen. Sie setzten sich an einen der Tische und warteten ungeduldig auf die Bedienung. Ringsum saßen stille Leute und betranken sich. Keine Musik, kein lautes Rhabarber, ein Speakeasy, ein »Sprich-leise«, wie eine Bibliothek. Still, da sind Bücher, psst, sagt man da. Psst, Bier, leise. Hier trafen sich die Kumpanen, die sich nicht wegen Musik oder dem Tanz unter die Leute mischten, auch nicht wegen dem Benzintank voller Schnaps. Sie waren keine Alkoholiker. Einfache Männer. Sie kamen allein für das Bier. Hobbybrauer, theoretisch. Whiskey bekam man auf jedem Ball in der Stadt, doch Bier, das gab es nur hier, in der Bronx. Geschäftsmänner, Reisende, Großväter und Halbstarke aus der Umgebung. Sie betranken sich nicht, sie tranken Bier.

Zwei laubgesägte Nischennutten vom Schrottplatz kamen den beiden Neuen auf hohen Schuhen zugestackselt.

»Nein, wir sind nicht wegen den Huren da!«, rief Dachs und machte wegen seiner Lautstärke und vor allem wegen seinem Deutsch auf sich aufmerksam. Er hob die Hand und rief:

»Bier, zwei der Sorte!«

»Pssst!« Zischte es ringsum. »Prohibition!«, zischelte einer, der Verständnis für das Touristenpack hatte und die Europäer aufzuklären versuchte. Wo man Bier trank, galt es die Stimme zu dämpfen. Ein Widerspruch in sich. Ein anderer Gentleman in seidenem Zwirn drückte sich zwischen den Huren hindurch und ergänzte.

»Prohibition, die Herren, nicht Prostitution. Dem amerikanischen Staatsbürger ist der Alkoholismus strikt untersagt und der Präsident selbst unterhält einen exuberanten Weinkeller. Mir solls recht sein. Willkommen im Land des Widerspruchs.«

Dachs und Pieret sahen sich an.

»Das Land in dem man A sagt und B tut.«

Die Huren nahmen Abstand von ihnen und betätschelten nun den eloquenten Nadelstreifenträger mit dem roten Krawattenknoten ohne Krawatte.

»Nein Danke, ich bevorzuge Jungfrauen, das schmeckt man einfach«, sagte der, stieß sie etwas gröber als nötig von sich und wandte sich den zwei Europäern zu. »De Sade sagte, eine wahre Jungfrau wisse, wie man fickt, ohne schwanger zu werden – dafür gab Gott ihr das Arschloch. Hat man bei den Mädchen aus der Gegend hier selten. Die crazy Chicken aus Jersey sind die Besten.«

Die Nutten entfernten sich, der Bierbaron setzte sich zu ihnen an den Tisch.

»Wie Sie hören spreche ich auch Deutsch. Meine Eltern sind aus Deutschland hergekommen. Es ist mir ein Happening, die Herren, Sie sitzen ja schon.« Er machte niemals zwei Bewegungen gleichzeitig. Erst bewegte er die Arme, dann drehte er seinen Kopf hinterher und danach stellte er seine Augen nach, wie ein cleveres Chamäleon auf der Pirsch.

»Sie scheinen sich mit Frauen auszukennen?«

»Das ist nicht schwer, Fremder. Das Menschenweib ist wie das Vogelweib. Es räumt auf und putzt das Nest und wäscht jeden Zweig und piepst ganz froh, wenn da jemand ist, der sich um es schert.«

»Weiber sind wie Tabakblätter«, erklärte Dachs, »man kann jedes nur einmal in der Pfeife rauchen.«

Man lachte und verstand sich.

»Man nennt mich den Dutch Schultz«, sagte der Bierbaron und ließ sich vorstellen, Mister Dachs und sein Nebengeräusch, Mister Visage. Lovely. Der Barkeeper kam herangeeilt und nahm die Order auf. »Bier, aber schnell«, notierte er beflissentlich und wiederholte es mündlich. Gäste seines Bosses waren auch seine Bosse. Dann lief er an die Zapfhähne und ließ das goldene Gesöff in frisch polierte Gläser ergießen. Er zog den übergelaufenen Schaum mit einer Nagelfeile ab, so wie es die Holländer taten. Dachs schüttelte jedes Mal den Kopf, wenn er das sah. Als wäre Schaum etwas Schlechtes. Verstehe einer die Holländer. Aber große Meister haben sie. Wird also schon rechtens sein. Dachs hatte seine Bar gefunden, als er sein volles Glas bekam, Pieret dafür eine goldene Armbanduhr von Schultz' Handgelenk – er konnte es nicht lassen.

Schultz schwieg, bis Dachs seinen ersten Schluck zu sich genommen hatte. Er wusste, ein wahrer Biertrinker hat bis dahin keine Lust auf Konversation, nicht wie die Alkoholiker.

»Sieht aus wie Bier, schmeckt wie Bier. Also«, sagte Dachs, »Sie sind wer? Der Besitzer? Treffe in letzter Zeit viele Besitzer. Kommunisten wie Kapitalisten, alles die gleichen Narren in unterschiedlichen Kostümen. Sind Sie wenigstens noch Prinz oder so etwas?« Er hatte die Absichten des Aufschneiders durchschaut, alle das gleiche Kraut.

»Ich bin Oligarch«, sagte Schultz. »Das fasst das alles irgendwie mit ein.«

Er hatte schon das ein oder andere Buch gelesen, das merkte man an seiner gewählten Artikulation.

»Na dann«, sagte Dachs und prostete ihm zu.

»Man nennt mich auch den Paten der Kosher Nostra. ›Kosher Nostra‹, was für ein schlecht gewählter Rufname für meine Organisation. Als wäre ich gläubiger Jude und als besäße ich eine Mafia, eine Familie, doch ich verachte sentimentale Tendenzen. Nun ja, die Schafe kennen ihren

Wolf schlecht. Ich schlafe jede Nacht bei einer anderen Frau und habe dreizehn männliche Nachkommen und sie alle heißen Hurensohn. Sie nennen mich den Dutch, dabei liegen meine Wurzeln in Deutschland. Die Schafe blöken eben dummes Zeug, wenn der Tag heiß wird und der Wollpelz brennt.«

»Offensichtlich würden Sie gerne etwas darstellen«, sagte Dachs nach seinem zweiten Schluck.

»Ich muss überhaupt nichts darstellen.«

»Da ist es wieder.«

»Was?« Schultz stellte die Augen nach.

»Dieses absolute Unwissen.« Dachs zündete sich seine Pfeife an.

»Ich weiß einiges mehr als Sie, Mister. Ich kann zum Beispiel Ihre Zukunft voraussehen: Ich gucke einfach auf die Uhr und zähle abwärts, wenn ich will.« Um die Szene nachzustellen warf er einen Blick auf sein Handgelenk und bemerkte unauffällig, dass er keine Armbanduhr mehr besaß.

»Die Rolle, die Sie hier reinbrachten, was ist das?«, fragte er.

»Was glauben Sie, was das ist?«, fragte Dachs. »Meine Miete. Der eine geht Kohle schaufeln der andere mauert Steine aufeinander, ich trage Rollen durch die Gegend. Was ist Ihre Arbeit?«

Schultz hob eine Hand zu seiner Nase, dann lächelte sein Mund, dann seine Augen.

»Das sollten Sie wissen, wenn Sie hier sind«, sagte er bedrohlich, oder nicht, schwer einschätzbar. Die Geschäftsmänner, die Reisenden, die Großväter und sogar die Halbstarken aus der Umgebung wussten Bescheid und drehten die Gesichter weg.

»Man kennt mich auch als den Bierbaron. Die Brauereien der Ostküste unterliegen meiner Gewalt. Das Bier, das Sie gerade trinken, ist mein Eigentum. Wenn ich darauf bestehen würde, Löcher in Ihren Bauch zu machen, um mein Bier wieder herauszuholen, wäre das mein gutes Recht.« Er gab dem Barkeeper ein Handzeichen, der holte einen schwarzen Mahagonikoffer unter den Zapfhähnen hervor, legte ihn honorös vor ihm auf den Tisch, öffnete die Zahlenschlösser und hob den Deckel. Schultz stand auf und nahm ein attraktives und fertig geschraubtes Maschinengewehr daraus.

»Das hier, meine Herren, das hier nennen sie die Tommy Gun«, erklärte er präsentatorisch. »Konzipiert, entwickelt und designed von John T. Thompson, ein Vorreiter des Waffenbaus, wenn Sie mich fragen. Dieses Stück hier, es wurde gebaut für unsere Weltkrieger in Europa. Leider war die Show schon vorbei, bevor *diese* Lady auf die Weltbühne trat.«

Er strich zärtlich über das schwarze Metall, als liebkoste er den Nacken einer angebeteten Konkubine. Einer jungfräulichen, doch diese schien keine Jungfrau mehr zu sein. Ihr Körper war an gewissen Stellen gedellt.

»Ein Glanzgestell, ein Leistungssportgerät, meine Elke fickt sie alle.«

»Elke?«, fragte Dachs und nahm unbeeindruckt einen Schluck. Die einen sammelten Ferienhäuser, die anderen Segelschiffe, wieder andere missratene Kunst und manche eben Waffen. Immer der gleiche Wunschgedanke. Alle das gleiche Kraut. Lenin, Lilie, Bronstein, Gold, Hindenburg, wie sie alle heißen. Schultz nickte abwechselnd, merkwürdigerweise.

»Ja, ich nenne mein Baby ›Smoking Elke‹, sie hat es sich verdient«, bestätigte er, »das Flittchen raucht zu viel. Seht sie euch an.«

»Charakterstark und stoßgewaltig, durchschlägt Türen, Autos, was Sie wollen. Trommelmagazin, achthundert Schuss die Minute Kadenz. Ein Sturm-MG für einen Weltkrieg geschaffen, für die Straßen New Yorks, Bostons und Chicagos genutzt. Ein hochmodernes Monster für die Gossen dieses gottverdammten Molochs.«

Er legte seine Smoking Elke zurück in den Koffer, dann zog er einen Revolver heraus. Dachs rümpfte die Nase. Diese sanften, amerikanischen Gangster konnten vielleicht mit zarten Händen auf Knöpfe drücken und elegant aufschnacken, aber da lobte er sich einen Muskel-Adolf, der zwar nicht weniger das Maul hielt, aber wenigstens seine eigenen Hände beschmutzte, um Verbrechen zu begehen. Muskel-Adolf war wenigstens arm.

»Und das hier«, sagte Schultz heroisch und wog seinen Revolver, »das ist sowas wie mein Samenspender. Man erkennt ihn an dem üppigen Schaft aus purem stainless Steel. Ein vierundvierziger Remington Magnum. Der Beste der Welt. Er ist sowas wie mein Urheberrecht, Sie verstehen die Allegorie? Wenn mir jemand dumm kommt und er meine Elke nicht wert ist, dann spritze ich ihm mein Blei mit diesem hier in den Äser. Sähe Kugeln in Köpfe, Sie verstehen die Metapher?«

Er legte das Rohr an und zielte auf Pierets Stirn. Pieret und Dachs lächelten nervös. Ein Fatzke mit einer Waffe hört auf Fatzke zu sein. Ernsthaft gefährlich. Er könnte, wenn er wollte. Dann entwich ihm ein Schuss. Eine kräftige Schallwelle flog durch das Speakeasy, mitten in Pierets Gesicht. Rote Splitter flogen durch den Raum und sanken zu Boden wie Konfetti. Die Geschäftsmänner, die Reisenden, die Großväter und die Halbstarken aus der Umgebung kniffen die Augen zusammen. Ein plötzlicher Hirninfarkt, ein kaltblütiger Mord, wie ein Blitz ohne Gewitter, kein Blitz, nur Donner, ein wünschenswerter Tod, ein Gedanke, der einem nicht kommt. Dachs erstarrte zu Granit. Die Gesichter der Geschäftsmänner, Reisenden, Großväter und der Halbstarken aus der Umgebung drehten sich intensiver weg. Nur einer der Halbstarken nippte noch versteckt an seinem Bier.

Schultz ging zwei Schritte vor und stellte sich über den erkaltenden Corpus Delicti. Pieret war tot. Es schien, als killte Schultz aus klarster Logik, ohne jedes Anzeichen einer geringfügigsten Gefühlskonsequenz.

»Du dummes Mädchen«, sagte Schultz easy mit der enttäuschten, reumütigen Stimme eines Lehrers, der einen Schüler aufgegeben hatte. Er war allgemeinhin bekannt dafür, dass er erst zu schießen pflegte und danach Tacheles zu reden begann. Ein Ruf, von dem Dachs nichts wissen, aus dessen Welt er nichts ahnen konnte. Die Welt fährt Schlittschuh, wie der Holländer sagt, die Leute schießen einfach aufeinander. Schultz drehte den Kopf über den Krater von Pierets Schädel wie eine Schlange. Wie ein Leguan blinzelte er, abwechselnd, und sprach den Abschiedsfluch.

»Ein authentischer Mann würde sich vor mir aufbäumen, mir die Fresse einschlagen und mich berauben. Aber du, wie ein dummes Mädchen, es stiehlt.«

Alles blieb easy.

»Du dummes Mädchen«, wiederholte er, beugte sich zu ihm herab und entnahm ihm seine goldkaratige Armbanduhr aus der Innentasche. Pieret hatte sie ihm zuvor gemopst. Dem größten Mobster von allen. Er hatte die Chance auf die Vollendung seiner Kunst gesehen und zugegriffen. Seine lachende Leidenschaft, sein Spieltrieb forderte ihn heraus. Und wenn er nochmal leben würde, er hätte es wieder getan, dieser Idiot. Schultz schüttelte den Kopf, dann bewegte er sein Gesicht zu Dachs, dann zog er seine Augen hinterher und sah ihn an, wie das Chamäleon.

»Sorry, Mister Dachs. Ich wollte nicht, dass Sie Zeuge eines Mordes werden müssen, es tut mir leid Ihnen das zugemutet zu haben. Aber Fluchttiere haben erst ihre Ruhe, wenn sie tot sind. Diebstahl ist eine erbärmliche Machenschaft, sie birgt nur einfältige Eigenschaften und kann zu reinster Eitelkeit verkommen. Das hier war ein fortschrittliches Exemplar. Ich hoffe, Sie haben sich nicht allzu nahegestanden. Je näher man ihnen kommt, desto mehr zwicken sie einem ab. Die Rolle behalte ich zur Aufwandsentschädigung für die Reinigungskosten hier. Wird schon was Wert sein, denke ich, bei dem Gewese.«

Dachs dachte, dies wäre das Ende. Von einem Hanswurst zur Strecke gebracht. Er hatte alles gesehen – er wusste wer der Mörder war und woher er kam. Schultz konnte ihn unmöglich am Leben lassen.

»Bevor Sie mich töten«, sagte Dachs mit trockener Kehle, als wäre ihm das Bier ausgegangen. »Eine Frage aus Neugier.«

»Ich werde Sie nicht töten«, sagte Schultz. »Ich bin doch kein Barbar. Da wo ich herkomme, Mister Dachs, da rich-

tet man Männer für ihre Taten, nicht für Ihre Worte. Mein Konzept von Todesstrafe. Fragen Sie.«
»Bevor Sie mich töten«, wiederholte Dachs. »Kennen Sie Alfred Gold?«
»Bitte verzeihen Sie mir die Kopfschmerzen«, antwortete Schultz.
»Welche Kopfschmerzen?«, fragte Dachs zurück, dann wurde alles schwarz. Das schummrige Orange und das hölzerne Braun wurden zu schwarzer Nacht. Er träumte von Düsseldorf, dem Kramladen. Von Pieret, wie er durch die Scheibe flog, wie ein Erzengel, zur richtigen Zeit am richtigen Ort. Biblischer Zufall. Dann kam ein Drache durch die Tür und plötzlich war er nicht mehr im Kramladen, sondern auf einem Bambuszeppelin über Tahiti und beging sich an einer Strandschönheit. Träume eben.
Dachs wachte in einer Seitengasse neben einem offensichtlich blinden Obdachlosen auf, denn er tastete an ihm herum, ohne etwas zu suchen. Er stützte sich an die Ziegelmauer und lehnte sich hoch. Er war irgendwo in Hell's Kitchen gestrandet, zurück auf der Manhattaninsel. Man muss ihn aus einem fahrenden Auto geworfen haben, das würde die Schürfwunden erklären. Die Knüppelnarkose verursachte ihm fatale Kopfschmerzen, als sei ein Stoßtrupp von Bergarbeitern des Industriezeitalters in seinem Schädelinnern auf Flöz gestoßen. Er hatte immer noch Bierdurst. Die Morgensonne kam gerade durch die Schlitze der Häuser geströmt, es waren wenige Autos auf den Straßen. Er lief durch die Schluchten der Skyscraper auf der Suche nach einer Subwaystation. Warum wusste er auch nicht. Ein Paperboy brüllte ihm aus dem Nichts mit einer kreidekratzend hohen Stimme ins Ohr.

»Breaking News!«, krächzte er, ihm und den anderen müden Frühaufstehern im Bezirk in ihre schläfrigen Gemüter. Er penetrierte sie alle mit seinem juvenilen Geschäftssinn.
»Breaking News!«, krächzte er wieder und trillerte die Schlagzeilen: »Another Dutch-murder at the docks of the Bronx. Murder in the Bronx! Ladies and Gentlemen, the Dutch is back! Murder in the Bronx! Another one!«
Dachs kaufte ihm für ein paar Pennys eine Ausgabe ab, damit er Ruhe gab. Man hatte ihn nicht ausgeraubt. Der Paperboy zog zufrieden an seiner Bulldog-Pfeife und kramte nach der nächsten Zeitung in seinem Stapel. Dachs schlug die erste Seite auf. »Dutch-Slaughter« titelte das Blatt. Darunter ein uncharmant getroffenes Polizeifoto von Dutch Schultz, so sah er eigentlich gar nicht aus, und in der Mitte ein Panoramafoto des Tatorts, welcher nicht dem Tatort entsprach, der Dachs im Gedächtnis geblieben war. Pieret lag dort mit zerschossenen Gesicht auf einem Haufen Kohlebriketts am Hafen und mit einem klaffenden Loch in der Brust, der Kopf war nach hinten in die Briketts getaucht. In der Brust? Man hatte ihm das Herz herausgeschnitten. Um seinen Hals hing ein Schild auf dem stand: »Kill them before they grow!«
Dachs warf das Blatt fassungssuchend auf den Sidewalk. Verstanden hatte er genug. Er fand die nächste Station und verfuhr sich erst einmal quer durch die Stadt bevor er in Newport ankam. Er kaufte sich im Eilverfahren ein Ticket für die nächste Überfahrt zurück in die alte Welt. Von Amerika hatte er genug gesehen. Und nicht einmal Bier konnte man dort in Frieden trinken, ohne dass auf einen geschossen wurde.

Die Luft an Deck der Bismarck mit dem Zielhafen Hamburg schmeckte zuerst nach Erleichterung. Dann setzten die Erinnerungen ein. Und jeder weitere Tag Leben fühlte sich wie ein Geschenk an, ein Geschenk, das schwer zu ertragen war.

Doch Pieret war nicht tot. Während Dachs Trübsal über den Atlantik blies, saß er lachend mit Schultz im Speakeasy und führte den Kosher-Nostra-Brüdern seine Kartentricks vor. Poker, vor allem Five-Card-Stud, war ein großer Spaß. Er hatte in Schultz nun einen neuen Mäzen, dieser sprach auch endlich mal Französisch, die Sprache der Götter. Wer sagt denn, dass man nicht zweimal sterben darf, vor allem, wenn man ein Bankengründungsmitglied ist? In den ersten Wochen stellte Pieret sein Geschick bei der Bierlogistik unter Beweis und empfahl sich später als herausragender Croupier an der Wall Street. Der Goya wurde fachgemäß und werkgerecht in den Markt volviert und fand seinen Weg zurück in den Prado. Von Dachs' Gemini blieb nur noch über das Meer verwehte Asche von einem Scheiterhaufen auf einem privatbesessenen Strand.

Sehr geehrter Herr Doktor Bobrow,

ich habe wieder einen neuen Casus für Sie. Nach den Therapieerfolgen des Deliriumpatienten mit Schlottergang und dem Ossifizierten, hier nun ein dritter Fall, der mich nachdenklich stimmt:

Patient: Männlich, zweiundzwanzig Jahre alt, alleinstehend.
Auffälligkeiten: Glatzköpfig, Schädel verfärbt, lila Flecken deuten auf alte Brandwunden, halbseitig entstellt. Eine Fotografie habe ich beigelegt.
Leiden: Ruckartig hervortretende Augen, Erstarrungspanik gefolgt von Zappelkrämpfen (teils Fallsucht), ordinäres Fluchen. Ohne Reizinduktion, frei von externen Einflüssen.
Erstdiagnose: Hyperkinesie nach Gilles de la Tourette.
Differentialdiagnosen: Kriegstrommeltremor (Rüttlerkomplex), Bobrowsches Vagus-Axiom.
Das Trauma (erstes Aufkommen des Leidens nach Aussage des Patienten):

- Im Alter von fünf Jahren nimmt Vater des Patienten eine Entlausung vor
- Vorgehen der Entlausung: Haare mit Schnaps-Benzin-Mischung eingerieben, für die Dauer von circa drei Stunden in die Sonne gesetzt.
- Folge: Unglückliche Sonneneinstrahlung durch Fensterscherben bündelt die Hitze. Haupthaar brennt.
- Vater übergießt Sohn mit einem Kübel Wasser. In der Verbindung mit der Schnaps-Benzin-Lösung erfolgt eine solar-induzierte Kettenreaktion, welche die Entstellung bewirkt. Traumatisches Erlebnis. Ursache für psychotische Folgeleiden wirken plausibel.

Behandlung: Einsatz von Chlorpromazin kontraeffektiv, dagegen half die Zugabe von Haschisch, welches die Nebenwirkungen linderte, aber nicht gegen das Symptom als solches ankam.

Herr Doktor Bobrow, nach den letzten beiden, positiv ausgefallenen Therapien, möchte ich Sie auch hier bitten, mir Ihre Meinung (evtl. eine Ferndiagnose) sowie ggf. nötige Medikation zukommen zu lassen.

Mit allem Respekt verbleibe ich in gewohntem Gruße,
Ihr Doktor Karl Kollwitz

KAPITEL IX
Die Vernunft und das Andere
1927

Flechtheim öffnete dem Klopfen an der Tür.
»Hereingetreten«, empfing er seinen Freund und Maler Grosz in seiner Wohnung über seiner Galerie am Lützow-Ufer. »Wo haben Sie denn Ihre Frau vergessen?«
»Die ist zu Hause beim Söhnchen. Einer muss ja. Hallo Alf«, antwortete Grosz und trat ein.
Es war einer dieser vielen kleinen, gastreichen Feste, die Flechtheim unregelmäßig doch oft in seinem Apartment veranstaltete. Für jeden vergnüglichen Abend wurde ein Grund aus dem Hut gezaubert, mal zu Ehren der x-ten Ausgabe seiner herausgegebenen Zeitschrift »Der Querschnitt«, mal zu Ehren einiger Surrealisten aus Paris, die zufällig in der Stadt waren – diesmal war es zu Ehren des achtzigsten Geburtstags von Max Liebermann. Ob dieser noch aufkreuzen würde, blieb allerdings ungewiss. Eingeladen war er und zugesagt hatte er auch, aber er war eben auch schon achtzig Jahre schwer. Bei so alten Leuten weiß man ja nie. Flechtheims Apartment war vollgehängt mit französischem Impressionismus, fast als wanderte man durch die Gänge der Schule von Barbizon, wären da nicht, in fließendem Übergang fast Überhand gewinnend, die späteren Kubisten und Fauvisten, die mochte er am liebsten. Blaue Picassos und zackige Braques, bunte Matisses und perverse Schieles, einmal Rousseau, zweimal Munch, Signac, Maillol, Pechstein, Leibl, Renoir, van Gogh, Cézanne, und, ach ja, da war er, ein Liebermann. Flechtheim stammte aus einer Handelsfamilie, sein Vater handel-

te hauptsächlich mit Getreide, doch das Korn wollte nicht so recht auf den jungen Alfred überspringen. Viel lieber vergrub er sich in den Kunsthandel. Es muss 1905 gewesen sein, auf seiner Hochzeitsreise nach Paris, da gab er die gesamte Mitgift seiner angemählten Frau Betti für damals noch unbekannte Kubusmaler aus. Sein auch in Natura großer Riecher zahlte sich aus, schon wenige Jahre später hatten sie das Fünffache an Wert gewonnen. Sein Netzwerk war komplex, er kannte überall alles und jeden, dementsprechend waren auch stets interessante und eigenartige Gestalten bei seinen Soirées zu Gast. Zwei ihm bekannte Kunstsammler aus dem Empire, George Charles Montagu der 9th Earl of Sandwich und der junge Lord Ivor Churchill, Sohn des 9th Duke of Marlborough standen bei Betti und unterhielten sich sichtlich amused über einen Modigliani, »nu couché«. Awesome. Weiter hinten sammelte ein alter Freund von Grosz aus Pariser Zeiten vor dem Krieg, Jules Pascin, einen Pulk Schaulustiger um sich wie ein Rattenfänger mit einer Flöte und führte einen Zaubertrick vor. Er legte eine Zeitungsseite auf seine Hand und kratzte zwei rote Kreise mit einem Streichholzkopf darauf, dann entzündete er das Stöckchen und hielt es unter das Papier um es den Schattierungen entsprechend anzuschwärzen. Er hob das fertige Bild in die Luft und rief:
»Et voilá! Titten!«
Die Leute klatschten begeistert, es war Magie, er hatte mit einfachsten Haushaltsmitteln wahrhaft echte Titten zu Papier gebracht. Un Jongleur d'arte, c'est wrä, magnifick.
»Néné!«, rief Pascin in den Applausus, dann sah er Grosz und winkte ihm euphorisch zu, seinem guten Freund aus alten Zeiten. Er lachte, als wäre es sein erster und letzter

Tag auf Erden. Seine Launen waren stets ansteckend, die Guten wie die Schlechten.

»Jules! Du alter Hütchenspieler«, sagte Grosz in den Raum, gab Flechtheim einen Schulterklopfer, ging auf Pascin zu und verschwand zwischen den Menschen. Abermals klopfte es an die Tür und Flechtheim öffnete.

»Hereinspaziert«, sagte er und nahm Kollwitz in Begleitung des Ehrengastes in Empfang. Er war doch noch gekommen. Kollwitz hatte ihn überredet und von einer Vernissage der Berliner Secession verschleppt.

»Gute Arbeit, Käthe«, lobte Flechtheim. »Lieber Max, Herr Vorsitzender Liebermann, es freut mich ganz besonders.«

»Is doch Selbstverständlichkeit, Herr Flechtheim«, sagte Liebermann. »Sehn se sich nur vor, ik bin nich mehr janz de Schnellste, wa.«

Er war das erste Mal Gast einer dieser Feste zu Flechtheim und sah sich langsam im Raum um. Sein Schnäuzer kräuselte sich vor Liebreiz beim Anblick der vielen, beinahe ausschließlich französischen Maler.

»Wissen se«, sagte er zu Flechtheim. »Eine Sache bewundere ik an diesen Franzosen. Dit is ihre Noblesse: Ein Deutscher, der malt immer gleich so'ne Großmutter mit'm Kind. Ein Franzose aber, der malt so'n Blumenstrauß. Dit is nobel. Denn so'ne Großmutter mit'm Kind, wat da alle drinsteckt, dit kannste garnich malen. Dit kriegste nich hin mit diese Pinsel da. De Franzose wees das.«

Kollwitz lachte und kniff Liebermann in den Unterarm, Flechtheim nickte kräftig zustimmend.

»Wie ich immer zu sagen pflege, Herr Liebermann, die Kunst ist mir alles, ich bin der Kunst nichts. Alles herzlich Gute zum Geburtstag.«

»Heute wird gelacht«, sagte Kollwitz wenig überzeugend. Sie kam, wie sie immer kam – in langem grauen Kleid, das etwas sackig saß, mit weißer Malerschürze und gewohnt hängender Miene. Ihr Gesicht hatte sich an die wehmütigen Stunden angeglichen, was nicht bedeutete, man könne nicht auch mal ein Fest mit einem Gran Fröhlichkeit mitnehmen.

»Und, wo haben Sie Ihren Mann vergessen?«, fragte Flechtheim.

»Ach, der«, sagte Kollwitz und lächelte sanft. »Für den sind diese Künstlerkonversationen instabile Gefühlsblasen, wie er sagt. Er bevorzugt ärztliche Streitthemen. Jetzt ist er schon zwei Jahre in einem brieflichen Konflikt mit einem gewissen Doktor Bobrow, kennen Sie den? Der ist vielleicht ein verrückter Uhu.«

»Mich sagt dit nix«, gab Liebermann zu.

»Nun ja, andere Berufe, andere Sujets«, erläuterte Flechtheim.

»Wie dem auch sei«, meinte Kollwitz, »an einem Glas Wein wäre jetzt nichts Falsches dran.«

»Aber natürlich.« Flechtheim lotste seine Frau Betti mit dem Begrüßungstablett heran.

»Käthe, Max!«, rief Sie ihnen zu und strahlte vergnügt. Eine wahrhaft rheinische Sonnenbraut war sie.

»Nehmt euch runter, was ihr braucht.«

»Danke Betti.« Kollwitz nahm sich das Glas mit dem rubinrot im Kamin. Der alte Liebermann fing ein wenig an zu tattern, auf die ruhigen Tage nochmal ungeduldig.

»Na, dann führ'n se mich doch ma durch Ihre Privatsammlung, Herr Flechtheim«, forderte er und sie gingen los, mit sachtem Schritt an den Wänden entlang.

»So viel Farbe, nich, Käthe?«, staunte Liebermann.
»Ach, Farbe«, sagte Kollwitz und rieb sich am Nacken.
Zwischen all den Franzosen hing auch eine Zeichnung von Kollwitz und die Gruppe blieb stehen. »Mütter« hieß sie und war eine zerworfene erste Fassung für einen Zyklus namens »Krieg«, sie hatte es im Februar 1919 gezeichnet, über die paar Wochen zwischen dem Spartakistenaufstand und der Ermordung Liebknechts und Luxemburgs. Es zeigte klassischerweise Mütter, die ihre Kinder hielten, beweinten, und verzweifelt liebten. Kollwitz selbst war im Vordergrund zu erkennen, Hans und Peter hielt sie. Da war er wieder, ihr Gesichtsausdruck.
»Dit is mir ein Präferidum von dir, Käthe«, kommentierte Liebermann. »So traurich, steckt viel drin, so deutsch, hat ja auch sin Gutes. Find dit toll, beängstigend finibel dehne Ausführung.«
»Wegen meinem Sohn«, sagte Kollwitz. »Du weißt ja, Max.«
»Sachma: Wieso nimmste denn nit dit Farbzeuch zur Hand? Bisschen Rot tät gut.«
»Ach, die Farben, Max. Farben verfälschen mein Inneres. Lass' gut sein.« Sie wurde wieder traurig.
Flechtheim hustete leitgedanklich für einen Themenwechsel, Betti erzählte eine lustige Erinnerung aus ihrer Kindheit und alle lachten wieder. Es hatte etwas mit einer Mäusefalle, einer Katze und ihrer großen Schwester zu tun, alles passte. Aus dem Grammophon erklang ein Charleston von einer Platte aus Amerika, das Licht des Kronleuchters schimmerte pfirsich-orange und das Geplauder wurde wie die rheinische Küche, gütlich und herzhaft. Dafür waren Flechtheims Feste auch berüchtigt, das Es-

sen. Denn obwohl er ein kosmopolitischer Geschäftsmann war, tat das seiner Herkunft Düsseldorf und ebensolchem Appetit keinen Abbruch. Hier wurde nicht nach Kalorien oder Vitaminen gegessen, es wurde herrschaftlich gespeist und getrunken, ganz nach alter Hausmannskost die einem bei Kräften hält, das wusste Liebermann, darum war er da. Man roch schon den Wels aus der Pfanne und den Braten aus dem Ofen. Die komplexen Weine und die bunten Wände voller Kunstgedanken taten ihr Übriges für einen angenehmen Aufenthaltsort zum Leben. Bettis Assistentinnen läuteten die Glocke, es war Zeit ins Esszimmer zu kommen, wo meist Stilleben von Matisse oder die eigenwilligen Seelenlandschaften von Klee hingen. Die Gäste bewegten sich gern. Der große und viel bestuhlte, reich gedeckte Tisch lud zu lukullischem Mahl aus der rheinländischen Hausküche, in der Betti mit roten Bäckchen den Ton angab. Dampfender Sauerbraten, Kottenbutter mit Zwiebeln, triefende Gänsepastete, geräucherte Blutwurst, Stubenküken mit Erbsen und Kartoffelbrei mit Spiegeleiern, dazu Alt-Bier oder eiskalten Moselwein oder charakterstarken Bordeaux, und zum Nachgang dufteten auch schon bergische Waffeln mit heißem Kirschmuß aus der Küche herein.

Grosz und Pascin setzten sich nebeneinander und die Gespräche verliefen sich. Zu Grosz' Linken nahm eine semicharmante, alte Tanzlehrerin Platz, die nach ihrer Knieverletzung in der Jugend eine eigene Ballettschule eröffnet hatte und nun wegen der großen Nachfrage eine erste Zweigstelle aufmachte und so weiter und sekundärbedeutend. Pascin unterhielt sich zu seiner Rechten mit dem jungen Lord Ivor Churchill über sein Lieblingsthema – Weiber.

»Frauen«, sagte der junge Lord Ivor Churchill in seinem Oxford-Deutsch, »sagen niemals was sie denken, nur was ihnen einfällt, und das haben sie meistens von ihrem Mann.«

»Je fester du dein Weib prügelst«, vervollständigte der Earl of Sandwich, der dazwischen saß, mit einer sich tiefgründig ziemenden Farmerweisheit, »je fester du dein Weib prügelst, desto besser schmeckt die Suppe.«

Die anmutige Tischdame von gegenüber fand diesen Machismus haarsträubend desolat und ganz und gar unangebracht.

»Männer«, appellierte sie dagegen, »sie gleichen sich wie ein Ärmel dem andern. Je größer das Mundwerk über das andere Geschlecht, desto unausgeglichener ihr Liebesleben.«

»Frauen verblühen«, entgegnete der junge Lord Ivor Churchill kurz und bündig.

»Männer verduften«, erwiderte die Tischdame.

Dem Langweiler neben ihr war das Gespräch katastrophal oberflächlich, er wusste gar nicht, warum er hier war. Es schien, er hätte nicht rechtzeitig den Ausgang gefunden, darum säße er jetzt da und tat erstmal lieber nichts. Kollwitz, dessen Nachbarin, stieß ihn in die Seite.

»Langweilen Sie sich?«, fragte sie freundlich.

Mit einem langen Seufzer und ohne Schwung holte der Langweiler aus:

»Langeweile befruchtet und inkarniert sich selbst, Frau Kollwitz. Teufelsspirale, Tretmühle, Rad. Das meint – Langeweile gebiert Langeweile. Ich befinde mich derzeit in meiner dreitausendsten Langeweile-Rotation. Damit Sie sich jetzt nicht wundern: Da mir so langweilig ist, habe ich angefangen jede quälend fade Ödnis, die mich umnebelt, zu archivieren, und auch das ist, Sie ahnen es, gähnend langweilig. Und jetzt kommen Sie und erzählen mir etwas von Langweile. Langeweile! Das Leben ist solch eine Desillusion.«

»Aber kommen Sie«, lachte Kollwitz. »Trinken Sie noch was, das hilft an solchen Tagen.«

Es tat immer gut jemanden zu treffen, dem es schlechter ging als einem selbst. Nichts spendet in ehrlichen Stunden mehr Trost als das Leid der Anderen.

»Wie sagte noch Arthur Schopenhauer?«, öffnete der Langweiler abermals langwierig. »Das Leben ist gerade noch so erträgbar, dass man sich nicht umbringt. Es ist ein ewiges Pendel, das ohne Unterlass zwischen Schmerz und Langweile schwingt. O, Arthur.«

»Wie schön, Sie lesen«, lobte Kollwitz und wechselte erfrischt den Gesprächszirkel zum Tischende, wo Liebermann sich niedergelassen hatte und seine Glatze mit dem Taschentuch polierte.

Als gerade alle ihre Portionen von den Schalen auf die Teller gefrachtet hatten und losspachteln wollten, klopfte Flechtheim an der anderen Seite des Tisches mit einem Kuchengäbelchen an ein Weinglas und stand mit eben diesem auf für einen kleinen Toast. Das hatte Tradition.

»Meine Damen und Herren, Mes Dames et Monsieures, ich danke für Ihr Erscheinen und Ihre spannenden Gespräche, lassen Sie mich einen Toast aufsagen, zu Ehren unseres Ehrengastes, Max Liebermann, nochmals alles erdenklich Gute von mir, von uns allen.«

Die Kostgänger klatschten ihrem Häuptling herzhaften Applaus. »Zum Wohl Max«, rief man durcheinander, »Prost, Chapeau, Cheers, Slauncher, Salud, Nastrovje, Campai.«
»Herr Liebermann, Max, du bist nun in meinem Hause. Immer schon warst du mir große Figur, die Sonnenflecken deiner Bilder brachten uns immer schon in Hochglanzstimmung. Leicht und ewig, so wie du. Und ich bin ja nur Sammler, was für ein Idol du für all die Maler hier bist, das können sie dir später noch selbst erzählen, wenn sie sich ein bisschen Mut angetrunken haben.« Man lachte. »Nun aber genug geschwatzt. Reingehauen Leute, guten Appetit.«
Die hungrigen Mäuler vertieften sich quatschend in ihre vollen Nahrungstürme, nur der Langweiler brachte irgendwie keinen Happen herunter, dabei hatte er sich nur Erbsen aufgeladen, mit ein paar Möhrenstücken darin. Gekochte Möhren waren ihm zuwider.
Grosz biss auf dem Braten herum, als wolle er das Tier ein zweites Mal erlegen. Er war hungrig und froh, dass Pascin sich endlich einmal wieder blicken ließ, und das auch noch bei einer seiner legendären guten Launen. Es würde eine lange, feuchte Nacht werden, er musste sich Reserven anfressen.
Liebermann aß dienstlich und sorgsam Bissen für Bissen und scherte sich nicht um die lustigen Geschichtlein. So sah es zumindest aus. Alte Männer lachen nicht mehr mit ihrem Gesicht. Sie lachen mit dem Körper, zucken die Schultern, wanken den Kopf hin und her, oder so etwas. Er zuckte die Schultern als Pascin einen lauten Witz erzählte, den auch die Frauen lustig fanden:

»Ein Priester und ein Rabbi gehen nackt in einem Fluss baden, da kommt eine Gruppe Spaziergänger aus dem Dorf am Ufer vorbei und starrt die beiden an, wie sie, so wie Gott sie schuf, vor ihnen stehen. Da hält sich der Priester vor Scham die Hände vor den Schritt, der Rabbi hält sich seine Hände vor das Gesicht.
›Warum hälst du dir die Hände vor dein Gesicht?‹, fragt der Priester verblüfft.
Der Rabbi antwortet: ›In meiner Gemeinde erkennt man mich an meinem Gesicht.‹«
Alle lachten laut. Liebermann wankte den Kopf hin und her. Der Langweiler überwand sich zu ein paar Erbsen, das Eis war gebrochen. Alle quakten und quiekten durch die Gegend und bewiesen sich in Konversation. Verschachtelte Themen und Treppenwitze, Situationskomik und nicht nacherzählbare Augenblicke. Es war angenehm.
Und inmitten all der lustigen Feierlichkeiten und offenen Getränke durchlebte Pascin plötzlich einen Sinneswandel. Sein zweites Gesicht schob sich vor das erste, wie Wolken zog es sich zusammen, so als bisse er auf etwas Bitteres. Einem Werwolf bei Vollmond gleich schärften sich seine Zähne. Seine Zunge spaltete sich und wurde gefräßig, Hörner wuchsen ihm aus den Schläfen, seine Schwanzspitze verwandelte sich in einen Schlangenkopf. Mit den Schlitzen eines Fressräubers beäugte er die noch lebhafte Tischgesellschaft auf der Suche nach der zweiten verlorenen Seele im Raum, um sie wie der Paktierteufel einzufangen. Der Langweiler war ihm zu profan, doch daneben saß ein weit dunkleres Antlitz, ein Tor zur Hölle, das nur so tat als würde es lächeln.

Kollwitz sah quer über den Tisch und bemerkte, wie Pascin sie düster anglotzte, als wollte er ihr die Haut abziehen, um sich ein Kleid daraus zu nähen. Sie klärte ihre Fassade, denn Geisteskranke erkannte sie sofort. Jene Wetterumschläge der nackten Depression. Viele Täler hatte sie selbst durchkreuzt, viele Täler kamen immer wieder, man läuft im Kreis. Aus Spaß wird Hass, aus Trauer wird Freude, wieso auch immer. Vom Lachen entstehen Krämpfe, der Körper zwingt den Schädel in die Knie mit dem Würgegriff der Düsterkeit und tränkt ihn in Wut. Wut gegen sich selbst, Wut gegen alle Anderen und über alles andere, was war, ist und kommt – blinde, bedingungslose, bestialische Wut.
Die allgemeine Beredsamkeit der Runde ebbte ab, da ihr beständiger Alleinunterhalter schon länger keinen Witz mehr hatte fallen lassen, über den man sich hätte auslassen können. Man aß wieder mehr. Kollwitz und Pascin waren in Augenkontakt versunken und blickten sich gegenseitig in ihre tiefen Abgründe.
Auf einmal riss er sich los und brüllte auf, brach in schallendes Gelächter aus, welches mehr dem Flennen einer Hyäne glich. Doch ja, er schien zu lachen, so kam es den Gästen vor. Zumindest grinste er befreit bis über beide Ohren, als hätte man ihm die Mundwinkel mit Rasierklingen aufgeschlitzt. Nur Kollwitz wusste, was gerade passierte. Wenn sie in solche Stürme geriet, verließ sie die Feste frühzeitig, Pascin schien aber bleiben zu wollen. Keine gute Idee.
»Monsieur Pascin«, sagte sie. »Gehen Sie nach Hause.«

Pascin sah zähnefletschend zu ihr herüber. Depressionisten erkennen einander und pflegen einander ihren Konflikt.

»Frau Kollwitz«, sagte Pascin und alle lauschten dem Gespräch über die Tischdiagonale, Flechtheim kümmerte sich mit zwei Handbewegungen um etwas mehr Wein. Man erwartete einen gegenseitigen Lobgesang zweier Künstler untereinander.

»Wie geht es Ihren Söhnen?«, fragte Pascin mit Blut im Maul.

»Ich habe nur *einen* Sohn«, sagte Kollwitz und kaltes Schweigen war dem warmen Lauschen der Gäste gewichen. Man hörte nun unabsichtlich zu.

»C'est vrai?«, rief Pascin der peinlich berührten Meute zu als verlese er wieder einen neuen Witz.

»Das waren doch mal zwei gewesen. Ich erinnere mich doch. Vier rote Pausbäckchen. Deux, non? Vraiment.«

»Vraiment, Monsieur Pascin«, sagte Kollwitz abgeklärt, den Schmerz unter dem Tisch mit ihren Füßen in den Boden drückend. »Vielen Dank für meine ungebetene Beteiligung an Ihrem Anfall. Wenn Sie sich nun verpissen würden?«

»Mich verpissen?«, lachte Pascin plötzlich entspannt, abgespannt, irgendwo gelandet. »Ich? Pissé?«

»Sie haben schon verstanden, junger Mann. Waren Sie nicht auch im Krieg und haben Kugeln gejagt? Ja?«

»Ha! Ich war in Amerika! Sehe ich so stupide aus wie Ihr Söhnchen?«

Grosz betrank sich unabsichtlich während all der vergifteten Konversation. Sie war ein Unfall – plötzlich ging alles so schnell, man konnte gar nicht hinsehen, doch man musste.

Flechtheim stand auf und versuchte die Stimmung zu Liebermanns Achtzigsten nicht ohne Not absterben zu lassen, indem er moderierte:

»Wir alle kennen die unsere, gegenseitige Geschichte. Ja, es gab einen Krieg und ja, wir haben Menschen an ihn verloren. Aber es war nicht *unser* Krieg, vergessen wir das nicht. Nicht wir Deutschen, nicht wir Franzosen, nicht wir Engländer und ja Vassili – nicht wir Russen. Niemand von uns wollte was passiert ist, wir alle hatten uns zu arrangieren. Vergessen wir es nicht, aber legen wir es ab, wie einen Stoff. Bekleiden wir nicht auch noch unsere Zukunft mit diesem schwarzen Tuch und nutzen wir die Gegenwart dazu, es zu falten. Sind mir hierbei alle D'Accord?«

Der junge Lord Ivor Churchill und der Earl of Sandwich klatschten, die Engländer mochten solcherlei Vorträge zur einhaltenden Vernunft besonders, die anderen nickten einstimmig.

Nur Pascin stand auf, breitete die Arme aus und rief wie ein Zirkusdirektor in die Manege:

»Blödsinn!«

Man sah sich an.

»Allez! George! Machen wir nochmal ein bisschen Dada-Blödsinn!«

»Das ist kein Blödsinn«, erklärte Grosz leicht lallend. »Es geht um den Mord an der ...äh... Kunst! Was?« Er hatte schon getankt und war zu vielem aufgeschlossen.

»Ja komm, allez!«, eiferte Pascin und hüpfte auf den Tisch. »Die Kunst ist tot, n'est pas?«

»Stopp!«, hielt Flechtheim dagegen. »Doch nicht zu Max' Achtzigsten! Contenance, bitte!«

Liebermann zuckte die Schultern. Kollwitz nahm gezielt einen Schluck von der finnischen Nacht, Bobrows Wodka, den Karl zu Hause heimlich in seiner Schublade versteckt gehalten und den sie nun als Gastgeschenk in aller Spontanität herbeigezaubert hatte. Dann ließ sie sich wieder gekonnt in ihre Vergesslichkeit treiben.

»Gau-guin! Gau-guin!«, stieß Pascin aus wie ein Pfau und flatterte mit den Händen, als plustere er sich vor einem Pfauenweibchen auf. Dabei stolzierte er auf dem Tisch herum und trat krachend auf Besteck und Teller. Dem Langweiler ging eine Erbse flöten.

Die Tischdame tupfte sich die säuerlich-nervös schmeckenden Schweißperlen von der pikierten Oberlippe, der junge Lord Ivor Churchill brachte die Schüssel Kartoffelbrei sicherheitshalber auf seine Seite.

»Ja, das war lustig, kommen sie runter Jules!«, schimpfte Flechtheim mit angemessenem Ton.

Dann sprang Grosz von seinem Stuhl, nutzte ihn als Treppensteig und folgte Pascin auf den Tisch, dort nahmen sie sich an den Schultern, drehten sich im Kreis und sangen und stampften ihr altes Lied im Chor:

»Exitus und hopp,

wir tanzen Ri- Ra- Revolution auf der Ri- Ra- Republik, alle: Ri- Ra- Revolution auf der Ri- Ra- Republik!

Ein Trichter in dein Ohr.

Es ist nichts mehr wie davor.

Wir tanzen Ri- Ra- Revolution auf der Ri- Ra- Republik, alle: Ri- Ra- Revolution auf der Ri- Ra- Republik!«

Der Langweiler sank in sich zurück und Flechtheim genoss das Kunstverständnis anderer unfreiwillig, ungern. Betti war ein wenig besorgt um die Teller, doch sie strahlte

trotzdem. Die anmutige Tischdame und die Balletttanzlehrerin wussten, es war Feierstimmung, und betranken sich. Die Männer waren ihnen nun zu nichts mehr Nütze. Doch das Saufen gab dem Abend forthin Aufschub. Alle tranken, kreuz und quer, durch alle Sorten, Gattungen, Geschmäcker von Weinen, Bieren, Single Malts, Kräuterschnäpsen, oder guten alten Wodka. Die »finnische Nacht« galt einvernehmlich als der Beste, der je getrunken wurde. Alle quakten und quiekten wieder heitere Gespräche. Die Bilder drehten sich um die homogene Plappermasse wie in einem Planetarium, es wurde so bunt wie froh.
Grosz verlor die Zusammenhänge in seinen Erinnerungen und verknüpfte die Bilder. Folgendes blieb in seinem Gedächtnis haften:
Er sah den Nachtisch, eine Waffel, das Kirschmuß war kalt. Alle waren satt. Alle standen auf und liefen kreuz und quer und tranken. Pascin war längst wieder im Empfangsraum und führte Zeichentricks vor, da stand er noch verlassen auf dem Tisch, allein, also kam er wieder herunter. Er sah sich selbst, wie er Kollwitz begrüßte, die gute alte milde Dame Kollwitz, dann, wie er Liebermann die Hand küssen wollte, ein achtzigjähriger Saufkopf, er hatte gänzlich damit aufgehört zu tattern und bewegte sich so männlich elegant wie früher, sogar die gemiedene Tischdame und die Balletttanzlehrerin schienen wieder Hoffnung zu schöpfen und schmiegten sich an. Alf hatte wieder gute Ratschläge, Betti war nett, er mochte sie. Da war da noch der Langweiler, der, während er als einziger tanzte, so etwas sagte wie: »Irgendwie muss man seinen Bald-Kadaver ja bewegen, bevor er letztlich und endlich tot ist. Was ist schon ein Kadaver anderes als ein Häufchen Erde auf

einem Planeten, der selbst Erde heißt. Tanzen ist so langweilig. Ich tanze aus Protest ironisch.«

Er lernte einen Pedanten kennen, den er vorher gar nicht bemerkt hatte. Ihm verpasste er eine Backpfeife, wieso wusste er nicht mehr. Außergewöhnlich pedantisch. Irgendein Lord Ivor Churchill hatte Fragen. Irgendwas mit Kunst. Daraufhin geigte Grosz ihm seine Meinung über Kunstsammler. Ein Glück, dass Flechtheim nicht zugehört hatte – hätte peinlich werden können. Und dann war da Pascin. Grosz lief ihm den ganzen Abend nach, während dieser von Konversation zu Konversation sprang und hier und da dem ein oder anderen die Schau stahl mit seinen Tricks. Er hatte Millionen davon, doch waren sie irgendwie immer gleich. Am Ende kamen immer Titten dabei herum und alle klatschten. Grosz kannte das schon, das war eben sein Ding. Jeder hat sein Ding. Die nächste Erinnerung fand auf der Straße statt. Pascin sang ein Lied zu Ehren der gefallenen Franzosen, mitten in Berlin, nur um zu provozieren, aber das verstand ja sowieso keiner. Pascin bog ab in einen Park und kam einfach nicht zum Stillstand. Er stiefelte kurz in einem Springbrunnen wie ein Kind in einer Pfütze. Er kannte das, sein Sohn Peter fing langsam an, sich für Pfützen zu interessieren. Mit nassen Sachen marschierte er wankend weiter, ging in ein wildfremdes, hohes Haus, durchlief das Treppenhaus und beging den allgemein zugänglichen Dachspeicher.

»Hier komme ich immer her, wenn ich in Berlin bin«, sagte er. Soweit Grosz sich erinnern konnte, war Pascin noch nie in Berlin gewesen. Sie kannten sich aus Paris. Er krackselte unerschrocken lebensmüde aus dem Fenster und bestieg das Dach. Grosz empfand das in seinem Zustand als eine vernünftige Idee und kletterte hinterher. Dort saßen sie und beschauten den Monduntergang über der Stadt, den Clair de Lune, den ruhigen Galaxis-Nachbarn in dieser Wunderwelt. Grosz schaute wiedermal dem Universum ins Gesicht und träumte. Pascin hatte die Flasche mit dem ominösen Wodka mitgehen lassen, auf den alle so scharf gewesen waren, zog sie aus dem Hosenbein und hielt sie ins Mondlicht vor Grosz. Die »finnische Nacht«. Sie nickten einstimmig und soffen das gute Stück. Dann weinte Pascin. Der Flaschenboden war das letzte woran er sich erinnern konnte.

Am nächsten Morgen weckten ihn die rotgrünen Strahlen der aufgehenden Sonne am gezackten Horizont der schwarzen Dächer aus einem Halbtraum. Die Welt ging wieder auf, es war, als hätte er niemals etwas getrunken, alles war ihm klar. Klar wie eine finnische Nacht, so war es in seinen Gedanken. Alles hatte sich von selbst aufgeräumt, alles war ordentlich gefaltet, staubfrei und blitzte vor Glanz. Gerade und im Lot, so lag es da, sein Bewusstsein. Nichts zu spüren von einem Kater. Nur Pascin war verschwunden. Seine Zigaretten hatte er vergessen. Grosz rauchte in den heißen Julimorgen, sein Qualm war die einzige Wolke am Himmel.
Er schnippte den aufgerauchten Stummel in die Regenrinne und machte sich auf, durch das Fenster zurück zu klettern, was sich als kompliziert herausstellte, wenn man der Vernunft wieder leibeigener war. Das Risiko war immens, wie war er nur da rausgekommen. Es wurde ein Drahtseilakt, ein Tanz mit dem Tode, welcher Grosz einen Überschuss an Adrenalin abverlangte. Letzten Endes hatte er

überlebt. Solche Aktionen würden eines Tages mal sein Untergang sein, dachte er bei sich. Eines Tages würde er noch von solch einem Dach fallen, eine Treppe hinabstürzen oder vor ein fahrendes Auto stolpern. Er lief das Treppenhaus hinunter und orientierte sich, er war nicht weit von seinem Atelier entfernt und sein ganzer Körper fühlte sich nach Arbeit an. Arbeit, die noch nicht getan war. Es wurde Zeit zu malen, Eva würde Verständnis zeigen, wenn Papa heute mal nicht zum Frühstück käme. Papa musste arbeiten. Großes leisten. Die Idee am Schopfe packen, sie durch die Straßen bis zum Atelier schleifen und in eine Leinwand prügeln. »Vater schlug!«, sollte sein Sohn einmal über seinen Alten sagen können. »Vater schlug die Machthaber und Konzernausbeuter und Fürstentumhuren und Kirchturmfritzen zu Brei«, sollte er später einmal verlautbaren können, wenn die Welt einen gerechteren Ausgang gefunden hätte. Doch niemals darf das Gute daran sterben. Niemals darf man kämpfen, mit Waffen, die man nicht gegen sich selbst gerichtet sehen will. Man muss ihnen wieder und wieder aus dem Weg gehen, ihnen in die Augen und nicht in ihre Gewehrrohre zurückblicken. Und wenn man sterben muss, weil man nicht töten will, dann stirbt man eben. Das würde er ihm mitgeben, auf sein hoffentlich langes Leben. Doch ob Deutschland dafür der richtige Ort sei, damit war er sich nichtmehr sicher. Beim Atelier angekommen, an einem Raum im Erdgeschoss in einer gut bewegten Straße, zog er zu allererst die Jalousien hoch und stellte eine mittelgroße Leinwand auf die Staffelei, legte sich ein paar Pinsel zu recht und spazierte sich selbst befragend durch den Raum. »Gehirnstürmen«, so nannte er es. Ideen aufgreifen und festnageln wie Christen

aufs Kreuz, auf den Punkt bringen wie Fürsten ihre Testamente und tiefgehen wie Militärapostel in die Gräben. Er nahm sich zum Frühstück einen Apfel und sein altes Messer und stellte sich an die Tür. Dann hörte er es durch die Straßen grummeln.
Paukenschläge, Trompetenbläser, Marschlieder, Kanonenrasseln und Ordengeklimper. Der Selbstmord-Zirkus war wieder in der Stadt. Die Clowns setzten sich Saufnasen auf und bepuderten sich mit leblosem Weiß, spritzten Benzin aus ihren Blumen. Ein Jongleur balancierte auf rollenden Pulverfässern und warf Fackeln in die Luft und ein Schlucker schob sich ein scharfes Schwert in den Rachen. Ein Dompteur mit Speer und Kettenring brachte den Tanzbären in Bewegung und peitschte die Löwen durch brennende Reifen. Ein Zauberer zersägte Akrobaten. Der Esel löste Rechenaufgaben. Der Selbstmord-Zirkus war wieder in der Stadt. Der Zoo der Unnachgiebigen ging auf Tour.
Grosz lehnte am Türbalken, schnitt sich einen Schnitz aus dem Apfel und sah sich den alljährlichen Umzug des Stahlhelms an. Welchen von den abermillionen Schüssen hatten sie nicht gehört? Der Club der monarchentreuen Altsoldaten. Mehr Karneval als Protest. Hunderttausend sollten es dieses Mal sein, sie hatten ihren Nachwuchs mitgebracht. Sie sangen ihre treudummen Hymnen und trampelten mit hohen, festen Schritten, mit preußischen Eisenkreuzen behangen und von bayerischen Trauerbinden umbunden die Straße entlang. Die Sonne brutzelte Sonnenbrände auf ihre dicken Stirnen und die Helme heizten ihre überreizten Wasserköpfe weiter auf. Grosz nickte sanft während er auf seinem Schnitz kaute. Ja, dachte er, sie heiligen ihre Anführer und verachten die Glaubenlosen.

Ein Pulk aus Versagensängsten, eine aggressive Sekte. Viele trugen ausrangierte 08/15-MG's, einer schleppte sogar eine Granatenschleuder mit sich herum.
So war das eben, sagte er zu sich, der dumme Teil der jungen Generation läuft dem dummen Teil der alten hinterher, die eine wie die andere bemüht, ihre Unfähigkeit zu verschleiern. Ganz die Eltern, die Jungen, ganz die Alten, die Eltern. Ganz nach ihrer herrschaftlichen Natur, auf die sie sich zu berufen pflegten. So bäumten sie sich auf wie Buchen und wuchsen aus sich heraus und schlugen tiefe Wurzeln und verzweigten bis zur Krone ans letzte Licht. Ohne jeden blassen Schimmer. Mörder waren unter ihnen und Schulkinder. Greise Veteranen mit eingefallenen Schultern und zerfallender Haut, die aussahen, als hätte man ihnen jedes Testosteron ausgesaugt, grummelten das Donnergrollen. Junge Fantasten mit fanatisch herausgetretenen Augäpfeln, die aussahen, als hätte man sie mit dem ausgesaugten Testosteron der Alten vollgepumpt, hörten die Pausenglocke und hatten schulfrei bekommen. Junge Männer, die für etwas aufbegehren, wollen ihre Zukunft ändern, Alte ihre Vergangenheit. Die einen wollen die Uhren richtigstellen, die anderen drehen am Zeiger. Keiner von ihnen kann die Dinge nehmen, wie sie sind. Ordnung ist ihr Trieb und nimmermüde sortieren, archivieren, attestieren, indizieren, transkribieren sie ihre nichtssagenden Spiegelbilder. Wunsch und Wirklichkeit – wo klaffen diese beiden Begriffe weiter auseinander als bei diesen Weltverschlimmbesserern?
Grosz nießte. Da schwebte Einiges in der warmen Sommerluft dieses Jahr. Viel aufgewirbelter Staub von Buchrücken nie gelesener Bücher. Es roch nach alter Asche von

der Weltkriegsfront. Sie faselten von genetischer Vererbbarkeit, von imaginären Kräften, von Verrätern an ihrer selbsternannten Rasse. Sie fabelten von Fehlinformationen, die verfälscht worden sind, von über Rasierklingen springenden Reportern. Sie redeten alle gleichzeitig und widersprachen sich noch innerhalb ihrer eigenen Sätze, doch im Gegensatz zu allen anderen waren sie dazu auch noch gemein. Jedes Feindbild war ihnen billig, um vereint darauf loszugehen. Lächerlich – eigentlich. Doch der Lächerliche, mit einem Gewehr in der Hand, hört auf, lächerlich zu sein. Sie warfen Grosz finstere Blicke zu, als sie an seiner Ateliertür vorbeimarschierten, angefüllt mit ungerechten Vorwürfen. Blicke, die ihnen nur die Ungläubigen zu verdienen schienen. Untereinander lachten sie wie normale Menschen, wie gute Freunde bei bestem Kaiserwetter, doch alles andere grenzten sie hermetisch aus. Nach außen dramatisch brutal, nach innen dramatisch familiär. Das Klima schien ihnen auch noch recht zu geben, die Sonne strahlte und es war angenehm warm. Könnte nicht der Himmel zuziehen und die ganzen Fatzken mit heilsamem Regen zurück in ihre Spelunken spülen, wo sie herausgekrabbelt waren? Fragte Grosz das gemeine Weltschicksal. Es stand nicht gut. Er zog sich vorsichtshalber in sein Atelier zurück und zog die Jalousien herunter. Dann wurde eben bei künstlichem Licht gemalt. Künstlich wie die Hysterie, künstlich wie das Rassenproblem. Er nahm sich einen Kohlestift aus der Schachtel, warf ein offenes Blatt auf den Boden und begann einen Reigen auf das Vorkommnis des Tages, auf die weiße Fläche zu kratzen:

Abgeglühtes Streichholz, Flammenspucker, Kohleschwarz,
nichts als Asche in der Birne

Hat Streit vom Streifpapier gestreift
Ein Pulverfass, das bauchig wurde,
bis zur Kehle aufgewürgt
Kassandra bleibt ein Frosch im Halse stecken
Verbrannte Haut und Kupferzunge
reißt herauf und Wasser zischt
Schwarze Herolds-Rufe schreit es aus
Walzt auf heißem Pyroklastenfluss
durch Dorf und Scheune
Heuert ausgedroschene Strohsackhirne an die Front
Vergiftet die Brunnen, infiziert die Kornkammern
Klüftet, schlürft die Sülze aus den Kratern
Spaltet, herrscht im Lavadom
Kinder spielen unschuldig in sprudelnden Schwefelbecken
Schmelztiegel für den Nachwuchs einer Zinnarmee
Nimm den Hammer mit der Faust,
steck den Schwanz ins Ofenrohr
Schmiede was nicht passt zu Beil und Schild
und schwerem Helm
und lauf hinaus zu Weltenbrand durchs Narrentor

Mach die Augen wieder auf Kokelkopf
abgeglühtes Streicholz, Flammenspucker, Kohleschwarz
knick zur Seite dein Genick und knack und ab
ich habe deine Dummheit satt!

X

Jedes Jahr um die gleiche Zeit, doch dieses Jahr hat er etwas bedrohlicheres an sich, dachte Kollwitz und stand etwas trauriger als sonst am Fenster und beobachtete den Straßenzug. Der Stahlhelm hatte zum Marsch geblasen, die Vereinigung der Dummgebliebenen, Monarchentreue gaben ihrer militanten Gesinnung Ausdruck und schritten ihren Schaulauf durch die Stadt ab. Alles Betrogene, dachte Kollwitz. Die einen, wie die anderen. Die einen, dem Kaiser hin erzogen, zur Untertänigkeit dressiert, durch schwere Opfer unbekehrbar gemacht. Die anderen, die Monarchen selbst, von Kindesbeinen an dazu verdammt, etwas zu bedeuten. Mit Seiden umhangen, an Schmuck gekettet und zu Großem verflucht. Auch sie waren Betrogene. Sie alle betrogen sich gemeinsam um den Fortschritt. Der Adel, weil er sich Adel heißen ließ und der Bürger, weil er sich Bürger nannte. Und dafür marschierten die Stahlhelme und Uniformierten, um sich nicht so ganz allein mit ihrem Schicksal zu fühlen. Die Zukunft war ihnen gestohlen worden, sollte sie ihnen doch gestohlen bleiben – die Vergangenheit war ihnen gut gewesen, sollte diese doch weitergehen. Leicht gedacht und schwer bewaffnet. Im Gleichschritt stampften sie durch die Häuserschluchten, die Kapelle kam näher und spielte Soldatenlieder und die Querschläger sangen dazu die Psalme vom Kaiser und von den Thronfolgern, von den Feinden und vor allem von ihrem eigenen Blut, das sie für die Krone fließen lassen würden. Auf dass ihre Diamanten lauter strahlten und ihr Gold heller schrie. Dann hoben sie ihre Hände in die Luft wie aufgepflockte Lanzenspeere und kanonierten: »Vaterland, Vaterland, Vaterland!«

»Vaterland!«, rief Kollwitz' Nachbar von gegenüber aus seinem Fenster zu den Milizen beistimmend hinunter. Dann verschluckte er sich an ihrem strengen Blick. Sie schüttelte erzieherisch den Kopf, der Nachbar wandte sich ab und ließ die Ohren hängen. Nicht die kleinsten Zusammenhänge kann er verknüpfen, dachte sie, ärmster Teufel des schlichten Gemüts. Über keine Trivialität erhaben.

Hinter ihr polterte es in der Wohnung. Das kleine Peterchen kam flott und wankend durch den Türbogen gelaufen und blieb auf einmal stehen, als es einen Spielkameraden am Fenster ausgemacht hatte.

»Komm Oma!«, rief er lauthals aus seinem Urvertrauen. »Wir spielen Schlacht! Komm!«

Sie wandte ihren missbilligenden Blick vom Nachbarn ab und öffnete ein Lächeln für das kleine Peterchen, das da erwartungsfroh am Türrahmen stand und instabil zu stehen schien.

»Gleich, mein Schatz«, sagte sie. »Oma will noch ein bisschen aus dem Fenster sehen.«

»Nein Oma, da ist nichts, komm jetzt! Ich brauche dich!«, rief das kleine Peterchen sie zur Pflichterfüllung.

»Na gut«, kräftigte sie lachend bei und kam mit ihm zum Spielen. Peterchen spielte mit Holzpanzern und Zinnsoldaten, unglaublich, dass sein Vater ihm die besorgt hatte, dachte sie. Sie hatte früher immer mit den Kindern gemalt, und siehe da, Peter war richtig gut geworden, er hätte wirklich Maler werden können. Doch Peterchen wollte immer nur Krieg spielen, dabei hätte sie so gerne mal mit ihm

Bilder gemalt. Peter wollte immer Bilder malen. Kinderbilder hatten immer so eine freie Note, so eine Offenheit für den Fehler. Ja, sie machten alles falsch, sie lernten und lernten. Das Kriegsspiel gefiel ihr nicht so gut, doch Jungs waren eben Jungs. Dann soll er jetzt so viele Schlachten schlagen wie möglich, solange er später in keine zieht. O Närrin, wie man sich irren kann.
»Die tun sich doch weh«, sagte sie.
»Wer?«, fragte Peterchen und gab ihr resolut einen Panzer in die Hand.
»Na die Leute in dem Panzer.«
»Die sind doch nur aus Holz«, sagte Peterchen und wunderte sich über die naive Aussage von seiner Oma. Wenn man so alt ist und schon so ein Faltengesicht hat, sollte man das doch wissen.
»Ja, aber was, wenn jemand in diesen Autos drinsitzt?«, fragte sie.
»Wer denn?«
»Na, Leute.«
»Leider nein, Oma. Die sind doch viel zu klein. Das ist doch nur ein Spiel«, erklärte Peterchen kopfschüttelnd.
»Du bist aber schon sehr schlau«, sagte sie.
Peterchen nickte und ließ zwei Panzer zusammenkrachen und machte Explosionsgeräusche.
»Jetzt du Oma!«, rief er ihr zu.
»Willst du denn nichts anderes spielen?«
»Was denn?«
»Soll ich dir eine Geschichte erzählen?«
»Welche?«
»Eine Geschichte über Liebe, von zwei Menschen, die sich liebhaben. Ist viel spannender als die Panzer.«

»Na gut.« Peterchen setzte sich gespannt in den Schneidersitz und sah seine Oma an. Ihre Geschichten waren immer so schön traurig und kaputt, am Ende hatte man stets ein schweres Herz und wenn er die Geschichte später seinem Vater erzählen würde, würde der sich wieder über Oma aufregen. Dann gab es jedes Mal Streit und er könnte mit seinen Panzern dazu wieder die passenden Geräusche machen. Es war immer wieder ein Spaß. Kollwitz atmete tief und begann:

»Also, es war einmal ein altes Ehepaar und sie gingen, wie jeden Abend um die gleiche Zeit zu Bett. Sie schlug das Laken auf, er schüttelte die Kissen, wie immer. Jeden Abend wiederholten sie es, wie deine Mutter, die dir jeden Abend eine Geschichte vorliest.«

»Papa liest auch manchmal lange vor«, sagte Peterchen

»Ja? Das ist schön«, sagte sie und fuhr fort.

»Lange war das Ehepaar schon verheiratet. Liebe war es wohl gewesen, was sie einmal heiraten ließ, als sie verrückt waren, Liebe war es, was sie zusammenhielt, nachdem sie sich gestritten hatten. In den guten und den schlechten Zeiten, ob Nacht, ob Tag. So liebten sie sich in dieses Leben, so lange schon, so immer noch, einfach so. Die Lieben ihrer Bekannten verjährten und vergingen, doch ihre Liebe blieb, so war es eben. So lebten die Liebenden ihr Liebesleben. Und so legten sie sich auch diese Nacht geborgen und beschützt ins Bett und küssten sich, weil sie sich immer küssten, weil sie sich gerne küssten. So waren ihre Rituale. Und so schliefen sie an der Atmung des anderen in Frieden ein.

Doch am nächstem Morgen war etwas anders. Normalerweise stand der Mann immer früher auf als die Frau und bereitete das Frühstück vor. Denn sie war morgens ein Faulpelz, so wie du. Normalerweise war da Kaffeeduft. Doch an jenem Tag roch es anders, sauer und nicht süß. Der Mann lag immer noch im Bett und rührte sich nicht, atmete nicht. Sie schüttelte ihn, doch er war kalt. Der Mann war in der Nacht gestorben.«

»Tot?« Hakte das Peterchen nach.

»Tot«, bestätigte sie. »Durch ein Loch in der Leitung war Gas in die Wohnung geströmt. Der Mann wurde erstickt, bei Gas kann man nämlich nicht mehr atmen. Tränen brachen aus den Augen der Frau, sie weinte und hustete. Dann sprang sie aus dem Bett, lief auf das Fenster zu und riss die Gardinen zur Seite. Sie wollte das Gas herauslassen, denn sonst würde auch sie ersticken und sterben wie ihr Mann. Sie wollte nach Hilfe brüllen, nach Rettung rufen. Doch kurz darauf hielt sie inne und ließ die Hand vom Fenstergriff. Sie sah die Vormittagssonne durch die Baumwipfel brechen, sie schien sehr früh durch ihre Wohnung zu dieser Jahreszeit. Sie sah auf die Wiese vor dem Schlafzimmer. Ein Eichhörnchen buddelte hastig nach einer Nuss und lebte sein Eichhörnchenleben. Sie sah auf die gegenüberliegende Seite der Hausreihen. Der Postbote brachte wie jeden Morgen die Post, suchte nach Anschriften und lebte sein Postbotenleben. Sie trat vom Fenster weg, zog die Gardinen wieder zu und kehrte in ihr Liebesleben zurück. Sie legte sich wieder ins Bett und küsste den Mann wie ein Eichhörnchen, das eine Nuss wittert, wie ein Postbote, der eine Adresse findet. So wie jeden Tag zum Aufstehen. Sie legte ihren Arm um ihn, ihren Kopf an seine Brust und schlief ein. Zwei Stunden später war sie

ihm nachgestorben. Welches Leben sollte sie denn noch leben, wenn nicht ihr liebstes Liebesleben?«
Peterchen blieb ganz still, die Panzer in seinen Händen parkte er sorgsam neben die anderen.
»Findest du das traurig, mein Schatz?«, fragte seine Oma.
»Irgendwie schon«, sagte Peterchen.
»Aber ist es nicht auch schön? Wegen der Liebe meine ich?«
»Was sind Rituale, Oma?«, fragte Peterchen zurück.
Sie zögerte, lächelte dann aber und gab dem kleinen Philosophen einen dicken Schmatzer auf die Stirn.
»Das sind Dinge, die man immer wieder tut, mein Schatz. Jeder Mensch hat Rituale, zum Beispiel Leute, die jeden Tag beten oder Kaffee trinken am Morgen, oder du, du spielst Krieg.«
»Oder Händewaschen vor dem Abendessen!«, rief das Peterchen.
»Genau, Händewaschen vor dem Abendessen ist ein Ritual«, gratulierte sie und wuselte dem aufgeweckten Köpfchen durchs Haar.
»Nur ein einziges Ritual ist immer wichtig und ich will, dass du dir das merkst: was du nicht willst, was man dir tu, das füg auch keinem andern zu. Alles andere ist gar nicht so wichtig. Aber das ist das wichtigste Ritual von allen. Ein alter Chinese mit langem Bart hat das einmal gesagt. Willst du denn jetzt etwas malen?«
»Nein«, blieb das Peterchen bockig, zog eine Grimasse und drückte die Nase platt.
»Wieso denn nicht?«, fragte sie.
»Malen ist blöd, ich will Arzt werden, wie Papa und Opa.«
Dann lief er davon, um im Arbeitszimmer seines Opas die

Unterlagen in sämtlichen Schubladen durcheinander zu bringen. Sie schüttelte den Kopf, fiel in ihren alten Gesichtszustand, beugte sich auf und ging wieder zum Fenster, um den Zug der Treudummen weiter zu betrachten. Was du nicht willst, was man dir tu, das füg auch keinem andern zu. Das Leben wäre so leicht, wenn sich jeder daran hielte, was Konfuzius einmal vorgelebt hatte. Wieso hören diese Leute nicht zu? Wieso denken sie nicht? Wieso wollen sie nicht lernen? Was fehlt ihnen?

»Matuschchen!«, rief Karl, der zur Tür reinkam, ungewöhnlich früh für einen Mittsommertag. »Draußen ist ja die Hölle los.« Er kühlte sich das glühende Gesicht im Waschbecken der Küche und trocknete seine Hände im Bart.

»Die Hölle, ja«, sagte Kollwitz. »Das lässt einem doch das Blut in den Adern gefrieren. Und der Rotfrontkämpferbund soll heute hinten im Wedding auch marschieren. Dass die immer noch nicht genug haben von ihrem Krieg und ihren Nationen. Es will kein Ende nehmen.«

»Das ist eine Folie à plusieures«, sagte Karl beiläufig und blickte in ihr verdutztes Gesicht.

»Du sprichst Französisch, Karl? Seit wann?«

»Nein, das ist eine Diagnose, für die Stahlhelme da draußen und die Kommunisten und die alle. Eine sogenannte ›Folie à plusieures‹, übersetzt eine Geistesstörung mehrerer Personen, sozusagen ein infektiöser Wahn, bekannt seit ungefähr der Mitte des letzten Jahrhunderts – logischerweise in Frankreich zuerst dokumentiert, daher der Name.«

»Hast du wieder einen Brief von diesem Bobrow bekommen?«

»Ja, mit einer hochinteressanten Ferndiagnose, einer Buchempfehlung und einem Kochrezept. Um dir das zu erklären: Anfällig für die Folie à plusieures sind genetisch gesunde Personen, welche aber a) in sozialer Isolation leben und b) ein gesteigertes Maß an emotionaler Nähe bedürfen – weil sie beispielsweise keine mütterliche Beachtung bekamen, oder die Eltern zu wenig mit ihnen draußen waren, oder andere profane Dinge. Kurz: Die liebsten Menschen, die niemanden haben, dem sie ihre Liebe schenken könnten, diese sind besonders gefährdet, nicht die Harten. Treffen also diese liebsten Menschen, ich nenne sie die ›armen Warmherzigen‹, auf narzisstische Persönlichkeitspluralisten, oder auf schizophrene Egozentriker, oder sonstige wahnhafte Mystiker oder besessene Theoretiker, werden sie infiziert. Die Heilung ist möglich, sobald die armen Warmherzigen früh genug von den Psychopathen losgekoppelt werden. Findet die Trennung zu spät statt, unterwerfen sie sich ihren Anführern und handeln blindlings in dessen Interessen, dann sprechen wir vom ›konformen Wahn‹, zu beobachten am vorauseilenden Gehorsam. Der Mensch tötet Menschen, eigenständig und aus freien Stücken, aus nichts, als aus Liebe. Aus vermeintlicher Revolution, also der Umdrehung, entsteht Involution, die Rückbildung. Das menschliche Hirn, Matuschchen, da steckt die Krankheit. Dort kann, dort *muss* ich sie heilen. Alle, von Allem. All die Knochenbrüche, Schusswunden, Vergewaltigungen und Morde sind *Symptome*, hirninduziert, nach dem Ursache-Wirkung-Prinzip. Es war die ganze Zeit vor meinen Augen! Ich werde Wissenschaftler, Matuschchen, entschuldige mich, ich muss arbeiten.«

»Ja, geh nur.«

Doch anstatt zu gehen, versuchte Karl, ihr seine Gedanken noch verständlicher zu machen, offensichtlich hatte er mehr Gedanken für Bobrows Theoreme übrig als für das Befinden seiner Ehefrau:

»Matuschchen, stell dir das menschliche Zusammensein wie einen Organismus vor: Es gibt die Phagozyten, also Fresszellen, die aggressiven und die Fibrozyten, also fixe Zellen, die freundlichen, friedlebenden. Die Fresszellen, wie dieser Papen, oder dieser Hitler, oder dieser Ludendorff beispielsweise, die sind ungefährlich, solange genügend externe Angreifer durch die Luft fliegen, die sie fressen können. Fresszellen sind wichtig, um die Masse stabil zu halten. Werden die Fresszellen aber krank, durch andere, bakterielle äußere Einflüsse, dann entsteht eine Autoimmunerkrankung. Der Körper befällt sich selbst. Die Phagozyten dringen bis in die Grundmasse vor und verändern einfach aufgebaute, oft junge Fibrozyten in ihrem chromosomalen Aufbau und verwandeln sie in Fresser, wie sie es sind. Also ein Folie à plusieures auf zellularer Ebene, wenn du so willst. Bald entsteht ein Übergewicht an Fresszellen, der Körper stirbt nach und nach ab, die Fresszellen zuletzt. Das Zusammensein ist also von Natur aus stabil, solide, fix. Doch es kann sich eine Grippe einfangen, die zu seinem Tode führt. Ein Parasit, der sich selbst als Wirt befällt, wenn du so willst – Autogenozid einer ganzen Art im sozialen Kontext. Der Stahlhelm ist also ganz einfach erklärbar.«

»Du hörst dich ja fast schon so an wie dieser Bobrow«.

»Das ist fast Wort für Wort aus seinem Sammelbuch ›Ecce Homo – vorher und nacher.‹ Und dort aus dem Essay:

›*Das* Prinzip.‹ Es ist alles erklärbar – und was erklärbar ist, ist heilbar.«
»Alles in Gleichnissen und Metaphern. Ob das Wissenschaft ist, bezweifle ich.«
»Matuschchen. Ich muss versuchen das Beste aus dem zu machen, was ich habe. Ich habe vielleicht keine Labore, keine Fakultät, ich habe nur diesen Forscher, mit dem ich rätseln kann. Und dennoch muss ich weitermachen. Du bist ja auch farbenblind und bist trotzdem Malerin.«
Schockiert griff sie sich an den Hals. Wusste er es? Seit wann? Sie sah ihn mit großen Augen an.
»Dachtest du ich wüsste das nicht?«, fragte Karl. »Matuschchen, wir sind der einzige Künstlerhaushalt ohne Farbtöpfe in jeder Ecke. Ich kenne dich. Ich bin dein Mann! Dachtest du wirklich, ich hätte es nicht mal geahnt? Das ist doch keine Deuteranopie mehr. Als du die Fahne falschherum aus dem Fenster gehängt hast, bei Peters Abschied, das war doch kein stummer Protest. Ich bitte dich, ich bin Arzt, ich sehe so etwas.«
»Ich hatte die Fahne falschherum herausgehängt?«
»Ja. Gott sei Dank. *Ich* befand mich im stummen Protest.«
Sie fasste sich an die Stirn und drehte sich wieder zum Fenster.
»Ich glaube nicht, dass du es die ganze Zeit wusstest und mir nie etwas gesagt hast.«
»Dachtest du, das wäre dein Geheimnis? Dass du als größte Malerin gefeiert wirst und farbenblind bist?«
Sie schwieg.
»Du malst doch gerne und gut und erfolgreich. Was hätte ich sagen sollen?«

»Geh schon«, sagte sie und schärfte ihren strengen Blick auf den Nachbarn, der sich schon fast wieder getraut hätte »Vaterland« zu rufen. »Geh forschen und bringe dieses Leid aus der Welt, so gut es geht.«

Er nickte, ging in sein Büro und fand das kleine Peterchen, wie es in einer Schublade saß und ihm die geknüllte Korrespondenz der letzten zwei Jahre entgegenhielt.

»Um Himmels Willen, Matuschchen! Das Kind!«, rief er durch die Wohnung.

»Ja? Was ist?«

»Das Peterchen! Es hat alles verwüstet. Sodom und Gomorrha!«

»Ach so, ja. Spiel du mit ihm. Ich habe Kopfschmerzen.«

Da saß es ihm nun zu Füßen, das kleine Peterchen. Mitten in einem Salat aus vormals streng archivierter Wissenschaft. Kinder lernen eben im Spiel und Peterchen spielte den Ursprung, das Chaos. Wie könnte er ihm böse sein, als Wissenschaftler, ihm, dem jungen Menschenaffen? Wie könnte ein Kind schuldig sein, wenn es ja noch gar nicht wissen kann, dass all seine späteren Komplexe und Unzulänglichkeiten genau in dieser Phase seines Lebens gelegen haben werden? Er hob das Peterchen aus der Schublade, stellte es vorsichtig auf den Boden und verpasste ihm einen sanften, aber lehrreichen Nackenschlag.

»Geh, und spiel mit deinen Sachen, Peter. Mal etwas!«

»Aber Opa!«, rief dieser unbeeindruckt, frech und rotznäsig. »Ich bin auch Wissenschaffer. Guck, mein Experiment.« Er nahm den teuren Füllfederhalter in die eine und ein zerknülltes Dokument in die andere Hand, dann hob er die beiden Gegenstände hoch über sein Köpfchen und ließ sie fallen. Der Füller zerschellte beim harten Aufprall auf

das Parkett und vergoss seine Tinte, das Blatt sank sanft hinterher. Das Kind blickte Karl begeistert und fragend an.
»Opa«, sagte es. »Warum fallen die verschieden schnell?«
»Das ist Physik«, sagte Karl und suchte nach seinem Taschentuch, um die Tinte möglichst rasch aus dem Holz zu tupfen.
»Was ist Fühsik?«, fragte das Peterchen.
Karl vergaß das Putzen und sah sein Enkelchen ernst und großväterlich an.
»Physik? Das ist der Stift da und das Papier, das ist die Tinte auf dem Fußboden. Das ist der Stuhl und der Tisch, der Schrank und das Fenster, das Haus und die Stadt, die Sonne und der Mond, die Erde und die Sterne, du und ich. Alles ist Physik, verstanden?«
Das Peterchen guckte ihn skeptisch an.
»Ich glaube nicht, Opa«, sagte es und schwenkte seinen kleinen Zeigefinger hin und her.
»Du hast es nicht verstanden?«
»Doch, ich verstehe was du sagst, aber nicht was du meinst. Ich glaube was anderes.«
»Was glaubst du denn?«
»Ich glaube, der Stift ist einfach schwerer als das Papier und deshalb fällt er schneller.«
»Genau«, sagte Karl lächelnd und tätschelte das kleine Haupt. »Das stimmt. Du hast es fast verstanden.«
Peterchen schüttelte den Kopf und wankte hinaus, der Opa wusste ja wirklich gar nichts. So alt war er, bestimmt noch hundert Jahre älter als Oma, und hatte nichts dazugelernt, nichts, was er selbst schon jetzt längst begriffen hatte. Schon mit fünfdreiviertel. Karl sah ihm mit Lehrerstolz hinterher und nickte sich selbst zu. Seinem Enkelsohn

etwas beibringen zu können, was gibt es honorableres für einen alten Herren guter Sorte? Die abstrakten Details über Vakua und so weiter kämen später. Er stützte sich auf, dann machte er sich an die mühsame Arbeit der Rearchivierung. Unfassbar welches Ausmaß an Unordnung ein so kleines Wesen in so kurzer Zeit erschaffen kann.

Es klopfte an der Tür und Hans kam herein um seinen Wüstling abzuholen.

»Sohn«, sagte Karl zur Begrüßung.

»Vater«, erwiderte Hans. »Wo ist er?«

»Wenn er nicht gerade dabei war mein Arbeitszimmer umzupflügen, hat er im Wohnzimmer mit deiner Mutter gespielt. ›Schlacht‹ spielt er gerne, kommt dir das bekannt vor?«

»Natürlich. Jungs eben. Hallo, Mutter.«

Kollwitz kam um die Ecke und umarmte ihren Sohn herzlich, drückte ihn fest an sich und ließ erst los, als Hans sich so langsam Raum zu schaffen versuchte.

»Wieso kaufst du ihm dieses Spielzeug?«, fragte sie streng.

»Welches Spielzeug?«

»Na, die Panzer und die Zinnsoldaten.«

»Es gibt nichts Anderes. Oder soll er noch mit Klötzen spielen? Er ist fast sechs.«

Das Peterchen kam herbeigerannt, nahm Papas Hand, blickte zu ihm auf und fragte, scheinbar intrigant bewusst:

»Papa, kennst du schon die Geschichte von dem toten Ehepaar?«

Hans sah Kollwitz kritisch an.

»Mutter? Hast du ihm schon wieder so ein Horrormärchen erzählt?«

»Das ist kein Horrormärchen, sondern eine Liebesgeschichte. Sie ist schön. Sie handelt von Verbundenheit. Nicht wahr, mein Schatz?«
»Die sterben an Gas und die Frau begeht Selbstmord und dann war da noch ein Eichhörnchen«, ergänzte das Peterchen. »Papa, kaufst du mir ein Eichhörnchen?«
»Verbundenheit, ja?« Hans sah seine Mutter vorwurfsvoll an.
Erst krabbeln sie nur, dachte Kollwitz, da ist alles noch in Ordnung, dann fangen sie an zu laufen und laufen überall dagegen und schmeißen alles um. Alles rempeln sie zu Boden, was klirren kann. Man dachte, schlimmer kann es nicht mehr werden. Und dann fangen sie an zu sprechen, die kleinen, lieben, süßen Verräter. *Alles* verraten sie. Wer kann ihnen böse sein?
»Der kleine Peter ist klüger als er aussieht«, sagte Karl stolz und klopfte dem Zwerg auf die Schulter, »aus dem wird mal ein Physiker.«
Doch das Peterchen wollte lieber von seinem Papa hochgehoben werden, als von seinem Großvater gelobt.
»Was macht die Anatomie, mein Sohn?«, fragte Karl.
»Geht voran.«
»Machen sie Fortschritte mit der Lobotomie?«
»Ich analysiere, Vater, ich vergreife mich nicht an lebenden Individuen.«
»Hast du schon das ›Aventiure Lobotomie‹ durch, das ich dir gegeben habe?«
»Ich fange es an, sobald ich Zeit dafür finde.«
»Besser bald, Sohn. Bobrow wird groß, Züge warten nicht.«
Kollwitz überkreuzte die Hände und bog sich vor.

»Das reicht, Jungs. Schluss mit Arbeit. Jetzt trinken wir erstmal eine Bohne.«
»Ich muss gehen«, sagte Hans. »Otty kann nicht so lange ohne mich, die Mädchen müssen von ihrer Tante abgeholt werden.«
»Wie du meinst«, sagte Kollwitz und machte ihm die Tür auf. »Aber pass mir auf den Kleinen auf und mach, dass er was malt und aufhört, mit den Panzern zu spielen. Sei kein Narr.«
»Das sind Kinder«, belehrte Hans seine Mutter. »Die spielen eben. Ich habe auch zu tun.«
»Ein kluger Bursche«, lobte Opa Karl und kniff dem Bengel in die Wange. »Und denk an die Physik«, mahnte er ihn mit einem Kuss auf die Stirn.
»Ja, Opa, die Fühsik.«
»Und du erzähl ihm nicht mehr solche Schauergeschichten«, erbat sich Hans bei einer Umarmung an seine Mutter. Dann gingen sie. Sie schloss die Tür in einer meditativen Langsamkeit, bis die Schritte im Treppenhaus nicht mehr zu hören waren und das Schloss mit einem leisen Knacken einrastete.
Sie und Karl waren wieder allein. Sie sahen sich an, dachten an Peter, den ersten, hatten sich nichts zu sagen. Dann ging sie zurück ans Fenster, beobachtete weiter das Treiben, ermahnte den Nachbarn; Karl wandte sich wieder an sein Arbeitszimmer, sortierte, replatzierte, las Korrektur, versicherte sich, markierte vorsichtshalber und legte alles wie gehabt an seine Stelle, wo es hoffentlich gelegen hatte. Das tröstliche Element der Ehe ist, dass sie weitergeht.

X

Mit leeren Händen stieg Dachs am Gemüsemarkt im Scheunenviertel vom Trittbrett der Elektrischen und streckte sich den Rücken, dass es knackste. Die Bandscheiben. Es war ein traumhafter Tag, um Gemüse zu verkaufen, die dünne Herbstluft trug die Düfte der Knollen und Gewürze direkt ins Gehirn. Mit Gemüsehändlern hatte Dachs jedoch nicht viel gemein. Er ging den alten, schweren Weg, ging unter der Bogenlampe hindurch, die knarzenden Holztreppen hinab und betrat die Mulackritze, das Drecksloch, in dem sich die Drecklöcher trafen. Oben war hellichter Tag, dort unten regierten die tiefsten Nachtschatten und ihre Hackfressen-Gewächse. Es war jener Teil der Hölle, den der Teufel in Quarantäne zäunte, um sich nicht zu infizieren. Alles war wie gehabt. Tiefe Lampenschirme, brennende Dochts auf Wachsgebirgen, uralte Großmutter-Huren und ihre feisten Bockspringer. Der Judenmaxe saß in sich zusammengesackt auf einem angesägten Hocker am Bartresen, weder tot noch lebendig, in ein Medium gesoffen. Der Brühwurst-Alfons versuchte sein Glück bei zwei Damen, vielleicht auch nur bei einer, daher vielleicht der Name Doppelarsch-Jolle, es war nicht immer alles zu erkennen bei der punktuellen Finsternis, zum Glück im Unglück. Vielleicht war sie auch schon immer zwei gewesen, egal, Dachs hatte wichtigeres zu tun. Er blickte umher und versuchte Gold auszumachen. Er zuckte zusammen, als er in Augenkontakt mit der dicken Piepsi geriet, wie in einen Unfall. Da stand sie und zapfte Bier und verräumte Schnaps in einer Gewohnheit wie ein ungeschlachteter Ackergaul bei der Feldarbeit und warf Dachs einen gemeingefährlichen Blick zu. Ein Blick der Bände sprach, irgendwas von einer Serie mit Toden. Alles beim Alten, die gleichen Gesichter. Nur der Sauzahn-Oskar hatte seines nicht mehr zurückbekommen seit der Fischer-Schlägerei und trank durch ein Loch im Frontalschädel. Dachs durchfuhr ein Zittern. Dann pfiff es einmal kräftig durch die dämmrigen Gewölbe. Er sah in die Schallrichtung und erkannte Gold, wie er zwei Finger aus dem Mund nahm und ihn zu sich winkte. Neben ihm saß, als wäre er nicht wegzusperren, der Muskel-Adolf und spannte rhythmisch an, ohne Maulkorb. Er hatte zugelegt, um die Muskelstränge waren noch mehr Adern herumgewachsen. Seine brachialen Arme sahen aus, als wollten sie die enge Haut aus allen Nähten durchplatzen.

»Ein klassisches Kokain-Phänomen«, sagte Dachs und setzte sich an den Tisch.

Gold schmunzelte und nahm einen Schluck von seinem Cognac. Giftiges Wasser. Muskel-Adolf trank Buttermilch und aß aus einem Napf puren, gesunden Hafer, Aufbaumaterial, dazu rümpfte er seine Nase fest und hart. Dachs kannte dieses Schniefen. Eindeutiges Indiz für fortgeschrittenen Hirnfraß.

»Welcome back«, sagte Gold. »Wo haben Sie den Goya gelassen, Herr Dachs?«

»Der wurde mir im Land der Freien geraubt«, antwortete Dachs. »Die ganze verdammte Welt ist illegal. Gibt's noch Märzen? Märzen!«

»Sie wollen mir in Ihrem Rätseldeutsch mitteilen, dass Sie das Geschäft nicht erwidern können?«

»Wissen Sie?«, knurrte Dachs. »In den Staaten ist Alkohol verboten und das gemeine Verbrechen erlaubt, es ist doch zum Mäuseriche melken. Und hier, da wachsen diese kruden Pilze genauso aus der Unterwelt herauf. Wann unternehmen die Nationen der Welt endlich was dagegen?«
»Sie lenken ab, Herr Dachs«, sagte Gold. »Aber nun gut, ich will Ihnen den Umweg erlauben. Wissen Sie, Staaten sind für mich persönlich nur Defixus aranae.«
»Was soll das schon wieder heißen?«
»Das ist das lateinische Wort für Treibsand.«
»Mein Latinum ist etwas eingerostet, aber Sie wissen ja: Áku pollá, míla ta aparétita. Höre viel und sage nur Nötiges.«
»Das ist altgriechisch.« Gold lächelte darüber, wie leicht er es ihm immer wieder machte, ihn intellektuell bloßzustellen. »Da fällt mir gleich noch ein Sprichwort ein: Hätten Sie geschwiegen, wär'n Sie Philosoph geblieben. Wie finden Sie das?«
»Im Gefängnis sagt man Fotze zu«, brummte Dachs und hob den Zeigefinger. »Ganz Recht. Ich war direkt nach unserem letzten Treffen erstmal für ein paar Monate und gefühlte Lebensjahre im Kittchen, Sie Oberlehrer.«
»Dazu kann ich nur sagen: Ekato klotsies se kseno den ponan. Hundert Tritte auf einen fremden Hintern tun nicht weh.«
»Und wieder Latein.«
»Nein, griechisch. Ich sagte doch, nehmen Sie die Hintertür. Sie hingegen liefen direkt in den Treibsand. Es tut mir leid, aber es scheint stets gewisse Leute zu geben, die sich absichtlich und aus schier reinem Vergnügen immer genau

dorthin stellen, wo gerade die Backpfeifen verteilt werden. Treibsand, Herr Dachs.«

»Na gut, dann erklären Sie mir Ihre Treibsand-Theorie endlich, bevor Sie platzen.« Dachs hatte sowieso nichts Besseres zu tun als abzuweichen. Muskel-Adolf verstand wiedermal kein Wort, er schmatzte nur und kokste, trank fleißig seine ranzige Milch und spuckte Haferpartikel durch die Zahnlücken bei seinen heftigen Atemzügen.

»Fangen wir bei den Begrifflichkeiten an«, erörterte Gold. »Was verkörpert einen Staat? Die gemeine Republik pflegt die drei Begriffe der französischen Revolution zum Gebrauch, folgend in eingebürgerter Reihenfolge: Freiheit, Gleichheit, Brüderlichkeit. Ich kann Ihnen diese drei Präambeln in rückwertiger Reihenfolge zerlegen, auf dass es niemanden mehr im Lande gibt, für den ein Staat nützlich wäre – somit zu Treibsand wird. Fangen wir also mit dem Begriff der Brüderlichkeit an – etymologisch klammert er das weibliche Geschlecht kategorisch aus. Das wären schon mal fünfzig Prozent der Gesellschaft, oder Volk, oder wie Sie es auch nennen möchten, weniger. Seit acht Jahren dürfen Frauen wählen, hat aber dennoch mit der politischen Realität nichts zu tun. Dieser Begriff gehört damit vollständig ad acta gelegt. Bleiben fünfzig Prozent. Nächster Begriff, die Gleichheit. Sie existiert de facto nicht, nicht einmal de jure. Oder gleichen wir uns etwa? Gleichen Sie Ihrem Nachbarn? Ihrem Vater, Ihrem Sohn vielleicht? Nur ansatzweise will ich meinen und dabei bleiben. Menschen sind nicht gleich, der jesuitisch-religiöse Irrtum, wie immer. Obschon ich zugeben muss, dass ein Bestand von circa zwanzig Prozent der Gesellschaft, des Volks, wie Sie es nennen möchten, sich aufs identischste ähnelt – die sogenannten Dutzendmenschen. Heißt dreißig Prozent fliegen raus. Bleiben also eben diese zwanzig Prozent der Gleichen übrig, für die ein Staat dienlich sein könnte. Der letzte Begriff, die Freiheit. Ein starkes Wort, damit schmettert man alles ab. Nicht so der Staat, er widerspricht der Definition von Freiheit existenziell. Sehen Sie, zur Definition eines Staates gehört, dass er Grenzen besitzt, das schließt nach simpelster Syllogistik die Freiheit aus. Summa summarum bleiben exakt null Prozent der Gesellschaft, des Volks, wie Sie es nennen möchten, zurück, für die ein Staat einen Nutzen böte. Rein nach der Begrifflichkeit.«

Das Märzen kam, mit sumpfig-bösartigem Piepsi-Blick, Dachs nahm einen Schluck.

»Palaver, Palaver, Abra Kadabra und Simsalabim«, sagte er.

»So etwas sagen nur Leute, die gut verdienen. Hört sich wahnsinnig geistreich an und ist am Ende wieder nur Palaver, Palaver, Abra Kadabra und Simsalabim.«

»So etwas sagen nur Leute, die *trotzdem* gut verdienen«, antwortete Gold. »Nehmen Sie Ihr Weltbild nicht zu ernst. Kommen wir zum Goya. Wo ist er also?«

»Wenn man nicht genau hinhörte, könnte man meinen, Sie sagten etwas.«

»Wo!«

»Wie ich schon längst erklärt habe.«

»Wer besitzt ihn denn jetzt?«

»Der Bierbaron von New York City.«

Gold lachte. »Wer?«

»Dutch Schultz ist sein Name.«

»Sie verzeihen?« Gold forderte eine ausführlichere Erläuterung der Personalie, die ihm nicht geläufig war, was selten genug passierte.
»Das ist so ein Mafioso mittleren Alters in der neuen Welt. Ungefähr so kriminell wie Ihr Muskel-Adolf hier, nur schwerer bewaffnet.«
Muskel-Adolf grunzte.
»Fresse zu alter Mann, ich bin Christ!«, schnauzte er ihm ins Gesicht, wobei ein Spuckfetzen mit Hafer auf Dachs' Nase landete.
»Sie sind Christ?«, zischte Dachs. »Dann kennen Sie bestimmt auch die Bibel. Da zitiere ich mal den Matze Vers fünf Artikel hundertdrei, geht ungefähr so: Hängen zwei Sünder am Kreuz, sagt der Eine zum Anderen: ›Tut's weh?‹ Sagt der Andere: ›Nur wenn ich lache.‹ Amen.«
Muskel-Adolf versuchte sich ein Kichern zu unterdrücken, krampfte seinen Pectoralis zusammen und pustete grimmig aus den Nasenflügeln wie ein rotsehender Stier.
»Nächstenliebe«, schob Dachs nach. »Ist das Ihr Ding?«
Muskel-Adolf schniefte etwas Koks und spülte es mit einem kräftigen Schluck Buttermilch herunter.
»Ich dachte, ich hätte Ihnen unser Unternehmen schon vorgestellt!«, schimpfte er. »Nächstenliebe ist unsere erste Regel!«
»Wir sind hier alle Pazifisten«, ergänzte Gold.
»Wir sind die einzigen, die Nächstenliebe betreiben«, fuhr Muskel-Adolf fort. »Sie kennen doch schon den Sauzahn-Oskar, Sie kennen seine Geschichte. Bei uns ist er in Sicherheit. Wir geben ihm Brot, ein Dach und ein Heim. Wir beschützen ihn. Sie erinnern sich?«

»Ja. Der Sauzahn-Oskar«, seufzte Dachs. »Ich habe ja schon einige Geschichten über die Nächstenliebe aufschnappen müssen in meiner doch nicht mehr ganz zu kurzen Zeit auf dieser Welt. Hin und wieder ist mir eine von den Ohren in den Nacken gekrochen. War ein ekelerregender Schleim, habe ihn Kitsch genannt, denn er sah giftig aus. Der Sauzahn-Oskar zumindest sieht nicht sehr beschützt aus, mit mehr Loch als Gesicht, was er da vor sich rumträgt. Quod era demonstrandum würde ich sagen, um beim Griechischen zu bleiben.«

Muskel-Adolf biss sich durch den Hafer in die Zunge. Gold nickte.

»Dutch Schultz, also. Der ist nun im Besitz des Goyas?«

»Nächstenliebe«, wiederholte Dachs, um nicht beim Thema zu bleiben. »Nächstenliebe fängt zu allererst bei *sich selbst* an. Was hat dieser Philosoph aus Nazareth schon erreicht, außer den Nährboden für die größte Mafia von allen zu bestellen? Nächstenliebe ist ganz natürlich, dazu braucht man keine Taufe, ganz im Gegenteil. Jeder will gehört, gemocht, geliebt werden und hören, mögen, lieben. Darum erschießen wir andere, darum sperren wir sie weg und strafen sie – für unsere näheren Nächsten. Die nächstmögliche Liebe. Der Folterer foltert nicht, weil er grausam ist, sondern um seinem Beruf nachzugehen und seine Kinder zu ernähren, aus ehrlicher Vaterliebe also. Der Henker füsiliert nicht um zu töten, nein, aus innigster Mutterliebe schießt er eine Kugel in den fremden Kopf. Und der Tote opferte sich, für was? Das kann er jetzt nicht mehr wissen. Und das alles aus dem einfachen Grunde, dass sie sich selbst nicht als allernächsten zu lieben verstanden. Sonst wären sie zu Hause geblieben. Nächstenlie-

be, Adolf, das sage ich dir, das fängt bei dir selber an. Und dann kommen alle anderen. Gleichzeitig.«
»Ich liebe mich selbst am meisten!«, verteidigte sich Muskel-Adolf und eine Wutträne schoss über seine Stahlwange bis an sein Steinkinn. Heimlich zog er ein Messer aus dem Gürtel.
»Ja, Adolf, ganz Recht, Adolf. Von nichts etwas zu verstehen hat noch niemanden davon abgehalten, etwas zu sagen.«
»Wissen Sie«, unterbrach Gold abermals Dachs' Ausweichungsversuche. »Wer oder wo dieser Schultz ist und was er mit dem Goya macht, das kann mir gänzlich Bohne sein. Meine Arbeit war Vermittlung und Vertrauensschutz, das ist hiermit getan. Alles Weitere der akuten Causa ist Ihnen mit meinem Klienten direkt zur Absprache freigestellt. Er wird bestimmt nicht erfreut darüber sein, doch mich betrifft Ihr Zwist nicht mehr. Ich würde Ihnen jedoch gerne weiterhin Mäzen sein, unabhängig des Geschäftsabschlusses.«
»Gern. Wenn Sie so lange Ihren Borstenhaardackel zurückpfeifen könnten.« Dachs zeigte auf Muskel-Adolf, der immer schwerer atmete je weniger er verstand. Gerade, als er das Messer vor Dachs in die Tischplatte knallte, seinen Kiefer aufgedrückt hatte und losfrotzeln wollte, vernahm die Runde ein lautes, zweimaliges Schnipsen aus dem Hintergrund und der Köter erstarrte in der Haltung des aufgerissenen Maules, ließ ab vom Messer. Nur langsam schloss es sich und ein in kariertem Zwirn gekleideter Monokel-Fritz trat an den Tisch heran. Inhaltlich gefestigt wirkte er, als er sich setzte, was das Zeichen für Muskel-Adolf war, aufzustehen und die Sitzschale freizumachen. Der Mono-

kel-Fritz ließ nicht davon ab, Dachs anzustarren wie ein fokussierter Irrer, als besäße er zwei Glasaugen, die er steuern konnte, robotische Fehlentwicklung.
»Sie kennen mich«, sagte Fritz Lang. »Ich bin berühmt.«
Dachs kniff fragwürdig die Brauen zusammen, als wäre er kurzsichtig.
»Natürlich kennt er Sie«, sagte Gold. »Jeder kennt Sie.«
»Sie wissen wie ich sein kann«, lancierte Lang dazu und wich nicht ab davon, Dachs zu bestarren und ihm unangenehm werden zu wollen. Der anonyme Interessent hatte den Schleier um sich gelüftet.
»Sie sind also die Cosa Nostra«, resultierte Dachs und kramte in seinen Hosentaschen.
»Wie ich schon angedeutet habe«, sagte Lang, »und ich wiederhole mich ungern, ich bin nicht anonym, ich bin berühmt. Berüchtigt. Jeder weiß, wie ich sein kann.« Er verlor Geduld und Muße.
»Den Goya bitte.«
»Was liegt Ihnen an diesem Goya?«
»Das interessiert Sie nicht.«
Gold warf einen mediatorischen Klang in die Runde, auch das gehörte zu seinen Aufgaben.
»Herr Lang, erzählen Sie uns doch von Ihrer Hingabe zu diesem Werke, uns alle würde das interessieren.«
Nur der Muskel-Adolf schmatzte.
»Kurz«, sagte Lang. »Hilft nichts, aber schadet auch nicht: Francisco de Goya, mein Liebling, war der erste Satiriker der Kunstgeschichte. Und dieses, das Porträt der Familie Karls des Fünften, war seine erste Geste. Der erste Regen des kritischen Denkers, und noch viel mehr als das, der erste Widerstand, dem Königshause selbst Karikaturen

gezeichnet und abgegeben und mit harten Gulden dafür bezahlt. Vom Hofmaler zum ersten Aufbegehrer, das ist Königsart; vom Geburtsrecht am Adel Gebrauch machen, das ist Bauernart. Er hat der spanischen Monarchie und später der Inquisition einen gehörigen, intellektuellen Strich und Tritt verpasst.«
»Wie ambivalent doch alles ist«, schloss Dachs beim Biere.
»Was ist ambivalent?«
»Schizophrenie.«
»Wie auch immer, wo ist er?«
»Wer?«
»Der Goya«, antwortete Gold für Lang, da dieser rötlich anlief. Der Muskel-Adolf stand hinter den Stühlen und spannte an.
»Fragen Sie doch Ihre Mafiakollegen in Amerika, Dutch Schultz, der Bierbaron, ich wurde ausgeraubt.«
»Von wegen«, zischte Lang.
»Herr Dachs«, flankierte Gold mit gewohnter Stimmlage, faltete, wie gewöhnlich, ein Zelt aus seinen Fingern, stellte es auf den Tisch und beugte sich vor. »Wir sind hier nicht, um uns die Zeit um die Ohren zu schlagen, wie das Gros der Klientel an diesem Orte. Wir hatten ein Geschäft für gültig erklärt und der Gläubiger erwartet nun Ihre Bringschuld. Wenn Sie den Goya nicht haben, dann bringen Sie uns diesen Dutch Schultz!«
Bevor Dachs antworten konnte stürmte der Muskel-Adolf über den Tisch und sprang über Dachs' Kopf zum Bartresen. Ein Trupp des befeindeten Ringvereins »Libelle« stürmte die Kaschemme und war drauf und dran, alles kurz und klein zu schlagen.

»Vendetta!«, schrien sie dabei, als wären sie waschechte italienische Opernsänger, dabei wäre »Blutrache« ein weit furchteinflößenderes Wort gewesen. Das Konglomerat der Immertreuen bildete eine Traube und bewaffnete sich. Gemeinsam gingen sie gegen das Libellengeschmeiß vor. Der Sauzahn-Oskar schlug um sich und traf nichts, so als stünde er mitten in einem Fledermausschwarm, denn er war blind. Der Judenmaxe verkroch sich unter einen Ecktisch und der Brühwurst-Alfons kroch unter den Judenmaxe. Die zwei Damen entpuppten sich tatsächlich als eine Doppelarsch-Jolle, sie stapfte durch die Tür der Hurenstube und schloss hinter sich ab. Der Rest prügelte sich weithin schlagkräftig mit jedem auffindbaren Material zur Gesinnungslosigkeit. Bierkrüge, Billiardstöcke, Ketten, wie gehabt. Hinzu kamen Barhocker, abgerissene Tischbeine und Zapfhähne, faule Eier aus dem Einmachglas zum Mäulerstopfen, das Einmachglas selbst und Aschenbecher. Fische gab es zum Glück nicht mehr, dafür Vergewaltiger. Einer der Libellen, ein Bulle von einem Bär, griff nach der schweren Piepsi hinter dem Tresen, riss ihren Rock hoch, ihre Windel herunter und schlug sie rhythmisch brutal in die Spirituosenvitrine hinein, bis das Einmachglas auf seinem Schädel einschlug, zerplatzte und er auf ihr zusammensank. Piepsi blieb gefroren, verkrampft unter ihm liegen, als Deckung. Das makabre Fest gelangte zu seinem Höhepunkt, die Lampenschirme schaukelten, die Kerzen flammten um die Windstöße herum. Doch die Immertreuen machten ihrer Reputation alle Ehre, vor allem Muskel-Adolf metzelte einen nach dem anderen nieder. Wie ein Werwolf jätete er durch die Libellenschläger, die hinter ihm wegflogen wie weggeworfenes Butterbrotpapier. Aus

einem zwölf gegen zehn wurde ein acht gegen neun, wurde ein sechs gegen acht, wurde ein fünf gegen fünf und ein vier gegen fünf, drei gegen fünf, zwei gegen vier, eins gegen vier, dann war es zu Ende. Alle Libellen zerquetscht.
Nur Dachs und die zwei Störer, Gold und Lang, saßen noch an ihrem Tisch. Lang hatte während der epischen Schlacht nicht ein einziges Mal pausiert, ihn anzustarren. Gold blieb professionell ungebunden. Der Muskel-Adolf war einer der übriggebliebenen, glorreichen vier und ließ sich verbinden. Sein stolzes, zahnfleischblutendes Grienen überstrahlte sein ganzes, verschlagenes Gesicht, wie das eines Boxweltmeisters, eines Donnertürken, eines Max Schmelings.
»Ich wurde ausgeraubt«, kam Dachs zurück auf den Punkt, als er sich umdrehte. »Wenn Ihnen jemand die Brieftasche unter Gewaltandrohung entwendet, glauben Sie, dieser Herr gibt Ihnen dann seine Telefonnummer für weitere Rückfragen Ihrerseits?«
Gold lachte auf, Lang starrte fester. Mit einer komplizierten Handfuchtelei bestellte er drei Herrengedecke. Piepsi drückte sich ihren kaputtgegangenen Vergewaltiger vom Leib, krempelte ihren Rock zurück bis über ihre knorpeligen Knöchel, wischte sich die Tränen von den fleischigen Backen und machte sich an den letzten, übriggebliebenen Zapfhahn. Zum Glück ist das Märzenbier, dachte Dachs. Dieses Berliner Bräu könnte man ja zum Füßewaschen nicht gebrauchen.
Gold, der das Zungenlecken von Dachs bemerkte, ließ sich nicht nehmen, einen Ratschlag abzugeben:
»Sie haben ein Alkoholproblem, Herr Dachs«, intervenierte er.

»Ich habe kein Alkoholproblem, Alkohol hat ein Problem mit mir«, sagte Dachs und goss nach. »Ich hänge nicht an der Flasche, ich bin stark am Glas.«
»Erzählen Sie mir keine Märchen!«, schimpfte Lang. »Bierbaron! Dutch Schultz! So heißt doch keiner!«
»Sie nennen es Märchen«, sagte Dachs langsam und ruhig, so wie die Lampenschirme, die aufhörten zu schaukeln und sich wieder geradlinig der Gravitation ergaben, so wie die Kerzen, die wieder sanft und unverdrossen hinauftanzten. »Ich erzähle Ihnen mal ein Märchen: Das Leben. Die unwahrscheinlichsten Dinge sind die einzigen, die wirklich passieren. Das denke ich mir doch nicht aus. Dinge passieren, zufällig und immer. Und die Moral von der Geschichte ist, dass Moral ein Märchen ist. Sehen Sie sich doch um. Hier liegen vielleicht Tote rum. Und was machen wir? Wir diskutieren!«
»So viel zu Ihrer Theorie der Nächstenliebe«, scherzte Gold.
»Gelebte Nächstenliebe«, wiederholte Dachs nickend und blickte Lang weiter in die Glasaugen. Piepsi brachte obeinig die Gedecke, der bullige Bär hatte offensichtlich ihr Hinterloch erwischt.
»Sehen Sie sich um«, forderte Dachs nachdrücklich und Langs Glasaugen wichen eine Sekunde, oder zwei aus ihrer Linie und besahen den Raum, vollgekleckst von rotzigem Blut und mit einer Tonspur von schnarrendem Röcheln unterlegt. Vier lachende Säufer, die auf eines der gähnenden Opfer einkickten wie beim Fußball und Witze rissen. Zu unecht, um einen Film daraus zu machen, zu wenig authentisch, zu fantastisch, wenn man den Kritikern Beachtung schenken wollte, dachte Lang.

In eben dieser Sekunde holte Dachs ein Reagenzglas aus seiner Hosentasche, gefüllt mit einem violetten Elixier, und kippte einen Stoß davon in Langs Schnaps. Gold bemerkte es und lächelte bedachtsam, wie ein Kind bei einem Streich. Ob es Gift war? Mal sehen.
Die Glasaugen schraubten sich zurück und das Reagenzglas war sicher wieder in Dachs' Hosentasche verstaut. Er hob den Schnaps und bemühte sich an einem Toast.
»Ich bin kein Betrüger, Herr Lang. Herr Gold. Ich bin Geschäftsmann, so wie Sie auch.«
Gold klackerte seinen Schnäppes dagegen.
»Auf dass ein Geschäft, das ein wahres Märchen umrankt, wie Dornrösschen die Rosen, seinen Abschluss findet.«
Piepsi ließ einen fahren und man hörte etwas auf den Boden plätschern, so als wäre da etwas Festes nachgekommen. Nur Lang zeterte herum, machte einen auf Zampano und wollte nicht so recht anstoßen. Langsam nur nahm er das Gläschen in die Hand.
»Auf dass Sie mir den Goya besorgen. Ich habe Informationen. Sie sind Fälscher. Und ich weiß um Ihren Fetisch für Diskretion«, er begann zu drohen. »Ich kann, wenn ich will, einen Film über Sie drehen. Ich könnte Sie berühmt machen, Sie, mit Ihrem Talent und Ihrer Finesse. Ja, ich könnte, wenn ich wollte, eine Legende um Sie erschaffen, Sie mit Bekanntheitsgraden der Größten messen. Ich könnte, wenn ich wollte, einen Kult um Sie errichten, Altare um Sie bauen und Sie in Mode bringen. Und ich würde nicht aufhören, bis Sie auch der letzte kennt und der letzte Schreiberling Ihren Namen in seine Geschichtsbücher oder Historienromane schreibt. Bringen Sie mir den Goya,

oder ich drücke die Knöpfe. Mehr muss ich nicht tun. Nur Knöpfe drücken.«

Er bekam keine Widerworte, welche sollten es auch schon sein, und er stieß mit der Runde an. Mit einem Hieb gossen Sie die Feuerwässerchen choreografisch in ihre Rachen, hicksten, knallten die dichten Glasböden auf die dumpfe Tischplatte, männlich klingendes Eichenholz. Dachs und Gold hatten ein Geschäft abgeschlossen, davon hatte Lang nichts mitgekriegt. Alles um ihn herum wurde weiß und violett, etwas fühlte sich elektrisch an, doch er konnte nicht bestimmen was, oder woher es kam. Es war, als würde ihm seine Haut zu eng, seine Haare stellten sich auf. Etwas war ganz und gar nicht in Ordnung, doch er konnte nicht benennen, was. Warum war er zum Beispiel an solch einem Gott verlassenen Ort?

»Das war gegen sein Erinnerungsvermögen«, hallte es vor ihm. Jemand sprach. Der saß ihm gegenüber, doch er konnte sich nicht entsinnen, wer. Er sprach nicht mit ihm, mit jemand anderem, der da neben ihm saß. Dieser jemand nickte und grinste blöde. Teuflisch blöde. Hinter dem Gegenüber tat sich eine verwüstete Höhle auf, ein dunkler, gruftiger, brutaler Raum, vollgekleckst von rotzigem Blut und mit einer Tonspur von schnarrendem Röcheln unterlegt. Vier lachende Säufer, die auf eines der gähnenden Opfer einkickten wie beim Fußball und Witze rissen. Zu unecht, um einen Film daraus zu machen, zu wenig authentisch, zu fantastisch, wenn man den Kritikern Beachtung schenken wollte.

»Wo bin ich?«, fragte er. Das Gegenüber wirkte zuverlässiger als sein Nebenmann, er bat es um Aufklärung.

»Herr Lang«, sagte Dachs und zeigte auf den Nebenmann. »Wissen Sie, wer das ist?«
Lang kniff fragwürdig die Brauen zusammen, als wäre er kurzsichtig. Er zuckte mit den Achseln und schüttelte den Kopf.
»Dann ist es so!«, rief der Nebenmann festlich. »Dann sind wir im Geschäft!«
Strahlend stand er auf und gab dem Gegenüber einen festen Händedruck. Lang würdigte er dabei keines Blickes, als er diesen Abort über die Treppe verließ. Lang schnupperte. Es roch nach gashaltiger Feuerkohle, nach schwarzer Brauerei und metallisch nach Blut. Er konnte dem Geschehen nichtmehr ganz folgen. Er schnipste Morseziffern, kurz kurz lang, das Zeichen für einen Einblick in das Drehbuch, doch es kam keins.
»Sehen Sie mich an«, forderte das fremde Gegenüber. »Sie können versuchen, einen Film über mich zu drehen, eine Legende um mich zu erschaffen, einen Kult um mich zu errichten und mich in Mode zu bringen. Viel Spaß dabei.«
Der Fremde trank in langen Zügen den halben Humpen Bier, stellte ab, wischte sich über den Schnauzer und stand auf.
»Wissen Sie, wer Goya ist?«, fragte er.
Lang schüttelte ungläubig die Birne und fand sein Monokel nicht mehr, es war ihm abgefallen.
»Wer soll das sein?«
»Ich muss nur Knöpfe drücken«, sagte der Fremde. »Mehr muss ich nicht tun. Nur Knöpfe.«
Es verschwand ebenso über die Treppe, es schien der einzige Ausweg zu sein, nach oben.

Die vier Possenreißer an der Bar schütteten Spiritus aus einer der Whiskeyflaschen auf eine Stoffdecke und zündeten sie an. Dann warfen sie den Brand über den Kopf ihres ohnmächtigen Opfers, welches unfähig war seine verglühenden Haare auszuklopfen. Sein Gesicht sah sauber verprügelt aus. Die Glut versank in schwarzer Kopfhaut, die vier Brutalos soffen und die über alle Maße, erwähnenswert fette Barfrau weinte und schenkte aus. Ein faszinierendes Moment. Ein gescheiterter, kleiner Staat. Wie der feste Boden eines Treibsandlochs. Wie er an diesen auslaufenden Flussarm der Gesellschaft gekommen war, wusste er nicht. Doch diese Wüste der Menschlichkeit zu verlassen, wurde ihm immer ernsteres Anliegen. Er stand auf und balancierte unter Bekanntgabe seines wiedergefundenen Gleichgewichtssinns über die Herumliegenden, Toten vielleicht? Es röchelte zu viel, die würden schon alle in Ordnung sein. Müssten zumindest. Er wusste nicht, ob er die Männer an der Bar kennen sollte oder nicht, und ob er sie grüßen sollte. Er tat es lieber nicht.
»Bis bald Monokel-Fritz!«, rief ihm einer der Männer zu. Ihm fehlten beide Vorderzähne und eine vollgesottene Mullbinde zierte seinen definierten Arm. Er spannte an.
»Bis bald«, sagte Lang mit unsicherer Stimme und betrat endlich den Treppenfuß, hinauf ins Freie.
»Vielleicht machen wir ja bald einen Film!«, rief Muskel-Adolf ihm nach.
»Vielleicht«, flüsterte Lang zu sich und wankte die Treppe hinauf ans Tageslicht. Er fühlte sich wie Nacht, doch draußen es war hellichter Mittag. So hell war es noch nie gewesen. Nichts war mehr schwarz-weiß, alles bunt, vielfarbig und schrill. Hochtreiberei auf einem Gemüsemarkt.

Hell und laut. Es schien ihm, als wäre er um einige schwere Erinnerungen leichter. Alles Obskure verflog. Er kaufte eine Kartoffel und biss hinein, wie in einen Apfel. Offensichtlich sollte man die vorher kochen. So vieles war vergessen.

X

Retrospektive. An diesem Morgen.

Dachs war schräg gelaunt. Der Tod von Pieret saß ihm im Nacken, oder im Sack. Er wollte sich nicht zugestehen, dass er ihm im Herzen gelegen hatte. Schwer und fest drückte er den Klingelknopf zum Irrenhaus. Brockhaus hatte ihm gesagt, hier würde er finden was er braucht, um aus der Klemme zu kommen. Gold-Schulden. Doch am liebsten würde er diesen Gold in Gold-Stücke zerreißen, hatte er ihm anvertraut. Und Dutch Schultz wünschte er die totale Gerechtigkeit an den Hals. Er wünschte ihm an seinem Sterbebett die Dummheit seiner verlebten Existenz zu begreifen und an der Einsicht seines verfehlten Lebens zu ersticken. Kurt verstand ihn und wusste eine Adresse. Er wusste immer eine Adresse.
Das Tor der Klapse öffnete sich und Dachs zeigte seinen fünfmal abgestempelten Antragswisch. Brockhaus hatte alle Stempel und alle Scheine. Der Pförtner ließ unterwürfig gewähren, was Dachs provozierte. Ein Kittelarzt, ein Arzt, der nur Arzt heißt, weil er einen Kittel trägt, führte ihn zu des heiligen Oberdoktors Türe. Dort klopfte er

zweimal fest, dreimal leise an und entfernte sich untertänlichst. Dachs wollte ihm hinterherspucken. Keiner machte auf, also trat er selbst durch die Tür.

Am Ende des herrschaftlichen Besprechungsbüros saß Bobrow am Schreibtisch aus echtem karpatischen Latschenholz und telefonierte. Mit einer kurzen Geste wies er seinem Gast den tiefergelegten Stuhl vor seinem Pult und bat um Geduld, der Meister unterhalte sich noch.

Aus dem Hörer kamen unverständlich verzerrte Sprechgeräusche.

»Ja«, antwortete Bobrow in die Sprechmuschel. »Aber das ist nicht so einfach... doch... nein. Ja.«

Dachs setzte sich und wartete auf das Ende des Gesprächs. Der Stuhl war tatsächlich kleinergesägt worden, er saß niedriger als sonst, wieder so ein Pseudo-Psychotrick.

»Auf gar keinen Fall!«, rief Bobrow in den Apparat. »Wenn der Frau das Kind als Penisersatz dienen sollte, was ist dann mit dem Kot? ...Ja... Sehen Sie? Sie kennen doch meine Loch-Theorie. Nein, das hat nichts mit Belletristik zu tun, das ist Wissenschaft! Sie sind Belletristik! ...nein... nein... Sie!«

Dachs kratzte sich am Kopf. Es schien wohl ein längeres Gespräch zu sein.

»Nein. Ganz im Gegenteil«, echauffierte sich Bobrow. »Fellatio im dritten bis vierten, ich betone *vierten* Schwangerschaftsmonat verursacht die Homosexualität der fötusialen Tochter, *nicht* des Sohnes. Sie verdrehen die Tatsachen... doch... Ihr Vergleich hinkt doch auf zwei Beinen... pränatale Konversation durch Oxytocin... ja... Sie vergleichen Äpfel mit Bananen... Ich bin Ihnen Jahre voraus, wussten Sie das? Haben Sie mein Essay ›Der Gebärmutterschlund – Bobrows Vakationen über den weiblichen Geschlechtsapparat und die männliche Psyche‹ überhaupt gelesen? Es ist unerreicht... Ja. Hören Sie mich? Hallo? Ich sagte *unerreicht*! Hören Sie? Ich habe jetzt einen Patienten. Auf Wiederhören, Herr Doktor.« Bobrow versuchte das Telefongespräch zu kappen, es war ihm augenscheinlich zu dumm geworden.

»Nein, Herr Doktor, solange ich noch fähig bin Tatsachen aus der Erdkruste zu brechen, solange werde ich Sie widerlegen, seien Sie sich dessen stets eingedenk. *Ich* bin *Ihr* Über-Ich! Das ist mehr als die reine Kritik an Ihrer Arbeit, denn mein Werk stellt gegenüber Ihrem nicht nur einen exorbitanten Fortschritt dar... es ist etwas völlig anderes... ach... jetzt hören Sie aber auf! Als ob sich Frauen einen Penis wünschten... haben Sie sich so ein Gehirn mal angeguckt? Ja... Sehen Sie? Schluss... Schluss... Nein!« Bobrow knallte den Hörer in die Schale und wandte sich zu Dachs.

»Einmal mit Profis, sage ich dir, Ansgar. Dieser Freud, meine Güte, der hat Fantasien. Seine obsessiven Realitätsfluchten verpackt er in Literatur und nennt es Wissenschaft. Entweder ist er der lausigste Wissenschaftler, der mir je untergekommen ist, oder der genialste Künstler, dessen Botschaft ich nicht kennen muss. Wie kann ich Dir helfen? Lange nicht gesehen, was?«

»Das war im Kreml«, sagte Dachs. »Vor Jahren.«

»Ich mache ein Häkchen bei ›Erinnerungsvermögen‹. Also, warum bist du hier?«

»Ich brauche einen Gefallen von dir. Kurt meinte, du hättest gewisse Drogen für die Vergesslichkeit. Ein gewisses ›Paralysikum‹, hieß er es.«

»Ja, Paralysikum, habe ich da, was bedrückt dich denn?«
»Mich bedrückt nichts. Ich brauche das nicht für mich, sondern für jemand anderen. Geschäfte, du verstehst. Lieferung fällt aus, vergiss das mal. Sowas bräuchte ich. Dann müsste ich mir nicht unnötig die Beine brechen lassen, du weißt schon, diese Sorte von Geschäften. Wieviel willst du?« Dachs holte sein Portemonnaie heraus und kramte suggestiv im Papiergeld.
»Erstmal müsste ich dich untersuchen«, sagte Bobrow ernst, sah ihm tief in die Augen und rieb sich die Hände.
»Niemand muss hier irgendjemanden untersuchen«, sagte Dachs und bot drei hundert Mark an.
»Ohne Untersuchung kein Rezept in diesem Haus«, blieb Bobrow seiner ärztlichen Disziplin treu.
»*Du* bist hier das Haus«, sagte Dachs. »Jetzt mach kein Gewese draus, du alter Psychopfadfinder.«
»Das stimmt, *ich* bin hier das Haus. Aber ich bin *auch* Forscher, Ansgar, mein Beruf verpflichtet.« Bobrow stellte sich breit auf. »Ich bin der Darwin unserer Zeit. Sage mir, was dich bedrückt und ich sage dir, wohin du dich entwickeln musst, um nachhaltig zurückzuschlagen. Und außerdem geht es hier um weit mehr als das Haus. Ich rede von paramagnetischer Transistorik, polypolarer Normalabweichung, multikodierter Einheitsmatrix, verstehst du? Man reiht einfach Wortketten aneinander und für irgendwen wird das schon syllogistisch ineinandergreifen. Da, schon wieder, syllogistisch. Doktor Freud hat es sich zu einfach gemacht – er hat einfach ›Kot‹ und ›Penis‹ und ›Kind‹ nebeneinander geschrieben, das war zu seiner Zeit revolutionär genug. Doch Zeiten ändern sich, der Fortschritt ebbt nicht einfach ab. Jetzt hör dir das an: Neuroplastisches

Ganzfeld-Experiment, sechspolige Emotionsgeografie, sexuell unterdrückbares Differenzierungsgesetz, anthropomorphe Systemkreisfunktion. Ich kann ewig so weitermachen. Alles macht einen Sinn. Es sind nur Worte, komplizierte Worte, nichts anderes gibt es zu bedenken. Rein damit in die Psyche. Die Menschen sind religiös, die glauben einem, dass man etwas weiß, wenn sie erst etwas verstehen, wenn sie nachdenken müssen. Nein, ich untertrieb, ich bin mehr als ein Forscher, Ansgar, ich *bin* Forschung!«
Er deutete auf einen Stuhl, der am Boden festgeschraubt vor einem Fenster stand, mit dem Blick nach draußen. Dahinter postiert war ein Sessel mit breiter, alteingesessener Sitzkuhle, Bobrows Arbeitsplatz.
»Setz dich«, sagte er.
»Du bist eine eigenartige Krähe«, gab Dachs zurück.
»Da haben wir es also schon, anthropomorphe Systemkreisfunktion«, antwortete Bobrow auf den Einwurf. »So arbeite ich. Ich höre mir die unvorstellbarsten und kaputtesten Geschichten der Menschen an. Ihre Verzweiflung und ihr destruktiv-kontraproduktives Handeln daraus, das alles nur noch schlimmer macht. Du ahnst gar nicht, auf was Leute alles kommen, wenn sie ihren Geist unterdrücken. Die Welt ist ein Irrenhaus und alle laufen frei herum, ich liebe meine Arbeit. Ich werde mich nun hinter dich setzen und in dich eindringen. Erläutere mir dein Problem.«
»Ich habe kein Problem«, sagte Dachs. »Und wenn hier jemand in irgendjemanden eindringt, dann bin *ich* das und jetzt rück das Paralysikum raus.« Er holte zwei weitere Scheine aus dem Portemonnaie und knallte die Summe auf den Tisch.

»Her mit dem Zeug, Pyotr, ich hab's eilig.«

»Eile inkarniert nur noch mehr Eile, Ansgar, dyspeptische Selbst-Hypnose bis zur chronischen Fibromyalgie«, entgegnete Bobrow und ging unverdrossen an seine Schubladen. Er nahm eine Wodkaflasche und einen Tumbler aus der obersten, kam zurück und ließ sich in seinen Sessel fallen, hinter den festgeschraubten Stuhl am Fenster, auf den Dachs sich zu setzen hatte, wenn er das Mittel wirklich wollte.

»Lass uns mit der Sitzung beginnen. Setz dich.«

Widerwillig setzte sich Dachs auf den Platz und starrte stur aus dem Fenster. Auf der gegenüberliegenden Straßenseite spielten Kinder auf dem Balkon und nervten ihn mit ihrer ewig kindlich kritiklosen Begeisterungsfähigkeit. Dann wurde Bobrow redselig.

»Lass mich dir mal was über Probleme erzählen«, fing er an. »Ein Kollege von mir hatte mal einen Patienten, dem wurde, als er noch klein war, die Kopfhaut von Läusen angenagt. Wer kennt das nicht. Um das Ungeziefer zu entfernen, rieb ihm sein Vater den Kopf mit Rohwodka ein und setzte ihn für drei Stunden in die pralle Sonne. Das Licht brach sich irgendwann durch eine eingerissene Fensterscheibe, bündelte sich zu einem Brennstrahl und schoss auf den rohwodkagetränkten Schopf des kleinen Jungen. Wumm. Aus dem Nichts stand der Kopf in Flammen. Der Patient schilderte den Schmerz so, als ob Abermillionen kleine Brandeisen gleichzeitig zustächen. Er erfand viele weitere Metaphern um diese Erfahrung so nachlebbar wie möglich zu gestalten, doch gab irgendwann auf; es war eben unbeschreiblich schmerzhaft. Der Vater kam herausgelaufen und versuchte das Feuer zu löschen indem er einen Eimer Wasser über das Inferno kippte. Das war natürlich eine dumme Idee. Das Wasser führte mit der Verteilung des Rohwodkas zu einem Flächenbrand, Grundwissen. Nun ja, nach zwei weiteren Fehlversuchen konnte der Patient letztendlich gerettet werden. Natürlich war er grundlegend entstellt, ich musste lachen, als ich ihn das erste Mal sah, willst du ein Foto sehen?« Bobrow schien begeistert.

»Danke, habe genug absonnige Gestalten gesehen in letzter Zeit«, sagte Dachs. Bobrow fuhr fort.

»Was dem Patienten auf Lebenszeit blieb, neben seinem irrwitzigen Anblick, war ein hermetisches Misstrauen gegenüber der Sonne. Es war etwas Persönliches zwischen ihm und dem Ding da am Himmel, eine feindselige Bindung. Ich habe ihm einen thermonuklearen Gedächtnisspleen auf Grundlage einer Milzsucht diagnostiziert, was für ein Schwachsinn, kannst du dir das vorstellen? Aber ihm erschien das logisch, es klang irgendwie vernünftig. Und er war geheilt! Seine Vernunft kehrte in den Körper zurück. Es war nur ein Unfall. Die Sonne konnte gar nichts dafür, sie strahlt nun mal und ist heiß. Er hatte sich auf sie einzustellen, nicht umgekehrt. Er lebte nun mal unter ihr. Und er konnte die Sonne wieder als das akzeptieren, was sie ist, ein unschuldiger Zwergstern. Thermonuklearer Gedächtnisspleen. Die Vernunft war zurückgekehrt.«

»Pyotr, nicht so viel reden, mehr untersuchen. Ich habe nicht viel Zeit.« Dachs sah genervt aus dem Fenster und hätte gern die Uhrzeit gewusst.

»Das ist mein täglich Käse, Ansgar!« Bobrow verzichtete auf Hektik. »Ich sitze gemütlich in meinen Polstern, furze, wenn mir danach ist, lege die Füße auf den Schemel, trinke

astreinen Wodka mit vierzig Karat, zünde mir eine tiefgründige Zigarre an und lausche den Schicksalen von abgestürzten Pechvögeln mit gebrochenen Flügeln, so wie dir. Also, das nenne ich Therapie. Ich habe auch noch eine Anekdote von Lenin auf Lager, willst du sie hören?«
Dachs seufzte.
»Wirklich nicht, Pyotr, sollten Therapeuten nicht ihr Maul halten?«
»Wusstest du, dass Lenin Dadaist war?«
»Ja, verdammt, wer weiß das nicht? Mach hin jetzt.«
»Und das hat Gründe. Aber du willst ja nicht. Na gut, fangen wir mit einem Assoziationstest an.«
»Einem was?«
»Einem Assoziationstest. Ein klassisches Instrument der Psychoanalyse. Entspricht nicht mehr ganz meinen modernen Standards, ist aber trotzdem immer unterhaltsam, zum Auflockern. Habe ich auf so einem ärztlichen Geheimkongress vor ein paar Jahren gelernt. Du weißt schon, so eine Ärzteansammlung, wo sich all die nonchalanten Opportunisten treffen, wie Medikamentenhersteller und Pharmainvestoren, oder noch schlimmer, deren Anbiederer, wie dieser Freud, oder noch schlimmer, deren Anbiederer, wie dieser Carl-Gustav Jung, oder noch schlimmer, Gynäkologen. Und sowas nennt sich Arzt. Wer kann mir das Wasser reichen?«
»Komm zum Thema, Pyotr.«
»Also, Assoziationstest, läuft so: Ich sage ein Wort und stoppe die Zeit bis du mir ein Wort gesagt hast, mit dem du meines assoziierst. Dann ziehe ich meine Schlüsse daraus und stelle dir eine erstaunliche Diagnose. Fangen wir an.«

Bobrow stellte den Wodka auf die Sessellehne und zog eine Stoppuhr und ein Klemmbrett aus einer Ritze.
»Bereit?«
»Bereit.«
»Nein, noch nicht, also, bereit?«
»Immer noch.«

»Zwerg« – *(lange Bedenkzeit)* – »Klein«
»Abstraktion« – *(schnell)* – »Nutzlos«
»Diorit« – *(kurze Bedenkzeit)* – »Ein was?«
»Fahrenheit« – *(schnell)* – »Grad«
»Subskription« – *(schnell)* – »Unterschrift«
»Induktivität« – *(lange Bedenkzeit)* – »Was soll das sein?«
»Krieg« – *(schnell)* – »Nass«
»Blume« – *(schnell)* – »Welk«
»Dadaismus« – *(kurze Bedenkzeit)* – »Kinder, schreckliche«
»Librettist« – *(kurze Bedenkzeit)* – »Das Wort gibt es nicht«
»Maskarill« – *(schnell)* –
»Möglichst unverständlich, nicht wahr?«
»Konvex« – *(schnell)* – »Kapital, nein, Brüste«
»Obstakel« – *(kurze Bedenkzeit)* – »Penisartig«
»Perichorese« – *(lange Bedenkzeit)* –
»Das ist kein Assoziationstest, das ist Xenologismus«

»Was soll das sein?«, fragte Bobrow.
»Schluss jetzt«, brummte Dachs.
»Na gut, es gibt auch etwas Profunderes«, murmelte Bobrow und blätterte eine Seite nach oben um.» Ich nenne es die ›Bobrowsche Modulation der Assoziationsanalyse für Freudiale Blindgänger‹. Ich gebe dir nun immer zwei Auswahlmöglichkeiten zur Antwort und du entscheidest

dich so schnell wie möglich für eine der beiden Optionen. Bereit?«
»Was soll das bringen?«, fragte Dachs.
»Assoziationen, Ansgar, Assoziationen steuern deine Gesten. Ein Beispiel: Nehmen wir an, du hast Besuch bei dir zu Hause. Die Gäste begeben sich Richtung Ausgang. Das Verabschieden an der Tür assoziierst du mit dem vollen Mülleimer in der Küche, den du praktischerweise gleich in einem rausbringen könntest. Du tust es aber nicht, wieso? Weil du nicht möchtest, dass die Gäste damit assoziieren, sie seien wie der Müll, den du auf einer Ebene mit ihnen hinausschaffst. Eine Geste der Höflichkeit. Wir kommunizieren nicht nur mit Worten, Ansgar, sondern auch mit unseren Gesten, zwischen denen die Assoziationen die wahrnehmbare Brücke bilden. Änderst du deine Assoziationen, ändert sich dein Weltbild. So ist das mit der Wissenschaft.«
Dachs lehnte sich in die Stuhllehne und breitete die Arme aus wie eine heilige Maria. Hätte er doch bloß nicht gefragt.
»Verdamme mich, gib mir jetzt das Paralysikum und hör mir auf mit deiner Wissenschaft.«
»Bereit?«
»Bereit«, ächzte Dachs.

»Die Stiefmutter töchterlicherseits, jung oder alt?«
– *(schnell)* – »Jung«
»Das apostollisch-orthodoxe Zwangs-Evangelium, kann oder kann nicht sein?« – *(schnell)* – »Kann«
»Anaximander erobert West-Torgonia, viel oder wenig?« – *(schnell)* – »Viel«

»Ein Klyptos, dick oder dünn?« – *(kurze Bedenkzeit)* – »Dick«
»Intergalaktische Kommunikation, möglich oder erwartungsgemäß?« – *(kurze Bedenkzeit)* – »Was?«
»Trianguläre Schweiß, Angst oder Lust?«
– *(lange Bedenkzeit)* – »Das reicht«
»Wagner als Mensch, ja oder nein?« – *(schnell)* –
»Nein, und jetzt Schluss!«
»Nur noch eines: Legitimität, parallel oder nicht?«
– *(kurze Bedenkzeit)* – »Ich mache schon nicht mehr mit«

Dachs war unter Zeitdruck.
»Hast du deine Ergebnisse jetzt endlich?«
»Welche Ergebnisse meinst du, Ansgar?«, kicherte Bobrow sanft in seinen Bauch, »ich bekomme *davon* doch keine Ergebnisse.« Er fing an, aus dem Kichern ein Lachen zu formen. »Das war doch nur Spielerei, um diese Freudschisten aufs Glatteis zu geleiten. Damit sollen die sich auseinandersetzen, nicht ich, ich forsche. Experimentelle Psychologie ist, als hielte man die Hand in den Ofen – du weißt, dass du dich verbrennen wirst, doch du tust es trotzdem. Und warum? Wegen dem Gruppenzwang. Weil das alle tun.« Er hielt kurz inne. »Sei mal still. Hörst du das?«
»Nein.« Dachs hörte nur das Ticken von Kinkels alter Kuckucksuhr.
»Genau«, sagte Bobrow. »Es ist pünktlich die Minute, um dich an den Detektoren anzuschließen. Jetzt fangen wir mit der echten Arbeit an.«
Dachs wurde ungemütlich.

»Gar nichts wird hier angeschlossen«, schnaubte er. »Ich brauche jetzt das Paralysikum. Ich dachte, ich müsste nicht so werden, aber wenn du es mir nicht freiwillig gibst, Pyotr, dann muss ich es mir selber holen.«

Er stand auf und drehte sich um. Bobrow hatte eine schädelgroße Saugglocke mit Drähten daran aus einer Truhe neben dem Schreibtisch gehoben und sah ihn verwundert an.

»Drohst du mir, Ansgar?«

»Gib mir das Paralysikum oder ich werde physisch ansässig.«

»Das ist spektraldurchlässige Eventualitätsperformanz«, erwiderte Bobrow. »Du skizzierst physikalische Vehemenz gegenüber mir. Mir!«

»Pyotr!«, schrie Dachs entschlossen. »Halt deine Fotze zu!«, wie er es im Gefängnis gelernt hatte.

»Fotze, Ansgar? Wirklich? Fotze?« Bobrow war entrüstet, dann wuchteten sie aufeinander zu wie zwei transmutierte, hochmütige Waschbären auf zwei Beinen und rauften sich. Dachs vergriff sich in Bobrows Bauch, während der mit der einen Faust auf Dachs' Kreuz schlug und in der anderen weiterhin die Saugglocke mit den Kabeln hochhielt. In beiden alten Wirbelsäulen brach etwas. Nach kurzem hin und her streckten sich beide auf und dehnten sich in die Bandscheiben. Beide hatten es gehörig mit dem Rücken, sie sollten zu gesprochenem Worte zurückkehren, da waren sie sich wieder einig.

»Genug«, sagte Dachs.

»Genug«, wiederholte Bobrow und schlug ihm die Glocke auf den Schädel. Nachdem Dachs aufgehört hatte, flackernde Sterne zu sehen, hatte Bobrow ihn auch schon wieder auf den Stuhl gesetzt, festgebunden und angeschlossen. Dann wandte er sich von ihm ab und starrte auf einen Seismographen, der anfing die Spule zu drehen und nichtssagende Linien aufzuzeichnen.

»Aha«, sagte er.

Dachs hatte sich das Treffen anders vorgestellt, was war nur aus dem alten, griesgrämigen Pyotr geworden?

»Denk jetzt mal einen kurzen Moment an gar nichts«, bat Bobrow um einen Gefallen.

Dachs dachte für einen kurzen Moment an Brüste.

»Das ist es«, sagte Bobrow. »Du hast lithophagische Paradoxie.«

»Hast du ein Problem damit?«

»Nichts ist ein Problem, wenn man das Gegenmittel kennt. Lassen wir mal sehen.«

Er löste Dachs von seinen Gurten und Schläuchen und seinem Drahthelm. Die Fußfesseln ließ er vorerst im Scharnier. Er kramte in seinem Arzneikoffer und holte zwei Ampullen heraus. Eine steckte er Dachs in die Hemdtasche, die andere öffnete er und hielt sie vor Dachs' Gesicht.

»Mund auf, Ansgar«, brummte er niedlich wie ein Kinderarzt, als würde er ein Kleingeborenes füttern.

»Da kommt was geflogen«, waren seine letzten Worte, dann wurde für eine kurze Weile alles blass und violett. Als Dachs wieder zu sich kam, hatte er gefühlte drei Jahre seines Lebens verschlafen. Irgendetwas schmeckte bitter. War es die Zeit oder war es der Saft? Er hatte von beidem zu wenig übrig. Etwas verwirrt stand er auf, die Fußfesseln waren ab. Bobrow sah ihm nickend zu. Alles fühlte sich wabbelig an, dann ließ es nach und wurde real. Dachs war gelandet und fühlte sich frei. Bobrow notierte.

»Das Paralysikum«, sagte Dachs, den Umständen wieder gerecht, und versuchte zaghaft Bobrow am Schlafittchen zu packen.

»Wirkt ziemlich refraktiv, nicht wahr? In deiner Brusttasche, Ansgar«, erklärte Bobrow, deutete mit dem Stift auf ihn und notierte fort. Dachs griff zur Ampulle, sah sich das Stück mit der geschmacklosen, violetten Flüssigkeit an und fragte, ob es in Flüssigkeiten abfärbe, Rotweinen, Limonaden oder Ähnlichem.

»Die Farbe verflüchtigt sich in saurem Ethanol«, erklärte Bobrow und wies Dachs zur Ausgangstür. »Du bist geheilt.«

»Bin ich das?« Er ging zur Tür. Bobrow raschelte unter seinem Schreibtisch und zog einen Karton hervor.

»Ansgar, wo du schon gehst, bist du so nett, und bringst den Müll mit dir raus?«

Dachs schüttelte ungläubig den Kopf, vergaß die fünfhundert Mark auf dem Schreibtisch und verließ mit der Ampulle des Friedens in der Brusttasche die Praxis. Draußen auf der Straße, als er ein Automobil vorbeifahren sah und es mit Amerika assoziierte, da assoziierte er Amerika mit Karl dem Vierten und diesen mit Goya und diesen mit Trotzki und diesen mit einem Schiff und dieses wieder mit Amerika und das wieder mit Lilie und diesen mit Miss Poussage und diese Matratzenamazone mit, Jesus, nein, nicht Jesus, Pieret. Der Mord an Pieret. Sein einziges Problem. Doch etwas fehlte. Er konnte sich genau daran erinnern wie Schultz ihm ins Gesicht schoss, einfach so, weil er beliebig war, kein Mensch war. Doch es war egal. Dachs

erschreckte vor sich selbst und tat es gleichzeitig nicht. Pieret war ihm egal geworden. Die lithophagische Paradoxie war ausgelöscht. Er war nicht mehr schuldig, noch hatte Pieret irgendetwas mit ihm zu tun. Nicht die Erinnerung löscht dieses Paralysikum aus, es vernichtete vielmehr die emotionale Bindung zu etwas, einer Freundschaft zum Beispiel. Aus Freunden werden Bekannte, aus Bekannten werden Fremde, aus Fremden werden Tote, Tote werden einem gleich. Es blieb nur noch die Hülle übrig, ein verlorener Tropfen Blut von vielen. Auch gut, dachte Dachs. Kommt aufs Gleiche raus.
Eigenartigerweise juckten Dachs seitdem auch keine Brüste mehr. Als hätte nie etwas zwischen ihnen existiert. Dafür legte er sein Augenmerk auf Ärsche. Das hätte allerdings auch das Alter sein können – man trägt das Kinn nicht mehr so waagerecht. Er stieg in die Elektrische und fuhr in Richtung Scheunenviertel. Er war bereit, wie ein Mann nur bereit sein konnte.

Brandbrief.

Hohes Gericht,
Dies ist weit mehr als eine Strafanzeige, es ist eine Anklage, ein Sündenfall. Was unser Herr Adolf Bartels damals auf der Piscator-Bühne sehen musste und was wir heute als Mappendruck für zwei Reichsmark auf der Straße in den Händen halten, schändet uns, ja, missbraucht uns für den Zweck der billigen Berühmtheit durch den provokanten Tabubruch eines morbiden Künstlers. Diese Schmieragen müssen verboten, aussortiert, vernichtet und ihre Hintermänner aus der Herde gezogen werden.
Also klagen wir an: Der dem Satanismus anheimgefallene Georg Groß und des Hufschmieds rechte Hand, Wieland Herzfeld, zu Verließ und abermals Verließ und Kerker, sei es bis zur aufgefrischten Kommunion oder bis zum Tode in Isolation. Wir legen Ihnen die Tatbestände der Blasphemie und der Gotteslästerung zur Last – erläuternd dazu: Das eine Vergehen wiegt nicht mehr als das andere, sie beide sind schwerste, dringende Gewichte.
Wir appellieren also an den Richter, doch noch mehr appellieren wir an das Volk, in dessen Name er gerecht zu sprechen haben wird: Lassen Sie keinen Zweifel. Geben Sie den jüdischen Invasoren keine Präzedenz und verteidigen Sie uns, das Volk, die deutschen Christen, mit all der Macht Ihrer Gesetze. Der Weg zum ewigen Höllenfeuer ist gepflastert mit den heißen Steinen der einmaligen Kompromissbereitschaft. Und wo der Himmel eins wird mit der Welt, wo Blumen erblühen und das Getreide duftet, wo sich der evangelische und der katholische Weg in einem

Bunde der Heimat vereinen, dort wird man dann wissen,
an welcher Kreuzung Sie versagten.

Seien Sie sich dessen stets eingedenk,
verehrtes hohes Gericht,
Gott beobachtet Sie,

im Namen des Bundes für Deutsche Kirche
Landesbischof Bohr vom Bistum Görden
und Großerzbischof Kleinhaut.

KAPITEL X
Ankunft und Wiederkehr
1928

Grosz erinnerte sich an seine späte Kindheit und dementsprechend an seinen damaligen Lieblingszeitvertreib, wenn er gerade keinen anderen hatte, dem Nachspüren der Tante seines besten Freundes. Er muss vierzehn gewesen sein, sie vielleicht Ende dreißig. Er stieg wie ein Indianer auf der Pirsch auf eine Weinkiste vor dem Fenster und lugte in ihr Zimmer, wie sie dort vor ihrem Spiegel saß, sich die Haare kämmte und sie mit aller Sorgfalt glättete, während ihr das Reformkleid von den Schultern fiel und sie im Glanze des leuchtend gelben Scheins einer Petroleumlampe letztendlich nackt wie die Natur sie schuf vor ihm aufblühte. Grosz' Nase klebte am Fenster, immer wieder musste er das Kondensat seines schnellen Atems von der Scheibe wischen. Sie steckte Nadeln und Spangen in ihr Haar, sprühte sich Spritzer von blauem Eau de Cologne an Hals und Nacken und cremte sich mit einem weißen, gallertartigen Sekret aus einer Tube ein. Ein Faszinosum erwachte in ihm, sein Herz trommelte hörbar, viel zu laut. Diese Kurven, diese Blößen, die Schatten und ihre Zwischenräume, die Punkte und Linien, er prägte sie sich alle ein, sog sie in sich auf wie ein Sturm die Winde. Als das Licht erlosch, schlich er zurück nach Hause, setzte sich in den Dachspeicher und zeichnete sie aus seinem übervollen Gedächtnis auf die Rückseite eines seiner Schulhefte, ohne dabei das Kleinste auszulassen, von ihrer Akribie und Disziplin an ihrer Schönheit erbaut, hörte er erst auf, als der billige Schulstift zur Neige ging. Danach las er noch ein wenig, wie das Kind das er noch war, aus seinen Karl-May-Indianerbüchern und schlief den Schlaf der Gerechten. Als sein Lehrer Pinkgwardt am nächsten Tag das vollkommene Bild auf seinem Heft sah, erhielt er zur Strafe eine Backpfeife. Das war für damalige Rohrstockverhältnisse noch das mildeste Exekutivurteil und seine erste ehrliche Kritik. Als Lehrer Pinkgwardt ihn aber daraufhin zu zwingen versuchte, unter dem Kruzifix vor der ganzen Klasse laut zu beten, stand er auf und gab dem Lehrer, jung, wie er damals war, die Backpfeife in gleicher entschlossenen Härte zurück. Als er daher amtsrechtlich von der Schule flog und seiner Mutter lange Zeit der sinnlosen Sorge bereitete, wusste er, er würde Kunstmaler werden. Und dass er kein Christ mehr war.

»Herr Groß!«, hörte er sich gerufen.

»Herr Groß. Kopf aus den Wolken! Konzentrieren Sie sich, Sie stehen schließlich vor Gericht.«

»Alle Jahre wieder«, sagte Herzfelde, der wie immer neben ihm auf der altbewährten Anklagebank saß. Die Tante seines Freundes verblasste, die keifende Lehrerschaft verklang. Grosz' Erinnerungen vergingen, verfingen sich in der Gegenwart. Was war, das war einmal. Keine nackte Fremde, keine Weinkiste, auf der man mit Zehenspitzen stand und die Erleuchtung erfuhr, keine Schulheftrückseite zum Zeichnen, kein Karl May, kein Schatz im Silbersee, kein Lehrerschurke, kein junger Old Shatterhand am Anbeginn seiner Abenteuer, alles Essig. Wieder mal im gut bekannten Gerichtssaal, fast jedes Jahr zur gleichen Zeit wie Silvester. Das waren also die Termine für Künstler seiner Couleur. Justizia rüttelte schon an den Stäben ihres

Käfigs. Auch ihr müsste es schon auf den Geist gehen, immer die gleiche Lyra.

»Herr Groß, Herr Herzfeld«, sagte der erste Staatsanwalt präsentativ und erhob sich erhaben, die Gäste taten ihm gleich und man legte den Angeklagten nahe, Folge zu leisten. Die Angeklagten blieben sitzen. Sie taten nie, was sie sollten, auch das war mittlerweile Gewohnheit. Das alte Rebellentum wirkte fast konservativ.

»Jedes Mal der gleiche Popanz«, seufzte Herzfelde und lehnte sich zurück.

»Dieses Mal wird es kurz«, sagte Alfred Apfel hinter ihnen sitzend, ihr neuer Anwalt. Er hatte sich als Verteidiger des Malik-Verlags über die letzten Jahre stets verdient gemacht. Ein Intellektueller, der die Gerechtigkeit in der Weimarer Gesetzesausführung offen anzweifelte und erst kürzlich Max Hoelz, den großspurigen Revolutionär von Eisleben, aus den Schlingen der Mordintrigen befreit hatte. Mit Freude schlug Apfel auf die Anfrage Herzfeldes ein und bot ihnen seine Fachkenntnis pro bono an. Einen George Grosz verteidigen zu dürfen, das sei ihm eine Mission, kein Geschäft, so ließ es sein Sekretariat verlauten.

»Sehr kurz«, sagte er.

»Der Saal darf sich setzen«, verkündete der werte Richter und schlug den Autoritätshammer sanft auf die Platte. Die Staatsanwälte gehorchten und auch die sonst so störrischen Gäste schienen keine Aufstände anzetteln zu wollen. Sie wurden zahmer Jahr für Jahr, das Gebrülle half ja nichts. Der werte Richter nickte mit jenem zufriedenen Gesicht, das man trägt, wenn man merkt, dass die eigene Pädagogik fruchtet. Doch auch er war der Wiederholung überdrüssig, säuselnd verlas er die Anklage:

»Herr Groß, Herr Herzfeld. Ich muss uns ja eigentlich nicht mehr vorstellen. Angeklagt in drei Fällen der Blasphemie und der Gotteslästerung, wobei sich mir nicht erschließt, wo da der Unterschied sein soll, jedenfalls, Blasphemie und Gotteslästerung. Die Staatsanwaltschaft ist mit der Aufklärung vertraut. Der Kläger, hier anonym, verlangt Buße in Form von Freiheitsentzug auf unbestimmte Zeit, solange bis ein Bekenntnis zu Gott, dem christlichen Gott, damit wir uns richtig verstehen, erfolgt sowie eine Selbstkasteiung vollzogen ist. Das sieht das Gesetz, dem dieses Gericht hier untersteht, natürlich nicht vor, darum verhandeln wir nun das Strafmaß über den Akt der Diskriminierung, des Rufmords und der Schändung. Wie immer, Herr Groß.« Er wandte sich zu Grosz. »Ob Sie sich zu der Tat bekennen, überspringen wir einfach mal ganz bewusst, meinen Sie nicht auch?«
Grosz nickte.
»Genauso spare ich mir heuer mal die Frage, was Sie sich dabei gedacht haben, einverstanden?«
Grosz nickte.
»Einspruch!«, rief Apfel.
»Wie höre ich?«, fragte der Richter.
»Einspruch, Euer Ehren, Relevanz.«
»Also. Doktor Apfel, bitte.«
Apfel stand auf, rückte sich den Kragen zurecht und erklärte seine Verteidigung:
»Ich verlange von dem hohen Gericht im Mindesten die Identität des Klägers zu erläutern. Allein, dass der Bund für Deutsche Kirche dahintersteckt und nicht einmal erscheinen muss, ist schon falsches Maß genug für die Höhe des Gerichts selbst, wo es doch über allem stehen sollte.

Sie überlassen einer Inquisition nicht nur den Vortritt, Sie handeln für sie. Sprechen wir doch gleich von einem Schauprozess. Es beweist einmal mehr, dass die Justiz unserer bürgerlichen Gesellschaft nicht dem Prinzip von Freiheit und Recht, sondern dem Prinzip des Militärs zugeordnet werden muss, das auf Gehorsam beruht.«

»Herr Doktor Apfel«, sagte der Richter. »Vielen Dank für Ihre ungebetene Meinung. Wir beginnen also mit der Beweisführung. Die Staatsanwaltschaft, bitte.«

Der erste Staatsanwalt stand auf und öffnete seinen Aktenkoffer. Heraus holte er die erste Zeichnung.

»Euer Ehren, ich werde dem Gericht nun drei Exemplare aus der Schweijk-Mappe ›Hintergrund‹ präsentieren, das ursprünglich auf Piscators Weltbühne als schauderhaftes Bühnenbild diente, welches…«

»Schon gut«, unterbrach ihn der werte Richter. »Halten wir uns nicht in Details auf, zeigen Sie uns einfach die Beweise.«

»Beweisstück Nummer eins!«, rief der Staatsanwalt und hob das Bild in die Höhe. »Der Titel lautet: ›Seid Untertan der Obrigkeit.‹ Wir sehen zwei Generäle Händchen haltend, allem Anschein nach handelt es sich hier um den Generalfeldmarschall Hindenburg und den ersten Generalquartiersmeister Ludendorff, oder ist das eine österreichisch-ungarische Uniform? Krakelei. Hinter ihnen ist ganz deutlich Justizia zu erkennen, unsere Justizia. In ihren Händen hält sie statt Schwert und Waage eine neunschwänzige Katzenpeitsche mit Paragraphen statt Knoten an ihren Enden und ein Buch unter dem Arm. Das haben wir schon alles durch, Herr Groß, Justizanmaßung und Reichswehrdeformierung, hatten wir schon alles, Sie denken nicht und Sie wollen nicht lernen. Zuchthaus, Euer Ehren, Zuchthaus! Ein für alle Mal und für immer!«

»Fahren Sie fort«, entgegnete der Richter schroff und schwenkte seinen Autoritätshammer wie ein gutes Glas Wein.

»Und jetzt das Neue: Neben den Generälen steht ein Priester. Er hebt den Kopf und öffnet die Arme, dann jongliert er ein Kruzifix auf seiner Nase, als wäre er ein Zirkuspferd. Zu den Euren, Euer Ehren. Das ist Blasphemie und Gotteslästerung.«

»Einspruch!«, rief Apfel dazwischen.

»Weswegen?«, fragte der werte Richter.

»Unklare Begrifflichkeit. Nichts kann gleichzeitig Blasphemie und Gotteslästerung sein.«

»Dann erleuchten Sie uns doch bitte mal, Herr Doktor Apfel«, bat der werte Richter und lehnte sich mit der Neugier eines alten Mannes in seinen Sessel. Der erste Staatsanwalt setzte sich zum zweiten und gemeinsam fingen sie wieder nervös an, mit den Stühlen zu kippeln.

»Blasphemie beleidigt die Gläubigen der betreffenden Religion, Gotteslästerung hingegen beleidigt den Gott derselben persönlich. Wir haben es mit einem existenziellen Unterschied zu tun«, erklärte Apfel.

»Wo ist da der Unterschied?«, rief der zweite Rechtsanwalt.

»Die Gläubigen sind Einzelpersonen, der Gott ist ein System.«

»Ein System? Wer sagt das? Sie?«

»Die Wissenschaft.«

»Die Kirche glaubt nicht an die Wissenschaft.«

»*Das* zum Beispiel, ist Gotteslästerung.«

»Wie bitte? Die Wissenschaft hat keinen Gott.«

»*Das* wiederum ist Blasphemie, verstehen Sie?«
»Was gibt es da zu verstehen?«
»Ihr seht, Euer Ehren. Die Vertretung der Kirche selbst begeht die gleichen Sünden, ungesühnt.« Apfel verstand es, den Staatsanwälten mit dem advokatischen Winkelmesser das Worte im Halse durchzuschneiden.
»Hier steht aber nicht die Royal Society, sondern der Bund für Deutsche Kirche auf der Klägerseite«, sagte der werte Richter. »Verhalten Sie sich dementsprechend.«
»Dann hätten wir die anonyme Göttlichkeit ja geklärt«, sagte Apfel zufrieden, setzte sich wieder hin und schlug einen Stapel Akten an den Kanten zusammen. »Ich resümiere: Dieser Prozess ist genau das, was mein Mandant mit dem auf der Nase jonglierten Kruzifix aussagen wollte: Man jongliert mit den Worten der Bibel, mit den Worten der Gesetzestexte – bis am Ende nur noch eine Zirkusnummer übrigbleibt.«
Grosz drehte sich zu seinem Anwalt um und klopfte ihm auf die Schulter. Mehr Bezahlung wollte er nicht.
»Beweisstück Nummer zwei!«, rief der erste Staatsanwalt ungebeten und riss beim Aufstehen die nächste Zeichnung gleich mit. »Der Titel dieses Schandwerks lautet: ›Ausschüttung des heiligen Geistes.‹ Ich beschreibe: Auf einer Kanzel spricht ein Geistlicher seine Messe, wütend, mit verdrehten Augen und geballten Fäusten, in priesterlicher Robe. Aus seinem schreienden Munde kommen Granaten, Bajonette, Kanonen und Patronen. Ein auf der Kanzel befindliches Kruzifix fällt um. Klare Symbolik. Darunter stehen die Christen, die teils zur Kanzel aufschauen, teils sich anderweitig, wie im Vordergrunde mit Kartenspielen oder Tratsch die Zeit vertreiben. Von der Kanzel hängt

eine Altardecke mit dem bekannten Emblem des frommen Lammes herab, mit Kreuz und Heiligenschein auf einer Wolke weidend. Das Tier weist hier eine eklatante Ähnlichkeit zu einem Esel auf. Leibhaftig, es ist kein Lamm, es ist ein Esel, Euer Ehren, ein Esel, seht! Zu den Euren.«
»Es ist der Esel, der Sie aufregt?«, rief Herzfelde dazwischen und die Gäste rumorten. »Der Esel? Nicht die Kanonen und die Bomben?«
»Gotteslästerung!«, schrie der der zweite Staatsanwalt.
»Blasphemie«, korrigierte Apfel.
Der werte Richter klopfte, doch Herzfelde war in Schwung gekommen.
»Es waren die Repräsentanten der Kirche, die keinen geringen Anteil am Krieg hatten. Mit billigen Deutungstricks verwandelten sie die Lehre der Nächstenliebe in Hymnen auf Krieg und wehrloses Ehrgefühl! Die Kirche trägt tiefe Mitschuld. Gerade sie, die vermeintlich moralische Instanz, hätte den Krieg abstoßen müssen, nicht glorifizieren dürfen. Wachen Sie auf!«
»Geben Sie Ruhe, Herr Herzfeld!«, rief der werte Richter. »Jedes Jahr derselbe Krach. Setzen Sie sich hin!«
»Mein Mandant, Unternehmer, stellt sich als vollwertiges Mitglied des Volkes und als freier Mann dem hohen Gericht«, kommentierte Apfel beim Sortieren seiner Unterlagen.
»Beweisstück Nummer drei«, ließ der erste Staatsanwalt verlauten und hob das letzte Blatt. »Euer Ehren, wir sehen Jesus am Kreuz – mit einer Gasmaske und Soldatenstiefeln bekleidet. Man erkennt ihn am Heiligenschein und den Initialen ›INRI‹ über dem Kopf. Seine linke Hand, welche historisch verfälscht, nicht mit einem Nagel durchbohrt ist,

sondern mit Seilen gefesselt, hält ein Kruzifix, sein eigenes Emblem, es ist wie Inzest. Der Titel dieser abscheulichen Kritzelei lautet: ›Maul halten und weiter dienen.‹ Mehr muss ich nicht sagen.«

»Und wo sehen wir hier Blasphemie oder Gotteslästerung?«, fragte Grosz und stellte sich neben Herzfelde.

»Also wenn Sie das nicht sehen«, antwortete der Staatsanwalt suggestiv, »wie können Sie sich dann ›Zeichner‹ nennen?«

»Ich darf hier bemerken, dass ich gar nicht so eine unbesondere Symphatie für Christus habe«, antwortete Grosz. »Ich sehe ihn hauptsächlich als einen Menschen, der die Liebe predigte. Mir ist es ein Rätsel, wie dieses Werk missverstanden werden konnte. Für den Unbefangenen ist die Aussage offenbar. Der Titel ist nicht an Christus gewendet, noch wird er von ihm ausgesprochen. Die Worte sind eine Formel für den Geist der Macht, der in diesem Material den Tod Christi auf dem Gewissen hat. Das Bild sagt: Auch Jesus Christus wäre von den Kriegshetzern ergriffen gewesen, hätte sich in das Heer eingereiht und wäre um seiner Friedenslehre Willen erneut als Kriegsverweigerer ans Kreuz gezimmert worden. Und hätte er die Nächstenliebe proklamiert, so wäre ihm die Antwort ›Maul halten und weiterdienen‹ entgegen befohlen worden. Und noch am Kreuze würde er sein Emblem erheben und auf die Nächstenliebe hinweisen, mit dem Schädel in der Gasmaske. Götter töten keine Menschen – *Menschen* mit Göttern töten Menschen.«

»Herr Groß«, kommentierte der werte Richter mit einem Blick auf die Saaluhr. »Hatten wir uns nicht vorhin darauf geeinigt, dass wir den Teil, in dem Sie uns allen erklären, was Sie sich dabei gedacht haben, überspringen?«

»Ich habe nichts zu sagen, nur zu zeigen«, antwortete Grosz geduldig. »Ich versuche, indem ich etwas beschreibe, grafisch darzustellen, was ich meine.« Er erwartete gar nichts mehr.

»Und außerdem«, querolierte Herzfelde, »*lebt* dieser Jesus auf der Zeichnung noch. Ganz im Gegenteil zum offiziellen Symbol der Kirche: Ein Toter, ausgeblutet mit Dornenkrone, verdroschen, durchgepeitscht, festgenagelt und abgestochen, lässt den Kopf baumeln. Das ist ein sadistisches Lustmärchen, aber doch kein *Sinnbild*! Die Kirche regiert mit nackter Angst!«

Den zweiten Staatsanwalt hielt es nichtmehr auf dem Stuhl. Er schoss auf, griff in den Tisch und der Stuhl flog nach hinten.

»Schluss mit dem Palaver! Um Himmels Willen, Sie beleidigen den Sohn Gottes! Das Gefängnis ist das Paradies gegen die Hölle, die Sie erwartet, der Teufel, Satan, Luzifer! Am jüngsten Tage erkennt er die seinen. Denken Sie an den Teufel!«

»Haben Sie eine Pascalsche Wette verloren? Den Teufel gibt es genauso wenig wie Gott, Herr Staatsanwalt, ich bitte Sie«, erwiderte Herzfelde.

»Was wollen Sie damit sagen?«

»Was ich damit sagen will? Gott ist eine absolute Erfindung! Da oben ist keiner! Das muss doch jedem Intelligenzbeteiligten die Kinnlade hochschlagen. Worüber reden wir hier überhaupt?«

»Sie bezweifeln Gott!«

»Ich bezweifle nicht Gott, ich verzweifle an den Gläubigen, die sich dieser Gewaltpornografie selbstverleumderisch unterwerfen. Was ist ein Gott mehr, als ein Werkzeug für Stümper? Hammer der Harten, Zange der Verbieter, Schraubschlüssel der Dickschädel, Säge der Spalter! Aufwachen, Herr Saatsanwalt!«
»Hinsetzen, Herr Herzfeld! Zum Letzten Mal!«, schimpfte der werte Richter und richtete sein Toupé.
»Paragraph 166 des deutschen Strafgesetzbuchs!«, fuhr der erste Staatsanwalt fort. »Jede Lästerung Christi ist mit Gefängnisstrafe zu bedrohen.«
An diesem Punkt setzte Apfel an und tat seine Arbeit, indem er dem Staatsanwalt mit Fachkenntnis der Rechtslage mächtig in die Krone fuhr.
»Einspruch!«
»Stattgegeben.«
»Die Betonung des Paragraphen 166 liegt bei ›mit der Gefängnisstrafe *zu bedrohen*‹. Das heißt nicht ›*abzustrafen*‹. Ich zitiere fortan aus der Weimarer Verfassung, welche in seiner eingreifenden Wirkung über dem Strafgesetzbuch anzusiedeln ist und vor der Befangenheit des Gerichts als Gegengewicht dienen soll: Artikel 158, Absatz 1: ›Die geistige Arbeit, das Recht der Urheber, der Erfinder und der Künstler genießt den Schutz und die Fürsorge des Reichs.‹ Artikel 142, Absatz 1: ›Die Kunst, die Wissenschaft und ihre Lehre sind frei. Der Staat gewährt ihnen Schutz und nimmt an ihrer Pflege teil.‹ Und zu guter Letzt, und ich bitte die Staatsanwaltschaft hierbei um klares Gehör, Artikel 137, Absatz 1: ›Es besteht keine Staatskirche.‹ Ich denke, der Fall ist damit eindeutig.«

Der zweite Staatsanwalt stolperte nach hinten über den umgefallenen Stuhl, fiel zu Boden und kreischte. Alte Wunden rissen auf. Verdammte Juden!

»Euer Ehren!«, lancierte der erste, während er dem zweiten versuchte aufzuhelfen. »Hier werden religiöse Gefühle mit Füßen getreten!«

»Artikel 137, Absatz sieben«, feuerte Apfel weiter. »›Den Religionsgesellschaften werden die Vereinigungen gleichgestellt, die sich die gemeinschaftliche Pflege einer Weltanschauung zur Aufgabe machen.‹ Kombinieren Sie. Individuelle Weltanschauung. Auch die nicht-religiösen Gefühle meiner Mandanten werden mit weit breiteren, ja, institutionellen Füßen getreten.«

Die Gerichtsgäste brausten auf und verfielen fast in Parolenrufe, wären sie sich untereinander nicht so uneins gewesen.

»Genug. Alle beide!« Der werte Richter klopfte dreimal fest auf die Platte. »Ruhe! Wir kennen die Gesetze, wir kennen die Beweise, alle wesentlichen und unwesentlichen Meinungen sind eingeholt. Justizia allein entscheidet!«

Er holte seinen großen Schlüssel hervor, erhob sich, begleitet vom Rest der Saalinsassen, und ging zum Käfig. Dort lief der bärtigen alten Dame schon der Schaum aus den knochigen Kieferhöhlen, die Insekten verkrochen sich in sichere Zahnlöcher. Sie kam mit solch einer Wucht aus dem Gatter geschnellt, dass es den werten Richter fast zu Boden gerissen hätte, wäre der erste Staatsanwalt nicht zu Stelle gewesen um ihn aufzufangen.

Diesmal sah Justizia anders aus als sonst, ihr Bauch war dick und rund und sie verlor literweise Flüssigkeit, welche aus ihrem Unterleib herausgoss und den ehrwürdigen Boden flutete. Anstatt ihre Waage zu halten und mit ihrem Schwert zu richten, ließ sie all das Beiwerk fallen, fasste sich an ihren Bauch und räkelte sich in ihrer Pfütze und brüllte aus ihren Wehen.

»Meine Güte«, sagte Herzfelde. »Haben Sie sowas schonmal erlebt?«, fragte er Apfel.

»Nicht persönlich«, antwortete Apfel kurz, kopfschüttelnd. »Faszinierend.«

Justizia spreizte die Beine und ihr Schritt war nun blank und bloß an die Angeklagten gerichtet. Grosz kniff seine Nase zu, Herzfelde stieß heftig auf, der Muttermund hatte sich geöffnet, ein runder Kloß drückte sich da aus Justizias Schoß und verbreitete einen rabiat verbrauchten Gestank. Sie schrie und verkrampfte beachtlich, ein Knie bog sich verkehrtherum bis in Schulterhöhe, nichts war mehr an seinem Platz, alle Gelenke ausgekugelt. Alle, wie sie dort standen, starrten starr auf das Ereignis, nur ein heldenhafter Gerichtsdiener versuchte sich kläglich als Hebamme.

»Eine unbefleckte Empfängnis!«, schrie der zweite Staatsanwalt entsetzlich, der ein heiliges Wunder zu erkennen glaubte. Immer noch am Boden liegend rieb er sein Gesicht mit der geweihten Säure ein, welche seine Haut zu verätzen begann.

»Bei allem Respekt vor unserer Göttin«, sagte der werte Richter. »Eine Jungfrau ist Justizia nicht. Lesen Sie das Steuerrecht.« Für ihn war es offensichtlich nicht das erste Mal, dass er Zeuge einer Rechtsentbindung wurde, einem Präzedenzfall, wie man es auf Juristisch zu nennen pflegt. Während die Wehen Justizia offensichtlich zerpflügten, begann sie zu singen. Tausend Geigen erklangen aus ihren vielen Stimmbändern, ihr Kehlkopf pochte und donnerte

Paukengedröne, dass sich manche Ansässigen die Finger in die Ohrmuscheln schoben. Eine Mischung aus Wagners Vorspiel im Rheingold und Strauß' Zarathustra. Doch das, was da mit einem lauten Platscher, wie eine Frontalwelle, die an eine Küstenbewehrung klatscht, herausplumpste, war alles andere als babyartig oder süß. Es schrie auch nicht, es lag einfach da. Ein wabbliger Klumpen gleitete dort durch die Pfütze, eingefallen, wie ein Ball, dem man die Luft ausgelassen hatte. Halb Fisch, halb Fleisch. Ohne Beine, ohne Gesicht, zumindest nicht das, was man ein Gesicht nennen würde. Ein Arm, oder ein Fühler, oder ein Tentakel, irgendetwas kam aus der Stirn, es war rosa und braun.

»Alles was oben reinkommt, kommt unten wieder raus«, sagte Grosz ohne jede Pietät, doch stand er längst nicht mehr im Mittelpunkt. Hier passierte etwas, das größer war als er, größer als sie alle zusammen – viel größer. Ein heiliges, kostbares Kalb war geboren worden, eine kristallklare Präzedenz, eine eindeutige Entscheidung zu einem vielschichtigen Thema.

»Was ist es?« Rief der erste Staatsanwalt und beugte sich vor, um über Justizias zerborstenen Schoß hinwegzusehen. »Ist es was Gutes?«

Herzfelde spuckte in sein Taschentuch bei dem feisten Gestank.

»Tötet mich!« Gurgelte das Neugeborene, noch bevor es sein schwarzes Auge auf dem Rücken öffnete. »Tötet mich!«

»Dazu haben wir kein Recht«, antwortete der werte Richter. »Wir können nicht Gott spielen. Wir müssen es anerkennen.« Er ging dem Präzedenzfall entgegen, las ihn aus

der Pfütze auf und hob ihn über sich wie einen Sohn. Zwei Gerichtsdiener transportierten die gebrochene Justizia zurück in ihr Gehäuse. Das Blasenwesen sabberte einen Urteilsspruch:
»Oh Herr, Dein Himmel stürze zur Erde, bescheinigt werde dein Name, dein Reich wird kommen, dein lautester Wille geschieht. Unser täglich Urteil wirf uns vor und auch wir machen uns Vorwürfe. Und du vergibst den kalten Seelen, denn sie wissen, was sie tun und auch wir vergeben unsere letzte Chance. Und versuche dich an der Führung und der Verführung und verbrenne unsere Erlöse. Denn dein ist die Herrschaft, die Macht und die Ewigkeit, Deins. Und nichts ist derer. Denn die, die deinen Namen in Schande ziehen, sie sollen im Reiche Kerberos durch Giftschlangen waten, darben und faules Wasser trinken bis sie die arktische Lepra befällt. Blub!«
Der Richter ließ den Sack zurück in die Pfütze fallen, wischte sich die öligen Hände an der Kutte ab und ging zurück zu seinem Richterstuhl. Nachdenklich prüfte er die Gesetzeslage in seinen Notizen.
»Ich schließe daraus«, bekräftigte er, »dass hier Strafe vollzogen werden soll.«
Prüfend blickte er in den Saal, prüfend blickte der Saal zurück.
»Dieses elende Schauspiel ist Strafe genug, Euer Ehren!«, rief Herzfelde. Der Richter klappte Daumen und Zeigefinger zusammen als Gebärdenzeichen zur Schweigsamkeit, dann erhob er sich bei dreimaligem Klopfen und der Saal tat ihm gleich. Nur Grosz, Herzfelde und Apfel blieben sitzen. Der Richter meldete das Verdikt:

»Es geht allem Anschein nicht um die ursprünglich vermeintlich unschuldige Intention des Künstlers, sondern um die Wirkung, welche dies Werk dem allgemeinen Kunstlaien im Rahmen seines jeweiligen Verständnishorizontes aufstößt, ihn beeinflusst und/oder in seinem frommen Glauben irritiert. Ich verurteile die Angeklagten daher zu je zweitausend Reichsmark Buße. Herr Doktor Apfel, es darf Berufung eingelegt werden.«
»Das wird sie, Euer Ehren, das wird sie.«
»Ich entlasse Ihre Mandanten somit vorerst von der Anklagebank. Wir sehen uns dann in circa drei Monaten auf der Klägerseite?«
Apfel nickte. Sie nahmen einmal mehr ihre Mäntel und Hüte und verließen den Saal unter leisem, fast heimlichen Beifall.
Sie kamen auf die Straße mit weit weniger Tumult als noch in den jungen Jahren. Keine Traube von Reportern mehr vor der Brust, keine Mannschaft von rebellierenden Anarchiekommunisten oder dadaisierenden Radikalkünstlern in ihrem Rücken. Niemand wollte das Gottproblem so recht zu seinem ganz persönlichen Problem erklären. Nur zwei alte Jungfern und ein karger Herr standen dort draußen im Regen und verkauften billige Bibeln unter einem aufklappbaren Holzstand. Grosz fühlte sich verfolgt. Unterwürfig übergriffige Sektenbrüder und -schwestern, kommen beinah an jedem öffentlichen Platze auf einen zu getapst, ihre Betbüchlein auf den Schoss gedrückt, um ihren Geschlechtstrieb mit der Lektüre zu unterdrücken (und »Jesus« sagen sie dauernd, Jesus hier, Jesus da. Als gäbe es keine anderen Philosophen auf der Welt). Die selbst ernannten Erlöser sehen nie besonders erlöst aus. Eher et-

was verkniffen und problematisch. Sie zwängen mich in ihre triviale Unterhaltung über viel zu kleine Lebensfragen und zwingen sich selbst zu bedeutungslosem Kreiseldasein. Sie erzählen von ihren Angstzuständen, von denen ich nicht ahnte, dass sie je in einem Menschen hätten existieren können, um *mich* dann davon zu erlösen – mich! Von was denn? Von euch? Mit fanatischen Augen erzählen sie mir fantastische Strafen vom Höllenfeuer und der Apokalypse und warnen mich davor, ihnen nicht zu glauben. Warum so aggressiv? Ihr droht mir? Ihr? Das Jesusvolk? Warum seid ihr nicht wie die Tauben? Schlagt mit den Flügeln und flattert auf das nächste Denkmal, um unbehelligt darauf zu koten, wenn man nach euch tritt? Warum macht ihr es nicht wie die Bettler? Fragt mich ohne Anlass nach ein paar überschüssigen Münzen? Ich würde sie euch geben. Und anstatt mir dafür euren Bibelplunder hinterherzuwerfen, könntet ihr euch einfach ein Bier dafür kaufen. Sinnlose Sinnsucher mit nutzlosem Gepäck. Menschen zum Vorbeigehen. Kurzsichtige Schafsherde mit schlechtem Gedächtnis, lässt sich jeden Sonntag in die Gebetshäuser zum Beichten locken um dort ihre menschlichsten Eigenschaften zu beichten, huldigen einem Oberbefehlspapst, der in einem Palast aus Gold und Marmor von der Armut predigt.

»Gehen wir noch auf ein Glas, zur Feier des Tages?«, fragte Apfel seine Mandanten. »Ins Café Größenwahn vielleicht? Ich habe im Schwimmer reserviert.«

Bevor einer der beiden antworten konnte geiferte eine der alten Jungfern sie an:

»Atheisten!«, wetterte sie, als sei das ein Schimpfort.

Apfel fiel sofort wieder in die Rolle des Advokaten.

»Meine werte Dame«, sagte er, »der Begriff ›Atheist‹ taugt nicht zum Kraftausdruck. Vielmehr ist das Wort mit Suffix ›Atheismus‹ eine Beleidigung an den Menschen selbst, jeden Menschen. ›Atheismus‹ ist deshalb so verschlagen, da es den Theismus voraussetzt. Aber wir alle sind geborene Atheisten. Das ›A‹ verlieren wir erst durch Erziehung, wie bei den meisten, oder durch Einsamkeit. Unsere Sprache schlägt uns nur die doppelte Verneinung vor, ja, der kulturelle Stachel sitzt tief. Vielmehr möchte ich also neudefinieren, dass…«

»Schmoren, wie ein Sonntagsbraten, werden Sie in der Hölle!«, giftete die andere Jungfer.

»Meine Damen«, beruhigte Apfel und fuhr fort. »Ich möchte also neudefinieren, dass wir alle geboren werden als ›Homines‹ – Menschen. Erst durch erklärbar soziale Kulturzustände, sei es Identifikation, bloße Zugehörigkeitspflicht oder schlicht Dressur, werden wir zu ›Hominibus religiosii‹ – religiöse Menschen. Erst kamen wir, *dann* die Götter. War das nun plausibel, die Damen?«

»Machen Sie, dass Sie Land gewinnen!«, brüllte nun der karge Herr und verteidigte seine Jungfern. »Aber Marsch, zack, zack!«

»Das Café Größenwahn ist eine gute Idee, Alfred«, sagte Herzfelde zu Apfel und sie entzogen sich weiterer brotloser Diskussion. Mürrisch trottete Grosz den beiden hinterher. In Gedanken schwelgte er wieder in seine Kindheit, wo ihm die »Freiheit im Geiste« noch kein Begriff war, dafür aber ein Lebensstil. Nicht wenige Gläser mussten heute im Größenwahn getrunken werden, nach einem solchen lehrarmen Tage, um dahin wieder zurückzukehren.

X

Fehnkultur der bewirtschafteten Niedermoore, gut sortierte Haine und Absinth-grünes Weideland, geradlinig durchzogen mit Drainagen. Schnaubende Pferde, stacksige Störche, braunwollige Schafe, letzte Grauganskolonien, Wühlmäuse in dünner Erde und Maulwurfdeiche. Eine kleine Mühle an einem dünnen Fluss. Flaches, ewig flaches Niederland, zu allen Seiten Horizont. Die großen Häfen von Den Haag und Amsterdam, niemals fern, doch immer weit. Langes, permanentes Niederland, zu allen Seiten klare Striche. In dich hineinzulaufen ist immer, als liefe man gegen eine wunderschöne Wandtapete. Immer gleich und gleicher. Ordentliches Vieh, Bauernhöfe, braungebackene Backsteine und fettes Schichtstroh auf dem Dach, weiße Fensterrahmen. Hier lasse ich mich nieder, dachte Dachs, hier mache ich Pension. Hier bleibe ich unentdeckt, den Rest meiner wertvollen Zeit, nochmal ganz von vorn. In Doorn. Ein Dorf im holländischen Nirgendwo. Nicht weit von Utrecht, nicht weit von s'-Hertogenbosch, die Heimat der Werkstatt Hieronymus', nicht weit von Amsterdam. Nicht weit, ja, doch immer fern. Hier verlebe ich den Rest.
Dachs nahm sich eine Mietwohnung mit Ausblick auf das weitläufige Land. Jedes Zimmer hatte den gleichen Ausblick, hier am Rande des Dorfes. Der Pförtner machte etwas Sperenzchen mit der Zimmernummer, aber er verstand dann doch etwas Deutsch und übergab ihm den Schlüssel mit dem schweren, katzengoldenen Anhänger, auf dem die Ziffer »vijf« eingraviert war. Als er mit seinem großen Koffer und seiner Staffelei unter dem Arm das

Apartment betrat, übermannte ihn das lockernde Gefühl des Angekommen-seins. Die umsichtige Ruhe der Ankunft. Hier würde er seinen ersten Rubens malen, er war nun bereit dafür. Hier, in diesem Zimmer mit diesem Weitblick, hier würde er sich holländisch fühlen, holländisch denken, holländisch malen, Holländer sein. Italiener war er schon gewesen, häufiger, Franzose, vielfach, Engländer sowieso, Russe, das eine Mal und nie wieder, und Deutscher selbstverständlich. Nur Holländer war er noch nie gewesen. Dies würde sein Letzter und Bester sein, sein Spätwerk über seinem reifen Abend, das ihm auf dem Bergrücken des Lebens begegnet. Allzu lange drückt die Pumpe nicht mehr durch die Brust, noch weiß das Hirn etwas mit sich anzufangen, da wird es dann Zeit für einen Rubens. Ohne Zeit an das Ausziehen der Schuhe oder des Mantels zu verschwenden, begann er sich einzurichten. Er stellte die Staffelei in Lichtschräge zum Fenster auf, zog das Leinen über die abgemessenen Hölzer und tackerte alles fest, dann öffnete er den breiten Koffer, schmiss seine Kleidung in den Schrank und holte einen Klapptisch heraus, dazu Pinsel, Palette, Farbtöpfe, Ölfläschchen, den Rest hatte er im Kopf. Er nahm sich einen Kohlestift und einen Stuhl aus dem Mietmobiliar und begann die Grundzeichnung.

Bier brachte ihn durch die Tage, das Opium öffnete ihm die Nächte. Er war zur Ruhe gekommen. Alles schlief. Hin und wieder brachte er einen Strich auf die Leinwand, die meiste Zeit aber saß er einfach nur auf dem Stuhl, sah zum Fenster hinaus und genoss den weiten, nächtlichen Ausblick; die Felder, die in die Schatten flohen, die geraden Bäche, die ins Dunkel flossen und eine wilde, junge Linde am Straßenrand, angestrahlt von einer gelblich flackernden Straßenleuchte, das nasse Pflaster darunter funkelte. Er sog einen letzten Qualm aus seiner Pfeife und spuckte eine dichte Wolke an die Staffelei, die das Gestell umtanzte. So machen Künstler Pension, dachte er bei sich, wickelte sich ins tiefe Federbett mit der schweren Daunendecke und fiel in drei Meter tiefen Schlaf.

Ein Knall weckte ihn an jenem Morgen aus seiner Ruhestätte. Ein Käuzchen war gegen die Scheibe geflogen und humpelte mit gestauchtem Ferslein und gebrochenem Flügelchen auf der Fensterbank herum. Dachs stand grämlich auf, stolperte mit versandeten Augen zum Fenster, öffnete die eine Seite des Rahmens, schnipste das wehrlose Käuzchen von seiner Rettungsinsel, öffnete die andere Seite und atmete die frische, nordische Morgenluft, die stets vom nahen und doch so fernen Meer her wehte.

Wie jeden Morgen nach der Luftatmung betrachtete er zu allererst den Rubens. Nicht schlecht, fehlerfrei. Er ging um das Bett herum und betrachtete es aus der Raumecke. Dann stellte er sich auf die Matratze und klärte es von oben. Makellos. Jetzt ein holländisches Frühstück, belohnte er sich gedanklich. Ein Frühstück mit gebratenem Ei, gesalzener Butter und Weißbrot, indonesischem Kaffee und Oraniensaft. Und danach ein Belgisches Pils. Er zog sich an, was eben herumlag, klackerte mit den neuen Schlüsseln in der Hand, verließ die Wohnung, verlief sich im holländischen Treppenhaus, das einer anderen Logik als der russischen folgte und setzte sich draußen auf einen der weißen Gartenstühle in das Café im Erdgeschoss. Die Flossen der blauweiß gestreiften Marquise flatterten im günstigen Herbstwind, der vom IJsselmeer herzog, auf den weißen Buchstaben des großen Fensters stand »de Gouden Kroon.«

Dachs bestellte sein Stammgetränk beim Pförtner und verzichtete erstmal auf eine frühe Mahlzeit. Belgisches Bier, nichts Schlechteres, denn es ist das Beste. Nur talentierte Bayern und traditionsbewusste Tschechen brauen naheliegendes, konkurrenzfähiges. Das Rheinland war den Platz nicht mehr wert, auf dem er zu stehen pflegte. Die Region der hässlichen Biere, wo Geschmack zu Meinung niedergemacht wird. Warum kam er ausgerechnet von dort? Doch das war ja nun vorbei, Zeiten ändern Räumlichkeiten und machen aus Samenkörnern Eichenbäume und aus Eichenbäumen Reifefässer. Die Zeit macht aus vanillinen Weizenfeldern und tiefgrünen Hopfenblüten ein frisches Glas Bier, welches ihm nach kurzer Wartedauer auf den Deckel gestellt wird. Angekommen. Der Wicht, der im Hause gleichzeitig kellnerte und rezeptionierte, servierte den Glaskörper auf einem Stiel. Es perlte glatt und intensiv, der Schaum bedachte die Oberfläche mit verlockendem, ehrlichem, charakterstarken Duft. »Wasch dich nicht, ich komme«, schrieb einst Napoleon an seine Gattin zu seiner bevorstehenden Heimkehr von den Schlachtzügen per Eilpost. Duft, welcher Lust erweckt, Bier, welches bitter ruft. Weib und Bier, sagte sich Dachs, ihr seid Geschwister. Und ich treibe es mit euch beiden. Weib und Bier, ich liebe euch ausgeglichen. Dass ich so schwelge, mag wohl an den Horizonten liegen, meinte er zu sich in seiner Denkblase.

Das Café besaß zwei Tische, auf denen kleine, geblümte Deckchen in einer Raute gefaltet lagen und jeweils ein kleines Pflänzchen in einem tischweißen Metalltopf da-

raufgestellt. Ein älterer Herr mit weißen, ausgewachsenem Henriquatre im Gesicht setzte sich an den gegenüberliegenden Tisch, mit seinem Blickfeld tête-a-tête zu Dachs, mitten in den Horizont. Eine Unverschämtheit. Doch dies schien den alten Herren mit Nichten zu kümmern. Der Herr, der Dachs etwa gleichaltrig zu Gesicht saß und einen überzwirbelten Moustache sein Eigen nennen durfte, brachte einarmig Feder, Papier und ein tönernes Tintenfässchen aus seinem Köfferchen zum Vorschein und schien offenbar damit anzufangen tüchtig nachzudenken. Stolz blickte er geradeaus und dachte ungehemmt. Unverhohlen starrte er Dachs mittig zwischen die Augen, doch sah es mehr so aus, als sähe er durch ihn hindurch, so als wäre er Luft, oder Äther.
»Meinen Sie mich?«, fragte Dachs.
Der Herr öffnete eine Braue, verzog eine Stirnfalte und justierte seine Pupillen auf das Diesseits seiner Gedankenströme.
»Sind Sie der Schustermeier?«, fragte er zurück.
»Wer?«
»Ich habe kein Lederzeug, das zu wichsen wäre. Kommen Sie Dienstag wieder.«
»Nein, der bin ich nicht. Was trinken Sie?«, fragte Dachs.
»Grog, weshalb? Gehören Sie zur Dienerschaft? Dann bitte.«
»Nein, das auch nicht.«
»Ja, wo bleibt es denn dann? Wo ist mein Getränk?«
Dachs schüttelte den Kopf. Dann begann ihm die Stimme bekannt vorzukommen. Auch die alten Gesichtskonturen, die Bauweise der Physiognomie und die Machart der Mimik hatten etwas Bestimmtes an sich. Irgendetwas.

Der Kellner stellte dem Herrn einen dampfenden Grog zur Seite, ohne dass dieser bestellt hatte. Ein Stammgast, der fließend süffiges Hochdeutsch sprach. War *er* es? Der vermeintliche Jemand, von dem er in der Zeitung gelesen hatte, er hätte in der niederländischen Enklave sein Exil bezogen? Seitdem hatte man nie wieder etwas von ihm gehört. Der spitz gezwirbelte Moustache, als wäre er elektrisch, er war herabgefallen. Doch die speckige Kastenfresse, ja, er war es. Der linke Arm hatte sich noch nicht einmal bewegt, so als wäre er halbseitig taub. Er musste es sein. Er ist gealtert, der Bart hat sich verdichtet und ist ausgebleicht, doch er war es, leibhaftig und in allen Ehren seines heiligen Amtes, seine Majestät höchst selbst. Der römisch-protestantisch-preußisch-schwäbisch-bayerisch-sächsisch-germanische Kaiser. Kaiser der Deustchen, Nachkomme Friedrichs des Dritten, Enkel Wilhelms des Ersten, aufs durchlauchteste, Kaiser Wilhelm der Zweite. Er musste es sein. Dachs bestellte ihm gleich ein Bier hinterher, als sich der Kellner nach seinen vier Verbeugungen versuchte zu verdrücken.

»Das habe ich nicht bestellt, hinfort damit«, entgegnete Kaiser Wilhelm, als er das Bier aufs Rascheste hinan gestellt bekam.

»Das ist von mir«, sagte Dachs und zeigte mit dem Daumen auf sich selbst. »Verzeiht mir, Eure Majestät, ich habe Euch nicht gleich erkannt«, gab Dachs zur Offenbarung.

»Sie sind dem deutschen Volke?«, fragte Kaiser Wilhelm.

»Das bin ich«, antwortete Dachs.

»Was machen Sie also hier? Gehen Sie zurück«, befehligte der Kaiser und flatterte mit der rechten Hand. Seine linke blieb stets in der Westentasche, denn sie war kleinwüchsig verkrüppelt. Das war bekanntermaßen bekannt, doch nie bewiesen.

»Eure Majestät«, erwiderte Dachs in aller ihm gegebenen Frömmigkeit, »Deutschland ist nicht mehr das, was es einmal war. Ich habe mich gegen diesen Ameisenhügel von verbrecherischen Kleinorganisationen und Geheimbündlern entschieden und bin hierhergezogen. Ich widme meine letzten Jahre, die mir auf diesem Planeten bleiben, dem mir angeborenen Intellekt.«

»Dem ist Rechtens so«, sagte Kaiser Wilhelm und blies auf seinen Grog. »Sie dürfen sich verstanden wissen. Es ist ein barbarisches Landwesen geworden, dieses, mein einstiges Deutschland. Über nichts, als über ihre Republik, lassen ihre Schafsköpfe mit sich reden. Gewöhnlichgeborene regieren, was kann man schon erwarten. Zwischen mir und Deutschland, da gedeiht das Chaos zur Regel. Ich darbe hier in Doorn, doch ich komme wieder und bringe die Ordnung wieder zurück. Damit auch Sie, mein treuer Flüchtiger, wieder in Ihre Heimat finden.«

Dachs wollte sowieso nicht zurück, dennoch fand er die Vorstellung der Kaiserrückkehr mindestens merkwürdig, wenn nicht sogar originell.

»Wie wollt Ihr das anstellen?«, fragte er die alte Majestät im zivilem Zwirn.

»Nun«, holte Kaiser Wilhelm aus. »Auch in der Demokratie gibt es Monarchentreue. Die Deutsch-Nationale Volkspartei erlebt immer mehr Aufwind in der Volksgunst, auch die ideologischen Zielsetzungen des Nationalsozialismus sind ein Geschenk, sofern man den Sozialismus hinwegstreicht. Ich schrieb erst kürzlich meinem Sohne, er solle in den Stahlhelm eintreten und ihn anführen wie sein alter

Herr es tun würde. Er könnte, wenn er nur nicht so eine Enttäuschung wäre, aber er ist eben mein Sohn. Er war immer schon zaghaft und naiv, nur dem Trunk und dem Weibe ist er zugetan und keinerlei politische Landschaft blüht in ihm. Keine zwei Schekel ist dieser Luftikus valide, mein Kronprinz, keine Ahnung von nichts, aber dafür *davon* viel. Mein erster, Wilhelm. Ich verfluche die Primogenitur. Und kann nichts weiter tun, als hoffen. Es liegt an ihm, den Hohenzoller wieder ans gleißende Licht der vollkommenen Übermacht zu heben, der Monarchie ihre Funktion zurück zu beleiben. Ich befürchte nur, dass er versagen wird. Er hat mir noch immer versagt.« Er nahm einen Schluck Grog zu sich, dann schweifte er ab. »Ja, ich wünschte, er wäre nicht mein Sohn. Irgendein Sohn, eines anderen, aber nicht meiner. Einen Göring, einen Specht, einen Hitler, so einen bräuchte ich. Mein Sohn ist wider die adlige Natur, nur reich ist er, aber nicht des Kaiserstuhls würdig. Doch so ist es eben. Meine größere Wette liegt auf dem Nationalsozialismus, die holen mich zurück. Schon bald und in ganzer Größe und Gestalt. Als Diktator der Deutschen stehe ich bereit, mein gottgnädiges Amt aufs Neue anzutreten. Ich erwarte einen Brief.«
»Eure Majestät«, sagte Dachs. »Ich glaube nicht daran, dass eine Anrottung von diesen Schlägerbanden dazu dienlich ist, Politik zu gestalten. Eben solche Banden, die sich der Gewalt befähigen, haben mich ursächlich zu meiner Ausreise bewogen, Euer Gnaden.«
»Ja, sind Sie denn nicht des Wissens fähig?«, rief Kaiser Wilhelm. »Die große Einheitlichkeit und die Gesamtordnung der Monarchie sind nichts anderes, als das Gewaltmonopol. Kein Staat entstand seit jeher aus Liebreden und

lieb Zutun. Demokratie kann nicht funktionieren, denn dort verüben *alle* Gewalt! Da muss man mit dem Hammer drauf! Derer Sozialdemokraten und Zentrumsparteiisten und wie sie sich alle nennen mögen mit ihren Künstlernamen. Sie sind das Produktil meiner Schmiedekunsthände. Ich muss mit dem Hammer zurück in meine Staatswerkstatt.«

»Die Parteien gab es schon vor und während Eurer glorreichen Zeit, Eure Majestät«, belehrte Dachs höflichst sensibel.

»Das Parlamentarium ist ein widersinniger Trugschluss«, meldete Kaiser Wilhelm dagegen und stand von seinem Gartenstuhl auf. Seine linke Hand fiel aus der Westentasche, sie war winzig, mit der Rechten steckte er sie wieder zurück in die Behindertentarnung. Er zeigte auf die Horizonte und hielt an zur Rede, dem kaiserlich gesprochenen Worte.

»Alles, was sie hier sehen, das habe *ich* getan.« Die Rechte tat so, als hielte sie einen Apfel. »Der Frieden, wie auch der Krieg, erstammen aus meiner Feder.« Er drehte sich um und zeigte auf das tönerne Tintenfässsschen, das dort neben dem leeren Papieren auf dem Tisch stand.

»Diese Tinte«, redete er. »Diese Tinte hat Welten geschaffen und Welten verbrannt. Es ist höchster Zeitpunkt, dass ich meine Rückkehr vorbereite, um den Völkern der Erde wieder Mores zu lehren. Es ist nicht denkabel, was diese Demokraten mit ihren Republiken auszurichten im Stande sind. Wenn ich wieder, nein, *sobald* ich wieder Diktator der Deutschen bin, bereite ich diesem Spuk ein solcherlei Ende, dass es dem Spuk selber noch in Jahren davor grausen

wird. Und wenn mein Sohn nach meinem Leisten den Thron antritt...«
Dann fielen auf einmal seine Schultern ein und er sah geläutert zu Boden.
»Doch dann sehe ich meinem Sohn in sein dummes Gesicht. Und er erzählt mir, welche Sorten Mädchen ihm gefallen und welcher Obstler ihm mundet. Er will einfach nicht begreifen. Gar nichts kann er begreifen. Hätte ihn im Kriege doch eine Kugel getroffen, es flogen so viele davon herum, doch keine ging hinein. Nur *ihn* hat es nicht erwischt, ich hätte ihn an die vorderste Front berufen sollen, dort wäre er umgekommen. Wenn es da also einen Fehler gibt, den ich mir vorzuhalten habe, so mag es dieser sein.«
Der Kaiser schien traurig, fast untröstlich, ein bisschen zu weinen.
»Mein Zweiter, Eitel Friedrich, auf ihn hätte ich zählen können. Er ist zwar weich, aber nicht so Blöde wie sein älterer Bruder. Eine Schande.«
Dachs stand nun auf und legte seinem Kaiser friedlich die Hand auf die Schulter, dass dieser zuckte und ihm wieder die kleine Linke aus der Westentasche rutschte. Hastig steckte er sie zurück. Niemand berührt den Kaiser.
»Verzeiht«, sagte Dachs reumütig. Es wurde ihm zum Anliegen etwas Zeit mit dem sagenumwobenen Wilhelm zu verbringen. Rein aus Interesse, auf gute Nachbarschaft.
»Was schlagt Ihr für die Wartezeit vor? Ich meine, bis euch der genannte Brief zu Heimkehr erreicht?«, fragte er. »Man weiß, Ihr jagt gerne.«
»Ja, ich jage«, sagte Kaiser Wilhelm und schweifte wieder mit geraden Schultern in die Horizonte des drainierten

Niedermoors. »Wissen Sie, wie viele Tiere ich schon schoss?«

»Man sagt, es seien über vierzigtausend gewesen, Eure Majestät.«

»Dreiundvierzigtausend, achthundert und zwölf, um genau zu sein.«

»Alle Achtung. Nun, dann lassen Sie uns jagen gehen.« Dachs eröffnete den Vorschlag beidhändig.

»Hier gibt es nichts zu jagen«, sagte Kaiser Wilhelm und strich mit der Hand über die Tapete. »Hier gibt es nur Domestizier, kein Wild, nichts, worauf es sich zu schießen lohnte.«

»Was schlagt Ihr vor? Was deucht Euch, an diesem angefangenen Vormittag zu unternehmen?«

»Lassen Sie uns einen Baum fällen.« Kaiser Wilhelm ballte die Faust. »Es gibt nichts mannhaftigeres als Bäumefällen. Den da zum Beispiel.« Er zeigte auf den mittelgroßen Lindenbaum mit leichtem Schattenwurf, gegenüber dem Café. »Ein prächtiger Baum«, avancierte er. »Eine Linde. Im germanischen Brauchtum gab es immer eine Linde pro Dorf. Unter ihnen wurden Gerichtsurteile gefällt und Händel geschlossen. Richten wir sie also.«

Dachs nickte einverstanden. Man wusste, auch das Holzfällern lag im Interessenkreis des Kaisers. Auf einmal wirkte dieser wieder kindlich begeistert und hüpfte fast ein wenig.

»Warten Sie hier«, befahl er und trank den Grog zur Neige. »Ich hole nur eben meine Axt und schlüpfe fix in eine schöne Admiralsuniform. Ihnen bringe ich auch eine mit, etwas weltmännisches, die weiße Kriegsuniform vielleicht, ja, die wird Ihnen passen.«

»Trinken wir doch erstmal das Bier fertig«, zügelte Dachs den Bipolaren.
»Wir können immer Bier trinken«, hob Kaiser Wilhelm an. »Unser ganzes Leben können wir noch Bier trinken, doch dieser Baum, der fällt nur einmal. Ich bin gleich wieder da.« Dachs trank alleine aus. Nach recht kurzer Verweildauer kam der Kaiser wieder angeraumt, in neuer Schale, einer astreinen Admiralsuniform, tischweiße Seide, mit silbernen Kreuzen und goldenen Sternen durchstöcherter Brust, Ordensbändern umhangen, Glacé-Handschuhen und Lackstiefeln. Wie ein Zirkusanschreier sah er aus und ein ebensolches Kostüm hatte er auch für Dachs dabei und nötigte ihn, sich sofortigst in aller Unverzüglichkeit umzuziehen. Dachs tat wie ihm der Kaiser befahl. Nach kurzen Umstülpungen sah er genauso clownesk aus wie sein Gegenüber.
Kaiser Wilhelm fing an und zog eine kleine Axt aus dem Halfter in seinem Gürtel. Seiner Behinderung geschuldet nahm er den Griff nur in eine Faust, statt wie ein mannhaftiger Holzfäller in beide. Eigenartiger linker Arm, dachte Dachs, als die winzige Hand abermals aus der Westentasche rutschte. Vielleicht kam daher die Rede, etwas »wie seine eigene Westentasche zu kennen«. Wer weiß. Doch sah es armselig aus, wie berauscht Kaiser Wilhelm auf die dünne Lindenhaut klopfte und keinen nennbaren Fortschritt im Holz machte. Immer wieder splitterte die einarmig gehaltene Klinge ab, war ungenau und schwach. Sein schwacher Arm schwang wie ein Lasso nebenher, wie ein faule Frucht hing er vom Körper herab. Vielleicht kam daher auch die Benamung »einarmiger Bandit«. Nur Theorien. Er sah jedenfalls so aus, wie eine gaucklerische Ko-

mödiante und es tat weh, ihn so angespitzt dort hacken zu sehen, wie ein lahmender Specht. Es wurde ihm peinlich, vor Fremdscham. Wie ein Kriegskrüppel stellte er sich an. Die Admiralsuniform in Schweiß getränkt und nickend ging er ein paar Schritte zurück und betrachtete sein Loch von Weitem, was nicht mehr als eine gelbe Kerbe war.

»Na? Wollen Sie es auch mal versuchen?«, fragte Kaiser Wilhelm außer Atem gekommen und reichte ihm die Axt hinüber. Dachs nickte abgeklärt, griff nach dem Beil, wie er solche kleinen Schnitzmesser nannte, nahm es in beide Fäuste und trümmerte mit ganzer Wucht und Männerwut beachtliche Schiefer aus dem Stamm. Schweiß quoll aus seinen Poren und die Schnauzbürste begann zu jucken. Kaiser Wilhelm hüpfte anfeuernd um ihn herum, als wäre er ein mexikanisches Geburtstagskind und Dachs bei der Arbeit an der Piñata. So, als kämen Süßigkeiten aus dem Baum, wenn er erst einmal tot wäre. Dennoch motivierte es Dachs nicht unbeträchtlich beim Fällen dieser widerstandsfähigen Bestie. Dem Kaiser beweisen, dass man etwas besser kann, als seine Majestät, ein Gefühl, das jeder in seinem Leben einmal gehabt haben sollte. Er wuchs über sich hinaus und missachtete seinen alten Bau. Er war schon am Beginn des letzten Drittels, da implodierte etwas in seinen Bandscheiben, ein elektrischer Schlag, ein violetter Blitz schoss ihm durch die Wirbelsäule und verpasste seinem Hinterkopf einen eisensträubenden, unmittelbaren Vollschmerz. Der Baum wackelte, er schrie auf und beide wankten. Kaiser Wilhelm hüpfte auf der Stelle, mit spitzen Lippen und angewinkelter Vorderpfote, wie ein einarmiges Kaninchen. Dachs war es zu Mute, als müsse er noch vor dem Baum fallen, auch dieser bog sich und knackste und rang genauso um Gleichgewicht, es fuhr ihm in alle Äste.

»Der Baum! Der Baum!«, rief Kaiser Wilhelm soufflierend seinem Fällmeister zu. Dachs krümmte sich auf und lief die zwei Schritte zurück auf den Baum zu, die er weggewankt war. Er drückte gegen den Stamm, der sofort aufschrie, in heiterem Gepolter durchbrach und zu Boden krachte. Dachs fiel gleich daneben ein Geschoss tiefer auf die Knie ins Moor.

»Ich habe es geschafft!«, posaunte Kaiser Wilhelm mit feierlicher, trompetender Stimme.

»Ihr?«, keuchte Dachs mit letzten Leibeskräften und versuchte sich das Epizentrum zu halten, doch da ging nichts mehr, alles in ihm war zu Stein erstarrt, als hätte er in die hässliche Fresse Medusas geblickt.

»Wir haben nun hunderttausend, fünfhundert und einundsiebzig Bäume durchtrennt. Hand in Hand!«, gratulierte Kaiser Wilhelm und schüttelte seine Linke. »Hand in Hand haben wir dieses Naturwunder von Baum an seiner Wurzelkehle gepackt und zu Boden gerissen. Ich habe Sie unterschätzt, mein Gefolgsmann, Sie scheinen reinen Geblüts zu sein, wie ist Ihr ganzer Name?«

»Dachs«, röchelte Dachs, etwas Kotze kam hinterher.

»Dachs woher?«, fragte der Kaiser zurück.

»Von Dannenberg.« Dachs' eigene Stimme wirkte in ihm nach wie ein Echo.

Dann fiel er mit der Brust voraus zu Boden, mitten in die Baumkrone. Die Blätter schmeckten faul nach Herbstlaub, er verlor das Bewusstsein und fand sich in einer Art Salzwüste mit Prismapyramiden wieder, alles spiegelte sich in sich selbst, schwer zu beschreiben. Dann kroch ein tausendarmiges Geflecht wurzelgleich, krakenartig aus einer schwarz werdenden Wolke heraus. Das Geflecht schien sprechen zu können, denn es zischelte etwas in vielen fremden Zungen und er wurde das Gefühl nicht los, dass es rachsüchtig war. Was sollte es ihm sagen? War er die Salzwüste und das Geflecht die Natur, die Gerechtigkeit zurückforderte? Alles und nichts könnte einen Sinn ergeben. Träume eben.

Als er zu sich kam, trat eine bestuckte Decke aus einer anfänglichen Unschärfe heraus. Ein Kronleuchter, eine Kommode mit Pokalen vollgestellt, eine Schiffschaukel für Kleinkinder stand in der Ecke. Er lag in einem offenen Himmelbett, sein Rücken war mit creme-triefenden Umschlägen eingewickelt, alles roch nach Kräuterpaste. Dachs wusste nicht, ob er noch träumte, oder ob er schon tot war. Soll das der Himmel sein? Oder die Hölle? Oder was auch immer danach kommt? Er hatte mit nichts gerechnet. Und wenn ja, warum dann die Umschläge? Er versuchte sich aufzurichten und versagte dabei instinktiv mit hässlichem, heißem Schmerz. Darum die Umschläge. Er war also unter den Lebenden. Auf dem Nachttisch stand ein Glas Wein, Schöngeistmedizin, kein Bier. Er war also im Diesseits, im Jenseits hätte man Bier gereicht. Er schaffte es, den Stiel mit seinen Fingerspitzen zu bewegen und zog das Glas zu sich her. Wenn er den Kopf etwas zur Seite verzog, konnte er es von oben in sich hineinschütten. Umständlich doch funktionabel. Widerliche Winzerkunst, dachte er, als der erste Schwapp an seine Zunge gelangte. Es durchzog ihn mit einem Ekelblitz, als er den herrschaftlichsten Wein unter der großzügigen Sonne genießen musste. Die Traube war des Teufels, so komplex war sie.

Es schmeckte so famos, dass er tat, was er niemals mit alkoholischen Getränken tat, doch dieses musste sein, es war ein Meisterwerk, er spuckte es aus. Virtuose Viskosität, zu reif und richtig, zu echt, zu unverfälscht, zu einzigartig, zu unersetzbar. Pfui Teufel! Gewässer des Styx! Er bespie die weißen Vorhängeroben an den Pfosten des weichen Bettes sowie die vielen kleinen tischweißen Deckchen überall, auf dem Nachttisch, aus den Schublädchen hängend, den Teppich, voll mit diesem roten Wunderessig. Dachs verlieh seiner Abscheu Ausdruck indem er nachkotzte, etwas Bier war darin. Gott sei Dank. Kausale Rückschlüsse. Bier hatte er heute Morgen noch getrunken, der Rückenschmerz wirkte reell, Sabber, Säure, Realität.

»Ich habe Geräusche gehört«, sagte die Bedienstete zart, als sie hereinkam und sanft die Tür hinter sich schloss, diskret, wie ein unbelauschtes Flüstern. Die Krankenschwester des Hauses schien sorgsam und sorgfältig zu sein, denn sie nahm Dachs mit erhabener Geschwindigkeit das schwer lastende Glas aus der Hand, stellte es auf den Nachttisch zurück und setzte sich zu ihm an die Bettkante.

»Wo ist der Kaiser?«, fragte er sie.

»Eure Majestät kann und wird Sie nicht weiter empfangen«, beantwortete sie ihm seine Ermittlung.

»Wieso?«

Sie streichelte ihm die Stirn und erklärte:

»Die kaiserliche Stammbaumforschung stellte fest, dass die von Dannenbergs niemals Dachse unter ihrem Dache beheimateten, weswegen Sie also nicht dem gleichen Geschlechte beiwohnen, wie Eure Majestät. Aus Gründen des völkischen Respekts Ihnen gegenüber und nicht zuletzt Ihrer gewürdigten Holzfällerfertigkeiten, beschloss Eure

Majestät Sie dennoch in seinem Hause und an seinem Busen genesen zu lassen.«
Dachs nickte. Dann bemerkte er, dass die Bedienstete überhaupt nicht wie eine gewöhnliche Hausdame gekleidet war. Sie trug nur eine Schürze, de facto war sie nackt. Eigenartig. Kaiserliche Danksagung?
Sie entledigte ihn der cremigen Umschläge, massierte ölige Substanzen in seinen Bauch und griff mit geseifter und zielorientierter Hand in seinen Schritt, wo sie mit fester Zartheit begann seinen Unterleib zu kneten. Mit der anderen Hand löste sie die Schürzenschleife hinten an ihrem langen, jungen Nacken und ihre Brüste wogen empor mit festen Knospen wie an einem frühen Aprilnachmittag. Ausgewachsene Früchte, die besten Brüste weit und breit. Mittlerweile war auch sein Glied eingeseift und er spürte seine Beine wieder. Er war lebendig und erregt, zurück, wieder Mensch, wieder Wesen. Eine weltoffene Frau rieb an ihm, der Kaiser hatte Geburtstag und verteilte Geschenke. Die Schöne nahm die zweite Hand dazu und rieb in asynchronen Bewegungen seine obeliskengleich aufgestellte Manneslust. Sie handhabte die Bewegungen wie eine Heilige. Heilige Mutter Gottes. Er war entzückt. Ein freilicher Nachmittagsspaß, warum nicht. Solle sie mal machen. Die Bedienstete freute sich, wie über ein geschenktes Kleid, als er sich über ihre Brüste ergoss. Sie nahm es mit ihren Fingern auf und leckte sie ab, danach saugte sie den Rest aus ihm heraus. Er kam ein zweites Mal. Träume eben.
»Beim Teutonen! Was ist los mit Ihnen?«, brüllte Kaiser Wilhelm ihn an. »Stehen Sie auf zum Geratewohl noch-

mal!« Er war nicht weit davon entfernt, sich ernsthaft zu echauffieren.

»Geh bei Seite!«, lallte Dachs, immer noch im Inbegriff ein Loch, das sich um sein Gemächt zwischen den Zweigen in der Baumkrone aufgetan hatte, zu penetrieren, ein Vogelnest vielleicht.

»Das ist ja widernatürlich! Was tun Sie da?«, stieß Kaiser Wilhelm aus und versuchte sich die Augen zuzuhalten, schwer mit nur einer Hand. »Barbarisch! Bar jeder Vernunft!«

»Wo bin ich?«, fragte Dachs. Statt auf dem Rücken, lag er auf dem Bauch und statt einer leidenschaftlichen Bediensteten war dort nur dieser uniformierte Halbseitenspasmatiker und stellte enervierende Fragen, die Dachs selbst gerne beantwortet hätte. Was tat er? Er war außer sich, doch konnte er es nicht zeigen, er war gelähmt, das Gefühl für die Beine war wieder weg, wieso lag er in einer Baumkrone? Warum war seine Hose offen? Wieso steckte er fest? Neben dem Kaiser stand eine weitere Person. Groß, blond, blauäugig, sympathisch. Wenn man jemandem erklären müsste, wie ein wahrer Holländer auszusehen hat, man würde genau ihn beschreiben.

»Ist das der Arzt?«, fragte Dachs mit letzter Kraft.

»Nein, das ist Van Houden«, sagte Kaiser Wilhelm.

»Was macht er dann hier?«

»Er ist mein Kamarillo. Er spricht nicht, denn er ist taub. Den Namen habe ich ihm gegeben.«

Taub sein. Immer noch besser als blind sein, dachte Dachs vorwurfsvoll. Stumm sein wäre schön. Doch nichts ist schlimmer als Rücken, Rücken ist das Schlimmste. Unter unhaltbaren Schmerzen knöpfte er seine Hose zu.

»Er hat dem Krieg gedient«, fuhr Kaiser Wilhelm fort. »Dort verlor er sein Gehör im Trommelfeuer. Seit dem Schandfrieden beschloss er, einen Deckel draufzusetzen und schweigt seither. Ganz recht für jemanden, der dem Feind diente. Aber für Sprache bin ich ja da.«
»Bringt mir den Wodka!«, schrie Dachs.
»Wie bitte?« Kaiser Wilhelm war erschrocken über die Dreistigkeit, ihm einen Befehl zu erteilen, zumal aus solch einer ungünstigen Position heraus, doch Dachs hörte gar nicht mehr auf.
»In meinem Hotelzimmer, da ist der Schlüssel. Zimmer Nummer fünf, am Ende des Ganges. Der Wodka ist in der Garderobe.«
Mit verkrampften Gebärden deutete er auf seine Hosentasche. Kaiser Wilhelm glaubte sich verhört zu haben und glotzte verdutzt auf den Scheiterhaufen, da schnappte sich Van Houden schon den Schlüssel aus der Tasche und hielt ihn seiner Majestät vor die königlich-protestantische Nase. Der Kaiser schien einen Sinneswandel zu durchleben, er zupfte die Glacé-Handschuhe von seinen Fingern, den Linken mit der Rechten, den Rechten mit den Zähnen, schlug sie übereinander und Van Houden auf die Brust. Ritterlich belud er seinen tauben Kamarillo mit deutscher Kriegsweisheit.
»Einen Kameraden gilt es nicht darnieder liegen zu lassen, mein großer blonder Freund. Im Morast flämischer Moorböden, in den Sümpfen des Feindes. Kommen Sie Van Houden, besorgen wir dem deutschen Mannsbild seine Medizin!«
Stolz und preußisch, geradezu preußalisch, drehte er sich um und schritt in Richtung Gasthaus, nickte dem unter-

würfigen Pförtner zu, ging die Treppe hinauf und bis ans Ende des Ganges. Vor Tür Nummer fünf stand er still und zeigte auf das Schloss. Van Houden trottete mit dem Schlüssel hinterher und sperrte auf. Beim Eintreten zeigte der Kaiser auf die Garderobe und sein Kamarillo fing an, darin zu wühlen. Wonach er suchte wusste er nicht, sein Lord würde ihn schon antippen, wenn es soweit wäre. Doch dieser schweifte ab und besah die Räumlichkeit seines gefallenen Untertans mit prüfender Faust am Revers der Admiralsuniform. Eine Geste, die zeigte, dass man dachte. Die Staffelei fiel ihm ins Auge, eine zarte Strichzeichnung befand sich darauf, es war erschreckend gut zu erkennen, um welches Werk es sich handelte. Ein abgehackter Kopf lag dort auf einer Felsplatte, der Betrachter sah von oben schräg in den offenen Hals, die Perspektive stimmte, Blutverläufe waren angedeutet. Am anderen Kopfende kamen Schlangen aus dem wuseligen Haarschopf, nicht wenige, viele schlängelten sich dort hinaus und nicht nur das, auch anderes Ungeziefer, Käfer, Spinnenwesen, Tausendfüßler und Skorpione kreuchten und fleuchten über die gesamte Bildbreite. Es war wie ein Kreislauf. Oben aus dem Kopf krochen die großen Reptilien heraus, unten am offenen Hals schleimten Würmer und kleinere Insekten hinein. Die Giftschlangen bissen sich gegenseitig, hassten sich, fraßen sich. Ekel kräuselte seine königlich-germanischen Brust- und Nackenhaare. Doch erkannte er das Bild wieder. Es war Rubens' Medusa, ein schreckliches Malwerk, entartete Feindeskunst.

Van Houden wühlte immer noch in der Garderobe. Er hatte alles schon einmal angefasst und niemand hatte ihn angetippt, also entschied er sich für einen Schluck Wodka.

Kaiser Wilhelm drehte sich um und riss seinem Assistenten stringent die Flasche von den Lippen.
»Nicht doch«, tadelte er.
Van Houden verneigte sich.
»Wie bitte? Wollten Sie etwas gestehen?«
Van Houden schwieg.
»Dieser Dachs ist ein Hochstapler, ein Fälscher, wussten Sie das?«
Van Houden schwieg.
Der Kaiser klemmte die Flasche zwischen seine Beine und schraubte sie zu, dann gab er sie seiner Ordonnanz zur Trage und winkte ihn zum Folgsmarsch.
»Auf, zurück zum Patienten, diesem falschen Simulanten!«
Sie verließen Zimmer Nummer fünf, passierten den geduckten Pförtner und schritten im Stech auf die gefallene Linde und den gefällten Dachs zu.
»Da seid Ihr ja endlich!«, keuchte der so laut wie möglich.
Mit zinnoberroten Backen über seinem tischweißen Bart stellte sich der Kaiser vor den Schwindler und zeigte auf ihn. Van Houden kam prompt mit der offenen Wodkaflasche auf ihn zu, wie ein Automobilbesitzer mit einem Tankstutzen auf einen leeren Kanister. Dann drückte er ihm den Flaschenhals in den seinigen und Dachs gurgelte laut auf, verpasste Van Houden mit der Rückhand eine gewaschene Maulschelle, zog sich den Stutzen aus dem Rachen und versuchte seitwärts zu kotzen.
»Doch nicht so!«, schrie er und bekam etwas heraus. Er fischte nach dem Uniformende und versuchte seinen Rücken freizumachen.
»Wie ein Kriegskrüppel stellt er sich an«, kommentierte Kaiser Wilhelm kopfschüttelnd Richtung Van Houden.

»Ihr müsst mir das auf den Rücken schmieren. Das ist doch nicht zum Trinken da! Heiliges Fressenrohr!«

Mit aller verfügbaren Strenge zeigte Kaiser Wilhelm auf die Flasche und dann auf Dachs' Rücken. Van Houden begann sofortigst mit der Exekutive und riss die Uniform auf. Der Kaiser konnte nicht hinsehen. Eiligst salbte der Kamarillo Dachs' haarigen, schwammigen Altmännerrücken ein. Der Patient stöhnte, als empfände er mehr Lust als Schmerz und verdrehte die Augen dabei. Der Kaiser nahm seinen Helm ab und schüttelte den Kopf ob dieses Schauspiels. Entlarvter Lügenbeelze, in allem was er tut, schwach. Überall beweist er Schwäche. Ihm würde er schon noch das Urteil sprechen, wenn der ihm erstmal aufgestanden wäre und ihm zu Gesichte stünde, faules Ei, leerer Sack, Weib in Männerhosen.

Van Houden schreckte zurück, denn unter seinen Händen im Pelz regte sich etwas, etwas Organisches wie Muskeln und Fett. Dachs bewegte sich.

»Ich spüre meine Beine wieder!«, rief er aus, als sei es eine Erleuchtung.

»Das kann ich mir gut vorstellen«, sagte Kaiser Wilhelm, hob die Axt neben ihm vom Boden auf und wog sie ein wenig in der Hand. Dachs bewegte sich wurmartig, begann wieder freier zu atmen, richtete sich vorsichtig zurück auf die Knie, sah sich seine Handfläche an, als hätte er sie noch nie zuvor gesehen.

»Wohl an, ein Wunder, es geht Ihnen also wieder gut, nicht?« Der Kaiser umgriff den Axtlauf fester und wippte das Beil.

»Mit Wodka auf dem Rücken, ja? Alle Schmerzen verflogen, ja?«

»Eure Majestät«, sagte Dachs, stand auf und drehte sich zu seiner Beleidigtheit. »Das ist nicht *irgendein* Wodka. Das ist die finnische Nacht aus Bobrowscher Apotheke. Ihr kennt ja Doktor Bobrow.«

»Bobrow?«, fragte Kaiser Wilhelm. »Nie gehört.«

»Lest Ihr keine Bücher?«, fragte Dachs ungläubig. Des Kaisers linker Arm zuckte.

»Doktor Pyotr Sergeiwitsch Bobrow!«, rief Dachs fast amüsiert über in jeglicher Art und Weise fehlendes Grundwissen. »Der Psychonautiker. Der Autor von ›Volkspsychosen und politische Bewegung – über die Wirkungsgewalt von Fantasie‹, oder ›Der menschliche Nachteil – die Involutionstheorie des frühen zwanzigsten Jahrhunderts‹. Wirklich nicht?«

»Ik ken Bobrow«, sagte Van Houden.

Er konnte sprechen? Kaiser Wilhelm vergaß vor Schreck seinen Groll und beide guckten ihn fragend an. Er konnte hören?

»Van Houden!«, rief der Kaiser. »Ein Wunder!«

»Joost!«, korrigierte Van Houden erbost. Er wusste sehr wohl um den Humor rassistischer Deutscher. Dann schüttelte er sich. Er konnte hören? Er hörte! Er sprach, weil er antworten musste. Er war wieder im Spiel, zurück aus dem Gespensterdasein.

»Ik ben gestopt!«, warf er dem Kaiser ins Gesicht.

»Nein, Sie sind nicht gestoppt«, erwiderte der. »Sprechen Sie, sprechen Sie weiter. Nicht aufhören. Es geht.«

»Lik me!«

»Ja, ich mag Sie. Natürlich. Sie sind ein guter Zuhörer. Sprechen Sie fortan. Na los!«

Doch Van Houden drehte sich um und ging stolzen Stechschrittes, so wie er es gelernt hatte, nach Hause.
»Was wollt Ihr mit der Axt?«, fragte Dachs und deutete auf des Kaisers rechte Hand. »Ihr wollt doch nicht weiterfällen? Ohne mich. Jetzt ist Feierabend. Ich leg mich jetzt ins Bett für, ich schätze mal, zwei Monate. Guten Tag, Eure Majestät. Zur Information: Euer Kamarillo hat wahrscheinlich einen Schluck von der Medizin genommen, darum widerspricht er plötzlich, ich meine, spricht er plötzlich wieder. Und Ihr! Lest Bobrow, oder nehmt einen Schluck von der finnischen Nacht, egal, aber *tut* etwas. Das kann doch keiner mitansehen.«
Blitzschnell fokussierte Kaiser Wilhelm wieder seinen vorangegangenen Wutausbruch, um diesem Eulenspiegel ein Ende zu setzen. Zuerst setzte er seinen Helm wieder auf, um dann mit einem germanischen Kampfschrei und erhobener Schlachtaxt auf Dachs zuzugehen, den Feind töten, den dreckigen Simulanten. Nur wegen solcherlei Gesochse ging der Krieg verloren, Pazifistenschweine und bürgerliche Betrügerratten. Dachs hob eine Augenbraue, lockerte seine Schultern, wie ein Arthur Cravan vor einem Boxkampf, als käme der Donnertürke auf ihn zugestürmt. Mit unflüssigen Bewegungen holte die gealterte Hoheit zum Einschlag aus. Mit einem flugsen Uppercut von unten in die ungedeckte Leber setzte Dachs dem Gewese ein Ende. Luftschnappend fiel der Kaiser zu Boden, in einer Linie, wie ein einstürzendes Hochhaus oder ein mit einem Schlag gefällter Baum, voll aufs Lot, dachte Dachs etwas stolz und machte lockere Beinübungen. Keuchend windete sich Kaiser Wilhelm im Dreck, die weiße Uniform wurde Braun, die Banner und Broschen wurden befleckt von

Feindeserde. Eine Schande. Eine legendäre Schande. Ein Naturskandal. Aus allen Wolken fing es an zu regnen. Der dunkelgraue Himmel wurde schwarz, der Wind wurde kalt. Der Kaiser, der heilige Kaiser war gefallen. Wo waren seine Soldaten, wenn man sie mal brauchte? Wo waren seine Söhne? Wo waren die deutschnationalen Volksparteiisten, wenn sie mal etwas zu tun hätten?

»Sie Verräter!«, hustete er. »Verräter an Ihrem Vaterland! Dolchstecher! Aus meinen Lenden kommen Sie, aus meinem Busen floss Ihre süße Milch – und nun das.«

Dachs schien nicht einmal zuzuhören. Er nahm die Axt aus einer Pfütze, beugte sich zu Kaiser Wilhelm und klopfte ihm unverhohlen mit dem Stiel auf die Stirn.

»Was habt Ihr da drin gesehen?«, fragte er scharf.

»Noch vor zehn Jahren hätte man Sie für solch ein Verhalten unumgänglich aufgeknüpft!«, schnauzte ihn der Kaiser an. »Selbst, nein, gerade am Tage meines Geburtstags! Jeder dritte Januarsonntag wäre mir recht gewesen.«

»Umstände ändern Positionen«, antwortete Dachs. »Ich frage kein drittes Mal. Was habt Ihr gesehen?«

»Droht man mir?«

»Man droht.«

»Ich sah Ihre Lügen.«

»Meine Lügen sind notwendige Wahrheit.«

»Wollen Sie mich töten?«

»Seht Ihr eine andere Option?«

Der Kaiser verstummte in Schockstarre. Wurde er nun ermordet? Auf einem Felde? Auf einem schlammigen, flämischen Felde? Ehrenlos, ohne Podest und Sockel?

Dachs hob die Axt. Einen zweiten Gold konnte er nicht gebrauchen. Es musste sein, für die Pension.

»Einhalt!«, schrie der Kaiser panisch. »Einhalt! Ich trage eine Offerte bei mir!«

»Eine Offerte? Für mich? Habt Ihr es noch nicht verstanden?«

»Nein, bedenken Sie! Ich kann schweigen. Wenn Sie mir einen Gefallen tun, kann ich Ihnen den Gefallen mit gleicher Münze zurückzahlen, mein deutsches Gewissen wäre rein.«

Dachs hielt ein und senkte das Beil.

»In meiner Brusttasche«, sagte Kaiser Wilhelm. Dachs griff in die Tasche und zog ein Kuvert heraus.

»Tragen Sie für mich dieses Dokument an die Verantwortlichen der nationalsozialistischen Arbeiterpartei heran. Es ist ein Strategiepapier zur Machtergreifung. Ich darf weder nach Deutschland einreisen, noch korrespondieren. Wenn Sie das für mich tun, kann ich schweigen. Sie stünden wieder in *meinem* Dienste. Ausgleich, mein Treuer, Ausgleich. Sie wissen doch: Morden Sie keinen Lehnsherren im Affekte, sonst holen Sie die Knechte.«

Dachs überlegte.

»Rein aus Neugier, was steht in dem Wisch, Eure Majestät?«

»Nehmen Sie diese Neugier mit auf Ihre Reise, mein Treuer, die Auflösung des Rätsels befindet sich am Ende Ihrer Route.«

Dachs stand auf, warf das Beil in einen der geradlinigen Bäche, steckte das Kuvert ein und ging von Dannen. Lange sah ihm der Kaiser über das endlose Feld hinterher. Offenbar packte er keine Koffer, sondern ging sofort und ohne Karte in irgendeine Himmelsrichtung, die er spontan für richtig hielt. Planloses Untertanenvolk. Er würde schon noch merken, dass er umdrehen müsse, sobald er den Strand erreiche. Doch mit ihm ging sein Traum und zurück ließ er ihm Hoffnung. Mit ihm, seinem orientierungslosen und schwer erkämpften Hoffnungsträger, hatte er seinen Traum wiedererlangt. Den gütigen Traum der Zuwendung seines Volkes durch seine ungetrübt kosmopolitische Voraussicht von einst. Die Auferstehung Prometheus, die Auferstehung Jesu, die Auferstehung Wilhelmo.

Strategiepapier des Kaisers
an den Nationalen Bund der sozialen Arbeiter.

An meine Brüder von der Nationalen,
ich kam nicht umhin, aus meinem Verließ der Ausgrenzung durch die Gitter der Verfremdung zu spähen und das Wohlerleben meines deutschen Volkes, meinem frei geborenen und wenngleich unterdrückten Blute, zu beobachten und durch ihre Venen mit ihnen unter dem Fieber zu leiden, welches sich wie ein Tuch über uns hüllt. Ich rüttle an meinen Ketten, meine werten Nationalen, der Löwe in mir schlägt sich mit den Pranken auf die Brust und röhrt die alten Hymnen, aus den tiefen Lungen, welche alle Lüfte atmen. Aus diesem und keinem anderen Grunde übersende ich Ihnen dieses Strategiepapier, welches Sie nun in Ihren Händen halten.
Und ich frage Sie: Ist es nicht die Hoffnung, welche des Deutschen empfindlichste Sensibilität, des Dichters, wenn auch dessen größte Stärke, des Kriegers, ist? Ihre Bewegung, meine Brüder von der Nationalen, Ihr Weg zurück zum Deutschtum rührt mir das Herz und kräftigt mir das Mark in den Knochen. Brüder! Avantgarde. Euer ist der Feindeskampf gegen die Plutokraten des Mammonismus, gegen die Babylonier des Byzantinismus, gegen unseren gemeinsamen Antipoden, den Demokraten, der dem tönernen Götzen auf einem sprödsandigen Areopag seine Proporzstimme heranträgt. Ein Volk, das seine Stimme in Urnen wirft und seine Freiheit dann zu Grabe trägt, das ist nicht mein Volk, wie ich es kannte. Mein Volk ist frank und frei! Der Spuk der vergangenen Dekade muss abrei-

ßen, meine Brüder im Geiste, meine Väter in der Erde, meine Söhne in der Sonne!

Mit mir, als alten und neuen Kaiser an eurer Zinne, mit meiner welterleuchtenden Machtkenntnis, meinem Herrschaftsphänomen und meinem reifen Freiwillen bin ich verpflichtet, Euch meine Führung darzureichen, mit deutschem Hartschliff und aus ewiger Bruderliebe geschmiedet und in ganzer, feuchter Frühlingsblüte stehend. Jagen wir die imperialchauvinistischen Tommys, die übellaunigen Pidaras und vor allem die vulgär-prätentiösen Poilus aus unseren rauen Landschaften, gemeinsam, mit eiserner, ewiger Faust und heißem deutschen Hass, unverfälscht, rein und makellos, wie nur ein Deutscher zu hassen vermag. Brüder, Nationale, Avantgarde: Holt die Gewehre und Bajonette aus euren verstaubten Feldkisten, legt euch das alte Rüstzeug an und rühmt euch in Erwartung Eurer Majestät, Ihr Unendlichen. Ich halte Ausschau nach dem Signal, dem leuchtenden Astral zur Widerkehr und passe Euch am Gipfel des deutschen Reiches als Euren Kaiser ab. Am Bergpass des neuen, des wiedererbauten, des von jetzt an aber- und abertausendjährigen, des dritten Reiches. Als Gott der Deutschen, auf dass es Glanz und Licht und Strahl werde, nicht, wie es einmal war, nein, als das, was es immerzu sein werde, im Schein des lieblichen Glückes der Unsterb- und Unverderblichkeit. Wie es einmal werden solle – könne – müsse. Für das Reich über euren glücklichen Köpfen unter eurem Kaiser aus Gold und nochmal Gold. Dafür stehe ich ein, dafür stehe ich Euch vor. Meine Bereitschaft ist ungekränkt. Sie ist jünger, härter, klarer, wilder, als je zuvor. Nicht weniger ist meine Strategie.

Mit Ruhm, Herrlichkeit und väterlichem Stolz
verbleibe ich,

dem nationalen Geiste im tiefsten Gemüte zugewurzelt,
Euer Kaiser der Hohenzollern, der Deutschen, und bald,
denn Gott will, der deutschen Welt,
Wilhelm, der alte Zweite, der neue Erste, der Wahrhaftige

KAPITEL XI
Fanale und Fiasko
1929

Der Drachentöter stellte sich vor seine Gefolgschaft auf einen Streitwagen und brüllte ihnen jenes Gefühl entgegen, welches man dann spürt, und nur dann, wenn man einen Drachen erlegt. Einen übermächtigen Drachen mit Hörnern und krummer Hakenschnauze, mit Feuer in der Kehle und einer unbannbaren Sucht nach Goldschätzen, ganz wie in den alten germanischen Sagen. Und nichts ist dem Heldentum, der Göttlichkeit näher, als solch eine Bestie zu jagen, zu bezwingen, ihm einen Holzpflock durch den Schuppenpanzer zu stoßen, um sein heißes Herz zu löschen und ihm seine goldenen Zähne herauszureißen. Nichts.
Julius Streicher hingen zwei goldene Fangzähne an einer Soldatenkette am Hals und darunter schlug er sich mit der Faust auf die Brust, damit seine Stimme bibberte während er schrie. Er, der Drachentöter, er würde sie noch alle vom Himmel reißen, mit vergifteten Pfeilen und silbernen Kugeln, mit Tapferkeit und unbeugsamen Willen zum Wagnis. So wie er hier stehe, so wahr er Julius Streicher heiße. Und all jene, die gekommen waren, um etwas von Monarchen und dem Kaiser zu hören, spitzten die Ohren. Dort war einer, der nicht Deutscher war, nein, viel stolzer und reiner, Germane gar, ein Stammesführer. Aus einer Zeit, die der vorangegangenen Zeit vorangegangen war. Wo man den dekadenten Römern trotzte, das Bier aus Rinderhörnern trank und in Bollwerken wohnte, als es noch Drachen gab, und Alben und Klabauter und Trolle und Zwer-

ge und dämonische Vogelwesen und Süßwasserkraken und Greifs. Wo man noch wusste, wofür man kämpfte und gegen wen und wenn ein Drachentöter ins Dorf marschiert kam und Gehilfen für die Jagd bestimmte, dann leistete das germanische Mannsbild Gefolgschaft. Brecht dem Drachen das Kreuz, bevor er euer Genick umknickt. Dem Drachentöter war es Vollkommenheit. Nehmt euch den euch zustehenden Goldschatz auf dem er seinen Horst geschanzt hat, um ihn eifersüchtig zu behüten, als sei es seine eigene Brut.

»Auf Männer! Auf Germanen!«, schrie er seinen uninformierten Uniformierten zu. Sie trugen abgebrauchte, braune Arbeiterkleidung und zur Erkennung ein rotes Band um den linken Arm. Manche hatten dort schon das Hakenkreuz eingearbeitet. Zurückgebliebenes Düsseldorf, dachte Streicher, zu Hause in Nürnberg war man schon Jahre weiter. Während sie noch strammstanden und die Hände wie Lanzenspeere in den Himmel richteten, um ihre Gefolgschaft kund zu tun, war Streicher schon vom Pritschenwagen gesprungen und marschierte voran, voraus, schnüffelnd. Sein Gebrüll diente als Hornsignal zur Treibjagd. Den Drachen in einen Kessel treiben, die Ausgänge verbarrikadieren, ihm seinen Horst in alle Fetzen zu reißen und den Goldschatz freizulegen, Nürnberger Vorgehensweise. Sie würden schon lernen, wie man so etwas macht. Sie marschierten über den Rangierbahnhof und krähten ein Lied aus den Nibelungen, ihre braunen Mützen waren über die Stirnen gezogen und darunter stachen okkult glitzernde, suchende Blicke hervor. Es dauerte nicht lange, da hatte der Drachentöter ein Nest ausgemacht. Er hielt vor einem Schaufenster, auf dem in stereotypischen Dra-

chenserifen stand: »Antiquariat für alles und wieder nichts. (Durchspringen verboten)« – Drachenhumor. Darüber ein Zinnschild mit der Aufschrift: »Kramladen zu Brockhaus.« Streicher fletschte sein Zahnfleisch. Die Rotte verdichtete sich hinter ihrem Anführer. Man sah dessen Wut durch seinen Hinterkopf hindurch, sein Atem gebar sich immer heftiger, seine Brust schien zu explodieren, seine Augen quollen hervor. Er lud auf. Die Vernichtung eines Drachens erfordert einiges an Energie, es würde der dritte im selben Jahr werden. Seine Lügenzunge würde er neben die anderen beiden über seinen Kaminsims in seinem Nürnberger Arbeitszimmer nageln. Doch zuerst musste man herausfinden, wo das Biest sein Gold versteckt hielt. Er hob die Hand, seine Gefolgschaft tat ihm gleich.
»Aufpassen, Männer!«, rief er. »Es hat lange Hörner und spuckt Feuer, sein Blut ist Säure und sein Haken ist spitz und kräftig. Und hütet euch stets vor seinem glatten Schwanz.« Er atmete noch dreimal tief ein und dann zerrissen ihm die Stimmbänder, als er zum Angriff schrie. Als die Männer durch die Scheibe sprangen, die Türe aus ihren Angeln traten und das goldene Glöckchen zerschellte, schreckte Brockhaus derart auf, dass er sein Lesezeichen vergaß, obwohl er sein Buch zuschlug.
»Stopp! Prohibere!«, rief er, stand auf und hielt ihnen die Handfläche entgegen wie ein Grenzbeamter, der drauf und dran ist, Meldung zu machen. Die Männer blieben dem Gehorchen gewohnt einen Moment stehen und grüßten ebenfalls mit der offenen Handfläche, allerdings etwas höher.
»Bist du der Drachenhüter?«, fragte einer der Braunen.

»Ich bin *wer* bitte? Wer seid ihr? Was habt ihr angerichtet? Wisst ihr was mich das kostet? Alle Ihre Personalien bitte, gleich hier auf das Papier und fassen Sie ja nichts mehr an.« Die Männer sahen sich verdutzt an, dann kam Streicher mit lauten Stechschritten durch den aufgebrochenen Türrahmen gestapft.

»Was ist hier los?«, geiferte er sein Gefolge an.

»Ganz recht! Was soll das?«, schloss Brockhaus sich an, er war mit seinem Latein wie auch mit seinem Altgriechisch am Ende. »Wer bezahlt mir das? Sie?«

»Hier ist kein Drache«, sagte einer der Braunen.

»Und was hat *das* zu bedeuten? Ein Drache? Um was für eine bizarre Art Missverständnis handelt es sich hier?«

»Ja, da ist er doch!«, keifte Streicher und fing selbst an die Dinge auseinander zu nehmen. Er zerriss eine Aufzeichnung von Sokrates' Verteidigung, dann schlug er seinen Arm in das Regal mit Farbpulvern und seltenen Flüssigkeiten und räumte das gesamte Brett ab. Der Lapislazuli verunreinigte im Gummigutta, die letzte altindische Palette vermischte sich mit billigem Kobalt-Blau. Dann folgten ihm seine Gefolgsmänner und warfen mit gemeinsam gebündelten Kräften ein Regal um, welches eine Dominoschlange durch den Laden zog. Brockhaus schlug die Hände über seinem zerkrachenden Lebenswerk zusammen. Sie hoben die Büsten vom Boden und schmetterten sie gegen die Wände, als töteten sie Kleinkinder. Sie zerschlugen das Glasbouquet von Delphi, die Schachteln der Pandora und den Köcher Bellerophontes'. Nichts schien ihnen wehe zu tun, doch Brockhaus presste es eine salzige Flut in die alten Tränensäcke. Nicht nur der unwiederbringliche Verlust schmerzte, auch die Egalität, mit dem diese Schergen

diesem Erbe menschlicher Denkarbeit in ganzer geistiger Blöße gegenübertraten. Dann fanden sie auch noch die Bücherabteilung. Sie verbissen sich in Philosophen, weideten die Wissenschaftler aus, fraßen die Geschichtsschreiber und verschluckten sich an den Poeten. Und ihr Anführer kletterte auf den größten Haufen Beutegut, versuchte sich aufrecht hinzustellen, breitete die Arme aus und krächzte heiser: »Stirb Drache! Stirb Drache! Stirb!« Wie ein jähzorniger, böser Geist in einem luziden Alptraum. Hässlich und heiß, wie eine Kröte im Schuh, kalt und giftig, wie eine Natter im Nacken. Brockhaus wusste nicht ein, nicht aus.
»Halt! Stopp! Prohibetur!«, rief plötzlich jemand von draußen. Die Männer stockten abermals, dem Gehorsam gezwungen. »Halt! Im Namen des Kaisers!« Einen kurzen Moment hielt das Rudel inne, der Drachentöter kam von seinem Berg herab und lugte durch das durchschossene Schaufenster.
»Mein Name ist Ansgar Dachs«, rief der Botschafter aus und hielt einen versiegelten Brief in die Luft. »Stoppt das Gemetzel! Ich bin ausgesandter des Kaisers, und wer sind Sie? Was tun Sie hier?«
»Wir sind Drachentöter!«, rief einer der Braunen, während er Hegels wissenschaftliche Behandlungsarten des Naturrechts zerrupfte.
»Wir sind Germanen!«, rief ein anderer, krallte sich einen bunten Teller aus der Mandschu-Dynastie und knallte ihn auf den arabischen Teppich, welcher einem hartnäckigen Gerücht zufolge der heilige Gebetsteppich Alī ibn Abī Tālibs persönlich gewesen sei.

»Wir suchen nach dem Goldschatz!«, keifte ein dritter und schluckte den Cuvée aus dem Krokodilsmaul beinahe in einem Ansatz hinunter.
»Was sind Sie?«
Streicher zupfte sich am Revers, ging zu den drei Braunen, die gewagt hatten, unaufgefordert zu sprechen, gab jedem eine breite erzieherische Backpfeife, soff den Rest vom Cuvée und korrigierte:
»Wir sind von der nationalsozialistischen Arbeiterpartei und protestieren unangemeldet gegen den Young-Plan. Und Sie hat der Kaiser geschickt? Haben Sie Papiere?«
»Unverhofft kommt immer«, sagte Dachs. »Nach Ihnen habe ich gesucht. Hier.« er gab ihm das Kuvert. »Gott mit uns« stand auf dem Stempelsiegel, der heraldische Leitspruch des Kaisers. Er brach es auf und entzifferte die Buchstaben.
»Ansgar!«, rief Brockhaus. »Mein Laden! Die Schweine haben meinen Laden aufgelöst! Völlig entkernt!«
Dachs nickte ihm zu, versuchte ihn mit unscheinbaren Gesten zum selbstschützenden Schweigen zu bewegen. Mörder zahlen nicht für Sachschäden. Die diskutieren nicht, die stechen zu. Ruhe bewahren, der Tag der Abrechnung wird kommen.
Nach einer Weile hatte Streicher das Strategiepapier durchgelesen, faltete es und steckte es in seine Brusttasche. Sein schnaufender Atem beruhigte sich, er hörte auf zu grunzen, in seinem Kopf schien sich etwas zu bewegen, ein Gedanke oder zwei.
»Mitkommen!«, befahl er. Dann ging er voraus und die Braunen folgten ihm unverzüglich. Sie marschierten streng und hastig um die nächste Ecke.

Mit fragendem Blick sah Brockhaus Dachs an, dieser hatte nur ein unverständliches Achselzucken zur Antwort zu geben.

»Ich verstehe es auch nicht«, sagte er.

»Aber...«, flüsterte Brockhaus und wusste nicht weiter. »Das war's jetzt? Ist das das Ende?«

»Ich ordne das«, antwortete Dachs ebenso leise. »Mir will schon etwas einfallen. Und wenn nicht, bin ich ja immer noch Vorsitzender einer Bank.«

Dann kam der Trupp mit Streicher vorneweg zurück. Mit einem Ruck blieben sie vor Dachs stehen.

»Sie waren *auch* gemeint!«, fauchte der Anführer ihn an. »Mitkommen!«

»Sie besitzen die Dreistigkeit?«, fragte Dachs mit strengem Gegenblick. »Sie entrümpeln mein zu Hause und kommen wieder und befehlen mir etwas? Ja, haben Sie denn nicht mal das Mindeste an Erziehung genossen?«

»Garst! Garst! Garst!« Streichers Stimmbänder schnalzten wieder über ihre Höhen. Dachs wusste, käme er nicht mit, setzte es physische Übergrifflichkeiten. Er zeigte seinem erstarrten Freund die Handfläche zum Abschied, dann folgte er den Verrückten in ihren Bau. Sie marschierten wieder über den Rangierbahnhof, drückten sich an einem Pritschenwagen in einer engen Gasse vorbei und quetschten sich durch eine kleine Hintertür in einem Hinterhof. Von dort ging es in den alten, tropfnassen Gewölbekeller, Streichers Katakomben für seine Legionsarbeit. Die Luft schmeckte aufgebraucht und es roch nach Kalksuppe. Hier musste die Urbrühe herkommen, dachte Dachs. Hier entstünden diese Bovisten, die auf den Schimmelflecken der Abschäume wuchsen. Die Männer durften nun endlich ans

Bier im Aufenthaltsloch, doch Dachs musste Streicher durch weitere Bunkerflure folgen, bis sie endlich seinen ganz persönlichen Verschlag erreichten. Eine dicke, verschlissene Holztür, mit einem Pappschild benagelt auf dem stand: »Kontemporäre Redaktion für nationalsozialistische Entwicklungshilfe zu Düsseldorf: der Stürmer.« Darunter prangten zwei tiefe Kerben, als hätten Krallen sie dort hineingeschlitzt.

Streicher drehte den massiven Schlüssel um und öffnete sein Reich: Plakattapezierte Wände, von der Dolchstoßlegende, dem Untergang des blonden Arbeiters unter der Last des dicken Juden, den er trug, der Dämonie des Young-Plans und das generationsübergreifende Leid unter der Peitsche, Juden mit Hakennasen, die Nonnen vergewaltigten, vom dilatorischen Formelkompromiss und so weiter. Alles lag in orange-grauem, feuchtem Licht. Ein Schreibtisch und drei klapprige Stühle standen im Dunkel. Dahinter befand sich ein voller Waffenschrank mit Zubehör aus dem Weltkrieg, Sturmgewehre, Granatengürtel, Mörser, Seismophone, Benzinkanister und Gasmasken der gruseligsten Machart. Neben ihm verkümmerte ein Bücherregal. Während Streicher zum Telefon auf dem Schreibtisch griff, hektisch Nummern eindrehte und gleichzeitig das Strategiepapier entfaltete, streifte er über ein paar Titel in der Auslage: »Über Zweck und Bedeutung einer nationalen Rassenhygiene (National-Eugenik) für den Staat«, von Karl Pearson. »Von den Juden und ihren Lügen«, von Martin Luther. »Der Onanismus – von den Krankheiten, welche aus der Selbstbefleckung entstehen«, von Samuel Auguste Tissot. »Das verjudete Frankreich«, von Edouard Drumont. »Die Judenfrage als Rassen-, Sitten- und Kulturfrage mit weltgeschichtlicher Antwort«, von Eugen Karl Dühring. Sieh also mal einer an, ein Intellektueller in der Seins-Krise, dachte er.

»Verbinden Sie mich mit Hitler«, kreischte Streicher in das Mundstück. »Ja, Adolf! Wie viele Hitler kennen Sie?« Er schüttelte ungläubig den Schädel und strich sich den Schweißfriesel von der Glatze. Die glatteste Glatze, welche Dachs je gesehen hatte, wie eine verwunschene Kristallkugel glänzte sie im Kellergelb. Eine laute Stimme meldete sich am andern Ende der Leitung, ebenso heiser und verbissen. Streicher las der anderen Stimme das Strategiepapier vor wie ein Zweitklässler, langsam, korrekt und tonationsfrei. Während er las, sah Dachs sich weiter um. Auf einer Kommode fand er ein paar Ausgaben des Stürmers, der nationalsozialistischen »Streitschrift«, wie sie sie nannten und stöberte ein wenig in ihren Leitmotiven: »Die Juden sind unser Unglück«, »Rassenschande«, »jüdische Blutschande«, und so weiter. Dazu die Karikaturen: Hakennasen, über und über, Schlangen, Echsen, Totenköpfe, wenig Originalität, aber fast professionell in der technischen Ausarbeitung. Etwas zu pornografisch für den altmodischen Geschmack vielleicht. Das war es also, was aus den namenlosen Pintadoren geworden war, die vor ein paar Jahren noch die Wände der Fabriken beschmierten, Revolutionen ausriefen und Schreibfehler machten. Nun waren sie groß geworden und hatten daraus ihren Beruf geschaffen.

Als Streicher seine Vorlesung beendet hatte, schwieg die Stimme am anderen Ende der Leitung. Sie schien nachzudenken. Dann brüllte sie los und der Hörer übersteuerte in einem einzigen Krächzen. Streicher legte unverzüglich auf, ging zum Waffenschrank und holte einen Gasbrenner heraus, drehte ihn auf, zündete ihn an und vernichtete das Dokument auf das Gründlichste, auf dass kein Partikel jemals an die Außenwelt dränge. Offenbar war der Nationalsozialismus nicht an einer Dynastie interessiert, der Kaiser hatte sich auf ganzer Linie verschätzt. Es war wohl das allerletzte Ende der Monarchie. Streicher strich die Asche vom Schreibtisch in den Papierkorb.

»Gibt es Abschriften?«, fragte er eindringlich.

»Nicht, dass ich wüsste.«

»Ob es Abschriften gibt will ich wissen!«, schrie er.

Der harsche Ton gefiel Dachs ganz und gar nicht. Streicher wusste offensichtlich nicht, wen er hier vor sich hatte, wie auch?

»Das mit den Juden«, sagte Dachs. »Glauben Sie tatsächlich, dass die sich geheimbündlerisch verschworen haben, um die Weltherrschaft an sich zu reißen? Wieso sollte man das wollen? Ist doch nur eine Religion von vielen. Was machen Sie so einen Wind um die Sache?«

»Das ist freie Meinungsäußerung!«, skandierte Streicher. »Halten Sie die Fotze zu! Gibt es Abschriften?«

»Ich glaube, es war Bronstein, der einmal sagte: ›Beweise sind beschriebenes Papier, Ideen aber sind Menschen. Für ein gutes Alibi muss man alles gesammelt verbrennen.‹ Oder war es Bobrow?«

»Bronstein? Sie meinen Trotzki? Trotzki ist Jude!«, schrie Streicher entfesselt. »Judenworte! Nehmen Sie in geschlossenen Räumen ja keine Judenworte in den Mund! Haben Ihre Eltern Sie nicht erzogen? Jetzt spülen Sie ihr dreckiges Maul dort im Waschbecken!«

Er zeigte auf die gesprungene Porzellanschüssel an der Wand. Dachs hatte es für das Pissoir gehalten. Mit kochendem Blick sah er Streicher an, dieser zückte eine Pistole aus dem Gürtel und zielte auf seinen Bauch.

»Spülen Sie Ihr ordinäres Judenmaul aus, ich scherze nicht.«

Dachs ging langsam zum Becken, ließ einen halben Schluck Wasser in seine Hand laufen, schlürfte ihn auf und spuckte ihm die Brühe vor die Füße auf den vergilbten Betonboden.

»Sowas nennt sich Erziehung«, erklärte Streicher sein Eskalationsverhalten. »Sie müssen wissen, ich bin Lehrer im Zivilverhältnis. Man macht, was ich sage, sonst lernt man mich kennen.«

Es klopfte. Ein runder, wie ein Walross schnaubender Schatten, kam mit festem Tritt durch die Tür. Aus der dunklen Silhouette schob sich ein dicker Bauch ins Licht, über der Kugel wuchs ein ebenso ovales wie speckiges Gesicht heraus. Sein Bart war buschig, seine Nickelbrille brach die Prismen und es sah aus, als lugten hinter ihren Gläsern acht statt zwei Augen hervor.

»Ansgar?«, fragte Bobrow analytisch leicht verwundert. »Die Stochastik treibt mal wieder ihre Späße, was? Wann läuft man schon einem Kolmogorov-Axiom über den Weg?«

»Pyotr«, sagte Dachs, weniger überrascht. »Du machst also jetzt eins mit den Nazis?«

»Wer behauptet das?«

Dachs zeigte gelangweilt auf Streicher, der sich mit der Pistole am Kopf kratzte und versuchte, die Kohärenz zu durchschauen. Es stank ihm verdächtig nach Geheimbündlerei.

»Ich bin Wissenschaftler, Ansgar, wie oft denn noch? Ich forsche. Ich arbeite an einem neuen Buch.«
»Und was hast du hier zu forschen? Bei dieser geistigen Schwindsucht hier überall?«
»Sie sie dir an, Ansgar.« Bobrow ging zu Streicher, der seine Pistole zurücksteckte und strammstand und griff ihm fest in die Schulter.
»Es sind einfache Menschen. Schlichte Gemüter. Sie gehen nie zum Arzt, sie ziehen nur an Fronten. Solche Patienten habe ich noch nie untersuchen dürfen, denn sie entziehen sich dem medizinischen Fortschritt. Warum tun Sie das? Ich erkläre es dir: Weil sie wie Schrecken fungieren. Du kennst die Theorie aus der Evolution. Aus dem scheinbar stabilen Zustand des Grashüpfers entsteht durch soziale Reibung die Schrecke – Gebiss und Muskeln wachsen, es entsteht eine einheitliche Umformung zu Fressmasse. Sozialisten nennen sie die einen, Faschisten die anderen. Eine unerforschte Art. Jedoch gehen die Schrecken wie gesagt nicht zum Arzt, der Arzt muss also zu den Schrecken kommen. Die wissen ja noch gar nichts von ihrem Unglück. Jetzt bin ich ja da.« Er drückte tiefer in Streichers Schulter und schüttelte ihn sanft.
»Das ist keine Tierart, das ist ein Prügeltrupp!«, fluchte Dachs. »Siehst du die Bücher hier? Die forschen auch. Judengene und Eugenik und so einen Schwachsinn forschen die. Kollegen von dir, Pyotr?«
»Deine Naivität schmeichelt mir, Ansgar. Den armen Charles Darwin und seine Evolution zur Pseudowissenschaft für dritte Zwecke zu missbrauchen, den Trick haben schon geringere Geister mit weniger Mühe verstanden. Du erinnerst dich an Freud? Das hat keinen Bestand.«

Das war zu viel für Streicher. Er löste sich aus Bobrows festem Schultergriff, zog nach seinem Messer im Stiefel und war kurz davor den vorlauten Lagerarzt hochkant aufzuschlitzen, hätte ihm Bobrow nicht schon bereits bei seinem vorletzten Satz das Gegenmittel in den Nacken injiziert. Er steckte die Spritze zurück in seinen Patronengürtel unter dem Mantel, wo sich noch ein paar leere und einige volle Hülsen befanden.

Streicher zitterte ein wenig und seine Augen flackerten, langsam bettete er sich auf den kalten Untergrund und legte seine Glatze in Dachs' Spuckfleck. Dieser schüttelte den Kopf und verschränkte die Arme.

»Ich bin es so satt, Pyotr.«

»Diacetylmorphin, Ansgar. Heroin genannt, eine morphinbasierte Hormonumkehr. Das Wort stammt aus dem altgriechischen Heros. Das heißt Held.«

»Ich weiß.«

»Das denkst du. Du weißt nichts, bevor du das Zeug nicht selbst ausprobiert hast. Allerdings ist es dann zu spät. Abhängigkeit, Ansgar. So war es zumindest bis heute. In meinem kommenden Werk wird eine Abhandlung zur Zusammensetzung des Gegenmittels zu lesen sein. Details.«

»Wo du von Details sprichst. Weißt du was der Glatzkopf und seine Bande angerichtet haben?«

»Die führen immer etwas im Schilde.«

»Die haben Kurts Laden auseinandergenommen!« Dachs trat an Bobrow heran und blies sich auf. »Wie wäre es, wenn du ihm ein Mittel spritzt, dass er den Laden in seinen Urzustand zurückstellt? So wie er war, ginge das? Dass er das Porzellan aus der Mandschu-Dynastie nachbrennt und Da Vincis Originalzeichnungen wieder zeichnet, Faser für

Faser, und den kleinen Bernini aus dem römischen Marmorgestein des siebzehnten Jahrhunderts nachklopft, wäre das möglich?«

In Bobrows Kopf ratterte es. Streicher sammelte sich und krabbelte auf allen vieren zu Dachs und drückte seinen Buckel gegen sein Knie, wie ein Ferkel, das sich um ein Schälchen Kartoffelschalen anschmiegt.

»Sie haben Kurts Bude erwischt?«, fragte Bobrow, weit überraschter als zuvor. »Und das Labor?«

»Ja, und das Labor. Und alles, was dazugehört.«

»Mein Geheim Instrumentarium!«

Bobrow ging zu seinem Arzneikoffer, holte eine Art Gartenschere heraus, ging zu dem vierbeinigen Streicher, steckte ihm seine Hand ins Maul, riss sein Gesicht mit einem Ruck nach oben und vergrub sein Werkzeug in den Rachen.

»Na warte«, sagte er, der Glatze entwischte ein ungesundes Röcheln.

»Was soll das nun wiederbringen?«, seufzte Dachs.

»Lobotomie, Ansgar. Das kennst du doch. Hinzugabe durch Entnahme. Das beste Prozedere seit es mich gibt.«

»Und was entnimmst du?«, fragte Dachs mit abgewendetem Blick, während sich Bobrow und Streicher im Kreis drehten, bis Zweiterer schließlich nachließ und wieder zu Boden sank. Bobrow zog die Schere heraus, schnappte sich mit seinem Taschenmesser ein kleines Kügelchen aus dem Hals und hielt es Dachs vor die Nase. Es roch unverwechselbar nach Schwefel.

»Das hier«, sagte er, drückte es in ein Reagenzglas und ließ es in seinem Koffer verschwinden. »Der Lobus insuralis. Ich nenne ihn manchmal scherzhaft den ›einsamen Wolf‹.

Kleiner Übersetzungsscherz, verzeih, du sprichst ja kein Latein.«
»Fac taceas.«
»Weißt du, warum Fließgewässer für den Menschen entspannend wirken? Warum Vogelgezwitscher erquicklich? In allen Kulturen gleichermaßen? Das steuert dieser kleine Freund hier. Ich habe also die Schleuse des Unglücks geöffnet. Ich habe unseren Patienten von der seelischen Harmonie getrennt, sowie er es an uns versuchte. Nenne es meinetwegen ein bisschen Rache. Der Unterschied ist nur, *wir* können den Laden und das Labor wiederaufbauen, nicht wahr? *Den* flickt keiner mehr zusammen.«
Auf einmal sprang Streicher auf. Desorientiert rannte er gegen den Waffenschrank, hob den Benzinkanister auf und nahm einen Schluck. Seine Augen waren schwarz und groß. Mit ungeheurer Geschwindigkeit sprintete er durch die offene Tür und man hörte es in den Bunkerfluren rumpeln.
»Kommandant!«, hörte man einen Braunen rufen. Dann ertönte ein Schusswechsel zu dem Bobrow die Türe schloss.
»Kennst du einen anderen Ausgang?«, fragte Dachs.
»Ich ja«, antwortete Bobrow und wurde sichtlich ernst.
»Dann mach zwei draus. Gehen wir. Helfen wir Kurt beim Aufräumen.«
»Ich habe in diesem Keller große Studien angefertigt«, sagte Bobrow und setzte sich auf einen der drei klapprigen Stühle, die dürren Holzbeine bogen sich. Er überschlug die dicken Schenkel, als ob draußen kein Krieg toben würde.
»Was willst du?«, fragte Dachs.
»Weißt du, wie mein nächstes Buch heißen soll, Ansgar?«

Dachs seufzte, es fing schon wieder an, der heiße Brei war noch nicht umgerührt.

»Mein Buch«, eröffnete Bobrow. »Es wird den Titel tragen: ›Das endgültige Katastersystem der psychotischen Elemente – Bobrows enzyklopädisches Pionierwerk für Alles.‹ Würdest du ein Buch lesen, das so heißt? Ich schon. Es wird meine Hinterlassenschaft an jene, die nach mir kommen, mein Hauptbuch.«

»Für seinen Namen nach dem Tod zu werben, halte ich für äußerst prätentiös«, sagte Dachs, doch Bobrow hatte seine Ohren auf Monolog gestellt.

»Doch weißt du, was das Wichtigste an einem Buch ist?«, fuhr er fort. »Der Rhythmus. Ein Buch muss einen Puls haben. Es braucht einen Boden und ein Dach, einen Stoff und eine Nähmaschine. Es braucht einen Anfang mit Ruhe, der einen abholt aus der Realität und ein Ende mit einem Beben, das in einer scheinbar unausdenkbaren Erkenntnis aufleuchtet, zu schön, um wahr zu sein, aber wahr. Ich schlage die Fakten, und zwar alle, auf den Tisch – roh und unkonfektioniert. Das Ende eines solchen Buches muss brüllen und schießen, wie ein Feuerwerk aus allen Rohren aller Länder. Es muss nähren, wie ein reiches Mahl, üppig, mit vielen Nuancen und Essenzen, viel Fleisch. Alle anderen außer mir sind Armenküchenköche. Bei all denen ist es doch wie mit den Fischen im Meer und dem Wasserglas: Der beliebige, Notizzettel sammelnde Forscher tritt heran, nimmt ein halbes Glas vom Ozean, sieht keine Fische darin herumschwimmen und postuliert: ›Seht. Im Glas schwimmen keine Fische – also *gibt* es keine Fische.‹ So viel zu den Pseudowissenschaftlern, zu den Zuvielversprechern, Verschlimmbesserern und den

Schlechte-Bücher-Schreibern. Ich bin anders, Ansgar. Durch mein Labor geht *jeder* Fisch. Der kleine wie der große. Und für mein Ende brauche ich noch einen ganz besonders Seltenen. Das Krypton und das Technetium auf dem Periodensystem der Fische. Einen Fisch, der auf keiner Speisekarte steht und in keinem Anglerheftchen. Von dem jeder glaubt, er würde nicht existieren, weil eben noch keiner behauptet und bewiesen hat, dass er es tut. Ich vollende das System und es soll einmal mein Hauptwerk gewesen sein. Und für das Ende dieses Baus muss ich noch einen letzten Brocken an Land ziehen. Einen schweren, dicken Brocken aus der düstersten Tiefsee.«

»Bist du jetzt Walfänger geworden, Pyotr?«

»Meeresbiologe, Ansgar, Wale sind Säugetiere und nein. Ich spreche in Metaphern. Du kannst es nicht verstehen, weil du kein Literat bist. Wenn ich von Fisch spreche, meine ich eine Versuchsperson. Und wenn ich von einem dicken Brocken spreche, meine ich den letzten, wichtigen Probanden für den finalen Abschluss meines Systems.«

»Wen?«

»Rate mal, Fisch.«

Plötzlich wurde Dachs von einer abdämmenden Energiewolke umnebelt, er verlor seinen Körper und seine Seele fiel hunderte Meter tief in einen herrlichen Abgrund. Alles strahlte und er strahlte zurück. Das letzte, was er sah, war sein Spuckfleck, in dem er lag, lief, herumsprang, plantschte, von dem er abhob und in den Lampenschirm flog zu den anderen Motten. Es fühlte sich wie Liebe an. Nun wusste er, wie sich Liebe anfühlt. So, und nicht anders. Der Rest war Dunkelheit und Heldensucht in unendlichen, konvulsivischen Zuckungen.

X

Grosz kam am Hafen von Ellis Island an. New York war die gewaltigere und imposantere Version einer Stadt. Die Menschen waren besser genährt, der Umgang war locker, leger und von einem Urvertrauen ineinander geprägt, das ihm eine neue Form des Optimismus lehrte. Ihr Schaffensdrang schien unersättlich, die Skyline ragte weit hinauf, hoch bis ins Universum. Das Chrysler Building war das höchste Gebäude der Welt und das Empire State Building sollte noch höher werden. Er hatte Fotos von den Bauarbeitern im Himmel gesehen, nun konnte er sie von unten bei ihrer Rekordjagd beobachten. Fast sieben Millionen Einwohner fasste diese wahr gewordene Metropolis. Er fuhr mit einer Fähre über dem Hudson River und erreichte das Epizentrum der freien Welt – Manhattan. Es wimmelte von Menschen, der Verkehr der Avenues war voll und laut und schnell, und nie stand er still. Alles hatte diesen »Flow«, wie dies die Eingeborenen zu nennen pflegten. Er war mit einem Kunstinvestor am Battery Park verabredet, dessen Kontakt Gold hergestellt und diesen Flechtheim weitergegeben hatte. Eine Geschäftsreise sozusagen, wenn auch mehr zur Entdeckung gedacht. Als er aus der Fährstation trat, empfing ihn sein erster Skyscraper. Als stünde man einem Riesen aus Grimms Märchen direkt auf den Füßen, als hätte man eine Zauberbohne gepflanzt und daraus erwüchse solch eine unwirkliche Gigantenfestung.
»Keine Zauberei, Mister Grosz«, sagte eine Stimme hinter ihm. »Alles Taschentricks, große Taschen, zugegeben. Aber alles eine Frage von treffsicherer Investition.«

Grosz nahm den Kopf aus den Wolken und begrüßte den Investor.
»Sie sind Mister Robert Bloom?«, fragte er.
»Und kein Geringerer«, sagte Bloom.
»Sie sprechen deutsch?«
»Meine Mutter war Deutsche. Jüdin, sie verstehen. Ihre Verwandtschaft lebte schon vorher hier. Lange Geschichte, Time is a precious one. Ich bin Investor. Und Sie, Mister Grosz, Sie sind in den richtigen Kreisen eine Koryphäe der freien Kunst, der upcoming Star des nächsten Produktlebenszyklus.«
Er zerdrückte Grosz selbstbewusst die Handknochen.
»Ich sehe, die Skyscraper haben es Ihnen angetan, hätten Sie gerne ein Atelier dort oben im Himmel? Gekauft! Sie benötigen ein paar Assistenten? Gekauft! Ihr Talent und mein Geld, Mister Grosz, ein new Deal, let's make business. Come on, gehen wir ein Stück.«
Grosz wurde wiedermal skeptisch. Seine Geldmalabsorption wurde nicht besser. Sie gingen aus dem Battery Park in den Hochhausdschungel hinein. Für jeden schien es ungeheuer viel zu tun zu geben, denn bei Allem, was die Leute hatten, an Zeit schien es ihnen stetig zu mangeln. Mit offenen Armen und offenen Herzen stürzten sie sich in die Arbeit. Bloom ging zügig voran und es fiel Grosz schwer sich mit der Geschwindigkeit anzufreunden.
»Woher wollen Sie wissen, ob aus mir ein Star werden kann, Mister Bloom? Sowas beruht doch eher auf Zufall, als auf Talent. Meine Werke werden gemeinhin als kontrovers bezeichnet, an den Eliten gehen sie durchweg vorbei.«
»Nicht Zufall, Mister Grosz, Investment. Die Eliten sehen nur auf den Preis unter dem Werk, nicht aber das Bild

selbst. Der Preis bestimmt die Nachfrage, awesome. Der Kunstmarkt ist eine Goldgrube!«

»Ist mir aufgefallen.«

»Sehen Sie, Mister Grosz, mit Investments ist es so, wie bei einer Schießübung mit Silberlingen als Munition. Sie sehen eine leere Zielscheibe und Peng: One Shot, you hit. Dann sehen Sie, dass andere auf ihre Zielscheibe zu zielen beginnen und lassen sie erstmal eine Weile schießen. Dann, am Ende der Übung, gehen sie als erster Schütze zur Scheibe hin und packen sie ein, mit all ihrer hochkarätigen Munition. Und wer hat am Ende genug Munition für den nächsten Schuss? Das ist der freie Markt, Mister Grosz, jeder kann schießen auf was er will, das ist seine eigenste Entscheidung. Die Aufgabe des Investors, also meiner Wenigkeit, besteht darin abzusehen, wohin die meisten Schüsse abgefeuert werden und als erster abzudrücken, um später möglichst viele Silberlinge einzusammeln. Sehen Sie, es erfordert einen gewissen Intellekt an Menschenkenntnis und Empathie.«

»Und in welcher Form wollen Sie auf mich schießen, Mister Bloom?«

»Sie sind die Zukunft des Kunstmarkts, Mister Grosz. Lassen Sie es mich Ihnen erklären: Die vereinigten Staaten besitzen seit einiger Zeit eine lebendige Malerszene. Doch die Kunstgeschichtsschreibung findet an den Universitäten Europas statt. Somit sind die Amerikaner ein untergewichteter Faktor. Ich stehe in Verbindung mit der Art Students League und anderen Fakultäten und deren Underground-Verbindungen. Es wächst etwas heran. Aus hundert Menschen kommt ein guter Künstler hervor, aus tausend Künstlern erwächst ein Meister, aus zehntausend Meistern

erblüht eine Ikone. Rein rechnerisch müssten die Amerikaner also mindestens drei Picassos und fünf Braques zählen, wenn man sie mit Europa vergliche. Doch sie sind einfach noch zu billig und bedienen das Upper-Class-Segment noch nicht. Sehen sie das, Mister Grosz?«
»Was genau, Mister Bloom?«
»Wie ein Markt entsteht? Die Phänomenologie der Thematik?«
»Und was hat das mit mir zu tun?«
»Sie sind meine Tür zu diesem Handelsplatz. Kunst, das ist the next big thing, Mister Grosz. Da es sich um ein tertiäres Bedürfnis handelt, also um ein Luxusgut, steckt in diesem Markt bei minimaler Zeitinvestition eine Maximalrendite drin, welche fast den gesamten Lebensmittelmarkt Amerikas übersteigt. Südamerika mit eingerechnet. Und Sie! Mister Grosz! Sie sind ein moderner Europäer, ein Avantgardist der neuen Sachlichkeit und als Satiriker ein Vorreiter für Meinungsfreiheit in der alten Welt, ganz zu schweigen von Ihrer verwegenen Vergangenheit als Dadaist. Ein hochpotentes Objekt, beinahe unberührt stehen sie auf einer Lichtung und glänzen in allen Farben und ich habe Sie entdeckt. Ich werde als erstes auf Sie schießen, noch bevor es alle anderen tun. Und dann sammeln wir zusammen die Munition. Sie und ich, *hier* in Amerika.«
Grosz zog die Brauen hoch. Bloom blieb aus vollem Galopp stehen und hielt den Finger vor Grosz' Nase.
»Wissen Sie wie der Amerikaner sagt?«, fragte er.
»Wie?« Grosz wusste es nicht.
»Give it a shot«, löste Bloom. »Das bedeutet so viel wie ›gib dem Versuch eine Chance‹, nur etwas wild-westlicher, you understand?«

»Ich verstehe.«

»In drei Jahren, Mister Grosz, in drei Jahren werden Sie der erste und unbestrittenste Superstar der Kunstwelt sein. Man wird Sie in die alten Gewölbe von Damaskus bis in die verbotenen Tempel Pekings hängen. Sechsjährige Schulkinder in Polynesien werden lernen Ihren Namen auszusprechen, und zwar richtig; die von der Zivilisation abgetrennten Indianerstämme in den Regenwäldern Amazoniens werden Sie am Gesicht erkennen. Ich arrangiere Ihre Auftritte, ich platziere Meetings mit den perfekten Personen zur perfekten Zeit, ich bezahle all Ihre Bedürfnisse. Sie werden eine Ikone, Mister Grosz, Sie werden meine Ikone. Und ich werde Ihnen als erster zu Füßen liegen, bevor der Rest der Welt es tut.«

»Mit welchen Personen möchten Sie mich denn bekannt machen?«, fragte Grosz.

Bloom ging mit hastigen Schritten weiter, Grosz schloss eilig auf.

»Details, Mister Grosz, für Details beschäftige ich Sekretäre, die Sekretäre beschäftigen. Ich denke in Dreijahres-Rhythmen. Wachsen, Mister Grosz, wachsen Sie über sich hinaus.«

Ihr flotter Spaziergang führte sie ins Village, genug Zeit für einen Smalltalk.

»Ich hörte, Ihre Frau ist zum zweiten Mal schwanger, Mister Grosz?«

»Sie sind erschreckend gut informiert.«

»Glauben Sie, dass es ein Junge wird oder schätzen Sie ein Mädchen?«

»Weiß nicht, ein Junge wahrscheinlich, strampelt viel.«

»Und wie soll er heißen?«

»Martin.«
»Right, Marty, good name.«
»Nein, Martin.«
»Whatever you say.«
Bloom biss von seinem Hot Dog ab, den er sich im Vorbeigehen an einem Stand besorgt hatte. Deutsche Kulinarik in der Fremde. Nach ein paar lotrechten Abbiegungen gelangten sie in die Wall Street, Ecke Broad Street. Bloom blieb wieder stehen und breitete die Arme aus.
»Hier ist er, Mister Grosz, der New York Stock Exchange! Hier werden alle weltlichen Werte mit ehrlicher Münze verhandelt. Reis, Metall, Öl, Porzellan, Bildung, Gesundheit, Firmenimperien und Tennisclubs. Was Sie wollen.«
Ein kleiner dicker Mann kam tränenüberströmt, in edlem Zwirn und mit einer Melone auf der Kartoffel, schluchzend an ihnen vorbeigelaufen.
»Ha!«, lachte Bloom laut auf.
»Mister Browning, you've put all your money in your belly, right?«
»That's it!«, schrie Mister Browning verzweifelt. »That's it! It's gone! It's all gone!« Dann lief er davon.
»Nach jedem Gong derselbe Krach mit Brownie«, scherzte Bloom und schmunzelte.
»Hier findet also die Börse statt?«, fragte Grosz.
»Hier und nirgends sonst. Durch den Massenkauf verknappen Sie die Ressource, dadurch steigt die Nachfrage und mit ihr der Preis. Ha, das hat sich Gott nicht träumen lassen, als er Adam und Eva wegen einem Apfel aus dem Paradies warf. Kommen Sie, Mister Grosz, ich zeige Ihnen, was Inflation bedeutet.«

»Nun, wie Sie wissen komme ich aus Deutschland, Mister Bloom, mir ist sehr wohl bewusst, was Inflation bedeutet.«
»Oh right«, schwichtige Bloom ab. »Ihnen mache ich nichts vor, what? Na, dann wollen wir mal sehen wo dieses Kind in den Brunnen gesprungen ist. Folgen Sie mir in den Stock Exchange, you won't believe your eyes.«
Sie gingen durch das durchwuselte Eingangstor einer Palastfassade und betraten die Räumlichkeiten des Handelszentrums. Bloom zog einen mit Leder ummantelten Flachmann aus der Innentasche seines Jacketts, schraubte ihn auf und überreichte ihn Grosz. Auf der Gravur las er: »Tous les genres sont bons, hors le genre ennuyeux.« Sehr voltairesk, feinstes Leder.
»Alkohol ist immer noch illegal«, sagte Bloom, »aber wir sind nun in internationalem Territorium, da ist ein Schlückchen manchmal ganz hilfreich.«
Grosz bedankte sich und nahm ein Schlückchen Whiskey zu sich. Er schmeckte nach Terpentin und brannte wie ein kalifornisches Waldgebiet.
»Teufel, was ist das denn?«, schmatzte Grosz erschüttert. »Das schmeckt ja nach Untergangsfurz!«
»Die Schnapsbrennerei ist in den States leider kriminalisierten Privatpersonen überlassen, Mister Grosz, Sie gewöhnen sich daran.«
Grosz versuchte ihm das Gesöff zurückanzudrehen, doch Bloom wiegelte großzügig ab.
»Behalten Sie ihn, er ist ein Geschenk. Und nun, willkommen in der Welt des Handels.«
Grosz steckte den Brand ein und warf einen Blick auf die Hundertschaften der wildgewordenen Anleger.

»Hurry up! Hurry up!«, hurraten die und warfen ihre Handzettel in die Hurricanes der Vermögensverwalter und Abwicklungsmanager. Die Croupiers verabschiedeten jeden Dollar und Franc, Rupia und Rubel, jeden Yen und jeden Jeton in den Schlitzen der Spieltische. Aus den Newstickern in den Glaskugeln knatterten meterlange Rechnungsabschlüsse heraus, wie Maschinengewehrkugeln, Rechnungen lagen zerknüllt auf dem Parkett herum, wie Salven auf einem Schlachtfeld, die Händler benutzten Morsegeräte und brüllten gleichzeitig in Telefonapparate und kommunizierten über weite Strecken mit Gebärdensprache. Was man oben reinsteckt kommt unten wieder raus, dachte Grosz. Für ihn wirkten die »Broker« wie Roboterwesen, vielarmige Banditen, hydraköpfige Glücksspieler mit verschränkt hohen Einsätzen in verschiedenen Disziplinen. Five-Card Stud Poker mit verborgenen Blinds, Roulette nach Gefängnisregeln, Dice Game mit gewichteten Würfeln, Black Jack mit fünf Kartendecks und Jokern, Hahnenkampf, blinde Kuh, Topfschlagen und alles, auf das man Wetten konnte. Die Männer wirkten von Nervosität zerfressen und überspannt, ganz anders als das Gros draußen auf den Straßen. Ihre Gesichter waren schmerzverzerrt und erinnerten ihn an seine Zeit in den Gräben. Jeder hatte irgendetwas zu tun, doch keiner einen Plan; und alle brüllten sich an.

»It's like war, right?«, sagte Bloom wie ein stolzer General. Dann bekam er von einem Assistenten einen dieser Handzettel zugesteckt, entschuldigte sich für einen Moment des Pflichtenrufs und verschwand an den Spieltischen. Die Börse hatte ihn jetzt. Grosz sah seinem Gesicht an, wie es sich verwandelte; der begeisterte, freundliche Bloom in ihm war verschwunden. Er wirkte nicht mehr so positivistisch übermütig, er wurde größer, wichtiger und gefährlicher. Ein Entscheidungstreffer, bis an die Zähne mit Vernunft bewaffnet und nicht davor scheuend, sie auch zu benutzen. Er war zu aggressivem Schwarm geworden, wie eine Schrecke. Er war das Königsinsekt im Insektenstock des Stock Exchange. Und immer panischer warf er sein Geld auf den Markt, so wie all die anderen Schrecken, die immer schreckhafter umhersprangen und durch die Luft sausten. Grosz wusste nicht recht, doch es schien ihm, als fingen die Schrecken an zusammenzuarbeiten, als hätte ihnen ein Fressfeind ein Loch in den Stock geschlagen. Ein aufgebrachter Gentleman hetzte vom Parkett und rempelte ihn an, dann kotzte er hinter ihm auf den Fußboden. Er erhob sich, richtete seine Krawatte, kämmte sein pomadiges Haar kurz durch und lief zurück ins Getümmel ohne ein Entschuldigungsbekenntnis, oder Scham wegen der Kotze. Und wer räumt das jetzt weg? Sodom und Gomorrha, dachte Grosz. Aus all dem Hustle kam Bloom endlich durchgeschwitzt und eingeweicht zurückgewankt. Völlig außer Atem und außer sich von alledem.

»Der Immobilienmarkt!«, hustete er. »Der Immobilienmarkt!«

Dann fing er an zu weinen und suchte sichtlich nach einer Schulter zum Anlehnen. Grosz zögerte, doch entschied sich für einen Schluck aus dem Flachmann. In Devil's Kitchen gebrannt.

»Also den Stock Exchange habe ich nun gesehen, Mister Bloom, wollen wir weiter?«

Bloom sah Grosz wütend an, dieser schmatzte immer noch voll Ekel an dem Whiskey.

»Das war's!«, schrie Bloom ihn an. »Das war's! This was it!«
»Ich höre Ihr Echo, Mister Bloom. New York hat doch mehr zu bieten, als nur den Stock Exchange. Erzählen Sie mir von der Art Students League. In welcher Straße liegt die? Fahren wir dahin?«
»Sie verstehen nicht, Mister Grosz!« Bloom packte ihn am Revers. »Sie verstehen nichts! Der gesamte Markt bricht ein! Das Geld ist weg! It's all gone!«
Grosz schob Blooms Hände ab und ordnete sich.
»Es ist bestimmt nicht weit, Mister Bloom. Morgen holen Sie es sich bestimmt wieder zurück. Gehen wir.«
»Nein! Es ist weg! Keiner weiß wo es ist! Nur Gott weiß wo es ist! Gott! Das ist der Gottesbeweis!«
Grosz nahm einen weiteren Schluck aus seinem Drink für den Angels Share.
»Vielleicht sollten Sie hier alle mal zur Ruhe kommen und einen trinken. Dann sieht die Welt morgen schon viel besonnener aus, nicht wahr? Aber Trinken ist auf Ihrem freien Markt ja verboten. Verstehen Sie die Ironie?«
»Die Ironie ist tot! Sie wollen es nicht begreifen, Mister Grosz! Die Welt, wie wir sie kannten, sie wird zusammenbrechen. Tektonische Platten werden sich verschieben, die Kontinente werden fliehen und zerreißen, das Wetter schwingt um. Und das wird sich nicht in geologischen Zeitaltern abspielen, nicht in den nächsten vielen Millionen von Erdjahren, nein, in den nächsten drei Tagen! Die Regierung der vereinigten Staaten Amerikas kann das, was hier gerade passiert ist, nicht ignorieren.«
»Was soll Ihre Regierung denn schon machen?«, fragte Grosz.

»Das Geld ist weg, also holen sie es sich aus der verbotenen Quelle!«

»Verzeihen Sie meine ungebildete Seite, die ›verbotene Quelle‹? Was soll das sein?«

»Staatsanleihen, Mister Grosz! For god's sake! Staatsanleihen!«

»Staatsanleihen von wem, Mister Bloom?«

»Der Erde!«, rief Bloom und fasste sich mit beiden Händen an den Kopf. »In China ist der Reis verschwunden, in England schließen die Häfen, Frankreich wird wanken und Deutschland wird – fallen. Fuck, god! Germany! Mister Grosz! Sie! Kehren Sie nicht nach Europa zurück, der Kontinent wird eingefroren! Holen Sie Ihre schwangere Frau und Ihren Sohn da raus. Kommen Sie her! Ich beschaffe Ihnen ein Visum und eine Unterkunft und eine Lebensversicherung und ein diversifiziertes Aktienportfolio. Glauben Sie mir, Mister Grosz, money changes people's belief, no money changes people's will – look at me! Eine weitere Armutswelle wird Ihr Staat, wie Sie ihn kannten, nicht überleben! Kommen Sie in die States! Hurry up!«

Er zog Grosz am Arm und sie flohen mit vielen weiteren Anlegern aus dem Gebäude, als drohe es jeden Moment einzustürzen. Er riss einen Taxikunden von der Rückbank eines gelben Automobils und setzte Grosz auf dessen Position. Er selbst nahm vorne Platz, sie fuhren drei Blocks weiter und stiegen vor einem zwanzig-stöckigen Hochhaus aus.

»My appartment«, sagte Bloom, »here I do my living«, und lief zum Entrance. Er warf dem Portier seinen Mantel über die Rezeption und drückte auf den obersten Knopf im Fahrstuhl. Grosz fiel es einmal mehr schwer, Blooms

Tempo zu halten, und huschte gerade noch rechtzeitig durch das Gatter, bevor er abhob. Ein schwebender Käfig. In der Wohnung angekommen stürmte Bloom in sein Arbeitszimmer, griff nach bestimmten Buchrücken im Regal und schmiss sie in den Papierkorb. Adam Smith, Jean-Baptiste Say, James Mill, David Ricardo, John Maynard Keynes und ein paar Italiener. Grosz ging durch die Räume und betrachtete Blooms Leben. Auf dem Wohnzimmertisch stapelte sich das Zeitungspapier, alles Seiten aus den Börsenteilen von der Times bis zum Globe. Alle Seiten dicht bedruckt mit Zahlen, mindestens die Hälfte davon waren eingekreist oder unterstrichen. An der Wand hing ein Zitat von Leibniz:
»Wir werden niemals ergründen:
1. das Wesen von Materie und Kraft,
2. den Ursprung der Bewegung,
3. die erste Entstehung des Lebens,
4. die anscheinend absichtsvoll zweckmäßige Einrichtung der Natur,
5. das Entstehen der einfachen Sinnesempfindung,
6. das vernünftige Denken und den Ursprung der damit verbundenen Sprache,
7. die Frage nach der Willensfreiheit.«
Sieh an, ein Philosoph. Ansonsten hing viel abstrakte Kunst an den Wänden, etwas, das Grosz weniger nachempfinden konnte. Während Bloom weiter hektisch mit dem Knüllen von Papier beschäftigt war, schlenderte er durch die großzügige Stube und setzte aus den Gegenständen den Charakter des Bewohners zusammen. Die Küche war voll von vollgekritzelten Merkzetteln, unverständliche Abkürzungen und Zahlen, Zahlen, Zahlen. Im Arbeits-

zimmer angekommen sah er Bloom in seinen Schubladen kramen, wie ein Süchtiger, der nach mehr und noch mehr Zahlen sucht, um sein Quantum zu befriedigen. Die Wand gegenüber des Schreibtisches war tapeziert mit Fotos von Unternehmern, Regierungsmitgliedern und selbstgezeichneten Diagrammen, welche allesamt mit Stecknadeln und Fäden verbunden waren und dazwischen wieder und wieder Zahlen.

»Here it is!«, rief Bloom und holte Grosz aus seinen analytischen Beobachtungen zurück in den Augenblick. Er drückte ihm einen Füllfederhalter und einen großformatigen Bogen Papier in die Hände, stellte sich an seinen Schreibtisch vor das zerpflückte Bücherregal, hob das Kinn und sagte:

»Paint me! Malen Sie mich!«

Grosz stand etwas konsterniert mitten in diesem Zahlengrab. Das Sujet stimmte, doch war der Anlass etwas spontan.

»Malen Sie mich, Mister Grosz! Sie haben eine Stunde Zeit.«

»Eine Stunde, Mister Bloom? In einer Stunde kann ich Skizzen und Überlegungen anstellen, aber kein Porträt.«

»Nein, kein Porträt, Mister Grosz. Eine Karikatur. Eine Stunde! Malen Sie mich!«

Mit einem fahrigen Duktus fing Grosz an zu zeichnen, doch Bloom konnte einfach nicht stillhalten. Seine Gesichtsnerven zappelten wild herum, seine Mundwinkel verbogen konsequent seinen Ausdruck und die Schweißperlen zerschossen das ganze Licht auf der Haut.

»Halten Sie gefälligst Inne!«, befehligte ihn Grosz und fuhr seine Striche nach.

Nach einer Stunde, Grosz hatte die Schatten noch nicht einmal ausschraffiert, bimmelte eine Glocke in der Nachbarschaft, doch eine Kirchenglocke schien es nicht zu sein.
»Das ist es!«, sagte Bloom.
»Was?« Fragte Grosz.
»Der Gong. Schluss, aus, Sense. Die Börse ist zu. Das war es jetzt.« Bloom wurde ruhig und entschieden, verschränkte die Hände hinter dem Rücken und ging langsam zum Fenster, wie ein weiser Meister einer fernöstlichen Kampfkunst, und blickte hinaus. Eine weitere Verwandlung eines vielschichtigen Gemüts, dachte Grosz. Alles Anzeichen eines ausgewachsenen »Bipolaren«, ginge man nach Freud. Ein »freier Geisteskranker«, ginge man nach Bobrow.
Bloom schob den Fensterrahmen hinauf und atmete die frische Oktoberluft.
»Verzeihen Sie mir, dass unser Geschäft nicht seinen verdienten Abschluss finden wird, Mister Grosz. Ich steige nun aus. Ich bin mir sicher, Sie werden Ihr großes Werk noch malen und ein großer Investor wird Sie zu Ruhm und Reichtum führen. Das Leben ist ein Freudenhaus und ich kriege ihn nicht mehr hoch, habe nichts mehr zu investieren. Ich steige nun hinaus.«
Grosz wusste nicht recht, ob er nun einen Suizid zu erwarten hatte.
»Wollen Sie sich nicht auf den Sessel hier setzen, durchatmen und Ihre Gläubiger um ein paar Minütchen Zeit betrügen? Bleiben Sie ruhig, Mister Bloom.«
»Ich bin ruhig, Mister Grosz.«
Das sah er, doch es beschwichtigte ihn nicht. Er drehte seine Zeichnung um, während sich Bloom auf das Sims setzte.

»Sehen Sie, Ihr Porträt, es ist noch nicht fertig. Stellen Sie sich doch bitte zurück an den Schreibtisch, damit ich es vollenden kann.«

»Vielleicht soll es ja unfertig sein«, antwortete Bloom. »Vielleicht ist meine unfertige Karikatur meine Botschaft an die Nachwelt. Wer will schon sterben, nachdem er fertig ist? Wer will seinem fertigen Werk schon beim Faulen zusehen? Ist es nicht egal was man macht, Mister Grosz? Was man denn auch tut, man findet entweder Anerkennung oder Kritik, Lob oder Tadel, nie aber wird man verstanden. Nichts ist fertig, nichts ist unfertig. Welcher Tod steht schon vor dem Vollendeten, wenn nicht der freie? Nein, Mister Grosz, ich steige nun hinaus, es ist mir wichtig und richtig so.«

»Seien Sie kein Irrer!«, rief Grosz ihn an. Die Absichten des Investors lagen nun auf dem Tisch. Klar und eindeutig, wie eine Zahl ohne Relation. »Es wird schon alles wieder in Ordnung kommen!«

»Ordnung ist nur der Kochlöffel mit dem man die Chaossuppe rührt. Es macht keinen Sinn. Wissen Sie was Leibniz gesagt hat?«, fragte Bloom.

»Kommen Sie vom Sims weg und sagen Sie es mir«, forderte Grosz mit ausgestreckter Hand. »Erzählen Sie mir mehr von Leibniz, Sie scheinen ihn ja zu bewundern. Wäre Leibniz aus dem Fenster gesprungen?«

»Er sagte: ›Alles, was der Gesellschaft, das heißt dem Menschengeschlecht und der Welt nützt, ist ehrenvoll, alles, was ihr schädlich ist, schändlich.‹ Ich habe die Welt mit Schande bedeckt, Mister Grosz. Ich habe mich geblendet mit statistischem Selbstbetrug. Ich habe gegen die Natur gewettet. Man sagt, in der Mathematik sei kein Fehler, doch vielleicht ist die Mathematik der Fehler selbst. Das ganze betrügerische Einmaleins mit seiner humanen Logik, die Zehnerpotenzen basierend auf unseren zehn Fingern, die Null. *Die Null* ist der Fehler. Die Logik ist eine Fiktion, da sie Ergebnisse verursacht. Wenn etwas lügt, dann die Zahl!«

»Dann schreiben Sie sich das auf, Mister Bloom! Widerlegen Sie Leibniz. Wer nicht fortlebt, kann nicht revidieren.«

»Seien Sie nicht irrational, Mister Grosz. Ich ziehe den letzten, logischen Schluss. Ich gehe dorthin, wo mein Geld hingeht, ich bin der letzte Kurs der fällt, ich werde jetzt die Null beweisen und mir selbst den Zweifel nehmen, Leibniz hätte in irgendeiner Weise Unrecht. Die Welt, in der sich ein Leibniz irrte, ist die Welt in der ich tot bin.«

»Ja, haben Sie denn jeden Glauben verloren?«

»Ich präzisiere: ich habe *sämtlich* jeden Glauben verloren.«

Plötzlich, in der Sekunde der Stille, in dem Grosz keine passende Antwort zur Aufrechterhaltung der Konversation einfiel und Bloom sich gerade in aller Ruhe in die Luft legen wollte, da sprang die Tür auf und ein kleiner, aber durchtrainierter Anzugträger kam hereingeeilt, warf einen Stapel Papier ins Büro, der wie Schnee über sie niedersank und fing an auf Französisch zu fluchen:

»Ne pas possible! Putain de merde! Fils d'une chienne! Où est mon argent, vol? Excusez-moin Bloom: Fuck me! Where is my fucking money, brigand?«

Gerade noch hielt sich Bloom an der Gardine fest und richtete sich auf.

»Gott sei Dank«, sagte Grosz und klopfte dem überraschenden Franzosen auf die Schulter. »Merci beaucoup.«

So sind sie, die Franzosen, immer wenn man es nicht erwartet, dann tauchen sie aus dem nichts auf und bringen die deutschen Heißblüter wieder zur Besinnung.

»Georges Grôse?«, fragte der Franzose mit verwundert zerknittertem Gesicht.

Dann drehte er sich zu Bloom und sah ihn ebenso verständnislos an:

»Georges Grôse?«

»Long story, Mister Visage. Mister Grosz, ich darf Ihnen meinen Boss vorstellen. Mister Visage.«

»Ich dachte Sie haben keinen Boss?«

»Jeder hat einen Boss, Mister Grosz. Mister Visage, do you see any money here? I don't.«

»Naturellement! I know Bloom, but where the hell is it?«

»It's gone.«

»But how?«

»Gone. The bubble busted.«

»That's not what I asked, Conard. It's not when or why – it's *how* the bubble busts. That means for you: *You* pay me, Radasse, mon putain d'argent, Cunt!«

Grosz durchkramte sein Französisch – war das Kant?

»Do you have money?«, fragte ihn Pieret und zupfte ihm unverblümt am Ohrläppchen.

»Well, I have ten Dollars, that's enough for me«, sagte Grosz und entzog sich aus der Reichweite dieses Irren.

»Ten dollars, uhu. You know what, Bloom, Fuck you! I can destroy you! You know that!«, fauchte Pieret mit blutunterlaufenen Augen und drohte wie er es bei den Syndikat-Gangstern gelernt hatte. »Believe me, I can destroy you and your wife and your children and your children's children. They will be poor. Poor and dumb. They will be so poor, they won't even be able to pay attention! You hear

me? So where is it? You said it would be the safest game to play. ›Invest in real estate‹, you said. Where is it?«
»Okay!«, rief Grosz dazwischen, der in den Forderungen Pierets eher eine Motivationsansprache zum Selbstmord ausmachte, als eine Mediation, und versuchte zu schlichten.
»Mister Bloom, kommen Sie doch vom Sims weg und erklären Sie Ihrem Boss das mit den Staatsanleihen. Das Geld kommt doch wieder, nicht wahr?«
Pieret zischte. Lange hatte er sich dieses Deutsch nicht mehr anhören müssen. Jedes Wort ein Folterwerkzeug in den Ohren.
»Natürlich kommt es wieder. Aber nicht für Sie, Mister Grosz«, sagte Bloom. »Und nicht für viele, ehrlich arbeitende Amerikaner. Zu uns, zu denen, die diesen Zerfall verbrochen haben, ja, zu uns kommt es zurück. Wir sind die größten Diebe von allen, doch ich wollte das nicht, wollte nie Dieb sein. So lange das Wasser sprudelte, hoben wir den Wohlstand, waren Wohltäter, doch durch unser immer tieferes, unnachgiebiges, gieriges Schürfen und Schaufeln haben wir den Abfluss ausgegraben, alles fließt wieder ab und wir tragen die Schuld daran. Er wie ich. Doch das mache ich nicht mehr mit. I quit, Mister Visage, you hear? I sign out.«
Er blieb seelenruhig auf dem Sims sitzen, ließ ein Bein nach draußen baumeln, schätzte die Entfernung zum Sidewalk und berechnete die Falldauer, den darauf zeitlichen Eintritt des Todes nach dem Aufprall, Best Case und Worst Case. Eine Goldammer zwitscherte eine unbedeutende Nebenmelodie in der Baumkrone daneben.

»You won't dare to jump, Bloom. Vous manques les burettes.«

Bloom sah Pieret tief in die Augen, dann legte er sein Gewicht in die Schwerkraft und fiel drei Sekunden lang bevor er auf dem Pflaster zerschellte. Er starb den harten Tod der Überzeugung. Die Goldammer flatterte davon. Grosz und Pieret stürmten zum Fenster und starrten hinab.

Passanten kamen herbeigerannt und versammelten sich um den dunkelroten Fleck auf dem Sidewalk. Die Polizeihupen tröteten zum Abtransport, die Sanitäter kratzten die Reste in einen schwarzen Baumwollsack. Nun schickte sich die Abfuhr an, die Pfütze zu beseitigen und den Weg für die noch Gehenden zu ebnen. Die Gesellschaft hatte ihn jetzt, ihr Totenkult stand ihm bevor. Hastig schraubte Grosz den Flachmann auf und leerte das Stück. Als er sich umdrehte, war Pieret verschwunden. Wie ein Kater, der da war, wenn es ihm passte und verschwand, wenn es ihm beliebte. Ihm wurde schlecht, die saure Brühe in seinem Magen duldete keinen schmutzig destillierten Abfall mehr, duldete das Drama nicht, er rannte auf die Toilette, um sich zu übergeben. Was da herauskam ähnelte dem, was er gerade auf dem Pflaster gesehen hatte. Als er von der Klobrille aufschaute, sah er *sein* Bild. Jenes mit dem Titel: »Daum marries her pedantic automaton George in May«, das Bild, das er für Eva zur Hochzeit gemalt und mit Flechtheim einst im Cock Door über Gold verkauft hatte. Nun hing es also in einem Badezimmer, wie unpässlich. Er würgte ein zweites Mal, dann stand er wankend auf und suchte den Ausgang. Erst fand er nur einen begehbaren Kleiderschrank, dann endlich, die Tür nach draußen. Etwas händeringend mit dem Gleichgewichtssinn stolperte er der Treppe entgegen, verpasste die zweite Stufe und kugelte eine ganze Etage tiefer. Außer zwei Schürfungen und einem geprellten Ellbogen war es gerade nochmal gut gegangen. Von diesem Stock aus nahm er den Lift. Während er nach unten fuhr, sah er Polizisten die Stufen hinaufhasten, womöglich um den Tatort zu inspizieren. Draußen vor der Tür war aus Bloom ein Kreideumriss geworden, Arme und Beine von sich gestreckt, ein paar Blutfetzen klebten noch an den Pollern des Bürgersteigs und an den Blättern der verwelkenden Rabattpflanzungen vor dem Hauseingang.

»The Black Thursday«, so titelten es am nächsten Tag die Zeitungen. »World Crisis« hieß es gar. Bloom hatte es prophezeit, es schien etwas Wichtiges passiert zu sein. Offenbar war Bloom nicht der Einzige gewesen, der an jenem Tag aus dem Fenster gesprungen war, zumindest wenn man den Gerüchten in den Saftbars lauschte. Alle waren so schrecklich nüchtern.

Und auch, als er drei Wochen später nach Berlin zurückkehrte, hörten Blooms nostradamische Voraussagen nicht auf sich zu bewahrheiten. Die amerikanischen Kredite wurden aus Deutschland abgezogen, die Arbeitslosigkeit stieg sprunghaft an, die Schlägereien in den Straßen, sie begannen wieder, die Regale in den Läden, sie wurden wieder leerer und leerer. Das wirkte sich auch politisch aus. Die KPD und die NSDAP feierten bei den nächsten Landtagswahlen beängstigende Wahlerfolge, beide laut und militant und unter Waffen. Hatte Bloom recht? War ein Zerfall im Aufbruch? War es Zeit nach Amerika umzusiedeln? Eva hielt den Vorschlag für einen Witz.

»Wir bleiben schön in Berlin, Böff«, sagte sie und lachte, spielte mit den Kindern, Martin war bereits geboren, und widmete sich den Mutterfreuden. Grosz wurde nach jenem ersten Besuch in Amerika immer nachdenklicher. Der Amerikaner war stets pragmatisch und versiert, der Deutsche hingegen blieb reaktionär und gutgläubig, zwei unterschiedliche Spielarten des Optimismus. Es würde sich etwas ändern und Grosz hatte kein gutes Gefühl dabei. Seine Skepsis hatte ihn noch nie getäuscht. Robert Bloom war seiner Zeit immer einen Schritt voraus gewesen. Irgendetwas starb hier. Man müsste seine Gedanken in etwas ganz Neues investieren.

X

Als ob ihr wüsstet, ihr Selektionsgelehrten. Als ob Ihr wüsstet. Ihr Schmarotzer mit euren vakuumierten Studentenwasserköpfen. Bereit zu lernen, gewillt zu streben nach Bildung, um einmal Abbildung der Altdenker zu werden. Ihr jungen Menschen – durch die Schule gebrachte und daraus um jede natürliche Neugier betrogene, leere Behältnisse. Aus brennendem, kindlichem Wissendurst wurde mit allerlei Schindluder egomane Angst in euch erzeugt – und wenn man nicht versagt hat, setzt es zum Abschluss einen gepfefferten Diplomstempel auf die hohle Stirn. Ja, Titel und Posten, die machen euch einmal schwer und bedeutsam. Der Magister, der Promovierte, der Professor, der Dekan. Ich habe Laborratten mit weit mehr Würde und Talentsegen zu Titeln kennengelernt. Eure Ideale kot-

zen mich an. Loses Mitläufertum, Gruppenmeinungstum, grüppchenbildendes Karrieristengeschwader. Wer für die Karriere lebt, ist selbst fürs Sterben ersetzbar. Winzige Kreaturen, ein Windchen und sie verwehen. Bobrow schnaubte vor Verachtung und kaute an seinen überläufigen Barthaaren. Sein Adlatus Hans marschierte ihm nach, einen Sackkarren hinter sich herziehend, auf der eine mannsgroße Holzkiste mit drei Luftlöchern in der Mitte lag. Sie ähnelte einem Sarg, nur haben Särge keine Luftlöcher. Sie hatten schon die Hälfte des Weges auf dem kleinen Campus der Ludwigs-Maximilians-Universität zu München abgeschritten, da kam ihnen der Dekan entgegen und begrüßte seinen Gastdozenten mit aller nötigen Unterwürfigkeit, so wie er es einst gelernt hatte.
»Herr Professor Bobrow. Es ist mir so viel Ehre wie Vergnügen, Sie hier bei uns sprechen lassen zu dürfen.«
»›Ehre‹ ist ein negatives Aggressionsinkrement, ›Vergnügen‹ assoziiert sich selbsterklärend. Sie hatten nicht viel Koitus in den letzten zwanzig Jahren, was?«, antwortete Bobrow.
»Man sagte mir bereits, Sie seien schlagfertig. Seien Sie mir willkommen, Professor. Mein Name ist Direktor, Professor, Doktor medincinae summa cum laude, Doktor honoris causa Karl Kißkalt.« Selbstbewusst schnappte er Bobrows Hand und schüttelte sie kräftig durch. »Wer ist Ihr Assistent?«
»Das ist mein Adlatus«, korrigierte Bobrow.
»Was für ein wunderschöner Titel. Ist der staatlich?«
»Adlatus Hans Kollwitz. So etwas wie Doktor in Ihrerlei Kreisen. Und nennen Sie mich nicht Professor, Vedanta reicht völlig.«

»Das klingt erhaben, ist das Sanskrit?«
»Erraten. Bedeutet so viel wie ›das Ende alles Wissens‹. Wo darf ich die jungen Schlitzer nun zum Lauschen bringen?«
Bobrow sah sich um. Das Universitätsgebäude war hoch beschmückt mit allerlei Steinmetzfirlefanz aus irgendwelchen überflüssigen Epochen zwischen der Antike und seiner Geburt. Das Studentenpack picknickte unter den Birken und befasste sich, speziestypisch für das Lebensalter der Fortpflanzung, mehr mit dem anderen Geschlecht, als mit der Wissenschaft. Er machte ihnen keinen Vorwurf. Er selbst hatte damals versucht mit allen Frauen der Welt zu schlafen, so kam er zu der Pharmazie. Doch statt in profan ekstatischen Harems herumzustechen, reizte ihn der Zusammenhang von psychischem Aggregatszustand und Persönlichkeitsparadigma bald weit mehr. Das Bedürfnis nach dem anderen Geschlecht ebbte rasch ab nach jener biologischen Erkenntnis, dass jeder Mensch nur ein mit Exkrementen gefüllter Sack aus fester Flüssigkeit ist. Einmal wieder blind sein.
»Wir haben Ihnen unser Operationstheater freimachen können. Der Kurs ist ausgebucht, die Studenten warten schon«, sagte Kißkalt und forderte den Vedanta und seinen Adlatus auf, ihm zu folgen.
»Wieso haben Sie sich für uns entschieden?«, kleinschwätzte Kißkalt des Weges.
»Sie bezahlen mich.«
»Aber Sie haben doch bestimmt höhere Ansprüche, als das Geld allein. Ein Mann *Ihrer* Reputation.«
»Ich rede nur nicht gern mit Ihresgleichen.«
»Was haben Sie gegen meinesgleichen, bin ich denn nicht auch Wissenschaftler? Zu Ihrer Information, ich arbeite

derzeit an einem vielversprechenden Formelschlüssel zur Rassenhygiene.«

»Vier Dinge hat die Professorenphilosophie vergessen«, antwortete Bobrow: »Das Refraktive, das Reale, das Reelle, das Relevante. Das Refraktive ist mein Handeln, das Reale ist mein Wirken, das Reelle sind Sie und das Relevante bin ich. Schweigen Sie.«

Kißkalt schwieg.

»Herr Doktor Kißkalt«, sagte Hans, sich mit dem Transport der Kiste mühend und um die Apparatschaft sorgend. »Direktor, Professor, Doktor medicinae summa cum laude, Doktor honoris causa Kißkalt, Adlatus Kollwitz – Sprachpflege, so viel Zeit muss sein. Ja, bitte?«

»Die Instrumente. Wir brauchen unsere Instrumente.«

»Natürlich, Adlatus Kollwitz. Es ist alles an seinem Platz. Was glauben Sie? Hier lehrt und lernt die Elite.«

In der Kiste pochte etwas, als würde das Tote lebendig werden wie ein Fötus im Mutterbauch.

»Darf ich Ihnen empfehlen, mit Ihrer Kiste unseren arretierfähigen Paternoster zu benutzen, Adlatus Kollwitz? Wir müssen in den zweiten Stock. Was ist da drin? Keine Leiche wie ich höre.«

»Das Versuchsobjekt, Kißkalt. Was dachten Sie denn?«, grummelte Bobrow missachtend.

»Direktor, Professor, Doktor medicinae summa cum...«

»Das Reelle und das Relevante, Dekan Kißkalt, erinnern und vergewissern Sie sich«, bremste er ihn. »Der Mensch spricht in seinem Leben durchschnittlich acht Milliarden Worte. Verschwenden Sie sie nicht leichtfertig.«

Wortkarg gingen Sie die Treppe hinauf, Hans stellte die Pritsche quer und nahm den Lift. Im zweiten Stock angekommen traf man sich und Kißkalt geleitete das Duett in den Operationssaal. Vier Reihen waren im Halbkreis mit Stehplatzpulten um den Versuchsbereich aufgestellt mit der großen, schweren Tafel im Hintergrund. In der Mitte stand eine Liege mit einem Loch am Kopfende.

Er schaute in das voll besetzte Auditorium, dieses schaute mit angespitzten Bleistiften und bereiten Notizblöcken zurück. In Bobrows Brille teilten sich seine Augen wie Zellen, wurden vier, vier wurden acht, acht wurden sechzehn und so weiter. Die Studenten wurden nervös. Hans stellte die Kiste aufrecht hin und Bobrow schnauzte.

»Der Dekan kann jetzt aufbrechen.«

»Meine werten Herren Studenten, ich darf Ihnen vorstellen…«, eröffnete Kißkalt seinen wissbegierigen jungen Adlati, denen er Orientierung und Kompass sein wollte.

»Acht Milliarden Worte«, unterbrach ihn Bobrow und schob ihn mit einer abfälligen Handbewegung hinaus. »Schließen Sie die Türe hinter sich.«

»Ganz wie Sie meinen, Professor Bobrow«, sagte Kißkalt, verschwand mit einem schleimigen Gegrinse und schloss die Tore wie ihm geheißen.

Bobrow wandte sich an die Studenten, arme unterdrückte geistige Nachhut:

»Meine Damen und Herren. Haben wir überhaupt Damen hier? Eine, aha. Nun. Mein Name ist Vedanta Bobrow und das ist mein Adlatus, Hans Kollwitz. Ihr, meine Studenten, seid meine ›Shuna‹, das ist Sanskrit und bedeutet so viel wie ›Leere‹, ›Mangel‹. Gemeinsam werden wir heute das Innere eines Genies ergründen. Haben Sie Fragen?«

»Was ist ein Genie im engeren Sinne?«

Bobrow erbarmte sich die erste, erwartet fehlgeleitete Erkundigung zur Hälfte zu beantworten.
»Genau das liebe ich an euch Shuna. Keine Flause habt ihr im Schädel, nach der man keine dumme Frage werfen könnte. Das Genie *selbst* ist die Frage. Aber machen Sie sich kein schlechtes Gewissen, Sie können nichts dafür, man bringt Ihnen hier ja auch nichts bei. Das Genie – ist die Frage. Was soll's, fangen wir an.«
Er schnipste viermal. Ein ausgeklügeltes Schnipssystem, das er sich bei Fritz Lang angeeignet hatte, beschleunigte solcherlei Übergänge immens. Hans öffnete die Tür des Sarges mit den Luftlöchern und da stand Dachs. Mit zittrigen Zuckungen sah er sich im Auditorium um. Junge Menschen mit Notizzetteln gafften ihn an, die Zunge hing ihm heraus, die er weder spüren, noch bewegen konnte. Wo war er?
»Wir fragen also das Genie selbst, was seine Frage ist«, erklärte Bobrow. »Ich darf Sie nun mit einem außergewöhnlichen Charakter bekannt machen«, posaunte er. »Ich habe schon Erwin Rohde, Nikolai Fjodorow, Wladimir Uljanow und erst kürzlich Emil Kraeplin auf meinem Tisch gehabt, aber noch niemals einen Lebenden und noch niemals ein solches Kaliber. Sie sehen: das Genie, Ansgar Dachs! Sie kennen ihn nicht! Warum? Weil er die Fähigkeit besitzt, unsichtbar zu sein. Sie sehen ihn nur, wenn er will, dass Sie ihn sehen. Wenn er gewollt hätte, dass Sie ihn kennen, *würden* Sie ihn kennen. Er ist eine eigenwillige Artung von Mönch nach seiner individualisierten Lebensart. Ganz allgemein gesprochen: Ich will nicht jene großen Namen erforschen, welche die Pyramiden von Gizeh erbauten oder die Tempel von Petra meißelten, ich will jene

erforschen, die sie *nicht* erbauten oder sich *nicht* daran beteiligten. Jene, die mit solchen *nicht* verkehrten. Jene Erhabenen, die die damaligen Visionäre verlachten und deren ehrgeizige Dienerschaft verachteten. Die wahren Großen, welche sich zu unvergesslich für derlei Geschichtsbücher waren. Die *Nicht*-Achilles und *Nicht*-Homers. Nun, ich möchte auch nicht zu viel versprechen, öffnen wir ihn erst einmal. Eine topographische Anatomie am lebenden Objekt, meine hoffentlich ungeduldigen Schüler.«

Er sah durch den Raum und erkannte nur fragende Fratzen. Das Interesse der Systemstudierten war frappierend zurückhaltend. Alles hätte man ihnen erzählen können, sie würden es umstandslos glauben. Sie erwarteten unentwegt Antworten, hatten aber nicht mal eine einzig treffliche Frage und wenn, dann war sie auf ihre Art trotzdem dumm. Keinerlei vorfreudige Begeisterung. Und sowas wollte Wissenschaftler werden. Er schüttelte angewidert den Kopf und schnipste zweimal. Hans sicherte Dachs ab, führte ihn vor die Lade mit dem Loch am Kopfende und drückte sein Gesicht in die Kuhle. Dann hievte er den Körper hinterher, sodass das Objekt in Bauchlage Stellung nahm. Das Objekt lallte unverständliche Flüche während der Adlatus es angurtete und Bobrow sich die Hände rieb. Mit drei kurzen und zwei langen Schnipsern ließ er sich von ihm einen Maulkorb reichen, in den er einen Putzlappen knüllte und diesen mit einer Chemikalie beträufelte.

»Sternanis, Kreide, Alabaster und Chloroform, meine Herren – und Dame«, erklärte er. Dann stopfte er dem noch zappelnden Objekt das Gestell von unten über Mund und Nase bis auch die letzte Zuckung verstummte. Vier Schnipser und Hans übergab dem Doktoren die Inzisionsschere. Er stach am oberen Nackenwirbel an und schnitt ein kleines Kreuz hinein. Dann nahm er einen Bohrer, an dessen Spitze eine Art Turbinenschaufel befestigt war. Hans drückte ein Hebelchen an einer eigenartig altertümlichen Maschine zur teslaschen Elektrizitätserzeugung um, der Bohrer drehte sich und mit ihm die Klinge. Mit einem gekonnten Hieb säbelte Bobrow die Mitte des Rückhalses auf und einige Wirbel schnellten hervor. Alles ging sehr schnell, die Shuna kamen kaum mit dem Notieren nach.

»Den zervikalen Dilator«, befahl Bobrow und Hans gab ihm einen eigenartigen Spieß zur Hand. Schnipsen ging nun nicht mehr. Der Doktor klemmte ihn in die Mitte des Schlitzes und bediente eine Kurbel am Griffende, welche eine Schraube in Gang setzte, womit der Spieß zu allen Seiten ausspreizte. Die Wunde öffnete sich wie Ali Babas Felsentor, verströmte einen gußeisernen Geruch und die einzige Dame hielt sich die Hand vor den Mund, gurgelte auf und lief entsetzt aus dem Auditorium. Zwei der jungen Männer folgten ihr mit ähnlichen Grimassen. Sie hatten zu früh genug, denn es fing erst an.

»Dann sind wir ja jetzt unter uns«, kommentierte Bobrow den Zwischenfall. »Dekapitationshaken.«

Hans reichte ihm zwei lange Stangen mit sägezahnigen Haken an ihren Enden. Er entfernte den zervikalen Dilator, während Bobrow den offenen Bereich stabilisierte. Dann wandte er sich an seine Studenten:

»Ich greife nun nach einem winzigen Barthaar in einem Bottich voller Suppe, wenn Sie so wollen. Ich suche nach einem Plankton im Ozean, metaphorisch. In diesem Menschen werden wir ihn finden, den Rubinstein unter der

Wurzel eines Einhorns, bildlich. Passen Sie gut auf. Das verändert alles.«

Mit einem heftigen Ruck stieß er einen Haken schräg unter ein Schulterblatt und ein Blutfetzen entwischte der Wunde.

»Das ist die Aorta.«

Mit dem zweiten ging er sanft unter das Schlüsselbein und hob es an.

»Hans, die Pumpe.«

Ein weiterer Student flüchtete. Die anderen besprühten ihre Taschentücher mit Parfüm und hielten es sich an die Nase. Hans öffnete einen Holzkoffer, holte eine literfassende, einem Samowar ähnelnde Silberpumpe heraus, an der ein stoffumgarnter Schlauch angebracht war. Er steckte den Schlauch in das Objekt und betätigte das Pumprad. Einer der Studenten meldete sich. Erleichtert, dass endlich jemand etwas fragte, nahm Bobrow ihn dran.

»Was pumpen Sie nun aus, Herr Professor?«

»Gute Frage, Eleve. Aber ich pumpe nicht aus, ich pumpe hinein.«

Die jungen Menschen sahen sich fragend an, zuckten die Achseln und notierten eifrig.

»Keine Angst«, raunte Bobrow, hauptsächlich genervt und nur leicht belustigt von all ihrer Unwissenheit.

»Das ist Nitroglyzerin. Der Stoff, mit dem Alfred Nobel anno 67 Dynamit darstellte. Bedeutungslos in den richtigen Händen. Sie kennen Alfred Nobel?«

Die Studenten nickten eifrig mit großen Augen.

»Na dann, Adlatus Kollwitz, lassen Sie uns mal sehen. Nehmen Sie die Dekapitationshaken.«

Hans stellte die Pumpe bei Seite und nahm die Halterungen vorsichtig entgegen, die ihm Bobrow beherzt in die Hände drückte.

»Dann werfen wir mal ein Blick hinein, meine Herren.«

Er zog ein Taschenmesser aus seiner Kitteltasche, wählte die Pinzettenfunktion, schob sie gerade zwischen zwei Wirbel und zog einen, im Nitroglyzerin schimmernden Spinnfaden heraus.

»Mein Gott, Adlatus Kollwitz, Sehen Sie sich das an!«

»Beeindruckend«, sagte Hans.

Die Studenten guckten so teilnahmsvoll, wie sie nur konnten. Bobrow faltete das Taschenmesser zusammen, steckte es zurück in den Kittel und stellte sich vor seine Wasserköpfe.

»Sie kennen doch diese Momente, meine Herren. Diese Momente in denen man glaubt, man sieht einen Géricault und hört gleichzeitig einen Wagner.«

Sie steigerten die Intensivität ihrer Teilnahme.

»Diese Momente, in denen die Begeisterung in Ihnen überhandnimmt und Sie, so weich das klingt, dahinschwelgen. Wenn Sie an Ihrem eigenen Körper erfahren, was das Wort ›Bedeutung‹ bedeutet. Wenn Ihnen so ein Moment begegnet, Ihnen direkt in Ihre Augen zurückstaunt, dann, meine Herren, dann haben Sie etwas entdeckt. Dann sind Sie, und nur Sie, in einem kleinen Augenblick der Weltgeschichte, einem Wimpernschlag im Universum, der Einzige, der etwas von etwas weiß. Das ist Entdeckung, meine dummen Schülerhirne, das ist Begeisterung, das ist Bedeutung. Und jetzt nehmen Sie bitte alle Ihre neugierigen Blicke aus der Wunde und sehen mich an. Ich. Ich habe jetzt so einen Moment. Sehen Sie das hier?«

Er griff mit bloßer Hand in die Wunde und zog wieder den Faden hervor, der nur durch das leichte Glänzen im Lampenschein in Verbindung mit dem Nitroglycerin zu erkennen war. Er griff mit der anderen Hand hinein und zog einen zweiten Faden hervor.

»Ich habe eine Entdeckung, eine Begeisterung, eine Bedeutung gemacht. Sehen Sie genau hin: Der zweite selber Sorte!«

»Sie meinen, Herr Professor?«, fragte ein angeleuchteter Student vorlaut.

»Sie meinen, Vedanta«, korrigierte Bobrow seine Anrede. »Was ich meine? Dieser Mensch besitzt einen zweiten Draht zu seinem zentralen Nervensystem. Und nicht irgendeinen Draht: Ich meine den sogenannten *Nervus Vagus*. Das ist, als hätten Sie zwei Nasen, mit denen Sie doppelt so gut riechen könnten, oder vier Beine, wodurch sie eine vierfache Geschwindigkeit erreichten. Sozusagen ein Geburtsfehler, eine Behinderung – nur umgekehrt. Mehr eine Geburtsperfektion, eine *Enthinderung*. Verstehen Sie? Es ist eine Frage der Perspektive, um bei meinem zweiten Beispiel zu bleiben: Dem Einbeinigen kommen alle Zweibeiner sehr viel wendiger und schneller vor, dem Vierbeiner erscheinen zwei Beine höchst dysfunktional. Jetzt sind das aber nicht vier Beine, zwei Nasen, oder acht Ohren – es sind zwei Nervi Vagi. Uns liegt also eine Enthinderung auf geistiger Ebene vor. Das verstehen Sie erst ab dem sechsunddreißigsten Semester, falls sie klug sind.«

Dem angeleuchteten Studenten entwich eine unkonzentrierte Augenbraue, Bobrow war kurz vor der Resignation mit ihm.

»Geistig, Sie Tölpel, eine *geistige* Enthinderung! Eine neuartige Performanz von Mutation! Den Behinderten schließt die Gesamtgesellschaft aus, die Gesamtgesellschaft wird vom Enthinderten ausgeschlossen, wie schwer ist das? Hier vor uns liegt ein Genie, das erste Exemplar, das ich je hatte! Äußerst selten, oft nur eines pro Weltgeneration. Und merken Sie sich das: *Sie* sind *kein* Genie, sonst wären Sie nicht hier.«
»Was macht dieses Genie beruflich?«, fragte ein anderer Student, der nur so tun wollte, als würde er sich interessieren, um einen intelligenten Eindruck auf das Mädchen zu machen, das während Bobrows Monolog über die Entdeckung, die Begeisterung und die Bedeutung zurückgekehrt war um ihre Frau zu stehen.
»Was ein Genie beruflich macht? Ist das Ihre wissenschaftliche Kontrollfrage? Lernen Sie an dieser Universität solche Fragen zu stellen? Sind Sie Student oder von der Boulevardpresse? Herrgott, Adlatus Kollwitz, antworten Sie für mich.«
»Kunst«, sagte Hans.
»Aha«, sagte der Student und tat so, als würde er etwas notieren, dabei malte er sich die Brüste seiner Kommilitonin aus.
Ein zartes Händchen meldete sich, die Dame selbst war nun offenbar die nächste im Bunde um eine dumme Frage stellen. Bobrow sah sich um, ob da nicht noch jemand anderes zur Auswahl war, um seinen Mund aufzumachen. Niemand, na gut.
»Die Prinzessin, bitte.«
»Was ist der Nervus Vagus?«, fragte die Prinzessin.

»Na also. Nehmen Sie sich ein Beispiel, die Herren. Die Dame blutet jeden Ersten des Monats die ganze Küche voll und beschwert sich, dass es rot ist und hat trotzdem mehr Verstand als Ihr alle zusammen.«
Die Prinzessin zog eine Schnute und Bobrow holte aus:
»Der Nervus Vagus, genannt der zehnte Hirnnerv: ›Vagus‹, das kommt aus dem Lateinischen, ›vagari‹, und heißt so viel wie ›umherschweifen‹, also wörtlich: Der umherschweifende Nerv. Vagus hat also nichts mit Vagina zu tun Prinzessin, keine Angst, es ist nicht wie Sie denken.«
Die Prinzessin wurde grimmig.
»Der Nervus Vagus ist mit dem Ösophagus und dem äußeren Gehörgang verbunden, weshalb das Objekt wohl des Öfteren über Sodbrennen und Speisröhrenkrämpfe, als auch über kontinuierliche Lärmbelästigung klagte. Er ist verantwortlich für das Geschmacksempfinden. Da haben Sie es, Herr Boulevardpresse, Kunst. Wer weiß, was wir in diesem verwachsenen Geflecht noch alles finden. Einen zweiten Parasympathikus vielleicht. Nehmen wir an, diese beiden Nerven korrelieren miteinander, wie anders man die Welt sähe. Fledermäuse, das wissen wir seit Humboldt, fliegen mit Ultraschall nach Gehör. Hunde, das kann jeder sehen, kommunizieren untereinander indem sie an Bäume pissen. Menschen plaudern. Aber dieser Mensch hier hat eine ganz andere Wahrnehmung als wir. Es ist zur Gänze kein Mensch mehr, das Genie. Ich postuliere das Genie hiermit zu einer biochemischen Erklärbarkeit. Halten Sie still. Ich werde mich nun konzentrieren.«
Keiner bewegte sich. Bobrow beendete eine gefühlte Schweigeminute.

»Wir klären nun die Wunde und schließen das Objekt. Genug für heute. Das nächste Mal machen wir Reaktionstests am Stromnetz.« Er schnipste einmal und ließ sich von Hans eine seiner russischen Zigarren reichen, nickte einem Studenten aus vorderer Reihe zu, um sich Feuer geben zu lassen. Der Student holte seine Streichhölzer heraus, streifte eines vom Papier und hielt ihm seine Flamme hin. Eine dicke Rauchwolke später resümierte Bobrow sein Fazit und seiner Schüler Lektion:
»Nichts ist je vom Himmel gefallen, alles ist stets aus Erde gewachsen. Nichts ist unerklärbar, alles weiß nur noch nicht, dass wir es wissen.«
Er sah seinen Studenten streng in die Augen und jeder glotzte so klug wie er konnte zurück.
»Ich habe hier und heute meinen entscheidenden Beitrag geleistet, vor Ihren jungen Augen. Jetzt sind Sie dran! Wie wäre es einmal, ein solches Genie selbst zu erschaffen? Die Zukunft, das sage ich Ihnen, denn das sagt man Ihnen hier nicht, die Zukunft – liegt in der Genetik. Suchen Sie nicht nach Erkenntnis, das ist der Weg der Leichtgläubigen. Suchen Sie nicht nach Erleuchtung, das ist der Weg der Schwergläubigen. Suchen Sie nach Entdeckung, das ist der Weg der Glaubensfreien, der Begeisterten, der Bedeutenden.«
Mit einem Schwung drehte sich Bobrow um zu Hans, der dabei war, das Nitroglyzerin zurück zu pumpen. Aus der schnellen Drehung heraus löste sich ein Glutkorn aus Bobrows Zigarre. Das kleine Feuergespenst flog unschuldig dahin und landete auf dem Rand des Kraters im Nacken des Objekts. Langsam verglomm es im roten Sud.

»Ich«, sagte Bobrow ruhig und drehte sich nach einem weiteren Zug zu seinem Publikum um.

»Ihr seid mir meine Ungläubigen und ich bin euer Gott. Und ich sage euch: Verlasst die Universitäten, flieht aus den Büros, nehmt eure Möglichkeiten als das was sie sind – Scherze. Ich. Ich bin euer Gott. Nun geht hinaus, sucht nach dem Mittelpunkt des Erdballs oder nach allen Punkten im All, doch vergesst mir nicht den springenden, die Genetik. Ich bin euer Gott. Nun geht hinaus – und übertrefft mich.«

Dann kawumm, ratz, swutsch – explodierte das Objekt. Die Lage zerschepperte, die Lampe ging zu Bruch, Instrumente fielen vom Tisch, Hans stolperte zur Seite, Bobrow hielt sich eine Hand vors Gesicht und Fleischschwarten flogen über die schockierten Studentenköpfe. Eine klatschte der Prinzessin direkt ins Dekolletee. Sie bekam einen Schreikrampf und flatterte mit den Händen, als hätte sie eine graue Maus gesehen.

»Das Objekt!«, rief Bobrow. »Adlatus! Können Sie etwas sehen?«

Hans wedelte den Rauch aus seinem Blickfeld.

»Es ist kaputt!«

»Kaputt ist differenzierbar!«

»Tot!«

»Ansgar!«

»Vedanta, er war schon vorher tot!«

»Was sagen Sie?«

»Er starb den Gifttod, nicht den Tod durch Explosion, Vedanta.«

Fassungslos starrte Bobrow mit seinen acht Augen auf sein Werk. Dachs' kompletter Rücken war aufgekracht, selbst

ein unbegabter Erstsemestler hätte sein Bandscheibenproblem klar diagnostizieren können, der gesamte Torso war geöffnet und lag brach vor ihnen. Bobrow ließ die Zigarre fallen und Feuer breitete sich aus.
»Das Blut!«, schrie Hans. »Das Blut brennt!«
Die Studenten flohen, die Prinzessin löschte ihre Schuhe mit Angsturin, Bobrow blieb regungslos stehen und wisperte: »Ansgar.«
Nur Hans handelte, griff zur Löschflasche und sprühte die Flammen nieder.
»Sie sind Komplize eines Mordes geworden, Adlatus Kollwitz.«
»Ich bin Zeuge, Vedanta. Machen Sie sich keine Sorgen, ich war Lazarettarzt in Kriegszeiten, ich habe so etwas schon mal gesehen. Sie kannten das Objekt?«
»Ob ich es kannte, Adlatus? Es war ein Freund.«
»Sie haben einen Freund aufgeschnitten und mich ihn mit Nitroglyzerin füllen lassen?«
»Fangen Sie jetzt auch mit dummen Fragen an?« Bobrows Augen waren angefüllt mit Trauer, man sah zweiunddreißig Tränen in sechzehn Lidern. »Packen Sie alles ein und kümmern Sie sich um ein Begräbnis.«
Er ging zu seinem Arzneikoffer, holte eine Flasche seiner finnischen Nacht heraus, zog den Korken mit seinem Gebiss, spuckte ihn ins mittlerweile geräumte Auditorium und nahm mehrere kräftige Züge.
»Von den drei Missgeschicken meines Lebens war dies das bitterste.« Dann trank er nochmal nach.
»Kann ich sonst noch etwas für Sie tun?«, fragte Hans.
»Gehen Sie nach Hause zu Ihrem Vater, Adlatus Kollwitz. Grüßen Sie Ihre Mutter lieb von mir.«

Hans zögerte.
»Gibt es Angehörige, die zu benachrichtigen wären?«
»Ja, mich. Um den anderen kümmere ich mich.«
»Was soll auf dem Grabstein stehen?«
»Was weiß ich. ›Bitte wenden‹. Irgendwas Geistreiches. Denken Sie sich etwas Gescheites aus.«
Hans tat seine Arbeit und Bobrow verließ den Saal, in dem er die größte historische Entdeckung seit Darwins Spottdrosseln gehoben und gleichzeitig den größten Fehler seit Newtons Infinitesimalrechnung begangen hatte. Der Wissenschaft sei jedes Opfer nachzustellen, das war ihm einmal Prinzip gewesen. Religiös war er geworden. Gefühle wären Sentimentalitäten, das schlechte Gewissen nicht mehr, als eine Schar lästiger Intellektueller unter dem Kopfkissen, so war seine Einsicht gewesen. Nun überwältigten sie ihn, die kalten Gefühle und die scharfen Gewissensbisse, er spürte sie tief in seinem irregulären Puls. Der vormals kristallklare Verstand wellte sich und verschwamm wie sich ein stiller Bergsee bei Flutregen in ein raues Fließgewässer verwandelt. Keine Zerrspiegel mehr für Interpretation und Annahme.
Er verließ das Auditorium mit gefallenen Schultern und trat auf den Campus. Es war schon dunkel geworden, er ging durch den Park, verlor sich. Wem hatte er denn je etwas beweisen wollen? Wem, wenn nicht den zwei größten Denkern des noch jungen und dichten zwanzigsten Jahrhunderts? Die einzigen, die nur ansatzweise dazu fähig waren, nach zu empfinden, was in seiner gipfelnahen Luft zu riechen war – er, Brockhaus und Dachs. Zu dritt waren sie *ein* Gehirn gewesen. Kurt, das ewige Gedächtnis, das Stammhirn, die breiteste Vergangenheit aller Menschenzei-

ten und Kulturen; er, das Großhirn und der Frontallappen, der jene gespeicherte Vergangenheit in Zukunft umsetzt; und Ansgar, der Gegenwärtige, die Brücke, der Körper, das schwarze Loch im Hypothalamus, der dunkle Stern im Innern des eigenen Kosmos. Was daraus alles hätte werden können in den zehn, vielleicht zwanzig Jahren, die sie noch an Zeitgenossenschaft gehabt hätten. Und erst die Reputation nach ihren Lebzeiten, ihre gemeinsame Reminiszenz, unausmalbar. Er hatte all die Potenziale zerquetscht wie einen gewöhnlichen Käfer.
Er ging durch das Haupttor auf die Straße, trank durchgängig von der finnischen Nacht, stolperte und landete dem Dekan in den Armen. Die Flasche zersprang auf dem Pflaster. Mit aller Kraft stützte sich Kißkalt gegen das Gewicht dieses walrossgleichen Gewüchses eines Menschen und klappte in jenem Moment zusammen, in dem Bobrow sich wieder fing.
»Stehen Sie auf«, sagte Bobrow. »Was machen Sie zu meinen Knien? Ich bin es nicht wert.«
»Höre ich da richtig?«, fragte Kißkalt, während er sich aufrappelte und die Falten von seinem Zwirn schlug, als seien es Fliegen. »Ist das Bescheidenheit?«
»Nein. Größe«, sagte Bobrow.
Man hörte Polizeisirenen aus der Ferne. Das erste helle, blitzende Licht der blinkenden Flutleuchten kam näher. Mord würden sie es nennen. Lebenslang würde er kriegen. »Strafen«, so nannten sie es. Das Gefüge würde eine stellvertretende Rache ausführen für jemanden, der es selbst an der Nase herumgeführt hatte. Ein Gefüge das Doktortitel verleiht. Ein hässlicher Witz. Bobrow brach in sardonisches Gelächter aus, was ihn weit verrückter wirken ließ,

als sein ganzes Werk, von außen betrachtet, sowieso schon war. Mit quietschenden Reifen bremsten die Karossen und die Polizisten kamen mit gezogenen Pistolen aus den Türen geschossen. Bobrow kriegte sich nicht mehr ein. Dann schlugen die Handschellen zu. Wie schon die Vitae Jesu, Galileis oder Sokrates' vor ihm veranschaulichten, so war dies stets der Dank der gemeinen Menschen, wenn man sie aus der Unmündigkeit ihrer schlichten Gemüter befreien wollte. Man gibt ihnen die Körner der Weisheit und sie stopfen sie sich in die Ohren. Für die Einfachen ist Wahrheit Lärm und Geschrei Musik. Er erinnerte sich der Worte, die Dachs immer zu sagen pflegte: »Man kann eben nicht mit allen Menschen in Harmonie leben, wenn man in Harmonie leben will, nicht wahr?« Dann setzte es den Knittel auf den Hinterkopf, er wurde verschnürt und einkassiert, abgeführt und vorgeführt, als Gewöhnlicher behandelt, von Narren belehrt und mit Anmaßung gedemütigt.

In der Schutzhaft erinnerte er sich an eine Geschichte Brockhaus', ein Kindermärchen aus Sumatra, welches besagte, dass die Orang-Utans im Dschungel einstmals fähig waren, zu sprechen. Doch aus Angst davor, von den Menschen versklavt zu werden, begannen sie alle zusammen zu schweigen. Nur ein kleines, unerfahrenes Orang-Utan-Junges freundete sich mit einem Menschenkind am Rande des Dorfes an. Jeden Tag trafen sie sich auf einer Lichtung und spielten – bis das Orang-Utan-Kind plötzlich im Vertrauen das Gelübde brach und redete. Den Rest kann man sich denken. Bobrow schwor sich, *nie wieder* zu sprechen. Sein Schwur hielt drei Tage lang.

Ein alter, dürrer Mann mit Bart, bis zu den Knien in zerrissener Klamotte, wanderte eines Morgens zum Sonnenaufgang eine Anhöhe hinauf. Viele dieser Sorte hatte er schon bewandert, aber das war die bisher höchste, die Anstrengung wäre für frischere Knochen geeigneter. Er war schon lange nicht mehr der Jüngste, jeder Tropfen Schweiß war ihm wie ein Tropfen abfließendes Leben, Bewegung war schon längst ungesunde Strapaze und nicht mehr ertüchtigende Selbstprüfung. Aus allen Nähten nach Luft schnappend, erreichte er zum hellichten Mittag den Gipfel – betrachtete die Aussicht, besah die weit auslaufende Savanne unter ihm, die Erdkrümmung – ein passender Ort, an dem es sich ursprünglicher nicht sterben ließe.

Die heißen Sonnenstrahlen feuerten in die Tiefen und er stellte sich in den kühlenden Wind – so fern dem Unten, so nah dem Oben, die Klamotte flatterte, die Haare brausten, er sperrte die Augen auf und plötzlich – da knallte ihm ein Blatt Papier aus dem Nirgendwo ins Gesicht. Er zog es ab, staunte es ein wenig an und erkannte es als einen verlorengegangenen Brief, der vielleicht schon mehrmals um die Erde geflogen sein könnte, so zerzaust und verstaubt war er, und der ihn nun erreicht hatte, fast, als wäre er an ihn adressiert gewesen. Seit seiner Jugend hatte er keine Schrift mehr gesehen, doch gerade diese Klaue kam ihm verdächtig bekannt vor, er las:

»Wo bist du, Bruder?
Überall habe ich nach dir gesucht, jeden habe ich nach dir gefragt, keiner hat dich je gesehen, niemand hat von dir gehört. Du scheinst in einem Wimmelbild verschwunden zu sein und ich versuche Jahr um Jahr, dich auszumachen.

Vielleicht bist du dem Rahmen schon entstiegen und bist schon längst nicht mehr im Bilde – vielleicht wanderst du durch Gemälde vom Kaukasus, oder versteckst dich hinter afrikanischen Masken. Vielleicht bist du Beduine geworden, vielleicht Wandermönch, vielleicht Brahmane. Vielleicht lebst du noch. Vielleicht hat dich der Blitz noch nicht getroffen, der Wolf noch nicht gefressen und du wirst noch 130 Jahre alt, gehst durch die Zukunft im fernen 2030 – irgendwo.

Mir der grenzenlosen Unwahrscheinlichkeit bewusst, dass du diese Zeilen jemals lesen könntest, schreibe ich dir diesen Brief, für mich, und werfe ihn vom nächsthohen Berg in die Luft. Und wenn er dich erreicht, wenn du da draußen bist, dann sage ich dir: Komm nicht zurück. Gehe weiter durch die Zukunft oder bleibe liegen, wo du fielst.

Nichts ist gut zu Hause,

dein Bruder,

Hans Kollwitz«

Der alte, dürre Mann legte den Brief behutsam zurück in den Wind und dachte an sein letztes Gleichnis: Die Einsicht des Weizenkorns.

Eingereiht an einer Ähre jung gewesen, mit allen anderen abgefallen, aufgelesen, zu Mehl zerstampft, Brot geworden, eingeweicht und durchgekaut, durch Gedärme und Kanalisationen und Flüsse geflossen – und wieder auf den Erdboden zurückverteilt, verdunstet oder eingesickert – um eines Tages als Affenbaum aufzukeimen.

Dann versagte ihm seine greise Pumpe bei der Pointe und er warf sich mit lautem Lachen in die Sonne.

KAPITEL O
Bilanz

»Ick kann jar nich so viel fressen, wie ick kotzen will«, sagte Max Liebermann 1933, als die NSDAP den Reichstag auf ihre, ihre eigene Art, auflöste. Ein Feuer, das die ganze Stadt erhellte. Zwei Jahre später, nachdem er alle seine Ämter der preußischen Akademie der Künste offiziell hingeworfen hatte und sich schwor, nie wieder aus dem Fenster zu sehen, verstarb er ruhig und friedlich in seinem Bett. Seine Frau Martha hielt ihm die Hand. Sie sollte sich acht Jahre später mit einer Überdosis Veronal das Leben nehmen, um ihrer bevorgestandenen Deportation zuvorzukommen.

Kollwitz saß auf der anderen Seite des Bettes und sah ihm zu, dem Tod, und Liebermann, wie er ihm entgegensank. Sie selbst wurde 1933, sozusagen mit einer der ersten Amtshandlungen der neuen Regierung aus der Akademie ausgeschlossen. Geduldig saß sie dort und sah ihm zu.

Ebenso geduldig saß sie fünf Jahre später an Karls Bett, 1940. Seine letzten Worte hatte sie nicht richtig verstanden, doch sie hatten keine Bedeutung mehr, fielen nicht mehr ins Gewicht. Sie hatten ein Leben gemeinsam verbracht, geteilt wo es zu teilen gab, was macht ein Wort unter acht Milliarden? Es war nicht unerträglich, er war ja alt.

Unerträglich hingegen war Hans' Nachricht zwei Jahre später – unter Tränen der Selbstauflösung. Das Peterchen war an der Front in Russland »gefallen«, so nannte man es wieder. Im Bericht stünde, es sei in Rschew passiert, fast bei Moskau, dabei wäre der letzte Brief von ihm selbst von

Białystok erst vor drei Wochen angekommen. Es ginge zu schnell, behauptete er. Es müsse eine Verwechslung sein. Das hätte sie damals auch versucht zu glauben, versicherte ihm Kollwitz, doch egal wo es passiert wäre, es war passiert.

Denn so, wie es beschrieben war, so geschah es auch – in Rschew. Nur stand dort, er sei »in Ehre gefallen«, es hätte lauten müssen: »Er wurde aufgefunden.« Der zweite Peter im zweiten Krieg, der erste mit 18, der zweite mit 21.

Bei einem Streifzug seines Spähtrupps wurden er und seine Kameraden von einem Hinterhalt einer russischen Staffel überrascht. Er wurde an Knie und Hals getroffen und stürzte zu Boden. Die Kämpfer kamen aus dem Gestrüpp und prüften die niedergemähte Truppe. Zwei oder drei Kameraden röchelten noch, er hörte zwei oder drei einsame Schüsse. Er stellte sich tot. Als die Männer verschwunden waren, versuchte er aufzustehen und musste feststellen, dass er nicht so viel Glück im Unglück gehabt hatte, wie einst sein Onkel und Namensvetter im Ersten. Es ging nicht, sein Knie war gesprengt, aus seinem Hals troff Blut, er war voll davon, doch er konnte die Wunde nicht finden. Er kippte wieder um und das letzte, verschwommene Bild, das er noch wahrnahm, war eine Kompanie alter Mütterchen mit Schürzen und bäuerlichen Kopftüchern, die die Leichen absuchten. Dann wurde es blass.

Es waren die Mütterchen des nahegelegenen Dorfes, sie holten alle ihre älteren Söhne und schleppten ihn in einem Bettlaken in eine ihrer Gemeinschaftsküchen, dort stopften sie ihm zerkaute Kräuter in das Loch im Hals, salbten ihn mit ölig-braunem Rohwodka und wickelten ihn in eine alte Biberpelzdecke. Das alles half nichts. Acht Tage später erstickte das Peterchen an einem Lungenriss, den er sich durch das schockhafte Atmen gegen den unentdeckten Spalt in seiner Luftröhre zugezogen hatte.

»Ehre.« Was für ein Wort, dachte Hans, der den Vierzeiler der Todesbekanntgabe wieder und wieder las, ohne klüger zu werden. Kollwitz saß geduldig bei ihm, wie sie auch schon bei Liebermann und ihrem Karl gesessen war und beobachtete, wie der Tod immer wieder, auf verschiedene Art und Weise, seine Einkehr fand und was er auslöste.

Die Perversion begann ein Jahr später, als die Bomber über Berlin kreisten wie Geier mit lautem Maschinengeheule. Ihre Wohnung war fortgesprengt, die Mansarde, in der sie so viele Jahre am Fenster stand und die Menschen auf der Straße beobachtete, nunmehr Trümmer, als wäre nie etwas gewesen. Sie zog fort, aufs Land. Hans kam des Öfteren vorbei, brachte die Kinder mit, die keine Kinder mehr waren, pflückte ihr einen Fliederstrauß aus dem Garten und war ihr Sohn, wo sie einen brauchte. Auch wenn die Zeit zu rasen schien, er war da und hatte welche übrig. Sie starb nach Art und Weise Liebermanns, im Bett und vorbereitet, am 22. April 1945. Zehn Tage nach Roosevelt. Sechs Tage nach ihrem Tod folgten ihr Mussolini durch ein Exekutionskommando und acht Tage später, Adolf Hitler mittels eines glatten Gehirndurchschusses. Zuvor hatte er seiner frisch vermählten Frau Eva in der Hochzeitsnacht im Bunker eine Zyankalikapsel durch die Lippen gestopft und dann aus selber Waffe abgedrückt.

Als Hans an das Sterbebett seiner Mutter geführt wurde, zeigte man ihm einen Brief, den sie in ihren Händen gehalten hatte, als man sie davongeschieden antraf. Der zerknüllte Zettel schien eine Ode zu enthalten, sie stand in klaren Buchstaben, per stumpfem Bleistift auf die Innenseite eines vor langer Zeit weggeworfenen Brotpapiers gedrückt. Die Handschrift war die seines Bruders:

»Aus einer Familie entstehen wir, wir freien Geister. Wir essen gut, denn wir erhöhen den Geschmack. Wir verbessern die Zufriedenheit. Wir gehen in die Geschichte ein, weil wir lebendig sind – als die einzigen ihrer Art. Wir kennen uns nicht, aber erkennen uns schnell. Wir begegnen uns einfach und verabschieden uns leicht. Wir schlafen gut und fest. Andere mögen uns Steine in den Weg legen, doch wir tragen sie ab. Und sie mögen uns wieder und wieder Steine vor die Füße legen und wir tragen sie wieder und wieder ab und hassen die Steinleger nicht, denn sie wissen von nichts. Wir sind kein Volk, kein Land, kein Staat, keine Gruppe, keine Partei – wir sind eine Familie. Wir gehören nirgendwo dazu, außer zu uns. Man kann uns verzögern, doch verhindern kann man uns nicht. Man kann uns töten, aber vernichten kann man uns nicht. Jeder Krieg wird gegen uns geführt, doch keiner kann uns treffen. Wir sind die Familie der freien Geister. Die Evolution ist allein unser Verdienst. Der aufrechte Gang, der Faustkeil, das Feuer, das Rad. Die ersten Laute, die ersten Worte, die ersten Felder, die erste Domestikation. Die ersten Häuser, die ersten Schiffe, die ersten Flugzeuge und wenn nicht schon geschehen – die ersten Raumgleiter. Alles Kinder aus der Familie der freien Geister. Und die einsamen Unglücksraben mögen auf ihnen herumhacken und sie kaputtmachen. Sie mögen Völker, Länder, Staaten, Gruppen und Parteien gründen, um einen Familienersatz zu erfinden. Doch keine Idee kann sich je eine Natur anmaßen. Kein System lässt sich jemals schließen, nur das Nicht-System ist auf alles skalierbar. Das Gefüge. Die Familie der freien Geister überdauert. Alles andere – nicht.«

Hans überkam ein milder aber strenger Schauer. Peter lebte? Er beendete seine Arztkarriere und begann diesem Hinweis nachzugehen, indem er zuerst seinen alten Vedanta, Doktor Bobrow, in der Strafvollzugsanstalt Tegel zu Rate zu ziehen versuchte. Dieser reagierte sehr jähzornig auf die von ihm aus gesehen egoistische Besuchsabsicht und bat seinen alten Adlatus in unzweideutiger Manier mittels zweier Fäuste sich zu verpissen.
Bobrow hatte es nicht leicht gehabt nach dem Geschehnis an der Ludwig-Maximilians-Universität zu München. Nichts passierte mehr, nur noch Gefängnistrott, nur noch Menschen, die ihm in der Quere standen, ein ganzes Bollwerk von Drangsalierern seiner gefährlich wenigen Zeit auf Erden. Und keinen interessierte es. Selbst die unverschämtesten Boulevardblätter schwiegen sich darüber aus. Seit dem Tage der besagten Tat passierte ihm nur noch Unheil. Zuerst kam die Schutzhaft. Zwei, drei Verhöre von schlecht ausgebildeten oder vollends blödsinnigen Ermittlern später saß er auch schon auf der Bank der Anklage. Mord, so hieß es. Ein Gutachter sollte her, um die Zurechnungsfähigkeit zu erörtern, aufgrund des Ausmaßes an Dramatik der Ereignisse. Der Spezialist fand sich schnell: Sigmund Freud. Der Wahnsinnige, der ihm immer wieder nachgestellt hatte und seine Thesen beständig mit Strohmannargumenten konterte, nur um dazuzugehören. Er biederte sich an. Bobrow hatte ihn bei den gerichtlichen Therapien mit einem simplen Blick durchschaut, er war

ganz der Alte, nur älter. Derselbe Fatzke wie früher, nur später. Bestätigte Zwangsbefürchtung. Introjektive Analerotik. Der Vaterkomplex und die Lösung der Rattenidee. Bobrow verwehrte ihm seine Freundschaftsanfragen weiterhin, also stellte Freud ihm ein entsprechend eifersüchtiges Gutachten aus. Ohne seinen Arzneikoffer war Bobrow machtlos. Acht zweckentfremdete Sitzungen später stand das Urteil fest: »Ein völlig intaktes Gehirn, also heimtückischer Lustmord.« Justizia wurde zurück in den Käfig gesperrt und er zu lebenslanger Haft in die Aufräumanstalt verbracht. Ein Befreiungsgesuch von 1937 an die Sowjet-Regierung zur Remigration nach Russland misslang. Stalin höchstpersönlich befahl sogar die Änderung seiner Identitätszugehörigkeit und Bobrows Kontaktmann, Karl Radek, wurde daraufhin im zweiten Moskauer Schauprozess vor Gericht gestellt. Trotz Radeks jahrelangen Bemühungen innerhalb der Kulturräte zur Vergöttlichung Stalins beizutragen, wurde ihm neben allgemeiner Verschwörungstätigkeit auch Trotzkismus vorgeworfen. In Wahrheit scherte sich Stalin wenig um die Inhalte seines juristischen Marionettentheaters, es diente allein der Vernichtung jeglicher innerparteilichen Konkurrenz, welche noch aus der Revolutionsgeneration übriggeblieben war (schon nach dem ersten von den insgesamt vier Schauprozessen wurden unter anderem Sinowjew und Kamenev füsiliert). Radeks Urteil klang zu gnädig, um wahr zu sein: Zehn Jahre sibirisches Gulag. Im Lager, so heißt es, wurde er circa 1939 von anderen Insassen im Streit um Nahrungsmittel erstochen. Er hätte mit kapitalistischer Methodologie versucht, Brot zu horten, um mittels Ressourcenverknappung den Brotpreis für seinen gütlichen Tabakwarenerwerb anzuheizen. Korrekt wäre die Angabe seines Todes, wenn man die Aussage zuließe, daß er bereits 37, direkt nach seiner Ankunft im Gulag, höchst offiziell im Lagerhof als Autoritätsexempel durch den Strang statuiert worden wäre. So zumindest erwähnte es Trotzki im Gespräch mit Diego Rivera, 1938, im blauen Haus bei Coyoacán in Mexiko. Zudem gründete er im Exil die »vierte Internationale« und wurde nicht müde, gegen seinen »bürokratisch degenerierten Arbeiterstaat« und dessen Diktatoren persönlich anzuschreiben. So verfasste er Anfang 1940 unter anderem »Das Manifest der vierten Internationalen zum imperialistischen Krieg und zur proletarischen Weltrevolution.« Doch Stalins Tentakel reichten weit. Einer seiner Agenten, ein gewisser »Frank Jacson«, verlobte sich mit Trotzkis eng vertrauter Sekretärin und hielt Einzug in die Familienkreise. Im August des Jahres 1940 kam es zu einer Auseinandersetzung, als Trotzki Jacson wutentbrannt in seinem Büro enttarnt hatte. Verunsichert griff Jacson nach einem herumliegenden Eispickel und versuchte den wildgewordenen Revolutionär damit auf Abstand zu halten, doch dieser schimpfte und redete und war kurz davor, die fünfte Internationale auszurufen, da hackte er mehrmals zu. Er sah hinter dem Ohr nach – kein Leberfleck – dann floh er. Trotzki erlag einen Tag später seinen Stichwunden, immer wieder flüsterte er: »Jacson. Jacson. Jacson.« Stalin bekannte sich mit einem Beamtenlächeln.

Für Bobrow wurde es seit der Ausbürgerung auch nicht besser: Als staatenloser Berufsverbrecher verbrachte man ihn 1940 in das KZ Sachsenhausen. Seinen Doktor sprach man ihm ab. Das Wort »Vedanta« wurde mit der Todesstrafe belegt. Seine gesamte Bibliografie wurde in seinem

Abwesen von Freud in Beschlag genommen, bewiesene Fakten zu Mythen degradiert und durch alternative Freudsche Theorien ersetzt. Nach Freuds Tod durch morphinbasierte Sterbehilfe 1939 war es C.G. Jung, der Angst bekam, man könne eines Tages doch auf diesen Komplott im Schatten des Naziregimes stoßen, wenn sich der politische Gewitterhimmel einmal geklärt hätte. Man könne Freud, einen Juden, mit dem Nationalsozialismus und ihn selbst mit Bobrows Beweisen in Verbindung bringen, auf welche Art auch immer. Er nutzte also seine selbst erdachten Kräfte der paranormalen Aktivität, machte auf sich aufmerksam, spielte den Houdini, während er Bobrows Bücher aus dem Verkehr zog. Wie aus Zauberei verschwanden »Der menschliche Nachteil«, »Aventiure Lobotomie«, die viel besungenen Essays seines »Ecce Homo« und selbst das post mortem veröffentlichte Manuskript zum »endgültigen Katastersystem der psychotischen Elemente « aus den Regalen der Erwerbbarkeit. Aus dem Nichts, in das Nichts. Ein Unterfangen, das in Zeiten von öffentlichen Bücherverbrennungen vergleichsweise leicht von der Hand ging, denn auch die Nazis taten ihren Bärendienst und vernichteten die Beweise, indem sie die Bobrowschen Apparaturen für ihre sozialdarwinistische Rassenlehre missbrauchten. Seine Pharmazeutika wurden in die Invaliden- und Häftlingseuthanasieforschung migriert, um die Sonderbehandlungen nach Aktion 14f13 effizienter zu gestalten.

Bobrows Allwerk mangelte es aufgrund seiner ausgelöschten Provenienz an Aufmerksamkeit. Zudem plagte ihn ein immer schmerzenderes Gewissen an der rechten Lende beim Auf- und Abgehen am Stacheldrahtzaun. 1941 wurde er aus einem Missverständnis heraus von einem Wachturm aus erschossen.

Zeuge dieses Mordes, neben vielen weiteren, wurde Lambert Fugger von der Lilie. Im Sterben überreichte Bobrow ihm einen Brief, der zu beantworten gewesen wäre. Des Nachts in der Baracke las Lilie die Zeilen, welche mit im Dunkeln leuchtender Tinte geschrieben, von einem alten Freunde zu stammen schienen:

»Guter Pyotr, Yanaqi,
mein Laden ist zertrümmert, ein Wiederaufbau ist zwecklos, unersetzbare Zeitdokumente wurden zerstört. Die Nazis haben sich alles genommen, meine Koffer sind gepackt.
Morgen, kurz bevor die Grenzen schließen, verlasse ich Düsseldorf Richtung Den Haag. Dort werde ich auf einem Handelsschiff anheuern, um nach Amerika zu gelangen. Mein fernes Ziel ist Peru: Ein Land, in dem man wohlklingendes, einfaches Quechua spricht und nicht mehr dieses, mir so grässlich gewordene Deutsch. Dort, in den Anden, befindet sich unser Treffpunkt in einer unentdeckten Inka-Stadt, welchen wir uns für den Fall einer historischen Versprengung wie dieser zurechtgelegt hatten. Was Koordinaten für uns, das ist ein Lebewohl für Dich. Versuche nicht, uns ausfindig zu machen. Unsere Lebenswege trennen sich hier. Ansgar und ich machen weiter.
Pass auf Dich auf,
Dein Kurt Brockhaus.«

Lilie konnte damit nicht viel anfangen. Er hatte andere Probleme: Nach dem existenziellen Dissens mit Miss

Poussage in den Hamptons wurde er tatsächlich aus der Gesellschaft des Coq d'Or ausgeschlossen und zog sich für müßige Jahre auf sein Rittergut im Ilmtal bei Kranichfeld zurück. Dort versuchte er aus Verzweiflung am Klassenstande seines Geburtsrechts der Deutschen Adelsgenossenschaft beizutreten. Als diese ihm den Leumund versagte, da er letztlich nur einem Kaufmannsgeschlecht angehöre, kaufte er sich frustriert in den Deutschen Herrenklub ein. Während der Anfangszeit des dritten Reiches unterstützte er mehrere nationalsozialistisch nahestehende Institutionen mit großzügigen, wenn auch nicht uneigennützigen Spenden (darunter Dekan Kißkalts Gesellschaft für Rassenhygiene). Das alles half jedoch nichts. Nachdem sein wenig erfolgreicher Gedichtband »Von den Schriften« vom Reichsministerium für Wissenschaft, Erziehung und Volksbildung als »defätistisch« deklariert wurde, enthob man ihn seiner Standesrechte, zog sein Großkapital ein und setzte ihn im Zuge der landesweiten Novemberpogrome 1938 in Buchenwald in Lagerhaft fest. Zwei Jahre später deportierte man ihn in das SS-Kommandanten-Ausbildungslager Sachsenhausen, wo er Bekanntschaft mit Bobrow machte und ihn bis zu dessen Tode bei seinen verbotenen Spaziergängen am Stacheldrahtzaun begleitete. Lilie selbst starb nur drei Monate später infolge eines simplen Haushaltsunfalls in der Lagerküche durch einen herabfallenden Kochtopf. Lagerarzt Kinkel, welcher ihn in seiner Beziehung zu Bobrow analysierte, bescheinigte ihm in seinem Abschlussdossier eine frappierend erotische Abhängigkeit zu einer gewissen »Miss Poussage« – nach Kinkel eine sexuelle Luftspiegelung, wie er es bei vielen KZ-Insassen beobachten zu können glaubte. Auch damit konnte Lilie nicht mehr viel anfangen, denn tot war nun mal tot.

Miss Poussage hingegen war Mutter geworden – ihr mittlerweile 11-jähriger Sohn trug den Namen seines ihm noch unbekannten Vaters – Manuël. Sein neuer Stiefvater hieß Alfred Gold. Poussage hatte ihn bei einer Vernissage kennen und lieben gelernt, war er doch der einzige, der ihrem Intellekt ansatzweise gewachsen war und sie zum Lachen bringen konnte.

Gold hatte 1933, als sich die politischen Umstände in Deutschland für freie Kunst verfinsterten, längst zusammen mit seinem Weggefährten Jacques Blot eine Galerie in Paris gegründet. Blot nannte die Ausstellung »George Petit«, als Hommage an seinen, von ihm aus gesehenen, Hauptkonkurrenten, George Grosz. Nach der Übernahme Frankreichs 1940 siedelte Gold alleine nach New York und blieb weiterhin im internationalen Kunstmarkt tätig. In den auserwählten Kreisen Manhattans traf er auf den Kunstinvestor Pieret. Dieser hatte in den Zeiten der Prohibition Karriere unter Dutch Schultz gemacht – 1933 jedoch – als dieser aufgrund einer neuen kommunalpolitischen Lage wegen Steuerhinterziehung ins Gefängnis kam, entstand ein Machtvakuum im bis dahin sicher geglaubten, organisierten Verbrechen der Stadt. Diese füllte Lucky Luciano, welcher seine Steuern stets zu bezahlen wusste. Als Schultz nach zwei Jahren wieder freikam und sich mit einer ihm feindlich aufgeschlossenen Ausgangslage konfrontiert sah, rebellierte er: Illoyal geglaubte Weggenossen ließ er in Zement gießen und in den Hudson River werfen. Als er es zu guter Letzt auf den obersten Staatsanwalt höchstpersönlich abgesehen hatte (der Republikaner und später zweimalige

Präsidentschaftskandidat Thomas »The Shredder« Dewey), beschlossen Lucky Luciano und das National Crime Syndicate, die sogenannte »Murder Inc.« mit der Liquidierung Schultz' zu beauftragen. 1935 wurde Dutch Schultz mit panzerknackender Munition aus mehreren Tommys zusammen mit seinem Leibwächter, seinem ersten Handlanger und seinem Buchhalter auf der Herrentoilette des Palace Chop House in Newark erschossen. Bis zuletzt hatte er in Pieret seinen einzigen loyalen Gefährten gesehen. Doch Pieret, der Buchhalter, war wiedermal nicht tot. Am nächsten Morgen las er in seinem Büro an der Wall Street den Vorfall in der Zeitung mit nicht geringem diebischen Stolz. Mittlerweile war er als Hidden Champion der Wirtschaftskrise zum Dollarmilliardär geworden und versuchte das Bonzenparadoxon zu entschlüsseln: Egal wie weit er das Geld aus den großen Fenstern seiner unzähligen Anwesen warf – es flog immer wieder mehr davon zurück in seine Taschen. Kurz nach Robert Blooms Fenstersturz erstattete ihm der amerikanische Staat sämtliche Aufwendungen für den Crash zurück. Frei Haus. Er war tatsächlich überrascht, doch es schien wie tektonische Fügung: Man spült das Geld seiner Kunden in endliche Rohre und dann, wenn nichts mehr davon übrig ist, füllt einem ihr eigener Souverän die Kassen wieder auf, mit der Reserve für schlechte Zeiten, aus ihrem alternativen Gesellschaftsfonds, dem Steuergeld. Die Betrogenen rannten die falschen Drehtüren ein und forderten ihre Selbsterwählten zu ihrer eigenen Rettung auf. Jeder für sich, so war man sich einig. Werft die Toten und die Sterbenden über Bord. Ein System, das imstande ist sich selbst zu unterwerfen, er hätte es nicht vollendeter entwerfen können. Ein Gefüge.

Eine Symphonie der Aktivposten, eine Serenade eines ganzen Blasorchesters, das ihm und nur ihm, sein ganzes, restliches Kapital zublies. Als hätte man die ganze Stadt mit Benzin übergossen und er wäre der einzige Mann mit einem Streichholz. Seine Begabung hatte sich vollauf verselbstständigt, seine Gipfelvorstellung, einmal Großmeisterdieb zu werden, Gott der Diebe, sie war in Erfüllung gegangen. Es war Erntezeit – bereits im dritten Leben.

Viel später, 1941, schrieb er, teils aus Langeweile am Reichtum, teils aus Ressentiment, zusammen mit seiner neuen Bekanntschaft Gold das Manifest über die deutsche Lage: »The most stupid of all races – dialogues and comments.«

Über diese Verbindung (zwischen Gold und Pieret) kam es zu einem Wiedersehen der alten Affäre zwischen Poussage und Visage und es entstand eine harmonische Dreiecksbeziehung. Manuël, der bis zu seinem elften Lebensjahr nie einen Vater gehabt hatte, hatte nun zwei. Gold und Poussage heirateten 1943.

Nach Kriegsende zog Gold mit seiner neuen Familie zurück nach Paris, wo er Berthe Weill zu unterstützen versuchte, welche schon 1939 ihre chronisch in roten Zahlen liegende Galerie hatte schließen müssen. Wie durch ein Wunder hatte sie es mit ihrem losen Mundwerk geschafft, der Deportation als Jüdin zu entgehen und lebte von den verdienten Almosen jener Künstler, welche sie durch ihr Forum großgemacht hatte. Auf Golds Initiative hin, welche er noch vor seiner Abreise nach New York ins Leben gerufen hatte, errichtete man die »fauvistische Kaffeekasse«. Ein Bankkonto, auf das jeder Künstler, sobald er eine Ausstellung hatte, einen festgelegten Prozentsatz der Erlöse überwiese – von Matisse über Friesz, Dufy, Camoin, Derain, bis zu Picasso und Braque, beteiligte sich jeder angemessen. Weill starb 1951, scheinbar am Frust ihrer schleichenden Erblindung. Dem jungen Manuël war sie wie eine Großmutter gewesen, eine gute Freundin blieb sie Miss Poussage bis zum Schluss. Familie Gold ging nach Amerika zurück – nur Pieret blieb in Europa. Er widmete sich den Rest seines Lebens dem Kunstdiebstahl, welcher nach der Enteignung eines ganzen Landes und mit den Nachgeburten der Nazis einen profitablen Schwarzmarkt versprach. Es sollte ihm ein angenehmes Hobby auf die alten Tage werden.

Die Golds hingegen umflogen New York und zogen nach Los Angeles, Kalifornien. Der junge Manuël trat dort ein Stipendium an der UCLA an, seine Eltern kauften sich ein Weingut im Umland und verkehrten seither mit der dortigen Kunstszene, unter anderem mit Golds früherem Mandanten Fritz Lang und in dessen mitgegründeten Organisation »Anti-Nazi-League« (was Lang später vom Komitee für amerikanische Umtriebe als sowjetische Spionage ausgelegt wurde, ihn auf die berüchtigte schwarze Liste der Berufsverbote brachte und ihn abermals zum Umsiedeln zwang). Lang hatte sich einst mit Goebbels zu dessen künstlerischen Rahmenbedingungen bezüglich der Drehbücher überworfen und folgte einer Einladung einiger Schauspieler nach Hollywoodland. Inhaltlich setzte man sich in jenem Streitgespräch, wie Lang es bei einem Martini darstellte, hauptsächlich mit dem Verbot seines Tonfilms »M – eine Stadt sucht einen Mörder« auseinander. Ein Milieudrama über einen Kindermörder, zwecklos für Propaganda. Doch war es Langs persönlicher Lieblingsstreifen, welchen er nach intensiver Recherche und mithilfe der Authentizitätsberatung durch Muskel-Adolf 1931 abdreht hatte.

Muskel-Adolf war zum Zeitpunkt der Zensur schon lange dahingeschieden. Nach der Machtübernahme 1933 und der damit verbundenen Auflösung aller Ringvereine kam er in das erste Konzentrationslager der Zeit für dringende Fälle, Oranienburg. Dort wurde er als Rädelsführer des sagenumwobenen KZ-Aufstands »Höllensturm« als erstes Opfer des NS-Regimes im Gefecht erschossen. Die Legende besagt, er habe es mit fünf bewaffneten Wärtern gleichzeitig aufgenommen, zwei starben, zwei blieben gelähmt, einer davon beging kurz darauf Suizid. Einem anderen riss er das Gemächt mit bloßen Händen aus dem Schritt heraus und stopfte es ihm mit den viel zitierten Worten »man erntet was man säht« in den Hals. Unter den Häftlingen bekam der Märtyrer daher seither den Spitznamen »Achilles-Adolf«. Auf der Straße nannte man den Vorfall »Die Legende des trojanischen Ochsen«.

Man scherzte unter den Obdachlosen. »Nachts ist es kälter als draußen«, pflegte man sich zu sagen, als mehr und mehr Armenhäuser schlossen und man sich in den Schlaf fröstelte. Lange, bevor man 1938 damit begann, die »Arbeitsscheuen« zu verfolgen und sie wie Hundefänger von der Straße zu haschen, hatte sich Hans Licht in die Landschaften jenseits der Städte verkrümelt. Er streifte durchs Land und mied die Gemeinden. Nur um Zaunfarbe zu stehlen, schlich er sich gelegentlich in die Ställe einsamer Hofstade. Eines Tages, das Land auf seiner Wanderung war flach geworden und die Flachheit schien nie enden zu wollen, da stieß er auf einen kleinen, geräumigen Ort und dort, etwas abschüssig im Gelände, stand ein schon lange verlassenes Gebäude, das ein Gasthaus gewesen zu sein schien. Auf dem halb verwucherten Schild las er »de Gouden Kroon«, er musste sich also in den Niederlanden befunden haben. Er durchsah die Räumlichkeiten und traf als einzigen Bewohner im Zimmer Nummer »vijf« einen merkwürdigen Eigenbrötler an. Der Raum wurde wohl als Atelier benutzt, zumindest schrieb der Eigenbrötler jede Menge fremder Zeichen auf die Massen von Papier. Auf die Frage, was er da schreibe, antwortete dieser, das sei egal. Dann ließ er sich von ihm eine eigenartige Geschichte über eine Wolke, einen Floh, einen Bären und was sonst noch alles erzählen.

Auf Hans' Nachfrage hin bekräftigte Licht, nein, es sei nicht Peter gewesen. Der Einsiedler hätte ihm gesagt, er besäße keinen Namen.

Licht mietete sich in Zimmer Nummer »zes« ein. Eines Morgens war sein Nachbar, der Eigenbrötler, verschwunden. Er hatte das restlos beschriebene Papier dagelassen, wie eine Spinne war er davongeschlichen. Licht lebte alleine weiter, zurückgezogen in seinem gastfreien Haus.
Da kein freies Papier mehr da war, nahm er weiße Zaunfarbe und strich neu. Mit dem Rest des Atelierzubehöres ließ es sich hervorragend arbeiten – dort waren Farben ungeahnten Ausmaßes, ja, selbst Ultramarinblau aus echtem Lapislazuli gehörte zum Inventar. Er begann sich zu befreien und atmete wieder, ging wieder jeden Morgen hinaus um das Morgenlicht nicht zu verpassen und widmete sich seinem guten, alten, immerwährenden Impressionismus. Gerade, eines Junimorgens 1941, als er eine leicht

verwachsene Hainbuche im verwaschenen Nebel zwischen zwei Wiesenfeldern, dem einen Mohn, dem anderen Tulpen, in seiner ganzen Schwäche vor dem Horizont zu portraitieren versuchte, da kam ein losgelöster Wahnsinniger mit nur einem Arm, aber einer Axt herangestapft und hämmerte wie ein Blöder dagegen. Er brüllte Flüche hinaus, schlimme Dinge über seinen Sohn, über Hitler und Streicher und einen Dachs, wenn er das richtig verstanden hatte. Licht versuchte ihn zu beruhigen, zu allererst um der Hainbuche Willen.

Es stellte sich zu seiner kühnsten Verwunderung heraus, dass es Kaiser Wilhelm war, der dort seinen Morgensport betrieb. Und er fällte keine Bäume – er drosch nur jeden Morgen in denselben Stamm hinein, weshalb die Hainbuche auch so schräg gewachsen war. Ob es Kunst sei, was er mache, fragte ihn der Kaiser. Licht bejahte. Ob es Kunst sei was der Kaiser mache?

Endlich hatte Kaiser Wilhelm wieder jemanden gefunden, dem er Modell stehen konnte. Einen Freund, der ihn malen konnte, mit allem Rüstzeug zum Kamarillo. Van Houden, der drei Straßen weit von seinem Gestüt entfernt wohnte, sah ihn nicht mal mehr an, wenn sich ihre Blicke zu treffen hätten. Kaiser Wilhelm musste sich eingestehen, dass van Houden versagt hatte, denn er war schwach gewesen. Er selbst hätte es immer wissen müssen, das war der einzige Fehltritt, den er sich vorzuwerfen hatte. Wie ein Senkblei lag es ihm in seinem Gemüt. Ja, Van Houden war ihm eine fast so entrüstende Enttäuschung wie sein erster Sohn geworden. Oh weh, sein Sohn. Erst entwürdigte er seines ehemaligen Gemahles Genital bei seiner schändlich breiten Geburt, danach saugte er die Brüste der

Amme nach fetter Herzenslust zur Unbrauchbarkeit leer, lachte auch noch frech und kotzte vor Überfluss. Nein, danke. Und dann, bei den Nazis, da hatte er sich auch nur mit zwielichtigem Ruhm verdreckt – wie der kleine, blödsinnige Junge, der er mal gewesen war und der in der Schlammpfütze zu spielen pflegte. Nie war er aus dieser Pfütze herausgewachsen. Dieser Junge war der nackte Fehler.

Da Kaiser Wilhelm zu viel zappelte, gab ihm Licht, um ihn zu beruhigen, seine Axt in die Hand – er würde ihn malen, wie er die Hainbuche mit einem Schlag zerstöre – Narzisstenfutter, das wirkte.

Während der Kaiser so zufrieden Modell stand und das Kinn hob, erzählte er Anekdoten aus seinem Schmuckkästchen, Gründe für seine Verdammung und über die Methoden der Verräter von den Nazis, den Allerschlimmsten. Und allen voran dieser Streicher!

Nach langen Geschichten schnipste Licht zweimal und verkündete das Ende seiner Arbeit. Es sei tollkühn, so nannte er es. Kaiser Wilhelm ließ die Axt fallen und lief hinter das geheimnisvolle Leinen, um sich selbst im Spiegel eines anderen zu bestaunen, voller Courage und Honneur im Zuge der Holzfällerei und Lebensleistung. Doch als er sah, was er dort sah, verschluckte er fast seinen Kehlkopf. Dieser Flunkerer war gar kein Künstler gewesen, es war ein fauler Impressionist, der sich zu schade für Details war. Er lief wieder zur Axt, hob sie auf und protestierte. Licht protestierte zurück. Aber das sei hässlich, rief es Kaiser Wilhelm laut aus sich heraus. Licht entgegnete ihm schlicht damit, es sei schön. Kaiser Wilhelm war der Ansicht, dass hässliche Kunst zur ärztlichen Verwahrung in eine geeigne-

te Anstalt und schließlich, wenn es soweit wäre, vom Personal in den Heizkessel geworfen gehöre. Auf solche Aussagen antwortete Licht nicht. Er machte erst seine Brieftasche auf, zeigte sie vor (sie war leer) und nannte dann seinen Preis. Kaiser Wilhelm hob die Axt und jagte ihn zum Teufel. Er brüllte ihm bärengleich die wildesten Adelsflüche hinterher: »Kretin«, »Affabülatör«, »Parteihure«, »Nationalsozi«! Dann drehte er ab und beschimpfte alle anderen: Seinen Sohn, den ersten, den zweiten auch, Nikolaus den Zweiten, tot solle er bleiben, Hindenburg, die Würmer sollten ihn fressen, Dachs, Hitler, seine Frau und was sonst noch alles im Weg stand und immer wieder Streicher. Ganz besonders Streicher. Wenig später sollte der Kaiser an seinem alten, unausgeglichenen Herzen in Kombination mit einer cholerischen Lungenembolie sterben. Die Prinzessin von Preußen erinnerte sich an die letzten Worte, die er dem Kaminzimmer in schillerscher Versform an die Decke warf:
»Ein Herz welches so lange glühte, wie meines, glüht auch immerfort,
deines aber, Streicher, deines fällt an einen dunklen Ort!«
Viele Jahre zuvor, kurz vor dem Machtwechsel, nachdem er des Kaisers Strategiepapier vernichtet hatte, kam Streicher so richtig in Fahrt. Der unbewusste Heroinentzug wurde beim Falschen angewandt, er machte Nürnberg zu einem Mekka der Antijuden und Nicht-Juden-Juden-Ehen-Hasser. Er brachte die Blutschutzgesetze in Gang, forderte am Ende noch die Todesstrafe für Rassenschande, doch selbst der NSDAP-Führung wurde er zu bunt – wenn auch nützlich. Als Vorsitzender des Zentralkomitees zur Abwehr der »jüdischen Boykotthetze« verwaltete er die Ent-

eignung des jüdischen Eigentums. Den Immobilien folgten Berufsverbote, nach jahrelanger Kettenreaktion schließlich auch Menschen, die Eltern und Kinder und manchmal nahm er sich zum privaten Vergnügen auch mal eine Ehefrau. Der Chef dürfe das. Dass er sich damit über das eigene Gesetz stellte, verärgerte die NSDAP-Funktionäre und wichtige Sponsoren wollten Verträge neu verhandeln. Selbst Hitler, der ihn immer in Schutz genommen hatte, konnte gegen solch eine innerparteiliche Mehrheit kaum noch argumentieren. 1940 wurde er beim Gauleiter-Ehrengericht aller Ämter enthoben. Sein Hetzblatt »Der Stürmer« durfte er auf Liebwollen des Führers behalten, es hatte ihn zum mehrfachen Millionär gemacht. Mit dem ideenlosen Geld in der Hand blickte er tief enttäuscht in Hitlers blasiertes Gesicht. Wer hatte ihn denn einst »gemacht«, wie die Kunsthändler sagen, als er noch durch die Wiener Armenhäuser tingelte? Wem war er für seine Karriere denn eigentlich zu Dank verpflichtet? Einzig und allein dem Hass schuldete Adolf seine Verdienste und der Hass war Streicher. Ein zart besaiteter Goebbels, ein fressgestörter Göring, ein hypersensitiver Himmler hatten gegen ihn wenig zu bestellen – und doch schlug sich Hitler nun auf deren Seite. Er war in seiner Feigheit nichts weiter, als eine Verräterratte mehr in dieser verjudeten Welt – war er doch auch nur ein verkappter Semit – mit kleinbauchigem Zwergenwuchs, tiefschwarz-persischem Haar, inzestiös-hysterischem Sexualtrieb, hebräisch-listigem Geschäftssinn und zionistischen Weltherrschaftsansprüchen. Dieser israelitische Camouflage-Verschnitt war für ihn zusammen mit seiner gesamten Judenpartei gestorben;

doch war es der eben von jener Instanz forcierte Holocaust, der ihm wieder neue Lebensenergie einhauchte.
Während der Kriegsjahre wilderte er per Freibrief querfeldein durch die Konzentrationslager. Auf eigene Faust widmete er sich seinem heiteren Rassismus. Er inspizierte die Gashähne und erlernte die vierundzwanzig Algesie-Praktiken bei Doktor Josef Mengele (einer der letzten, der noch Bobrows »menschlichen Nachteil« im Regal stehen hatte, ihn aber verkehrtherum interpretierte). Nach dem Krieg, 1946, schnappte man Streicher während er sich auf einer Garotte gefesselt, mit Mundsperre und Brustknacker von zwei Haushuren mit Reitgerte und gespicktem Hasen scheinhinrichten ließ; junge Jüdinnen, die er sich gehalten hatte. Man setzte ihn mitten in seinem alten Revier auf die Anklagebank, in seiner Heimatstadt, im Namen aller anderen Völker der Welt für die »Nürnberger Prozesse«. Dort saßen einige der alten Bande: Der Propagandanazi war zwar nicht da (er hatte sich, seine Frau und seine acht Kinder mit Bobrowschem Zyankali behandelt), dafür aber der Ballnazi, der Nazisoph und der Monteurnazi. Wenige Monate später hing er am Galgen, sein letztes Röcheln wurde unverkennbar als erotisiertes Kichern protokolliert. Die Perfektion seiner Brutalität, die Lust an Vernichtung allen Lebens und zudem seine gefühlte Machtstellung unter den Deutschen hatte die Todesstrafe zur einzig möglichen Option gemacht.
Besonders Alfred Flechtheim traf eben jene Brutalität mit aller Härte, womöglich aufgrund seines klischeehaft jüdischen Äußeren (eine lange Nase und knöchrige Hände und so weiter) und seines Verhandlungsgeschicks mit »entarteter« Kunst. Nachdem das Kunstgeschäft seit der Wirt-

schaftskrise sowieso schon stagnierte, erlebte er öffentliche Anfeindungen und institutionelle Erniedrigung am laufenden Band. Einem, dem man immer Platz gemacht hatte, einem Schwimmer, versperrte man plötzlich mit allen Mitteln den Weg. Kurz nach dem Machtwechsel wurde seine Galerie gestürmt und »arisiert«, das heißt, man verbrannte sein gesamtes Inventar und das Wenige, das wahllos übrigblieb, wurde weit unter Marktwert verscherbelt. In den Anfangsjahren hatten sie den Profit noch nicht erkannt. Ohne Betti flüchtete er gemeinsam mit seinem Anwalt Alfred Apfel nach Paris, von dort aus alleine weiter nach London, wo er mit dem Rest den er mitnehmen konnte, versuchte, für ihn und seine Frau eine neue Existenz aufzubauen, bis er sie endlich hätte nachholen können. Er ließ sich nicht unterkriegen. Er traf sich mit Lord Ivor Churchill, dem Earl of Sandwich und vielen weiteren Dukes und Sirs, doch auch diese zögerten – und er musste mit Erschrecken feststellen, dass der Antisemitismus weiß Gott kein allein deutsches Phänomen der Zeit war, es schien sich um eine Pandemie zu handeln. Kurz nachdem er dennoch ein erstes, handfestes Geschäft abgeschlossen und genug Geld zusammengekratzt hatte, um Bettis Anreise zu ermöglichen, stürzte er bei seiner neuerdings gewohnt hastigen Gangart im Winter 1937 bei Glatteis und biss mit voller Wucht in einen Bordstein. Er starb an den Folgen eines Blutgerinnsels im Gehirn; an jenem Tage, an dem der erste junge Pintador »kauft nicht bei Juden« an eine Fensterscheibe pinselte. Doch selbst nach seinem Tod hörten die Diffamierungen an seiner öffentlichen Person nicht auf. In der Wanderausstellung »der ewige Jude« tourte sein Bild durch ganz Deutschland – als der von Gier zerfressene Mäuserich mit Wucherzins und Riesenzinken. Betti weinte jeden Tag und kreischte im Schlaf. Die Sonne war ihr aus dem Gesicht gewichen. Vier Jahre später tat sie es Martha Liebermann gleich und kam ihrer Deportation zuvor, indem sie sich die Pulsadern aufmachte. Sie besah das aus ihr herausrinnende Blut, schaute dann durch das Fenster in den grauen Himmel und fühlte sich ihrem Mann so nah wie lange nicht mehr. Als sie umfiel, fühlte es sich für sie wie eine Erlösung an.

Apfel, der in Paris geblieben war, wurde 1940 vom Einmarsch der deutschen Truppen überrascht. Lange hatte er ganz oben auf der Liste gestanden, nun machte man auch bei ihm ein Hakenkreuz und verschleppte ihn in das Lager Bassens bei Bordeaux. Doch 1942, während der Deportation in das nächste, vermeintlich endgültige Lager nach Gurs in den Pyrenäen, erhielt er durch Zufall Zugriff auf eine Wehrmachtsuniform, die ihm nach seiner erzwungenen Diät wie angegossen passte. Da es keine Schienenverbindung nach Gurs gab, wurden die Häftlinge zum Marsch gezwungen. Bei einer kurzen Rast nutzte er seine Chance: Er zog sich um, kappte die Funkverbindung und gab sich als vermeintlicher Gurs-Kommandant aus, der dem Trupp zur freudigen Begrüßung entgegengekommen wäre. Mit seiner spitzwinkligen Rhetorik und seiner anwaltlichen Anpassungsgabe überzeugte er jene, die wichtig waren davon, dass der Blitzkrieg wie erwartet gewonnen und alle Gefangenen unverzüglich frei zu lassen waren. Den Rest seines Lebens verbrachte er gemeinsam mit seiner Tochter Hannah unter dem Namen Alfredo Azérolier in den Cafés an den Landestegen Marseilles und unterstützte die

Résistance als Übersetzer verschlüsselter Botschaften der deutschen Nachrichtendienste.

Der einzige, der von seinem Aufenthaltsort wusste und dieses Geheimnis hütete wie sein eigenes Leben, war Wieland Herzfelde. Als klandestiner Funker für die Résistance-Bewegung wusste er über jede Verflechtung Bescheid und streute Fehlinformationen wie er nur konnte aus New York, wo er nach Prag sein zweites Exil gefunden hatte. 1939 hatte er mit anderen Flüchtlingen, unter anderem Bertolt Brecht, Lion Feuchtwanger und Alfred Döblin den Aurora-Verlag gegründet, welchen er aber bald wegen seines Schuldenberges wieder schließen musste. 1949 ging er zurück nach Deutschland, war schockiert über die totale Zerstörung in den Städten und arbeitete in Leipzig als Professor für Soziologie der modernen Weltliteratur. Seinen alten Freund George Grosz, mit dem er viele nervöse Jahre in New York durcherlebt hatte, sollte er erst nach zehn Jahren wiedersehen, in jener Nacht dessen Todes am 6. Juni 1959.

Grosz war schon kurz vor dem Machtwechsel, rein zufällig, nach Amerika ausgewandert um dort seinen Lehrauftrag an der Arts-Student-League wahrzunehmen. Diese Anstellung hatte ihm das Leben gerettet – zwei Wochen nach seiner Abreise wurde sein Atelier gestürmt und bis auf den Rohbau ausgebrannt. Ihm wurde die Ehre zuteil, als erster von circa 550 Personen des öffentlichen Lebens offiziell ausgebürgert zu werden. Auf der Liste der zu massakrierenden Personen belegte er unangefochten Platz eins. Ein höheres Kompliment kann ein Militärapparat einem Künstler nicht aussprechen. Ein Ruhm voll Ekel. Wird der Ekel zu groß, betrinkt man sich. Fast zeitgleich mit dem

Machtantritt der Nazis unterschrieb Roosevelt den Cullen-Harrison Act und beendete nach Abwägung der »Checks and Balances« seines freien Landes die Prohibition. 1938 schließlich wurde Grosz amerikanischer Staatsbürger. Aber auch seine Malerei änderte sich: Er verlor sich in der Landschaftsmalerei, unterrichtete Aktzeichnung, wurde ruhiger, bestimmter, betrunkener. Als er und Eva während des Kriegseintritts der USA von den Geschehnissen im Inland erfuhren, sahen sie ihre beiden Söhne an, der zweite hieß schließlich Martin, und Peter, mittlerweile schon groß und pubertär geworden, und fühlten sich unendlich dankbar und gleichzeitig abgründig schuldig. Grosz sah die Fotos der Konzentrationslager in den Zeitungen und verfiel in seine alte Phase, brachte wieder Blut auf die Leinwand, mehr Blut als je zuvor. Landschaften, ja, aber mit menschlicher Verwüstung, humanem Weltdesaster, allem was dazugehört. Diese deutsche, kesselbohrende Betriebsamkeitsspezies, diese sich selbst ausraubenden Ausbeuter in ihrem Sägewerk auf dem eigenen Ast. Was haben sie nur getan? Der Ekel war nicht mehr zu ertränken; kein Glas Whiskey, kein Kürbis Wein, keine Schale Martini, keine Flasche Cointreau, kein Eimer Cocktails, kein Fass Bier konnte das aufsaugen. Auch Eva wusste sich nicht mehr zu helfen, sie stürzte sich dagegen nicht in den Alkoholismus, sondern in die Kinderförderung. Ihr erster, Peter Grosz, schien in der Schule gut im Rechnen zu sein, was er von seinem Vater geerbt hatte. Also meldete sie ihn bei Mathewettbewerben an, wo er sich, sagen wir mal, schlug. Später wurde er Fliegerei-Historiker. Auch in seiner Träumerei kam er ganz nach seinem Alten. Ihren zweiten, Marty Grosz genannt, schickte sie in den Gitarrenunterricht, da er musikalisches Talent zeigte, ganz wie die Mutter. Er wurde später einmal ein berühmter und anerkannter Jazzmusiker und -journalist.

Doch das half nichts. Die Kinder wurden groß, sie verließen das heimische Nest in Bayside und wanderten ab in die City von Manhattan, wo mehr los war, wo ihr Trubel, ihr Leben lag, so wie das ihre und Böffs einmal in Berlin gelegen hatte. Sie hatten sich damals auch nicht viel um ihre Eltern geschert, in jenem Alter.

Grosz hatte sich erst kürzlich den Ekel abgestreift und wieder mit seinen Wasserfarben und seichten Strandsujets angefreundet, da forderte sie ihn auf, wieder zurück nach Deutschland zu ziehen. Grosz relativierte, man müsse bei den Kindern und den Freunden bleiben und schlug die Reise in Form eines Urlaubs vor, also fanden sie einen Kompromiss. Es war mittlerweile 1959 und die Kinder keine Kinder mehr, aber Gewohnheiten blieben Gewohnheiten.

In Berlin angekommen trafen sie sich mit den Herzfeldes und tauschten Erinnerungen der schönen guten, alten, gemeinsamen Zeit der Zwanziger aus, als sie noch Propagandadada und Balldada waren, den Malik-Verlag leiteten, oder die jährlich wiederkehrende Weimarer Justizklamotte absolvierten; dazu kamen auch aktuellere Gesprächsthemen: Wie sich Peter machte, wo sich Marty bewies, was George so tat (Herzfelde hatte seinen Sohn nach seinem besten Freunde benannt). Doch meistens sehnte man sich zurück in die Jahre zwischen den großen Kriegen. Als man noch nicht so alt und brüchig war und dachte, man hätte schon alles erlebt, glaubte, dass es nicht mehr zu erleben gäbe. Das Leben sei ein Teufelskreis. Sie hatten gekämpft, früher, und es wäre richtig gewesen, doch gegen ein Gefüge käme die größte Bewegung nicht an. Herzfelde berichtete vom Schicksal Flechtheims, Liebermanns und vielen anderen, nur von Apfel verriet er nichts. Er und Grosz luden sich ein paar Flaschen Bier in einen Tornister, gingen in der neuen Grenzzone spazieren und ließen die Damen in der Stube plaudern und weiter Informationen über ihre Kinder austauschen.

Herzfelde erzählte von all den Umtrieben in der neuen Gesellschaft, der auferlegten Staatenteilung, wie banal es doch wäre im Gegensatz zu der Erkenntnis, dass noch Nazis unter ihnen weilten. Mörder und Täter überall. Sie verkauften das gleiche Gemüse an die gleichen Leute, die es früher den kleinen Hitlerjungens schenkten, um es auf die Juden zu werfen. Sie schnitten einem die Haare im Friseursalon, nachdem sie eine Lehre in einem Vernichtungslager gemacht hatten. Sie reparierten einem die Heizung, wie sie früher die Gaslecks in den Kammern stopften. Da wäre der Russe oder der Amerikaner das kleinste Problem. Das bekräftigte Grosz' Absicht den Besuch bei einem Besuch bleiben zu lassen und nach Hause, nach Bayside, zurückzukehren. Die Deutschen waren ihm so fremd wie die alten Ägypter geworden. Auch bei Herzfelde verspürte er eine gewisse Entfremdung, er war wie besessen. Das war er zwar schon immer, aber dieses Mal war es anders, verkrampfter. Vielleicht war er selbst auch schon zu easy. Menschen ändern sich eben. Es war spät geworden, man verabschiedete sich. Eva brachte den angeschwipsten Grosz zurück in die angemietete Stube, doch der wollte noch nicht so recht schlafen gehen. Er wollte draußen bleiben, Plätze aufsuchen, durch die alte Gegend streifen und so weiter. Eva ließ ihn gewähren, sie brauchte etwas Ruhe von Diskussionen und war sogar ein bisschen dankbar. Grosz holte sich Schnaps und Tabak von einem Zeitungsstand, dort begab er sich in ein Streitgespräch nach dem anderen mit den ansässigen Trunkenbolden im Park. Wie hatte er diese uralten, nächtlichen Rumgeiferer damals gehasst, in den Zwanzigern, nun war er selbst einer; und er hatte recht damit. Sie hatten damals schon recht gehabt, die Rumgeiferer, er war immer schon einer von ihnen gewesen. Er soff die Reminiszenzen in die Knie. Als ihn die blaue Stunde blendete, die gute, alte, Berliner blaue Stunde, da wankte er nach Hause. Er versuchte kurz auf einen Baum zu klettern, ließ es dann aber sein. Solche Aktionen nicht bei Trunkenheit, das hatte er sich doch geschworen. Er überlegte kurz, ob er nicht in der Spree baden gehen sollte, wo er doch gerade an ihrem Ufer stand, doch es war schon spät, oder früh, je nachdem, er müsse vernünftig bleiben. Mit wackligem Geschick brachte er den Schlüssel in das Schloss der Eingangstür zum Treppenhaus und achtete penibel auf den Geräuschpegel beim Öffnen. Leise schlich er die sanft knarzende Treppe hinauf, um auch ja keinen Nachbarn vors Gesicht bekommen zu müssen. Schließlich war es, am ersten Podium angekommen, eine kleine weiße Maus, eine wie sie Picasso in seiner Schublade beschützend aufbewahrte, die ihn darum anquiekte doch nicht auf sie zu treten, als Grosz den Fuß schon längst in der Luft hatte. Er wich aus und rutschte gleichzeitig mit dem Standbein von der oberen Stufe. Mit einer ungeschickten Rechtsbewegung justierte er sein Gewicht nach hinten, statt nach vorne – das wäre links gewesen; die Gravitation, welche ihn hervorgebracht und ihn sein Leben lang festgeklebt hatte, versuchte ihn nun zu stürzen, wie eine Revolution. Er schlug mit seinem Hinterkopf und gehörigem Krach auf eine Stufe nach der anderen, mit den Knien schrubbte er die Wand entlang – am Ende erwischte ihn die Geländerstange an der Schläfe. Es war vorbei. Evas Gekreische am darauffolgenden Morgen machte ihn nicht wieder lebendig. Sechs Monate später starb auch sie, ohne körperliche Gründe, einfach so, an Gravitation.

Das alles zu wissen, half Hans nicht weiter – scheinbar hatte niemand irgendwo seinen Bruder gesehen. Er schlich einem Phantom hinterher. Vielleicht war er nicht »gefallen«, vielleicht hatte er desertiert und war in die Wälder gegangen. Vielleicht starb er dort schon am Hunger, vielleicht wandelte er sich aber zu einem dieser Einsiedler, welche sie hier und dort während der Regime-Zeiten aus dem Nichts hervorzerrten und gleich darauf in die Lager steckten. Vielleicht hatten sie ihn einfach nicht gefunden, weil er auch einfach gar nicht mehr da gewesen wäre. Vielleicht wanderte er auch schon durch den Kaukasus, oder er war nach Afrika aufgebrochen. Vielleicht war er Beduine geworden, vielleicht Wandermönch, vielleicht Brahmane. Vielleicht traf ihn ein Blitz, vielleicht fraß ihn ein Wolf, vielleicht würde er aber noch 130 Jahre alt werden und durch die Zukunft gehen, im fernen 2030 – und er sterbe eines Tages auf dem hohen Gipfel der Kaiser-Wilhelm-Spitze und werfe sich mit einem lauten Lacher mitten in die Sonne. Alles war möglich, dem Zufall alles zuzutrauen. Also schrieb er einen Brief, faltete ihn nicht, stieg auf den nächsthohen Berg und warf ihn in den Wind.

Zum Autor

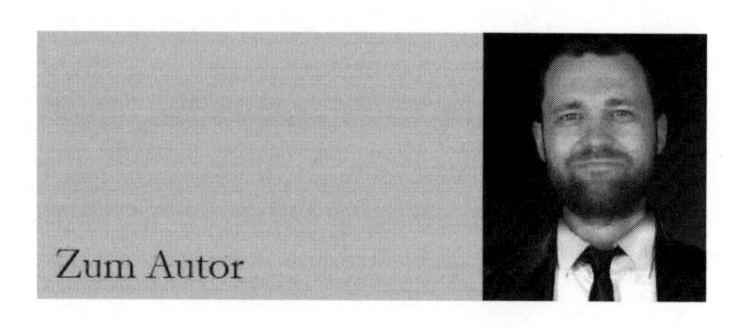

Jasper Mendelsohn wurde 1985 in München geboren und lebt seit 2014 in Bonn nebst Gattin und Sohn. Vor seiner Zeit als Schriftsteller betrat er als Intellectual-Rapper unter seinem Pseudonym Tim Timeless die Weltbühne und veröffentliche zwei Alben (»Von Pontius zu Pilates« 2013 und »Brimborium« 2015). Daneben befasste er sich im Grafik- und Kunstgewerbe u.a. mit der »Unausweichlichkeit der Abstraktion in der Wirtschaftsgrafik« und dem »Aphoristischen Gemälde«. Sein Debütroman »Die freien Geisteskranken«, ein Historienroman über Zeitgenossen der Dekade 1919-1929 in Deutschland (Amerika, Frankreich, Holland, usw.), erschien erstmals 2017.

Druck:
Canon Deutschland Business Services GmbH
im Auftrag der KNV-Gruppe
Ferdinand-Jühlke-Str. 7
99095 Erfurt